東北アジア先史文化の
変遷と交流　　　古澤　義久
　　　　　　　　　Yoshihisa Furusawa

六一書房

目　　次

序　論 ……………………………………………………………………………………… 1

第Ⅰ部　東北アジア先史文化の変遷と地域性

第1章　極東平底土器遼東群・豆満江群の編年と地域性 ……………………… 9

第1節　極東平底土器遼東群の編年と地域性 ………………………………… 9

第2節　極東平底土器豆満江群の編年と地域性 ……………………………… 31

第3節　極東平底土器遼東群と豆満江群の関係 ……………………………… 61

第2章　極東平底土器文化と周辺地域との関係 ………………………………… 69

第1節　遼西地域との関係 ……………………………………………………… 69

第2節　沿アムール地域との関係 ……………………………………………… 72

第3節　膠東半島との関係 ……………………………………………………… 74

第4節　韓半島中西部地域の編年 ……………………………………………… 88

第5節　韓半島丸底土器との関係 …………………………………………… 105

第6節　韓半島青銅器時代早期の土器と周辺地域との関係 ……………… 112

第7節　東北アジア先史時代土器文化の動態 ……………………………… 117

第3章　新岩里出土青銅刀の年代 ……………………………………………… 127

第4章　東北アジア先史時代農耕の展開 ……………………………………… 143

第1節　東北アジア先史時代農耕研究の現状 ……………………………… 143

第2節　東北アジア先史時代磨盤・磨棒の変遷と地域性 ………………… 149

第3節　東北アジア先史時代磨製石庖丁の変遷と地域性 ………………… 154

第4節　東北アジアからみた韓半島の農耕 ………………………………… 182

第5章　東北アジア先史時代紡錘車の変遷と地域性 ……………………… 187

第6章　東北アジア先史文化における精神文化 ……………………………………… 217

第1節　東北アジア先史時代偶像・動物形製品の変遷と地域性 ………………… 217

第2節　東北アジア岩画の編年と系統　—咸鏡北道芝草里岩刻画の検討— …………… 235

第Ⅱ部　新石器時代日韓文化交流

第7章　韓半島南部における縄文土器 …………………………………………… 281

第8章　瀛仙洞式土器と西唐津式土器 …………………………………………… 285

第9章　縄文時代玄界灘島嶼域の動向と韓半島系土器 ………………………… 293

第10章　日韓精神文化遺物の比較 ………………………………………………… 327

第11章　新石器時代日韓交流の特質 ……………………………………………… 333

結論　東北アジア先史文化の動態 ………………………………………………… 337

引用文献 ……………………………………………………………………………… 343

図出典 ………………………………………………………………………………… 385

初出一覧 ……………………………………………………………………………… 389

한국어 요지 ………………………………………………………………………… 391

中文摘要 ……………………………………………………………………………… 394

後　記 ………………………………………………………………………………… 396

図　目　次

図 1	関連遺跡位置図	9
図 2	組合文の比較	11
図 3	水波文土器	12
図 4	遼東半島東部の偏堡類型	12
図 5	東京大学文学部所蔵文家屯出土土器	14
図 6	東京大学所蔵郭家村出土土器および関連土器	15
図 7	東京大学文学部所蔵単砣子出土土器	17
図 8	遼東半島土器編年図（1）	18
図 9	遼東半島土器編年図（2）	19
図 10	瀋陽地区土器編年図	22
図 11	太子河上流域土器編年図	23
図 12	窯南出土土器	24
図 13	丹東地区土器編年図	26
図 14	鴨緑江下流域（平北）土器編年図	30
図 15	豆満江下流域の編年（1）	34
図 16	豆満江下流域の編年（2）	35
図 17	豆満江中流域の編年（1）	36
図 18	豆満江中流域の編年（2）	37
図 19	南沿海州東海岸の編年（1）	38
図 20	南沿海州東海岸の編年（2）	39
図 21	南沿海州沿ハンカ湖地域の編年	41
図 22	牡丹江流域の編年	42
図 23	幸町出土土器	45
図 24	東京大学所蔵三霊屯出土土器	52
図 25	シニ・ガイ A 上層出土青銅器	56
図 26	豆満江中流域・沿ハンカ湖地域の大型甕	57
図 27	鴨緑江上流域の編年	62
図 28	吉長地区の編年	65
図 29	科爾沁地区の編年	70
図 30	夏家店下層文化と高台山文化の接触	71
図 31	ダリニー・クート 15 出土土器	72
図 32	廟島群島の土器	75
図 33	龍口貝塚出土土器（1）	80
図 34	龍口貝塚出土土器（2）	81
図 35	龍口貝塚出土土器（3）	82
図 36	魯中南における大汶口文化後期の土器	85

iv 図 目 次

図 37	魯東南・魯北・豫東・皖北・膠東半島・遼東半島大汶口文化後期の土器	86
図 38	大同江流域の編年 (1)	90
図 39	大同江流域の編年 (2)	91
図 40	龍谷第 2 洞窟出土土器	92
図 41	京畿湾北部の編年	93
図 42	京畿湾南部の編年	94
図 43	臨津江流域の編年	95
図 44	漢江流域の編年	95
図 45	南京 2 期併行期の条痕土器	104
図 46	清川江流域の編年	106
図 47	細竹里出土土器	108
図 48	江上里類型の土器	109
図 49	嶺東地域の編年	110
図 50	新岩里第 3 地点第 2 文化層と関連する丹東地区・遼東半島の土器	114
図 51	韓半島西部・中南部青銅器時代早期土器	116
図 52	I 段階土器文化動態	121
図 53	II 段階土器文化動態	122
図 54	III 段階土器文化動態	122
図 55	IV 段階土器文化動態	123
図 56	V 段階土器文化動態	123
図 57	VI 段階土器文化動態	124
図 58	VII 段階土器文化動態	124
図 59	VIII 段階土器文化動態	125
図 60	新岩里出土青銅刀各種実測図・写真	128
図 61	二里頭期・二里崗期の青銅刀	129
図 62	殷墟青銅刀の変遷	131
図 63	中原地区（殷墟以外）青銅刀の変遷	131
図 64	晋陝地区青銅刀の変遷	133
図 65	東大所蔵三凸紐環首刀	133
図 66	京津冀地区青銅刀の変遷	133
図 67	白浮 M3 出土鈴首剣	134
図 68	遼西地区青銅刀の変遷	135
図 69	遼東地区青銅刀の変遷	136
図 70	東京大学文学部所蔵環首刀	138
図 71	新岩里青銅刀と類例の比較	139
図 72	海岱地区青銅刀の変遷	140
図 73	大同江以南韓半島の磨盤・磨棒	151
図 74	遼東地域および周辺地域の磨盤・磨棒	152
図 75	豆満江流域および周辺地域の磨盤・磨棒	153

図 76	遼東半島磨製石庖丁の変遷 (1)	157
図 77	遼東半島磨製石庖丁の変遷 (2)	158
図 78	遼東半島磨製石庖丁の刃部形態	159
図 79	遼東半島磨製石庖丁の寸法	159
図 80	鴨緑江下流域磨製石庖丁の変遷	160
図 81	鴨緑江上流域磨製石庖丁	161
図 82	太子河上流域磨製石庖丁の変遷	162
図 83	瀋陽地区磨製石庖丁の変遷	163
図 84	瀋陽地区磨製石庖丁の刃部形態	164
図 85	豆満江流域磨製石庖丁の変遷	165
図 86	南沿海州磨製石庖丁の変遷	166
図 87	大同江流域磨製石庖丁	167
図 88	立教大学所蔵美林里出土石庖丁	168
図 89	韓半島中部磨製石庖丁	169
図 90	韓半島南部磨製石庖丁	170
図 91	吉長地区磨製石庖丁の変遷	170
図 92	科爾沁地区磨製石庖丁	170
図 93	阜新地区磨製石庖丁の変遷	170
図 94	遼西地域磨製石庖丁の変遷	171
図 95	遼西地域磨製石庖丁の刃部形態	172
図 96	膠東半島・廟島群島磨製石庖丁の変遷	173
図 97	膠東半島・廟島群島磨製石庖丁の刃部形態	174
図 98	東北アジア磨製石庖丁動態 (1)	177
図 99	東北アジア磨製石庖丁動態 (2)	178
図 100	東北アジア磨製石庖丁動態 (3)	179
図 101	東北アジア磨製石庖丁動態 (4)	180
図 102	Ⅷ段階(双砣子3期併行期)各地刃部形態	181
図 103	韓半島南部紡錘車の変遷	188
図 104	韓半島中部紡錘車の変遷	189
図 105	大同江流域紡錘車の変遷	190
図 106	豆満江流域紡錘車の変遷 (1)	191
図 107	豆満江流域紡錘車の変遷 (2)	192
図 108	南沿海州紡錘車の変遷 (1)	194
図 109	南沿海州紡錘車の変遷 (2)	196
図 110	南沿海州紡錘車の変遷 (3)	197
図 111	牡丹江流域紡錘車の変遷	198
図 112	吉長地区紡錘車の変遷	199
図 113	鴨緑江上流域紡錘車の変遷	199
図 114	鴨緑江下流域紡錘車の変遷	200

vi 図 目 次

図 115 遼東半島紡錘車の変遷 （1） ………………………………………………………… 201
図 116 遼東半島紡錘車の変遷 （2） ………………………………………………………… 202
図 117 太子河上流域紡錘車の変遷 ………………………………………………………… 203
図 118 瀋陽地区紡錘車の変遷 ……………………………………………………………… 204
図 119 科爾沁地区紡錘車の変遷 …………………………………………………………… 205
図 120 遼西地域紡錘車の変遷 ……………………………………………………………… 206
図 121 膠東半島紡錘車の変遷 ……………………………………………………………… 209
図 122 東北アジア紡錘車の動態 （1） ……………………………………………………… 211
図 123 東北アジア紡錘車の動態 （2） ……………………………………………………… 212
図 124 東北アジア紡錘車の動態 （3） ……………………………………………………… 213
図 125 東北アジア紡錘車の動態 （4） ……………………………………………………… 214
図 126 韓半島南部地域における偶像・動物形製品の変遷 ……………………………… 218
図 127 韓半島東海岸地域における偶像・動物形製品の変遷 …………………………… 219
図 128 韓半島中西部地域における偶像とされる製品 …………………………………… 220
図 129 豆満江流域における偶像・動物形製品の変遷 …………………………………… 221
図 130 沿海州における偶像・動物形製品の変遷 （1） …………………………………… 222
図 131 沿海州における偶像・動物形製品の変遷 （2） …………………………………… 223
図 132 牡丹江流域における動物形製品 …………………………………………………… 225
図 133 吉長地区における偶像・動物形製品の変遷 ……………………………………… 225
図 134 鴨緑江下流域における偶像・動物形製品の変遷 ………………………………… 226
図 135 遼東半島における偶像・動物形製品の変遷 ……………………………………… 227
図 136 瀋陽地区における動物形製品の変遷 ……………………………………………… 228
図 137 遼西地域における偶像・動物形製品の変遷 ……………………………………… 229
図 138 海岱地区における偶像・動物形製品の変遷 ……………………………………… 230
図 139 東北アジア先史時代偶像・動物形製品の地域性 ………………………………… 232
図 140 東北アジア岩画の分布 ……………………………………………………………… 235
図 141 芝草里岩刻画 ………………………………………………………………………… 237
図 142 芝草里石棺墓および出土遺物 ……………………………………………………… 238
図 143 沿海州の岩刻画 ……………………………………………………………………… 239
図 144 牡丹江流域群力岩画 ………………………………………………………………… 240
図 145 沿アムール地域ヴォズネセノフカ文化以前と推定される岩画 ………………… 242
図 146 沿アムール地域ヴォズネセノフカ文化前後の岩画 （1） ………………………… 243
図 147 沿アムール地域ヴォズネセノフカ文化前後の岩画 （2） ………………………… 244
図 148 沿アムール地域ヴォズネセノフカ文化前後の岩画 （3） ………………………… 245
図 149 沿アムール地域金属器時代の岩画 ………………………………………………… 246
図 150 赤峰地区新石器時代の岩画 （1） …………………………………………………… 249
図 151 赤峰地区新石器時代の岩画 （2） …………………………………………………… 250
図 152 赤峰地区夏家店下層期の岩画 ……………………………………………………… 251
図 153 赤峰地区夏家店上層期の岩画 ……………………………………………………… 253

図 154	赤峰地区岩画とモンゴル高原鹿石の比較 ………………………………………………	254
図 155	盤亀台岩刻画（面刻技法）……………………………………………………………………	256
図 156	盤亀台岩刻画（線刻技法）……………………………………………………………………	257
図 157	川前里岩刻画（面刻技法・線刻技法）……………………………………………………	258
図 158	川前里岩刻画（細線刻技法・銘文）………………………………………………………	259
図 159	鳳坪里岩刻画 …………………………………………………………………………………	260
図 160	防牌形岩刻画（1）……………………………………………………………………………	261
図 161	防牌形岩刻画（2）……………………………………………………………………………	262
図 162	水谷里岩刻画 …………………………………………………………………………………	263
図 163	支石墓岩刻画（1）……………………………………………………………………………	264
図 164	支石墓岩刻画（2）・刻画石 ………………………………………………………………	265
図 165	三国時代古墳岩刻画 …………………………………………………………………………	266
図 166	赤峰地区と韓半島南部岩刻画の比較 ………………………………………………………	271
図 167	東北アジア岩画の展開 ………………………………………………………………………	276
図 168	韓半島南部出土縄文系土器と関連資料 ……………………………………………………	282
図 169	瀛仙洞期古段階・中段階の土器 ……………………………………………………………	287
図 170	瀛仙洞期新段階の土器 ………………………………………………………………………	288
図 171	水佳里Ⅰ式初葉土器 …………………………………………………………………………	288
図 172	五島列島出土瀛仙洞式類似西唐津式土器 ………………………………………………	289
図 173	西唐津式土器 …………………………………………………………………………………	289
図 174	隆起文土器期の連弧文土器 …………………………………………………………………	289
図 175	瀛仙洞式期の韓半島中西部地域と韓半島南部地域の交流を示す土器 ……………	291
図 176	玄界灘島嶼域 …………………………………………………………………………………	293
図 177	対馬島における縄文時代遺跡 ………………………………………………………………	294
図 178	泉遺跡出土遺物・遺構 ………………………………………………………………………	295
図 179	志多留貝塚出土遺物 …………………………………………………………………………	295
図 180	越高・越高尾崎遺跡出土遺物 ………………………………………………………………	297
図 181	向サエ遺跡出土遺物 …………………………………………………………………………	298
図 182	夫婦石遺跡出土遺物 …………………………………………………………………………	298
図 183	木坂海神神社弥勒堂跡出土遺物 ……………………………………………………………	299
図 184	井手遺跡出土遺物 ……………………………………………………………………………	299
図 185	高松ノ壇遺跡出土遺物 ………………………………………………………………………	300
図 186	吉田遺跡出土遺物 ……………………………………………………………………………	300
図 187	穿岩出土遺物 …………………………………………………………………………………	301
図 188	佐賀貝塚出土遺物 ……………………………………………………………………………	302
図 189	堂ノ内遺跡出土遺物 …………………………………………………………………………	303
図 190	住吉平貝塚出土遺物 …………………………………………………………………………	303
図 191	ヌカシ遺跡出土遺物 …………………………………………………………………………	303
図 192	多田越遺跡出土遺物 …………………………………………………………………………	303

viii 表 目 次

図 193 西加藤遺跡出土遺物 ･･ 304
図 194 貝口赤崎遺跡出土遺物 ･･ 305
図 195 佐保遺跡出土遺物 ･･ 305
図 196 皇后崎出土遺物 ･･ 305
図 197 壱岐島における縄文時代遺跡 ･･ 307
図 198 串山ミルメ浦遺跡出土遺物 ･･ 307
図 199 浦海遺跡出土遺物 ･･ 307
図 200 松崎遺跡出土遺物 ･･ 307
図 201 国柳遺跡出土遺物 ･･ 307
図 202 御津ノ浜遺跡出土遺物 ･･ 307
図 203 鎌崎海岸・名切遺跡出土遺物 ･･ 308
図 204 馬立海岸遺跡出土遺物 ･･ 309
図 205 車出遺跡出土遺物 ･･ 309
図 206 興触遺跡出土遺物 ･･ 310
図 207 原の辻遺跡出土遺物 ･･ 310
図 208 堂崎遺跡出土遺物 ･･ 311
図 209 大久保遺跡出土遺物 ･･ 312
図 210 中尾遺跡出土遺物 ･･ 312
図 211 沖ノ島における縄文時代遺跡 ･･ 313
図 212 社務所前遺跡出土遺物 ･･ 314
図 213 4号洞穴遺跡出土遺物 ･･ 314
図 214 大麻畑遺跡出土遺物 ･･ 315
図 215 （伝）雉知出土磨研壺 ･･ 320
図 216 玄界灘島嶼域以外で出土した韓半島系土器 ･･････････････････････ 321
図 217 九州島で出土した韓半島系土器 ･･ 323
図 218 縄文時代長崎県内土偶・動物形土製品の変遷 ････････････････････ 329
図 219 原山出土魚形土製品 ･･ 330

表 目 次

表 1 東京大学所蔵文家屯土器観察表 ･･ 13
表 2 東京大学所蔵単砣子土器観察表 ･･ 20
表 3 遼東地域にみられる膠東系土器の影響 ････････････････････････････････････ 77
表 4 龍口貝塚出土土器の胎土と焼成 ･･ 83
表 5 東北アジア先史土器併行関係 ･･ 118
表 6 東京大学文学部所蔵環首刀観察表 ･･ 138
表 7 大貫静夫による石器群の展開（大貫1998） ･･････････････････････････ 144
表 8 韓半島新石器時代作物遺存体 ･･ 144
表 9 韓半島新石器時代土器圧痕 ･･ 148

| 表 目 次 ix

表 10　韓半島青銅器時代早期作物遺存体 ……………………………………………………… 150
表 11　沿アムール地域岩画の編年 ……………………………………………………………… 245
表 12　赤峰地区岩画の編年 ……………………………………………………………………… 254
表 13　韓半島南部岩画の編年 …………………………………………………………………… 272
表 14　芝草里岩刻画の年代と系統に関する想定可能性 ……………………………………… 274
表 15　東三洞出土縄文系土器 …………………………………………………………………… 283
表 16　その他の対馬島の縄文時代遺跡 ………………………………………………………… 306
表 17　その他の壱岐島の縄文時代遺跡 ………………………………………………………… 313
表 18　玄界灘島嶼域における滑石混和土器 …………………………………………………… 316
表 19　玄界灘島嶼域における遺跡の時期 ……………………………………………………… 317

序　論

Ⅰ．本研究の目的

　本研究は，韓半島[1]を中心とする東北アジアの新石器時代から青銅器時代前期にかけての文化の変遷と交流の様相を明らかにすることを目的としている。本書で扱う東北アジアの主たる範囲は韓半島および遼河以東，第二松花江以南，南沿海州一体を包含した地域とする。この範囲は，徐国泰により「朝鮮旧類型人（조선옛류형사람）」が残した文化が分布する範囲とされたもの（徐国泰 2006）とほぼ同じである。ただし，遼西地域，沿アムール地域，膠東半島，西北九州など周辺地域についても，必要に応じて触れることとする。

Ⅱ．これまでの研究とその問題点

　東北アジアの先史文化の変遷と交流の様相，すなわち文化動態を明らかすることを目的とする研究自体は解放前から行われていた。1980 年代に，十分な資料が提示されてから，東北アジアの文化動態に関する研究がより多く行われるようになった。代表的な研究として我が国の大貫静夫と宮本一夫の研究が挙げられる。

　ソヴィエト連邦では A. П. オクラドニコフが，極東では，シベリアとは異なる定着性をもっていたとし，その差異に注目していたが（オクラドニコフ 1982），大貫静夫は，この極東概念をロシア領内以外にも適用し，「極東平底土器」という概念を提示した（大貫 1992a）。ほぼ同じ頃の中国では，中国東北地方に「筒形罐」を特徴とする一群の土器がみられることが許永杰により指摘され（許永杰 1989），馮恩学はこれを「東北平底筒形罐」と命名し，沿海州や沿アムール地域にまで広がっていることを示した（馮恩学 1991）。また，南韓でも白弘基が「東北亞 平底土器」として極東に平底土器が広がり，韓半島西北部および東北部でも同様の土器が広がることを指摘している（白弘基 1993）。このように 1980 年代後半から 90 年代初頭にかけて，各国で極東平底土器についての定義づけがなされ，今日の研究の基礎となった。大貫は，東北アジアの先史文化について極東平底土器が形成され，展開した後，紀元前 2 千年紀に終焉を迎える過程として叙述した。以前は極東平底土器前半期，同後半期，紀元前 2 千年紀の様相として大きく段階設定していたが（大貫 1992a・1998），近年では極東平底土器の段階を前段階，中段階，後段階と細分した変遷過程を示している（大貫 2006・2010・2011b）。極東平底土器前段階西部で連続弧線文土器群および先行する文化，東部でアムール網目文土器群，北部で隆起文土器群がみられる。前段階では遼西で農耕が開始されたが，生業中での比率は高くなかった。中段階では遼西と遼東の差異が鮮明となり，遼西で紅山文化がみられ在地系文化の盛期を迎える。遼東では小珠山中層文化となり，膠東半島との関係が生じる。東部ではボイスマン文化移行期の土器群が広がる。後段階では遼西の小河沿文化において華北化が進展し，極東平底土器は終焉を迎える。遼東では偏堡文化に変わる。また，東部ではザイサノフカ文化が広がる。遼西ではやや早く極東平底土器が終焉を迎えるが，紀元前 2000 年頃にどの地域でも極東平底土器は終焉を迎える。遼西から遼東西部に三足器が普及するようになり，遼東でも膠東半島との交渉で三足器である鬶が登場する。三足器を受け入れなかった地域では壺と甕（または深鉢）という組成が確立し，それ以前の極東平底土器の土器組成とは異なる段階に至る。このことについて大貫は食料採集経済を生業の主たる基盤とした地域の大半に雑穀農耕がしだいに普及していく過程であると述べている。

宮本一夫は土器の変遷と同時に，東北アジアの農耕化という観点で，文化動態について述べている（宮本1995・2000・2009・2017）。農耕化第1段階として遼西・遼東から韓半島西北部を介して韓半島南部までアワ・キビ農耕が展開する段階である。この段階では磨盤・磨棒，土掘り具といった氏の定義する「華北型農耕石器」や柳葉形石鏃が伝播するが，土器文化との関連では，韓半島南部に弓山文化系の土器が展開し水佳里Ⅰ式が成立する動向と連動するという指摘をした（宮本2003）。その後，農耕化第2段階として，栽培穀物にイネが加わる段階が設定されており，文化の流れは膠東半島から遼東半島を経て韓半島に至るものとする。この段階ではほかの物質文化を伴うことなくイネそのものや，イネ作技術の伝播がみられるとするが，一方では土器文化との関連では遼東半島小珠山上層期の壺が偏堡文化の壺と関連をもちながら韓半島西部にまで影響を及ぼすことと連動しているとする。農耕化第3段階として水田や畠，農耕具，木材加工石器が膠東半島から遼東半島を経て韓半島に達する流れがあり，これが韓半島の青銅器時代の文化であるとするものである。このように，東北アジアの文化動態を農耕化の観点から整理する研究もみられる。

　中国では近年，遼東半島，鴨緑江流域，豆満江流域，ピョートル大帝湾沿岸，ウスリー河流域の新石器時代土器を対象とした文化動態研究が楊占風によって提示されている（楊占風2013）。楊占風は新石器時代を第一時期から第四時期に段階設定し，鴨緑江流域および遼東半島黄海沿岸地区，豆満江流域およびピョートル大帝湾沿岸，ウスリー河流域の3群に地域分類している。第一時期から第三時期では遼東半島を中心とする一群と豆満江流域を中心とする一群がそれぞれ発展するが，第四時期にいたり土器の特徴が3群で一致するに至ること，また遼東半島から豆満江流域，ウスリー河方向へ影響方向が看取できることを指摘している。

　このように，東北アジア先史文化を理解するうえでの基礎的な枠組みは，おおむね明らかになってきている。しかし，依然，国家や言語の障壁に阻まれ，東北アジア全体に及ぶ検討は少ないといえる。

　特に問題となるのが，極東平底土器が終焉し，次の青銅器時代の文化への移行期がどのような様相であったかという検討が大貫や宮本の研究を除外するとほとんどなされていないという点である。ある地域の新石器時代の文化動態，青銅器時代の文化動態などは特に中国やロシアでは多くなされているものの，これを通時的に検討した研究は非常に少ない。

　加えて文化動態研究＝土器文化動態研究となる傾向が強く，その他の文化遺物が補助的な検討に留まっているという点も問題である。さらに，生業関係の文化遺物や自然遺物に対する考察は多くなされているものの，精神文化にかかわる検討は比較的少ないものとなっている点も問題点として挙げられる。

Ⅲ．本書の構成

　上記の問題点を克服し，所期の目的を達成するために，次のとおり研究を遂行した。まず，韓半島と以北の地域の関係性について第Ⅰ部で述べ，韓半島と西北九州の関係性について第Ⅱ部で述べた。第Ⅰ部では，土器，生業に関係する遺物，精神文化に関係する遺物・遺構についてそれぞれ検討する。まず，土器については韓半島以北の地域に分布する極東平底土器について検討する。極東平底土器は遼西地域から沿アムール地域に及ぶ広大な範囲に分布している。そのなかでも，韓半島との関係性が大きいと想定される極東平底土器について編年と地域性を述べる。韓半島と関係性が大きいと想定される極東平底土器には遼東地域を中心とする一群と，豆満江流域・南沿海州・牡丹江流域（以下では豆満江流域等）を中心とする一群が存在するので，本書では，それぞれ極東平底土器遼東群，極東平底土器豆満江群とする。第1章では，極東平底土器遼東群（第1節）と極東平底土器豆満江群（第2節）の編年と地域性および遼東群と豆満江群の相互の関係（第3節）について述べる。第2章では極東平底土器遼東群・豆満江群と周辺地域の関係性について述べる。具体的には遼西地域との関係（第1節），沿アムール地域との関係（第2節），膠東半島との関係（第3節），韓半

島丸底土器との関係（第5節）について検討する。

　本書では韓半島丸底土器という土器群を設定しているが，これは，韓半島中西部地域の弓山文化と韓半島南部の水佳里Ⅰ式から水佳里Ⅲ式にいたる丸底土器を総称するものである。徐国泰らの主張する「雲下文化」の概念に近いが（徐国泰1999），徐国泰ら北韓の研究者は，瀛仙洞式土器を後期に編年しているために，瀛仙洞式土器も包含する概念となっている。本書で述べる韓半島丸底土器は雲下文化から瀛仙洞式を除外したものとなる。なお，瀛仙洞式土器は丸底であるが，韓半島丸底土器には該当しないものと判断する。韓半島丸底土器に該当しない韓半島中南部の土器としては鷲山里式および関連する土器群，隆起文土器といった平底土器があるが，瀛仙洞式土器は一部に韓半島中西部の弓山文化の影響がみられるものの，主要な部分は隆起文土器との継承関係が認められるためである。水佳里Ⅰ式は区分文系土器が主要な構成要素となるため，弓山文化との関連性が高いとみて韓半島丸底土器の範疇に含める。ただし，水佳里Ⅰ式から水佳里Ⅲ式についても非常に在地性が高い。文様としては太線沈線文は瀛仙洞式土器との継承関係がある。また，器種組成としては，韓半島南部では隆起文土器から水佳里Ⅲ式まで，壺が存在し，それは系譜関係を追うことができる点で，南部地域の在地性を示している。

　このような韓半島丸底土器と極東平底土器の関係を考えるうえで，大同江流域をはじめとする韓半島中西部の丸底土器の編年についても新資料に基づき考察した（第4節）。

　韓半島中・南部では，青銅器時代には丸底土器は終焉し，平底の無文を主とする刻目突帯文土器やコマ形土器が用いられる。この段階の遼東地域との関係を調べるため，節を改めて述べる（第6節）。

　土器研究の終わりに，各地の併行関係を策定して，広域編年網を作成すると同時に，土器文化動態について述べる（第7節）。

　第3章では，得られた広域編年に年代を付与するため，定点となる新岩里出土青銅刀の年代について検討した。また，青銅器の流入系譜等についても併せて検討した。

　第4章～第6章については土器以外の文化要素の変遷と地域性について検討するが，その際には，第2章第7節で得られた広域編年網を利用する。

　第4章では，農耕に関係する道具を取り扱う。前提となる韓半島を中心とした地域の農耕研究の現状について触れ，（第1節）。さらに，農耕石器として指標となる磨盤・磨棒（第2節）および磨製石庖丁（第3節）の変遷と地域性についても検討した。そのうえで，東北アジアからみた韓半島の農耕の変遷について明らかにした（第4節）。

　第5章では，農耕関係以外の労働道具として，紡糸活動で使用される紡錘車に着目し，その変遷と地域性についても検討した。これまで，紡錘車について広域に研究された事例は極めて少なく，資料の増加した現在的視点からは興味深い結果が得られるものと期待される。

　第6章では，東北アジアの精神文化に関わる遺物・遺構の変遷と地域性について述べる。精神文化を表象する遺物としては，偶像・動物形製品を挙げることができ，東北アジアにおける変遷と地域性について検討する（第1節）。また，遼西地域，沿アムール地域，韓半島南部にみられる岩画についても，編年と地域性を明らかにした。なお，岩画は製作時期が不確実なものが多く，本書が対象時期とする時期以降のものについても取り扱った。

　以上第Ⅰ部では，東北アジアの新石器時代から青銅器時代前期にかけての土器，青銅刀，磨製石庖丁，紡錘車，偶像・動物形製品，岩画についての変遷と地域性について検討する。文化の構成要素を全て取り扱うことはできなかったが，生業から精神文化にいたる文化全般のなかで代表的な遺物・遺構について検討することで，文化全般の動態が明らかになるものと考えられる。

4

該期の韓半島南部と西北九州の関係について扱う第Ⅱ部では，第7章にて韓半島で出土する縄文土器の実相と性格について述べる。

第8章では，韓半島南部と西北九州では相互の土器様式に影響を与えない交流が行われていたなか，瀛仙洞式－西唐津式の関係は，例外的に様式に影響を与えるような関係であったため，特にその様相について検討した。

第9章では，玄界灘島嶼域を中心とする縄文時代の様相について検討し，玄界灘島嶼域および九州島で出土する韓半島系土器を通して，該期の日韓[2]交流の様相について考察した。

第10章では，第6章から第8章で主として扱った土器以外で，これまで，関係が想定されてきた精神文化関係遺物について検討した。特に，韓半島南部に面した長崎県域の土偶・動物形土製品の変遷を検討し，韓半島との関係を考察した。

第11章では第7章から第10章での検討を踏まえ，新石器時代における韓半島南部と西北九州の交流の特質について明らかにした。

そして，結論では，第Ⅰ部で述べた東北アジア先史文化について，各遺物・遺構の動態における共変動を確認し，文化動態について総合的に考察する。また，第Ⅱ部で得られた日韓交流の実相を踏まえ，東北アジアの先史文化動態と日韓交流の関係について併せて検討する。

Ⅳ．本研究の特色

本研究の最も大きな特色は，韓半島の先史文化動態を考えるために，広大な地域の先史文化を同じ基準で叙述した点にある。そのためには，適切な時間軸が必要となる。先述のとおり大貫静夫，宮本一夫，楊占風らによる広域編年網は重要な業績であるが，現在的視点でみると十分ではない点も散見される。本書ではこの不足を補うべく，筆者なりの編年観を提示している。

従来，磨製石庖丁や偶像・動物形製品など一つの遺物について日本列島まで含め，東北アジアを対象に幅広く研究されたことはあり，本研究でも研究上の大きな助けとなった。しかし，これらの集成・総論的な研究の問題点として，土器編年との対応が不十分であったため，適切な資料抽出や比較検討ができていないことが挙げられ，不適切な資料比較が，結論に重大な誤謬をもたらした例も少なくはない。このような点を是正するために，本研究では筆者の編年観を基に，適切な資料比較を目指した。

生産活動に関わる事項ではこれまで，農耕関係についての研究は多かったが，紡織関係，具体的な考古資料としては紡錘車に着目した本格的な研究は極めて少ない。その極めて少ない紡錘車の研究も1980年代になされたものがあるばかりで，近年の増加した資料に基づく研究が不足していた。この不足を補うため，本研究では紡錘車を取り扱っている。

そのほか，本研究では精神文化に関する分野についても積極的に扱っている。資料と筆者の力量の不足により，その精神文化の内容にまでは検討が及んでいないが，基礎的な変遷・地域性を示すことはできた。このような精神文化からみた諸相は，特に土器のような実用的側面と精神的側面の両方をもつ遺物の変遷と地域性を考えるうえで，重要な要素となる。

なお，これらの多様な遺物について扱う際に，増加した資料を利用したのはもちろんのこと，解放前に得られた資料も積極的に利用し，実物観察により得られた所見を基に考察を加えた点も本研究の特色の一つである。

土器，磨製石庖丁，紡錘車，偶像・動物形製品，岩画といったさまざまな文化要素を統一的に扱い，その相関関係および共変動を検証することで，文化動態を示すということは，これまで多くみられた単純な比較

論を克服する研究指針として有効であるということを示す点に，本研究の有用性があるのではないかと考えている。

註

1）本書で述べる韓半島とはいわゆる「朝鮮半島」と同じ範囲を指す。また，韓半島のうち大韓民国の実効支配が及んでいる地域は南韓，大韓民国の実効支配が及ばず，「朝鮮民主主義人民共和国」が支配している地域は北韓とする。筆者の理解では，外国地名の呼称については，歴史的・伝統的に使われてきた我が国における呼称を採用する考え方（①案）と現地での呼称を採用する考え方（②案）がある。①案を採用した場合は，「朝鮮半島」と表記することとなる。②案を採用する場合は，少なくとも2通りの呼称となる。大韓民国を支持する場合は「韓半島」（②-1案）となり，「朝鮮民主主義人民共和国」を支持する場合は「朝鮮半島」（②-2案）となる。筆者はこのうち，②-1案を採用するので，韓半島と呼称するものであり，そのほかの呼称が誤りであると主張するわけではない。思想・信条・立場・局面等により，個人や団体が最も適切であると考える呼称を採用すればよいと考える。このような考え方については，学術用語としての地理的名称が統一されていなければならないとする立場からすれば，学問に政治的な判断を持ち込むことであるという批判もあろうが，不幸なことに韓半島は学術的な理由によって分断されたのではなく，まさに政治的な理由で分断されているため，これは致し方のない問題である。韓半島の歴史研究にあっては，たとえ国家成立以前の先史時代が対象であったとしても現代政治の問題と切り離すことができない部分が確実に存在する。韓半島近・現代史研究者である梶村秀樹の上司であった人物の「朝鮮現代史のような現実的すぎる対象はアカデミズムにはふさわしくない」といった発言（梶村1977）をひとたび許してしまえば，韓半島に関わる全ての歴史は厳密な学術的研究対象とすることができない事態を招くこととなる。しかし，このような事態自体は誤りであることは明白である。

2）本書における「日韓」とは日本列島と韓半島の略称とする。

第Ⅰ部

東北アジア先史文化の変遷と地域性

第1章　極東平底土器遼東群・豆満江群の編年と地域性

第1節　極東平底土器遼東群の編年と地域性

Ⅰ．緒　言

遼東半島，瀋陽地区，太子河上流域，丹東地区，鴨緑江下流域（平安北道）では，連動した土器文化の展開をみせるが，ここでは新石器時代から青銅器時代前期にかけての土器編年を小地域別に示し，併行関係を策定する。

Ⅱ．遼東半島の編年

遼東半島の新石器時代の編年研究は，佟柱臣によって始められた（佟柱臣1961）。その後，1963〜1965年の中朝合同調査により山東龍山併行期以降の編年が確立した（朝中共同発掘隊1966，中国社会科学院考古研究所1996）。また数次にわたる長海県広鹿島や大長山島の遺跡の調査がなされ（許明綱ほか1981），その成果を踏まえ許玉林・許明綱・高美璇は遼東半島の新石器時代に関して小珠山下層類型→小珠山中層類型→小珠山上層

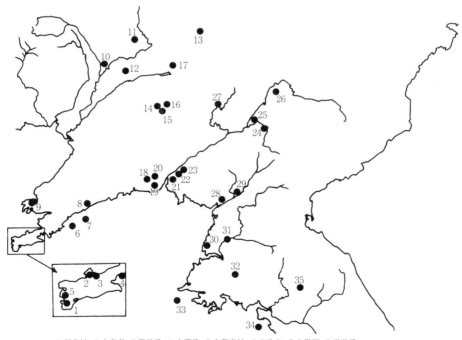

1 郭家村，2 文家屯，3 双砣子，4 大嘴子，5 大藩家村，6 小珠山，7 上馬石，8 単砣子，
9 三堂村，10 偏堡，11 高台山，12 肇工街，13 西断梁山，14 張家堡，15 廟後山，
16 馬城子，17 望花，18 石仏山，19 大崗，20 後窪，21 双鶴里，22 新岩里，23 美松里，
24 公貴里，25 深貴里，26 土城里・長城里，27 五女山城，28 堂山，29 細竹里，
30 弓山，31 金灘里，32 智塔里，33 大延坪島，34 永宗島，35 軍弾里

図1　関連遺跡位置図

10　第Ⅰ部　東北アジア先史文化の変遷と地域性

類型→於家村下層類型という変遷観を示し（許玉林・許明綱・高美璇1982），その後の編年の基礎となった。

　小珠山下層期は之字文（連続弧線文）を特徴とし，太い工具による各種集線文もみられる。胎土に滑石が混和されることも特徴である（図8-1〜4）。続く段階は丹東地区の後窪上層期に対応する時期であるが，従来，遼東半島の様相については層位的な事例が確認できず，不分明であった。しかし，一部の研究者は遼東半島に後窪上層段階が存在するであろうことを予測していた。趙輝は小珠山下層や上馬石下層でみられる平行沈線の土器を後窪上層と対応させており（趙輝1995），宮本も同様の土器を小珠山下層期の最も遅い段階と考えている（宮本1995）。筆者は廟島群島の北荘で後窪上層類型の土器が出土しているので（図32-7〜9），中間地帯の遼東半島でも存在するであろうと考えていた（古澤2007c）。2006・2008年に小珠山の再発掘がなされ，「第二期」という土器が設定されたが（金英熙・華笑冰2011），この土器は後窪上層類型の土器である。第一期の土器は従来の小珠山下層期の土器で，第三期の土器は小珠山中層期・呉家村期の土器である。T1512の層序では⑲〜⑱層で第一期，⑪Ｃ層で第二期，⑦Ｂ層で第三期の土器が出土しており，層位上も整合的で，第二期が単純層である可能性が高く，遼東半島でも後窪上層類型の時期があったものと考えられる。本書では遼東半島の後窪上層期併行期を暫定的に小珠山2期とする。

　小珠山中層類型について大貫静夫は郭家村4層に関して呉家村との類似を説き（小川1982），宮本一夫は同様の観点から小珠山中層期と呉家村期を分離した（宮本1985）。宮本はその後，郭家村3層を分離し，呉家村期に後続するとしている（宮本1990）が，千葉基次は郭家村5層を郭家村下層，郭家村4・3層を郭家村中層と分期し，4層と3層では同様の要素をもつ土器がみられることから，4層と3層の分離には否定的である（千葉1990）。孫祖初も宮本と同様に郭家村5→4→3層という逐次変化を想定している（孫祖初1991）。趙輝は小珠山中層文化について郭家村5・4層を呉家村と併行とし，郭家村3層を分離している（趙輝1995）。金英熙は郭家村5層を呉家村期に位置づけ後続する段階として郭家村4層→3層という段階を想定している（金英熙2002）。このように小珠山中層類型の細分において郭家村の層位における逐次変化を認定するかどうかによって，見解に相違をみせているもののおおむね小珠山中層→呉家村という変化方向は認定されている。現在では呉家村と小珠山上層の間に偏堡類型を位置づける見解（陳全家・陳国慶1992，宮本1995ほか）がおおむね認められている。

　郭家村上層は双砣子1期と2期の間に位置づけられたことがあった（社会科学院考古学研究所・歴史研究所1969）が，現在では小珠山上層に位置づける見解が広く認められている。

　以上の研究史を踏まえ，東京大学文学部所蔵[1]（図5，表1）・京都大学所蔵文家屯，東京大学所蔵郭家村資料について適宜，触れながら若干の考察を試みたい。まず，文家屯（澄田1986，遼東先史遺跡報告書刊行会2002）では少数の小珠山下層期に属する滑石入り土器がみられる。そして，小珠山中層期，呉家村期，偏堡類型，小珠山上層期の土器がみられるが，Ａ地点は呉家村期の土器が主体的で，Ｃ地点では偏堡類型の土器が主体的である[2]。上述したように小珠山中層期と呉家村期は郭家村遺跡の5層と4層をもとに分期が可能になったという経緯があるが，型式学的にみても変遷過程を把握することができる。

　京大所蔵文家屯資料には，口縁部文様帯に短斜線文，胴部文様帯に沈線で区画した中を山字状に帯を構成する文様[3]がある。この文様は2種に分類できる。

　　　組合文1：口縁部文様帯の短斜線を刺突・押引で施文し，胴部文様帯は幅3mm程度の比較的太めの沈線で施文されるもの（図2-1・2）

　　　組合文2：口縁部文様帯と胴部文様帯が同一の施文手法をとるもの。幅1〜2mmの非常に細い沈線で施文される。（図2-5・6・7・8）

　この分類における口縁部文様帯と胴部文様帯の施文具の差異はそれぞれの相関性が極めて高い。しかし，

文様構成は胴部文様帯の山字の頂点に浮文を付すなどほとんど共通し，相互の関連が想定される。

郭家村遺跡の5層では組合文1がみられ（図2-2），組合文2は郭家村遺跡4層でみられる（図2-6～8）。したがって，この2者の関係については時期差であることが想定され，組合文1を小珠山中層期，組合文2を呉家村期と位置づけることが可能である。そして，小珠山中層期と呉家村期の連続性を明らかにすることができる。組合文2にみられる非常に細い沈線で施文されるのは組合文以外の文様でもみられ（図5-1～3・6），呉家村期の特徴と考えることができる。さらに呉家村期ではミガキ調整がさかんになされるようになるという特徴があり，岡村秀典と松野元宏による文様と調整の変遷による呉家村期内の細分化の試図（遼東先史遺跡発掘調査報告書刊行会2002）は筆者には当否は判断できないが，興味深い見解である。廟島群島では，北荘遺跡H103（張江凱1997）において北荘1期と認められる盆形鼎とともに筒形罐が出土しているが（図2-4），この筒形罐は押引による短斜線を施文したもので筆者分類の1に該当し，小珠山中層期のものである。また，北荘2期とされるH122（張江凱1997）では呉家村期的な文様に浮文が施された筒形罐が出土しており（図2-9）整合的である。

壺に関しては，これまで呉家村期の段階では無文の壺が知られるのみであった（許明綱 等1981）。東大・京大の文家屯遺跡資料のなかには三角組帯文などが頸部に施文された土器が確認された（図5-8, 図8-12）。これらの土器は文様帯の部分を残し，頸上部に丹念にミガキをかけている。このような器面調整は先述のように小珠山中層期から呉家村期の深鉢にもみられ，これらの壺は小珠山中層期～呉家村期のものと考えることができる。そして，文様構成の類似から小珠山下層期の上馬石1号住居址から出土した壺（図8-5）の系譜を引くものであると考えられる。呉家村期の膠東半島系土器として透窓のある豆が見られるが（図5-12～14），膠東半島では北荘2期[4)]の北荘2期層，於家店M1（北京大学考古実習隊 等2000b）などで出土している。なお，透窓の形は北荘2期層，於家店M1では三角形で，京大・東大所蔵文家屯資料も三角形の透窓をもつものもあるが，文家屯A地点では円形の透窓も認められる。その他に呉家村期に属すると思われる土器として水波文施文土器が挙げられる。膠東半島では李歩青と王錫平が指摘するように（李歩青・王錫平1988），北荘2期に特徴的な遺物である（図3-1）。文家屯で出土する水波文土器（図3-2・4, 図5-11）は焼成が堅緻で，灰褐色に発色するものが多く，他の赤褐色を呈し，相対的に柔らかい焼成の在地系の土器とは明確に区分される点から搬入品である可能性が高い。岡村や松野は遼東半島で出土する山東系の土器のほとんどは色調，文様，彩色方法など山東半島のものとほとんど区別できず，模倣品ではなく，搬入土器であると述べている（岡村1992, 遼東先史遺跡発掘調査報告所刊行会2002）。遼東半島の膠東半島系の土器のほとんどが搬入品であるかどうかについては筆者としては否定的な立場に立つが，搬入品の候補として水波文施文土器は有力なものである。

組合文1系　　　　　　　　組合文2系

1・5 文家屯A, 2・3 郭家村⑤層, 4 北荘1期, 6～8 郭家村④層, 9 北荘2期

図2　組合文の比較

文家屯C地点では偏堡類型の土器が中心に見られる。宮本の指摘のように三堂村1期（陳全家 等1992）の組成に近い。本書ではこの段階を三堂村1期とする。これらはほとんど後述の東高台山タイプに近く（図5-15など），肇工街タイプはみられない。偏堡類型の土器（東高台山タイプ）は滑石を混入するのが特徴である。また，器面を板状工具でナデつけて調整する個体が多い。これらは小珠山中層期や呉家村期の土器にはみられない特徴で，多くの研究者が論じるように偏堡類型の系譜の差異を反映している可能性が高い。なお，偏堡類型（東高台山タイプ）の土器は遼東半島の東側・西側を問わず出土している。遼東半島西側では三堂村1期層，交流島（王琺 等1992），石灰窯村（劉俊勇・王琺1994），大藩家村（劉俊勇1994）などでみられる。遼東半島内部での地域差を強調するあまり，遼東半島東側には偏堡類型が分布しないと考える見解もある（遼東先史遺跡報告書刊行会2002）が，遼東半島東側でも塔寺屯，花山屯（澄田1990）等でみられるように偏堡類型（東高台山タイプ）が確実に分布している（図4）。

さて，宮本は京大所蔵の文家屯資料の様相を検討し，文家屯A地点を呉家村期に，C地点を偏堡類型の段階と想定し，文家屯A地点で呉家村期の土器と偏堡類型の土器が出土していることから両者が一時共存していたと解釈した（宮本1995，宮本編2015）。しかし，文家屯A地点では呉家村期を主とするものの，小珠山上層期の土器もみられ，混在である可能性が高い。遼東半島の郭家村4層や小珠山遺跡中層などでは呉家村期の土器と偏堡類型の土器が明確に共伴するということが確認された事例はなく，逆に文家屯に近接した偏堡類型（東高台山タイプ）の土器が出土する大藩家村では呉家村期の土器の出土はない。したがって，呉家村期と三堂村1期それぞれの単独時期があったことは確実である。ここでは偏堡類型を呉家村期とは異なる時期のものとして考えておきたい。김영근と김광철も呉家村期を含む小珠山中層類型と偏堡類型の時期が異なることを論じている（김영근2004，김광철2006）。

膠東半島系土器として縁に刻目をもつ蓋が，偏堡類型が主体の文家屯C地点で出土している[5]（図8-38）が，膠東半島では，楊家圏1期に近い文化内容をもつ小管村1期層（北京大学考古学実習隊 等2000）および採集品ではあるが於家店（蔣英炬1963）などでも出土している。なお，文家屯例は木板状工具で刻みを入れている。また，楊家圏1期（北京大学考古実習隊 等2000a）にも水波文があるが，これは北荘2期のものとは異なり，より太い工具で乱雑に施したものである（図3-3）。これに類似した資料は遼東半島側では偏堡類型が主体の

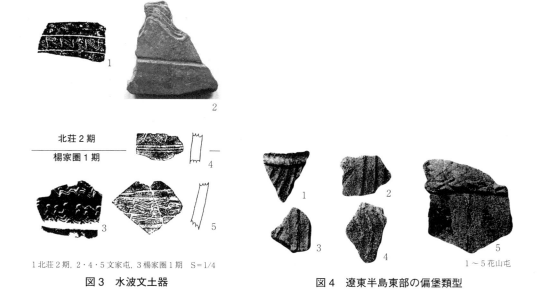

1 北荘2期, 2・4・5 文家屯, 3 楊家圏1期　S=1/4

図3　水波文土器　　　　図4　遼東半島東部の偏堡類型

表1　東京大学所蔵文家屯土器観察表

番号	時期	器種	法量（cm）	胎土	焼成	色調		調整	
						外面	内面	外面	内面
1	呉家村	筒形罐	口径20.8	白雲母少量	良好	赤褐	褐	ヨコミガキ	ヨコミガキ
2	呉家村	筒形罐		石英	やや甘	赤褐	赤褐	ミガキ	ミガキ
3	呉家村	筒形罐		石英	良好	暗褐	暗黄褐	ミガキ	ヨコミガキ
4	小珠山中層～呉家村	筒形罐		石英	やや甘	赤褐	褐	ミガキ	指頭圧痕
5	呉家村	筒形罐		粘土質	良好	赤褐	赤褐	斜位ミガキ	ヨニミガキ
6	呉家村	筒形罐		石英	やや甘	赤褐	赤褐	ヨコミガキ	ナデ
7	呉家村	筒形罐		石英	良好	黒褐	褐	タテミガキ	工具痕
8	小珠山中層～呉家村	壺肩部		石英	良好	赤褐	赤褐	ヨコミガキ	ナデ
9	呉家村	筒形罐		石英	良好	淡褐	淡灰褐	ミガキ	ヨニミガキ
10	呉家村	筒形罐		石英	良好	赤褐	赤褐	斜位ミガキ	ナデ
11	呉家村（北荘2期）	不明		粘土質	良好	灰褐	灰褐	ナデ	ナデ
12	呉家村～三堂村1期	豆			やや甘	赤褐	赤褐	タテミガキ	タテミガキ
13	呉家村～三堂村1期	豆		石英	やや甘	赤褐	赤褐	タテミガキ	タテミガキ
14	呉家村～三堂村1期	豆	脚径13.8	石英	やや甘	赤褐	赤褐	タテミガキ	ヨコミガキ
15	三堂村1期	筒形罐		滑石少量	やや甘	暗赤褐	黄褐	ナデ	ナデ
16	小珠山上層	豆	口径16.0	石英	良好	黒灰	黒灰	ミガキ	ヨコミガキ
17	小珠山上層	折縁罐		石英	良好	暗灰褐	黒灰褐	ナデ	ナデ
18	小珠山上層	折縁罐		石英	やや甘	黄褐	暗黄褐	ナデ	ナデ
19	小珠山上層	折縁罐		石英	甘	黒褐	褐	ナデ	ナデ

文家屯C地点（図3-5）や大藩家村で出土している。大藩家村では偏堡類型（東高台山タイプ）の段階の土器から小珠山上層期の土器が出土しているが，その他の小珠山上層期の遺跡からは水波文の施文された土器の報告はなく[6]，偏堡類型に伴うものであろう。膠東半島でも水波文は楊家圏2期以降では報告されていない。

　以上の点からこれまでの見解（小川1982，王錫平・李歩青1987，許明綱1989，佟偉華1989，宮本1990など）のように呉家村期は北荘2期と併行するものと思われ，三堂村1期は楊家圏1期におおむね併行するものと思われる。その場合，口縁隆帯や三足鉢の形態（図8-36）の類似から偏堡類型（三堂村1期）の淵源を膠東半島の白石村2期に求める見解（朱永剛1993，蘇小幸・王嗣洲1994）があるが，併行関係上からは直接の関連を求めるのは困難である。

　先述したように郭家村3層期に関しては独立した一時期と把握する見解と否定的な見解がある。郭家村3層は4層と上層（2・1層）の中間層であるため，呉家村期と小珠山上層期の間であることは確実である。したがって，同様に呉家村期と小珠山上層期の間に入る三堂村1期との先後関係が問題になるが，郭家村3層で示されたような組成は郭家村以外では，文家屯を含め他の遼東半島の遺跡では明確にはわからないので，判断できない。郭家村3層からは偏堡類型の土器は報告されていない。千葉の指摘のように呉家村期の土器と関連する土器も郭家村3層では出土している一方，新しい要素もみられるので呉家村期に近接した時期であろう。そして，筒形罐の胴部に一組のつまみを設ける点などは膠東半島に起源が求められるものと思われ，郭家村が膠東半島に最も近接しているという地理的状況の特殊性により膠東半島系の土器が多く見受けられる郭家村3層の位置づけが難しくなっているものと思われる。膠東半島との関係で考えた場合，郭家村3層は宮本の指摘のように楊家圏1期と併行する（宮本1990）のであれば，同様に楊家圏1期と併行すると思われる三堂村1期と時期的に重なる部分がある可能性もあるが，近年の小珠山の再調査による成果をみても，郭家村3層期という段階を設定するのは困難であろうと筆者は考えている。

14　第Ⅰ部　東北アジア先史文化の変遷と地域性

　遼東半島では偏堡類型（東高台山タイプ）の土器は小珠山上層期の土器に完全に置き換わる。小珠山上層期にはそれまでの筒形罐のほか山東龍山文化の影響を受けた折縁罐を中心に三環足器，単耳杯など膠東半島の龍山文化と共通する器種が多くみられるようになる。

　東大文学部所蔵郭家村資料は1928年の東亞考古学会と関東庁博物館による牧羊城址に関する調査の際，併せて郭家村遺跡が調査された際に採集された資料である（原田・駒井1931，古澤2005・2007b）。ここでは，郭家村下層（小珠山中層期，呉家村・郭家村3層期）と郭家村上層（小珠山上層期）の土器がみられる。

　そのうち，小珠山上層期の遺物には在地系の二重口縁筒形罐がある（図6-1）。そして，この二重口縁部の施文方法には，筆者が確認した例では木板や丸棒状工具を押捺したもののみがみられ，沈線技法のものは認められなかった。一方，偏堡類型の口縁隆帯も木板や丸棒状工具で隆帯上に施文しており類似性が看取される（図5-15）。折縁罐については筆者がすでに論じたことがある（古澤2005）が，回転を利用して施文を行う折縁罐Ⅰ類（図9-6）と横走魚骨文などが施文される折縁罐Ⅱ類（図9-5）の両者がみられる。折縁罐の施文は多歯具でなされるものがあるが（図5-17），多歯具による施文は小珠山上層期に特徴的である。王錫平や

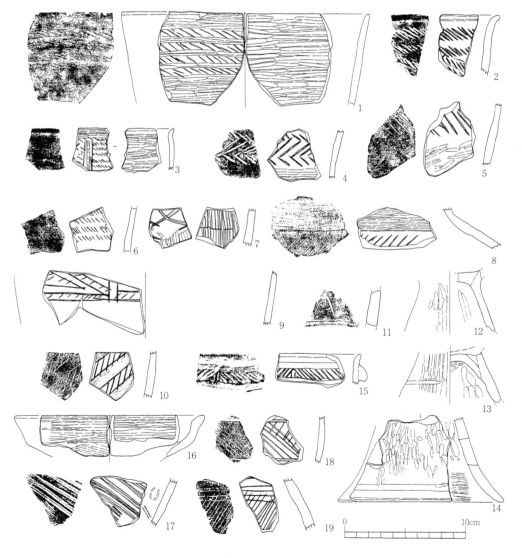

図5　東京大学文学部所蔵家屯出土土器

第1章 極東平底土器遼東群・豆満江群の編年と地域性　15

李歩青，佟偉華らが主張するように（王錫平・李歩青1987，佟偉華1989），櫛歯状の工具で回転を利用し，浮文を切るような形で施文した罐（図6-3）は，廟島群島では大口遺跡1期晩期（呉汝祚1985）（図6-4・5），遼東半島では，郭家村上層（許玉林・蘇小幸1984），老鉄山積石塚M1（6）室（陳連旭1978），将軍山積石塚（朝中共同発掘隊1966，中国社会科学院考古研究所1996）にみられる。大口2期や双砣子1期層でみられる罐（図9-31）はこれの後続型式であると考えられる。なお，このような弦文罐は趙輝によると山東地域のなかでも特に膠東半島に多いものであるという（趙輝1993）。蓋は原報告（原田・駒井1931）では鉢として報告されているものの頂部に環状把手のついていた痕跡が明瞭に残ることから蓋であることが判明した（図6-2）。この蓋の体部には2条の沈線が施され，縁に粘土のたまりがあり，縦にミガキ調整を行っているが，このような蓋ないし杯[7]の類例は解放後に調査された郭家村（許玉林・蘇小幸1980・1984）以外では，洪子東西大礁貝丘（許明綱1961，許明綱・於臨祥1962）（図9-23）にもみられる。洪子東例にも2条の沈線が入り，縁に粘土だまりがあることがわかり，郭家村例と器形・文様・調整などの特徴が一致する。

　於家村下層は許玉林・許明綱・高美璇（許玉林・許明綱・高美璇1982，許明綱1987）らによって双砣子1期として考えられている。王青は山東龍山文化併行期である遼東半島の小珠山上層期から双砣子1期の文化を山東龍山文化の郭家村類型と把握しており[8]，於家村下層の資料が小珠山上層期に後行し，一部は双砣子1期段階である事を示している（王青1995・1998）。王青の指摘のように於家村下層の資料は小珠山上層期から双砣子1期の遷移的な様相を示し，折縁罐の比率が減少し広口壺が主体的にみられ，彩絵陶がみられることから本書では双砣子1期に含めて考えておく。

　双砣子1期には広口壺を中心に罐，豆，碗などがみられ，小珠山上層期で主体的であった折縁罐は極めて少なくなり，また，折縁罐の形態も宮本が指摘するように外反口縁が徐々に直立化してくる（宮本1985）。双砣子遺跡1期層では海参罐（図9-37）がみられるがこの器種は小珠山上層期の郭家村上層（図9-18・19），大藩家村，文家屯（劉俊勇ほか1994）で確認でき，小珠山上層期との連続性を看取できる。また，先に指摘した小珠山上層期の弦文罐の後続型式と思われるもの（図9-31）も出土しており，双砣子1期のなかでも，

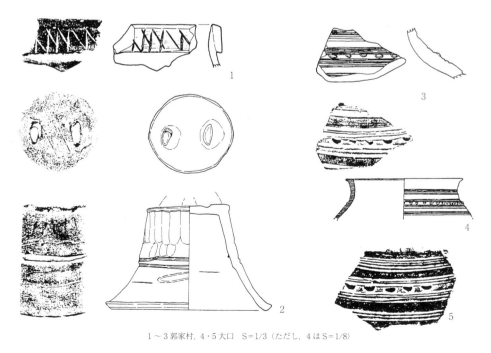

1～3郭家村，4・5大口　S＝1/3（ただし，4はS＝1/8）

図6　東京大学所蔵郭家村出土土器および関連土器

16　第 I 部　東北アジア先史文化の変遷と地域性

特に双砣子遺跡 1 期層は小珠山上層期との連続性を看取できる遺物がみられる。

　双砣子 1 期の土器を考えるうえで重要な資料が単砣子の資料である（図 7，表 2）。単砣子は普蘭店市に所在する遺跡で，八木奘三郎により発見され（八木 1924），1927 年東亞考古学会と関東庁博物館の共同調査が行われた遺跡である（浜田 1927・1929，島田 1927）。この時の調査資料の大部分は京都大学に所在するが，東京大学文学部にも若干数が存在する。以下では，東京大学文学部所蔵の単砣子包含層資料について紹介するとともに，これに関連する諸問題について述べたいと思う。

　1 は広口壺である。口唇部は面取りされ，頸部と胴部の境界に沈線が 1 条めぐる。外面はミガキ調整で，内面の上部はナデ調整がなされ，下部は工具痕が明瞭に残る。2 は広口壺である。頸下部には沈線が施される。内面には木板状調整具による工具痕が明瞭に残る。3 は罐である。口唇部は面取りされているが，外面と内面に若干突出している。内面には板状調整具による痕跡が残る。2〜3 条の沈線がめぐる。4 は二重口縁部である。二重口縁下端部に刻目がはいる。外面はミガキ調整である。5 は豆の杯部である。口唇部は面取りがなされ，内傾している。外面には 1 条の沈線がめぐる。内外面ミガキ調整がなされる。6 は碗である。口縁部は面取りされ，内面に若干突出する。7 は圏足である。脚下部に 1 条の沈線がめぐる。外面には板状工具の調整痕をミガキで消しているが，工具痕が残っている。8 は碗である。底部に刻目をもつ。外面は細かなミガキが施され，内面にもミガキが施される。9 は大口高領壺である。頸部に木板状工具による刻目が付された隆帯がめぐる。隆帯部分以外の外面にはミガキが施される。内面は木板状の調整具による工具痕が明瞭に残る。

　さて，単砣子包含層の資料はこれまでどのように編年されてきたのであろうか。北韓では単砣子包含層を彩絵陶の存在から双砣子 1 期としている。しかし，頸部に刻目隆帯がめぐる大口高領壺（図 7-9）や，下端部に刻目をもつ二重口縁土器（図 7-4）は双砣子 2 期と位置づけている（社会科学院考古学研究所・歴史研究所 1969）。この時，北韓は二重口縁や隆帯附土器の出土する郭家村上層および偏堡類型の退化傾向を示す肇工街や双鶴里を双砣子 2 期に編年していた関係[9]で，そのような見解が導き出されたものと推察される。上述のとおり今日では郭家村上層の二重口縁土器は小珠山上層期に位置づけられており，関係は薄いものと思われる。大貫は単砣子包含層が本来の在り方を示しているのかどうか疑問を呈しつつも双砣子 1 期段階においている（小川 1982）。徐国泰は双砣子 1 期と単砣子一部遺物では別段異なる点はないとし，併行関係にあることを示した（徐国泰 1986）。中国側では単砣子包含層を双砣子 3 期に置く見解が多い（陳光 1989，卜工 1999 など）が，徐光輝は刻目突帯文のめぐる大口高領壺（図 7-9）を双砣子 2 期におく（徐光輝 1997）。後述するように蔡鳳書は単砣子包含層に春秋前期という遅い段階のものが存在すると指摘している（蔡鳳書 1993）。千葉は平行沈線の施された土器をもとに於家村下層と双砣子 1 期の間に単砣子包含層を年代づけた（千葉 1996）。

　少なくとも上で示した東京大学所蔵単砣子包含層出土資料は，おおむね外面が赤褐色を呈する点，焼成，内面に木板状調整具の痕跡を残す点（図 7-1・2・9 の内面参照）などが共通し，ほぼ同一時期のものであると判断される。底部の縁に刻目をもつ碗は双砣子 1 期文化層や烈士山貝丘（安志敏 1962）などでもみられ，内傾する口縁の弦文罐（図 7-3）は大嘴子 1 期層や H7（大連市文物考古研究所 2000）などでみられるため，組成としては双砣子 1 期と想定される。

　子母口（受け口）罐が共伴していることから双砣子 2 期に編年される単砣子 1 号墓出土の広口壺（図 9-50）と単砣子包含層出土広口壺（図 7-1）は口唇部が面取りされるなど共通する要素もあるものの，単砣子 1 号墓出土の広口罐は全く沈線が施されないのに対して，単砣子包含層のものは頸部と胴部の境界に沈線をもつ。双砣子遺跡第 1 文化層ではやや外傾する頸部の広口壺が出土しており頸部と胴部の境界に 1 条の沈線を施し，頸部および胴上部に数条の沈線が施される。このような様相からは単砣子包含層出土広口壺は双砣子 1 期文

化層広口壺と単砣子1号墓出土広口壺の文様退化の中間的な形態を示しているとも考えられ，双砣子2期に近い時期，すなわち双砣子1期後半に位置づけられるものであろう。また，圏足附土器（図7-7）は双砣子1期層，廟山早期層（陳国慶ほか1992），小黒石砣子（王埱1981，劉俊勇・王埱1994），大嘴子1期層（大連市文物考古研究所2000）といったそのほかの双砣子1期の遺跡からの出土はなく，新出傾向である点も看過できない。このように考えると単砣子包含層を双砣子遺跡1期層より先行させて考える千葉の見解（千葉1996）には検討の余地がある。単砣子包含層出土の豆（図7-5）に関して蔡鳳書は京都大学所蔵資料を観察・実測した結果，中原地区の洛陽中州路（中国科学院考古研究所1959）の東周時代の陶豆との類似を説き，春秋前期と極めて新しい年代を想定した（蔡鳳書1993）。このような豆は遼東半島ではほとんど報告例がないが，後述するように丹東地区の石仏山期（中）にみられる豆（図13-47・48）と，器形および口唇端部を斜めに面取りする点が類似しており，双砣子1期後半と考えても全く問題がない資料であり，蔡鳳書のように新しい年代を想定する必要はない。豆に限らず，圏足附土器や頸部に刻目隆帯をめぐらせる大口高領壺など，後述するよ

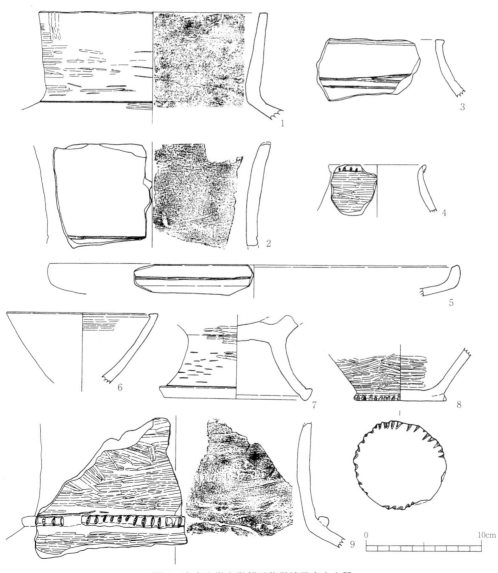

図7　東京大学文学部所蔵単砣子出土土器

18　第Ⅰ部　東北アジア先史文化の変遷と地域性

うに丹東地区や平安北道（鴨緑江下流域）の土器と関連が深い土器が出土しており，遼東半島ではあるが東側の碧流河附近に所在する貔子窩単砣子において地域色が濃厚に現出している点に注目したい。

　その後，山東文化岳石文化と共通する要素を多くもつ双砣子2期となる。ここでは，子母口罐，甗，鼎，盒，つまみのついた蓋（つまみ内部が中空のものもある），尊形器など岳石文化照格荘類型と共通する器種がみられる一方，双砣子2期にのみ存在する長頸壺（図9-51）などもあり，遼東半島の独自性を示す。また，大貫が解放前に調査された双砣子の資料（江上ほか1934）を用いて，指摘したようにこの段階にも二重口縁の下端部に刻みを施した土器が存在する（小川1982）。ただし，二重口縁や刻目の形態も単砣子包含層の資料とは大きく異なる。

　続く双砣子3期は壺，罐，杯，圏足附碗等の器種組成を示す。文様では平行沈線に点列文を加えたり，棒状貼付文がみられる。圏足の形態は上記の単砣子包含層の資料とは大きく異なる点が指摘できる。この段階

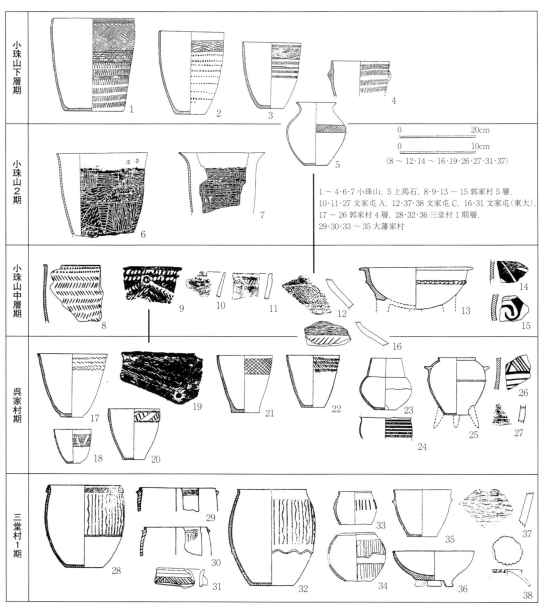

図8　遼東半島土器編年図（1）

第1章 極東平底土器遼東群・豆満江群の編年と地域性

では前段階まで多くみられた膠東半島と共通する要素がほとんどみられなくなる。

III. 瀋陽地区の編年

当該地区の之字文土器の段階は東高台山1期・新楽下層期である。瀋陽地区の新楽下層では之字文のほか平行沈線文施文土器，壺などがセットとなっており，小珠山下層などとは少し様相が異なっている。

瀋陽市西郊外新民県偏堡（王増新1958）をもとに郭大順・馬沙によって偏堡類型が設定されている（郭大

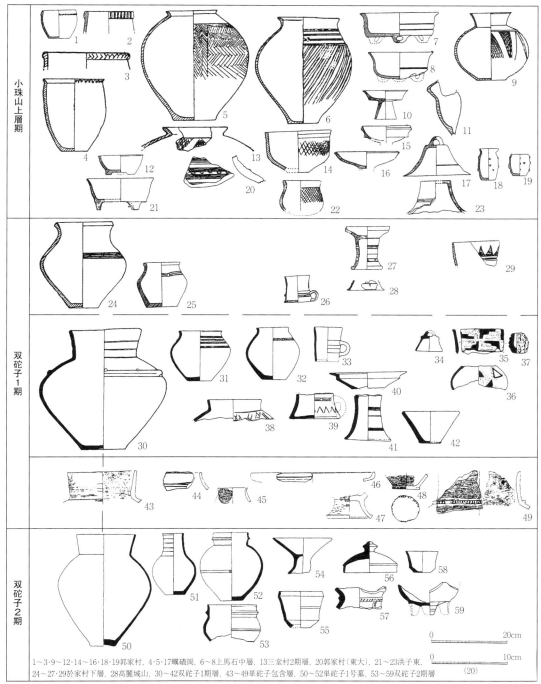

図9 遼東半島土器編年図（2）

20　第Ⅰ部　東北アジア先史文化の変遷と地域性

表2　東京大学所蔵単砣子土器観察表

番号	時期	器種	法量（cm）	胎土	焼成	色調		調整		原注記	浜田1929との対応関係
						外面	内面	外面	内面		
1	双砣子1期後半	広口壺	口径19.8	石英	良好	赤褐	赤褐	タテ・ヨコミガキ	ナデ・工具痕	「島北」	図版23-3
2	双砣子1期後半	広口壺		石英	良好	暗褐	暗褐	不明	工具痕	「島北□」	
3	双砣子1期後半	壺		石英	やや甘	赤褐	赤褐	不明	工具痕		
4	双砣子1期後半	二重口縁	口径8.6	石英	良好	暗赤褐	褐	ヨコミガキ	ナデ	「島北」	図版23-27
5	双砣子1期後半	豆	口径35.4	石英	良好	暗褐	暗赤褐	ミガキ	ミガキ	「島北」	図版24-28
6	双砣子1期後半	碗	口径13.2	石英	良好	黒褐	黒褐	ミガキ	ミガキ・工具痕	「島東」?	図版23-1
7	双砣子1期後半	圏足附土器	脚径12.0	石英	良好	赤褐	淡褐	ミガキ・工具痕	ナデ	「島北」	図版24-18
8	双砣子1期後半	碗	底径8.2	石英	良好	赤褐	黒褐	ヨコミガキ	ヨコミガキ	「島北」	図版24-15
9	双砣子1期後半	大口高領壺		石英	良好	赤褐	暗褐	ヨコミガキ	工具痕	「島北M」	図版24-24

順・馬沙1985）。この偏堡類型はその後，瀋陽地区以外でも発見され，時期的細分を試図した研究も多くみられる。陳全家・陳国慶は偏堡類型を三堂（陳全家ほか1992）の分析をもとに時期的に三細分している（陳全家・陳国慶1992）。それによると早い段階の偏堡類型は口縁から若干下がった位置に隆帯をめぐらせるのに対し，遅い段階のものは口縁に接して隆帯がめぐり（すなわち二重口縁），二重口縁の下部は外を向くようになるという。同様に偏堡類型について論じた朱永剛や李恭篤・高美璇，金英熙も同様の変遷観を示している（朱永剛1993，李恭篤・高美璇1998，金英熙2002）。

　瀋陽地区の偏堡類型をみると明らかに東高台山のもの（図10-9〜20）と肇工街のもの（図10-23〜30）は区分され，それぞれ排他的に出土している。東高台山では隆帯が口縁から若干下がったものと二重口縁があるが，縦の隆起線文が施されるものが多い。なかには二重口縁をもち，二重口縁部に施文され，胴部に沈線で縦走魚骨文状に施文したもの（図10-15・18）があるが，これは新楽（曲瑞奇・沈長吉1978）でも類例が出土している。対照的に肇工街では下端部が外を向く二重口縁のみで胴部は櫛歯状の沈線で施文されるものが多い。ただし，罐以外の器種である壺などには縦の隆起線が施されることがある。

　このことから少なくとも出土状況からは2時期に分期することが可能であろう。ここでは東高台山タイプと肇工街タイプに大きく2群に分離しておく。そして，肇工街では縦位の橋状把手が出土しており（図10-31），後述する丹東地区でもそうであるように，新しい様相を呈していると考えられる。多くの論者も肇工街の偏堡類型をより遅いものと位置づけており，筆者もこれに同意する。ここでは東高台山タイプの段階を東高台山2期，肇工街タイプの段階を肇工街下層期と設定する。

　さて，偏堡類型の上限であるが，瀋陽地区の呉家村期併行期は不詳であるため確実なことは断言できないが，吉長地区では左家山3期がおおむね小珠山中層に，西断梁山2期が呉家村期に併行することがわかっている（陳全家ほか1990，陳雍1992，金旭東1992，宮本1995，유성진2005）。瀋陽地区と吉長地区の中間にある東豊県では西断梁山2期層（龐志国・宋玉彬1991），得勝小学後山，過道嶺，紅旗後山（唐洪源1996）などで呉家村期同様の土器が出土している。遼東半島と東豊県・吉長地区で呉家村期的な土器が出土している以上，中

第1章　極東平底土器遼東群・豆満江群の編年と地域性　21

間地帯である瀋陽地区でも当然，呉家村的な土器の段階があるものと予想される。遼北の康平県では老山頭（許志国 1998）などで呉家村的な土器が出土している。

　ところで，瀋陽地区の偏堡類型の遺跡では呉家村期的な土器の出土例はない。したがって，瀋陽地区の偏堡類型の上限は呉家村期に遡るものではないことが推測される。そして，先に触れた宮本の遼東半島において呉家村期の土器のなかに瀋陽地区を含めた遼河下流域の偏堡類型の土器が侵入するという想定は，瀋陽地区で呉家村期的な土器と偏堡類型（東高台山タイプ）の共伴がない以上，否定される。

　三堂でみられたように遼東半島では，東高台山タイプの偏堡類型の次には折縁罐が主要器種となる小珠山上層期に置き換わる。それでは，遼東半島以外ではどのような様相であったのだろうか。瀋陽地区では東高台山タイプ（典型的な偏堡類型）から崩れた胴部に櫛歯状工具で沈線を描く肇工街タイプが分布するようになるが，この肇工街タイプは丹東地区では石仏山で見ることができる（図 13-37）。石仏山は時期幅がある程度長いものと思われるが，東高台山タイプの偏堡類型土器は出土しておらず，折縁罐が主体的にみられ小珠山上層期併行期より古い土器はみられない。また同様の在り方を示すと考えられるのが平安北道（鴨緑江下流域）の双鶴里（都宥浩 1960，李炳善 1963・1965）である。ここでも折縁罐とともに偏堡類型の土器が出土しているが，偏堡類型の土器の主体は肇工街タイプである。宮本一夫は肇工街タイプの編穂類型の土器を小珠山上層期より早い段階においているが（宮本編 2015），肇工街タイプは小珠山上層期に併行する可能性が高く，地域差であるとみられる。瀋陽地区では肇工街下層期の段階になっても折縁罐がみられないことは吉長地区同様地域の独自性であると考えておきたい。

　これとは異なり，平安北道（清川江流域）の堂山遺跡上層（都宥浩 1960，차달만 1992）では東高台山タイプの偏堡類型の土器が出土している。したがって，堂山上層は小珠山上層以前の段階で，呉家村期以降の段階（堂山下層が呉家村期併行であるため），すなわち三堂村 1 期と併行であることがわかる。また，堂山で東高台山タイプが出土することから東高台山タイプと肇工街タイプが単純に地域差ではないことがわかる。

　その後，瀋陽地区では高台山文化が展開する。縦位の橋状把手をもち刻目隆帯を頸部にもつ壺，無文の壺，圏足附鉢，鬲，甗，碗などがみられる。高台山文化は様々な研究者によって編年の細分化がなされてきた（陳光 1989，李晩鐘・藺新建 1991，藺新建・李晩鐘 1993，趙賓福 1993，董新林 1996，唐淼・段天璟 2008 など）。鬲においては袋足から実足へ変遷し，把手附壺は頸部の屈曲が強くなるという変化の方向性はおおむね各論者とも一致する。平安堡 2 期（朱永剛・王成生・趙賓福 1992）の組成が高台山文化に継続するということも明らかとなっている（藺新建・李晩鐘 1993，趙賓福 1993・2009，唐淼・段天璟 2008）。高台山文化の土器が夏家店下層期の墓葬で出土したり，阜新周辺では両者の土器が共伴するので夏家店下層期に併行することは明らかである。

　高台山文化は下遼河流域の平野に広がるが，新楽上層文化は瀋陽地区周辺に限定される。新楽上層期では鬲，甗，鼎，環状把手が附く壺などで構成される。新楽上層期の内容についてはさまざまな見解があるが，丸平底の鼎，頸部と胴部に橋状把手が附く壺，甗などで構成される（霍東峰・華陽・付珺 2008）。魏営子文化に帰属する平頂山第 3 期層（朱永剛 等 1992）から新楽上層期によくみられる口縁部から胴上部に環状把手が附く壺などが出土していることから，大貫の指摘のとおり（大貫 2008），魏営子文化に併行する。さらに朱永剛らが指摘するように新楽上層と関連の深い順山屯（辛占山 1988）で魏営子文化にみられるは口縁部に押圧により刻目をつけた隆帯がめぐる鬲（花辺口沿鬲）が出土している（朱永剛 1998）のも，このことを傍証する。以上のように高台山文化が夏家店下層文化に，新楽上層文化が魏営子文化に併行するということは，郭大順によって早くから指摘されていた（郭大順 1985）。

IV. 太子河上流域の編年

太子河上流域では新石器時代の遺跡としては馬城子B洞下層，北甸A洞下層（遼寧省文物考古研究所 等 1994）などが挙げられる。李恭篤は新石器時代を馬城子文化類型と設定し，青銅器時代を廟後山文化類型と設定した（李恭篤 1989・1992）。そして，馬城子文化類型のなかには偏堡類型の土器が認められ，瀋陽地区の肇工街下層や平安北道の双鶴里，堂山と対比している。

馬城子B洞下層や北甸A洞下層では，後述する丹東地区の後窪上層類型と通有の口縁部を空白に残し，胴部全面に弦文を施文したり，胴上中部に弦文，胴下部に点列文を施文する筒型罐がみられる（図11-1～3）。胴上中部に斜線文を施し，胴下部に点列文を施す筒形罐（図11-4）はその文様帯の共通性から弦文罐と同時期のものであると思われる。この段階を馬城子下層1期とする。細い横走魚骨文や短斜線文を施文し，縦の棒状貼付文が付着する土器（図11-6）がみられるが，このような沈線文と縦の棒状貼付文は遼東半島の呉家村期の土器にみられる特徴（図8-20）で，この段階を馬城子下層2期とする。馬城子B洞下層や北甸A洞下層でも，以前，李恭篤が指摘したように偏堡類型の土器がみられる（図11-7～14）。特に胴部に縦の隆起線を

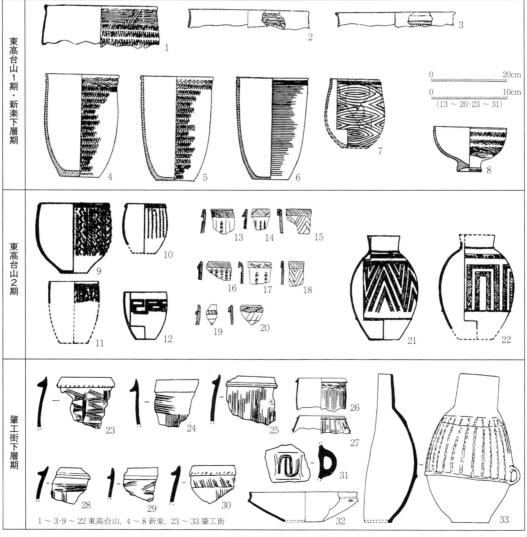

図10　瀋陽地区土器編年図

第1章　極東平底土器遼東群・豆満江群の編年と地域性　23

貼り付けた東高台山タイプの特徴をもつものが多く，瀋陽地区の東高台山2期，遼東半島の三堂村1期に併行するものと思われる。この段階を馬城子下層3期とする。次の段階が，折縁罐（図11-15～17）がみられる段階である。北甸A洞下層では縦位の擦過状沈線を胴部に施した肇工街タイプの偏堡類型の土器（図11-18）が出土しているが，瀋陽地区の項で検討したとおり丹東地区の石仏山にみられるように折縁罐と肇二街タイプの偏堡類型の土器が伴うことから，折縁罐と肇工街タイプ偏堡類型土器の段階として，馬城子下層4期と設定する。折縁罐は筆者分類Ⅱ類のみがみられ，遼東半島の小珠山上層期に併行するものと思われる。

　青銅器時代は，陳光によって廟後山中層類型，廟後山上層類型前期，廟後山上層類型後期と編年されている（陳光1989）。筆者は以前，この分期名称を利用したが，張家堡の分層結果などが反映された馬城子報告書（遼寧省文物考古研究所 等1994）の分期を採用する大貫の方針（大貫2008）に従う。馬城子文化の細分につ

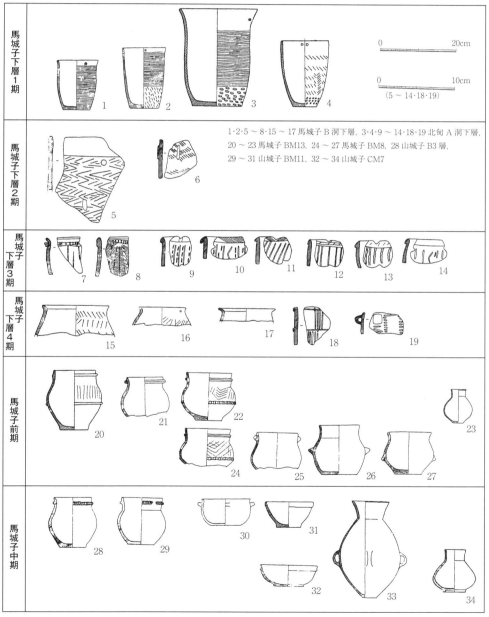

図11　太子河上流域土器編年図

いては段天璟，華玉冰，趙賓福らが必ずしも馬城子報告書とは一致しない見解を提示しているが（段天璟 2008，華玉冰 2009，趙賓福 2009），筆者は分層や一括遺物における共時性を重視し，ここでは馬城子報告書に則った変遷過程を想定する。馬城子前期（図 11-20～23）では，馬城子 B 洞 M13 や M8 にみられるように腹が膨らみ口縁下部と胴部に隆帯（刻目含む）をめぐらせた直領罐，耳のついた罐，壺などがみられる。胴部に沈線文が刻まれるものもみとめられる。この他にも二重口縁で二重口縁下端部に刻みをもつ罐なども認められる。口縁下部に隆帯をもつ罐は双砣子 2 期の子母口罐と関連するという見解（陳光 1989，段天璟 2008 ほか）がある。馬城子中期（図 11-28～34）では山城子 B 洞 M11 や M7 にみられるように，口縁下部に刻目隆帯がめぐる罐や鶏冠状の節状刻目隆帯が附く直領罐，二重口縁の碗，縦位の橋状把手が附く大型の壺や無文の壺がみられる。なお，趙賓福は「新楽上層文化」，「老虎沖文化」，「順山屯文化」，「望花文化」，そして「廟後山文化」を一つの文化として「馬城子文化」と整理している（趙賓福 2009）。しかし，「廟後山文化」には，遼西地域に淵源をもつ大型の三足器が伴わず，大貫が以前より重視している三足器の分布（大貫 1998・2008）による境界が存在するため，ここでは趙賓福の見解を採らない。

V．丹東地区の編年

許玉林と高洪珠は丹東地区の新石器時代編年を提示した（許玉林・高洪珠 1984）。ここでは丹東地区の新石器時代が 4 段階に編年され，遼東半島の変遷に合致した変遷観が示された。この時点では後窪上層文化（図 13-6～12）の位置づけがなされておらず，後に許玉林は後窪上層を小珠山中層の後続段階に位置づけた（許玉林 1989）。また馮恩学は郭家村 3 層に後窪上層を併行させる考えを示している（馮恩学 1991）。しかし，金鍾赫は後窪上層の次に堂山を置き，堂山では実質，呉家村期併行の土器を挙げていることから，呉家村期よりも後窪上層は先行すると考えている（金鍾赫 1992・1993）。このときの金鍾赫の掲げた根拠は，堂山は後窪上層と横走魚骨文や深鉢といった器種が共通するものの，堂山はまた，より遅い時期の青燈邑との共通する要素があるので，後窪上層と青燈邑の間にはいるというものであった。また，宮本は後窪上層を小珠山下層と一部重なる可能性を残しておきながら，この地域の小珠山中層併行期が欠落する関係で，小珠山中層に併行させている（宮本 1995）。一方，金英煕は，北呉屯上層（許玉林 等 1994）や美松里下層で之字文土器と小珠山中層・呉家村的な沈線文が共伴していると考え，これを之字文段階である小珠山下層期と呉家村期の過渡的な様相と把握し，連続性を認め，後窪上層が入る余地はなく，そして太子河流域の馬城子 B 洞下層や北甸 A 洞下層で後窪上層類型の土器が偏堡類型の土器と共伴する点を挙げ，必然的に呉家村期よりも後窪上層が後行するという許玉林らに近い考えを示している（金英煕 2003）。

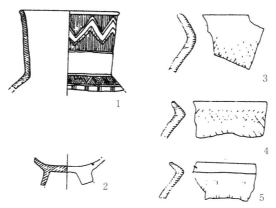

図 12　窯南出土土器

第 1 章　極東平底土器遼東群・豆満江群の編年と地域性　　25

　このように丹東地区の新石器時代編年に関してはおおむね許玉林・高洪珠の見解で一致しているものの，後窪上層の位置づけおよび遼東半島との併行関係に関しては諸説あることがわかる。

　以上を踏まえ，筆者の丹東地区の変遷観を以下に示す。

　後窪下層では小珠山下層と同様に滑石が混和された之字文や集線文が施文された深鉢と壺がみられる（図13-1～5）。後窪下層は小珠山下層より後行するという見解もあるが，本書では大きく之字文土器が盛行する段階としてほぼ同時期とみなす。

　後窪下層段階に続く後窪上層段階では特徴的な弦文を施す深鉢・無文の壺・碗がみられる（図13-6～12）。これは多くの研究者が指摘するように馬城子B洞下層・北甸A洞下層のあり方と類似している。金英熙が挙げた北呉屯における共伴関係に関しては，太子河上流域の項で述べたように，馬城子B洞下層・北甸A洞下層では小珠山中層期から上層期併行期に至る幅広い時期の土器が出土しており，単一時期の包含層とみなすことは難しい。また，北呉屯上層[10]に関しては小珠山中層期と呉家村期の遺物がみられるが，他遺跡では出土しない之字文施文土器が異質な存在である。混在の可能性が高いものと思われる。したがって，北呉屯上層は小珠山下層期から呉家村期を包含する時期であると考えておきたい。美松里下層に関しても同様である。

　後窪上層に続く段階は闇坨子（許玉林・高洪珠1984）などに代表される段階である（図13-13～17）。この段階は朱延平が闇坨子の土器と北呉屯上層（許玉林ほか1994）の土器を対比しているように（朱延平1996），横走魚骨文や斜格子文の沈線文系土器から遼東半島の呉家村期との関連が深く，併行関係にあるものと思われる。

　闇坨子期に後続する東高台山タイプ偏堡類型の段階は現時点では丹東地区では明確に確認するのは難しい。しかし，太子河上流域・遼東半島・平安北道（鴨緑江下流域・清川江流域）に東高台山タイプ偏堡類型は確認されているので，丹東地区にもこの段階があると考えておくほうが自然である。石仏山採集品（朱永剛1993の図2-5）がこの段階に該当しよう。

　続く段階は石仏山（許玉林1990b），蚊子山（許玉林・高洪珠1984），西泉眼（許玉林1988），北溝西山（許玉林・楊永芳1992）の段階である（図13-18～42）。ここでは，折縁罐，壺，豆，三環足器，碗などの器種組成がみられる。折縁罐・三環足器がみられることから遼東半島のおおむね小珠山上層期に併行する部分があるのは確実である。石仏山でみられる頸部に雷文など幾何文を施す大口高領壺（図13-40）などは，遼東半島では荘河市の窯南（王嗣洲・金志偉1997）において横走魚骨文が施文された折縁罐とともに出土し（図12），また，平安北道（鴨緑江下流域）では青燈邑で横走魚骨文など幾何文が施文された折縁罐II類とともに出土しており，これと関係があるものと思われる。遼東半島では双砣子1期には折縁罐が急減し，広口壺が主体となるが，後述するように鴨緑江下流域では双砣子1期後半まで折縁罐が残るのは確実なので，小珠山上層期から双砣子1期と考えておきたい。遼東半島でも東側で丹東地区に近接した窯南の場合，丹東地区と同様に双砣子1期併行でも折縁罐が残る可能性がある。王嗣洲は窯南の大口高領壺を北溝西山から出土した大口高領壺に類例を求めており（王嗣洲2000），頸部に雷文系の幾何文を施文する点などから，筆者としても西山や石仏山に類例を求め，遼東半島よりむしろ丹東地区を中心に分布するものと把握したい。折縁罐に関しては，筆者がすでに指摘したように（古澤2005），遼東半島のものと若干差異があり（折縁罐II類，および胴下部に隆帯をもつなど）在地的な様相を示している。また三環足器には弦文や無文のものがみられ遼東半島のものと通有な特徴をもつものがある一方，西泉眼では三環足器の胴部に斜格子文が施文されるものが認められ（図13-33），このような斜格子文が施文された三環足器は遼東半島にはみられず，在地的な変容を示すものとして注目される。器種の組成としては遼東半島との共通性が高いものの，在地的な様相も強いと判断される[11]。

26 第Ⅰ部 東北アジア先史文化の変遷と地域性

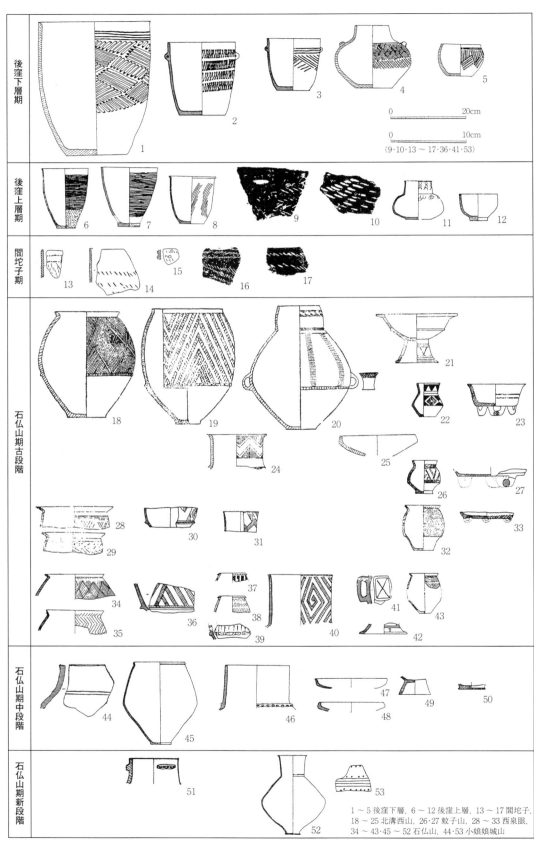

図13 丹東地区土器編年図

第1章　極東平底土器遼東群・豆満江群の編年と地域性　27

　石仏山の段階はある程度時期幅があるものと思われる。石仏山では上述のようにおおむね小珠山上層期から双砣子1期に併行する段階があり，この段階を石仏山期（古）と設定する。肇工街タイプの偏堡類型土器が出土する（図13-37）ことから瀋陽地区の肇工街下層期に併行するものであると思われる。朱永剛も肇工街出土偏堡類型土器と石仏山出土土器を同一時期とみている（朱永剛1993）。北溝西山や西泉眼が小珠山上層期併行の単純段階を示すようにも感じられるが，ここでも頸部に幾何文をもつ大口高領壺が出土している（図13-24・31）ので，一応，石仏山期（古）と広く考えておくほうが穏当かと思われる。石仏山から出土したT字の透窓がある豆脚部（図13-42）は類例が遼東半島の小珠山上層期と双砣子1期の中間的な於家村下層期の単純な様相を示す高麗城山（許明綱・劉俊勇1981）（図9-28）において出土しているので石仏山期（古）に属するのであろう。

　石仏山ではこのほかに底部の縁に刻目のある碗（図13-50）や圏足附土器（図13-49）が出土しており，これらは北溝西山など石仏山期（古）の単純な様相を示す遺跡からは出土しないので差し引き的に分離される。後述するように新岩里第3地点第1文化層の組成に近く，この段階を石仏山期（中）とする。金鍾赫は石仏山の底部の縁に刻目のある碗や圏足附土器を青燈邑より遅い，新岩里第3地点第1文化層と併行であると想定している（金鍾赫1991・1992・1993）。圏足附土器や附加堆文口縁などが出土する大頂山（許玉林・高洪珠1984）などもこの時期であると想定され，許玉林と高洪珠の丹東地区編年4期（許玉林・高洪珠1984）の一部が該当する。そして，この段階の遼東半島との併行関係としては，圏足附土器，突出した底部縁に刻目をもつ碗などの組成から先述した単砣子包含層の段階（図7-7・8），すなわち双砣子1期後半が想定される。そして，口唇部を斜めに面取りし，直立ないし内湾する口縁部で平らな杯部をもつ豆（図13-47・48）も石仏山期（中）に該当し，同様の資料が単砣子包含層で出土している（図7-5）。この豆は石仏山期（古）に編年される北溝西山の直立する口縁の豆（図13-25）の系譜を引くものと想定され，丹東地区に主体的に分布する豆と想定される。したがって，遼東半島では単砣子包含層以外でこのような豆が出土せず，稀であるのは主体的に分布するのが丹東地区であるからという説明が可能かもしれない。

　そして，石仏山ではさらに太子河上流域の廟後山上層早期や平安北道（鴨緑江下流域）の新岩里第3地点第2文化層（新岩里II期）のように鶏冠状の隆帯（節帯状隆帯）の附いた罐（図13-51）や頸部に点列文のある壺（図13-52）が出土しておりこの段階を石仏山期（新）とする。金鍾赫は小娘娘城山の沈線と点列文が施文される土器（図13-53）を新岩里第3地点第1文化層と対比しているが（金鍾赫1992・1993），同様の土器は新岩里第3地点第2文化層で出土している（図14-61・69）ことから石仏山期（新）に属する可能性がある。ただし，小娘娘城山出土の下端部に刻目がある二重口縁土器は新岩里第3地点第1文化層でも同第2文化層でも出土していることから金鍾赫の指摘のように小娘娘城山でも新岩里第3地点第1文化層に併行する時期の資料も含まれる可能性がある。石仏山では北溝西山や西泉眼で出土しない無文の頸部で頸部と胴部の境界に刻目隆帯をもつ大口高領壺（図13-46）が出土している。このような土器は平安北道（鴨緑江下流域）では青燈邑や龍淵里で出土しており，より遅い時期の新岩里第3地点第2文化層でも出土する。したがって，この土器は石仏山期（古）～（新）のどの段階のものか判断できないが，そのいずれかの段階のものであることは疑いない。

　このように石仏山を大きく3期に分期し，遼東半島との関係を想定した場合，中国側の想定（許玉林1990）のように，石仏山を単純に丹東編年3期（許玉林・高洪珠1984）とし，小珠山上層期に相当させるだけでは不十分である。金鍾赫は平安北道（鴨緑江下流域）側の編年を考慮しているため，双砣子1期に併行する資料が含まれることを主張しており（金鍾赫1991），遼東半島の単砣子包含層などをもとに双砣子1期に併行する時期があることを示した筆者の見解に近く，賛意を表するものである。

28　第Ⅰ部　東北アジア先史文化の変遷と地域性

Ⅵ. 鴨緑江下流域（平安北道）の編年

　鴨緑江下流域（平安北道）に所在する美松里下層（金用玕 1961ab・1963ab）では，後窪下層期や小珠山下層期に対応する之字文や集線文が施文された土器が出土している（図 14-1～3）。ここでは，この段階を美松里下層 1 期とする。

　続く後窪上層類型に対応する土器は盤弓里（徐国泰・지화산 1994・1995・2003）で発見されている（図 14-4～6）。盤弓里では折縁罐なども出土しているため，より新しい時期のものも混在しているが，丹東地区の後窪上層や太子河上流域の馬城子 B 洞・北甸 A 洞下層などで出土している胴上部に弦文を施し，その後，斜線を入れる土器や胴上部に弦文を施文し，胴下部に点列文を施す土器が出土している。このことから平安北道においても後窪上層タイプの土器が存在していたことがわかる。丹東地区の後窪上層では閻坨子期の土器が出土していない以上，呉家村期に先行する段階のものであると考えられ，この段階を盤弓里 1 期とする。

　これに次ぐ段階が美松里下層（金用玕 1961ab・1963ab）の一部の土器である。美松里下層で出土した土器から後窪下層期や小珠山下層期に対応する土器を除外した一群の土器の段階である。沈線文系の土器を美松里下層 2 期，之字文や組帯文が施文された土器を美松里下層 1 期と便宜上，区分する。美松里下層 2 期の土器は閻坨子期－呉家村期に通有の特徴をもった土器で，当該期に併行するものと思われる（図 14-7～12）。

　双鶴里（都宥浩 1960，李炳善 1963）では偏堡類型の土器と折縁罐が出土している。偏堡類型の土器のなかでは東高台山タイプのもの（図 14-13）と肇工街タイプのもの（図 14-18）の 2 者がみられる。丹東地区の石仏山期（古）の様相を参考にすると折縁罐（図 14-14～17）は肇工街タイプのものに伴うであろう。したがって，東高台山に併行する時期と，肇工街に併行する時期の 2 時期に分離されることが想定される。前者を双鶴里 1 期，後者を双鶴里 2 期とする。そして，折縁罐の存在から双鶴里 2 期は遼東半島の小珠山上層期に併行するものと想定される。なお，折縁罐は筆者分類の折縁罐Ⅱ類のみが出土している。そして，折縁罐Ⅱ類は受容するものの，丹東地区ではみられた三環足器は受容されない。盤弓里の一部の遺物も偏堡類型に特徴的な壺（図 14-19）からこの段階に属すると想定される。また同じ盤弓里から出土した点列を縦位に配する文様の深鉢（図 14-20・21）は鴨緑江上流域の土城里期の土器（図 27-8）と関係があるかもしれない。双鶴里で出土した特徴的な壺（図 14-23）は胴部隆帯の下に斜格子文が施文され，その下部に雷文が施文される。同様の文様構成をもつものは双鶴里出土の折縁罐（図 14-17）にもみられ，双鶴里 2 期の所産であると考えられる。

　青燈邑（新岩里第 1 地点）第 1 文化層（李淳鎮 1965）は，二重口縁土器の出土がない点が双鶴里との差異である。器種としては各種沈線幾何文が施文された折縁罐Ⅱ類のほか，独特な頸部に幾何学的な文様をもつ大口高領壺，頸部に刻目隆帯をもつ無文の大口高領壺が出土しており，同様の在り方は龍淵里でもみられる（図 14-24～47）。これらの諸特徴から双鶴里より，やや遅い段階のもので，遼東半島の双砣子 1 期に併行すると考えておきたい。雷文土器の変遷から姜仲光や白弘基も同様に双鶴里より青燈邑が遅れるとしている（姜仲光 1975，白弘基 1993）。ただし，双鶴里と青燈邑ではほぼ同様の文様構成をもつ折縁罐が確認されており（図 14-17・25），それぞれの遺跡で共存する時期があったことを示唆する。

　さて，近年，安在晧や千羨幸は青燈邑の組成のなかで沈線と浮文[12]が施された土器（図 14-34）は新岩里第 3 地点第 2 文化層期との類似性が高く，これをその他の青燈邑の土器と分離して新岩里Ⅰ期新と定義し，新岩里第 3 地点第 2 文化層期と併行させるという見解を示した（安在晧・千羨幸 2004，千羨幸 2005）。また，この土器が胴部と頸部の境界が明確な新岩里Ⅰ期の幾何文が施文される大口高領壺とは異なり，頸部と胴部の境界が明確でなくなだらかな点を挙げ，この想定を補強している。しかしこの土器（図 14-34）こそが，従来の研究者が，青燈邑期を双砣子 1 期と併行関係にあるという根拠に用いてきた土器である。北韓の研究

者は双砣子遺跡第 1 文化層から出土した同様の沈線が施文され，浮文が付された壺（図 9-32）と対比し，青燈邑期は双砣子 1 期とほぼ同時期か，青燈邑期には彩絵陶がみられないので双砣子 1 期より若干早いとみている（社会科学院考古学研究所・歴史研究所 1969）。大貫も同様の見解をとり，青燈邑期の沈線文の壺を双砣子 1 期や単砣子包含層の壺（図 7-3）に対比させている（小川 1982）。この沈線文の壺は新岩里第 3 地点第 2 文化層期でも全く類例はなく，もちろん，遼東半島の双砣子 3 期にもそのような土器は確認できない。そして，先に述べたように青燈邑期はおおむね双砣子 1 期に併行するので，双砣子 1 期に類例を探すことのできる沈線文の壺も，同じ青燈邑期の組成として全く問題はない。したがって，安在晧や千羨幸の青燈邑期の分期は首肯しえず，青燈邑の資料は従来からの考えのようにおおむね遼東半島の双砣子 1 期に併行するものと考えられる。ただし，折縁罐が相当量存在する点，折縁罐のなかに前段階の双鶴里と同じ文様構成の資料が存在する点，および先に触れた郭家村の小珠山上層期の蓋（図 6-2）と類似している蓋ないし杯（図 9-23）が出土している洪子東西大礁貝丘では緩く外反する口縁をもち胴部に斜格子文が施文される鉢（図 9-22）が出土しているが，同様の鉢が青燈邑でも出土している（図 14-30）ので青燈邑の一部の遺物は遼東半島の小珠山上層期に併行するものもあるということを指摘しておきたい。

　続く段階が，新岩里第 3 地点第 1 文化層の段階である（金用玗・李順鎮 1966，社会科学院考古学研究所・歴史研究所 1969）。ここでは，口唇に刻目をもち胴部に三角集線文・横走魚骨文を施文する折縁罐Ⅱ類，頸部に数条の沈線が施された広口壺，下端部に刻目を有する二重口縁，底部の縁に刻目を有する碗，そして彩絵陶などが出土している。斜格子文施文や無文の圏足附土器が特徴的である。新岩里第 3 地点第 1 文化層が青燈邑と土器の組成が異なり，青燈邑より時期的に遅れるであろうことは，すでに 1969 年に北韓の研究者が指摘している（社会科学院考古学研究所・歴史研究所 1969）。また，大貫や宮本も同様の見解を示している（大貫 1989，宮本 1991）。特に，圏足附土器が前段階の青燈邑のものとは形態が異なる点は重要な差異である。新岩里第 4 地点第 1 地点は，姜仲光の簡報によれば，新岩里第 3 地点第 1 文化層に相当する内容をもつようである（姜仲光 1979）。ここでも，圏足附土器が相当量出土しており，この文化層の特徴の一つであるという。

　それでは，新岩里第 3 地点第 1 文化層は遼東半島のどの段階に併行するのであろうか。彩絵陶に注目した北韓の研究者は同様に彩絵陶が出土する双砣子 1 期や単砣子彩絵陶層に併行関係を置いている（社会科学院考古学研究所・歴史研究所 1969）。特に単砣子包含層を双砣子 1 期におき，新岩里第 3 地点第 1 文化層がそれと併行にあることを徐国泰は明確に示している（徐国泰 1986）。大貫は彩絵陶が双砣子 3 期まで残りうることから，双砣子 1 期と限定せず，第 3 地点第 1 文化層出土の縦位の貼付文（図 14-53）を羊頭窪（双砣子 3 期）のものと同一視し，双砣子 3 期においている。連動して後続する新岩里第 3 地点第 2 文化層期を双砣子 3 期ないし多少遅れるとした（小川 1982，大貫 1989）。宮本は彩絵陶に関しては大貫と同様の考えを示し，新岩里第 3 地点第 1 文化層を双砣子 1 期から双砣子 3 期前期段階に当たるものと考えたが（宮本 1985），後に併行期を双砣子 2 期に限定した（宮本 1991）。

　さて，ここで，注目されるのが，新岩里第 3 地点第 1 文化層と，先に触れた遼東半島単砣子包含層との類似である。単砣子包含層でも同様に圏足附土器（図 7-7，図 14-58），底部に刻目をもつ碗（図 7-8，図 14-59）が出土している。そして，先述のように単砣子包含層のなかで先に例示した遺物は双砣子 1 期の遅い段階に該当し，新岩里第 3 地点第 1 文化層は同様の土器組成をもつ丹東地区の石仏山期（中）を介して，遼東半島の双砣子 1 期後半期に併行関係が求められる。このような併行関係を想定した場合，新岩里第 3 地点第 1 文化層では折縁罐Ⅱ類が出土している点が注目される。遼東半島では先述のように折縁罐が双砣子 1 期ではほとんどみられず，みられても頸部の傾きが直線化しているが，平安北道（鴨緑江下流域）では断面「く」形の折縁罐Ⅱ類が依然残存するという地域性を看取することができる。しかし，平安北道（鴨緑江下流域）でも，

30 第Ⅰ部 東北アジア先史文化の変遷と地域性

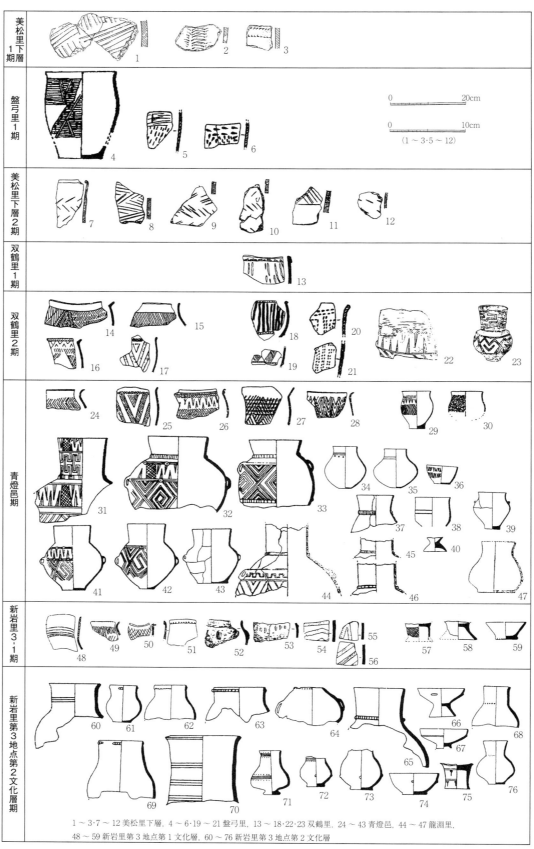

図14 鴨緑江下流域（平北）土器編年図

双鶴里2期や青燈邑期の折縁罐と比較すると新岩里第3地点第1文化層の折縁罐の口縁の傾きは直立化しており，遼東半島と連動した変遷過程を示す。

　また先に青燈邑期が小珠山上層期から双砣子1期に併行するであろうことを述べたが，大口高領壺が出土せず，折縁罐が出土する双鶴里2期は石仏山期（古）－小珠山上層期に併行し，新岩里第3地点第1文化層は石仏山期（中）－双砣子1期後半に併行すると考えた場合，その中間段階の青燈邑期はやはり双砣子1期におおむね併行するということを傍証する。

　新岩里第3地点第1文化層は相対的に遺物量が少なく，頸部に刻目隆帯がめぐる大口高領壺の出土はないものの，単砣子包含層にはみられる（図7-9）ことから，この段階にあったとしても不自然ではない。このように考えた場合，先述した青燈邑期の青燈邑や龍淵里でみられる頸部刻目隆帯附大口高領壺（図14-37・45・46）は混在ではなく本来の在り方を示し，さらに後の新岩里第3地点第2文化層（新岩里Ⅱ）で出土する頸部刻目隆帯附大口高領壺（図14-65）に系譜的に繋がっていくものであろうと考えられる。

　姜仲光によれば，新岩里第4地点第1文化層（第4地点2区下層）は新岩里第3地点第1文化層とほぼ同様の文化内容をもつという（姜仲光1979）。そして新岩里第4地点第2文化層（第4地点1区下層）がこれに後続し，より上層の新岩里第4地点第3文化層（第4地点1・2区上層）は新岩里第3地点第2文化層と同様の組成をもつという。つまり，新岩里第4地点第2文化層は新岩里第3地点第1文化層と同第2文化層の中間の時期に属するという。新岩里第4地点第2文化層の内容は図面が公表されていないのでよくわからないが，有頸で圏足の附く胴部の膨らんだ壺が典型的であるという。そして，総数160点あまりの底部のうち，圏足をもたない底部はわずか15％未満であり，残りは圏足附であるという（姜仲光1979）。この多くの圏足附き土器の存在は同様に圏足附土器が一般的になる新岩里第3地点第1文化層や若干数圏足附土器が存在する同第2文化層と近い時期であることを示唆し，姜仲光の想定を正しいものとして考えておく。遼東半島の双砣子2期文化は山東岳石文化との関連性が深い関係で，分布が狭く，丹東地区や平安北道（鴨緑江下流域）との併行関係はよくわからない。後続する新岩里第3地点第2文化層が双砣子3期に併行し，先述のように第3地点第1文化層が双砣子1期後半に併行することを踏まえ，一応，第4地点第2文化層を双砣子2期併行期と考えておくが，確証はない。

　新岩里第3地点第2文化層（金用玗・李淳鎮1966，新義州歴史博物館1967）は従来から多くの研究者が述べるように遼東半島の双砣子3期（特に羊頭窪）に併行する。北韓の研究者は平行沈線と点列を配する文様（図14-71・72）や脚部（図14-75）などをその根拠にしている（社会科学院考古学研究所・歴史研究所1969）。また，宮本は当初，「上馬石A地点下層」という段階に併行させていたが（宮本1985），口縁刻目隆帯附壺や口縁に4個の突起をつける壺から陳光編年（陳光1989）の太子河上流域の廟後山上層早期や瀋陽地区の高台山Ⅱ組に併行させており，遼東半島の羊頭窪段階（双砣子3期前期段階）に併行関係を求めるようになった（宮本1991）。先に新岩里第3地点第2文化層期が双砣子3期より若干遅れるとみる考え方（小川1982，大貫1989）があったことを示したが，筆者が述べたように新岩里第3地点第1文化層が双砣子1期後半に併行関係が求められる以上，双砣子3期より若干でも遅らせる必要はもはやない。

第2節　極東平底土器豆満江群の編年と地域性

Ⅰ．緒　言

豆満江流域，南沿海州，牡丹江流域は韓半島東北部の土器編年を考究するうえで非常に重要な地域である。

32　第Ⅰ部　東北アジア先史文化の変遷と地域性

従来，これらの地域では西浦項における層位的な調査成果に基づく編年が基礎となってきたが，近年では周辺地域における調査事例の増加に伴い新しい編年案などが提示される局面に至っている。また，従来一体的な地域として把握されてきた豆満江流域，南沿海州，牡丹江流域について，それぞれの地域性が存在するということが明らかになってきている。こうした状況の変化を踏まえ，本章ではこれまでに知られた資料に基づき新石器時代中期から青銅器時代前期にかけての土器編年と地域性について論じる。

Ⅱ．豆満江流域・南沿海州・牡丹江流域における土器変遷

　豆満江流域・南沿海州・牡丹江流域における新石器時代文化は押捺文，刺突文，隆起文などが主体となるルドナヤ文化・ボイスマン文化の段階と沈線文を主体とするザイサノフカ文化の段階に大きく区分される。本節では，ザイサノフカ文化以降青銅器時代前期の土器編年について取り扱う。

　豆満江下流域では，西浦項編年（金用玗・徐国泰 1972）が標準的な資料として活用されてきた。この西浦項編年は韓半島東北部に限らず全域の新石器時代編年を策定するうえでも基準となっている（金用玗 1979・1990, 徐国泰 1986）。近年，金材胤によって西浦項編年の再検討がなされている（金材胤 2009）。

　豆満江中流域では，金谷文化が設定されており，西浦項 3・4 期やザイサノフカ 1 と対比されている（劉景文 2005）。김성국は，金谷の資料を西浦項 4・5 期や虎谷 1 期と対比している（김성국 2006）。近年では楊占風により金谷文化に続く類型として東風類型が設定されている（楊占風 2013）。

　牡丹江流域では新石器時代文化について龍頭山（張泰湘・魏国忠 1965）→鶯歌嶺下層類型という変遷が想定され，鶯歌嶺下層類型はザイサノフカ文化と対比された（楊虎・譚英杰・張泰相 1979）。近年では亞布力文化→鶯歌嶺下層文化→石灰場下層文化という変遷案が認められている（趙賓福 2011, 金材胤 2012）。

　南沿海州では Г. И. アンドレーエフや А. П. オクラドニコフらにより資料が蓄積され（Андреев1957・1960, Окладников1959・1964, Андреев・Андреева1962, Окладников・Деревянко1973），編年案が示されてきた。アンドレーエフはハンシ 1 →ザイサノフカ 1 という変遷を想定し（Андреев 1960），オクラドニコフはシェニキナ・シャプカ 2 →チャピゴウという変遷を想定した（Окладников 1970）。ブロジャンスキーはオレニーやシニ・ガイ下層の資料を基に編年案を提示している（Бродянский 1987）。福田正宏らにより沿海州の縄線文土器の実態が示され，ザイサノフカ文化より古い土器であることが示された（福田ほか 2002）。また近年の沿海州での資料の増加を踏まえ，김성국，福田，伊藤慎二，宮本一夫らにより詳細な編年案が提示されている（김성국 2000・2005, 福田 2004, 伊藤 2005, 宮本 2007）。また，О. В. ヤンシナや Н. А. クリューエフは沿海州のザイサノフカ文化の地域性を明らかにしており，海岸グループ，ザイサノフカ・グループ，沿ハンカ・グループと整理されている。また，沿ハンカ・グループはハンカ湖周辺に分布する沿ハンカ・グループと東海岸に分布する東部グループなどに細分される。ザイサノフカ・グループにはクロウノフカ 1 やルィバク 1 の段階からザイサノフカ 1，ザイサノフカ 7 などの段階へ変遷すると述べている（Яншина・Клюев2005）。

　このように，隣接するそれぞれの地域で編年や文化が設定されてきたが，これを統合する研究も大貫静夫，楊占風らによって行われている（大貫 1992, 楊占風 2013）。大貫静夫は各地域の土器文化を統合するなかで，従来，新石器時代に含まれていた西浦項 5 期を西浦項 6 期と一連の文化とみて鶯歌嶺上層文化（興城文化）に帰属させ，西浦項 4 期と西浦項 5 期の間に画期を設ける独自の見解を提示した（大貫 1992）。この見解は佐藤達夫の方針（佐藤 1963）をその後の資料によって詳細に再検討したものである。金材胤は豆満江流域の編年を 4 類型で示し，地域間の対応関係について述べている（金材胤 2010）。楊占風は豆満江流域およびピョートル大帝湾沿岸地区の文化について，金谷－西浦項－ザイサノフカ文化という段階と東風－西浦項 5 組－オレニー 2 組文化という段階を，ウスリー川流域の文化については金廠溝－ルドナヤ・プリスタニ 12

号コンプレクス遺存という段階と龍廟山 – シニ・ガイ I 遺存という段階を設定している（楊占風2013）。

　以上の先行研究から縄線文土器段階→渦文土器段階→雷文土器段階という変遷は多くの研究者間で共通の認識となってきている。ここでは，この段階設定に従い，各地域の土器相について述べる。地域区分は豆満江下流域，豆満江中流域，南沿海州東海岸，南沿海州沿ハンカ湖地域，牡丹江流域とする。このうち，南沿海州東海岸はチェルネイ地区からハサン地区の広大な面積を包含しており，本来であれば，少なくとも北部と南部に区分して論じるべきであるが，時期ごとの資料の偏在から地区細別をなしえなかった。新資料の増加を待って区分したい。また，本書における牡丹江流域には穆棱河流域や綏芬河上流域の土器文化が牡丹江流域の土器文化と類似した部分が大きいため，同一の地域区分とした。ただし，綏芬河（ラズドリナヤ川）下流部は便宜上，南沿海州沿ハンカ湖地域に包含させた。

1．縄線文土器段階（ザイサノフカ文化古段階・西浦項2期）

　近年の資料の増加によりルドナヤ文化・ボイスマン文化とザイサノフカ文化の中間に縄線文土器を主体とする段階があることが判明してきている（福田・デリューギン・シェフコムード2002）。Г. И. アンドレーエフは，ハンシ I 段階からザイサノフカ段階へ移行すると考えていた（Андреев1960）。我が国ではアンドレーエフの見解を受けて，中村嘉男が早くから撚紐を使う土器群→沈線文土器群と変遷することを述べ，注目していた（中村1982）ものの，その後，福田らの指摘まで縄線文土器について触れられることはほとんどなかった。西浦項編年において縄線文土器の段階が明確でなかったことが理由の一つであったものと考えられる。

　この段階をザイサノフカ文化の範疇とみて，ザイサノフカ古段階（伊藤2005）とみる考え方とアンドレーエフによって抽出されていたハンシ1（Андреев1960）の資料を標識とみてハンシ1式期とする考え方（宮本2007）がある。ザイサノフカ文化の概念規定に関わる問題であるため，重要な問題であるが，本書では典型的なザイサノフカ文化における沈線文系土器への連続性を重視する観点から伊藤慎二らの見解に従いザイサノフカ文化古段階と把握することとする。伊藤慎二はボイスマン文化から縄線文土器の段階の中間に多歯具施文の段階を設け連続的に変遷することを示しているが（伊藤2005），縄線文土器と共伴することの多いこれらの土器は宮本の指摘（宮本2007）のとおり系統差などであり，現況の資料では時期差とすることは困難であろう。亞布力（李硯鉄1988）の資料がザイサノフカ文化古段階の資料の祖形であるという見解も示されている（福田ほか2002ほか）。縄線文は絡条体の回転施文による事例と絡条体の側面押圧による事例の2種が知られている（伊藤2005）。縄線文土器と沈線文土器で全く同じ文様モチーフが施文されている土器も認められ，縄線文土器と沈線文土器は組成をなすことがわかる。ハンシ1（Андреев1960），クロウノフカ1（Вострецов и др. 2003, Komoto et al. 2004），グヴォズジェヴォ3黒褐色腐植ローム下面および明褐色ローム上面出土土器（Батаршев, С. В. и др. 2003）の一部やルィバク1（Гарковик2003），ボイスマン1暗褐ローム，明褐ローム出土土器（Жущиховская1998），ポシエト1貝塚（Андреев1960），シェクリャーエヴォ7（Клюев・Яншина・Кононенко2003），ルザノヴァ・ソプカ2の3層と2層の接触面（Попов и др. 2002, Попов и др. 2003），ルザノヴァ・ソプカ3（Попов и др. 2002），ブロチカ10号住居址床面（申昌秀 外2005）にみられる撚糸や多歯具による押捺文施文土器はこの段階のものであると考えられる（図19-1～6）。

　縄線文土器群が知られたことにより西浦項における編年も見直されることとなった。従来，ボイスマン文化・ルドナヤ文化に属すると考えられてきた西浦項2期について金材胤は1点のベトカ類型の土器を除外するとザイサノフカ文化に属するという指摘をした（金材胤2009）。このように西浦項2期をザイサノフカ文化に帰属させる見解は，以前より小原哲により主張されていた（小原1987）。従来，西浦項2期層で出土した菱形押圧文の施文された土器は西浦項2期の帰属文化を規定する重要な根拠として扱われてきた。菱形に縦

線の加えられた押捺具で施文された西浦項2期の包含層で出土した土器片は，C. B. バタルシェフらのいうベトカ類型（Батаршев2005），金恩瑩のいうモリャーク・ルィボロフ式土器（金恩瑩2010）であるため，ザレチエの土器よりも古い段階の土器であり，混在であるとみなさざるを得ないというのが現状である。これらの状況を勘案すると，大貫が指摘するように西浦項2期の住居址出土土器については，ザイサノフカ文化古段階または移行期の土器であると判断される（大貫2011）。特に西浦項17号住居址で出土した押捺文の間を斜線で充填した施文の土器や19号住居址で出土した押捺文の下部に沈線文が施文された土器（図15-4・6）の類例は縄線文土器の出土したルィバク1でも出土しており（図19-2〜4），ザイサノフカ文化古段階に包含して考えられる資料がみられることはこのことを補強する。

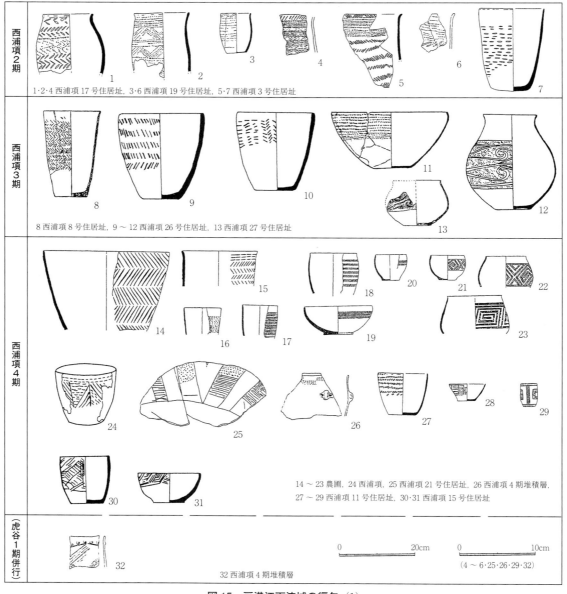

図15　豆満江下流域の編年（1）

2．渦文土器と雷文土器

ザイサノフカ文化古段階に引き続き沈線文系の深鉢を主体とする土器が用いられる時期であるザイサノフカ文化新段階となるが，この時期には一種の精製土器である渦文土器と雷文土器が認められる。本書では渦文土器と雷文土器の変遷によって大きくザイサノフカ文化新段階を3段階に区分する。

渦文土器と雷文土器の関係について，黄基徳は時期差であり，渦文土器が雷文土器に先行すると早くから指摘しており，具体的には渦文土器（黒狗峯）→雷文土器（黒狗峯）→雷文土器（農圃）と変遷するとした（黄基徳1962）。佐藤達夫は黒狗峯を農圃と同一段階におき，渦文土器と雷文土器が同一の手法によると指摘している（佐藤1963）。渦文土器から雷文土器に変遷するということは，А. П. オクラドニコフによってもシェニキナ・シャプカ2→グラドカヤ（ザイサノフカ）I→チャピゴウ（クロウノフカ）2へ変遷することが示されている（Окладников1970）。その後，渦文土器から雷文土器へと変遷するという考え方は西浦項での層位的な所見（金用玕・徐国泰1972）からも支持され，共通認識となっている。

渦文土器・雷文土器自体の変遷についても多く研究されている。黄基徳は黒狗峯の雷文土器が単一な種類である一方，農圃の雷文土器は三角形文と組み合わさるものが多く内容が豊富であるとし，黒狗峯の雷文土器を渦文土器の最終段階にはじめて現われた初期の雷文土器の型式であるとみた（黄基徳1962）。姜仲光は雷文土器を西浦項型と農圃型に分類し，西浦項，農圃，虎谷における無文の土器の比率から西浦項型→農圃型

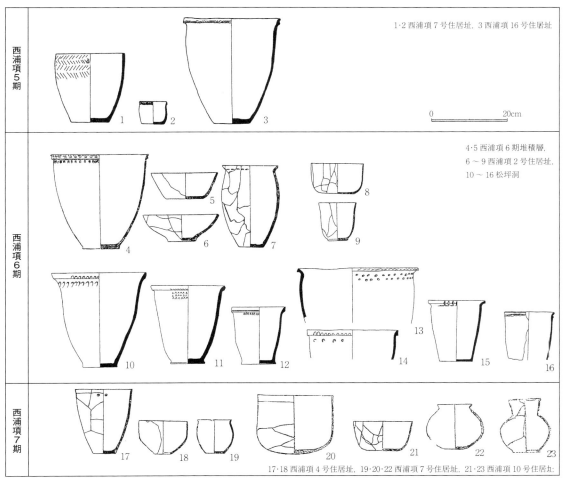

図16　豆満江下流域の編年（2）

36　第Ⅰ部　東北アジア先史文化の変遷と地域性

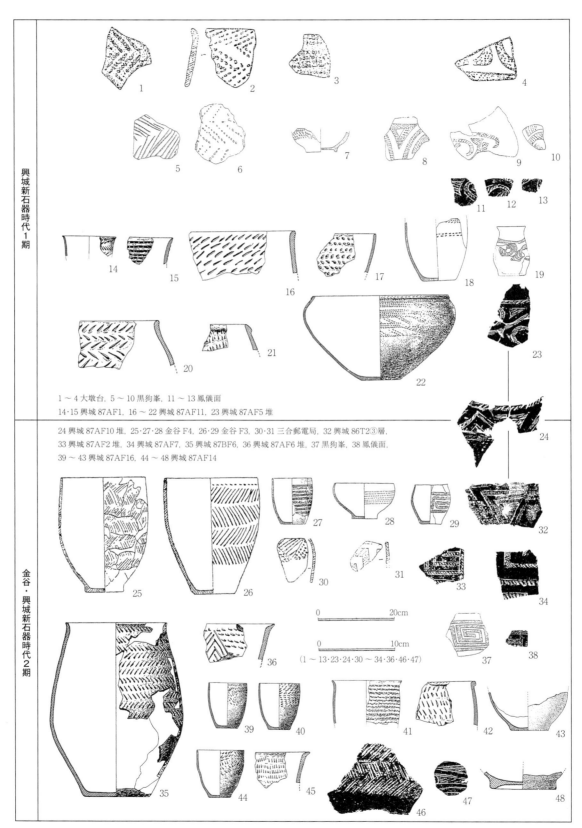

1～4 大墩台，5～10 黒狗峯，11～13 鳳儀面
14・15 興城87AF1，16～22 興城87AF11，23 興城87AF5堆
24 興城87AF10堆，25・27・28 金谷F4，26・29 金谷F3，30・31 三合郵電局，32 興城86T2③層，
33 興城87AF2堆，34 興城87AF7，35 興城87BF6，36 興城87AF6堆，37 黒狗峯，38 鳳儀面，
39～43 興城87AF16，44～48 興城87AF14

興城新石器時代1期

金谷・興城新石器時代2期

図17　豆満江中流域の編年（1）

第1章 極東平底土器遼東群・豆満江群の編年と地域性　37

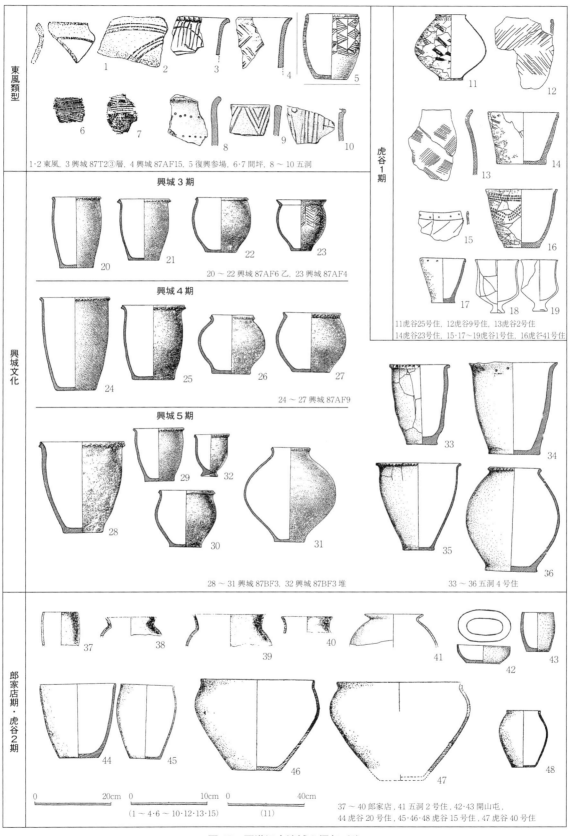

図18　豆満江中流域の編年（2）

38　第Ⅰ部　東北アジア先史文化の変遷と地域性

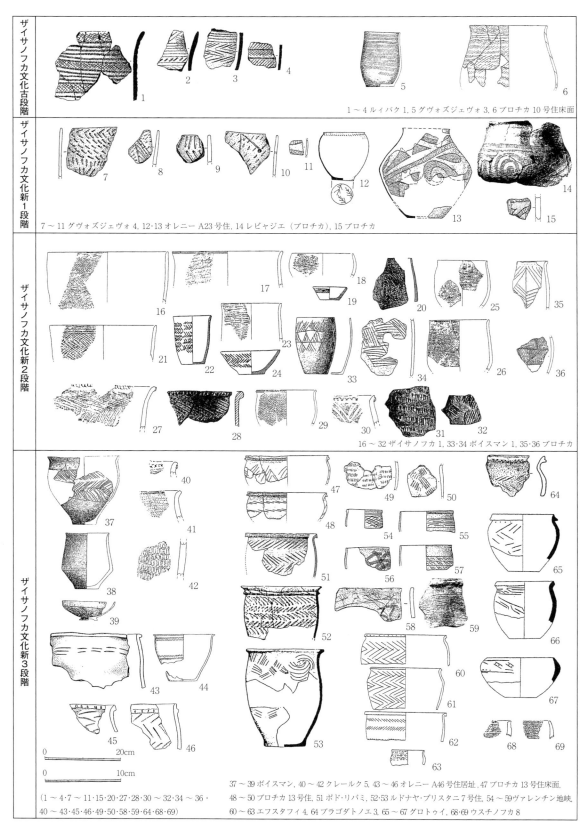

図19　南沿海州東海岸の編年（1）

（グラドカヤⅠ→農圃→虎谷）と変遷すると主張した（姜仲光1975）。大貫静夫は渦文土器を平行沈線内を線で充填したり，平行沈線内を磨研して外側に施文する西浦項型と平行沈線内を櫛目で充填する黒狗峯型に分類し，雷文との関係から黒狗峯型が新しいとした。雷文土器についてはⅠ1→Ⅰ2→Ⅱ段階と3段階の変遷を想定している。最も大きな指標となっているのは器形であり，渦文土器にみられる広口壺から口縁が内傾する雷文，口縁が外反する雷文，単純な深鉢と変遷するとしている。これとともに文様帯の幅が狭まるという傾向も併せて指摘している。そして，方形の雷文の系列（a系列）と菱形・三角形の雷文の系列（b系列）の2系列が併存しながら変遷したとみている（大貫1992）。福田正宏は大貫の想定した雷文Ⅱ段階の狭小化した雷文と擦痕による文様の深鉢が共存することを指摘し，これが最も新しい段階に位置づけられることからオクラドニコフや大貫の見解を支持している（福田2004）。고영남は文様施文手法・図案等の点において渦文土器と雷文土器に継承関係が認められるとした（고영남2004）。伊藤慎二は渦文土器が雷文土器に先行するとみ

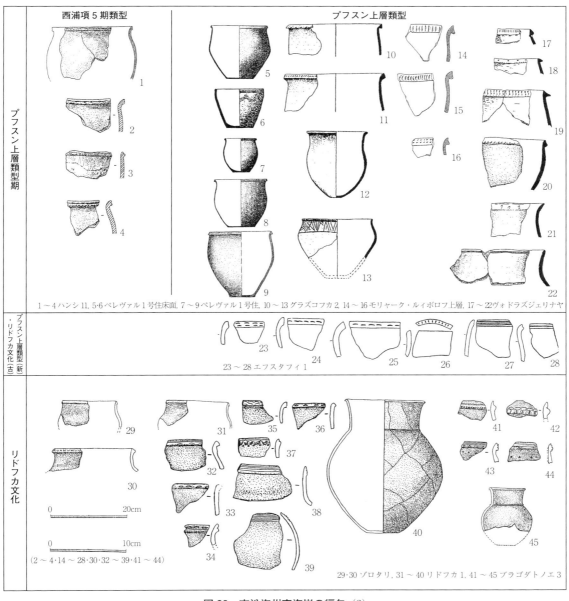

図20　南沿海州東海岸の編年（2）

40　第Ⅰ部　東北アジア先史文化の変遷と地域性

る一方で，資料数が沿海州では少なく，具体的な所属時期を特定できていないとする。雷文はオクラドニコフ，大貫，福田の指摘のとおり狭小化した文様帯のものに変遷することを述べている（伊藤2005）。金材胤は雷文を1〜4期に分期している。1期は菱形の雷文（1系列1式）の単純段階で，2期は三角形の雷文（1系列2式）とロ字形雷文が併存し，3期には匚字形の雷文，4期には凵字形の雷文へと変遷するとしている（金材胤2007）。

　以上の各見解では異なる点もあるが，渦文土器から雷文土器へと変遷した点，雷文土器は遅い段階には文様帯が狭小化する点で一致している。筆者は伊藤の見解であるザイサノフカ文化古段階・新段階という2大区分を採用しているが，以上の共通見解を踏まえ，新段階を渦文土器のザイサノフカ文化新1段階，雷文土器のザイサノフカ文化新2段階，縮小文様帯雷文土器のザイサノフカ文化新3段階と区分することとする。このうち渦文土器は沿海州では資料数が少ないため，伊藤は渦文土器の単純段階を設定していないが，渦文土器はシェニキナ・シャプカ2，オレニーA23号住居址・Ⅲ層，シニ・ガイA，グヴォズジェヴォ4，レビャジエ湖（ブロチカ），ブロチカ2004年調査住居址外部腐植砂質土（申昌秀 外2005）など南沿海州でもみられ（図19-11・13〜15），ハサン地区からナホトカ附近まで広く分布しており，정봉찬らが主張するように（정봉찬1997），南沿海州にも西浦項3期に対応する渦文土器の段階が確実にあったものと考えられる。そして，グヴォズジェヴォ4では沈線文や点列文が主体的に伴うことから，渦文土器の段階はザイサノフカ文化新段階に含まれるものとみられるので，先述のとおり本書ではザイサノフカ文化新1段階とした。

　渦文土器の細分としては上述のとおり大貫の見解がみられるが，平行沈線間を沈線で埋める資料は農圃などの雷文にもみられるため，必ずしも，平行沈線間を多歯具や点列で充填するものが新しいとはいえない。渦文と雷文の両者に沈線充填と点列充填がみられることは両技法が共存していたことを示すと考え，筆者は渦文土器の段階を細分しない。

　渦文土器と雷文土器の継承関係は上述のとおり多くの研究者の共通見解となっているが，渦文から雷文へ変遷する過渡的な様相を具体的に示す資料が出土している。興城では渦文土器と雷文土器が出土しており，連続して居住が営まれたものとみられるが，ここで，曲線により三角形の雷文を描いた土器片が出土している（図17-24）。これは渦文土器から三角形の雷文へ変遷する中間段階の資料であると考えられ，従来からの想定どおり雷文土器の系譜は渦文土器にあることを示している。

　ザイサノフカ文化新2段階における雷文の細分，すなわち大貫の雷文Ⅰ1段階とⅠ2段階，金材胤の雷文1〜3期の分期は両者で対立している点がある。大きく対立しているのは三角形・菱形の雷文（大貫b系列・金材胤1系列）と長方形の雷文（大貫a系列・金材胤2系列）の併存状況で，三角形・菱形の雷文の単純段階を認めるか否かという点である。

　興城でみられたように渦文から雷文へ変遷する過渡的段階の文様は三角形の雷文へと変遷が想定されるものであるため，金材胤の主張のように三角形・菱形系の雷文は雷文のなかで最も古い段階にはすでに存在するということは十分に想定される。しかし，層位や遺跡単位で，三角形・菱形系と方形系が明瞭に区分された事例はまだなく，また，両者に施文技法上の共通点も少なくないことから，大貫の指摘のとおり多くの時期で共存していたと考えるほうが穏当であろう。後続するザイサノフカ新3段階の縮小文様帯雷文土器のモチーフは長方形系や平行四辺形系が圧倒的に多いが，三角形系のモチーフをもつ縮小文様帯雷文土器もボゴリュボフカ1などで確認され（図21-35），三角形系の系譜もザイサノフカ新3段階まで継続することが想定され，前段階のザイサノフカ文化新2段階のなかでも新しい段階にも三角形系が存在したことを裏付ける。そこで，筆者は三角形系と長方形系の二者の雷文は共存したものと考え，ザイサノフカ文化新2段階の雷文を細分せず，一つの段階として整理する。この段階の雷文自体の特徴としては，平行沈線間を沈線により充

第1章　極東平底土器遼東群・豆満江群の編年と地域性　41

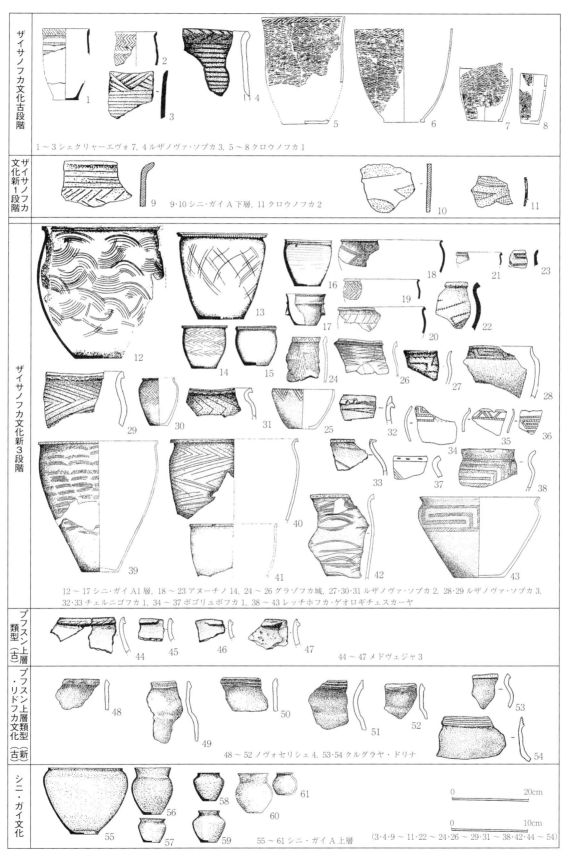

図21　南沿海州沿ハンカ湖地域の編年

42 第Ⅰ部 東北アジア先史文化の変遷と地域性

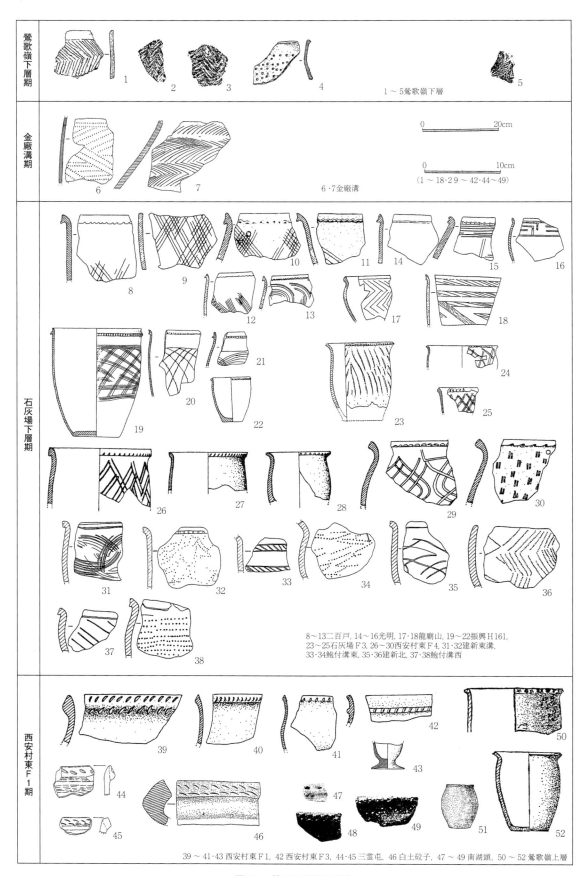

図22 牡丹江流域の編年

填するものと，多歯具による刺突文により充填するものの２種がみられる。

　ザイサノフカ文化新３段階における雷文の年代的位置づけについては多くの研究者間で異論のないところである。多く指摘されてきたとおり，狭小な文様帯で，曲線的に外反する口縁部をもつという特徴がある。また，平行沈線間は斜線で充填されるものや施文されないものが多く，前段階で多くみられた多歯具による刺突文はほとんどみられなくなる。このような雷文は牡丹江流域では光明，沿海州沿ハンカ湖地域ではレッチホフカ・ゲオロギチェスカーヤ，アヌーチノ14，クロウノフカ１，クロウノフカ２，ノヴォシェリシェ４，ルザノヴァ・ソプカ２，ボゴリュボフカ１，シニ・ガイ Б，グラゾフカ土城などで出土している（図21-23・27・28・34〜36・38・43，図22-16）。南沿海州のなかでも沿ハンカ湖周辺で多く発見されており，О. В. ヤンシナや Н. А. クリューエフらにより沿ハンカ・グループと呼ばれている土器群が該当する（Яншина・Клюев2005）。興凱湖周辺や牡丹江流域以外の地域ではこのような特徴の雷文土器はほとんど報告されていない。

　興味深いのは南沿海州東海岸に近いウスチノフカ８で出土した雷文である（図19-68・69）。ウスチノフカ８では数点の雷文土器が出土しているが，狭小な文様帯をもつ点で最新段階の雷文であると判断される。沿ハンカ・グループでは口縁は著しく外反するが，これとは異なりウスチノフカ８の資料では口縁端部がわずかに外反するものがみられるものの，基本的には内湾している。小型のボウル形の器種であるとみられる。沿ハンカ・グループでは深鉢が多くみられるので口縁形態の差異は器種差である可能性もある。さらに，文様は沿ハンカ・グループでは平行沈線間を沈線で充填したり，無文である例が多いが，ウスチノフカ８では狭小な沈線間に１条の刺突列が施される例がみられる。このような１条の刺突列は前段階に多くみられた多歯具による点列充填の退化形態であるとみられる。また，文様以外の部分を研磨する雷文土器が多いなか，ウスチノフカ８の資料には文様部分に研磨を施している事例もみられる。このようなボウル形で狭小な沈線間に１条の刺突列が配される雷文土器の類型は，東海岸に位置するグロトゥイ（Яншина2004）でも出土しており（図19-67），東海岸雷文土器の特徴と捉えることができる。同様に沿海州東海岸に位置するエフスタフィ４では，沿ハンカ・グループのように口縁は曲線的で，押引により平行線を区画し内部は無文で残すという雷文が出土している（図19-63）。口縁部形態には沿ハンカ・グループの影響関係が認められるものの，文様には地域色がみられる。後述するように深鉢でも沿ハンカ湖地域と沿海州東海岸において地域性がみられるが，対応するように雷文でも地域性が顕著となっている可能性が高い。

　一方，豆満江流域や以南のザイサノフカ新３段階の資料は非常に不分明であり，雷文の具体的な様相を把握することが困難なのが現状である。上述のとおり南沿海州でも地域差が現出している点を勘案すると，沿ハンカ・グループにみられる雷文とは異なる雷文が存在した可能性もあるが，具体的な資料を指摘しえない。強いて，候補を挙げるとすれば，虎谷１期および西浦項５期層で出土したとされる雷文があるが，これは後述するとおり，判断が困難な資料である。以下では，ザイサノフカ新段階の３段階区分を基に，全体的な土器相について述べる。

３．渦文土器段階（西浦項３期・ザイサノフカ文化新１段階・鷲歌嶺下層期）

　豆満江下流域では西浦項８号住居址，26号住居址，27号住居址出土遺物を中心に西浦項３期が設定されており（金用玕・徐国泰1972），渦文土器を指標とする。ここでは沈線による横走魚骨文，短斜線文や点列文の深鉢などがみられる（図15-8〜13）。金材胤は，この段階を自身の豆満江２類型と規定し，刺突点線文と沈線文が主となると述べたが（金材胤2010），このなかには，雷文土器に伴う沈線文土器や点列文土器も多く含まれ，分類の有効性に疑問がある。豆満江中流域では渦文土器が出土した遺跡として鳳儀面（有光1962），

44 第Ⅰ部 東北アジア先史文化の変遷と地域性

黒狗峯（黄基徳 1957・1962），大墩台（侯莉閩 1994），興城（劉景文 等 2001）などの資料が知られている（図 17-1〜23）。鳳儀面，黒狗峯，大墩台は採集資料であるが，押捺横走魚骨文などが共通してみられ，渦文土器の段階である西浦項 3 期に併行する時期であることがわかる。楊占風は大墩台出土の押捺横走魚骨文を次の雷文土器の段階に編年している（楊占風 2013）。大墩台などの資料は採集資料で一括性に問題があるものの，このような押捺横走魚骨文は渦文土器に先行するザイサノフカ文化古段階に多くみられ，継承関係が想定されるので，強いて，渦文土器から分離して，遅い段階に位置づける根拠はないものと判断される。興城では新石器時代について 1 期と 2 期に分期されており，1 期はさらに前期と後期に区分されている（劉景文 等 2001）。興城 1 期早段には 87AF1 や 87AF3 が該当し（図 17-14・15），1 期晩段には 87AF11，87BF7，87A 区 3 層が該当する（図 17-16〜23）。87AF1 では押引文，太い沈線による横走魚骨文，刺突文がみられ，87AF3 では渦文土器がみられる。また，87AF11 と 87BF7 でも渦文土器がみられ，87AF11 では太い沈線による横走魚骨文や刺突文がみられる。層位上は興城 1 期を 2 段階に区分することが可能であるが，土器相は類似しており，本書では興城 1 期として一つの段階として整理する。ただし，87AF11 では二重口縁をもち刺突により幾何文を施文する土器（図 19-21・22）がみられることから新出の傾向を示しているとも考えられる。

　本書では伊藤慎二の設定したザイサノフカ文化古段階と新段階の区分を採用しているが，伊藤の編年では渦文土器の段階が設定されていないので，渦文土器段階がザイサノフカ文化古段階か新段階かいずれに属するのかが問題となる。西浦項 3 期に併行する比較的良好な資料としてはグヴォズジェヴォ 4（Попов・Батаршев2002）を挙げることができる。ここでは渦文土器と雷文土器が出土しているため西浦項 3 期から 4 期に併行する時期であることがわかる。雷文に伴うと考えられる土器を差し引いた土器が西浦項 3 期に併行する土器となる（図 19-7〜11）。沈線や押引による斜線文の土器などが西浦項 3 期に併行するものとみられ，縄線文土器は確認されていないので，伊藤のザイサノフカ文化新段階に属するものと考えられる。また，オレニー A（Ⅰ）23 号住居址（Окладников・Деревянко1973，Бродянский1987）では渦文土器とともに胴部が膨らみ短斜線文が施文された木の葉文底部の深鉢が出土している（図 19-12・13）。この段階を本書ではザイサノフカ文化新 1 段階と設定する。

　Д. Л. ブロジャンスキーはオレニーやシニ・ガイの出土資料を基に，新石器時代を 5 段階の変遷過程に分期しており（Бродянский1987・2004，布羅江斯基 1993），А. И. マルトゥイノフもブロジャンスキーの見解を基とした編年案を採用している（Мартынов1996）。この編年案では渦文土器が出土したオレニー A23 号住居址は第 3 段階に編年されている。

　これと関連し，近年，二重口縁土器が渦文土器段階から出現しているという見解もある。金材胤はオレニー A（ブロジャンスキーの第 2 段階）で出土した細かい点列などを施した二重口縁，口縁肥厚土器を自身の豆満江 1 類型とし，縄線文の段階においている（金材胤 2010）。このような二重口縁・口縁肥厚土器が，ブロジャンスキーの編年案では渦文土器段階のブロジャンスキーの第 3 段階のオレニー A23 号住居址より古いとされていることと関連がある。

　しかし，オレニー A23 号住居址より早い段階であるとされる第 1 段階（オレニー B 下層（オレニーⅡ層））では本書で述べるザイサノフカ新 2 段階と考えられる土器が主体で，第 2 段階（オレニー A46・96・11a・12a・13・14a・17・18a・27 号住居址（オレニーⅢ層））では本書で述べるザイサノフカ文化新 3 段階の土器に属すると考えられる土器が主体的に出土しており，共伴関係でもオレニー A46 号住居址ではザイサノフカ文化新 3 段階の二重口縁土器や鉢ととともに押捺点列文の施文された口縁隆帯・二重口縁土器が出土していることから（図 19-43〜46），ブロジャンスキーの細分案はほかの沿海州や周辺地域の遺跡での層位的な変遷とは一致しないと考えられる。オレニー第 2 段階で出土した二重口縁で細かい点列文が施文される土器は，詳細は後

述するが，H. A. クリューエフ，O. B. ヤンシナや伊藤慎二が指摘したとおり（Клюев・Яншина2002 伊藤2006）ザイサノフカ新3段階における沿アムール地域と関連する土器ではないかと考えられる。なお，渦文土器段階における二重口縁土器としては興城87AF11 で出土した刺突により幾何文が施文された盆形土器が挙げられる。この二重口縁土器は口縁断面形態が方形に近く，また器種も筒形罐ではないという点で，後の段階の二重口縁・口縁隆帯土器とは差異を示す。したがって，後の時代に盛行する二重口縁等の系譜にあるかどうかは判断が困難である。

牡丹江流域では鶯歌嶺下層（張泰相・楊虎・朱国忱 1981）で渦文土器とともに横走魚骨文，刺突による魚骨文，刺突文土器が出土しており，他地域の渦文土器段階の文様組成と非常に類似した傾向を示している（図22-1〜5）。

4．雷文土器段階（西浦項4期・ザイサノフカ文化新2段階）

続く段階は雷文土器を指標とする段階である。豆満江下流域では，農圃期・西浦項4期，豆満江中流域では興城新石器2期，南沿海州ではザイサノフカ新2段階が該当する。豆満江下流域では西浦項4期層，松坪洞雷文土器（黄基徳1962），農圃（横山1934，末永編1935，考古学研究室1957，黄基徳1957・1962），元帥台（横山1934，염주태1965），雄基邑（有光1962）などの遺跡がみられる（図15-14〜31）。豆満江中流域の遺跡としては金谷（朴淵龍1991，何明1991），三合郵電局，大蘇二隊，琵琶山，小狐山（侯莉閩1994），興城2期（劉景文 等2001），間坪（末永編1935，有光1962），鳳儀面の一部遺物（有光1962），虎谷円峰（黄基徳1962）などが挙げられる（図17-25〜48）。豆満江下流部と中流部の中間に位置する琿春では北山墓地（劉景文1994），南団山（李雲鋒1973，劉振華1982）で出土した沈線文土器などがこの段階に該当する。南沿海州ではザイサノフカ1（Андреев1957，安徳烈耶夫1958，Окладников1959，Komoto et al. 2007），ハンシ5（Андреев1960），ボイスマン1明灰砂質土層等出土遺物，ボイスマン2第3層（Попов・Чикишева・Шпакова1997），オレニーB下層，ブロチカ7・8・9・11・12・20号住内部土，コンプレクスⅡ一部遺物（申昌秀 外2005，洪亨雨 外2006）などが挙げられる（図19-16〜32）。興城2期には87AF14，87AF16，87AF17，87BF6が該当する。87AF14では雷文土器がみられるため，西浦項4期に併行することがわかる。87AF14では横走魚骨文のほか乱雑な押引文の施文された深鉢が出土しており（図17-44），同様の深鉢は87AF16でもみられるため（図17-39・40），同様の時期を想定することができる。87AF14および87AF16ではともに赤色土器がみられ（図17-43・48），この時期の土器組成をうかがうことができる。さらに，金谷3号住居址では外反口縁で胴が張る無文の器高71cmの大型甕が出土しており，豆満江中流域では貯蔵用の大型容器が組成として採用されていることは注目される（図26-1）。三合郵電局では雷文土器のほかに沈線で区画し，内部を点列や沈線で充填する文様の土器が出土している（図17-30）。このような資料は西浦項（金勇男1961）やザイサノフカ1，ブロチカ8号住

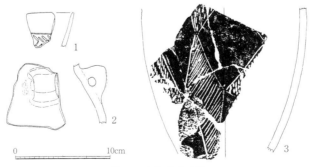

図23　幸町出土土器

46　第Ⅰ部　東北アジア先史文化の変遷と地域性

居址内部土などでも認めることができ（図 15-24, 図 19-20・36）, 西浦項 4 期併行期の特徴であるといえる。

　なお, ザイサノフカ文化の南限であるが, 咸鏡北道南部の金策市（城津）に所在する幸町の資料が注目される（図 23）。菱形に沈線を描き沈線や点列で充填し, 空白部を赤色磨研する土器と赤色塗彩の橋状把手が出土している（図 23-3）。佐藤達夫は赤色塗彩の複合文を西浦項の複合文と対比している（佐藤 1963）。一方, 金材胤は幸町の資料に点線文が出土していることから自身の豆満江 2 類型（西浦項 3 期）に帰属させている（金材胤 2010）。幸町出土資料の類例としては西浦項 4 期の 21 号住居址で沈線間を点列や沈線で埋め, 空間部分を赤色研磨した土器が出土しており（図 15-25）, 橋状把手のついた土器（図 23-2）も西浦項 4 期堆積層で出土していることから（図 15-26）, 西浦項 4 期に併行するものと筆者は考える。したがって金策附近までは確実にザイサノフカ文化が展開していたと考えられる。同様に金策に所在する城山北門址の出土資料（和田 1914, 木村 1914）もこの段階のものであろう。

　この段階を 2 段階に細分する案があり, 宮本一夫, 大貫静夫, 福田正宏は農圃・金谷 3 号住居址→西浦項 4 期層という変遷を想定している（宮本 1986, 大貫 1989・1992, 福田 2004）。豆満江流域では農圃で典型的な雷文とともに横走魚骨文, 短斜線文などが施文される深鉢や碗が出土している。大貫静夫は「網代状の文様」と表現している文様をもつ土器が出土する西浦項 15 号住居址（図 15-30・31）がより農圃に近い組成をもつ西浦項 11 号住居址より新しいという可能性を提示している。ザイサノフカ文化の遺跡では菱形集線文が施文される土器は多くはないが, ザイサノフカ文化古段階またはザイサノフカ新 1 段階に属するルィバク 1 やザイサノフカ新 2 段階のボイスマン 1（Жущиховская1998）などで出土しており, 組帯が崩れていく過程が想定される。大貫が「網代状の文様」と表現した文様は菱形集線文の組帯が崩れた結果, 構成された文様であるとみることもでき, 西浦項 4 期でも遅い段階とする見解を筆者も支持したい。しかし, 農圃期・西浦項 4 期の細分には資料が未だ不十分であるため, 本書では西浦項 4 期として大きくまとめた宮本の方針（宮本 1986）に従う。

　この段階に帰属する可能性のある二重口縁土器としてはザイサノフカ 1 の資料が挙げられる（図 19-27〜30）。Г. И. アンドレーエフの報告（Андреев1957）と宮本一夫の再報告（Komoto et al. 2007）には二重口縁土器が 2 点, 口縁隆帯土器が 2 点報告されている。宮本はこれらの土器を自身のノヴォセリシェ 4 段階としており, ザイサノフカ 1 で主体を占めるほかの土器と時期を異にするものとして分離している（宮本 2007）。ザイサノフカ 1 で出土した口縁断面形態は方形や円形を示しており, ザイサノフカ新 3 段階の土器が断面三角形を呈するのとは差異がある。断面三角形二重口縁土器は沿ハンカ湖地域に多く認められ, 地域差であると考えれば宮本のように時期的に分離することも可能である。しかし, 筆者はザイサノフカ 1 で出土した二重口縁・口縁隆帯土器の胴部に施文された横走魚骨文などの沈線文が, 比較的太く, 規格性をもち整然と施文されていることに注目したいと思う。ザイサノフカ新 3 段階の沿海州東海岸では断面の形態が三角形にならないものも少なくはないが, 胴部に施文される文様モチーフは崩れたものが多い。ザイサノフカ 1 の二重口縁土器に施文された文様モチーフはほかの単口縁深鉢に施文されたものに近く, 本書では分離せずに同時期のものと考えたい。ただし, ザイサノフカ 1 では次のザイサノフカ新 3 段階と共通する文様モチーフが施文される土器も出土していることから, ザイサノフカ新 2 段階から新 3 段階に移行する時期である可能性もある。また, 豆満江中流域の興城 87AF16 などでも胴部に押引短斜線文が施文された断面円形の二重口縁土器がみられ, 共伴土器からこの段階の所産であると考えられる（図 17-42）。

　この段階の牡丹江流域や沿ハンカ湖地域における様相は資料が不十分で詳らかではないが, 陶剛と倪春野が二百戸に先行する段階の所産として指摘している金廠溝（陶剛・倪春野 2003）などでみられる点列や沈線により横走魚骨文が施文される土器などがこの段階に併行する可能性がある（図 22-6・7）。

5．口縁隆帯・二重口縁土器・縮小文様帯雷文土器段階（ザイサノフカ新3段階・石灰場下層期・東風類型）

ザイサノフカ文化新3段階は，胴部に擦過状文様をもつ二重口縁や口縁隆帯土器，縮小文様帯雷文土器などを指標とする。この段階の擦過状文様をもつ二重口縁や口縁隆帯土器は沿海州では沿ハンカ・グループと呼ばれている。

牡丹江流域では振興H161（振興1期乙類）（李陳奇 等2001），西安村東（程松・金太順1983，王祥濱・張志成・陶剛2004）F4，石灰場下層（陶剛・安路・賈偉明1990），響水（程松・金太順1983），牛場の一部遺物（Ponosov1938），金明水の一部遺物（奥田1940）・穆棱河流域では二百戸，光明，南天門，六道溝北，中山果樹園，南山西，趙三溝，北山，後東崗，万水江，龍廟山（陶剛・倪春野2003），綏芬河流域では建新東溝（張志成 等2011），建新北（張志成2012），大嶺下（張志成2012），北寒（張志成2011），鮒付溝東（張志成2011），鮒付溝西（張志成2012）などがこの段階に該当する資料である（図22-8～38）。

南沿海州の沿ハンカ湖周辺ではルザノヴァ・ソプカ2の2層（Попов и др. 2002，Попов и др. 2003），ルザノヴァ・ソプカ3の暗褐色腐植ローム層（Попов и др. 2002），ボゴリュボフカ1（Гарковик1989），チェルニゴフカ1（Сапфиров1989），アヌーチノ14（Клюев・Яншина2002），ノヴォセリシェ4（Kluyev1998，クリューエフ 2001，Клюев・Сергушева・Верховская2002），シニ・ガイA（Бродянский1987），シニ・ガイБ（Бродянский1987），クロウノフカ2（Окладников1970，Бродянский1987），レッチホフカ・ゲオロギチェスカーヤ（Коломиец・Батаршев・Крутых2002，金材胤・Kolomiets・Krutikh2006），ゴルバトカ3（Кузнецов・Якупов2004，伊藤・内田 2004），グラゾフカ土城（Коломиец・Афремов・Дорофеева2002）などがこの段階に該当する資料である（図21-12～43）。

牡丹江流域や沿海州沿ハンカ湖地域では断面三角形で下端部が胴部に接着しない二重口縁が特徴的にみられる。また，隆帯がめぐる口縁部もみられるが，これは三角形の二重口縁の下部が突出し，隆帯へと変化したものであるとみられる。二重口縁の下端部には直線的に処理され稜線が形成されているが，沈線様の刻目が施されるもの，指頭や丸棒状工具で太目の刻目が施されるものなどがみられる。なかには二重口縁の下端部が波状になるものも確認されるが，稜線への刻目から変化したものであると考えられる。二重口縁部そのもの（下端部にかからない部分）に施文される例は多くはないが，点列文や爪形文が施文される事例がある。牡丹江流域等と沿ハンカ湖地域の両地域で口縁部の形態は直線的なものが認められる一方で，沿ハンカ湖地域では胴上部が屈曲・内湾し，口縁部が外反するものも多く確認される。また，胴部文様は擦過状文様が多く，文様モチーフには多歯具による重弧文状の曲線文，斜格子文，斜線文，横走魚骨文などがみられる。また，一部の遺跡では点列によりジグザグ文などを構成する文様も認められている。曲線文や斜格子文は牡丹江流域・沿ハンカ湖地域の両地域でみられるが，擦過状の横走魚骨文は沿ハンカ湖地域で多くみられる傾向がある。このように二重口縁・口縁隆帯の形態，二重口縁下端部の処理，二重口縁部への施文，口縁部形態，胴部文様でさまざまな変異があり，時期差がある可能性がある。基本的に振興乙類遺存と石灰場下層は同一の文化内容をもつと指摘されているが（趙賓福2011），李伊萍は両者を区分している（李伊萍2004）。西安村東F4では振興乙類遺存と石灰場下層の両者に類似した土器が共伴しており，多様な変異が各遺跡で共伴している状況から，時期的な細分は困難であるため，本書では一段階として整理する。

南沿海州の東海岸では，ブラゴダトノエ3[13]（Дьяков1989），ルドナヤ・プリスタニ（Дьяков1992），ウスチノフカ8（伊藤ほか2005，土屋・古澤・金恩瑩2006），シニエ・スカルィ（Андреева・Студзицкая1987，Андреева и др. 2002），ペルムスコエ2（Андреев・Андреева1962），エフスタフィ4（Андреев・Андреева1962，Гарковик1985・2011，ガルコヴィク 1997），ヴァレンチン地峡（Андреева и др. 1987，ガルコヴィク 1997），ポド・リパミ（Окладников・Медведев1995），ブロチカ（申昌秀外2004・2005，洪亨雨 外2006），ペレヴァル一部遺物

48　第Ⅰ部　東北アジア先史文化の変遷と地域性

（Бродянский1987，Дьяков1992，Окладников・Медведев1995，Медведев2000），ソプカ・ボリシャヤ（Окладников・Медведев1995），オレニーA（Бродянский1987），キロフスキー（Окладников1970），ボイスマン1（Морева・Попов・Фукуда2002）などがこの段階に該当する資料と考えられる（図19-37〜69）。

　南沿海州東海岸では，沿ハンカ湖地域によくみられる断面三角形で下端部が胴部に接着しない二重口縁や隆帯がめぐる口縁部がみられる一方，ブロチカ7号住居址内部土やオレニーAでは断面円形または隅丸方形に近い二重口縁がみられる。また，沿ハンカ湖地域では多く認められる胴上部が屈曲・内湾し，口縁部が外反する口縁部形態もみられるが，直立口縁の比率も高い。二重口縁土器の胴部文様では，牡丹江流域や沿ハンカ湖地域によくみられる擦過状沈線は少なく，鋭い先端部の工具により短斜線文や魚骨文が施文される例が圧倒的に多い。ザイサノフカ1の二重口縁土器では横走魚骨文が整然と施文されていたのとは対照的にこの段階の文様モチーフは短斜線文が多く，横走魚骨文であっても乱雑な施文が多い。また，文様モチーフでも沿ハンカ湖地域や牡丹江流域で多くみられた重弧文は少数である。ただし，ルドナヤ・プリスタニ7号住居址23号コンプレクス，ヴァレンチン地峡などでは擦過状の施文もみとめられ，共存していたものと思われる（図19-53・58・59）。また，二重口縁土器以外の単口縁の深鉢のなかには口縁部上端や口唇部に刻目，爪形文，半円形文，円形文などを施文した例が，ヴァレンチン地峡，ブロチカ9号住居址床面，19a号住居址内部土12号住居址内部土などで発見されており，地域的な特徴であると考えられる。近年，クレールク5（Komoto et al. 2007）の調査により連続刺突文を施す一群の土器が広く知られるようになった（図19-41・42）。単歯具を用いるものと多歯具を用いるものがあるが，押引で点列を施すのが特徴である。これらの土器を宮本一夫はザイサノフカ1（ザイサノフカ文化新2段階）とノヴォセリシェ4（ザイサノフカ文化新3段階）の中間に位置づけている（宮本2007）。一方，金材胤は点列という特徴から自身の豆満江流域2類型（渦文土器の段階：本書のザイサノフカ新1段階）に位置づけている（金材胤2010）。クレールク5で特徴的にみられた連続押引点列文はザイサノフカ1（図19-31），オレニーA18号住居址，ブロチカ12号住居址内部土，13号住居址内部土（図19-49），19a号住居址内部土などから発見されている。このうちザイサノフカ1ではザイサノフカ文化新2段階の資料が主体で，オレニーA18号住居址やブロチカではザイサノフカ文化新3段階が主体を占める。そして，連続押引点列文の口縁部は緩やかに外反するものが多く，ザイサノフカ新3段階の単口縁と通有の特徴をもち，さらに器壁が比較的薄く，焼成も堅固であることからみて，ザイサノフカ新2段階の終末から新3段階にかけて盛行した文様であるものと考えられ，筆者は宮本の年代的位置づけを支持したい。また，クレールク5では口縁隆帯・二重口縁土器が出土しており（図19-40），宮本の見解を裏付ける根拠となる。このクレールク5式連続押引点列文も南沿海州東海岸に多くみられる文様で地域的な特徴であるものとみられる。

　このように牡丹江流域・沿ハンカ湖地域と南沿海州東海岸では二重口縁・口縁隆帯土器が共通してみられるものの，二重口縁形態，口縁部形態，胴部文様，単口縁口唇部などに一定の差異がみられ，地域性が顕著となっているものと判断される。

　一方，豆満江流域や以南の地域ではこれまでのところ沿ハンカ・グループや石灰場下層のような二重口縁土器や口縁隆帯土器はあまり知られていない。延辺朝鮮族自治州汪清県に所在する復興参場では典型的な沿ハンカ・グループや石灰場下層期にみられる口縁隆帯土器が出土しているが（図18-5），復興参場は延辺に所在するとはいえ，綏芬河流域にあり，豆満江流域の典型的な遺跡とみるのは不適である。

　楊占風が設定した東風類型は石灰場下層期に併行するものと考えられる（楊占風2013）。東風類型には東風，岐新六隊，河龍村，小狐山，西崗子（侯莉閏1994a）などの資料が含まれる。東風ではわずかに採集資料が知られているが，このなかに擦過状の重弧線文がみられ（図18-2），石灰場下層期や沿ハンカ湖地域のザイサ

ノフカ文化新3段階にみられるものと同様である。豆満江流域の興城ではこの段階の資料が明確ではないが，渦文土器段階，雷文土器段階，そして青銅器時代の興城文化の土器と長い期間にわたる資料が出土しているため，石灰場下層期に併行する段階が存在しないのであれば，集落がこの段階に衰退・断絶したものと解釈せざるを得なくなる。事実，報告者の王洪峰は興城2期と青銅器時代の興城3期の様相は差異が大きく，空白期が存在すると述べている（劉景文 等2001）。しかし，集落の衰退・断絶を考えるほど住居址形態や住居配置が変化してはおらず，連続的に集落が営まれたとすれば，興城の既報告資料中に石灰場下層併行期の資料が存する可能性も十分に考慮されるところである。そのような観点から，石灰場下層期に併行すると考えられる資料を検討すると，一部に断面が三角形に近い二重口縁土器で胴部に沈線文施文された土器が少量ながらみられ（図18-3），また，緩やかに外反する口縁で，擦過状に多歯具により横走魚骨文が施文された土器もみられるが（図18-4），これらの資料が東風類型に該当する可能性はある。しかし，資料が貧弱で，層位的な状況での把握も困難であるため，判断が難しい。豆満江以南の間坪（有光1962）では二重口縁・口縁隆帯土器は知られていないが，擦過状文様の胴部片が点線文土器などとともに出土しており（図18-6・7），一部資料はこの段階に属する可能性も考えられる。会寧五洞（都宥浩編1960）で出土した有文土器には興城などでみられる点線押引文のほか，擦過状の沈線文が認められ（図18-8～10），この段階のものである可能性がある。五洞では口縁部に縦走魚骨文で三角形を構成する沈線文土器が出土しているが（図18-9），類例は二重口縁土器や縮小文様帯雷文が出土しているグラゾフカ城でもみられ（図21-25），ザイサノフカ新3段階・石灰場下層期に併行する時期の土器が存在することをうかがわせる。そして，五洞では沈線が施文されたi→o突瘤文がみられる一方（図18-10），断面三角形二重口縁土器などはみられない。以上の東風，興城，間坪，五洞などの状況を踏まえると，豆満江流域では沿ハンカ・グループや石灰場下層のような二重口縁・口縁隆帯はそれほど盛行することはなく，擦過状沈線文とともに西浦項4期（興城新石器2期）的な土器群が継続して用いられ，地域性が現出したという一つの可能性を考慮しなければならない。この場合，突瘤文土器の位置づけが問題となる。胴部に沈線文をもつ突瘤文土器は西浦項4期の堆積層で出土しているが（図15-32），大貫が指摘したとおり，西浦項11号住居址タイプの土器とも15号住居址タイプの土器とも共伴していないので，突瘤文土器段階として設定される可能性（大貫1992）も十分にある。

6．二重口縁土器段階（西浦項5・6期・興城文化・プフスン上層類型・西安柱東F1期）

　従来，南沿海州の青銅器時代としてはマルガリトフカ文化，リドフカ文化，シニ・ガイ文化などが指摘されてきたが，その文化内容，年代，分布範囲などについての見解は一致をみていない。この経緯については臼杵勲や정석배によって的確に整理されている（臼杵2004，정석배2006）ので参考としたい。

　マルガリトフカ文化はガルコヴィークやアンドレーエヴァによって抽出され，オクラドニコフとジェレヴァンコによりモリャーク・ルィボロフ（旧称・プフスン）附近のマルガリトフ川から命名された文化である（Окладников・Деревянко1973，Андреева1975）。標準資料としてシニエ・スカルィの資料が提示され（Андреева1976・1977，Андреева・Студзицкая1987），沿海州東海岸に主に分布するとされている。また，文化相互の関係についてアンドレーエヴァらは，放射性炭素年代や磨製石剣の形態からマルガリトフカ文化とシニ・ガイ文化をともに紀元前2千年紀後半とみている（Андреева・Жущиховская・Кононенко1986）。しかし，その後，В. И. ジヤコフはマルガリトフカ文化とは新石器時代・青銅器時代など複数時期の混在の結果であるとしてマルガリトフカ文化の存在を否定し，該当資料の多くをリドフカ文化に帰属させた（Дьяков1989）。Д. Л. ブロジャンスキーは当初，ジヤコフの見解に従いマルガリトフカ文化の設定に同意しなかったが（Бродянский1987，布羅江斯基1993），後にマルガリトフカ文化とリドフカ文化の土器に差異があ

るとするヤンシナの見解を受けてマルガリトフカ文化の設定に同意した（브로댠스키 1996，Бродянский2007）。また，ブロジャンスキーは沿ハンカ湖地域のメドヴェジヤ3の資料を基にメドヴェジヤ3類型を設定しており，鶯歌嶺上層との類似を述べている。リドフカ文化の磨製石庖丁などからリドフカ文化はシニ・ガイ文化より遅い段階であるとみてメドヴェジヤ3→シニ・ガイ文化→リドフカ文化という変遷を想定した（Бродянский1987）。ジヤコフの指摘を除外すると1980年代後半にはシニ・ガイ文化，マルガリトフカ文化，リドフカ文化がそれぞれ分布を異にして存在したという見解が一般的となっていった（Крушанов ред. 1989，馮恩学 1990）。臼杵勲は高杯の非存在等土器組成の類似などからシニ・ガイ文化，マルガリトフカ文化，リドフカ文化がほぼ併行すると述べたが（臼杵 1989），後にマルガリトフカ文化は興城文化併行と考え，リドフカ文化の複合口縁土器の一部は混在であるとして，リドフカ文化の初現は興城文化より遅れると判断した（臼杵 2004）。大貫静夫はシニ・ガイ文化は臼杵の想定するとおり虎谷2期・3期に併行する一方，リドフカ文化，マルガリトフカ文化両文化の複合口縁をもつ土器はシニ・ガイ文化より先行し，西浦項6期に併行するとみている（大貫 1992）。馮恩学はリドフカ文化にみられる壺は在地発展の結果，生じたものではなく，中国東北地方からの伝播要素とみて，壺が存在しないマルガリトフカ文化とシニ・ガイ文化は時期が早く，リドフカ文化は時期が遅いと述べている（馮恩学 2002）。

　まず，沿海州東海岸の様相から検討する。アンドレーエヴァらによって提示されたシニエ・スカルィの資料には，器種としては深鉢と頸部をもつ壺があり，深鉢は二重口縁・口縁隆帯土器が特徴的で胴部に横走魚骨文をもつものと無文のものがある。このうち，胴部に横走魚骨文をもつ二重口縁・口縁隆帯土器は本書のザイサノフカ新3段階の土器と非常に類似している。一方，二重口縁・口縁隆帯土器はモリャーク・ルィボロフ上層などで出土した土器と類似し，ジヤコフの見解のとおり，これらの土器は時期的に分離されるものと考えられる。そこで，本書では時期が混在したシニエ・スカルィ出土資料を示準とするマルガリトフカ文化の名称を採用しない。しかし，モリャーク・ルィボロフ上層に代表される二重口縁土器を中心とする土器群は遺跡単位で一定のまとまりを示しており，リドフカ文化に全て帰属させることはできない。従来のマルガリトフカ文化の一部を基に本書ではモリャーク・ルィボロフの調査時名称からプフスン上層類型と設定することとする。このような土器群は南沿海州東海岸ではモリャーク・ルィボロフ上層のほかに，シニエ・スカルィ（Андреева и др. 2002），ヴォドラズジェリナヤ（Крупянко・Яншина2002），ルドナヤ・プリスタニ（Дьяков1992），ウスチノフカ8（伊藤ほか 2005，土屋・古澤・金恩瑩 2006），グラズコフカ2（Клюев・Яншина1997），ペレヴァル1号住居址床面 Окладников・Медведев1995，Медведев. 2000），ブロチカ（申昌秀 外 2004・2005，洪亨雨 外 2006）などで確認されている（図20-5～22）。ルドナヤ・プリスタニでは新石器時代後期として報告されている8号住居址25号コンプレクス（Дьяков1992）などは大貫が指摘したとおり（大貫1996），この段階に該当するものと考えられる。

　モリャーク・ルィボロフ上層などで出土する二重口縁・口縁隆帯土器は胴部が無文であることが圧倒的に多い。二重口縁形態はザイサノフカ文化新3段階で多くみられた断面三角形で下端部が胴部に接着しない種類もみられる一方，下端部が胴部に接着し，口縁が単純に肥厚するものも多い。これはザイサノフカ文化新3段階の二重口縁からの型式変化であると把握される。また，口縁隆帯も多くみられる。胴部には文様がみられなくなる一方で，二重口縁部に施文する事例は多い。主要な文様には爪形文，点列文，短斜線線文，横走魚骨文，多歯具押引文などがみられる。二重口縁部に施文する事例はザイサノフカ文化新3段階では少ないが，この時期に増加するのは，時期的な変遷であるとともに，ザイサノフカ文化新3段階からの継承関係も示している。また，二重口縁下端部にのみ刻目を施す事例も前段階同様多い。このように口縁部形態，二重口縁部への施文という点では，前段階とは量的な差異などをみせながらも基本的に継承関係にあると考え

られる。このため，これらの二重口縁土器はザイサノフカ新3段階の直後の段階であると考えられる。ペレヴァル1号住居址の一括資料には，二重口縁や口縁隆帯のある深鉢が中心で，鉢なども認められる。深鉢には円筒形のものと，胴部が膨らむ種類があることがわかる（図20-5～9）。壺の出土はない。グラズコフカ2やヴォドラズジェリナヤでは，直立した頸部をもつ壺に近い器種が出土している（図20-12・21・22）。この器種は口縁部・頸部・胴部がなだらかに連続し，境界が明確ではないという特徴がある。このほか，ヴォドラズジェリナヤでは押捺文が施文される断面三角形二重口縁土器で二重口縁下にi→oの突瘤文が施される土器がみられる（図20-17）。また，外反口縁や刻目隆帯の下に円形孔列文をめぐらせる土器がルドナヤ・プリスタニ1号住居址で少量出土しているが，この住居址ではザイサノフカ新3段階の土器破片ともに無文の外反口縁深鉢完形が出土しており，円形孔列文が無文の外反口縁深鉢に伴うとすれば，プフスン上層類型に帰属するものであると考えられる。以上の土器相は従来のマルガリトフカ文化の一部におおむね対応する。特にブロジャンスキーが設定し，鶯歌嶺上層と対比されたメドヴェジヤ3類型はこの段階を指している（Бродянский1987・2007）。

　一方，リドフカ文化でも，プフスン上層類型で知られた二重口縁土器・口縁隆帯土器が認められる。しかし，リドフカ文化では直立する頸部をもつ壺が特徴的に認められているが，プフスン上層類型では認められない。このように直立頸部隆帯附壺の有無を主な指標として，プフスン上層類型とリドフカ文化は区分される。ここで，改めて両期の二重口縁土器を検討すると，プフスン上層類型では下端部が接着しない断面三角形の二重口縁土器がモリャーク・ルィボロフ上層，ペレヴァル1号住居址，ヴォドラズジェリナヤなどプフスン上層類型で多く出土している一方，下端部が接着する二重口縁土器や口縁隆帯がリドフカ文化でより多く出土しており，二重口縁の型式変化が認められる。また，二重口縁上に施文される文様のうち，横縄文はリドフカ文化に多く認められる。しかし，これらは量的比率の変化であり，個々の二重口縁部がどちらに帰属するか判別が困難な場合も多い。直立頸部壺の有無という大きな画期がありながらも，両文化の継承性が高いものと判断される。

　プフスン上層類型とリドフカ文化を繋ぐ資料としてはエフスタフィ1（Гарковик1983）の資料が挙げられる（図20-23～28）。エフスタフィ1では爪形文や刺突文が施文される二重口縁とともに，横線文が施文される二重口縁が出土している。二重口縁の断面形態は三角形や長方形を示すが，二重口縁の下端部は胴部に接地しており，モリャーク・ルィボロフ上層などの二重口縁とは異なる。また，プフスン上層類型ではほとんどみられず，リドフカ文化で多くみられる横線文施文二重口縁土器もみられる。したがって，エフスタフィ1はリドフカ文化に属する可能性もあるが，頸部が直立する壺は未確認であることや，二重口縁の形態がリドフカ1などの資料ほど崩れていないため，ここではプフスン上層類型とリドフカ文化の過渡的な様相として把握したい。

　次に南沿海州沿ハンカ湖地域の様相を検討する。ブロジャンスキーが指摘したメドヴェジヤ3（Бродянский1987）では断面三角形の無文の二重口縁土器や下端部に沈線による刻目が施される二重口縁土器が出土しているが，プフスン上層期の特徴を示している（図21-44～47）。一方，ノヴォセリシェ4（Kluyev1998, クリューエフ2001, Клюев・Сергушева・Верховская2002）では，断面三角形で下端部が胴部に接地する二重口縁に爪形文が配された口縁部が出土しているが，これとともに，肥厚口縁に横線文が配され，直立またはやや内湾する口縁で胴部が弧状に膨らむ土器が出土している（図21-48～52）。また同様の土器はクルグラヤ・ドリナ（Дьяков1989）でも認められる（図21-53・54）。ノヴォセリシェ4やクルグラヤ・ドリナの資料の類例は東海岸ではエフスタフィ1に類似している。クルグラヤ・ドリナではリドフカ文化に特徴的な土偶がみられることから，リドフカ文化に帰属させてもよいかもしれないが，リドフカ1などでみられ

52　第Ⅰ部　東北アジア先史文化の変遷と地域性

る頸部が直立し，頸部と胴部に境界に隆帯がめぐる壺は未確認であることから，本書ではエフスタフィ1と同様にプフスン上層類型とリドフカ文化の過渡的な様相と把握する。一方，沿ハンカ湖地域の青銅器時代文化としては後述するとおり，シニ・ガイ文化がみられる。シニ・ガイA上層ではリドフカ文化の土器は確認されず，また，メドヴェジヤ3やノヴォセリシェ4，クルグラヤ・ドリナではシニ・ガイ文化の土器は確認されない。このことからメドヴェジヤ3やノヴォセリシェ4とシニ・ガイA上層の土器相の差異は時期差であるとみられる。ザイサノフカ文化新3段階から連続するプフスン上層類型のメドヴェジヤ3や後続するノヴォセリシェ4，クルグラヤ・ドリナは，前段階との連続性により，豆満江中流域の郎家店期・虎谷2期に併行するシニ・ガイA上層より先行するのは明らかである。

　牡丹江流域の寧安市から西南約40kmの牡丹江に面した三陵郷（旧称・三霊屯）の集落東側台地一帯に遺物散布地がある。この遺跡は1931年秋にB. B. ポノソフらによって調査され，二重口縁土器などが出土し，牛場の遺物との類似が述べられている（Ponosov1938）。1933年，駒井和愛により（駒井1934），翌1934年には駒井和愛をはじめとする東亞考古学会により踏査され（駒井・三上1936），資料が採集された。このときの資料は石器についての報告が主で，その後に刊行された書物（駒井1939，駒井・江上1939）でも土器についてはほとんど報告されていない[14]。解放後の1958・1959年に黒龍江省博物館が踏査し，褐色土器などが採集された（丹化沙・孫秀仁1960）。1981年にも黒龍江省文物考古工作隊が踏査し，沈線文施文口縁部片，浮文のある土器片，土製錘未成品，石斧，磨棒が採集されている（程松・金太順1983）。現在の遺跡名は三陵遺址である。1933・34年三霊屯採集資料は現在，東京大学に所在し，この資料の中には，プフスン上層類型と関係の深い資料があるので，次に紹介する。

　図24-1は胴部片で，外面は工具による調整後，鋭い工具により沈線が施文されている。図24-2は口縁部片で，断面三角形の二重口縁を呈する。口唇部は粗雑に面取りされている。二重口縁は胴部に完全に接着しており，二重口縁部以下は工具によるミガキ状調整がなされている。二重口縁部には幅4mm程度の刺突文が1条めぐる。二重口縁部は肥厚部の粘土を横方向から貼り付けて形成されている。内面は工具によるミガキ状調整である。図24-3は口縁部片で，肥厚しており，内面上部に稜がみられ，断面は方形を呈する二重口縁である。二重口縁部には爪形文が2条めぐる。二重口縁部は肥厚部の粘土を上方向から貼り付けて形成されている。内外面ともナデ調整である。図24-4は碗の口縁部片である。口縁部が突出しており，内外面ともナデ調整である。

　図24-1の沈線文はザイサノフカ新2段階，新3段階（石灰場下層期），プフスン上層類型にもみられ，詳細な時期決定は困難である。1981年採集資料に沈線文土器があり，このような時期の土地利用が想定される。図24-2～4の資料に類似する資料は牡丹江流域の西安村東（程松・金太順1983，王祥濱・張志成・陶剛2004）B

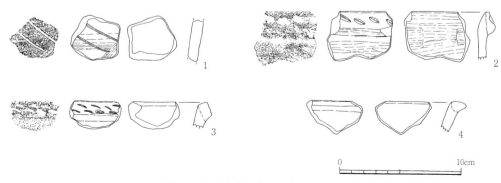

図24　東京大学所蔵三霊屯出土土器

区 F1, 西安村北（程松・金太順 1983），白土砬子（程松・金太順 1983），南湖頭（Ponosov1938, 奥田 1940）など
でも出土している（図 22-39～43・46～49）。

　三霊屯と近い組成をもつ一括資料である西安村東 B 区 F1 では深鉢や鉢が中心の器種組成であることがわ
かり，直立した頸部をもつ壺はまだ確認されていない。また，二重口縁に横線文が施文される土器も出土し
ていない。このことから西安村東 F1 はプフスン上層類型に併行するものと考えられる。一方，三霊屯出土
図 24-2・3 と類似した資料は，沿ハンカ湖地域のノヴォセリシェ 4（図 21-48）や沿海州東海岸のエフスタ
フィ 1（図 20-23～25）などプフスン上層類型からリドフカ文化に認められる。西安村東 F1 や三霊屯のよう
な土器が牡丹江流域に確実に分布しているという事実は重要である。このことからマルガリトフカ文化が沿
海州東海岸に限定されるとした従来の見解とは異なり，プフスン上層類型の土器が牡丹江流域から沿海州東
海岸まで広く分布していたという状況が明らかとなった。

　さて，牡丹江流域ではこれまで新石器時代の次の段階として鶯歌嶺上層文化が設定されている（楊虎・譚
英杰・張泰相 1979，宮本 1985）。鶯歌嶺では，1958・59 年踏査（丹化沙・孫秀仁 1960），1960 年踏査（呂遵禄・孫
秀仁 1991），1963 年発掘調査（張泰相・楊虎・朱国忱 1981）が行われている。1963 年の発掘調査では上層で，
刻目がある口縁隆帯胴部無文深鉢，外反口縁深鉢，口縁がやや外反し，胴部が膨らむ深鉢（鼓腹罐）などが
出土しており，同様の資料は 1960 年踏査でも採集されている（図 22-50～52）。三霊屯や西安村東 B 区など
でみられた資料と鶯歌嶺上層の資料はともに二重口縁で，胴部は無文という特徴が共通するが，二重口縁の
形態や二重口縁上の施文などでは差異がある。鶯歌嶺上層の資料のなかで特に外反口縁で口唇部に刻目を有
する土器などは後述の興城文化の土器と非常に類似している。この差異の原因は報告された鶯歌嶺上層資料
が零細であるため時期差であるか，地域差であるのかは即断できない。時期差とみる考え方は，牡丹江流域
という一つの地域内で土器相が異なる点を重視する考え方である。興城文化もプフスン上層類型もある程度
の時間幅が想定されるので，その時間幅内での差異となる。この場合，鶯歌嶺上層と西安村東 F1・西安村
北・三霊屯・白土砬子のグループとの先後関係も不明である。地域差とみる考え方は，西安村東 F1 などの
グループは牡丹江や支流の蓮花河や馬蓮河に所在する遺跡が多く，一方，鶯歌嶺は鏡泊湖の南側に位置し，
豆満江中流域に最も近いという点を重視する考え方である。しかし，鶯歌嶺と近接した南湖頭（Ponosov1938,
奥田 1940）では二重口縁または肥厚口縁で，肥厚口縁部に刺突文が施文される西安村東 F1 などのグループ
に近い土器が確認され（図 22-47～49），単純な地域性とすることも困難である。鶯歌嶺上層にみられる興城
文化系の土器は，西安村東 F1 グループの土器のなかに異系統土器として貫入したものであろうか。資料上
の限界から時期差であるか地域差であるか判断はできないが，現状では鶯歌嶺上層の資料は牡丹江流域内で
はやや孤立しており，西安村東 F1 の土器相をもって牡丹江流域の当該時期を設定するのが穏当であると考
えられるので，本書では西安村東 F1 期とし，鶯歌嶺上層文化（類型）という呼称は用いないこととする。

　一方，豆満江中流域および下流域では興城文化が広がっている（大貫 1992・1996，侯莉閩 1994b，劉景文 等
2001，李伊萍 2004，劉景文 2005）。豆満江中流域の興城青銅器時代層，新龍（侯莉閩 1994b）などの資料が挙げ
られる。興城文化の器種は大型甕（瓮），筒形深鉢（筒形罐），胴部が膨らむ深鉢（鼓腹罐），頸部がすぼまり
外反する口縁の深鉢（深腹罐・垂腹罐），鉢（盆・碗），脚部が附いた杯，器蓋などで構成される。直立した頸
部をもつ壺は確認されていない。興城の青銅器時代層は興城 3 期（図 18-20～23），4 期（図 18-24～27），5 期
（図 18-28～31）の 3 期に分期されている。筒形罐は大型化するとともに口径・底径差が小さく胴部が直立す
るものから，口径と底径の差が大きいものへ変化し，鼓腹罐は大型化するとともに，胴部最大径が上がり，
胴過半部がすぼまる形となる変化が指摘されている。このような変化がみられるものの，興城 3～5 期の変
化は連続的である。筒形罐や鼓腹罐の口縁部は多く外反し，単口縁，二重口縁，口縁隆帯などの形態をとる。

54 第Ⅰ部 東北アジア先史文化の変遷と地域性

二重口縁断面形状は三角形のものもあるが，逆三角形，方形，逆台形の比率も多く，牡丹江流域や南沿海州とは差異が認められる。二重口縁下端部や口縁隆帯に刻目が施される例や蛇腹状に隆帯がめぐる例も認められる。大型甕（甀）は口縁部が外反し，胴部中央附近が膨らむ形態で，口縁部は二重口縁と単口縁が認められ，刻目が施される事例もある。器高は60〜70cmにも及ぶ（図26-3〜6）。このような大型甕は興城新石器2期に属する金谷F3で出土した口縁が外反し胴部が膨らむ器高71cmの無文の大型甕などに系譜が繋がるものと考えられる。豆満江以南の会寧市に所在する五洞4号住居址（都宥浩編1960）がこの時期に該当する。大貫静夫は黄基徳の五洞2号住居址→4号住居址という編年案[15]（黄基徳1962）を否定し，五洞4号住居址を鶯歌嶺上層文化として位置づけた（大貫1992）。外反する口縁を肥厚させ刻目や刺突を施す深鉢，刻目二重口縁で胴部が膨らむ深鉢，口縁が外反し胴部が膨らむ器高約80cmの大型甕などが出土しており，興城文化の土器と同様な組成である（図18-33〜36，図26-2）。ただし，口縁が外反し，口縁下部に刺突文が施される深鉢（図18-34）は興城ではみられない。

　豆満江下流域では西浦項5期・6期層（金用玕・徐国泰1972）や松坪洞（八木1938，有光1962）の資料が興城文化に該当する（図16-4〜16）。西浦項5期では外反する口縁に隆帯をめぐらせるものが盛行し，隆帯上を刻んだりひねるかつまむもの，隆帯に菱形，円形，四角形，三角形を押捺したもの，外反口縁の端部に刻目を施すものがある。外反口縁端部に刻目を施したり，口縁に隆帯をめぐらせたものには，隆帯の下に円形押捺文を2条めぐらせるものや，隆帯の上に雨粒のような形の押捺文を2条めぐらせたもの，隆帯の下に三角形押捺文を1条めぐらせるものがあり，このほか二重口縁があるという。一方で，西浦項4期からの系譜を辿ることのできる横走魚骨文が施文された深鉢もみられる。西浦項6期層では基本的に5期と同様の土器がみられるが，沈線文土器がなく，赤色磨研土器が組成に加わる。松坪洞でも肥厚させた外反口縁や二重口縁，口縁隆帯がめぐる深鉢が出土しており，肥厚口縁下に円形，雨粒形，半楕円などの押捺を施したものが出土している。口縁下部にさまざまな押捺文をめぐらせるのは，西浦項，松坪洞，五洞にみられるが，豆満江以北の興城などではほとんど確認されず，豆満江以南の地域的な土器である可能性が高い。

　次に興城文化とプフスン上層類型およびリドフカ文化との関係について述べる。豆満江中・下流域では二重口縁下端部や隆帯に施文される例は多いが，南沿海州のプフスン上層段階のような二重口縁部全体に刺突文や爪形文などの文様が施される例はほとんどみられない。また，豆満江流域では口縁が外反するものが圧倒的に多いのも南沿海州や牡丹江流域との差異である。器種でも差異があり，これまでのところ鼓腹罐は豆満江流域に多く，南沿海州ではペレヴァル1号住居址などでみとめられるものの多くはない。また大型甕も豆満江流域の特徴であるとみられる。

　先述のとおりプフスン上層類型の土器は前段階のザイサノフカ文化新3段階の土器と二重口縁の形態変化などの面で強い継承関係がうかがわれる。そして，プフスン上層類型とリドフカ文化の土器も二重口縁のみをみると判別が困難なものも存在するほど継承関係が認められる。この組列のなかに興城文化の二重口縁・口縁外反肥厚土器が入る余地はない。また，沿ハンカ湖地域ではザイサノフカ文化新3段階から連続するプフスン上層類型のメドヴェジヤ3や後続するノヴォセリシェ4，クルグラヤ・ドリナは，後述するように豆満江中流域の郎家店期・虎谷2期に併行するシニ・ガイA上層より先行するのは明らかなので，プフスン上層類型およびリドフカ文化の一部は，郎家店期・虎谷2期に先行する興城文化に併行することとなる。そして，分布上の差異も明確なことから，興城文化とプフスン上層類型は時期差ではなく，地域差であるものと考えられる。したがって，この時期は豆満江流域の興城文化と牡丹江流域および南沿海州のプフスン上層類型およびリドフカ文化（古）という2大地域性が認められるが，この2大地域性は，前段階のザイサノフカ文化新3段階の地域性を継承したものであることも重要である。

第1章　極東平底土器遼東群・豆満江群の編年と地域性　　55

　南沿海州東海岸および韓半島東北海岸における興城文化とプフスン上層類型およびリドフカ文化の境界に
ついては，ポシエト湾の状況が参考になる。ハンシ11（Андреев1960）で出土した刻目のある口縁隆帯土器
（図20-1～4）は，プフスン上層類型よりも豆満江下流域の西浦項5・6期の内容に近く，南沿海州の東海岸
でもポシエト湾周辺では豆満江下流域との一連の文化的共通性をもち，以北の東海岸地域とは異なる地域性
を示すものと考えられる。ナホトカ湾のブロチカやペレヴァルなどではプフスン上層類型の土器が主体的に
出土しているので，その境界はムラヴィヨフ－アムールスキー半島附近ではないかと考えられる。

7．赤色磨研土器段階（西浦項7期・虎谷2期・郎家店期），シニ・ガイ文化，リドフカ文化

　豆満江流域では興城文化の後，赤色磨研土器が盛行する段階となる。豆満江中流域では郎家店（温海濱
1986，李正鳳1988），開山屯（侯莉閩1993），虎谷2期層（黄基徳1975）などが挙げられる。郎家店や開山屯では，
赤色磨研土器が主体的に出土しており（図18-39・40・42・43），深鉢，口縁が外反する広口壺，舟形鉢などが
出土している。虎谷2期層では赤色磨研の広口壺（図18-46・47），褐色無文の深鉢（図18-44・45），口縁が外
反する器高80cmの褐色大型甕（図26-7）などが出土しており，郎家店と虎谷2期層は基本的に一連の土器
文化である。ただし，虎谷2期層（図18-46・47），郎家店（図18-39），五洞2号住居址（図18-41）で出土す
る赤色磨研の広口壺の口縁部の外反度はそれぞれ少しずつ異なっており，詳細な時期差が存在する可能性が
高いものの，現状ではその先後関係を決定づけるのは困難であるため，本書では1段階に整理する。学史的
に著名な小営子（藤田1943）の年代は研究者間で相違があり，一致をみていない。黄基徳は早くから小営子
では赤色磨研土器が出土し，打製石器の比率，石鏃の形態などから虎谷や五洞の赤色磨研土器の時期に該当
すると指摘していた（黄基徳1970）。大貫静夫は小営子を興城文化新段階の墓地とみている（大貫1996・
1998・2008）。ソウル大学校博物館が所蔵する小営子出土資料を再整理した姜仁旭は柳庭洞類型前期であると
しているが[16]，虎谷2・3期やシニ・ガイ－アヌーチノ類型と併行する時期を与えている（姜仁旭 外2009）。
土器の報告が少ない小営子であるが，褐色無文碗等とともに赤色磨研土器が出土している。後述のとおり紡
錘車には土製算盤珠形，土製饅頭形，土製円錐形，土製有頭型，石製笠形がみられ，これは郎家店期の組成
である。特に石製笠形は郎家店期に特徴的な紡錘車であるため，筆者は小営子の年代には赤色磨研土器の盛
行する郎家店期・虎谷2期が含まれていると考えている（Furusawa2007，古澤2012b）。

　豆満江下流域では西浦項7期層がこの時期に該当する。西浦項7期層でも赤色磨研土器が盛行し，外反す
る頸部をもつ壺，鉢が出土している（図18-20～23）。また，褐色土器には深鉢，甕などが出土している（図
18-17～19）。深鉢にはやや外反する二重口縁土器がみられる。報告書には西浦項6期と同様の口縁隆帯土器
などが出土していると記載されているが，大貫静夫は下層からの混在の可能性も想定している（大貫1992）。
この西浦項7期も郎家店・虎谷2期と一連の文化である。

　この時期の牡丹江流域の状況は不分明である。1931年にB.В.ポノソフらが牛場で採集した資料
（Ponosov1938）のなかに赤色磨研土器がみられるが，この時期に該当する可能性はある。

　南沿海州沿ハンカ湖地域ではシニ・ガイ文化が設定されている。シニ・ガイ文化は早くから沿海州の青銅
器時代文化として認識されていた。А.П.オクラドニコフはハリナ谷やキロフスコエ上層などの遺物はヤン
コフスキー文化との類似が認められ青銅器時代の所産であることを指摘している（Окладников1963）。また，
А.П.ジェレヴャンコは赤色磨研土器と断面長方形の磨製石斧・手斧などを青銅器時代の遺物と位置づけ，
キロフスコエ上層→ハリナ谷という変遷を想定した（Деревянко1969）。Д.Л.ブロジャンスキーはシニ・ガ
イ文化の具体的な内容を明らかにしており（Бродянский1987），標識遺跡のシニ・ガイA上層では口縁が外
反し肩の張る広口壺，頸部がやや外反または直立する壺，碗などで構成される（図21-55～61）。広口壺（図

56　第Ⅰ部　東北アジア先史文化の変遷と地域性

21-55)の類例は臼杵,大貫らが指摘したように(臼杵1989,大貫1996)虎谷2期の15号住居址出土例(図18-46・47)などに求められる。また,シニ・ガイA上層では長頸壺(図21-60)もみられるが,西浦項7期層でも同様に長頸壺(図16-23)が認められる。以上から,シニ・ガイ文化には郎家店期・虎谷2期や西浦項7期に併行する時期があることがわかる。ハリナ谷(Окладников・Дьяков1979)の資料はシニ・ガイ文化でも遅い段階であると想定されている(Деревянко1969,臼杵1989)。碗,短頸壺,深鉢,大型甕などで構成されるが,把手が一つだけ附着した碗があり,臼杵が指摘したように類例が虎谷3期にみられ,ハリナ谷は虎谷3期に併行するものと考えられる(臼杵1989)。したがって,ハリナ谷に先行するシニ・ガイA上層は虎谷2期に併行するという想定と整合的である。ただし,シニ・ガイA上層で出土した青銅器には釦(泡),連珠飾,刀などがあり,このうち連珠飾(図25-1〜5)は臼杵や姜仁旭が指摘したとおり夏家店上層期のものと類似する(臼杵1989,姜仁旭2009)。また青銅釦は,豆満江中流域では,金谷(朴龍淵1982),金城(劉法祥・何明1986),新興洞(王培新等1992),北山(劉景文1994)など虎谷3期・4期に併行する柳庭洞類型の遺跡で多く発見されており,これまでのところ郎家店期の遺跡からは発見されていない。豆満江下流域ではヤンコフスキー文化に属する草島(都宥浩・鄭白雲1956)でも青銅釦が出土しているが,それ以前の時期の遺跡からはこれまでのところ発見されていない。なお,シニ・ガイA上層で出土した青銅刀に類似するものは,鏡泊湖附近の腰嶺子(奥田1940)で発見されたことがあるが,共伴土器は不明確である。したがってシニ・ガイA上層出土青銅器は虎谷2期よりも新しい虎谷3期以降の資料との類似が目立ち,シニ・ガイA上層出土土器の一部も虎谷3期頃まで存続した可能性もある。シニ・ガイ文化では赤色磨研土器が存在するが,盛行してはいない。しかし,シニ・ガイA上層広口壺や長頸壺の郎家店・虎谷2期との類似から,大きく区分するとシニ・ガイ文化は豆満江中流域との連関性の強い土器群であると認識される。このことをさらに裏付ける根拠としてハリナ谷の大型甕を挙げることができる(図26-11)。豆満江中流域ではザイサノフカ文化新2段階である金谷・興城2期以来,興城文化,虎谷2期・郎家店期と無文の大型甕が器種組成に加わる地域的な様相を示しており,ハリナ谷に併行する虎谷3期に属する虎谷31号住居址や柳庭洞類型の仲坪でも

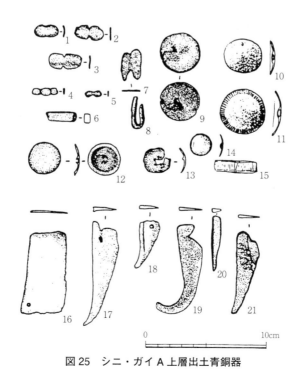

図25　シニ・ガイA上層出土青銅器

第1章 極東平底土器遼東群・豆満江群の編年と地域性　57

大型の甕または深鉢が継続してみられる（図26-8～10）。このような大型甕は初期鉄器時代には各地で一般的となり，村上恭通は青銅器時代からの伝統であると指摘している（村上1987）。筆者はこのような大型甕はさらに遡って新石器時代後期以来の豆満江中流域の伝統であると考え，ハリナ谷における大型甕の存在からも，シニ・ガイ文化は本来，豆満江中流域に系譜をもつ土器で構成される文化であるということを指摘した

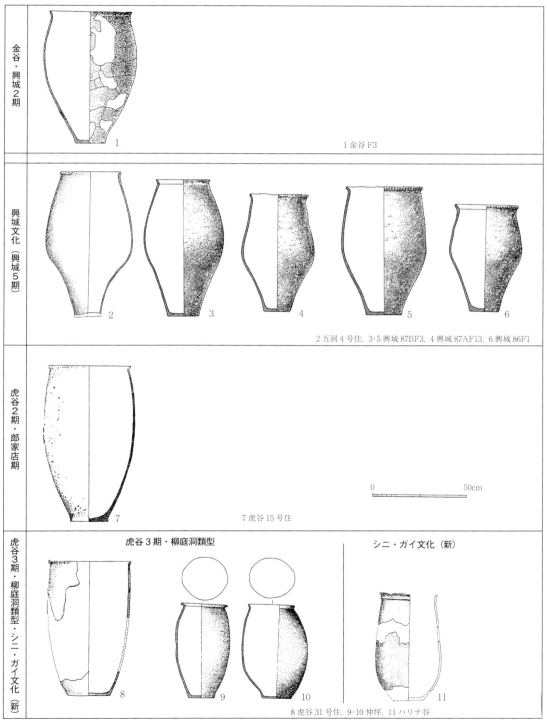

図26　豆満江中流域・沿ハンカ湖地域の大型甕

58　第Ⅰ部　東北アジア先史文化の変遷と地域性

い。

　南沿海州東海岸ではシニ・ガイ文化の遺跡はほとんど発見されていない。リドフカ文化の土器相が継続している。ているものとみられる。リドフカ文化の遺跡としてはウスチ・スヴェトラヤ（Дьяков1989），トゥナイナ（Дьяков1989），スタラヤ・ルィビンスペクツィヤ（Дьяков1989），ブラゴダトノエ1（Дьяков1989），ブラゴダトノエ2（Дьяков1989），ブラゴダトノエ3（Дьяков1989），カメンカ（Дьяков1989），リドフカ1（Дьяков1979，1989），クリューチ・ヤゴドヌィイ（Дьяков1989），シニエ・スカルィ（Андреева и др. 2002），モナスティルカ2（Дьяков1989），ウスチノフカ8（伊藤ほか2005，土屋・古澤・金恩瑩2006），ルドナヤ・プリスタニ（Дьяков1989），ブロチカ（申昌秀 外2004・2005，洪亨雨 外2006），ゾロタリ（Дьяков1989）などで知られている（図20-29〜45）。リドフカ文化では，二重口縁鉢や直立する頸部をもつ壺が特徴的に認められている（図20-40・45）。二重口縁部に爪形文や刺突文が施される事例が多い。また，ブラゴダトノエ3などでは二重口縁部より下部に刺突文が施される土器も認められる（図20-43・44）。

　リドフカ1，モナスティルカ2などリドフカ文化の遺跡では磨製石矛が出土している。周辺地域ではリドフカ段階の磨製石矛とは形態が異なるものの，豆満江中流域では郎家店期以降の遺跡から磨製石矛が出土している。また，リドフカ文化にみられるようになる磨製石庖丁は豆満江中流域では興城文化にすでにみられるが，郎家店期から安定的に出土するようになる。以上の点から，リドフカ文化の遺跡のうち相当数は郎家店期・虎谷2期に併行する段階に併行するものと考えられる。リドフカ文化では豆満江流域やハリナ谷などでみられる大型甕はあまりみられない。しかし，大容量の土器としては頸部が直立する壺がみられる。この頸部が直立する大容量壺は反対に豆満江流域ではほとんどみられず，地域性を示すものと考えられる。ただし，器種は異なるものの大容量器種がこの時期に全地域的に分布するようになることは極めて重要な事項である。このように考えると，リドフカ文化とは大容量容器を組成に加えるという点では豆満江流域からの影響が若干みられるものの，基本的に在地のプフスン上層類型に主要な土器の系譜が求められることから，豆満江中流域からの広口壺や大型甕を受容することなく，在地展開した文化であると把握できる。

　遅い段階のリドフカ文化としてはE. B. シドレンコらによりクナレイ城の資料が想定されている（Сидоренко2002）。クナレイ城第1調査区1区5号コンプレクスでは鋤先口縁で頸部が外反し，頸部と胴部の境界に隆帯がめぐる壺，二重口縁，鋤先口縁などが出土し，6号コンプレクスでも同様の土器や縦の橋状把手のついた壺などが発見されている（Дьякова・Сидоренко2002，Сидоренко2002）。リドフカ1などの壺と比較すると，口縁部は二重口縁から鋤先口縁へ，頸部は外反度が強くなり，頸部が張ることで，胴部最大径が上方へ上がっているという変遷方向が想定される。クナレイ城の土器群にはヤンコフスキー文化との関連も指摘されている[17]。したがって南沿海州東海岸ではザイサノフカ文化新3段階→プフスン上層類型→リドフカ文化→リドフカ文化クナレイ城段階→ヤンコフスキー文化という変遷が想定される。そして，口縁部形態や器種の変化も連続的であり，ここにシニ・ガイ文化の土器が挿入される余地はないため，やはり，南沿海州東海岸ではリドフカ文化が存続していたものとみられる。近年，ヤンシナにより海岸部と沿ハンカ湖地域に位置するアヌーチノ14やアヌーチノ4などの資料によりアヌーチノ・シニガイ類型が独立して設定されている（Яншина2004）。これらの資料は外反した二重口縁で直立頸部の壺などリドフカ文化的な器種と外反口縁の広口壺などシニ・ガイ文化的な器種で構成されている。このこともシニ・ガイ文化とリドフカ文化が併存した時期があったことを傍証する。

　リドフカ文化の下限についてシドレンコはリドフカ文化のヴェトロドゥイで出土した紡錘車などからリドフカ文化がクロウノフカ文化とシホテ・アリニ山脈を挟んで共存したという見解を述べているが（Сидоренко2011），ヴェトロドゥイの紡錘車は郎家店・虎谷2期やその直後の紡錘車の特徴を示しており（Furusawa2007），クロウノフカ文化まで時期が下ることはないと筆者は考えている（古澤2012b）。

8．虎谷1期について

　虎谷1期の編年的位置についてはさまざまな見解が提示されている。中間報告の段階ではそれまで類例が
ほとんどみられない土器群として報告されていたが（黄基徳1960），1975年の報告では，西浦項4期や5期
層の土器と様相が異なることを指摘しつつも，虎谷1期で散漫に施文されたり，簡略化した文様，無文の土
器の比率が高いことから西浦項5期と併行するとされた（黄基徳1975）。金用玗も虎谷1期層と西浦項5期層
が同時期であると述べている（金用玗1979）。この金用玗の論文では，西浦項の報告では全く述べられていな
いものの，虎谷1期層から出土した雷文土器と類似した雷文土器が西浦項5期層からも出土していることが
提示されている。北韓ではこのように虎谷1期層と西浦項5期層が同時期であるという見解が継続して主張
されており（社会科学院歴史研究所1979，徐国泰1986），これに加え松坪洞一部遺物も同時期であると考えられ
ている（社会科学院歴史研究所・考古学研究所1991）。

　しかし，虎谷の報告でも述べられているとおり西浦項5期層と虎谷1期層の土器様相が異なることも事実
であり，これを時期差であるとみる見解もある。ソヴィエト連邦ではВ. Е. ラリチェフやЮ. М. ブーチンに
より虎谷の資料が紹介されている（Ларичев1978，Бутин1979）。Д. Л. ブロジャンスキーは西浦項5期との関
係は明示していないものの，虎谷1期を西浦項4期の直後に位置づけるとともに（Бродянский1979），メド
ヴェジヤ3や鴬歌嶺上層よりやや早い段階に位置づけている（Бродянский1987）。宮本一夫は虎谷1期層の
うち退化横走魚骨文，斜線文，雷文土器の一群を西浦項5期と併行であるとみる一方，突瘤文，台附鉢など
の一群を西浦項5期に後続する段階として分離している（宮本1986）。これとは反対に，大貫静夫は虎谷1
期層から西浦項5期へ変遷すると考えている。大貫は西浦項5期と6期は連続する時期で，鴬歌嶺上層文化
に属するとする。鴬歌嶺上層文化に先行する石灰場下層と虎谷1期の擦過状文様は類似するとし，虎谷1期
は西浦項5期に先行するとみている。なお，大貫は雷文土器については混在の可能性を指摘しながらも，基
本的に虎谷1期として報告された資料を一時期のものとして取り扱っている（大貫1992・1996）。詳述はされ
ていないが，白弘基も虎谷1期→西浦項5期という変遷を想定している（白弘基1993）。裵眞晟は雷文土器の
有無を基準に41号，12（ㄱ）号，9号，25合住居址と23号，1号，2号住居址の土器群に分離し，西浦項5
期との先後関係については西浦項5期の方が無文土器的様相が強いので虎谷1期が先行するとした（裵眞晟
2007）。姜仁旭は虎谷1期とされる土器群が一つの文化である可能性は低いとする。虎谷1期とされる土器
には新石器時代最終末期に属するものがみられる一方，台附土器については興城5期に属する興城BF3な
どに類例が求められる。台附土器は青銅器時代前期最終段階に現われており，虎谷1期層出土台附土器は青
銅器時代中期に属するとした（姜仁旭2007）。金材胤は虎谷1期の土器のうち沈線文や沈線文と突瘤文，点列
文が施文された土器を豆満江3類型に，台附土器や無文の突瘤文などを豆満江4類型に分離している（金材
胤2010）。

　以上の研究現況を整理すると，2点の対立点があることがわかる。一つは虎谷1期と西浦項5期の先後関
係で，これを同時期とする見解，西浦項5期が先行するとみる見解，虎谷1期が先行するという3種の見解
がこれまで提示されている。もう一つの対立点は虎谷1期とされた土器を一時期とみるか，複数時期にわた
るものとみるかという点である。

　ここで，虎谷1期層ではどのような土器が出土しているか整理する。12（ㄱ）号住居址では雷文土器と斜
格子文が擦過状で施文された土器が出土している。9号住居址では擦過状沈線により横走魚骨文が施文され，
i→o突瘤文が施された土器が出土している（図18-12）。25号住居址では口縁部にi→o突瘤文，頸部に点

6o　第Ⅰ部　東北アジア先史文化の変遷と地域性

列文，胴部に擦過状沈線が施された大型の壺（図18-11），擦過状沈線による横走魚骨文土器，雷文様の構成をもつ土器が出土している。2号住居址では擦過状沈線により散漫に菱形様文を施文した土器（図18-13），平底底部が出土している。23号住居址では口縁部にi→o突瘤文，胴部に擦過状沈線が施文された土器，口縁部にi→o突瘤文と曲線文が施文された土器，口縁が外反する鉢，直立口縁鉢，上げ底底部が出土している。41号住居址では口縁部に3列の点列文，胴部に3列の点列文を山形に配したやや外反する口縁の鉢が出土している（図18-14）。1号住居址では口縁部にo→i突瘤文と沈線文が施文された土器（図18-15），口縁部にi→o突瘤文をもち擦過状の施文がある深鉢（図18-14），無文の鉢，無文の底部，口縁が外反し，上げ底をもち磨研された台附鉢（図18-18・19）が出土している。24号住居址では無文の平底底部が出土している。以上，報告で図示された土器を住居址ごとに整理した。このほか図示はないが，報告では25号住居址で，41号住居址出土の点列鉢と類似した点列文土器片が出土していること，磨研された台附鉢は，1号住居址で7～8個体分出土したほか，虎谷1期に属する全ての住居址で出土したことが述べられている。

　虎谷1期に属する土器で特徴的なのは，文様が擦過状に施される土器が多数みられることである。このような特徴は，大貫が指摘したとおり石灰場下層期やザイサノフカ文化新3段階に多くみられるものであり，豆満江中流域の東風類型に該当する可能性が高い。

　一方，12（ㄱ）号住居址の雷文はこの段階に伴うのか，先行するのかは判別が困難である。雷文自体はザイサノフカ文化新2段階や農圃，金谷の例に近く，ザイサノフカ文化新3段階などの縮小文様帯雷文とは差異がある。したがって，虎谷の幅広文様帯雷文土器がザイサノフカ文化新2段階のものであれば，混在として排除することができる。しかし，金用玗が記述した西浦項5期層で出土したとされる雷文土器は虎谷12（ㄱ）号住居址で出土した雷文に類似しており，このような幅広文様帯雷文土器が西浦項5期層で確実に出土しているのであれば，豆満江以南では幅広の文様帯をもつ雷文土器が残存するというように地域性があった可能性もあり，虎谷1期層出土雷文土器を単純に混在であるとみなすことが困難であるというのが現況である。

　このように，虎谷1期で出土した土器には東風類型・石灰場下層期に近い年代が与えられる土器がみられる一方，より新しい段階との共通性をもつ土器もみられる。台附鉢（図18-18・19）の類例は興城87BF3堆積土や西安村東B区F1で出土しており（図18-32，図22-43），鶯歌嶺上層期や興城文化などの段階に近い。また，筆者が最も注目しているのは，虎谷41号住居址で出土した口縁部下に点列帯をめぐらせて，胴部に波状に点列帯がめぐる鉢である（図18-16）。類例はペレヴァル1号住居址の床面で出土している（図20-6）。ペレヴァル1号住居址では埋土からはザイサノフカ文化新3段階に属する土器片が出土しているが，床面で出土した土器や住居址内出土完形土器は本書で述べたプフスン上層類型に属する口縁隆帯や二重口縁土器である。したがって，虎谷1期とされる土器のなかには確実に西安村東F1期，西浦項5期（または6期）に併行する段階が含まれているものと筆者はみている。

　以上で検討したとおり，虎谷1期とされる段階は周辺地域の遺跡との対比から，擦過状沈線文などの一群は新石器時代終末期の石灰場下層期・ザイサノフカ文化新3段階に併行し，1号・41号住などの一群は青銅器時代初期の西浦項5期に併行すると判断される。このような筆者の見解は虎谷1期→西浦項5期としたブロジャンスキー，大貫，裵眞晟らの見解と，虎谷1期と西浦項5期を併行とした複線的な理解である北韓の見解の折衷案ともいえる。虎谷1期層では口縁隆帯土器や二重口縁土器が出土しておらず，突瘤文土器が出土しており，周辺地域の土器相と異なる土器群を同時期に位置づけることには躊躇するが，41号住居址出土点列文鉢のように確実に他遺跡と対比できる土器が出土しているので，咸北茂山という他の遺跡とは地理的にやや離れたところに位置する虎谷の地域性が顕著に現われているとみるのが穏当であろう。

虎谷1期をめぐるもう一つの対立点である虎谷1期とされた土器の単一時期性については，図示された土器からは，石灰場下層期に併行するとみられる擦過状沈線文土器が出土した9号・25号・2号・23号住居址の土器群とプフスン上層類型に併行するとみられる41号・1号住居址の土器群の2群に分離できる可能性があるが，上述したとおり1号住居址で出土した磨研台附鉢は虎谷1期の全ての住居址でも出土しているという記述や41号住居址出土点列文鉢の類例が25号住居址でも出土しているという記述から，住居址ごとに時期別に分離することは困難である。住居址出土土器の詳細な出土状況についての報告がほとんどなく，また，報告土器も破片が少なくないため，共伴関係について厳密に検証することができないことから，本書では，大きく虎谷1期という区分に従い，その時期は周辺地域との対比からは少なくとも2段階分の併行関係にあるという指摘に留めておきたい。

第3節　極東平底土器遼東群と豆満江群の関係

Ⅰ. 緒　言

遼東地域を中心とする極東平底土器遼東群と豆満江流域を中心とする極東平底土器豆満江群はそれぞれ独立した動きを示していることが，これまでの検討で明らかである。この両者の併行関係や，地域間の関係を明らかにするためには，中間地帯となる鴨緑江上流域と吉長地区の土器様相を基に検討することが最も有効であると考えられるため，以下では両地域の土器編年について述べる。

Ⅱ. 鴨緑江上流域の編年

本地域の新石器時代の遺跡としては土城里（李炳善1961，鄭燦永1983），長城里（金鍾赫1961），腰段（陳大為1960），江口村（劉法祥1960），五女山城48号住居址（遼寧省文物考古研究所2004）などがみられる。これらの遺跡の相対年代は研究者ごとに異なる。

北韓では土城里2号住居址の土器を堂山や西浦項4期の段階に併行関係を想定している（社会科学院考古学研究所1977，金用玕1979，社会科学院歴史研究所1979，社会科学院考古学研究所・歴史研究所1991）。金用玕は土城里で出土した雷文土器と農圃の雷文土器の類似をもとに西浦項4期に併行関係を求めた（金用玕1979）。また，北韓では土城里は鴨緑江上流域ではあるが，基本的に西浦項を中心とする東北韓の枠組みのなかで把握されている。

一方，宮本は当時の資料上の制約から鴨緑江下流域と上流域を同一の地域圏として扱い，土城里2号住居址にみられる横走魚骨文の土器を遼東半島の小珠山中層に対比し，堂山下層の前段階においている（宮本1985）。その根拠として土器の胎土に滑石・石綿を含んでいる点を挙げている。北韓の研究者が雷文土器をもとに土城里を新しい段階においている点について，2号住居址の遺物と雷文土器には一括性はないと判断している。白弘基は宮本の見解に同意しつつ，土城里の沈線文土器を後窪や大崗の資料と類似するとし，美松里下層の伝統を維持しており，美松里下層の直後に年代的に位置づけられるとした（白弘基1993）。

土城里の資料を宮本が想定するように遼東半島の土器との関連で考えてよいのかということに関しては検討の余地がある。土城里では2号住居址を含め大量の黒曜石製石器が出土している。黒曜石製石器は鴨緑江下流域ではみられず，もちろん，遼東半島でもみられない。黒曜石製石器はむしろ，豆満江流域の西浦項3・4期，牡丹江流域の鶯歌嶺下層期・西安村東早期遺存および南沿海州のザイサノフカ文化新段階にみられる。また，第4章で詳述するが，土城里で出土している凸形，台形，饅頭形の土製紡錘車の組成は，以前，

筆者が指摘したようにザイサノフカ文化新段階併行期の豆満江流域・牡丹江流域・南沿海州の組成であり，鴨緑江下流域や遼東半島の組成ではない（古澤2006b，Furusawa2007）。このような観点からみると土城里は文化総体としては豆満江流域・牡丹江流域・南沿海州と列なる一連の西浦項3・4期－ザイサノフカ文化新段階群の色調が強く，北韓の研究者のように土城里を東北韓の文化との関連で把握する見解には理がある。土器のみが宮本のように遼東半島との共通する様相であると考えるのは不自然である。そして，併行関係上，小珠山中層期より遅れる西浦項3・4期－ザイサノフカ文化新1・2段階にも土城里2号住居址と同様の横走魚骨文が施文された平底の深鉢がみとめられるため，宮本の想定のように土城里2号住居址の土器を遼東半島小珠山中層期の土器との関連を想定し，堂山下層を遡る古い段階に年代づける必要性はない。なお，土器の胎土に滑石を混入するという点に関しては西浦項3・4期－ザイサノフカ文化新1・2段階には認められないものの，遼東半島でも小珠山下層期には滑石を混入するものがほとんどであるが小珠山中層期にはほとんど認められず，双方に滑石混入土器が一般的ではない以上，系譜および年代を決定する根拠にはならない。老道洞（陳全家 等2007）の資料は文様からこの段階に該当するものと考えられるが，やはり滑石を混入した土器がみられ，土城里期に土器胎土に滑石を混入するのは鴨緑江上流域の地域色であると考えられる。

そして，土城里期とザイサノフカ文化群との併行関係について想定するならば，土城里期の土器として横

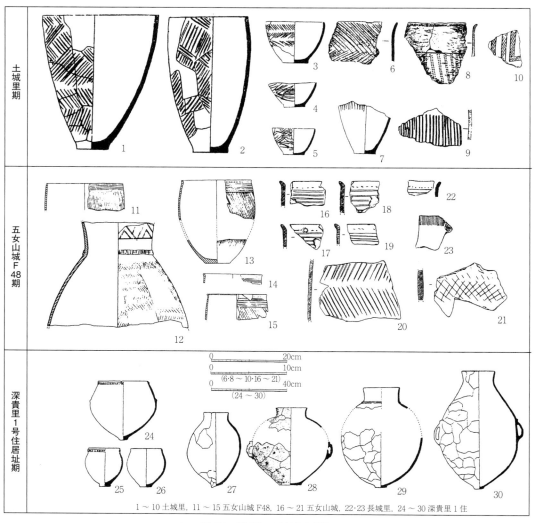

1～10 土城里，11～15 五女山城 F48，16～21 五女山城，22・23 長城里，24～30 深貴里1住

図 27　鴨緑江上流域の編年

走魚骨文（図27-3・6）のほか崩れた菱形文（図27-1・2・4・5）の土器が認められることが重要である。この土城里期の退化した菱形集線文は西浦項4期の15号住居址出土の「網代状の文様」（図15-30・31）に対比される。そして，大貫の西浦項15号住居址が西浦項4期の新しい段階であるという見解に従えば，土城里期はザイサノフカ文化新段階の2段階の後半に併行することとなる。

　土城里期に後続する段階であると想定されるのが，五女山城48号住居址を中心とする資料（遼寧省文物考古研究所2004）である。五女山城48号住居址では，口縁部文様帯に点列をもち，口縁下部に横線，そして胴部に斜線が施される筒形罐（図27-13～19）や頸部に刻目突帯を有する大型の壺（図27-12）が出土している。このうち，口縁に点列をもち胴部に横線と斜線をもつ罐は土城里では一点も認められず，土城里と五女山城48号住居址には時期差にあることをしている。また，この土器は周辺地域ではこれまでのところ全く類例がないが，中国遼寧省桓仁の五女山城以外では慈江道の長城里でも確認され（図27-22），鴨緑江上流域の独自性を示している。五女山城48号住居址の相対年代を決定するうえで，重要なのが頸部に刻目突帯をめぐらせ，頸部に退化した雷文[18]，胴部に横走魚骨文を施す大型の壺（図27-12）である。このような器種は周辺地域では鴨緑江下流域の青燈邑期（図14-31・44）や丹東地区の石仏山期（古）（図13-24・40）に初めてみられるもので，それ以前の段階にはみられず，五女山城48号住居址は鴨緑江下流域の青燈邑期や丹東地区の石仏山期（古）に併行関係を求めることができると想定される。ただし，鴨緑江下流域や丹東地区では頸部に刻目突帯をもつ大口高領壺の胴部に横走魚骨文をもつ例は皆無であり，これは鴨緑江上流域の地域性を示すものと思われる。

　この五女山城では48号住居址以外でも新石器時代の土器として横走魚骨文や斜格子文の施された罐の破片などがみられる。そして，五女山城48号住居址で出土した大型の壺の胴部にも同様の技法の横走魚骨文が施文されている。これらの横走魚骨文を子細にみると，狭い間隔で細く施文されているものが大部分であり（図27-12・20），なかには多歯具で施文されているものも認められる。このような特徴は土城里2号住居址の横走魚骨文（図27-1・6）と同様の特徴で，西の小珠山中層文化群や東のザイサノフカ文化群にもみられない地域的な特徴である。そして，このような特徴が土城里2号住居址資料と五女山城48号住居址資料の双方に認められることは土城里2号住居址の土器が五女山城48号住居址の土器の年代からそれほど隔てられた段階の土器ではないということを示すと思われる。したがって，筆者としては土城里2号住居址を五女山城48号住居址の直前の段階におき，鴨緑江下流域の双鶴里期に併行する段階と考えておきたい。このように考えると，宮本が一括性を否定した土城里で出土する雷文土器（図27-10）は鴨緑江下流域の双鶴里2期の雷文との関連を想定する考え方と西浦項4期－ザイサノフカ文化新段階の沈線文土器に伴う雷文との関連を想定する考え方の2通りの考え方が可能であるが，併行関係上からはどちらの考え方も成立しうるので，断定できない。

　次の段階は青銅器時代前期の深貴里1号住居址（鄭燦永1961・1983）の段階である（図27-24～30）。底径が小さく腹が膨らむ甕で口縁下部に刻目突帯がめぐる土器や把手の附く大型の壺が現れる。北韓では黄基徳らの見解にみられるように土器や住居址の形態から公貴里の段階の次に深貴里を編年している（社会科学院考古学研究所1977，黄基徳1984）。しかし，次の深貴里2号住居址への連続性からは後藤の見解（後藤1971）が示すように深貴里1号住居址を最古段階とみたほうが穏当であろう。また遼寧省桓仁の大梨樹溝墓（斉俊二991，梁志龍1991）でも深貴里1号住居址に近い組成を看取できる。この段階は後藤が述べるように鴨緑江下流域の新岩里第3地点第2文化層との関連が強いものと想定され（後藤1971），また，細部の形態は異なるが，甕と大形の壺というセットは太子河上流域の馬城子中期と共通し，関連を想定できる。

　したがって，鴨緑江上流域においては新石器時代の土城里期では東の西浦項－ザイサノフカ文化群との関

連をもちながら独自色をもっており，次の五女山城48号住居址期には，独自性を維持しつつも西の鴨緑江下流域の影響を徐々に受けはじめ，深貫里1号住居址期には鴨緑江下流域や丹東地区・太子河上流域の影響を受けるようになるというように結びつく地域が変化していく様相を看取することができる。

Ⅲ．吉長地区の編年

　吉長地区の編年についてはこれまで，陳全家，陳雍，金旭東，宮本一夫，유성진らにより編年案が作成されてきた（陳全家 等1990，陳雍1992，金旭東1992，宮本1995，유성진2005）。本地区では元宝溝（金旭東・王国範・王洪峰1991），腰井子（劉景文1992），左家山（陳全家・趙賓福1989），西断梁山（龐志国・宋玉彬1991）などの資料が知られるが，これらの資料を基礎とした諸編年案に大きな対立点はないため，ここでは，従来の編年案を基に，簡単に整理しておく。左家山の報告では3期に分期されている。左家山1期は，T16の層位を基に④層を前段（図28-1〜5），T16の③層を後段（図28-6〜11）と分期されている。1期前段では押圧連点文，之字文等を主体とする。之字文は遼東地域の多くみられる力点を交互にずらしながら圧印されるもので（宮本1985），遼東地域との関係が深い。特に口縁部下部に横線の上から斜線を施し，胴部に之字文が施される土器（図28-1）は瀋陽地区の東高台山1期にも類似した土器（図10-1）がみられ，関係が想定される。ただし半截管状の工具で施文された土器など吉長地区に独特な土器もみられる。1期後段では之字文のほか横線文なども認められる。元宝溝，腰井子などの資料（図28-12〜16）も左家山1期に属する。大貫静夫は元宝溝にみられる口縁部下に2条の波状点列文と胴部に数条の横位の点列文のある土器（図28-15）に注目している。この土器は二青咀（陳全家・徐光輝1985）でもみられ（図28-16），左家山1期の吉長地区の土器であるが，西浦項2期にみられる土器（図15-3）と対比されている（大貫1989）。しかし，西浦項2期層の一つの土器に施文された一つの文様の類例が元宝溝などにみられるというだけで，併行関係を想定するには根拠としては未だ不十分であり，新石器時代前半の併行関係は不明瞭であるといえる。一方，この段階の異系統土器として確実なのは宮本らが主張するとおり，元宝溝H5出土紅頂鉢（図28-14）である。このような紅頂鉢は遼西地域との関係によって存在するもので，遼西地域では趙宝溝文化から紅山文化にみられるものである。

　左家山2期には之字文のほか点列と沈線の文様がある（図28-17〜21）。腰紅嘴子下層（劉景文 等2003）や西断梁山1期層も左家山2期に属する。左家山3期には沈線文が主体となり，之字文はみられない（図28-22〜25）。この時期には斜口罐（図28-26）や漏斗形土器（図28-27）もみられる。漏斗形土器は先行する時期の元宝溝でも漏斗形土器がみられるので吉長地区の特徴であるものとみられる。西断梁山2期は沈線文でより単純なモチーフが施文されており，左家山3期に続く時期のものであると考えられる（図28-28〜37）。西断梁山2期は遼東地域の呉家村期の土器と共通した特徴をもち，呉家村の土器の広がりを知ることができる。

　以上のように吉長地区は，基本的に遼東地域と軌を一にした動きを示しているといえる。より子細に述べるならば，左家山1期〜2期には吉長地区の独自性が顕著であるが，左家山3期を経て，西断梁山2期に至り呉家村期的な土器が主体を占め，遼東地域との共通性が高まるという傾向があるということになる。

Ⅳ．極東平底土器遼東群と豆満江群の併行関係および相関関係

　極東平底土器の遼東群と豆満江群ではそれぞれの系統で土器文化が進展するため，その併行関係を求めるのは困難で，ここでは，土城里と西浦項15号住居址の関係を挙げるに留まった。土城里期と五城山城F48期の時間的な懸隔は，それほど大きいものではないので，青燈邑期はおおむねザイサノフカ文化新段階の3段階に併行するものとみられる。青燈邑期もザイサノフカ文化新段階3段階を極東平底土器に含めないとい

第1章 極東平底土器遼東群・豆満江群の編年と地域性　65

う大貫の見解（大貫1992）に従う場合は，極東平底土器の終焉は遼東群と豆満江群で時期的にほぼ一致するということになる。

　以上の併行関係からは極東平底土器遼東群と豆満江群でほぼ同様の時期に雷文や二重口縁土器がみられることとなるが，相互の関係有無には慎重にならざるをえない。雷文については遼東群では瀋陽地区の偏堡類型に起源がある一方，豆満江群では渦文土器に起源があり，系統の異なる土器である。二重口縁土器も西側では偏堡類型に起源がある一方，東側では，沿海州などより東側の地域で，より古い土器が認められる。したがって，雷文や二重口縁土器が西側と東側で共通し，共通の基盤をもった文化が展開するという見解（金

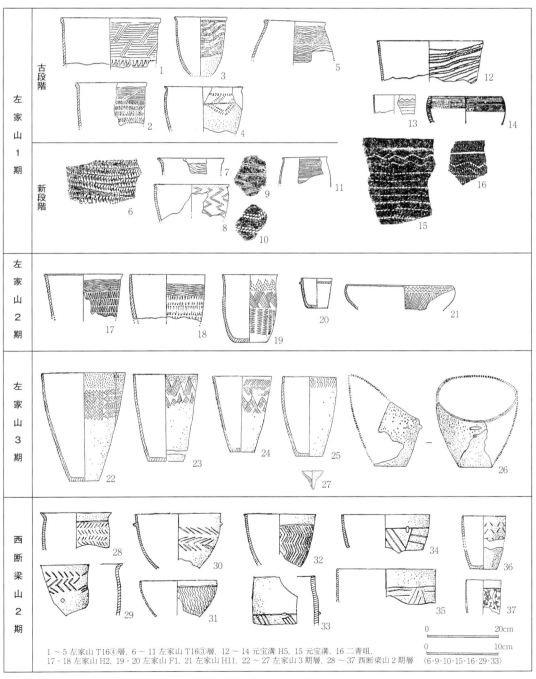

図28　吉長地区の編年

66　第Ⅰ部　東北アジア先史文化の変遷と地域性

材胤 2007, 楊占風 2013) が根強いが, 筆者はこれを否定的に考えている.

註

1) 東大文学部所蔵文家屯の資料は来歴が不明である. 京大所蔵資料は 1942 年の日本学術振興会の調査による資料であるが, 東大文学部資料もこの調査時のものであった可能性もある.

2) 京大資料について松野元宏は「縄叩き」の土器が A 地点 2 層で出土していると報告した (遼東先史遺跡報告書刊行会 2002). 筆者が実見した結果, 当該資料は新石器時代のものではなく, 漢代土器であることが判明した. 東大所蔵文家屯資料のなかにも漢代土器があるので, 文家屯は正確には漢代までの資料があるということになろう.

3) 中国側ではこの文様を組合文と呼称することがあるので, 筆者もこれに従う.

4) 膠東半島の土器編年に関しては様々な研究者が論じているが (韓榕 1986, 厳文明 1989, 李歩青・王錫平 1988, 宮本 1990, 李権生 1991・1992 など), 大枠は一致している.

5) 本土器は遼東先史遺跡報告書刊行会 2002 の図 27-598 の資料である. 図 27-598 では刻目が右下がりになっているが, 実際には左下がりである.

6) 解放後の郭家村の報告 (許玉林・蘇小幸 1984) で水波文が郭家村上層 (小珠山上層期) で出土しているとなっているが, 子細に検討すると水波文の出土した 73 年トレンチ 1 の②層では円形の突起が附く折縁罐が出土しており, 類例は楊家圏 1 期層でみられるものである. そして, そのほかに小珠山上層期と断言できる資料は報告されていない. したがって, 郭家村の分層の主軸となる 76 年トレンチの層位と 73 年トレンチの層位が合致するかどうかについては検討の余地があるともいえる. 松野は文家屯 C 地点の水波文土器について郭家村上層を類例として挙げ, 小珠山上層期に編年しているが (遼東先史遺跡発掘報告書刊行会 2002), 水波文は小珠山上層期併行期の遼東半島・膠東半島には基本的には認められない.

7) 洪子東例は原報告では杯残底として報告されている. 破片であるため把手の痕跡などはわからない. 郭家村例と特徴が非常に類似しているため蓋である可能性があるが, たとえ杯であってもその類似性から郭家村の蓋と無関係の遺物ではない.

8) 王青が小珠山上層期から双砣子 1 期を山東龍山文化の一類型として把握している点に関してはすでに反論がある. 筆者としても上で示したように小珠山上層期の二重口縁筒形罐のように中国東北部在地の偏堡類型からの系譜が辿れるものもあるため, 山東龍山文化の一類型と把握する立場をとらない.

9) なぜ北韓の研究者が偏堡類型や郭家村上層の二重口縁土器や口縁隆帯土器を双砣子 2 期に編年したのかについては肇工街の理解の相違による. 北韓側の肇工街の報告 (朝中共同発掘隊 1966) では, 肇工街タイプの偏堡類型の土器と鬲または鬹の足が共伴したと報告された. 鬲は遼東半島では双砣子 2 期以降, 遼西では夏家店下層期に現れるため, 偏堡類型も相対的に遅い年代が考えられたのであった. 北韓側の報告のみが公表されていた段階であったため大貫は北韓の見解に従っていた (小川 1982). その後, 中国側の肇工街の報告 (安志敏・鄭乃武 1989) が公表され, 肇工街では分層発掘がなされていたことが明らかとなり, 鬲または鬹の足は肇工街タイプの偏堡類型の土器より上層で出土したことが示された.

　　一方で, 宮本が中国側の報告が公表される前に肇工街の鬲または鬹の足が混在であることを想定し, 一括性を認めず, 偏堡類型を正しく編年した (宮本 1985) のは卓見であった. その後, 大貫も宮本の見解に従っている (大貫 1989).

10) 김영근は北呉屯上層の少量の之字文から下層との継承性を想定している (김영근 2001).

11) 김영근は石仏山で雷文が出土し, 海参罐が出土せず, 大瀋家村, 郭家村上層, 双砣子 1 期層では雷文が出土せず, 海参罐が出土する点から石仏山を大瀋家村, 郭家村上層, 双砣子 1 期層より早い段階に編年している (김영근 2000) が, 雷文施文大口高領壺も海参罐も地域的な器種なので単純に時期差とは想定できない.

12) 正確には平行横線と浮文をつけており, 千羨幸のいう「点列文」は刺突文ではない.

13) ブラゴダトノエ 3 はリドフカ文化の遺跡として知られているが, ここに新石器時代の土器が混在していることはすでに臼杵勲が指摘している (臼杵 2004).

14）三霊屯1933年採集土器については駒井1934年論文の第二図に写真が掲載されているが，鷲歌嶺上層期よりも新しい時期のものではないかと考えられる。また，1934年採集資料中土器資料については駒井・三上1936年論文によると「他の荷物に紛れて此の稿を草する時までに探し出すことが出来なかった。」という記述があり，ここで紹介する土器片はこのとき紛失した資料が再発見されたものであるとみられる。

15）黄基徳らが赤色磨研土器を先行させた理由には今日，ヤンコフスキー文化に編年される草島の有文土器と新石器時代の雷文土器との類似があった（黄基徳1970）。

16）姜仁旭のいう柳庭洞類型は郎家店期を包含する時期とみられる。

17）このほかリドフカ文化とヤンコフスキー文化の中間的な形態を示すとされる土器としてはノヴォゴルジェエフカ城出土資料（Болдин・Дьякова・Сидоренко1990）が知られている。頸部が内傾し，隆帯と橋状把手をもつ壺，外反口縁の壺，高杯などで構成される。壺の形態や器種組成もクナレイ城とは異なる。一方，これらの土器をヤンコフスキー文化アヌーチノ・タイプと設定するブロジャンスキーの見解もある（ブロジャンスキー2000）。高杯などの存在から筆者はブロジャンスキーの見解が穏当であると考えているが，壺などの形態ではリドフカ文化との関連もうかがうことができる。

18）姜仲光の雷文分類（姜仲光1975）の青燈邑型に該当し，雷文からも年代としては青燈邑期，系譜としては鴨緑江下流域と想定することができる。

第2章　極東平底土器文化と周辺地域との関係

第1節　遼西地域との関係

遼西地域では大きく小河西文化→興隆窪文化→趙宝溝文化→紅山文化→小河沿文化→夏家店下層文化→魏営子文化という変遷が考えられている。このうち小河沿文化と夏家店下層文化の間には空白期が想定されている。興隆窪文化の段階の遼東地域の様相は不分明である。先に触れたとおり，左家村1期に属する元宝溝H5では遼西地域の趙宝溝文化から紅山文化に特徴的な紅頂碗（図28-14）が出土している。客体的な存在であるが，遼東地域と吉長地区との交流をうかがうことができる。この段階は遼西地区と遼東地区の両地域に之字文施文筒形罐がみられるという基盤的な共通性がみられる。ただし，之字文の施文方法，文様モチーフなどの点で地域的な差異も大きい。

趙宝溝文化以降，遼西地域と遼東地域の土器文化は異なる変化方向をみせる。また，遼西地域と遼東地域の中間にある遼河下流域では遺跡数が限られており，遼西地域と遼東地域の土器文化上での積極的な交流の痕跡はみられない。ただし，後述するように通楡県の敖包山で出土した土器は紅山文化の所産であるが，土偶は吉長地区のものと類似し，遼西地域と吉長地区では一定の交流があったことも事実である。

遼西地域と遼東地域の双方の土器文化の影響を受けたとみられるのが，近年急速に調査が進展した科爾沁地区の様相である。哈民忙哈では方格や平行タタキが施された深鉢，之字文が施文された深鉢や三足罐，碗，胴部に把手の附く壺などが認められる（図29-1～9）。このような土器群は在地色の強いものであるが，壺の器形や一部の文様は紅山文化のものと類似する。一方で，吉長地区左家山3期の斜口罐（図28-26）と対比される特徴的な斜口罐（図29-7）も出土している。

南宝力皋吐（塔拉・吉平2007・2008，吉平・希日巴拉2010，鄭鈞夫・陳思如・吉平2011）では多数の墓地が確認されているが，小河沿文化の土器と偏堡文化と関連する土器が共伴している。小河沿文化系の土器には網文筒形罐，高領双口壺，尊，鉢，高杯などがあり（図29-16・17・19～24），偏堡文化系の土器には隆起文筒形罐，幾何学文が施文される壺（図29-10・12・14・15・18）などがある。遺跡の位置は両文化の分布中心から離れたところであり，両文化の縁辺部での接触とみられる。とくに注目されるのは，小河沿文化系の器形を示す高領壺に偏堡文化系の文様が施文される土器で，一種の折衷土器が生成されている点である。偏堡文化系の土器は南宝力皋吐において様式の一翼を担うだけでなく，一種の折衷土器まで生成されるという点で，哈民忙哈期に比べ，南宝力皋吐期にはさらに遼東地域からの影響が強まっていることを指摘できる。ただし，これらの小河沿文化系・偏堡文化系の土器は，遼西地域の小河沿文化や遼東地域の偏堡文化の土器とは異なる点も多く認められ，在地変容が甚だしい。

以上の科爾沁地区の様相から，紅山文化－哈民忙哈文化－左家山3期，小河沿文化－南宝力皋吐文化－偏堡文化（東高台山タイプ）という併行関係が導出される。

夏家店下層文化と遼東地域の文化の関係としては高台山文化との接触が明確になってきている。遼西地域の大甸子墓地（劉観民 等1998）で高台山文化系土器が出土していることが早くから注目されており，劉晋祥は高台山人が大甸子で製作したものであるとみている（劉晋祥1986）。大甸子では墓葬中から鉢，罐，壺の3

70　第Ⅰ部　東北アジア先史文化の変遷と地域性

器種12点の高台山文化系の土器が出土している（図30-1〜4）。報告者は，3種の器種は夏家店下層文化にも存在する器種で，用途上は模倣する必要はなく，高台山文化の土器製作伝統をもつ人物により製作されたもの，すなわち搬入品か大甸子の集落で高台山文化の土器製作伝統を習熟した人物が大甸子で生産したものであるとみており，夏家店下層文化住民の集落のなかでの高台山文化住民の存在を示すとしている。夏家店上層文化の土器が主体を占める地域で，高台山文化系の土器が発見された事例としては，大甸子のほかに，康

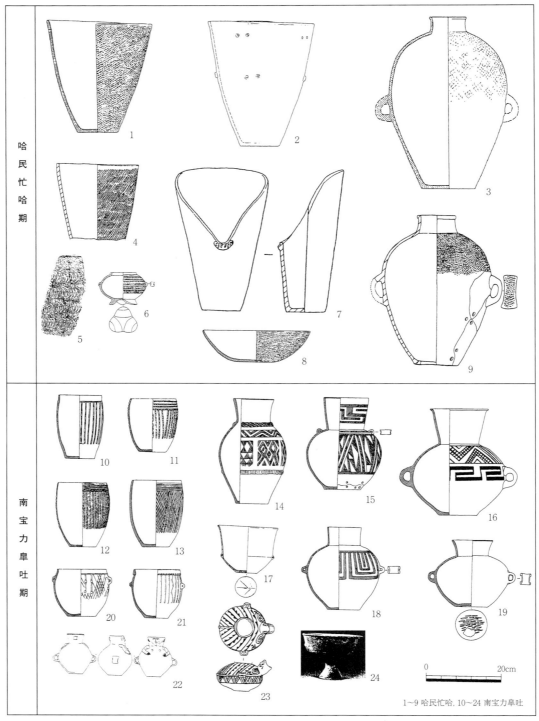

図29　科爾沁地区の編年

家屯（辛岩・李維宇 2001），範仗子（斉暁光 1983）などが挙げられる。康家屯では 12 号石築穴で夏家店下層文化の典型的な尊（図 30-5）などとともに高台山文化の高領壺（図 30-7）が出土している。この石築穴は祭祀坑の可能性が提示されているが，正確な用途は不明である。範仗子では M8 で高台山文化系の壺などが出土している。大甸子や康家屯では圧倒的な夏家店下層文化の土器に高台山文化系の土器が少数みられるという組成を示している。このようにみると，夏家店下層文化が主体となる地域では，基本的に高台山文化の土器は客体的な存在であったものとみられる。しかし，夏家店下層文化では時期が下るにつれ灰陶系が衰退し紅褐陶・紅陶系が増加するのは，その背景に高台山文化の影響が強くなるという指摘もあり（郭大順 1985，董新林 1996，朱永剛 1997），土器様式に与えた影響は不分明な部分もある。

一方，阜新周辺では，高台山文化と夏家店下層文化が融合しているとみる見解もある。平頂山④層は夏家

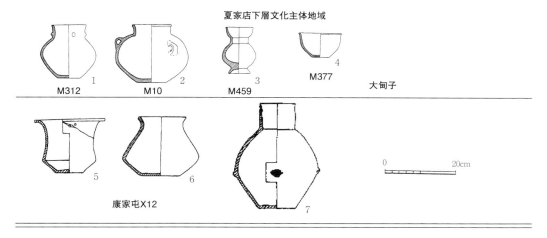

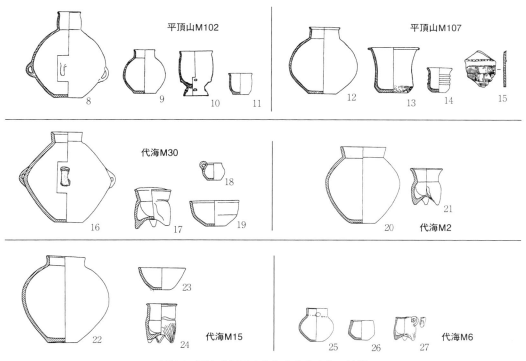

図 30　夏家店下層文化と高台山文化の接触

72　第Ⅰ部　東北アジア先史文化の変遷と地域性

店下層文化に帰属する平頂山1期層で，その④層を掘り込んでいる墓地は平頂山2期となっている（朱永剛等1992）。平頂山2期に属する墓地は土壙竪穴墓で高台山文化の土器と夏家店下層文化の土器が共伴している（図30-8〜15）。また，代海では土壙竪穴墓が多数発見されているが，二層台をもつものも多い。そして，高台山文化系の土器と夏家店下層文化系の土器が共伴している（図30-16〜27）。高台山文化系には壺等が認められ，赤色塗彩されるものも多い。一方，夏家店下層文化系の土器としては劉観民がA型鬲（劉観民1986）と分類する長筒鬲が認められ，黒色を呈するものが多い。このように副葬される土器は器種に応じて系統が異なる傾向にあるようである。そのほかの副葬品には紡錘車や銅製品が認められる。紡錘車は第5章で述べるとおり，高台山文化系で，金属製品は夏家店下層文化系である。阜新周辺では，夏家店下層文化が主に分布する地域とは異なり，両文化の土器をもって様式を構成している状況で，排他的な出土状況を示さない。

なお，夏家店下層文化と双砣子2期および岳石文化との関係を想定する研究（王立新・斉暁光・夏保国1993，王立新・卜箕大1998など）も多く提示されている。主に尊，鬲，彩絵陶が類似する。直接の関係とするより，むしろ渤海湾沿岸を通して，共通する要素が広がった結果である可能性もある。

高台山文化本体では，それまで瀋陽地区等遼東地域ではみられなかった鬲などの三足器が組成に加わり，在地化する。このことは遼西地域から様式構造を変化させるほどの強い影響が及んだことを示している。

第2節　沿アムール地域との関係

伊藤慎二は回転縄文または縄蓆文を施文した尖底・丸底土器を特徴とするサハ地域のベリカチ文化の南下が沿アムール地域のマルィシェヴォ文化新段階を介してザイサノフカ古段階の文化の形成に影響を与えたとしている（伊藤2006）。ザイサノフカ文化古段階の資料の分布が明確ではないので，中間地域の様相が問題となるが，現時点では最も整合性のある見解であると考えられる。

ザイサノフカ文化新1段階から新2段階までの南沿海州と沿アムール地域の関係については資料が十分で

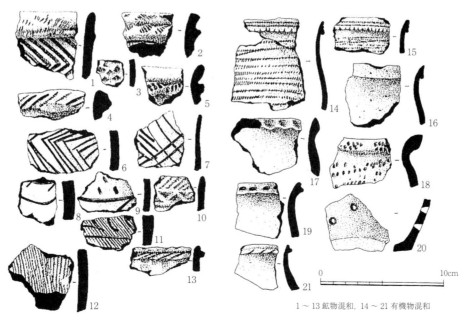

1〜13鉱物混和，14〜21有機物混和

図31　ダリニー・クート15出土土器

はなく，よくわからない。かつてオクラドニコフはザイサノフカ文化新1段階の渦文土器と，ヴォズネセノフカ文化の土器に地紋のように配される渦文との関連を想定したことがあったが，併行関係上一致せず，また渦文の施文技法も異なるため，直接の関係は見出しがたい。

　沿アムール地域と関係が強くみられるのはザイサノフカ文化新3段階である。すでに多くの研究者が主張しているように沿ハンカ・グループとヴォズネセノフカ文化にみられる断面三角形の二重口縁は関係があるものと考えられる（大貫1992）。特にクリューエフとヤンシナはヴォズネセノフカ文化と関連のある一群の土器が沿ハンカ湖地域に認められるという指摘（Клюев・Яншина2002）をしており重要である。アヌーチナ14ではヴォズネセノフカ文化の影響を受けた土器群が沿ハンカ・グループの土器とともに出土している（Клюев・Яншина2002）。2000年発掘区で検出された住居址では沿ハンカ・グループの土器（図21-18・19）は北西側と南西側に散在しているが，ヴォズネセノフカ文化の影響を受けた土器（図21-20～22）は西端の一角に集中して分布していた。細かな点列による垂直ジグザグ文など同様の土器はグラゾフカ城，チェルニゴフカ1，ゴルバトカ3など沿ハンカ地域のほかの遺跡でも出土しており（図21-26・32），アヌーチナ14一遺跡のみにみられる現象ではない。

　沿海地方クラスノアルメイスキー地区に所在するボルシャヤ・ウスルカ川流域のダリニー・クート15では沿アムール地域土器と一連の土器が出土している（Клюев・Гарковик2002）。沿アムール地域ではИ. Я. シェフコムードがカリチョーム3出土資料を基にヴォズネセノフカ文化の土器をゴリン式（ホライズンB）→オレル式およびウディリ式（ホライズンБ）→マラヤ・ガヴァニ式（ホライズンА）という変遷を明らかにしている（Шевкомуд2004）。報告者であるН. А. クリューエフとА. В. ガルコヴィクはダリニー・クート15で出土した新石器時代土器中，鉱物を混和した土器（図31-1～13）はマルィシェヴォ文化最終末期およびゴリン式に，有機物を混和した土器（図31-14～21）はマラヤ・ガヴァニ式に対比できると述べている（Клюев・Гарковик2002）。ハンカ湖から約100kmのダリニー・クート15までヴォズネセノフカ文化が展開していることから，沿ハンカ湖地域は最も沿アムール地域からの影響を受けていることが了解される。伊藤はクリューエフらの見解を踏まえ，シニ・ガイA下層，オレニーA，オレニーBで認められる非常に細長く繊細な櫛文を施文した土器もヴォズネセノフカ文化の影響とみており（伊藤2006），筆者も支持したい。このような見解は，すでにクリューエフとヤンシナにより，沈線による横走魚骨文と細かな櫛文による横走魚骨文が時期差であるとするブロジャンスキーの編年案（Бродянский1987）を否定する文脈ですでに指摘されている（Клюев・Яншина2002）。ただし，伊藤は黒龍江省・吉林省側ではヴォズネセノフカ文化の影響を受けた土器がみあたらないとしているが，近年報告された綏芬河流域の建新北，建新東溝，鮑付溝東，鮑付溝西などでみられる多歯具などにより，細かな点列文で垂直ジグザグ文などが構成される土器（図22-34・36・38）などにヴォズネセノフカ文化の影響を想定できるので，綏芬河流域などでは沿ハンカ地域と同様に沿アムール地域からの影響を考えることができる。

　一方，豆満江流域では東風類型がこの時期に該当するが，沿ハンカ・グループや石灰場下層などの土器とは異なる展開をしていた可能性もあり，該当時期の土器自体が不明瞭であるため，沿アムール地域の影響は不分明である。しかし，豆満江流域が以北の地域との関係が全くなくなったと判断することもできない。

74　第Ⅰ部　東北アジア先史文化の変遷と地域性

第3節　膠東半島との関係

Ⅰ. 膠東半島・廟島群島・遼東半島における異系統土器

　膠東半島・廟島群島の新石器文化の編年についてはこれまで多くの編年案が提示されてきたが，おおむね
白石村1期→邱家荘1期（白石村2期）→北荘1期（邱家荘2期，紫荊山下層）→北荘2期→楊家圏1期→楊家
圏2期→照格荘類型という変遷過程を経たものであると把握されている（厳文明1986，韓榕1986，宮本1990，
李権生1991・1992など）。ここでは，この時期区分に従って各時期の異系統土器について考察する。

1. 膠東半島における遼東半島系土器
　現在までのところ，膠東半島では遼東半島系土器は報告されていない。

2. 廟島群島における遼東半島系土器
　遼東半島と膠東半島は渤海と黄海により隔てられているが，中間に廟島群島が存在する。この廟島群島は
膠東半島と遼東半島間の交流の中継地になったものと推定されている（佟偉華1989）。廟島群島の遺跡では遼
東半島系土器が出土しているが，ここでは，遼東半島系土器の出土如何にかかわらず，群島所在の遺跡につ
いて取り上げる。
　（1）邱家荘1期－小珠山下層期　大黒山島の北荘F88下層（張江凱1997）では邱家荘1期に特徴的な膠東
半島系の盆形鼎などを主体としながらも（図32-1・2），少量の遼東半島系の滑石混入之字文筒形罐（図
32-3・4）が出土している。このほか南長山島楽園（厳文明1983）で邱家荘1期の土器が発見されている。
　（2）北荘1期－小珠山2期～小珠山中層期　北荘1期一段（厳文明・張江凱1987，張江凱1997）の遺構・包
含層では盆形鼎，茸状把手附小口罐など膠東半島系土器（図32-5・6）とともに，筒形罐（図32-7～9）は沈
線・点列文施文筒形罐がみられ，小珠山2期（馬城子下層1期，後窪上層期，盤弓里1期）に属するものである。
北荘では詳細な出土地点は報告されていないが，全形が復元できる小珠山2期の筒形罐（侯建業2006）も出
土している（図32-7）。
　北荘1期二段・三段（厳文明・張江凱1987，張江凱1997）の遺構・包含層では盆形鼎，キノコ状把手附小口
罐，鉢，鬶，觚形杯，盉といった膠東半島系土器（図32-13～15）が主体であるが，遼東半島系の筒形罐も出
土している。北荘H103で北荘1期の盆形鼎（図32-13）と小珠山中層期の押引による短斜線が施された筒形
罐（図32-17）が共伴している。このほかT9の④b層などで横走魚骨文施文筒形罐（図32-16）など遼東系土
器が出土している。
　大欽島の東村（厳文明1983）ではさまざまな時期の遺物が採集されているが主体を占めるのは膠東半島系
の口縁部が外反し胴部に隆起文をもつ鼎，鉢などである。図示がないため詳細な時期はわからないが，邱家
荘下層や紫荊山下層に類似していると報告されているため邱家荘1期から北荘1期を主体とするものとみら
れる。また，遼東半島系の筒形罐片（図32-10～12）も採集されており，横走魚骨文などの沈線文がみられ，
小珠山中層期を中心とするものと考えられる。
　北長山島の北城（厳文明1983）では北荘1期の住居址と包含層が発見されているが，刻目隆帯のある盆形
鼎や小口罐など膠東半島系土器（図32-18～20）が報告されている。遼東半島系土器の出土は不詳であるが，
数量は多くないものとみられる[1]。

第 2 章 極東平底土器文化と周辺地域との関係　75

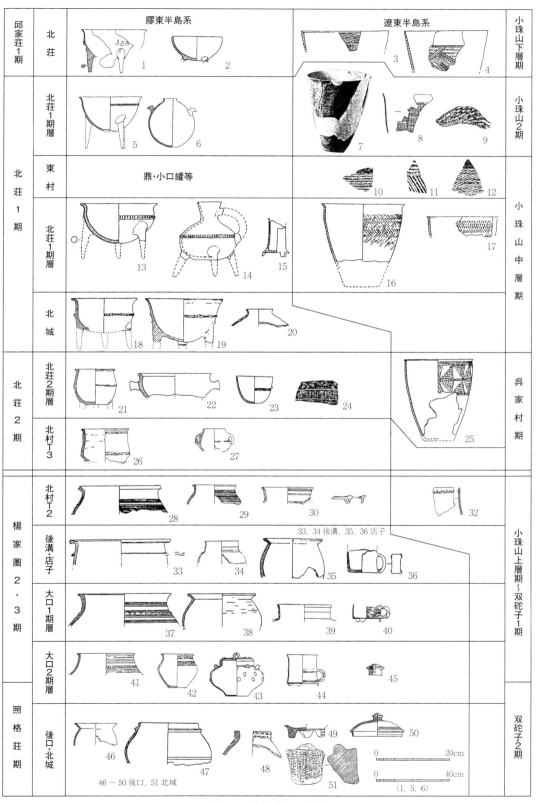

図 32　廟島群島の土器

76　第Ⅰ部　東北アジア先史文化の変遷と地域性

(3) 北荘2期-呉家村期　北荘2期（厳文明・張江凱1987，張江凱1997）の遺構・包含層では罐形鼎，内湾口縁罐，盃，鬶，觚形杯など膠東半島系土器（図32-21～24）が主体であるが，遼東半島系の筒形罐も出土している。T161の④a層では斜格子文・隆帯施文筒形罐，H122では呉家村期に特徴的な組合文施文筒形罐（図32-25）が出土している。

　大欽島北村三条溝（厳文明1983）ではT3H1およびH3で大汶口文化期の鼎，小口罐などが出土しているが，共に水波文施文土器も出土しており，北荘2期に属するものとみられる（図32-26・27）。遼東系土器の報告はない。

(4) 楊家圏1期-三堂村1期　これまでのところ楊家圏1期に属する遺跡・遺物は報告されていない。

(5) 楊家圏2・3期-小珠山上層期　大欽島北村三条溝ではT3のF1で龍山文化期の土器が出土している。また，T2では⑥層から②層で龍山文化期の折縁罐，三環足器，豆など膠東半島系土器（図32-28～31）が出土しているが，二重口縁の下端部に斜格子が施文される小珠山上層期の筒形罐（図32-32）が出土している。

　このほか砣磯島大口，北長山島店子，北城，南長山島後溝，大黒山島北荘では龍山文化期の土器が出土しており（図32-33～40），この時期に廟島群島では多く遺跡が営まれたことがわかる。遼東半島系土器の報告は北村三条溝で確認されているが，この時期の遼東半島では折縁罐をはじめとする膠東半島系土器が様式に組み込まれており，遼東半島製膠東半島系土器が廟島群島で出土しても弁別が困難であるという事情もある。

(6) 照格荘期-双砣子2期　大欽島東村，砣磯島後口，大口，北長山島北城，大黒山島北荘で岳石文化の土器が出土している（図32-46～51）。双砣子2期の遼東半島の土器は岳石文化に極めて類似しており，遼東半島製の土器の弁別は困難である。

　以上のように廟島群島は新石器時代全般を通して常に膠東半島の土器文化圏に属する。遼東半島系土器もみられるが，客体的な存在である。遼東半島系の土器が過半を占めるような遺跡はこれまでのところ報告されていない。また，廟島群島では膠東半島系土器と遼東半島系の土器の折衷土器は確認されていない。

3．遼東地域における膠東半島系土器

(1) 小珠山下層　これまでのところ，膠東半島系土器の報告はない。廟島群島で小珠山下層期～2期の土器が出土しているので，今後出土する可能性は十分にあるが，限られた量となるものとみられる。

(2) 小珠山2期～小珠山中層期　郭家村⑤層，小珠山中層などで膠東半島系の盆形鼎，盃，觚形杯，彩陶など（図8-13～15）が出土している。膠東半島系土器は主体を占めることはないが，一定量存在し，様式を構成する。膠東半島系土器が確認される遺跡は遼東半島先端部から小珠山の所在する長山群島までである。

(3) 呉家村期　郭家村④層，呉家村，文家屯A地点などで鼎，盃，觚形杯，鬶，豆，水波文土器，彩陶などが出土している（図8-25～27）。膠東半島系土器は主体を占めるほどではないが，一定量存在し，様式を構成する。膠東半島系土器が確認される遺跡は遼東半島先端部から小珠山の所在する長山群島までである。呉家村期の土器が出土する荘河市に所在する北呉屯上層では膠東半島系土器がほとんどみられないため，膠東半島系土器は基本的に碧流河を越えていない。膠東半島系土器が様式を構成する遼東半島先端部における膠東半島系土器について全て膠東半島からの搬入品であるとする見解（岡村1992）もある。遼東半島で出土する水波文土器（図3）は他の在地系土器とは胎土，色調，焼成などの面で明確な差異があり，搬入品であると考えられる。しかし，豆などの膠東半島系土器で在地系土器と胎土や色調，調整などが一致するものも少なくなく，様式を構成するほど多くの膠東半島系土器がみられるのも事実である。したがって，膠東半島系土器には遼東半島で生産されたものも多いものと考えられる。

(4) 三堂村1期　文家屯C地点では鼎，周縁に刻目のある器蓋，粗雑な水波文土器が出土している。文

第2章　極東平底土器文化と周辺地域との関係　77

表3　遼東地域にみられる膠東系土器の影響

	折縁罐Ⅰ類	単耳杯	三環足器	折縁罐Ⅱ類	斜格子施文三環足器
膠東半島・廟島群島	○	○	○		
遼東半島	○	○	○	○	
丹東地区			○	○	○
太子河上流域				○	
鴨緑江下流域（平北）				○	

家屯C地点では少量の他の時期の遺物も混在しているが，三堂村1期の土器が主体を占めるため，膠東半島系土器の大部分はこの時期に該当すると判断した。大藩家村では鼎，觚形杯，盂，水波文土器，彩陶などが出土している。大藩家村では小珠山上層期の遺物も出土しているが，併行関係上彩陶などはこの時期に伴うものとみられる。大藩家村の彩陶や觚形杯は小珠山中層文化，偏堡類型の土器を偏堡子文化に帰属させる見解（高芳・華陽・霍東峰2009）もあるが，大藩家村では小珠山中層期～呉家村期の在地の土器が出土していないので，彩陶や觚形杯は三堂村1期に伴うものであると筆者は考えている。三堂村1期層でも膠東半島系土器として三足鉢や盂などが出土している。また交流島でも膠東半島系土器として三足鉢などが出土している。膠東半島系土器は客体的な存在であるが，一定量存在する（図8-36～38）。膠東半島系土器が確認される遺跡は遼東半島先端部から瓦房店市長興島や交流島にまで及んでいる。遼東半島でみられる膠東半島系土器には搬入品と在地製があるものと考えられる。次項で述べるとおり，刻目のある器蓋の刻目工具は膠東半島では木板を用いており，同様の資料は遼東半島でみられ，搬入品か忠実な模倣品であると考えられる。

　(5) 小珠山上層期　遼東半島の小珠山上層期の遺跡では二重口縁の筒形罐などの在地の系譜を引く器種がある一方，折縁罐をはじめとする膠東半島系の器種が主体を占めるようになる。膠東半島系の器種が主体を占めるようになるのはこの時期からである。また，将軍山，老鉄山，四平山，東大山などの積石塚にも膠東半島系の器種が多く副葬されている。折縁罐，三環足器などの膠東半島に起源をもつ器種は，それ以前の段階で膠東半島系土器が碧流河や長興島附近までしか広がりをもたなかったこととは対照的に，遼東半島だけでなく，太子河上流域，丹東地区，鴨緑江下流域（平安北道）まで広がる。ただし，地域によって受容される器種は異なり，三環足器はこれまでのところ遼東半島と丹東地区にまで広がり，これまでのところ鴨緑江は越えていない。折縁罐はその周辺の太子河上流域，鴨緑江下流域（平北）まで広がる。また，膠東半島に起源をもつ器種はそれぞれの地域で在地化が著しい。遼東半島でみられる折縁罐は，回転を利用して施文を行う折縁罐Ⅰ類（図9-6）と横走魚骨文などが施文される折縁罐Ⅱ類（図9-5）に分類される（古澤2005）。膠東半島・廟島群島では折縁罐Ⅰ類のみがみられる。膠東半島・廟島群島ではみられない横走魚骨文などの沈線文の施文された折縁罐Ⅱ類は遼東半島から鴨緑江下流域（平北）・太子河上流域といった地域に分布する。また，三環足器も膠東半島・廟島群島では弦文や無文のものが一般的であるが，丹東地区の西泉眼では斜格子文施文三環足器が出土しており（図13-33），在地の文様と膠東半島‐遼東半島に起源をもつ器種が結合した折衷土器がみられる（表3）。これらの諸点から膠東半島・廟島群島からの搬入土器を含む直接の影響を受けたのは遼東半島先端部のみで，遼東半島の周辺地域では膠東半島からの直接の影響ではなく，遼東半島を経由した間接的な影響を受けた在地生産品が主であるといえる。

　(6) 双砣子1期　双砣子1期には在地の系譜を引く筒形罐がほとんどみられなくなり，膠東半島龍山文化の系譜を引く器種が主体的となる。双砣子1期の土器は遼東半島先端部から単砣子包含層の所在する碧流河まで分布していることが確認されている。

　(7) 双砣子2期　双砣子2期の土器は岳石文化の一類型とみなす見解もあるほど，岳石文化照格荘類型に

78　第I部　東北アジア先史文化の変遷と地域性

類似している。双砣子2期の土器は遼東半島先端部から単砣子墓葬の所在する碧流河まで分布していること
が確認されている。

II．膠東半島大汶口文化後期の様相

1．問題の所在

　上でみたとおり，廟島群島ではこれまでのところ，大汶口文化後期に該当する楊家圏1期の遺跡がほとん
ど知られていない。膠東半島ではこの時期に遺跡数が減少するという指摘があり，これと連動している可能
性が高い。膠東半島における該期の遺跡が明らかでないため，遼東半島では上述のとおり膠東半島との関係
を示すと考えられる資料が出土しているにもかかわらず，交流の実態が詳らかではなかった。しかし，現在，
東京大学に所在する龍口貝塚の資料は，膠東半島における不分明な大汶口文化後期の様相を明らかにするに
あたって重要な資料であると考えられるので以下で検討する。

2．龍口貝塚の概略

　1930年，駒井和愛・水野清一・江上波夫は貝塚を発見する目的で，煙台を基点として威海から龍口まで
の膠東半島北岸を踏査した（駒井1931）。この過程で，彼らは龍口附近において貝塚を発見した。龍口の街
の北側には砂浜が広がり，西に伸びる半島があるが，この半島の付け根で数基の丘状の貝塚が確認された。
現在ではその正確な位置は残念なことに不明である。駒井らはこれらの貝塚のうちの1基で5月17日およ
び18日の2日間，発掘調査を行った。彼らが発掘した貝塚は直径15m，高さ約3mの円丘だった。円丘の
南端では炉址と推測された灰層があり，1m程度の腐植土混じりの貝層が堆積していたが，北側では貝層の
厚さは30cm程度であったという。遺物は貝層に多数存在したという。貝層を構成していた貝の種類はOs-
trea（Crassostrea），Polinices didyma，Rapana thomasiana，Phaohia（Ruditapes），Phalium（Bezoardica），Batil-
laria zonalis，Cerithidea rhizoporarum，Tegula umbilicata，Area（Anadara），Ostea と報告されている。

　2005年春，筆者は東京大学文学部考古学研究室の収蔵庫で龍口貝塚の遺物を「発見」した。龍口貝塚の
遺物は4箱の木箱に納められており，埃をかぶった状態であったため，再度水洗し，注記を行った。この過
程で，駒井の論文で報告された土器片を全て確認することができ，龍口貝塚の資料は基本的には東京大学に
所在するということが判明した。

3．研究史からみた龍口貝塚─年代論を中心に─

　報告者の駒井は金属器の痕跡が発見されなかったことから，石器時代のものであると考えていた（駒井
1931）。三上次男は新石器時代の文化ではあるが，刻目のある底部などが高麗寨の様相と類似し，高麗寨で
は一化銭や明刀が出土することから，龍口貝塚の年代は周末であると考えた（三上1940）。彼は城子崖のよ
うな内陸部では黒陶文化から青銅器文化へ移行したが，膠東半島北岸では周末に至るまで石器時代が継続し
たと考えたのである。今日の研究成果からはこのような見解は成立しない。日本ではその後，龍口貝塚の資
料が膠東半島の新石器時代研究で活用されることはなかった。

　一方，中国では厳文明や佟偉華が駒井の報告から判断して，龍口貝塚の遺物について龍山文化のものと推
定している（厳文明1986，佟偉華1989）。また，安志敏は現在の研究の見地から邱家荘1期の資料に龍口貝塚
の資料が類似していると考えている（中国社会科学院考古研究所1999）。

　しかし，駒井による報告は簡略で，駒井の報告自体も入手が困難であることから，中日両国において膠東
半島の新石器時代研究に活用されることはほとんどなかったといえるだろう。

4．龍口貝塚の土器資料

以下では，龍口貝塚の土器資料を器種ごとに説明する。

まず，器種がわかるもののなかで最も多く認められるものは，鼎または罐の口縁部である。この口縁部は圧倒的大多数が「く」の字に外反している。夾砂紅褐陶（図33-1〜4・8〜18）が多く，灰陶が極少数認められる。黒褐色を呈するもの（図33-5〜7）もあるが，焼成温度は低い。器面は磨かれているものが多い。口径は10〜15cm内外の小型のものが多い。鼎または罐の肩部や胴部には弦文が施文される例が認められる。幅5mm程度の太い弦文が施されるものには黒皮陶（図33-19・24）が多い。鼎足（図34-37〜41）は断面が方形に近い楕円形のものが多く，胴部と足の接着部には刻みを入れてよく接着するように工夫されているものもある（図34-35・36）。鼎または罐の底部は平底である。大部分，夾砂紅褐陶（図34-42〜46，図35-50・51）であるが，灰陶（図35-47・48）や滑石入りのもの（図35-49）も少数認められる。

豆は灰陶（図35-52・55・56・61・62）が大多数で，なかには黒陶（図35-53）もみられる。鼎または罐には夾砂紅褐陶が多いことを考慮すると器種ごとに焼成を変えているのであろう。脚部には三角形と円形の鏤孔が認められる例（図35-55）がある。内面は木板による調整が認められる。また弦文が施される例もある。脚部の接地面は粘土を二重に貼り補強しているのが特徴的である（図35-58・61・62）。

1点のみであるが薄胎黒陶が確認されている（図35-63）。厚さは2mm程度である。高柄杯の口縁部であると考えられる。回転を利用して撫でた痕跡がみられる。

器蓋は3点確認され，そのうち2点は縁に刻目がある（図35-64・65）。駒井の報告では底部として報告されていたが，実際は器蓋である。刻目は年輪の痕跡が観察されることから木板で刻まれたものであると考えられる。いずれも夾砂紅褐陶である。後述するが，器蓋は魯中南や魯東南では鼎や尊形器（罐）に被せられるのが一般的であるが，龍口貝塚では尊形器は確認されず，膠東半島のそのほかの遺跡でも尊形器は一般的ではないので，鼎に被せられた可能性が高い。

龍口貝塚では数点，刻目突帯をもつ破片がある。刻目突帯は鼎や鬲の胴部にめぐる文様装飾である。灰陶（図35-67・68），黒皮陶（図35-69・70）が主であるがなかには滑石入りのもの（図35-71・72）も認められる。鋭い工具で斜めまたは垂直に刻んでいる。器面はよく磨かれている。碗も少数だが認められ，夾砂紅褐陶が多い（図35-73・74）。そのほかに紅衣陶もみられる（図35-75）。

5．龍口貝塚の年代的位置

それでは龍口貝塚の遺物はどの段階に位置づけられるものであろうか。龍口貝塚の資料を器種ごとに類例を膠東半島や廟島群島に求めることで，その年代的位置を考えてみよう。

鼎または罐の口縁部が「く」の字に外反するものは，白石村1期〜北荘1期ではほとんど認められない。これまでのところ，このような口縁部は北荘2期に属する北荘2期層（厳文明・張江凱1987，張江凱1997，候建業2006），北荘2期と楊家圏1期の間に入る於家店M1（厳文明2000），楊家圏1期に属する楊家圏1期層（厳文明 等1984，何徳亮・竟放1985，呉討池 等2000），於家店大汶口晩期遺存（厳文明1983a・2000），廟埠（王洪明1985），河東（姜恵居1989）などで確認される。龍山文化期の楊家圏2期でも「く」の字外反口縁の鼎または罐を認めることができるが，楊家圏2期のものは黒陶や灰陶が大多数である。一方，北荘2期や楊家圏1期の鼎または罐は夾砂紅褐陶が大部分で，龍口貝塚の資料も夾砂紅褐陶が大部分である。北荘2期では「く」の字に外反する口縁部が認められる一方，緩慢な曲線的に外反するものが認められるが，楊家圏1期では，「く」の字に急激に外反するものがほとんどである。龍口貝塚の口縁部は，「く」の字に急激に外反するものが大半であることから，楊家圏1期に近いといえよう。

80　第Ⅰ部　東北アジア先史文化の変遷と地域性

罐の胴部に弦文が施される例が認められるが，楊家圏1期層では文様装飾として弦文が多いとされ，関係が想定される。

豆では，龍口貝塚では脚部に鏤孔をもつ豆が確認されている。この脚部に鏤孔をもつ豆は，北荘2期の北荘2期層，北荘M1（李権生1991）や於家店M1で発見されている。このほか楊家圏1期層でも鏤孔をもつ

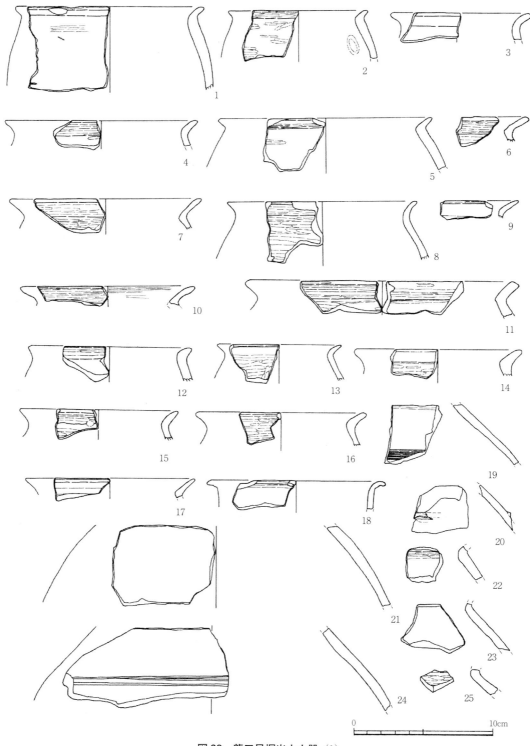

図33　龍口貝塚出土土器（1）

第 2 章　極東平底土器文化と周辺地域との関係　81

土器が認められるという。於家店 M1 や北荘 2 期層・北荘 M1 では三角形の鏤孔である。

　龍口貝塚で 1 点のみであるが確認されている薄胎黒陶の高柄杯は膠東半島では楊家圏 1 期に属する於家店大汶口晩期遺存，楊家圏で発見されている。薄胎高柄杯については大汶口期には緩く外反する口縁が特徴である一方，龍山文化期では大口 M4（厳文明 1983b，呉汝祚 1985）でみられるように口縁が直線的に外側に開

図 34　龍口貝塚出土土器 (2)

82　第Ⅰ部　東北アジア先史文化の変遷と地域性

くのが特徴で，口縁部自体は内傾するものが多い（呉汝祚 1987・1989）。龍口貝塚で出土した薄胎高柄杯の口縁部は緩く外反しており，大汶口文化期の特徴を示し，於家店大汶口晩期遺存や楊家圏の例に近い。

　龍口貝塚で2点確認されている縁に刻目をもつ器蓋は，小管村1期層（王錫平 2000）と於家店（蔣英炬 1963）で確認されている。小管村1期層は楊家圏1期に属する。また，於家店はその後の調査（厳文明 2000）で，楊家圏1期と楊家圏2期の少なくとも2時期にわたる遺跡であることが判明しているが，膠東半島の楊

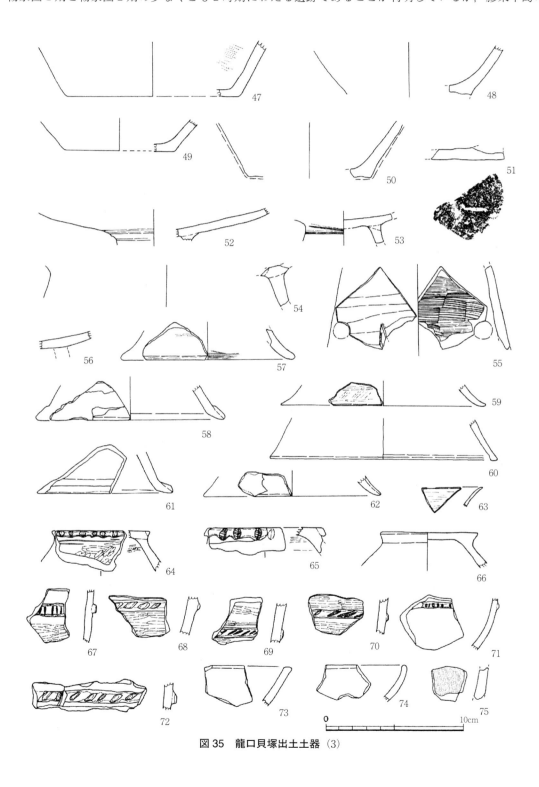

図35　龍口貝塚出土土器（3）

第 2 章　極東平底土器文化と周辺地域との関係　83

表 4　龍口貝塚出土土器の胎土と焼成

	夾砂紅褐陶	泥質紅褐陶	紅衣陶	夾砂灰陶	泥質灰陶	夾砂黒皮陶	泥質黒皮陶	夾砂黒陶	泥質黒陶	夾滑石陶	其他
鼎・罐口縁	14	3		1	1						
其他口縁	2	2									
鼎足	7	2		1							
鼎・罐底部	7	1		2	2	1				1	1
豆	2			5	2			2			
高柄杯									1		
器蓋	3										
附加堆文				2		2				2	
胴部片	120	20	5	26	14	9	13	3	2	11	7

家圏 2 期ではこのような器蓋は確認できないことから縁に刻目をもつ器蓋は楊家圏 1 期に属する可能性が高い。

　刻目突帯をもつ土器は膠東半島や廟島群島では邱家荘 1 期，北荘 1 期，北荘 2 期に認められる。邱家荘 1 期や北荘 1 期の刻目突帯は太く，指頭により垂直に刻目をつけるものが多い。龍口貝塚の刻目突帯は鋭い工具により突帯を切りつけているため，より遅い段階のものではないかと推測される。

　紅衣陶は李歩青と王錫平によると「北荘時期」（北荘 2 期と楊家圏 1 期）に増加するため（李歩青・王錫平 1988），他の土器と同様の年代を与えることができる。

　龍口貝塚では数点滑石を混入した土器が認められる。滑石混入土器は白石村 1 期〜楊家圏 1 期にかけて広く認められる。龍口貝塚出土滑石混入土器には刻目突帯をもつ破片がみられる。刻目突帯は先述したように鼎や鬶の胴部にめぐるものであるが，李歩青と王錫平によると「北荘時期」（北荘 2 期と楊家圏 1 期）の鬶の多くは滑石を混入し，突帯をめぐらせるという（李歩青・王錫平 1988）。破片であるため判断が難しいが，龍口例もこのような例である可能性がある。

　また，龍口貝塚出土土器の胎土・焼成においては夾砂紅褐陶が圧倒的で，灰陶がある程度存在し，さらに黒陶や夾滑石陶が少量存在するという組成を示し，楊家圏 1 期に近い組成であると判断される（表 4）。

　以上，膠東半島や廟島群島で類例を探すことのできる資料を中心に龍口貝塚の土器の年代を考察したが，北荘 2 期に遡る可能性のあるものをふくむもののおおむね楊家圏 1 期が中心であると考えられる。

6．周辺地域との比較

　龍口貝塚で出土した特徴的な遺物である縁に刻目をもつ器蓋や薄胎高柄杯を通して周辺地域との様相を比較する。

　(1) 魯中南地域（図 36）　大汶口文化の編年は，魯中南地域や蘇北地域の墓葬を基軸としてこれまで多くの編年が提示されてきた（山東省博物館 1978，高広仁 1978，厳文明 1980，呉汝祚 1982，伍人 1982，Чжан1984，呉詩池 1987 など）。それぞれの編年では若干の差異があるものの，その変遷過程についてはおおむね一致しており，龍口貝塚で出土したような薄胎高柄杯については，大汶口文化後期に出現するものとされている。新資料を加え詳細な研究を提示した欒豊実は魯中南の大汶口文化について主として墓葬をもとに 11 段に編年した。そのうち，第 8 段〜第 11 段を後期とし，野店（山東省博物館・山東省文物考古研究所 1985），西夏侯（高広仁・任式楠 1965，高広仁 等 1986），大汶口墓地（山東省文物管理処・済南市博物館 1974）などが該当する。薄胎高柄杯はやはり第 9 段から第 11 段にかけてみられる特徴的な土器である。

84　第 I 部　東北アジア先史文化の変遷と地域性

　大汶口文化の器蓋についてはこれまでそれほど研究がなされてこなかったため，本章では，龍口貝塚でみられた縁に刻目のある夾砂紅褐陶の器蓋について大汶口文化のどの段階に位置づけられるのか考察してみたいと思う。魯中南地域の大汶口文化の墓葬では，野店 M51，M62，M65，西夏侯 M2，M5，M13，M26，大汶口 M25，M123，南興埠 M4（何徳亮 1984）で縁に刻目のある夾砂紅褐陶器蓋が確認されている。

　野店 M51，M62，西夏侯 M2，M5，M13，M26，大汶口 M25 では薄胎高柄杯が共伴しており大汶口文化後期の所産であることが明確である。

　野店 M65，大汶口 M123，南興埠 M4 も共伴の鼎の形態から大汶口文化後期のものである。

　また，灰坑では，建新 H163，H195（山東省文物考古研究所・棗荘市文化局 1996）で縁に刻目のある器蓋が出土している。建新 H195 では薄胎高柄杯が出土することから大汶口文化後期に編年され，H163 では共伴した豆から同様に大汶口文化後期という年代が与えられる。

　このほか包含層では縁に刻目がある器蓋は西康留 T4 ⑤層（李魯滕・孫開玉 1995），南灘子（李錦山・文光 1984），孟家荘（呉汝祚 等 1980）等で確認されており，いずれも大汶口文化後期の所産であると考えられる。

　以上の例から，縁に刻目のある夾砂紅褐陶器蓋は，おおむね大汶口文化後期のものであると考えられる。

　一方，六里井（国家文物局考古領隊培訓班 1999）では 7 層，6 層，5 層，2 層で出土している。六里井 6 層以上はおおむね大汶口文化後期とみられるが，六里井 7 層は大汶口文化中期の遅い段階であると考えられている。しかし，六里井 7 層出土の器蓋はほかの例よりも縁部の径が小さいなど差異がみられ，大汶口文化後期に多くみられる器蓋の祖形である可能性がある。

　また，龍山文化期の遺跡からも縁に刻目をもつ器蓋が出土することがあるが，黒陶が多い・径が大きい・附加堆文が附く例があるという点で，大汶口文化後期のものとは差異が認められる。龍口貝塚出土例は大汶口文化後期のものと通有の特徴をもつ。

　大汶口文化後期の縁に刻目がある器蓋は野店 M65，西夏侯 M26，大汶口 M123 では鼎に被せられ，野店 M62，西夏侯 M13 では尊形器（罐）に被せられている。

　なお，大汶口 M10 では白陶の禾皿に白陶の縁に刻目のある器蓋を被せる例が確認されている。大汶口 M10 でも薄胎高柄杯が出土し，大汶口文化後期に編年される。

　(2)　**魯東南地域**（図 37）　魯東南地域の大汶口文化の墓葬では，大朱家村 M18（何徳亮 1991），陵陽河 79M25（王樹明 1987），三里河 M124（呉汝祚・杜在忠 1988）などで縁に刻目のある夾砂紅褐陶器蓋が出土している。

　大朱家村 M18，陵陽河 79M25 では薄胎黒陶高柄杯が共伴しており，年代としては大汶口文化後期に該当する。また，三里河 M124 で共伴した豆や小鼎により同様に大汶口文化後期という年代を与えることができる。

　以上の例から，魯中南地域と同様に魯東南地域でも縁に刻目のある夾砂紅褐陶器蓋は，大汶口文化後期のものであると考えられる。

　陵陽河 79M25 では鼎，大朱家村 M18 では尊形器に被せられ，魯中南地域との類似性をみせるが，三里河 M124 では平底の鉢に被せられており，他地域では確認することができない例である。

　(3)　**魯北地域**（図 37）　魯北地域では包含層などからの出土であるが，焦家（寧蔭裳・曲世広 1998）で縁に刻目のある器蓋が確認されている。報告者によると焦家では墓葬も少なくなかったものと考えられるが，遺物は大部分が収集品，採取品であるとのことである。焦家の大汶口文化遺存は大汶口文化中期の遅い段階から後期とみられ，ここでも薄胎黒陶高柄杯が出土している。周辺地域の様相を考慮すると，縁に刻目がある器蓋は大汶口文化後期のものである可能性が高い。

(4) **豫東地域**（図37） 豫東地域でも大汶口文化が分布しており、杜金鵬により大汶口文化潁水類型と設定されている（杜金鵬1992）。当地域では欒台 H156（張文軍 等1989）で、縁に刻目のある紅褐陶器蓋が確認されている。共伴した鼎、尊形器、高柄杯から大汶口文化後期の所産であると考えられる。

(5) **皖北地域**（図37） 蒙城尉遅寺（中国社会科学院考古研究所2001）では大汶口文化後期から龍山文化の住

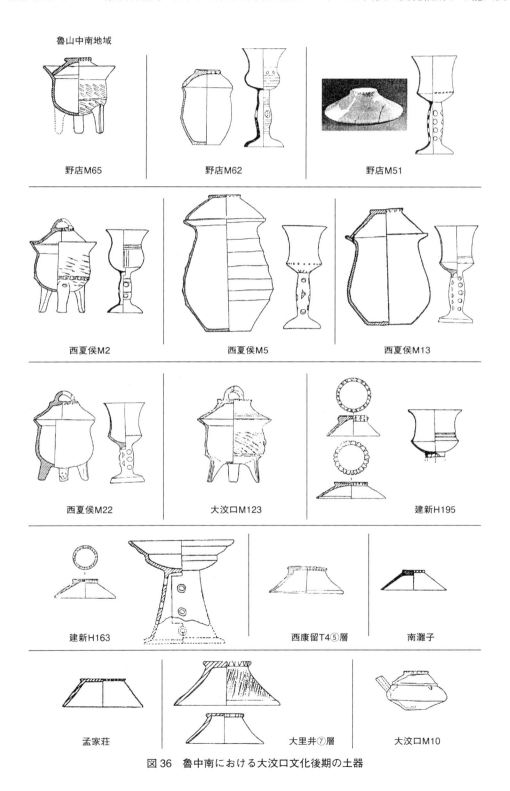

図36 魯中南における大汶口文化後期の土器

居址や墓葬が確認されているが，ここでも多くの縁に刻目のある器蓋が確認されている。墓葬では尉遅寺M82，M170，M171などで，住居址ではF15，F25，F30，F31，F33，F42などで当該器蓋が確認されているが，共伴する鼎の形態などから大汶口文化後期の所産であると考えられる。

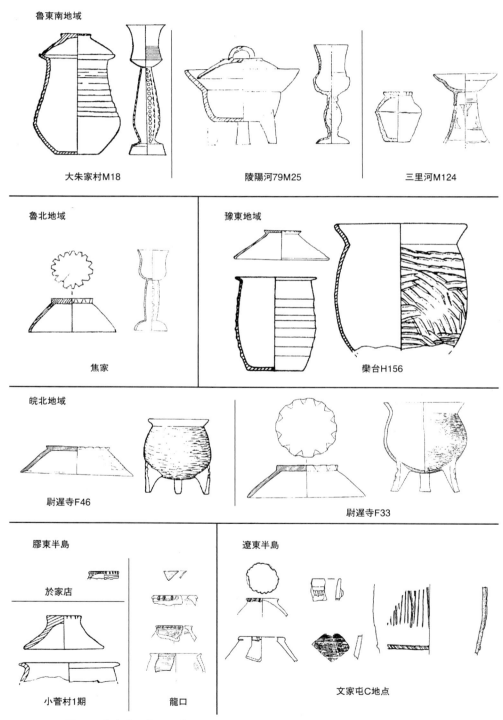

図37　魯東南・魯北・豫東・皖北・膠東半島・遼東半島大汶口文化後期の土器

7. 大汶口文化後期における膠東半島と周辺地域の関係

大汶口文化後期の膠東半島と周辺地域の関係について龍口貝塚出土遺物を通して考察する。これまで，大汶口文化後期の膠東半島と大汶口文化分布圏（魯中南・魯東南等）の関係については，「三里河類型」が膠莱平原一帯の楊家圏1期の文化に大きな影響を与え，両者に共通の要素が多くみられるとする見解が提示されてきた（韓榕1986）。反対に，大汶口文化中期に膠東半島と魯中南地域で多くの共通性がみられる一方，大汶口文化後期には再び膠東半島の独自性が強まるとみる見解もある（李権生1991・1992）。

大汶口文化後期には鼎の形態などには若干の差異をみせるものの，上述したように縁に刻目のある器蓋や薄胎黒陶高柄杯など共通する因子が魯中南，魯東南，魯北，豫東，皖北と広くみられる。その広い地域で共通した様相をみせるようになった大汶口後期文化の波が膠東半島に及んでいることを龍口貝塚の遺物は示しているものと考えられる。

従来，膠東半島において大汶口文化後期の遺跡の様相がよくわからず遼東半島との関係も不分明であったため，大汶口文化後期における両半島の影響関係は少なくなったという見解（王錫平・李歩青1989）もあったが，上述したとおり，龍口貝塚でみられた縁に刻目のある器蓋は遼東半島南部に位置する文家屯C地点（遼東半島先史遺跡発掘報告書刊行会2002）でも2点みられ，特に刻目を木板で刻みつけるなど製作手法上でも共通する点があることから，膠東半島を介して遼東半島へ大汶口文化の波が及び，交流関係が維持されたものとみることができる。遼東半島で出土する三堂村1期の膠東半島系土器はこのような脈絡で解釈するのが妥当であろう。

Ⅲ. 膠東半島－遼東半島地域間関係の変遷

膠東半島－遼東半島間の文化交流についての研究は数多い（王錫平・李歩青1987, 佟偉華1989, 王宇・王珍仁1989, 許明綱1989, 宮本1990, 岡村1992ほか）。

まず，遼東半島系土器は廟島群島で出土し，膠東半島への到達は確認されていない（佟偉華1989）。このことから遼東半島から膠東半島への渡航集団の多くは基本的に廟島群島を主要な最終目的地としたものと考えられる。遼東半島系土器は常に客体的に存在し，遼東半島系土器が主体を占める遺跡は確認されていないことから，廟島群島では遼東半島系集団のみで構成される集落の存在は想定しがたい。廟島群島の在地の集落に，客体的に遼東半島系土器がもたらされる状況から，交易等の一時的な渡航であったものとみられる。

一方，膠東半島から遼東半島への渡航集団は遼東半島先端部を主要最終目的地としているものと考えられる。

小珠山下層期の膠東半島との影響関係は不分明であるが，後の時代と比較すると大きいものではない。小珠山中層期～三堂村1期では遼東半島での様式の一部を構成するほど膠東半島系土器が搬入および在地生産されている。この時期の膠東半島系土器を全て搬入品とみなす岡村秀典は土器を生産しない男性の漁撈民が一時的な移動をしたものと推定しているが（岡村1992），筆者は在地産膠東半島系土器の存在を想定するので岡村の見解には賛成しない。むしろ土器を生産する女性も含む集団の渡航があり，遼東半島の先端部においては膠東半島系の器種も様式に包括されたという状況を想定する。一方，廟島群島では遼東半島系土器が認められるものの，様式に包括されるような状況ではないことから，双方向の交流は認められるが，相互の渡航集団の内容，規模，目的が異なっていた可能性がある。王錫平と李歩青は人口圧により膠東半島から遼東半島をはじめとする東北地区へ移住したとみており，特に大規模災害により生活が困難になると移住したと述べている（王錫平・李青歩1987）。移住に係る具体的な論拠が示されていないので，判断が難しいが，様式のなかに土器が組み込まれるということは，遼東半島を最終目的地とし，遼東半島の在地集団を凌駕しな

88　第Ⅰ部　東北アジア先史文化の変遷と地域性

い水準の移住はあった可能性がある。

　小珠山上層期の遼東半島では膠東半島に起源をもつ器種が様式の主体を占めるようになりそれまでの段階
よりさらに強い影響を受けている。郭家村，文家屯，小珠山上層，喬東，大嘴子，大藩家村などの集落遺跡
では膠東半島系土器が多く出土し，日常生活で利用する容器にも深い影響が及んでいる。また，大藩家村な
どでは卵殻黒陶が出土しており特殊な用途をもつ土器もみられる。そして，遼東半島先端部の積石塚に副葬
される土器の多くは膠東半島系の土器であり，なかには搬入品も認められるが，宮本一夫は四平山では遼東
半島で在地生産された黒陶が基本であると述べている（宮本2008）。積石塚の副葬土器の一部には在地に起
源をもつ二重口縁筒形罐がみられるが，膠東半島系土器に比較すると少数である。岡村は集落遺跡で出土す
る土器と積石塚で出土する土器に精粗の差が大きいとしているが，宮本は集落遺跡でも黒陶がみられること
を指摘しており，積石塚副葬土器も集落での土器様相を一定程度反映したものであるとみられる。墓葬への
副葬土器という比較的精神文化を強く反映した土器でさえも膠東半島からの影響を受けていることからも，
膠東半島からの文化的な影響が非常に強かったことをうかがうことができる。しかし，この時期の遼東半島
の土器文化は膠東半島の土器文化類型に含まれるものではない。在地系の筒形罐も存在し，また，膠東半島
で一般的な鬼面足の鼎やトリ形の把手をもつ器蓋などは遼東半島で出土することはほとんどなく，遼東半島
の集団の選択性も認められる。

　双砣子1期には在地系の筒形罐がほとんどみられなくなり，膠東半島の龍山文化との同質性が高まる。さ
らに双砣子2期には一部に遼東半島の独自性を示す土器も存在するが，膠東半島の岳石文化と判別が困難な
土器が多く存在し，最も膠東半島との同質性が高くなる。

　しかし，双砣子3期には，これまで指摘されたとおり膠東半島との関係がほとんどみられなくなる。

第4節　韓半島中西部地域の編年

Ⅰ．韓半島中西部の編年

　当該地域の新石器時代の土器編年については非常に多くの研究がなされているが，大同江流域の弓山1期
→弓山2期→弓山3期（金灘里1期）→弓山4期（南京1期）→弓山5期（南京2期・金灘里2期）という変遷
案（金用玕1966・1991，徐国泰1999ほか）がおおむね認められている。そこで，このいわゆる弓山編年を基に，
現在的知見ではどのような変遷を追うことができるか，また，漢江流域等の大同江以南の地域との関係はど
のように考えられるか，近年増加した南韓の資料を用いながら，時期ごとに検討する。

Ⅱ．韓半島中西部の編年

1．弓山1期と弓山2期

　（1）弓山1期　当該地域の弓山1期は智塔里1号住居址出土資料（都宥浩・黄基徳1961）を指標とする（図
38-1〜5）。点列などによる口縁部文様帯，縦走魚骨文などの胴部文様帯，斜線文や横走魚骨文などの底部文
様帯を特徴とする3部位区分文系土器が主となる。このほか点列文・押捺文のある鉢や蓋なども認められる。

　臨津江流域では漣川三巨里（宋満栄・박경신・김경환2002）の様相がこの時期に該当する（図43-1〜5）。智
塔里1号住居址で1点出土している胴部に菱形文を配し，そのなかを斜格子で充填した土器は，漣川三巨里
の1号住居址，4号住居址，5号住居址で出土しており，弓山1期に菱形斜格子・斜線充填文土器が存在す
ることは確実となった。

（2）弓山2期　弓山2期は智塔里2地区を指標とし，口縁部従属文様帯に点列などにより重弧文などが配される土器を特徴とする（図38-6～10）。弓山1期でみられた胴部に縦走魚骨文が配された三部位区分文系土器も残存する。智塔里では，弓山1期と弓山2期の土器が異なる地点で排他的に出土し，さらに馬山里（김동일2002）でも弓山2期の組成がまとまって確認されている。なお，류충성は馬山里での把手附土器，無文土器の存在，沈線技法の多様などから智塔里2期層よりやや遅いと考えている（류충성2002）。また，蘇井里3地点住居址出土土器（고영남・전일권1998）は点列重弧文もみられる一方，弓山1期との共通性もみられるため，弓山2期の早い時期のものと編年されている。弓山2期は細分化できる可能性が出てきている。大同江流域では弓山2期の土器がまとまって出土していることから，弓山1期と弓山2期の分期が有効であることを示している。

　一方，京畿湾南部や漢江流域でも弓山2期に特徴的な土器が雲西洞（中文研）（趙詳紀 外2010）（図42-1～8），新吉洞（김아관 외2009），岩寺洞（韓永煕・鄭聖喜・殷和秀1994，韓永煕 外1995，송의정・윤형원・김현정2007・2008）（図44-1～4）などで確認されており，この時期に併行するものとみられる。

2．いわゆる「弓山3期」と金灘里1期

（1）問題の所在　1977年に出版された『朝鮮考古学概要』では弓山3期という段階が設定されたが（社会科学院考古学研究所1977），その内容を詳しく述べている金用玕によると金灘里7号住居址等を含む金灘里1期層（金用玕1964），鶴月里（리원근1961），細竹里7号住居址（金政文1964，김영우1964），弓山2号住居址・5号住居址（都宥浩・黄基徳1957），智塔里1号住居址堆積層の土器が弓山3期の土器であるという（金用玕1979）。

　この金用玕らによって設定された弓山3期文化の内容については同じく北韓の研究者である金勇男や徐国泰も同様の見解（金勇男1983，徐国泰1986）を示し，1991年に改定された『朝鮮全史1原始篇』第2版（社会科学院歴史研究所・考古学研究所1991）では，金用玕が挙げた類例に加え，龍谷洞窟（金日成総合大学1986）などの類例が提示されている。徐国泰によって，それまで弓山3期に編年されてきた細竹里7号住居址について南京1期との類似を指摘し雲下文化（弓山文化）4期に編年するなどの変更が加えられている（徐国泰1998）ものの，今日に至るまで北韓においては基本的に金用玕らの設定した弓山3期文化の内容が継承されているとみてよい。

　金用玕らの設定した弓山3期の土器はかなり多様な土器相を示しており，いわゆる金灘里Ⅰ式土器，虹文土器，「W字つなぎ文」（有光1962）または「変形櫛文土器」（都宥浩・黄基徳1961）とよばれる区分文系の土器がみられる。

　金用玕らはこれらの土器を同一時期のものであるとみて弓山3期を設定したのであるが，金用玕が弓山3期を設定した時点ではこれらの土器の共伴関係は明確に示されていなかった。これら3種の土器が同一の時期と判断された根拠としては弓山1期や2期の土器には石綿が混入されるのに対し，弓山3期とされた土器には共通して滑石が混入するということが述べられているのみである。

　このような貧弱な根拠をもとに設定された弓山3期であったが，北韓以外の研究者の見解とは距離感が生じることとなる。韓永煕は智塔里1号住居址→智塔里1号住居址堆積層→智塔里Ⅱ地区→金灘里Ⅰ文化層→金灘里Ⅱ文化層と変遷するとみて，W字つなぎ文土器を弓山1期と2期の間に位置づけた（韓永煕1978）。智塔里1号住居址堆積層では胴部にW字つなぎ文やX字形帯文をもつ土器が出土することが特色であるが，1号住居址ではすでに特徴的な菱形文がみられ，これが1号住居址堆積層の土器に継承されているとみて，連続する時期に位置づけたのである。宮本一夫も韓永煕と同様にW字つなぎ文については弓山1期と弓山

90　第Ⅰ部　東北アジア先史文化の変遷と地域性

2期の間に位置する土器として智塔里1号住居址堆積土期を設定した（宮本1986）。小原哲はW字つなぎ文を文様帯区画の共通性を根拠に智塔里Ⅱ地区の土器と同一の時期とみている（小原1987）。田中聡一は従来の弓山1期をⅠ段階とⅡ段階に細別しているが，Ⅰ段階に龍谷洞窟と弓山のW字つなぎ文を，Ⅱ段階に智塔里1号住居址堆積土例を位置づけている（田中1999・2001）。このようにW字つなぎ文については北韓の

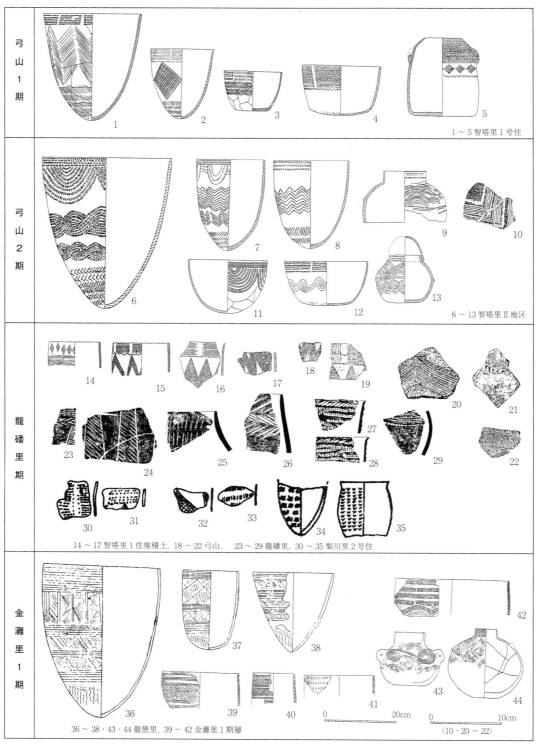

図38　大同江流域の編年（1）

第2章　極東平底土器文化と周辺地域との関係　91

研究者とその他の地域の研究者では見解が大きく異なっていることがわかる。
　重畳系の沈線文で構成される金灘里1式は金灘里1期層，龍徳里（김동일・김광철 2001），鶴月里などで出土しているが，区分文系土器は基本的に共伴しない。したがって，筆者は区分文系土器であるW字つなぎ文と金灘里1式を同一段階とみる北韓の見解には問題があるものと考える。そこで，弓山3期とされる段階のうち，金灘里1式のみをもって金灘里1期を設定するのが最も妥当であろうと考える。そのため，金灘里

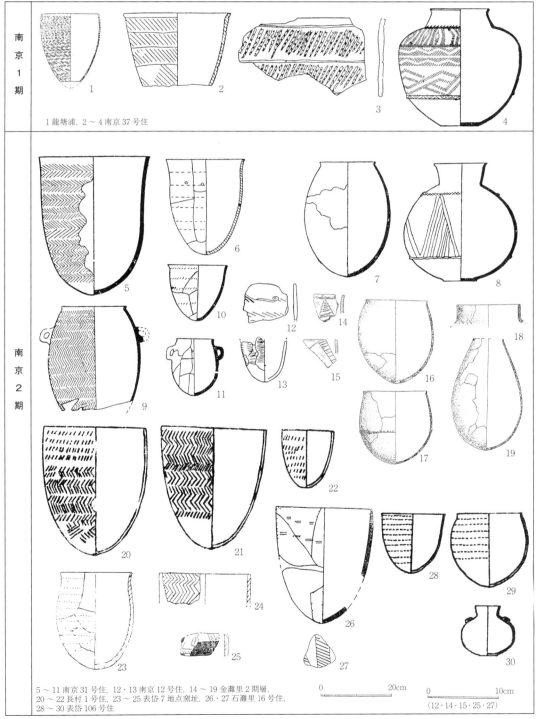

図39　大同江流域の編年（2）

92　第Ⅰ部　東北アジア先史文化の変遷と地域性

1式土器以外の弓山3期とされた土器の位置づけが問題となる。

(2) 虹文土器について　虹文土器とは，刺突による点列の間に擦過状に沈線を施し，ジグザグや曲線に文様を構成する土器である。胎土は，筆者が実見できた例ではほとんど全ての土器にいわゆる「石綿」が混入されていた。器壁も他の土器よりやや薄いものが多いのが特徴である。この虹文土器について北韓側から報告された資料はほとんど胴部片で，全体の文様構成がわからなかったが，京畿湾北部の大延坪島까치山Ⅰ貝塚（尹光鎮・曺美順2005）では口縁部に近い破片が出土している（図41-4・5）。口縁上部には横に貝殻条痕を施し，口縁下部には波状に貝殻条痕を施し，その波状の貝殻条痕にそって刺突文が施されている。金灘里1期層出土虹文土器で唯一図化された虹文土器の口縁部（図38-42）と類似する。このことから，虹文土器は，区分文系の文様ではなく，金灘里1式土器のような重畳系の文様であるということがわかる。

虹文土器について金用玗は，弓山2期の波状点列文が点列のみで施文されているのに対し，弓山3期の虹文土器は点列の間を沈線で埋めるという差異があることを示し弓山3期に特徴的な土器であると述べている（金用玗1979）。また，小原哲は虹文土器が大延坪島（任孝宰1969，崔夢龍・盧爀眞・安承模1982）で出土していることを示し，金灘里1期に所属させている（小原1987）。

虹文土器はこれまで，大同江流域では，智塔里2地区，弓山，金灘里1期層などで，京畿湾北部では，大延坪島까치山Ⅰ貝塚，毛伊島下層（李相俊・曺美順・金正延2002）などで，京畿湾南部では，雲西洞，느들（任孝宰・梁成赫1999）などで，中部内陸では軍弾里（김남돈1995）で出土している。

虹文土器は金灘里1期層で，金灘里1式土器と共伴しているため（図38-42），金灘里1期に存在したことは確実である。また，金灘里1式が共伴しない弓山や智塔里2地区でも確認されている。智塔里2地区では直立した頸部をもつ壺に曲線的な虹文が配されている例がある。このことから虹文土器の年代は弓山2期から金灘里1期であることがわかる。虹文土器は次の2種に分類される。

　1類：直線状にジグザグに文様がめぐるもの
　2類：曲線的に文様がめぐるもの

虹文1類は，智塔里2地区（図38-10），大延坪島까치山Ⅰ貝塚（図41-4・5），雲西洞Ⅰ2地点9号住居址，14号住居址，22号住居址（図42-8），25号住居址（図42-7），22号竪穴（図42-6）などで確認されている。虹文2類は弓山（図38-21・22），智塔里2地区（図38-9），金灘里1期層（図38-42），大延坪島까치山Ⅰ貝塚（図41-9），毛伊島下層（図41-17），느들（図42-18）などで出土している。虹文1類が出土する遺跡・遺構では，口縁部従属文様帯に刺突などによる重弧文をもつ弓山2期の土器が出土している事例がみられたが，弓

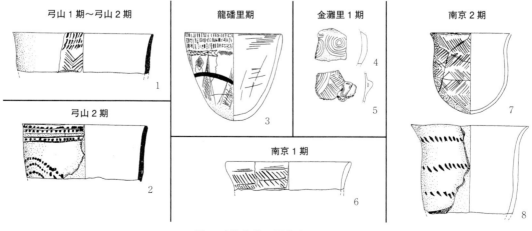

図40　龍谷第2洞窟出土土器

第 2 章 極東平底土器文化と周辺地域との関係 93

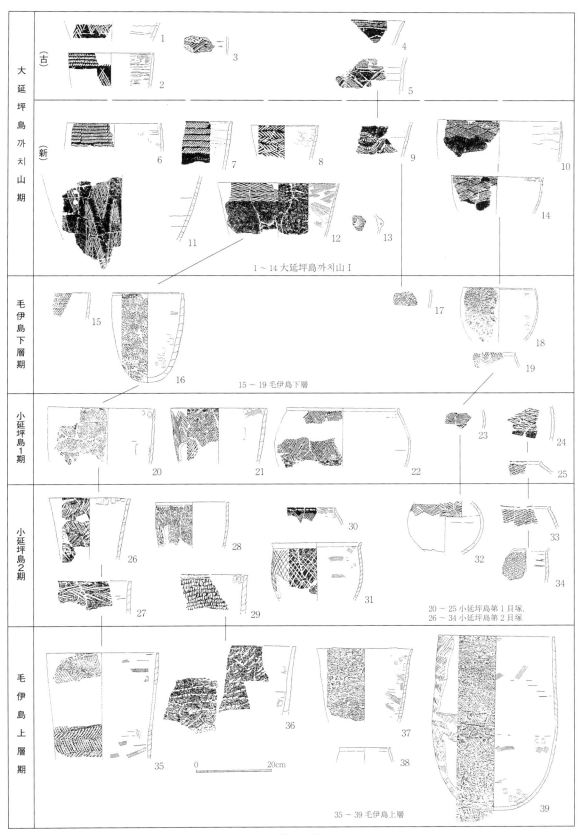

図 41 京畿湾北部の編年

94　第Ⅰ部　東北アジア先史文化の変遷と地域性

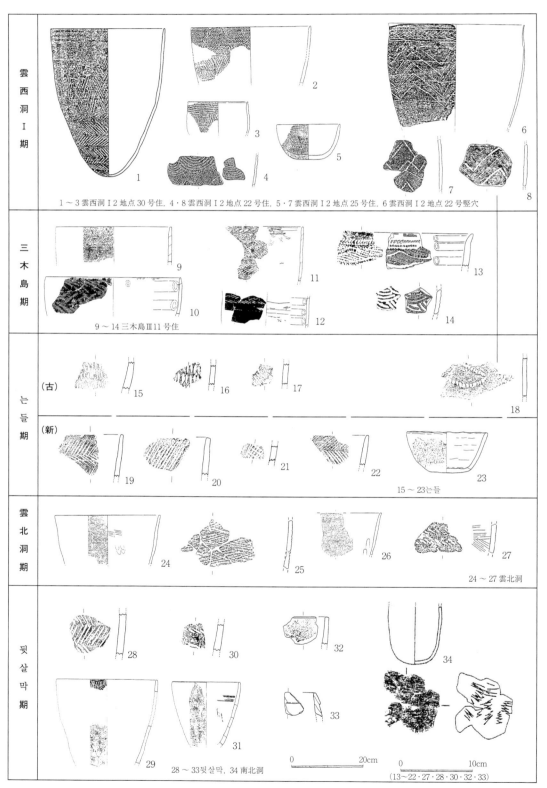

図42　京畿湾南部の編年

第2章 極東平底土器文化と周辺地域との関係 95

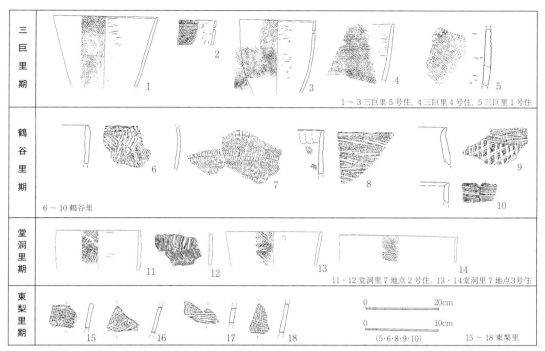

図43 臨津江流域の編年

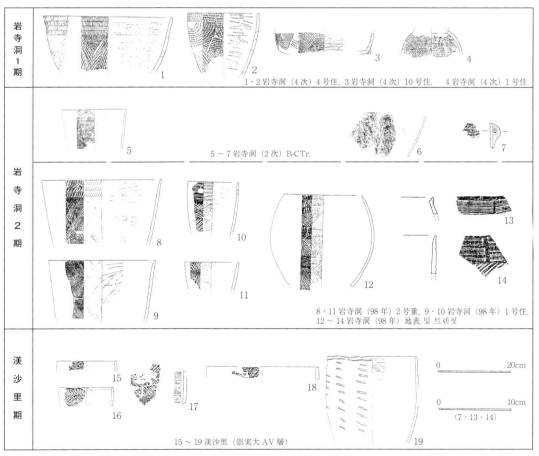

図44 漢江流域の編年

96   第Ⅰ部　東北アジア先史文化の変遷と地域性

山2期以外の土器と共伴することはほとんどない。また，智塔里2地区で出土した壺を除外すると，虹文2類は弓山2期の土器との共伴はない。虹文2類は大同江流域では，金灘里1期層のように金灘里1式と共伴している。京畿湾北部では，大延坪島까치山Ⅰ貝塚や毛伊島下層で次に述べる菱形文鉢と共伴している。京畿湾南部では늘늘で出土しているが，ここでは少量の区分文系土器と単歯具施文の横走魚骨文を主体とした同一文系土器が出土している。弓山（図38-20）や軍弾里で出土した虹文土器は曲線的な部分と直線的な部分があり，1類と2類の中間的な様相を示す。軍弾里の資料は採集資料であるため厳密な共伴関係は明確ではないが，口縁部縦走魚骨文土器，胴部縦走・横走魚骨文土器，胴部横走魚骨文土器が採集されている。

　以上から，共伴土器からみて虹文1類と虹文2類は時期的な先後関係にあり，弓山2期には虹文1類と例外的な虹文2類の施された土器がみられ，金灘里1期には虹文2類がみられるということがわかる。

　（3）**菱形文鉢について**　大延坪島까치山Ⅰ貝塚，毛伊島下層，龍磻里（鳥居1918，有光1962），三木島Ⅲ11号住居址（林尚澤・김은영・이나경2007）では，菱形文が施文される胴部が膨らむ鉢形土器（以下，菱形文鉢とする）がみられる。分布上，西海岸に多く，内陸遺跡ではみられないことから，海岸部に特徴的な土器であると考えられる。器壁が薄く（4〜5mm）非常に丁寧な精製土器である。文様や器形から次の2類に分類される。

　　　　1類：口縁部の文様は2段の多歯具（2歯）の工具による刺突列で，胴部の文様は口縁部を施文した工具と同一の工具による刺突文である。口縁部形態は直立する。
　　　　2類：口縁部は鋭い工具による1段の刺突列で，胴部の文様は押引文で，口縁部の施文具とは異なる施文具で単歯具でなされる事例と多歯具でなされる事例がある。口縁部形態は口縁部文様帯の部分が外反する。

　1類の胴部文様の刺突が全て2歯具で行われるのに対して，2類の胴部文様は2歯具と単歯具で行われる。胴部の文様自体をみても1類土器のなかには菱形の組帯を作るため，薄く下書きの線を入れている例（図41-10）があり，しっかりしたモチーフを作ろうとしているのに対し，2種では菱形の組帯が崩れている例があることを勘案すると，型式学的な変遷としては1類→2類（2歯）→2類（単歯）という変遷が考えられる。

　菱形文鉢1類は，大延坪島까치山Ⅰ貝塚（図41-10）でみられ，菱形文鉢2類は，大延坪島까치山Ⅰ貝塚（図41-14），毛伊島下層（図41-18・19），龍磻里（図38-27・28），三木島Ⅲ11号住居址（図42-13・14）でみられる。

　毛伊島貝塚は報告書では分期されていないが，明らかに新旧の様相が確認される。毛伊島貝塚では大きく12層に分層されているが，ⅩⅠ層とⅩ層の境界には厚さ5〜10cm程度の厚みの磨耗した礫層が広がっている。本書ではこの礫層を境にⅩⅠ層より下層を「毛伊島下層」と，Ⅹ層より上層を「毛伊島上層」と呼ぶこととする。毛伊島下層では区分文系の口縁部が出土しているが，短斜線は多歯具による刺突で西海岸に多くみられる種類である。同一文系土器も出土しているが，横走魚骨文は太い沈線で交差する部分が一直線になるものが多い。さらに虹文2類も出土している。

　大延坪島까치山Ⅰ貝塚と毛伊島下層の先後関係では，大延坪島까치山Ⅰ貝塚では区分文系土器が多い点，虹文土器1類がみられる点などから，大延坪島까치山Ⅰ貝塚→毛伊島下層の変遷が想定される。このような出土状況からは菱形文鉢1類→菱形文鉢2類という変遷が想定され，大延坪島까치山期で菱形文鉢1類から2類への変遷があり，その後の毛伊島下層期では2類のみがみられるということがわかる。

　（4）**W字つなぎ文について**　W字つなぎ文は口縁部文様帯に短斜線文や刺突文をもち，胴部に沈線により平行斜線を施した後，その間を平行斜線や格子文で充填する文様が特徴的な区分文系土器の一種である。W字つなぎ文はこれまでのところ，智塔里2地区，智塔里1号住居址堆積層（図38-15〜17），弓山（図38-

18・19)，龍磻里（図38-23・24），梨川里2号住居址（지화산・리명철 2008）（図38-31・32），龍谷第2号洞窟（図40-3），大延坪島까치山Ⅰ貝塚（図41-11），岩寺洞（2次）B-Cトレンチ（송의정・윤형원・김현정 2007）（図44-6）で出土している。この文様の土器は上述のとおり，南韓・日本の研究者と北韓の研究者で，その年代的位置づけが大きく異なる土器である。そこで，ここでは型式学的な検討と出土状況の検討という二つの観点におけるW字つなぎ文について述べる。

（ⅰ）**型式学的検討**　W字つなぎ文の特徴として，口縁部従属文様帯をもつものが認められるという特徴がある。龍磻里では沈線による狭い横走魚骨文がみられる。弓山でも口縁部従属文様帯に狭い横走魚骨文または斜格子文がみられる例がある。智塔里堆積土では口縁部従属文様帯に刺突文が施される例がみられる。龍谷第2洞窟出土例では口縁部従属文様帯に斜格子文等が施文されている。このように，これまで知られているW字つなぎ文は，ほぼ全て口縁部従属文様帯をもつのが特徴である。そのほか，注目される特徴としては，横位の橋状把手がみられる例も智塔里堆積土で出土している。

　さて，韓永熙や宮本は，智塔里1号住居址で出土した胴部に菱形文を配し，なかを斜格子で充填する土器と智塔里堆積土で出土した菱形文斜線充填土器の連続性を重視し，その連続性を主張した（韓永熙 1978，宮本 1986）。W字つなぎ文においても斜線で区画した後，その間を斜格子や斜線で充填するという特徴があり，菱形斜格子・斜線充填文との関係が想定される。これらの土器の関連性が強いと考えられる資料しては，龍谷第2号洞窟出土W字つなぎ文が挙げられる。龍谷第2洞窟例はW字つなぎ文の空白部分に，菱形に区画し，なかを斜格子で充填する文様が配される（図40-3）。このように両者の文様が同一個体で共伴することから，その強い連関性を想定することができる。

　したがって，型式学的に検討すると弓山1期にみられる菱形斜格子・斜線充填文土器との関係でW字つなぎ文が生じたとすると，弓山1期と2期の間にW字つなぎ文を編年する韓永熙らの見解に一定の説得力があることを認めざるをえない。

（ⅱ）**出土状況検討**　W字つなぎ文が出土した遺跡における状況を検討する。智塔里1号住居址堆積土ではW字つなぎ文が多く出土しているが，弓山2期の口縁部従属文様帯に刺突重弧文をもつ土器と関連すると考えられる土器が共伴している。弓山2期の示準資料である智塔里2地区でもW字つなぎ文と考えられる土器片が出土しているが，数量は少なく，本来の共伴であるかは判断が難しい。弓山では土器の共伴関係が不分明であるが，金灘里1期以降の土器は出土していない。以上から，W字つなぎ文は金灘里1期以前の段階であることは明白である。

　龍谷第2号洞窟では弓山1～2期（図40-1），弓山2期（図40-2），金灘里1期（図40-4・5），南京1期（図40-6），南京2期（図40-7・8）の各時期に亘る土器が出土しているため，W字つなぎ文がどの土器に共伴するのかは不分明である。

　W字つなぎ文の共伴関係を知るうえで最も参考となるのは，大延坪島까치山Ⅰ貝塚の様相である。ここではⅤ-④層でW字つなぎ文が出土している。報告者は下層のⅩ層～Ⅷ層を1期，上層のⅦ層～Ⅲ層を2期と設定し，時期差を想定している。林尚澤はそれまで，大延坪島까치山Ⅰ貝塚の様相を一時期と扱ってきたが，近年，Ⅹ～Ⅷ層をⅠ期（前期）後半とし，Ⅶ～Ⅴ層をⅡ期（中期）後半とする少なくとも2時期に編年している（林尚澤 2012）。

　しかし，Ⅹ～Ⅷ層の土器は量が少なく，出土土器の文様も虹文が多く限定的で，Ⅷ層とⅦ層間が時期的に大きく断絶すると考えるのは難しい部分もある。先に検討した虹文土器については，大延坪島では虹文1類と虹文2類の両者が出土している。虹文1類は他遺蹟で弓山2期の土器と共伴する例があるので，弓山2期の土器が大延坪島に含まれる可能性がある。そのような観点で出土土器をみると，刺突重弧文がわ

98　第Ⅰ部　東北アジア先史文化の変遷と地域性

ずかに認められるので，少量の弓山2期の土器が含まれている可能性が高い。胴部に縦走魚骨文が施文された土器がⅧ層で出土しているが，この時期に伴うものであろうか。この段階を本章では大延坪島까치山期（古）とする。一方で，少量の弓山2期と考えられる土器を除外すると，多くの土器は弓山2期よりも新しい段階の土器である。Ⅶ～Ⅴ層では多くの土器が出土しているが，区分文系土器は口縁部限定施文土器や，口縁部文様帯の直下に菱形状に多歯具を押捺した土器がみられる（図41-6・7）。また，単歯具による横走魚骨文が施文された同一文系土器も多く出土している（図41-8・12）。これらのⅦ～Ⅴ層出土土器の様相は弓山2期よりも新しい様相を示す。また，虹文土器でも虹文2類が出土しており（図41-9），弓山2期よりも新しい段階であることが了解される。以上から，大延坪島까치山Ⅰ貝塚出土土器は少量の弓山2期の土器と，多くの弓山2期よりも新しい土器で構成されていることがわかる。この段階を本章では大延坪島까치山期（新）とする。ただし，傾向としてはⅦ～Ⅴ層で新しい段階の土器が多いようであるが，2時期がⅧ層とⅦ層の間で明確に区分できるというものではなさそうである。このようにみた場合，Ⅴ層で出土したW字つなぎ文は，大延坪島까치山Ⅰ貝塚出土土器で多くを占める弓山2期よりも新しい土器に伴う可能性が高く，出土状況からは，W字つなぎ文の時期は弓山2期よりも新しい段階であると考えることができる。

　これを傍証するのが，龍磻里の様相である。龍磻里では，W字つなぎ文のほかに，菱形文鉢2類（図38-27・28）や単歯具横走魚骨文が施文された同一文系土器（図38-26）が出土している。このような，龍磻里で採集された土器の組成は，大延坪島까치山Ⅰ貝塚に非常に類似している。龍磻里の資料は採集資料であるため，厳密な共伴関係とはいいがたいが，出土土器の組成が大延坪島까치山Ⅰ期に類似することは，弓山2期以降に，大延坪島까치山期のような組成の段階があったことを傍証するのではないかと考えられる。

　さらに，大延坪島까치山Ⅰ貝塚の段階を傍証するのは，W字つなぎ文が出土した岩寺洞（2次）B-Cトレンチ出土土器の様相である。ここでは，胴部に縦走魚骨文をもつ区分文系土器や口縁部従属文様帯をもつ土器のほか，胴部に多歯具横走魚骨文をもつ区分文系土器（図44-5）も多く出土している。胴部に多歯具横走魚骨文をもつ区分文系土器は弓山2期よりも新しい段階の土器である。さらに，興味深いのは，2歯具で押捺施文された把手が出土している（図44-7）。この把手の類例は，まさに大延坪島까치山Ⅰ貝塚Ⅴ－⑫層で出土している（図41-13）。大延坪島까치山Ⅰ貝塚例は爪形工具で押引により施文されており，岩寺洞例とは差異があるものの，相互に関連した土器であるとみられる。岩寺洞ではこのような把手は出土例が少ないものの，同じく出土例の少ないW字つなぎ文が附近で出土していることは有意な出土状況である可能性がある。したがって，岩寺洞（2次）B-Cトレンチは，トレンチ内出土で，出土状況の詳細記録も示されていないため，共伴関係には厳密な正確性はないが，大延坪島까치山期に併行する時期のものが含まれ，これに，W字つなぎ文が伴っている可能性がある。

　そして，近年調査された梨川里2号住居址では区分文系土器口縁部とともにW字つなぎ文胴部片が出土しているが（図38-31・32），縦走魚骨文のみが施文された外反口縁の深鉢口縁・胴上半部（図38-35）や，3歯の施文具で施文された横走魚骨文胴下半部（図38-34）が出土している。これらの共伴土器は，区分文系土器のなかでも遅い段階の特徴を示していると考えられ，やはり区分文系土器のなかでW字つなぎ文は新しい段階に位置づけられることを示す。

　以上の大延坪島까치山Ⅰ貝塚をはじめとする出土状況から，W字つなぎ文は弓山2期より新しく，金灘里1期よりも古い段階のものであると判断するのが妥当であるということになる。

　結果として型式学的検討により導き出された結果と出土状況により導き出された結果は大きく異なるも

のとなった。型式学的には韓永熙らの見解に妥当性が認められ，出土状況的には W 字つなぎ文を区分文系で最も新しいものとする金用玕らの見解に妥当性が認められるものとなった。筆者はどちらの見解に，より妥当性が認められるか，結論を出さなければならないが，それは，困難なことである。ここでは，暫定的に大延坪島까치山Ⅰ貝塚などでの出土状況を重視し，W 字つなぎ文を区分文系土器で最も遅い段階に編年し，弓山 2 期よりも新しく，金灘里 1 期よりも古い段階に位置づけておきたいと思う。そのように考える根拠としては，大延坪島例や岩寺洞例を実見すると，いわゆる「石綿」が混和されており，虹文土器との関連がうかがえる点や，文様部以外を丁寧に研磨しており，作りが丁寧なことや胎土が緻密，焼成が非常に良好で，他の区分文系土器と比べると重く，土器製作技法が，より高度であることを看取できるため，古い段階の区分文系土器とは思われなかったことが挙げられる。しかし，これらの諸点は W 字つなぎ文を遅い段階の区分文系土器とみる根拠としては貧弱であり，印象論の域を超えるものではない。

このように型式学的な様相と出土状況的な様相が，相反する場合，考えられる状況は，W 字つなぎ文や，型式学的に W 字つなぎ文と関連が深いと考えられる胴部菱形文斜線充填区分文系土器が弓山 1 期から金灘里 1 期直前まで非常に長い期間存続したという状況である。しかし，これまでのところ，そのような兆候を示す出土所見は存在しない。

(5) **弓山 2 期以降，金灘里 1 期以前の段階設定**　以上の検討から，弓山 2 期以降，金灘里 1 期以前に，ある段階が存在するであろうことが浮かび上がってくる。京畿湾北部の大延坪島까치山期（新）がそれである。その構成土器は口縁部限定施文を主とする区分文系土器，単歯具施文横走魚骨文等同一文系土器，虹文土器 2 類，菱形文鉢 1 類・2 類，W 字つなぎ文（？）などである。大同江流域ではこの段階の良好な資料は少ないが，龍磻里の資料がこれに該当するため，本章では龍磻里期とする。

京畿湾南部では，三木島Ⅲ遺蹟 11 号住居址の段階がこれに相当する。三木島Ⅲ遺蹟 11 号住居址では胴部に多歯具で横走魚骨文が施文された区分文系土器（図 42-9），単歯具で横走魚骨文や斜格子文が施文された同一文系土器（図 42-11・12）に加え，菱形文鉢 2 類（図 42-13）が出土している。このことから三木島Ⅲ 11 号住居址は，おおむね大延坪島까치山期（新）に該当するものと考えられる。雲北洞 2 地点 3 号住居址（이석현 외 2012）などの組成も三木島Ⅲ 11 号住居址に近い。これまで，矢島式（韓炳三 1970）等と呼ばれてきた同一文系土器は新石器時代後期に編年されてきたが（韓永熙 1978，林尚澤 1999a など），区分文系と共伴する段階，すなわち新石器時代中期まで一部遡るという韓永熙や林尚澤による新しい見解（韓永熙 1996，林尚澤 2006・2008・2012）に筆者も同意する。そしてこのことは，京畿湾北部の大延坪島까치山や大同江流域の梨川里 2 号住居址などの出土状況とも整合的である。

漢江流域では，W 字つなぎ文の項で述べたとおり，岩寺洞（2 次調査）B-C トレンチの一部遺物がこの段階に相当する（図 44-5〜7）。区分文系土器としては胴部に多歯具で横走魚骨文が施文される種類のものが伴うとみられる。これまでも，このような土器は区分文系土器のなかでも遅い段階のものであるとされてきた。

(6) **金灘里 1 期とその併行時期**　金灘里 1 期層では口縁部と胴部に横位の沈線を施し，その間を三角集線文や横走魚骨文で充填する重畳系の文様が特徴的な金灘里 1 式土器が出土している。また，先述のとおり虹文 2 類もこの時期に共伴している。このような土器は鶴月里半月洞でも出土しており，龍徳里住居址ではこの型式の組成がわかる良好な資料が出土している。龍徳里では深鉢のほか頸部をもち把手が附く壺も出土しており，水波文や渦文などが施文されている例がみられる。渦文は大同江流域では少ない文様であるが，龍谷第 2 洞窟でも渦文土器や，把手の附く渦文土器が出土しており，金灘里 1 期の所産であると考えられる。金灘里 1 期層では一部に口縁部に押捺文が施文された土器がみられるものの，区分文系土器はほぼ消滅しているものと考えられる（図 38-36〜44）。

100 第Ⅰ部　東北アジア先史文化の変遷と地域性

この時期の京畿湾北部の様相としては，大延坪島外치山Ⅰ貝塚2期に続く毛伊島下層の段階が想定される。毛伊島8号炉址，ⅩⅡ層，7号炉址，ⅩⅠ層がこの段階に該当し，区分文系の口縁部（図41-15），単歯具横走魚骨文同一文系土器（図41-16），虹文2類（図41-17），菱形文2類（図41-18・19）などが認められる。

臨津江流域では漣川鶴谷里（金京鎬・李成龍2009）がこの時期に併行するものと考えられる（図43-6〜10）。鶴谷里では，いわゆる区画反復文土器が主体的に出土している。区画反復文土器（安承模2002ほか）とは多歯具の連続押引や押捺等により口縁部や胴部に文様帯を形成し，その間を三角集線文などで充填する重畳系の文様である。この重畳系の文様は，同様に重畳系の金灘里1式と関連があることはすでに多く指摘されてきているところである。ただし，この区画反復文における区画文様は，従来の区分文系口縁部文様帯にみられる短斜線文で用いられる工具と類似した工具により施文されており，金灘里1式より区分文系土器との連関性が強い。また，鶴谷里では区分文系土器そのものも出土しており，大同江流域では区分文系土器がほとんど消滅している一方，区分文系土器も残存するという明らかな地域性も認められる。

漢江流域でも岩寺洞などで区画反復文が出土しているが（図44-12），これまでのところ区画反復文が主体となる遺跡・遺構は確認されていない。鶴谷里の様相を参考とすると，区画反復文に加えて，区分文系土器が残存しているものと考えられ，胴部に多歯具で横走魚骨文や斜格子文が施文される土器が継続しているものと考えられる（図44-8〜14）。

京畿湾南部の늘늘では単歯具横走魚骨文同一文系土器が主体的に出土しているが，一部に区分文系土器（図42-15・16）や区画反復文（図42-17）がみられ，虹文2類（図42-18）も出土している。この一部の区分文系土器や虹文2類は，金灘里1期に併行する時期のものではないかと考えられる。ここでは늘늘期（古）とするが，単歯具横走魚骨文同一文系土器の一部も共伴している可能性もあるため，明確に画期を設定することはできない。

3．南京1期と南京2期

（1）南京1期と周辺地域の併行関係　金灘里1期に続く段階は南京1期である。南京の調査以降，北韓ではそれまで金灘里2期層をもとに設定されていた弓山4期という段階は，南京1期と2期に対応するようにそれぞれ弓山4期，5期と弓山文化が設定しなおされた。金用玕らが南京の分期でもっとも重視したのは，文様ではなく胎土であった（金用玕・石光濬1984）。すなわち南京1期の土器にはすべて滑石が混入され，南京2期の土器の胎土には滑石を混入するものはなく，粗い砂粒が混入するようになるという。これについては金灘里の出土状況においてⅠ文化層に属する土器は滑石を含み，Ⅱ文化層に属する土器には滑石が含まれないという事実を援用している。『南京遺蹟に関する研究』で示された変遷観は，胎土で分類した1期と2期の土器を帰結的に文様論へと進めていく点で特異な傾向をもっている。その結果として住居址別には12，17，37号住居址は南京1期に該当し，31，32号住居址は南京2期に該当することになる。宮本は金用玕らの編年案をほぼそのまま受け入れているが，南京37号住居址出土の平行に沈線の間を斜線や点列で充填する土器に関して前段階の金灘里1式の分割文様帯の規制の退化方向の変遷とみて，前段階との系譜的つながりを示しており（宮本1986），説得力がある。問題となるのは南京12号住居址出土の土器の位置づけである。南京12号住居址では滑石が混入された擦過状の短斜線文，横線沈線文，横走魚骨文が施文された土器や無文の土器が出土している（図39-12・13）。金用玕や宮本らは胎土に滑石が含まれることから南京1期に位置づけているが，37号住居址で出土したような土器と12号住居址で出土したような土器が同一遺構で共伴したという報告はない。文様からみるとむしろ次の段階の南京2期にみられる粗雑に施文された横走魚骨文に類似するものもある。

ここで，京畿湾南部の様相に目を転じると，後述のとおり新石器時代晩期に該当する뒷살막期には再び滑石を混入された土器が出現するが，南京12号住居址から出土した擦過状の横線文の施された胴部の長い碗と非常に類似した滑石混入の土器が龍游島南北洞でも出土しており（図42-34）その関係が想定される。後述するが，南北洞は京畿湾南部の雲北洞期～뒷살막期に編年され，併行関係上，南京2期の所産であると判断される。

以上より南京1期の土器は南京37号住居址や17号住居址の土器を示準資料とする一群であると考えられる（図39-2～4）。ここでは，横線で区画し斜線を充塡する土器がみられ，類例は龍谷第2洞窟でもみることができる。また，横走魚骨文がみられる一方，南京2期で多くみられる短斜沈線文はほとんどみられないことは大きな特徴である。南京1期に編年される龍塘浦でも，横走魚骨文が出土する一方，短斜沈線文は認められない（図39-1）。このことから，金灘里1期以降に横走魚骨文同一文系土器を主体とし，短斜沈線文が稀な時期が存在することがうかがわれ，それが南京1期であるとみることができる。

南京1期に併行する時期の京畿湾北部の遺跡としては小延坪島貝塚（尹根一・曺美順・李相俊2002）が該当するものと考えられる。小延坪島貝塚は第1貝塚（図41-20～25）と第2貝塚（図41-26～34）にわかれている。第1貝塚では深鉢としては単歯横走魚骨文同一文系が主体的に出土している。横走魚骨文では施文の間隔が密なものが多い。そのほか斜格子文や集線文がみられる。この段階には，区分文系土器は存在しない。胴がふくらみ口縁が外反する甕もみられる。毛伊島下層期の菱形文鉢2類から変遷したと考えられる押引文が施文された土器（図41-23）も出土している。また，南部地域との併行関係を考えるうえで，重要な錦江式土器も出土している（図41-24・25）。第2貝塚も第1貝塚の様相に類似しているが，横走魚骨文深鉢では，施文が粗雑化しているものも目立つ。また，口縁部に空白部をもつ資料もみられ，第1貝塚よりも新しい傾向にあるものと考えられる。第2貝塚では短斜沈線文もみられるが，その量はわずかである。したがって，小延坪島の様相は，横走魚骨文や斜格子文などが主体を占め，短斜沈線文が安定的に組成をなさない龍塘浦等大同江流域の南京1期に対比される。小延坪島第2貝塚で出土した錦江式土器（図41-33・34）や斜格子文施文の鳳渓里式土器（図41-31）の様相から，筆者編年（古澤2006b）壬仏里期（新石器時代後期前半）に併行するものと考えられる。

京畿湾南部では，늘늘出土土器のうち区分文系土器や虹文2類などを除外した大部分の土器がこの段階に該当するものと考えられる（図42-19～23）。単歯横走魚骨文同一文系土器が主体を占め，横走魚骨文は間隔が密で，整然と施文されたものが多い。短斜沈線文は出土していない。これらの様相から京畿湾北部の小延坪島貝塚期，大同江流域の南京1期に併行するものと考えられる。近年の調査における雲北洞6地点7号住居址，中山洞（漢文研調査）14，22，24，25，29号住居址（권도희 외2012）などの様相はこの段階のものであると考えられる。

臨津江流域では堂洞里1地点住居址，7地点1，2，3号住居址（김성태 외2009）などの段階が南京1期に併行するものと考えられる。横走魚骨文が主体で，点列文などもみられる。横走魚骨文には間隔が密なものも多く含まれる（図43-11～14）。

漢江以南内陸部では龍仁農書里2号住居址（방기영・여성민・김용2009）で単歯横走魚骨文同一文系土器が主体的に出土していることから，この時期に該当するものと考えられる。この住居址では菱形組帯文土器も出土しているが，横走魚骨文と菱形組帯文が組成をなす屯山（李康承・朴淳発1995）や双清里（申鍾煥1993）など大田盆地・清州地域との関連が想定される。

(2) 南京2期と周辺地域の併行関係　南京1期に続く段階が南京2期である。南京31号住居址や12号住居址，金灘里2期層，表岱（無記名2003，金鍾赫2005，박철2008），清湖里（笠原1936），梧野里（小野1937ab，

102　第Ⅰ部　東北アジア先史文化の変遷と地域性

有光 1962）などの資料が該当する（図 39-5～30）。この段階の土器の器種には深鉢，胴部の長い深鉢，口縁部が外反して胴部が膨らむ甕形土器，突帯をもつ甕，碗，壺などの器種が揃っている。深鉢の文様としては横走魚骨文や短斜・横沈線文の土器がみられる。この段階では器種や深鉢の容量によって明確に文様が異なることが한은숙の一連の研究によって明らかになっている（한은숙 2001ab・2002・2003・2004）。한은숙によると深鉢のなかで横走魚骨文が施文される土器は，容量が大きく，短斜・横沈線文が施文される土器は容量が小さいという。また，有文の土器には粗い砂が混入され，無文の土器には細かい砂が混入されるという。

　金用玕らは金灘里 2 期文化層と南京 31 号住居址とを比較して金灘里 2 期文化層がより早い段階のものであるとみている（金用玕・石光濬 1984）。その根拠として，金灘里 2 期層では，同一の文様を口縁部から底部まで施文するのに対して，南京 31 号住居址では口縁部周辺と底部は空白部を残して施文されるという施文範囲の縮小化と南京 31 号住居址ではみられない三角集線文や斜格子文が金灘里 2 期層でみられるということが挙げられている。

　これに対して大貫は南京 31 号住居址が早く，金灘里 2 期文化層が遅いとみている。また，近年，한은숙が新石器時代終末期を論じる際，大貫の考え方のように南京 2 期層→金灘里 2 期層という考え方を示している（한은숙 2008）。その根拠として南京 2 期層では，深鉢（한은숙の第 1 類型）が多く，有文の土器が多いのに対し，金灘里 2 期層では新出器種である甕（한은숙の第 2 類型）が多く，無文の土器が多いことを根拠としている。

　実際には金灘里 2 期層でも口縁部周辺と底部に空白部を残して施文される土器が出土している一方で，金用玕らの指摘のとおり，三角集線文等前段階と関連がある可能性のある土器（図 39-14・15）も出土している。器種の構成からみると南京 31 号住居址と金灘里 2 期層では類似しているが，異なる部分もみられ，金灘里 2 期層では頸部の高さが 3～4.5cm で口径が 18～19cm の直立する口縁の壺形土器（図 39-18）等，韓半島西北部との関連で考えるとやや遅い段階とみられる器種もある。したがって金灘里 2 期層は，南京 31 号住居址の時期を包含する形で，ある程度の前後の時期幅をもつ可能性が高いが，한은숙の論考で述べられた金灘里 2 期層の状況が正しければ，金灘里 2 期層で主体を占める時期は南京 2 期より遅い時期になる。ここでは厳密に区分できないので，金灘里 2 期層も南京 2 期に含めて考えることとする。

　新石器時代の土器窯址が発見されたとされる表岱の土器相も金鍾赫によって報告されるとともに弓山 5 期の細分案が提示されている（金鍾赫 2005）。表岱では無文の土器片がみられない点，雷文土器が出土した点，滑石を混入した土器片が一点も出土しなかった点から弓山 4 期（南京 1 期）と弓山 5 期（南京 2 期）の中間の段階であると判断している。筆者は雷文土器について異なる考えももっているので，ここでは横走魚骨文と短斜・横沈線文がセットで出土していることから大きく南京 2 期に含めて考えておく。

　長村 1 号住居址（無記名 1983，石光濬・허순산 1987）では，口縁部に短斜沈線文，胴部に横走魚骨文が施文されている土器（図 39-20），金灘里 1 式と推定される底部附近破片，同一文系の横走魚骨文（図 39-21）と短斜・横沈線文（図 39-22）が出土している。大貫静夫は南京 37 号住居址の段階に長村 1 号住居址の段階を想定している（大貫 1995）。長村 1 号住居址では全面横走魚骨文，全面短斜線・横沈線文施文とともに口縁部に短斜沈線文，胴部に横走魚骨文が施文されている土器，金灘里 1 式と推定される底部附近破片が出土している。大貫はこれを共伴とみなし，重畳系の退化形式が同一文系が主体の時期に残存したと考えている。田中は口縁短斜線・胴部横走魚骨文の土器を区分文系の退化型式とみている（田中 1999）。一方で徐国泰は長村 1 号住居址の資料について弓山 5 期（南京 2 期）に位置づけている（徐国泰 1986）。

　同一文系の横走魚骨文と短斜・横沈線文という組成関係が成立するのは南京 2 期であることから長村 1 号住居址は基本的に南京 2 期と考えられる。さらに口縁部に短斜沈線文，胴部に横走魚骨文が施文されている

土器は，実測図上では一見，区分文系の土器であるが，『朝鮮遺蹟遺物図鑑 1 原始篇』（《朝鮮遺蹟遺物図鑑》編纂委員会 1993）に掲載された写真をみると，口縁部の文様は大同江流域の区分文系土器にみられる点列や押引・押圧文ではなく短斜沈線文である。また，口縁部附近の文様が短斜沈線文だけでなく，横走魚骨文状になっている部分があり，横走魚骨文や短斜沈線文土器の文様構成が崩れた事例であると判断され，南京 2 期のものとみても大きな問題はない。そのようにみると長村 1 号住居址の土器群はおおむね南京 2 期のものとしてよいが，問題となるのは金灘里 1 式土器の特徴をもつ底部附近の破片である。金灘里 1 期と南京 2 期の間には，南京 1 期があるので，時期的に隔たりのある遺物となるため，混在であるとみなすのが最も妥当性が高い。

　京畿湾北部では，毛伊島上層の資料が注目される。毛伊島上層では横走魚骨文（図 41-35）とともに短斜沈線文土器（図 41-37）が組成をなしている。横走魚骨文では，前段階の小延坪島貝塚期と比べると施文が粗雑で，沈線の間隔が大きくなっているものが多い。口縁部に短斜沈線文，胴部に横走魚骨文が施文されている土器（図 41-39）もみられ，長村 1 号住居址例との関連が想定される。さらに，大同江流域では有文の深鉢とともに組成をなす無文の口縁が外反する甕が存在するが（図 39-16），毛伊島上層でも少量ではあるが，無文の甕口縁部が出土している（図 41-38）。これらのことから，毛伊島上層は南京 2 期の組成を示していると考えることができる。

　京畿湾南部における南京 2 期併行期である横走魚骨文と短斜沈線文の土器が組成をなす段階について，筆者はこれまで，「別望期」として設定してきた。しかし，別望（金元龍 1979）では短斜沈線文土器が報告されておらず，ほかの時期の資料も多く混在しており，時期を代表させる命名としては不適切であった。近年，この時期について林尚澤が雲北洞期と設定している（林尚澤 2012）ので，これに従う。中山洞（中文研調査）7 地域 1 号住居址 2-1 地域 1 号住居址，2-1 地域 2 号住居址などで，横走魚骨文と短斜沈線文が組成をなす良好な事例が確認されている。このうち 2-1 地域 2 号住居址では口唇部に刻目をもつ孔列土器が出土している。孔列や突瘤（o→i）のある土器は乙旺洞（이선복 외 2006）でも出土しており，この時期にみられる特徴的な土器である。以上の段階を雲北洞期とする。この段階に後続するのが뒷살막期である。뒷살막（任孝宰・梁成赫・禹姃延 2002）では，単歯具横走魚骨文や短斜沈線文施文深鉢が出土しているが，文様と胎土が明確な相関関係を示している。

　　1 群：石英・長石が多く混じる砂質胎土で，明瞭に横走魚骨文が単歯具で施文される（図 42-28・29）。
　　2 群：粘土質胎土で，粗雑に短斜沈線文が施文される（図 42-30・31）。
　　3 群：滑石・白雲母が混入し，不定形のモチーフが細沈線で描かれる（図 42-32・33）。

뒷살막における胎土と文様の相関については，한은숙により指摘された南京 2 期における文様・胎土・容量の相関関係と関連がある可能性がある。뒷살막期にも長村 1 号住居址や毛伊島上層でみられたような単斜沈線文と横走魚骨文が同一個体に粗雑に施される土器があり，横走魚骨文と短斜沈線文のセットが存在する。このことから，뒷살막期についても別望期と同様に京畿湾北部の毛伊島上層期や大同江流域の南京 2 期に併行するものと考えられる。뒷살막 3 群のような土器は南北洞（이선복 외 2006）や東幕洞（張明洙 1987）でも確認される。南北島では，先述のとおり，南京 12 号住居址から出土した擦過状の横線文の施された胴部の長い碗と対比される滑石混和土器が出土している（図 42-34）。また，뒷살막では二重口縁土器（図 42-33）が出土しているが，この二重口縁土器は口縁部断面形態が下端部に行くに従い厚くなっており，錦江下流域で多くみられる二重口縁土器の特徴に近い。錦江下流域では南部地域晩期に併行する時期に二重口縁土器がみられるようになるため（古澤 2006b），南部地域の晩期（水佳里Ⅲ期）に併行することがわかる。

　漢江流域の新石器時代後期の様相について，金壮錫や梁成赫は渼沙里の青銅器時代の最も古い段階の石器

組成と岩寺洞の石器組成が類似することからその継承性が想定でき，継承性を認定する以上，岩寺洞の土器の中に後期の段階の土器があるはずだという考え方から，岩寺洞で多く出土する区分文系土器が後期まで残ると考えている（金壯錫・梁成赫2001）。

一方で，林尚澤は完全に区分文系土器が消滅する段階として後期を設定している（林尚澤2003）。岩寺洞では区分文系土器が主体的に出土しているが，口縁部の短斜線文をもたず口縁部に斜格子文，胴部に横走魚骨文が施文される土器や横走魚骨文のみが施文される土器がみられる。これらの土器は一見すると，西海岸式の同一文系土器のようにもみえ，そのように考える見解もある（梁成赫2002）。

漢江流域の渼沙里（林炳泰 外1994，任孝宰 外1994）では，岩寺洞で確認することのできない一群の土器が認められる。いわゆる西海岸式の同一文系の土器に近い土器で，単歯具による横走魚骨文や短斜沈線文，横文，斜格子文が施文される土器である（図44-15〜19）。これらの土器群の組成から南京2期に併行するものであると考えられる。岩寺洞で主体的に出土する区分文系で横走魚骨文や斜格子文を施文する土器は2歯や3歯で施文されるものが多い。横走魚骨文に関しては魚骨の角度が鈍角のものが多く，魚骨文が一直線で合わさるものが多い。これはいわゆる西海岸式の同一文系の横走魚骨文が乱線で鋭角に交叉するのとは対照的である。岩寺洞出土の口縁部短斜線文帯をもたない全面横走魚骨文施文土器や斜格子文施文土器の文様施文上の特長は区分文系の胴部文様帯の施文方法と一致し，区分文系土器に系譜を求めることができる。したがって岩寺洞等で出土する口縁部に短斜線文をもたない土器は区分文系土器の口縁部文様帯が省略された変異とみるべきでいわゆる「矢島式」や「西海岸式」の同一文系土器とは異なると考えられる。口縁部短斜線文帯省略土器は白雲母や滑石が混入されることが多いのに対し，西海岸式の同一文系土器は滑石や白雲母を混入することが晩期を除き少ないという差異も挙げることができる。

そして，注目されるのは施文前の器面調整として木板状工具で調整を行っているが，調整痕を消さずに施文に及んでいる土器が渼沙里で一定数確認されることである。このように条痕を残して施文に及ぶ土器は漢江中流域の渼沙里だけではなく，南漢江流域では早洞里（李隆助・禹鍾允2001，李隆助・禹鍾允・李承源2002），荷川里（黃龍渾1984，慶北大学校博物館2003）等で，北漢江流域では春川中島（李健茂 外1980，任世權1980），

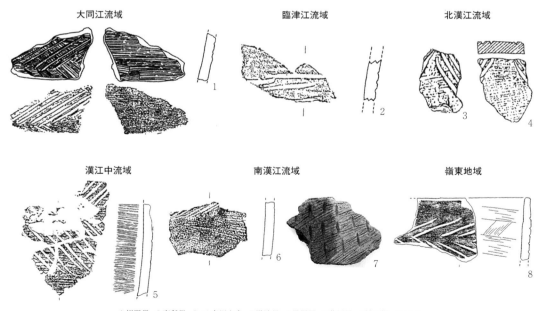

1 梧野里，2 東梨里，3・4 春川中島，5 渼沙里，6 早洞里，7 荷川里，8 池辺洞　S=1/4

図45　南京2期併行期の条痕土器

内坪里（韓炳三 外 1974）等，嶺東地域の松田里（白弘基 1980），池辺洞（김현정・권순철 2007）等，臨津江流域の東梨里（李鮮馥・崔鍾澤・成春澤 1994）等，そして大同江流域の南京 31 号住居址，梧野里，高坊山（鳥居 1918）等南京 2 期に併行する時期に特徴的にみられる（図 45）。

　以上のように大同江流域と以南の地域では，無文の甕の有無などで差異もある一方で，深鉢における横走魚骨文と短斜沈線文の安定的な組成や器面調整処理といった土器製作手法にも共通性をうかがうことができ，その同時代性を補強する。

　このような南京 2 期と韓半島南部地域との併行関係については，先述のとおり뒷살막で出土した二重口縁土器から水佳里Ⅲ期に併行することが明らかとなっている。このほか，筆者は以前，清州地域の鳳鳴洞Ⅳ地区 1 号住居址（車勇杰 외 2004）で短斜沈線文や点列文が施文された二重口縁土器が出土し，大田盆地の宋村洞（朴淳発・李亨源 1999）で横走魚骨文が施文された二重口縁土器が出土していることから，南部地域で二重口縁土器が用いられていた頃，中部地域で横走魚骨文や短斜沈線文といった南京 2 期の組成を示す深鉢が継続して用いられていたことを示したことがある（古澤 2006ab）。大同江流域から釜山・金海地域にいたる地域では，新石器時代晩期の土器が等しく用いられており，青銅器時代の土器と共存するということは認められない。

第 5 節　韓半島丸底土器との関係

Ⅰ．緒　言

　韓半島新石器時代中期以降に分布する丸底土器文化は，北辺では清川江流域で遼東地域系の平底土器と対峙しており（韓永熙 1983），咸鏡南道で豆満江流域系の平底土器と対峙している（徐国泰 1999）。さらに，黄海を挟んで膠東半島の新石器時代土器とも対峙しているという見方もできよう。ここでは，韓半島丸底土器と極東平底土器の関係について述べる。また，韓半島丸底土器と膠東半島新石器時代土器の関係についても併せて述べる。

Ⅱ．極東平底土器遼東群と韓半島丸底土器の関係

　韓半島丸底土器と極東平底土器の相対編年の対比は北韓の研究者が継続的に行ってきた研究主題である。金用玕は胎土に滑石を混入する点，直立口縁，三角集線文などの点から沙泡子（三宅 1933・1936・1975）（後に小珠山下層期と設定される段階）と金灘里 1 文化層を併行にあると考え，胎土に滑石を混入しない点と短斜沈線文が共通する点から呉家村・堂山と金灘里 2 文化層を併行関係においた（金用玕 1966）。その後の「紀元前千年紀前半期の古朝鮮文化」（社会科学院考古学研究所・歴史学研究所 1969）でもほぼ同様の見解が示され，それぞれを「金灘里第 1 文化層類型」，「金灘里第 2 文化層類型」と規定している。

　しかし，その後，北韓側は併行関係についての見解を大きく変える。金用玕が 1990 年に発表した著書（金用玕 1990）では弓山 2 期・3 期が小珠山中層に併行し，弓山 4 期が小珠山上層に併行するとしている。その根拠として，小珠山中層で出土する彩陶にみられる渦文の文様（図 8-15）が西浦項 3 期の渦文土器および弓山 2 期・3 期の点列波状文と関連があるという点を挙げている。『朝鮮全史 1 原始篇』第 2 版（社会科学院歴史研究所・考古学研究所 1991）でも同様の見解が提示されている。

　このような研究は北韓以外でも追究されてきた。大貫静夫は小珠山中層期にみられる組合文と弓山文化の区分文系土器の文様モチーフの類似から，弓山文化には厳文明（1980）編年大汶口文化 3 期に併行する部分

があると述べたことがある（小川 1982）。宮本は南京 1 期を遼東半島の呉家村期に併行させている（宮本 1986）。ここでの根拠は 2 点ある。一点目は南京 1 期に編年されている南京 12 号住居址の土器（金用玕・石光濬 1984）である（図 39-12・13）。この土器は短斜沈線文が施されるため，呉家村期に併行するという考え方である。もう一点は，南京 1 期の 37 号住居址から出土した壺（図 39-4）である。この壺は胴下半部に平行隆帯を一条もち，その上を短斜線文で幾何文様を構成しており，この文様構成が平安北道（清川江流域）の堂山下層や遼東半島の呉家村期に認められるという点である。この点には大貫も賛意を表している（大貫 1989）。また，宮本や大貫は南京 2 期（弓山 5 期）に出現する壺（図 39-8）を郭家村上層で出土した壺（図 9-9）と対比させ，南京 2 期が遼東半島の小珠山上層期に併行することを立証した（宮本 1986，大貫 1989）。

こうした研究状況に鑑み，極東平底土器遼東群と韓半島丸底土器の中間地帯にあたる清川江流域における様相，また大同江流域にみられる極東平底土器の影響を検討することで，その関係を明らかにしたい。

1．清川江流域の編年

細竹里では，之字文土器（図 46-1）が出土していることから，清川江流域は本来極東平底土器の分布範囲であったことがわかる。

堂山では数次にわたる調査がなされている。1958 年 4 月の調査では，中間に粘土層の間層をはさみ上下 2

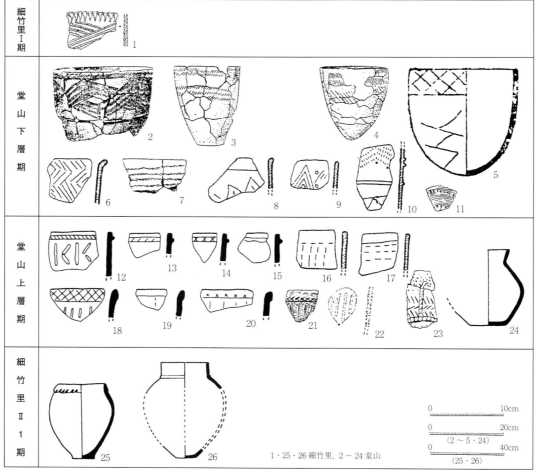

図 46　清川江流域の編年

層の貝層に分かれるとしているものの，ここでは本来の先後関係とは正反対に逆堆積しているものと評価された（都宥浩 1960）。その後 1991 年 9・10 月にも調査がなされた（차달만 1992）。ここでは砂層を間層とし，上下 2 文化層に分層された。1958 年調査とは異なり順堆積しているものと評価され，下文化層と上文化層は明確に土器相が異なることが指摘されている。

宮本は 1991 年の調査成果を，かつて自身が堂山の土器に関して型式学的に分離した下層と上層の土器（宮本 1985）が層位的に区分されて出土したものと評価している（宮本 1995）。一方，金英熙は，차달만が下層と指摘した土器のなかにも新しい様相を呈する土器が混在しているとして，かつて都宥浩が指摘したような逆堆積の可能性も否定できないという慎重な評価をくだしている（金英熙 2002）。

混在なく明確に層位的に現れているかは別として，多くの研究者が指摘するように堂山は遼東半島の呉家村期と偏堡類型の段階の 2 時期の様相を呈していることは明白なことである。したがって，以下では宮本の方針のように型式学的にみて，呉家村期併行段階の土器を堂山下層の土器（図 46-2〜10），偏堡類型（東高台山タイプ）併行段階の土器を堂山上層の土器とする[2]（図 46-12〜24）。堂山下層期では平底と丸底が認められる。図 46-2 や 7 のように組合文 2 や細い短斜沈線文が施される土器は遼東半島の呉家村期の土器に非常に類似する。特に図 46-2 は棒状貼付文が施されており，遼東半島では図 8-20 などに類例が求められる。堂山下層では，平底の深鉢のほかに丸底の深鉢が共存して出土している（図 46-4・5）。丸底土器には横走魚骨文や斜格子文が胴上部に施文される。丸底は，後述するように大同江流域系の虹文土器等が出土していることから，在地に系譜があるのではなく，大同江流域からの影響で成立したものと推察される。一方で，白弘基が指摘するように（白弘基 1994），文様については横走魚骨文や斜格子文といった文様モチーフ，密に斜線を埋めるといった施文技法，胴上部に文様帯が限定されるといった施文位置から極東平底土器の系譜である可能性が高い。その場合，堂山下層の丸底土器は，器形は韓半島丸底土器で，文様は極東平底土器という折衷土器であると考えられる。細竹里でも同様に平底土器と丸底土器の共存が認められる。このように清川江流域では，極東平底土器を基盤に南から丸底を受け入れ，平底と丸底が共存したり，折衷土器が生まれるという状況がみられ，極東平底土器と韓半島丸底土器の双方が影響して様式を形成する。

ところで，1958 年の調査成果として報告された土器のなかに虹文土器 2 類が存在する（図 46-11）。この虹文土器 2 類は大同江流域を中心に分布するもので，先に述べたとおり龍磻里期から金灘里 1 期に伴うものである（図 38-21・22・42，図 41-9・17，図 42-18）。南韓で出土したほとんど全ての虹文土器には石綿が混入される。それでは，この虹文土器は堂山下層・上層いずれに伴うものであろうか。宮本や筆者の下層・上層の区分とは若干差異があるため参考ではあるが，차달만の報告（차달만 1992）に準拠して考えてみよう。차달만は先述のように下層と上層を分層したときに遺物に明瞭な差異があることを指摘しているが，それを示す表が提示されている。ここで土器混和材に注目すると上層では砂を混和するものが認められるのに対し，下層では砂をはじめ滑石，粘土そして石綿が混入されたものが認められることが示されている。これを参考にすると石綿の混入された可能性の高い虹文土器は下層に伴うものであると考えられる。

細竹里でも大同江流域系統の土器が出土しているが，そのなかで時期が比較的古いものは W 字つなぎ文胴部片である（図 47-18）。しかし，この W 字つなぎ文は水路で採集されたもので極東平底土器との共伴関係は不分明である。細竹里 7 号住居址では金灘里 1 式と考えられる横線文土器（図 47-10・11）のほか虹文 2 類（図 47-8）が出土している。ここでは南京 1 期に対比される土器（図 47-15）も出土しており，共伴関係の解釈が困難な部分もあるほか，極東平底土器との共伴関係も不分明である。

堂山上層期は偏堡類型東高台山タイプの段階である。ここでは東高台山タイプがみられるため，双鶴里 1 期や三堂村 1 期に併行するものと思われる。

108　第Ⅰ部　東北アジア先史文化の変遷と地域性

　青銅器時代にはいると細竹里の美松里型土器の文化層の下から出土した二重口縁の下端部に刻目をもつ深鉢と頸部に刻目隆帯がめぐる大型の壺の組成の細竹里Ⅱ1の土器がみられるようになる（図46-25・26）。この土器は多くの研究者が指摘するように（後藤1971，西谷1977，藤口1986など）新岩里第3地点第2文化層期との関連が想定される資料である。

　近年，報告された九龍江（石光濬・김재용2003）は1期から3期に分期されている。この内美松里型壺の伴う第2文化層より層位的に下部の第1文化層을차달만は細竹里青銅器時代1期層より古く想定している（차달만1993）が，これは細竹里青銅器時代1期層の土器を広く把握しているためと考えられる。九龍江1期の資料は資料数が限定されているが，二重口縁下端部に刻目のある深鉢や口縁下部に刻目隆帯をもつ土器，縦位の把手があり，やはり新岩里第3地点第2文化層期との関連も想定されることから，現時点では細竹里Ⅱ1期と近い時期のものと考えておきたい。なお，中村大介は石鏃の分析から九龍江1期が公貴里2号住居址の段階と併行関係であると想定している（中村2005）。

2．大同江流域における極東平底土器遼東群系土器

　南京1期に該当する南京37号住居址で出土した壺（図39-4）は子細に観察すると，頸部と胴部の境界に小さな斜格子文が配され，胴部に磨消技法により雷文が描かれる。このようなモチーフは双鶴里の壺（図14-23）でも確認することができる。雷文が描かれる壺は偏堡類型東高台山タイプの段階にみられるため，南京1期は三堂村1期におおむね併行するものとみられる。

　南京2期に該当する南京31号住居址で出土した壺（図39-8）はこれまで，多くの研究者が指摘したよう

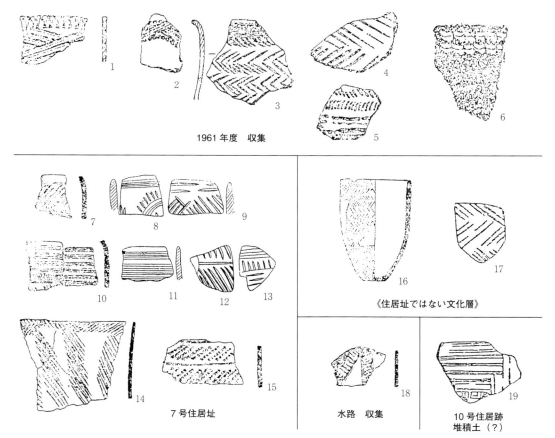

図47　細竹里出土土器

に郭家村上層の壺（図9-9）に類例が求められる（宮本1985・1986，大貫1989ほか）。したがって，南京2期は小珠山上層に併行する部分があることがわかる。

南京2期では石灘里16号住居址や表岱7地点「土器窯址」[3]などで，雷文土器（図39-25・27）が発見されているが，韓半島西北部や遼東地域に由来し，鴨緑江下流域の双鶴里期〜青燈邑期のものであるものと考えられる。

3．韓半島丸底土器と極東平底土器遼東群の併行関係と地域間関係の変化

弓山1期から弓山2期にかけての併行関係については相互に異系統の土器が出土していないため，判断することができない。

堂山の虹文土器2類から金灘里1期[4]-堂山下層期-美松里下層2期-闇坨子期-呉家村期という北韓側の見解により近い併行関係を導くことができる。また，このように考えた場合，林尚澤は金灘里1期の龍徳里の壺（図38-43・44）が後窪下層期（小珠山下層期併行）の後窪下層や大嵩で出土する壺（図13-4）と類似していることから搬入品ではないかとの見解を示したことがある（林尚澤2006）が，併行関係上からは成立しがたい想定である。

また，南京37号住居址壺から南京1期-堂山上層期-双鶴里期-三堂村1期という併行関係が導かれる。これは従来，南京1期を呉家村期に併行させてきた宮本や大貫の見解（宮本1985・1986，大貫1989）に再考を促すものである。

そして，南京31号住居址壺，石灘里16号住居址，表岱7地点等の雷文土器から，南京2期-青燈邑期-石仏山期（古）-小珠山上層期〜双砣子1期前半という併行関係が導かれる。青燈邑期の次の段階である新岩里第3地点第1文化層期は双砣子1期後半に該当する単砣子包含層に併行するため，南京2期の終末は双砣子1期以後になることはない。

以上の検討は大同江流域をはじめとする韓半島丸底土器と，遼東半島などの極東平底土器遼東群のそれぞれの編年案に齟齬がないことを同時に示してくれる。

以上の併行関係を基に，極東平底土器遼東群と韓半島丸底土器の地域間関係について述べる。

基本的に，清川江流域は，極東平底土器遼東群の範疇に入る。龍磻里期に併行する時期に細竹里出土W字つなぎ文が示すように，大同江流域との交流がすでにみられる。金灘里1期にいたり，折衷土器が製作されるほど，大同江流域の影響が強く及び，清川江流域は両土器群の緩衝地帯のような様相を呈する。南京1期では，清川江流域は偏堡類型東高台山タイプに席巻される。細竹里7号住居址でみられる南京1期にみら

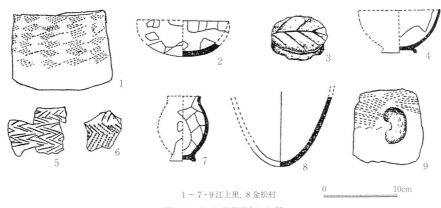

1〜7・9江上里，8金松村

図48　江上里類型の土器

110　第Ⅰ部　東北アジア先史文化の変遷と地域性

れる口縁部横集線土器が出土しているため，交流自体は継続しているが，単発的で前段階ほど大同江流域からの影響は及んでいない。反対に大同江流域では偏堡類型東高台山タイプと関連のある壺が出土するようになり，清川江流域は緩衝地帯ではなく，極東平底土器遼東群の前線としての役割を果たしたものとみられる。

　南京2期には，さらに極東平底土器からの影響が強まり，南京2期に遼東半島系の壺や青燈邑系の土器が流入したり，影響を与えるようになる。このように時期によって清川江流域の果たす役割は変化し，影響の強弱・方向も変化する。

Ⅲ．極東平底土器豆満江群と韓半島丸底土器の関係

　咸鏡南道新浦市江上里では1956年，北韓の科学院考古学および民俗学研究所により試掘調査がなされ（黄基徳1957b），1975年から1976年にかけて発掘調査が行われた（변사성・안영준1986，《朝鮮遺蹟遺物図鑑》編纂委員会1988）。ここでは，丸底土器と平底土器が共伴して出土している。文様は特徴的な点列文による菱形集線文や波線，横走魚骨文，沈線による横走魚骨文等が施される。1957年の調査で出土した土器には点列

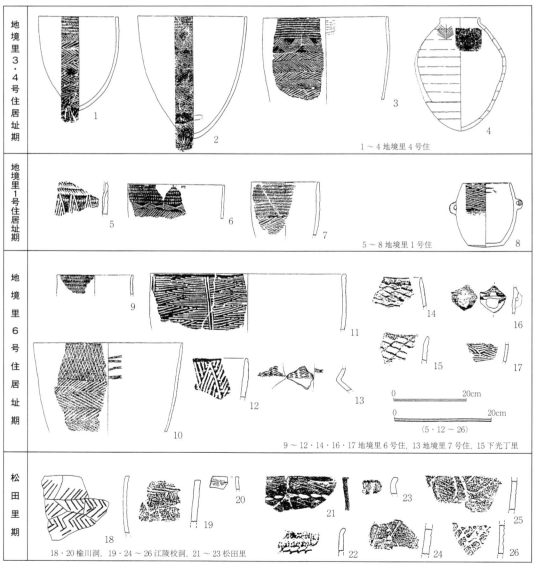

図49　嶺東地域の編年

文と沈線文が同一個体に施文された例（図 48-6）があることや点列文も沈線文も胎土は同じであることから，点列文と沈線文という文様施文の差異はあるが，時期が比較的まとまった組成であると考えられる。そのほかにも把手のついた点列菱形集線文土器や木の葉文のある平底底部なども出土している。器種は平底深鉢の他，平底で圏足のある壺や碗，丸底の深鉢，碗，把手附壺が出土している。同様の組成の土器は咸鏡南道端川市金松村でも確認され，江上里類型として設定されている（図 48）。

この江上里類型の相対年代について報告者の변사성・안영준は西部地域との比較から智塔里Ⅱ地区との関連を示し，豆満江流域との比較では深鉢の文様の類似から西浦項 2 期との，深鉢の施文部位が胴上半部に限定されることや圏足の存在から西浦項 3 期との関連を示しているが，渦文・雷文土器がみられないことから西浦項 3 期以前に併行すると考えている。一方，徐国泰は胎土に弓山 2 期にはみられない砂を混入する点，無文の土器の比率が高い点，圏足附土器が存在する点から雲下（弓山）文化 3 期，西浦項文化 3 期に併行すると考えている（徐国泰 1999）。

白弘基は嶺東地域でも地境里（白弘基・高東淳・沈相六 2002）などで江上里類型の土器が出土していることを指摘しており（白弘基 1995・1996），林尚澤は嶺東地域の地境里や鰲山里上層で江上里類型の土器が認められることから漢江流域での中期に併行するとみている（林尚澤 2001・2004）。嶺東地域の新石器時代土器の編年を子細にみた場合，新石器時代中期の地境里 1 号住居址期（図 49-8）から地境里 6 号住居址期（図 49-16・17）で確認されることから江上里類型の韓半島中部地域との併行関係は新石器時代中期となり，豆満江流域との併行関係は徐国泰らが指摘したように西浦項 3 期と考えられる[5]（古澤 2006a）。なお，江上里類型と関連があると考えられる土器はこのほかに池辺洞（정연우 외 2007）等でも確認される。

嶺東地域で江上里類型の土器が客体的に出土していることから，咸鏡南道と嶺東地域に代表される丸底土器分布圏では，一定の交流があったものと思われ，江上里類型の丸底土器（図 48-15）は韓半島丸底土器文化の影響で成立したとみられる。一方で，江上里類型より北方の豆満江流域では極東平底土器が分布しており，西浦項Ⅲ期層（金用玗・徐国泰 1972），黒狗峯（黄基徳 1957a・1962），鳳儀面（有光 1962），興城（吉林省文物考古研究所 等 2001）等で出土した点列文（図 17-2・6），西浦項Ⅲ期層，黒狗峯，興城等で出土した圏足附土器（図 17-7），西浦項Ⅲ期層やオレニー A23 号住居址（Окладников и др. 1973，Бродянский1987）で出土した木の葉文の底部（図 19-12）等から豆満江流域の平底土器とも関連性があったと推察される。江上里類型は丸底土器と平底土器が共存して安定した組成を成し，韓半島丸底土器と極東平底土器が相互に影響することで，一つの様式が形成されていたことが看取される。

咸鏡南道では資料が不足しており，江上里類型の次の段階の土器様相は不明である。

Ⅳ．韓半島丸底土器と膠東半島新石器時代土器との関係

極東平底土器文化および縄文土器以外で，韓半島の丸底土器文化と交流をもつことができる可能性がある他の土器文化としては，韓半島と黄海を挟んで対峙する膠東半島の土器文化が挙げられる。山東省栄成市成山頭－仁川広域市甕津郡大青島間の直線距離は約 178km で，間に島は存在しない。

新石器時代の韓半島と膠東半島の関係については古くから注目されてきた。1930 年，膠東半島の龍口貝塚を調査した駒井和愛は，大同江下流域の龍磻里（鳥居 1917，有光 1962）との比較の必要性を述べたが（駒井 1931），資料が不十分で具体的な検討には及ばなかった。

その後，具体的な検討としては，初期農耕について関連が想定された。大貫静夫は弓山文化の農耕を考えるうえで，黄海を挟んだ関係について言及し（小川 1982，大貫 1989），宮本一夫は新石器時代のコメの伝播ルートとして黄海直接横断ルートを想定している[6]（宮本 2003）。

112 第Ⅰ部 東北アジア先史文化の変遷と地域性

土器文化については，王錫平と王茂盛は弓山1期の土器に雲母，滑石，貝殻を混入する技法が膠東半島と一致するため，一定の文化交流がみられると述べた（王錫平・王茂盛 1996）。欒豊実は丸底土器文化の後李文化を継承した北辛文化と弓山文化の土器について器形では丸底器，平底鉢，文様では縦走魚骨文，横走魚骨文，菱形集線文という共通の要素がみられることを指摘し，偶然の一致である可能性と両地に伝播や影響関係がある可能性の2通りの可能性を提示した（欒豊実 1997）。

欒豊実らが示した土器の共通性はいずれも土器の一要素の比較で，器種，器形，文様のそれぞれが完全に共通している例はなく，影響関係があったとは断定できない状況にあると考えられる。これまでのところ韓半島西海岸で膠東半島新石器時代土器の搬入土器や模倣土器は発見されておらず，また，膠東半島でも同様に韓半島丸底土器や模倣土器は発見されていないため，韓半島－膠東半島間の土器文化交流は確認できない[7]。

第6節　韓半島青銅器時代早期の土器と周辺地域との関係

Ⅰ．緒　言

韓半島の新石器時代と青銅器時代の転換期には不明瞭な点が多い。韓半島西部・中部・南部では新石器時代末期と青銅器時代早期の土器をはじめとする文化様相は全く異なる。果たして現在知られている新石器時代末期と青銅器時代早期の間は，繋がるのだろうか。それとも空白期が存在するのだろうか。空白期があるとすれば具体的にどのくらいの期間なのか。こうした問題を考えるのに有効な方法は遼東半島をはじめとする遼東地域との対比である。また，韓半島青銅器時代早期の土器の系統関係についても周辺地域との関係から明らかにする。なお，青銅器時代前期の遼東地域の土器については，第1章第1節で触れたが，ここではさらに詳述してみたい。

Ⅱ．韓半島西部・中南部地域の青銅器時代最初期の土器

1．韓半島西部地域のコマ形土器

現在確認されている大同江流域の最も古い青銅器時代の土器はコマ形土器であるが，コマ形土器の編年案には様々な編年案があり，一致していない。最も古いコマ形土器について金灘里3期とみる見解（黄基徳1966・1984），金灘里，新興洞（徐国泰1964）とみる見解（後藤1971），舟岩里（백룡규1966）等を最も古くみる見解（藤口1982），石橋里（黄基徳1960・1963）とみる見解（韓永熙1983），南京遺蹟の調査後は金灘里1，2号住居址のほかに南京青銅器時代1期や表岱青銅器時代1期を古くみる見解（徐国泰1996，金鍾赫・전영수2003），南京青銅器時代1期，新興洞（徐国泰1964）等を古くみる見解（裵眞晟2006・2007）等がある。

最古段階のコマ形土器と鴨緑江流域との併行関係については，清川江流域の細竹里Ⅱ1期（金政文1964，金永祐1964）を通して，新岩里Ⅱ期（李淳鎮1965，金用玕・李淳鎮1966，新義州博物館1967，姜仲光1979）に併行すると考えられている（社会科学院考古学研究所・歴史研究所1969，後藤1971など）。裵眞晟は大同江流域でコマ形土器に伴う美松里型壺には新岩里1号住居址出土例のような古式の美松里型壺はないことから，美松里壺の伴うコマ形土器（コマ形土器Ⅱ1期）は，新岩里ⅢAよりやや後行すると判断しており，美松里式土器の伴わない古い段階のコマ形土器（コマ形土器Ⅰ期）は主に新岩里Ⅱ期を前後する時期を上限とし，下限は新岩里Ⅲの早い時期であると推定している（裵眞晟2006・2007）。

このことは，土器の器種組成の面からも指摘される。南京新石器時代2期では深鉢と甕のセットが安定的

第2章　極東平底土器文化と周辺地域との関係　113

にあり，深鉢のなかには高さが84cmもあるものがある。深鉢は容量の細分化がなされており，横走魚骨文の施文される大きな深鉢は大容量の貯蔵用の土器であると한은숙は指摘している（한은숙2001・2002・2003・2004）。一方，甕（図39-7・16・17）は無文で，相対的に深鉢より容量が小さい。貯蔵用というより煮沸具などの用途としての可能性が高い。コマ形土器に繋がると考えられている器種で（韓永熙1983，大貫1995ほか），深鉢はコマ形土器へはつながらない。そして大容量の貯蔵用の深鉢が継承されなかった部分を補完するかのように大容量の貯蔵用具であるコマ形土器壺（図51-2）が安定的に出現する。この壺は従来の様々なコマ形土器編年案においても最古段階からセットとして完成しているようである。김길룡も甕と壺が時期差であるとはみていない（김길룡2000）。コマ形土器期に大容量の貯蔵用壺が生成されたので深鉢は役割を終え，消滅した可能性がある。

　甕と壺が安定的にセットとして見られるのは，清川江流域では細竹里Ⅱ1期（図46-25・26），鴨緑江下流域では新岩里第3地点第2文化層期（図14-60～76），鴨緑江中流域では深貴里Ⅰ期（図27-24～30），太子河上流域では馬城子中期（図11-28～34）からであるため，コマ形土器の上限は新岩里第3地点第2文化層期を大きく遡ることはないと思われる。そのため新岩里第3地点第2文化層期の年代的位置づけを明確にするために改めて遼東半島との対比が必要となる。

2．新岩里第3地点第2文化層期と丹東地区～遼東半島との対比

　新岩里第3地点第2文化層期は平行沈線に点列を配する壺（図14-71）の文様構成などから遼東半島における双砣子3期に併行すると考えられてきた（社会科学院考古学研究所・歴史研究所1969）。また，新岩里第3地点第2文化層で出土したT字形の透窓をもつ土器（図14-75）は羊頭窪で出土した十字形の透窓をもつ豆（図50-39）と対比されてきた（小川1982など）。

　ところで，大嘴子の調査によって，近年双砣子3期の編年の細分化と地域性の抽出が進展してきた。華玉冰・陳国慶（1996）や張翠敏（2004）の研究では大嘴子の層序関係，大貫（2007a）の研究では大嘴子の層序関係と住居址形態の変化を基軸に土器変遷が考えられている。白石渓冴（2011）の研究では土器の属性分析を基軸に変遷が想定されている。地域性の研究としては，大貫が老鉄山から営城子を中心に羊頭窪類型，金州湾を中心に大嘴子類型を設定した。壺の文様からみると羊頭窪類型は点列と横走沈線に代表されしだいに棒状貼付文を発達させる特徴を有する一方，大嘴子類型は斜格子文や羽状文を有する特徴を有し，特に沈線による幾何学文を有するものは望海堝タイプとされ，地域性があることが明確となった（大貫2007a）。従来，新岩里第3地点第2文化層と対比されたのは，資料上の制約から羊頭窪類型であったが，地理的位置からいえば，大嘴子類型との対比も必要となるだろう。

　コマ形土器の特徴である二重口縁の淵源は従来より，清川江流域の細竹里Ⅱ-1期や鴨緑江下流域の新岩里第3地点第2文化層にみられる下端部に刻目のめぐる二重口縁土器に求められてきた。そして，このような二重口縁土器は遼東半島では荘河流域の平頂山（陳山等2011）で多く確認することができる。平頂山では耕作土の①層，文化層の②層，その下部は基盤岩という土層堆積で，11基の住居址と2基の墓葬が確認されているが，これらの遺構は①層の下で検出されたということから②層を掘り込んでいるものと思われる。そのため②層出土土器と遺構の土器では若干の時期差があるかもしれない。事実，②層では小珠山上層期に比定しても不自然ではないような有文の折縁罐（図50-10）や，双砣子1期に属する単砣子包含層や石仏山期中段階で確認される口唇部を斜めに面取りした豆（図50-11）が出土しており，古い資料も混在しているようである。この②層でも下端部に刻目のある二重口縁罐が出土しているが（図50-13），F10といった住居址（図50-15）やM1，M2といった墓葬（図50-22・24）でも下端部に刻目のある二重口縁罐が出土している。

114　第Ⅰ部　東北アジア先史文化の変遷と地域性

このような下端部に刻目のある二重口縁土器は遼東半島の荘河流域から丹東地区・鴨緑江下流域を経て清川江流域まで広く分布しており，それが大同江流域のコマ形土器の成立に影響を与えたものと考えられる。そのため平頂山の特に住居址や墓葬の年代が問題となるが，報告者は双砣子３期の所産とする。そこで双砣子３期の中でもどのような段階に併行するのか考えてみたい。平頂山F4では頸部・胴上部にやや不規則な４条の沈線とその上下に鋸歯文が刻まれた壺（図50-19）が出土している。この壺に類似した資料は碧流河流域の高麗寨にみることができ（図50-33），筆者は同様の資料が双砣子２期を主体とする大台山の資料にみら

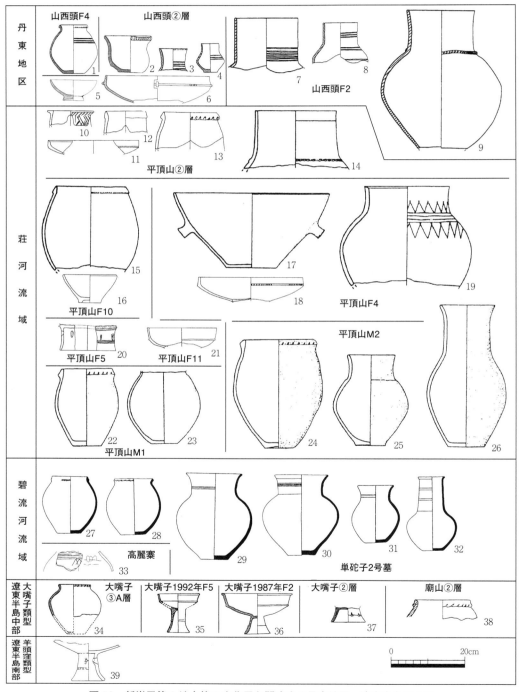

図50　新岩里第３地点第２文化層と関連する丹東地区・遼東半島の土器

れることから双砣子2期に編年したことがあるが（古澤2007a），同じ平頂山 F4 出土の盤（図50-18）は双砣子3期併行期とみても大過ないことからすると，双砣子2期末や双砣子3期初の資料ではないかと考えられる。この資料は同時に荘河流域と碧流河流域の交流を示す資料でもある。平頂山 F11 で出土した豆は皿の屈曲部に一条の突線がめぐっているが（図50-21），このような資料は青銅刀が出土した新岩里第3地点第2文化層4号土坑でも確認される（図14-67）。このように屈曲部に突線をめぐらせたり，同様の効果をもつ段を有する豆は，口縁端部の形状は異なるものの，大嘴子類型の大嘴子1992年調査 F5（図50-35）や大嘴子1987年調査 F2（図50-36）にみることができる。大嘴子1992年調査 F5 や1987年調査 F2 の資料は層序を主軸に考察した華玉冰・陳国慶，張翠敏，大貫のいずれの研究によっても，また属性分析を主軸に考察した白石の研究によっても大嘴子のなかでは最も早い時期の一群に編年されている。そのため，平頂山遺構出土資料は双砣子3期のなかでも最も早い段階に帰属するものと考えられる。

　荘河流域よりさらに南方には碧流河の遺跡群があるが，以前，王巍は，新岩里第3地点第2文化層の土器と碧流河流域の単砣子2号墓の土器を対比する見解を示したことがある（王巍1993）。また中村大介も山西頭を通して単砣子2号墓との関連を想定する（中村2012）。単砣子2号墓（浜田1929）では口縁下に刻目突帯をもつ壺（図50-27）などが出土しており新岩里第3地点第2文化層との関係が考えられる。単砣子2号墓で出土した頸部に数条の沈線をもち口縁がやや外反する壺（図50-29・30）は，新岩里第3地点第2文化層（図14-60）で類例が確認される。さらに，単砣子2号墓で出土した外反口縁の端部に刻目のある壺（図50-28）の類例は大嘴子③A層出土資料（図50-34）でも確認される。大嘴子③A層は，先に触れた大嘴子 F2 などが掘られている層で，層位上はより古く形成されたものであることから，大嘴子3期層のなかでも早い時期の一群に属する。同様に関連する資料として丹東地区筆者編年石仏山期新段階の山西頭 F4（徐韶鋼・陳山2011）で出土した胴上部に沈線がめぐり外反口縁の端部に刻目がある壺（図50-1）が挙げられる。これまで，単砣子2号墓は単砣子1号墓とともに双砣子2期に位置づけられてきたが（社会科学院考古学研究所・歴史研究所1969），大貫は早くから単砣子1号墓と単砣子2号墓の時期差を指摘していた（小川1982）。単砣子2号墓は岳石文化照格荘類型と類似する典型的な双砣子2期の墓葬である単砣子1号墓（図9-50～52）とは若干様相が異なり，上述のとおり双砣子3期に類例を確認できる資料を含むことから，双砣子3期に近い双砣子2期末か移行期の組成ではないかと考えられる。したがって，新岩里第3地点第2文化層期は双砣子3期初期に併行するが，一部は双砣子2期末まで遡る可能性もあるということができる。

　碧流河よりさらに南方の遼東半島中部には大嘴子類型が分布するが，ここでは下端部に刻目のある二重口縁罐は稀である。稀ではあるが，大貫も注目するように（大貫2007a），廟山で1点報告がある（図50-38）。この資料は廟山のなかでは新しい時期に形成された②層から出土しているが，白石によれば同層では新旧の資料が混在しており（白石2011），必ずしも双砣子3期中の新しい段階の資料とはいえない。二重口縁罐の出土が双砣子3期の遼東半島中部では稀であるという事実が重要で，他地域からの異系統土器，具体的にいえば荘河流域を中心とする地域から搬入されたり，模倣された資料ではないかとも考えられる。また，大嘴子②層では，新岩里第3地点第2文化層で出土した T 字形の透窓をもつ土器（図14-75）と対比される土器（図50-37）が出土していることも注目される。荘河流域，碧流河流域，遼東半島中部，遼東半島先端部とそれぞれ地域性をもった土器文化が分布していたが，それぞれに交流をもっていたということが了解される。

　以上の検討を整理すると，コマ形土器の淵源は，遼東半島荘河流域 – 丹東地区 – 鴨緑江下流域 – 清川江流域一帯に分布した下端部に刻目をもつ二重口縁罐に求められ，それらの地域はより南方の大嘴子類型とも交流関係にあった。その時期は双砣子3期初，場合によっては双砣子2期末を上限とする年代を付与することができるということである。大貫は2007年に自身の考えを変更したことを明らかにし，新岩里第3地点第

2 文化層期を双砣子 3 期文化でも古い方に類似すると述べたが（大貫 2007a），これは全く正しいものと考えられる。

一方，先述のとおり新石器時代の南京 2 期は小珠山上層期から双砣子 1 期前半に併行する。かつて黄基徳は，金灘里新石器時代 2 期層とコマ形土器層の間には数百年間の時間的空白があると指摘していた（黄基徳 1966）が，その空白期の期間は，遼東半島と対比した場合，双砣子 1 期後半から双砣子 2 期，短く見積もっても双砣子 2 期[8)]の大部分が該当する。

注目されるのは，従来，南京青銅器時代 1 期や金灘里青銅器時代 1 期層をコマ形土器の最古段階に位置づけてきた北韓から，最近新しい編年案が提示されたことである。한은숙は，表岱コマ形土器 1 期層を南京青銅器時代 1 期や金灘里青銅器時代 1 期層よりも古く考える編年案を提示している（한은숙 2008）。表岱コマ形土器 1 期については，第 1 地点部分に関して金鍾赫による報告がある（金鍾赫 2002）が，資料が微細で明確ではない。甕があるのは確実であるが，大容量の壺が伴うかは不明である。おおむね双砣子 2 期分の空白期は新石器時代最末期と考えられている表岱新石器時代 4 期や表岱コマ形土器 1 期によって埋めることができるかどうかの判断は，詳細不明の現段階ではできない。しかし，遼東地域との対比からは少なくともおおむね双砣子 2 期分の空白期があり，その空白を埋める資料があるはずである。その点では，従来の設定段階より遅い段階の新石器時代の最末期や従来の設定段階より早い段階のコマ形土器段階を提示した한은숙らのような考え方は十分に可能性のあることである。

3．韓半島中・南部地域の刻目突帯文土器

今日確認されるなかで最古の韓半島中・南部の青銅器時代の土器は刻目突帯文土器である。中山清隆は韓半島中・南部地域の刻目突帯文土器を新岩里第 3 地点第 2 文化層期や廟後山上層早期遺存（遼寧省文物考古研

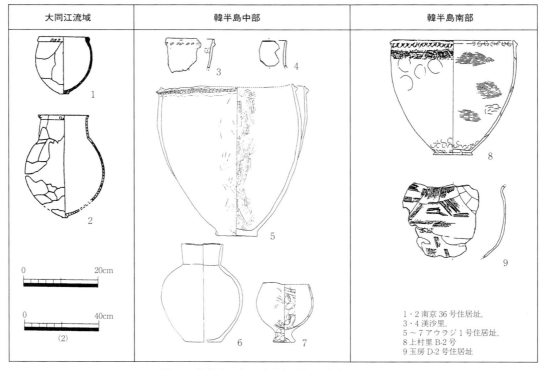

図 51　韓半島西部・中南部青銅器時代早期土器

究所 等 1994）の土器と対比している（中山 1993・2007）。鄭漢徳は節状突帯文を太子川上流域の廟後山中層 –
上層段階と対比しており（鄭漢徳 1992），朴淳発も渼沙里類型が深貴里・公貴里Ⅰ期（鄭燦永 1983，金用玕
1959）と高い類似性をもつと指摘している（朴淳発 2003）。一方で，韓半島中・南部の刻目突帯文土器の系譜
については韓半島東北部・沿海州に求める見解（金材胤 2004）もある。宮本一夫は以前は韓半島東北部・沿
海州との関係を考えたが（宮本 2004），近年，深貴里との関係を想定するようになった（宮本編 2015）。その
ほかにも多くの研究者が韓半島中・南部における最初期の刻目突帯文土器と新岩里Ⅱ期との併行関係を想定
している（千羨幸 2005，김현식 2008，金炳燮 2009b）。

　韓半島中・南部の刻目突帯文土器の編年案は複数存在する（藤尾 2002，金材胤 2004，千羨幸 2005 など）が，
中部地域では渼沙里（任孝宰 외 1994，尹世英・李弘鐘 1994），南部地域では上村里 B 地区（建国大）2 号遺構
（崔茂蔵 2001）の例などが最古段階であろうという点では一致している（図 51-8・9）。千羨幸は最古段階の刻
目突帯文土器でも深鉢と壺という組成があると指摘している（千羨幸 2005）。同様の組成は蓮下里（이재설 외
2009），外三浦里（김권중 외 2008）などでも認められる。このため，深鉢と壺という組成をもち，刻目突帯の
発達する新岩里Ⅱ，深貴里Ⅰ，馬城子中層といった鴨緑江流域や太子河上流域の土器が韓半島中・南部の刻
目突帯文土器と関連がある可能性が強い。アウラジ 1 号住居址（조성호 외 2011）では刻目突帯文深鉢（図 51-
5），壺（図 51-6）のほか脚台附鉢（図 51-7）が出土している。圏足附鉢は鴨緑江下流域との関連も想定される。
一方，豆満江流域については，刻目突帯文土器と関連のある土器の候補である興城文化に頸部のある壺は認
められず，直接的な関連性はないものと判断される。

Ⅲ．韓半島新石器時代 – 青銅器時代転換期における空白期の存否

　第 2 章第 5 節でみたように韓半島では南部地域から大同江流域まで新石器時代の土器が使用されていた終
末期はほぼ等しいものと思われ，遼東半島との併行関係上，小珠山上層期～双砣子 1 期前半より新しくなら
ない。また，Ⅱでみたように大同江流域のコマ形土器や韓半島中・南部の刻目突帯文土器は遼東半島との併
行関係上，双砣子 3 期に併行し，遡ったとしても双砣子 2 期末までしか遡らない。

　そのように考えると，韓半島西部・中部・南部における新石器時代の土器と青銅器時代の土器の境界を，
遼東半島と対比した場合，短く見積もっても双砣子 2 期の大部分が空白期となるものと考えられる。河仁秀
は放射性炭素年代から韓半島中・南部の新石器時代の土器と青銅器時代の土器の間に空白があることを示し
ており（河仁秀 2006・2009），遼東地域と対比した筆者の見解と整合的である。

　これまで多くの南韓や我が国の研究者は刻目突帯文土器段階に新石器時代的な要素が残存する，あるいは
新石器時代最末期の土器が共存するという見解を示している（安在晧 2000，藤尾 2002，裵眞晟 2003，金材胤
2004，千羨幸 2005・2008，고민정 2009 など）。一方，河仁秀は新石器時代の土器と刻目突帯文土器の共存につい
て個別に具体例を挙げ，明確に否定しており（河仁秀 2006a），現時点で刻目突帯文土器と新石器時代の土器
の共存については確実な例はないと考えられる。また，一見，新石器時代の土器と関連がありそうな要素が
刻目突帯文土器期の土器にみられたとしても，新石器時代の土器と青銅器時代土器の間に年代的な空白が認
められ，その空白を埋める資料が発見されていない以上[9]，現段階ではより一層慎重な取扱が要求されるの
である。

第 7 節　東北アジア先史時代土器文化の動態

　以上で述べたように各地域の土器編年の併行関係を整理したものが表 5 である。大きくⅠ段階からⅧ段階

表5　東北アジア先史土器併行関係

段階	膠東半島	遼西地域	科爾沁地区	吉長地区	瀋陽地区	遼東半島	太子河上流域	丹東地区	鴨緑江下流域
I段階	白石村1期	興隆窪文化							
	邱家荘1期	趙宝溝文化		左家山1期	新楽下層期	小珠山下層期		後窪下層期	美松里下層1期
II段階	北荘1期	紅山文化	哈民忙哈期	左家山2期		小珠山2期	馬城子下層1期	後窪上層期	盤弓里1期
				左家山3期		小珠山中層期			
III段階	北荘2期			西断梁山2期		呉家村期	馬城子下層2期	閻坨子期	美松里下層2期
IV段階	楊家圏1期	小河沿文化	南宝力皋吐期		東高台山2期	三堂村1期	馬城子下層3期		双鶴里1期
V段階	楊家圏2・3期				肇工街下層期	小珠山上層期	馬城子下層4期	石佛山期（古）	双鶴里2期
VI段階		夏家店下層文化			高台山期	双砣子1期			青燈邑期
								石佛山期（中）	新岩里3-1
VII段階	照格荘期			腰紅嘴子		双砣子2期	馬城子前期		新岩里4-1
VIII段階	珍珠門期	魏営子文化		北紅嘴子	新楽上層期	双砣子3期	馬城子中期	石佛山期（新）	新岩里3-2

段階	鴨緑江中・上流域	清川江流域	大同江流域	京畿湾北部	京畿湾南部	臨津江流域	漢江流域	牡丹江流域
I段階		細竹里I期	弓山1期			三巨里期		
II段階			弓山2期	大延坪島까치山期	雲西洞I期		岩寺洞1期	
			龍磻里期		三木島期		岩寺洞2期	
III段階		堂山下層期	金灘里1期	毛伊島下層期	느들期	鶴谷里期		鷲歌嶺下層期
IV段階		堂山上層期	南京1期	小延坪島期		堂洞里期		
V段階	土城里期							金廠溝期
VI段階	五女山城F48期		南京2期	毛伊島上層期	雲北洞期	東梨里期	渼沙里期	石灰場下層期
					뒷살막期			
VII段階								西安村東F1期
VIII段階	深貴里1住期	細竹里II-1期	コマ形土器期	（コマ形土器期）	コマ形土器期	コマ形土器期	刻目突帯文土器期	

段階	南沿海州沿ハンカ地域	南沿海州東海岸	豆満江流域中流域	豆満江下流域	咸鏡南道	韓半島東海岸	韓半島南部地域	西北九州
I段階	ルドナヤ	ルドナヤ・ボイスマン		西浦項1期		鰲山里式・隆起文土器	隆起文土器期	早期末〜轟B式
II段階	ザイサノフカ古段階	ザイサノフカ古段階		西浦項2期		地境里3・4住期	瀛仙洞式期	西唐津式〜曽畑式
III段階	ザイサノフカ新1段階	ザイサノフカ新1段階	興城1期	西浦項3期	江上里類型	地境里1住期	水佳里I期	曽畑式/尾田式
						地境里6住期		船元式
IV段階	ザイサノフカ新2段階	ザイサノフカ新2段階	興城2期	西浦項4期			水佳里II1期	春日式/並木式
V段階							水佳里II2期	阿高式
VI段階	ザイサノフカ新3段階	ザイサノフカ新3段階	東風類型	西浦項4期層一部遺物		松田里期	水佳里III期	坂の下式・南福寺式
			虎谷1期					鐘崎式/北久根山式
VII段階	プフスン上層期	プフスン上層期						
VIII段階	プフスン上層〜リドフカ古	プフスン上層〜リドフカ古	興城文化	西浦項5・6期		刻目突帯文土器期	刻目突帯文土器期	
	シニ・ガイ文化	リドフカ文化	郎家店期・虎谷2期	西浦項7期				

にわけて，土器文化の動態を整理すると次のとおりである。

　I段階（図52）には之字文を指標とする極東平底土器遼西群・遼東群，押捺文などを指標とする極東平底土器豆満江群が分布する。之字文では施文方法が宮本らが述べるとおり（宮本1985），遼西地域と遼東地域では異なり，地域圏が細分される。嶺東地域や韓半島南海岸では鰲山里式や隆起文土器などの平底土器が認められる。極東平底土器東群は沿アムール地域とも土器文化の交流が認められる一方，嶺東地域でも極東平

底土器豆満江群からの搬入土器などがみられ（金恩瑩2007・2010），平底土器文化内での交流があったものと考えられる。この頃，韓半島中西部ではすでに丸底土器が成立していたが，これらの土器のなかで北方地域と関連のある要素はほとんど確認されていない。ただし石器では磨盤・磨棒，大型の掘地具などは遼西地域を始原とし遼東地域を経て採用されたものではないかと考えられる。吉長地区で遼西地域からの土器が搬入されている状況はこの想定と整合的である。

Ⅱ段階（図53）には遼西では紅山文化が展開する。極東平底土器遼東群では，後窪上層類型の土器が席巻し，地域内での斉一性が高まる。遼東半島と廟島群島間では相互に搬入土器が認められる。吉長地区では左家山2期の土器群がみられ，地域性が看取される。極東平底土器豆満江群では縄線文土器を指標とするザイサノフカ文化古段階の土器がみられるが，この土器群は沿アムール地域など北方の土器群との関連性がみられる。韓半島中部では弓山2期の土器群が拡大し，従来平底土器の影響下にあった嶺東地域も弓山2期の土器群の範疇に含まれるようになる。韓半島南部では隆起文土器から発展した瀛仙洞式土器が展開する。錦江下流域など弓山2期と瀛仙洞式の境界附近では相互の土器が共伴し，一定の交流がみられるようである。瀛仙洞式の終末段階にはより強く弓山文化の影響を受けるようになる。

Ⅲ段階（図54）には遼西地域の紅山文化が科爾沁地区の哈民忙哈に影響を与える。遼東半島では膠東半島からの影響が土器組成にまで及び様式構造が変化する。以前までの搬入土器を主とする交流とは内容が異なることは注目される。極東平底土器遼東群内では呉家村のような斉一性の高い土器が北方は吉長地区まで，東方は清川江流域まで展開する。この呉家村の土器群は直前の小珠山中層期の土器群と継承関係にあることから，遼東半島から拡散したものと考えられる。一方，極東平底土器豆満江群では渦文土器を指標とする文化が展開する。このころ，韓半島中西部の金灘里1式や岩寺洞2期の区分文系土器といった丸底土器は，清川江流域や咸鏡南道のような極東平底土器の南縁に強い影響を及ぼす。この丸底土器の影響は丸底土器と平底土器が組成として共存したり，折衷土器が製作されるほど強い力をもつものであった。また，岩寺洞2期の土器群のような弓山文化系の土器は韓半島南部の水佳里Ⅰ式の成立に関与し，様式構造に影響を与える。従来，瀛仙洞式から水佳里Ⅰ式への変化は弓山文化系の南下として把握されていたが，弓山文化系は単純に南方に影響を及ぼしただけでなく，北方に対しても影響力を増しており，全方向的な拡張傾向にあるという点に注意したい。

Ⅳ段階（図55）では極東平底土器遼東群で遼河下流域を始原とする偏堡類型（東高台山タイプ）が展開する。遼東半島では，継続して，膠東半島の土器が様式に加わる影響を受ける。この膠東半島からの影響は，大汶口文化後期に海岱地区全体で，共通要素をもつ土器が広がる動きと連動しているものとみられる。偏堡類型（東高台山タイプ）は，韓半島の清川江流域にまで及ぶ。このころ科爾沁地区では小河沿文化と関連の強い文化を基盤とする南宝力皋吐で，偏堡類型（東高台山タイプ）の影響も併せてみることができ，偏堡類型（東高台山タイプ）の広がりを看取することができる。この段階に丸底土器の影響は清川江流域ではみられなくなるばかりか，大同江流域にまで偏堡類型と関連の深い土器が流入しており，先述のとおり，清川江流域は極東平底土器と韓半島丸底土器の緩衝地帯としての役割から，極東平底土器の前線へと役割を変化させる。韓半島丸底土器の範囲では，大同江流域から錦江下流域にいたる地域に分布する横走魚骨文同一文系深鉢を主体とする土器群と，韓半島南部に分布する斜格子文深鉢と点列文鉢をセットとする水佳里Ⅱ式群に二分され，対峙する。一部に搬入土器・模倣土器がみられるが，相互に様式に影響を及ぼすものではない（古澤2006）。極東平底土器東群ではザイサノフカ文化新2段階の土器が咸北金策にまで展開する。

Ⅴ段階（図56）になると遼東半島では山東龍山文化から影響を受けるが，この影響はそれまでの筒形罐主体の組成から折縁罐主体の組成へと移行し，様式構造を変化させるほどの強いものであった。様式構造に与

える変化だけでなく，遼東半島では墓葬に膠東半島系土器が多く副葬される点からも，それまでないほどの強い影響といえる。ただし，前段階の東高台山タイプの偏堡類型の土器から発展したと想定される二重口縁筒形罐を組成としてもつ点では在地性を示している。この折縁罐主体の組成は他地域にも拡散するが，遼東半島から離れるにつれ山東龍山的な組成は崩れており，また山東龍山的な器種の在地変容と考えられる折縁罐Ⅱ類や斜格子文施文の三環足器など一種の折衷土器が遼東半島の周辺地域でみられる。一方で，折縁罐を受容しなかった瀋陽地区では前段階の東高台山タイプの偏堡類型の土器に系譜が求められる肇工街タイプの土器中心の組成を示し，独自の様相を示す。そして，山東龍山的な器種が在地化しながら受容された丹東地区，太子河流域，鴨緑江下流域などにも肇工街タイプの偏堡類型土器が組成として加わるようになる。折縁罐を主要器種とする遼東半島と肇工街タイプの偏堡類型土器を主要器種とする瀋陽地区という二つの中心地があり，太子河上流域，丹東地区，鴨緑江下流域はそれらが交錯した地域であると考えられる。진소래が注目した遼東半島と丹東地区の器種の差異（진소래 1997）はこのように説明できる。このような遼東地域での変革のなか大同江流域にも遼東地域からより強い影響が及ぶこととなり，南京36号住居址出土壺のような小珠山上層系の土器が出現する。このころ極東平底土器東群のザイサノフカ文化新2段階の土器は在地的な特徴をもちながらも，鴨緑江上流域にまで及んでいる。

　Ⅵ段階（図57）では，遼東半島では弦文の施文された大口高領壺を中心とした双砣子1期文化が広がるが，丹東地区や平安北道（鴨緑江下流域）では独自の幾何文を施文したり，頸部に刻目隆帯をめぐらせた大口高領壺を中心とした独自の様相を呈するようになる。この段階では鴨緑江下流域系の有文大口高領壺が遼東半島の東側にもみられるようになり，さらにそれまで西側とはそれほど交渉がみられなかった鴨緑江上流域でも鴨緑江下流域的な有文大口高領壺が認められるようになる。つまり，鴨緑江下流域の独自性が高まることで，核となる地域性を帯び，周辺に影響を与えるようになるという変化が認められる。さらに，双砣子1期後半になると単砣子包含層でみられたように丹東地区・平北系の器種を組成として揃えた遺蹟が遼東半島東側でみられるようになり，鴨緑江下流域の文化の拡大が看取できる。このような鴨緑江下流域系土器の隆盛による影響は，韓半島丸底土器分布圏である大同江流域にも認められる。韓半島丸底土器文化圏では，南部の二重口縁土器群がそれまで，中部圏であった錦江下流域や大田盆地・清州地域等に進出し，様式に影響を及ぼすという変動がみられる（古澤2006）。一方，この時期，沿アムール地域と再び影響関係をもつザイサノフカ文化新3段階の土器が牡丹江流域や南沿海州で展開するが，豆満江中流域では東風類型が認められるものの，様相が不明確となる。また，虎谷のような地域性が強いと考えられる土器も認められ，展開は一様ではない。

　Ⅶ段階（図58）では，膠東半島の岳石文化照格荘類型の影響を強く受け，遼東半島で双砣子2期文化が展開する。基本的な器種組成は岳石文化と共通するが，二重口縁土器や長頸壺などには在地色がみられる。この頃，遼西地域の夏家店下層文化は瀋陽地区を含む下遼河流域の高台山文化と交流をもっていた。高台山文化では，大型三足器を組成に含み，遼西地域からの様式的な影響も受容している。そして，馬城子前期では，大貫の指摘のとおり（大貫1998・2008），大型の三足器が認められないので，瀋陽地区と太子河上流域の境界が遼西地域からの直接の影響受容の境界線となる。ただし，馬城子前期では，高台山文化との関連も認められ，また，遼東半島の双砣子2期との関連も認められる。一方，この頃，豆満江流域では興城文化，牡丹江流域及び南沿海州ではプフスン上層類型が展開する。これらの土器群は基本的にザイサノフカ文化新3段階の土器群の系譜を引いており，有頸壺がほとんどみられない深鉢主体の土器構成である。この時期の韓半島中南部の土器は明確ではなく，土器型式上の空白期となっている。

　Ⅷ段階（図59）では，遼東半島では膠東半島の影響がみられなくなる変化がみられる。太子河流域の馬城

子中期，鴨緑江下流域の新岩里第3地点第2文化層期，鴨緑江上流域の深貴里1号住居址期の土器群はそれぞれ，独自色をもっているが，深鉢と有頸壺という組成が安定的にみられ，三足器は認められない。新岩里第3地点第2文化層期の土器群は双砣子3期の土器群と関連をもち，馬城子上層期の土器群は新楽上層の土器群と関連をもつ。そして，新楽上層期の土器群は遼西地域の魏営子類型と関連をもつ。このころ，韓半島大同江流域ではコマ形土器，韓半島中・南部では刻目突帯文土器が展開する。これは，新石器時代の弓山系の分布圏と水佳里系の分布圏の境界とは全く一致しておらず，集団の再編があったものと推定される。ただし，コマ形土器には南京2期の甕を継承したものもあると考えられることから，弓山文化のなかでも深鉢と甕を具備した地域にのみコマ形土器が展開し，それ以外の地域では刻目突帯文土器が展開したということもできる。コマ形土器の系譜としては二重口縁土器のあり方から，清川江流域の細竹里II1期の土器群，鴨緑江下流域の新岩里第3地点第2文化層期の土器群を介して，遼東半島北部荘河流域一帯の地域に淵源を求めることができるものと思われる。一方，刻目突帯文土器は，深鉢・有頸壺の組成から先に述べた馬城子中期，新岩里第3地点第2文化層期，深貴里1号住居址期の土器群に系譜が求められるものとみられる。VI段階・VII段階で徐々に形成された遼東山地部を中心とした土器文化圏が，VIII段階に至り，明確に韓半島に影響を及ぼしたものと考えられる。一方，豆満江流域では，興城文化に続き，赤色磨研土器が盛行する郎家店期の土器群がみられる。南沿海州では沿ハンカ地域でシニ・ガイ文化，東海岸でリドフカ文化が展開する。郎家店期，シニ・ガイ文化，リドフカ文化の土器群では全て，深鉢のほか有頸壺を具備するという点で前段階と比較すると大きな変化がみられる。シニ・ガイ文化は豆満江中流域の郎家店期の土器群と関連が深いものとみられる。リドフカ文化は前段階のプフスン上層類型からの継承関係が強く，在地性が高い。すなわち，郎家店的な土器が分布しなかった周辺的な様相を示す。

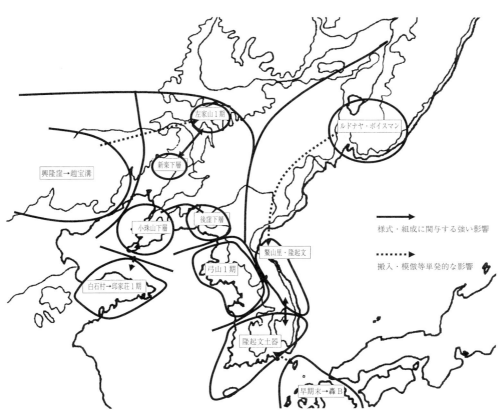

図52　I段階土器文化動態

122　第Ⅰ部　東北アジア先史文化の変遷と地域性

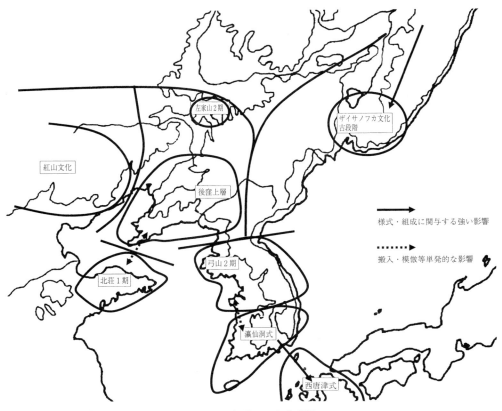

図 53　Ⅱ段階土器文化動態

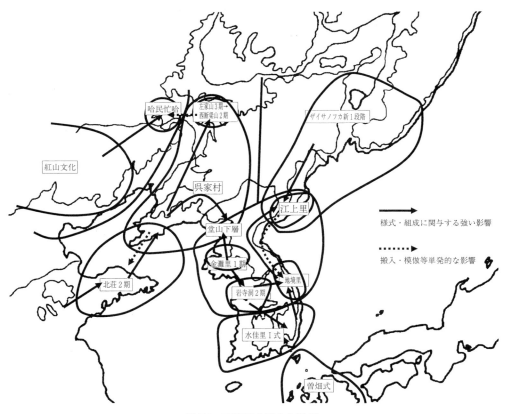

図 54　Ⅲ段階土器文化動態

第 2 章　極東平底土器文化と周辺地域との関係　123

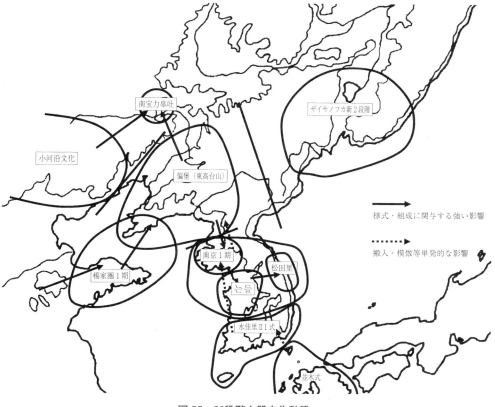

図 55　Ⅳ段階土器文化動態

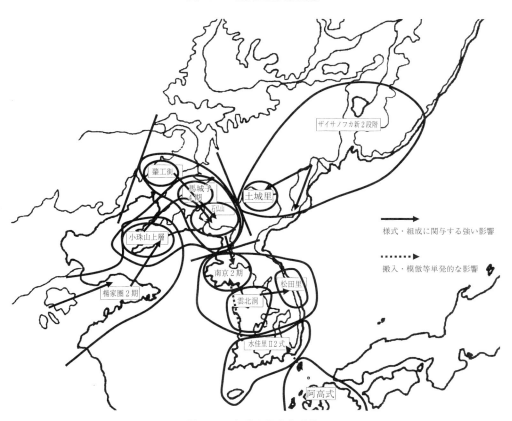

図 56　Ⅴ段階土器文化動態

124　第Ⅰ部　東北アジア先史文化の変遷と地域性

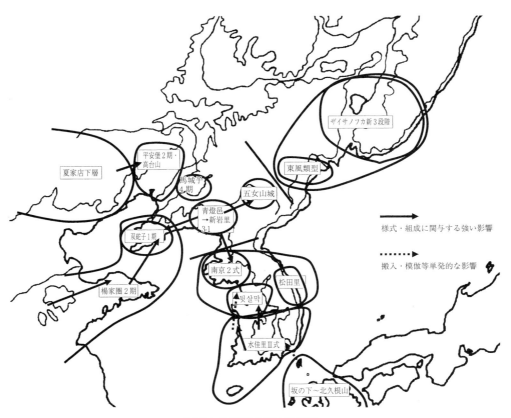

図57　Ⅵ段階土器文化動態

図58　Ⅶ段階土器文化動態

第2章　極東平底土器文化と周辺地域との関係

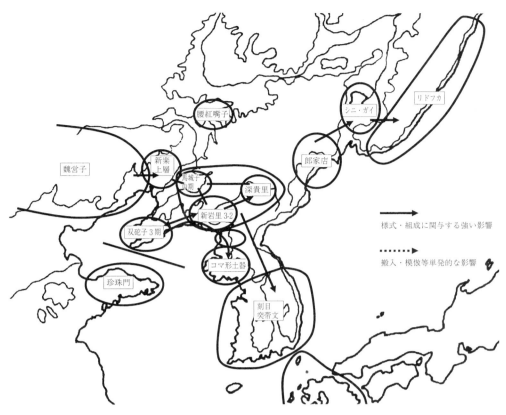

図59　Ⅷ段階土器文化動態

　このように極東平底土器および後続する土器群と韓半島丸底土器および後続する土器群の関係は，北方→南方という流れのみがみられるのではなく，各地域がある時期には核となる地域となり，ある時期には周縁地域となるように時期によって非常に動的な展開をみせているということがわかる。

　　註
1）北城T1③層出土土器集成表には沈線文が施文された土器が8点あるが，これに遼東半島系が含まれる可能性もある。しかし数量は全体の6.3%と少ない。
2）차달만は堂山上層の土器を肇工街など偏堡類型の土器と関連づけながらも青銅器時代の最も古い土器と位置づけている（차달만 1993b・1997）。この年代的位置づけは先にふれた偏堡類型－双砣子2期併行説の影響ではないかと推察される。
3）表伀7地点の「土器窯址」は新石器時代のものであるかどうかは不分明である。雷文土器がこの土器窯址で焼成されたのであれば，遼東系の土器が在地化されたものと考えることができる。
4）正確には先述のように金灘里1期以前の龍磻里期にも虹文土器2類が存在するので「龍磻里期または金灘里1期」とすべきである。しかし，どちらにしても従来の南京1期－呉家村併行説は成立しない。
5）ただしこれは嶺東地域における江上里類型の流入時期から求めた併行関係であって，江上里類型自体の上限を求めることは現在の資料からは困難であり，西浦項2期にも併行する可能性も否定できない。
6）ただし宮本は文化のまとまりとしてコメが動くのではなく，膠東半島から漢江下流域にコメ単体が流れたとしており土器等の文化要素の交流については想定していない。また，その後，宮本本人が，コメについても黄海直接横断ルートを否定した（宮本2009）。
7）膠東半島と遼東半島では当該時期において土器文化交流が行われ（王錫平・李歩青1987，佟偉華1989，宮本1990,

126　第Ⅰ部　東北アジア先史文化の変遷と地域性

侯建業 2004，古澤 2008 ほか），特に遼東半島先端部では膠東半島系土器が様式構造に組み込まれており，膠東半島の強い影響を受けている。このため，今後，韓半島西海岸で膠東半島系土器が発見されたとしても，膠東半島から直接もたらされた可能性，遼東半島経由の可能性，そして遼東半島産膠東半島系土器の可能性等があり，その弁別は困難を極めることが予想され，韓半島と膠東半島の土器文化交流の証明には難しい部分がある。

8）双砣子2期の単独段階を認めず双砣子1期か3期に包含されるという考え方（千葉 1990）もあるが，遼東半島において双砣子2期の遺物のみがみられる遺構，遺物包含層が一定数認められる以上，双砣子2期は単独設定できるものと考える。ただし，双砣子2期の存続期間については今後，検討を進める必要がある。双砣子2期は膠東半島の岳石文化照格荘類型に併行することは確実である。また次の双砣子3期は殷墟期に併行する珍珠門期に併行関係が想定されてきた。膠東半島の煙台市に所在する芝水（北京大学考古実習隊・煙台市博物館 2000）では時期の異なる芝水1期層，2期層，3期層が確認されており，芝水1期層は違いがあるもののおおむね照格荘に対比され，芝水3期は西周前期に対比されている。問題は芝水2期層で，珍珠門期よりも早く，照格荘期よりも遅いと判断されている。これまで遼東半島で確認された双砣子2期の遺物は張翠敏が指摘するように照格荘類型（芝水1期）に対比されるものが多く（張翠敏 2005），芝水2期と対比可能な遺物が不明確である。芝水2期が双砣子2期に併行するのか双砣子3期に併行するのかが双砣子2期の存続幅に関わる重大な問題であるが，現在の資料で結論を出すのは困難である。ここでは暫定的に双砣子2期と照格荘期の類似から，芝水2期は双砣子3期併行としたい。

9）韓半島中・南部地域で新石器時代晩期における青銅器時代的要素をもつと考えられている土器や青銅器時代早期における新石器時代的要素をもつと考えられている土器が種々指摘されているが（金材胤 2004，千羨幸 2005・2007，李東注 2009 など），そのような土器が単独で出土し，一時期を画することができるかどうかが問題である。

第3章　新岩里出土青銅刀の年代

Ⅰ. 緒　言

　これまで確認されている韓半島出土青銅器のなかで，最も古い時期のものは平安北道龍川郡新岩里遺跡で出土した青銅刀と青銅釦であることは広く知られている。近年，韓半島の新石器時代から青銅器時代への移行期の様相について関心が高まってきているが，新岩里青銅刀の年代は欠くことのできない年代上の定点であることから，ここでは新岩里青銅刀の年代について周辺地域との青銅刀との対比を通して確定することを目的とした検討を行う。なお，特段の断りがないかぎり，年代については製作年代について述べる。また，上限年代は製作年代のなかで想定される最も古い年代のことを指す。

Ⅱ. 新岩里青銅刀の概要

　1965年社会科学院考古学研究所は新岩里第3地点を調査し，第2文化層に属する4号土坑については道路東側で発掘を中断した。翌1966年4月に新義州歴史博物館は道路西側の4号土坑の掘り残し部分を発掘調査したところ，頸部が長い壺，鶏冠状の装飾がついた土器，圏足附土器等とともに青銅刀1点（図60）と青銅釦1点が出土した（金用玕・李淳鎮1966，新義州歴史博物館1967）。『朝鮮考古学概要』（社会科学院 考古学研究所1977）には「新岩里遺跡で知られた青銅刀と釦は双砣子遺跡第2文化層期[1]によくみられる壺に入っており，特別に大事に保管したもので，捨てられたものではなかった。」という記述がみられ出土状況についてはやや特殊な状況であったことがわかる[2]。

　この青銅刀は5片に分かれて出土した。鋒が若干欠損しているものの，現在の長さは18.6cmである。柄頭は丸い環で，柄の横断面はI字形である。柄部の長さは7.4cm，刃部の長さは11.2cmで，刃部の最大幅は1.9cmである。

　筆者は国立大邱博物館における特別展示「北側の文化遺産」展（김상태・양성혁・안경숙2006）において当該青銅刀を観察したが，背には範線がみられ，両範合鋳であることが確認された。また，刃部と柄部の境界はなだらかで大きな突起等は確認されなかった。これまで公表された実測図には刃部と柄部の境界には何も表現されていないが，実際には1条の突線がみられる。

　なお，これまで新岩里青銅刀については複数の実測図および写真が公表されているが，復元・接合に変更があった模様であるため，本書では「北側の文化遺産」展図録掲載写真（図60-4）を採用する。

Ⅲ. これまでの新岩里青銅刀の年代に関する見解

　北韓の研究者は新岩里青銅刀の年代について，調査直後の1969年に紀元前2千年紀後半期の遺物であるとした。青銅刀の具体的な類例として南山根102号石棺墓（朝中共同考古学発掘隊1966，安志敏・鄭乃武1981）の事例が挙げられたが，形態差を認めると同時に，青銅刀と共伴した遺物の文化総体から南山根例より年代上先行することは明白であるとし，新岩里青銅刀は当時知られていた青銅刀のなかで最も古いものであると判断された（社会科学院考古学研究所・歴史研究所1969）。このことは中国東北地方における共同調査を踏まえ，青銅器時代の開始期を紀元前1000年頃とした都宥浩に代表される短期編年（都宥浩1960）が見直され，紀元

前2千年紀後半とした金用玗や黄基徳らによる長期編年（金用玗・黄基徳1967）が確立したことと関連しているものとみられる。当時の調査・研究状況では新岩里青銅刀は具体的な遺物との対比こそ困難であったが、少なくとも長期編年を提示するうえで新岩里青銅刀が全く支障にならなかったということを示しているものともいえる[3]。

このような北韓の新岩里青銅刀の年代観について他の研究者はどのように捉えたのであろうか。金元龍は於家村の放射性炭素年代から新岩里2期の年代を紀元前1000年頃まで遡る妥当性が十分にあるとし、新岩里青銅刀については内湾する刀が殷・カラスク文化から出現し、遼寧省・吉林省・河北省に広がる北方式文化要素の一つであるとみた（金元龍1971）。金廷鶴は新岩里青銅刀のような刀はカラスク文化や綏遠青銅器または殷周青銅器にみられるものとし、その年代を石器にみられる龍山文化系の影響やカラスク文化の年代から紀元前1千年紀初と考えた（金廷鶴1972）。また、尹武炳は新岩里青銅刀について中原系統のものであるとしたことがあり（尹武炳1972）、北方系青銅器に向きがちであった当時の状況とは異なる視点を提示した。B. E. ラリチェフは基本的に北韓の見解を支持し、新岩里青銅刀の年代を紀元前2千年紀後半とみている（Ларичев1978）。後藤直は琵琶形銅剣を共伴した十二台営子2号墓（朱貴1960）の環首刀と対比し、遼寧省地域との関連のもと出現したとした。時期は韓半島西部以南地域に琵琶形銅剣が出現する以前の時期とみている（後藤1982）。大貫静夫は早くから新岩里青銅刀の年代についての北韓の見解を支持し、望花や新楽上層の青銅刀とともに琵琶形銅剣出現以前の青銅器のあり方を示すものとして評価しており（小川1982）、その時期について商末周初（大貫1997）や商代後期の殷墟期を中心とする時期（大貫2007・2008）のものとしている。鄭漢徳は新岩里青銅刀の年代を紀元前10-9世紀とみている（鄭漢徳1990）。王巍は新岩里青銅刀が殷墟西区M321青銅刀や撫順施家東山青銅刀と類似することを指摘し、それらが商代後期後半のものであることから新岩里の年代もそれに近いものとみている（王巍1993）。これまで提示されてきた新岩里青銅刀の年代について、具体的な資料との対比を通して、最も限定した見解を述べていることは注目される。朴淳発は金元龍と同様に於家村の放射性炭素年代を考慮し殷末周初、紀元前1200～1100年頃という年代を想定している（朴淳発1993）。李健茂は新岩里青銅刀を琵琶形銅剣文化との関連与否が不確実な遺物として把握している（李健茂1997）。岡内三眞は新岩里青銅刀等の年代について紀元前1000年前後の商末周初とみている（岡内2004）。

このように研究史を顧みると、北韓の紀元前2千年紀後半期説を支持するラリチェフ、大貫、王巍らの見解と、さまざまな要因によって当時の北韓の長期編年を受容せず、やや遅れる年代を想定した多くの南韓や日本の研究者が提示した見解にわかれる。王巍の研究のように個々の遺物に即した具体的な資料との比較を通した年代推定研究はあまりみられない。しかし、現在では華北・東北地方で青銅刀の出土事例が増加して

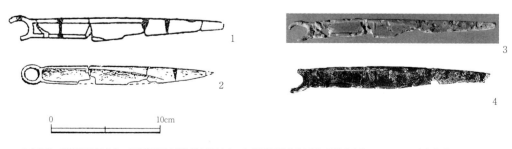

1 金用玗・李淳鎮1966より　2 新義州歴史博物館1967より　3《朝鮮遺蹟遺物図鑑》編纂委員会1988より　4 김상태 외2006より

図60　新岩里出土青銅刀各種実測図・写真

おり，具体的な資料との対比は十分に可能となったと考えられるため，本書では華北・東北地方で出土した青銅刀との対比を通して新岩里青銅刀の年代を考察しようと思う。

Ⅳ．二里頭期・二里崗期の青銅環首刀

環首刀は二里頭期からみられる。ここでは華北東部における二里頭期から二里崗上層期の環首刀について整理する。二里頭Ⅲ M2（楊国忠・劉忠伏 1983）例（図 61-1）は，柄部に 6 ヶ所の凹部をもつ環首刀で，二里頭 3 期に属する。朱開溝 M1040（楊澤蒙 2000）例（図 61-2）は鋒が外反し，刃部と柄部の境界に突起をもつ環首刀で，朱開溝第 5 段に属し，二里崗上層期に併行する。張営 H105（郁金城 等 2007）例（図 61-5）は大きく内湾した環首刀で，張営第 3 段に属し，二里崗上層期・白家荘期に併行する。台西（唐雲明 1985）例（図 61-4）は現況で鋒が外反している環首刀で，二里崗上層期に併行する。東下馮 J2（中国社会科学院考古研究所 等 1988）例（図 61-3）は刀身が三角形を呈する環首刀で，東下馮第Ⅴ期文化遺存に属し，二里崗期に相当する。このうち張営例は比較的新岩里青銅刀に近いが，内湾度が大きく異なり，基本的に二里頭期から二里崗上層期の環首刀は，新岩里出土青銅刀とは型式的な隔絶が大きく，直接対比すべき資料ではないと考えられる[4]。したがって，以下では商代後期以降西周代前期までの青銅刀を検討することとする。

Ⅴ．商代後期～西周前期の青銅刀

華北・東北地方におけるいわゆる北方系青銅刀については多くの研究があり，多方面から検討されている（高濱 1980・1997a・1999，烏恩 1985・1986，烏恩岳斯図 2007・2008，田広金・郭素新 1988，郭大順 1993，鄭紹宗 1994，郭素新・田広金 1995，Варенов1997・1999・2004，三宅 1999，楊建華 2002，李清圭 2009 ほか）。近年では呂学明がいわゆる北方系青銅刀だけでなくそれ以外の青銅刀も含めて中国北方の青銅刀に関して総合的な研究を行っている（呂学明 2010）。これらの諸研究を参考にして商代後期から西周前期の青銅刀の変遷についてみることとする。なお，本書では新岩里出土刀と関係の深い環首刀，鈴首刀，釘頭首刀，獣首刀を中心に，いわゆる北方系青銅刀以外も含めて取扱う。変遷を示すにあたっては殷墟，中原地区，晋陝地区では墓葬等の比較的年代が明確に把握できる資料を基準に年代を位置づけることができる。しかし，京津冀地区，遼西地区，遼東地区については年代を明確にできる資料に恵まれていないため，青銅刀等の形態を殷墟，晋陝地区等の事例と比較することで上限年代を検討する。

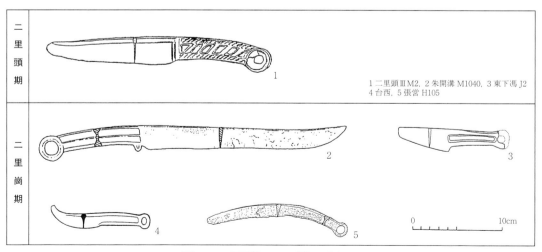

図 61　二里頭期・二里崗期の青銅刀

130　第Ⅰ部　東北アジア先史文化の変遷と地域性

1. 殷墟の青銅刀

殷墟を含む商代青銅刀の変遷については李済，鄒衡，高去尋，陳振中，李維明らの研究があり（李済 1949，鄒衡 1964，高去尋 1967，陳振中 1985，李維明 1988），なかでも 1993 年までに出土した殷墟資料を通して時期的な変遷を明らかにした劉一曼の研究が参考となる（劉一曼 1993）。劉一曼の青銅刀変遷案は，殷墟における墓葬や住居址など年代の確実な資料を中心に変遷を追及したもので，確実な方法を採っている。ここでは劉一曼の研究以降に知られた資料を加えて青銅刀の変遷をみることとする。なお，本書では殷墟の年代について鄒衡の 4 分期案（鄒衡 1964）に従い，殷墟 1 期および 2 期を商代後期前半，殷墟 3 期および 4 期を商代後期後半とする。これまでの資料では三凸紐環首刀は大司空村 M539（楊錫璋 1992）や小屯 M164（李済 1949）など殷墟 2 期にのみ知られている（図 62-1・2）。かつては三凸紐環首刀は殷墟期のなかでも遅い時期のものであると考えられたこともあったが（李済 1949），時期比定の確実な資料では，殷墟期のなかでも古い段階に認められる。環首刀は殷墟 1 期から 4 期まで認められる。殷墟 1 期・2 期の資料としては小屯 M5（婦好墓）（鄭振香・陳志達 1980），武官 M221（安陽亦工亦農文物考古短訓班・中国科学院考古研究所安陽発掘隊 1977），武官大墓 E9（郭宝鈞 1951），大司空村 M663（徐広徳 1988），殷墟西区 M391（楊宝成・楊錫璋 1979），花園荘東地 M54（徐広徳・何毓霊 2007）等の資料が挙げられる（図 62-3～12）。殷墟 3 期の資料としては四盤磨 M5（郭宝鈞 1951），大司空村 M233（馬得志・周永珍・張雲鵬 1955），大司空村 M303（江秉信 等 1987），殷墟西区 M73（楊宝成・楊錫璋 1979），殷墟西区 M372（楊宝成・楊錫璋 1979），戚家荘東 M269（孟憲武 1991），梅園荘南地 M118（戴復漢 1991），苗園北地 M54（鄭若葵・徐広徳 1986）等の資料が挙げられる（図 62-16～24）。殷墟 4 期の資料としては殷墟西区 M1024（楊宝成・楊錫璋 1979），殷墟西区 M321（楊宝成・楊錫璋 1979），殷墟西区 M166（楊宝成・楊錫璋 1979），小屯 F10（鄭振香 1976）等の資料が挙げられる（図 62-29～31）。刃部と柄部の境界が明確で闌をもつ型式や包丁のように刃部が幅広の型式は各時期にみられるが，刃部と柄部がなだらかに連続する型式（図 62-3～7）は婦好墓，侯家荘 M1923（李済 1949）など殷墟 2 期にのみ認められる。なお，林澐はこの型式の環首刀を商文化と北方系の接触により生じたとみている（林澐 1987）。環首刀には柄部断面Ⅰ字形を呈する資料，長方形を呈する資料，楕円形をする資料があり，楕円形を呈する資料にはスリットが入るものもみられるが，これらは各時期に認められる。獣首刀も各時期に認められる。殷墟 2 期の資料としては小屯 M5，花園荘東地 M54 等の資料が挙げられる（図 62-13～15）。殷墟 3 期の資料としては小屯 H181（李済 1949），小屯 M20（李済 1949），大司空村 M51（《河南出土商周青銅器》編輯組 1981）等の資料が挙げられる（図 62-25～27）。殷墟 4 期の資料としては殷墟西区 M1713（楊錫璋・楊宝成 1986）等の資料が挙げられる（図 62-32）。獣首に環がめぐる型式（図 62-13）はこれまでのところ殷墟 2 期に認められる。殷墟 3 期以降では刃部の幅広化が進む。なお，獣首刀の柄部断面形態は楕円形が基本である。環首刀では柄部断面楕円形でスリットをもつ資料は殷墟 2 期および 3 期にみられるが（図 62-11・12・21・22），獣首刀ではこれまでのところ殷墟 3 期のみにみられ（図 62-26・27），時期的変遷を示す可能性がある。殷墟では墓葬を中心に青銅刀が出土するが，殉葬壙（郭沫若 1960），住居址や祭祀坑，土坑等からも出土する。

2. 中原地区（殷墟以外）の青銅刀

商代後期前半に編年される資料としては王家湾（楊育彬 1979），天湖 M11（欧潭生 1986），温県（楊宝順 1975）等の資料が挙げられる（図 63-1～3）。環首刀は闌をもつ型式や刃部が幅広の型式が認められる。温県例（図 63-3）は柄部断面楕円形でスリットが入るが同様の資料は殷墟西区 M391（図 62-11）などで確認される。商代後期後半の事例はあまり確認されておらず天湖 M27（欧潭生 1986）例などが挙げられる（図 63-4）。西周前期としては天湖 M6（欧潭生 1986），辛村 M55（郭宝鈞 1964），太清宮 M1（韓維龍・張志清・郭木森 2000）

等の資料が挙げられる（図63-5～8）。殷墟以外の中原地区では闌をもつ型式や刃部が幅広の型式が商代後期前半から西周前期まで一貫して認められる。殷墟ではいわゆる北方系青銅刀が出土するが，中には北方系であるのか中原系であるのか判別の困難な資料も多く認められる。しかし，殷墟以外の中原地区で出土する環首刀は，柄部断面形態は長方形，I字形，楕円形と変異があるものの，江上波夫や水野清一が早く指摘した

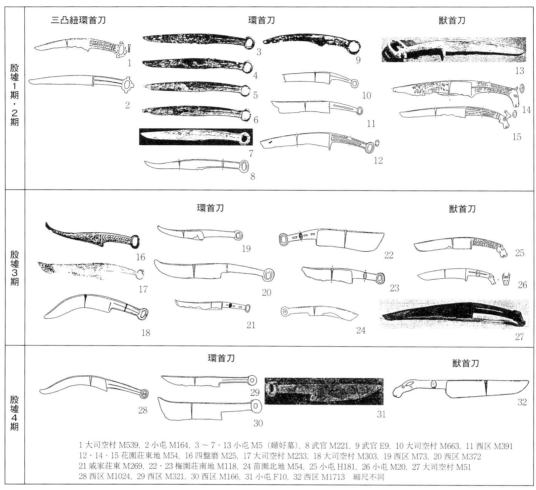

図62　殷墟青銅刀の変遷

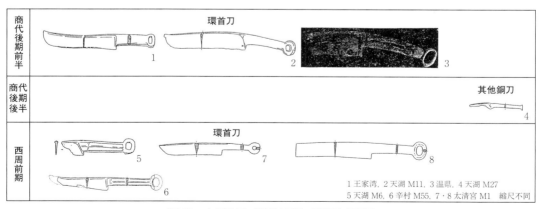

図63　中原地区（殷墟以外）青銅刀の変遷

132 第Ⅰ部 東北アジア先史文化の変遷と地域性

（江上・水野1935）ように刃部は幅広の形態であるという通有の特徴が認められることから，殷墟以外の中原地区で出土する環首刀はいわゆる中原系の青銅刀の典型を示すものとして把握したい。出土状況は墓葬から出土する事例が多い。王家湾のように窖蔵から出土する事例もあるが，青銅礼器が伴う。

3．晋陝地区の青銅刀

　商代後期前半に該当する資料としては，後蘭家溝（郭勇1962），二郎坡（山西省文物管理委員会保管組1958），褚家峪（楊紹舜1981b），上城村（王進先・楊暁宏1992），高紅（楊紹舜1981a），塢頭村（黒光・朱捷元1975）などの資料が挙げられる（図64-1〜8）。このうち後蘭家溝では殷墟1期のやや遅い段階の青銅礼器が共伴する。上城村では殷墟期前半の青銅礼器が伴う。塢頭村では殷墟2期に編年される銅鼎などと共伴している。塢頭村，後蘭家溝，褚家峪，義牒（石楼県人民文化館1972），解家溝（高雪1984）などでは互いに類似した蛇頭銅匕が出土しており，また高紅，曹家垣（楊紹舜1981b），商代後期前半の青銅器が共伴した林遮峪（呉振録1972），銎式斧が共伴した上東村（閻金鋳1985），同様の銎式斧が出土した去頭村（閻晨飛・呂智栄1988）などでは互いに非常に類似した鈴首剣が出土している。これらの点から後蘭家溝，褚家峪，上城村，高紅，塢頭村などの資料はおおむね商代後期前半を中心とする時期のものとみることができる。三凸紐環首刀は後蘭家溝（図64-1），二郎坡（図64-2）で確認されている。楊宝成は三凸紐環首刀の初現が殷墟では殷墟2期であることからみて，後蘭家溝例のほうが古く，北方地域から殷墟に伝来したとみている（楊宝成2002）。また，烏恩はカラスク文化の三凸紐環首刀の年代がН. Л. チレノヴァによると紀元前11世紀から紀元前6世紀とされている（Членова1972）ことから後蘭家溝や二郎坡で出土した三凸紐環首刀の方が古いという見解を述べたことがある（烏恩1985）。後蘭家溝例は大司空村M539例（図62-1）と類似している。三凸紐環首刀は他地域も含め，郭素新や田広金が指摘するように刃部と柄部の間に突起（一字形闌）をもつ型式が大部分で（郭素新・田広金1995）（図62-1・2，図64-1，図66-1・2，図68-1〜5，図69-1），この型式の時期がそれぞれ近いことが想定される。しかし，二郎坡例は刃部が幅広となる型式で数少ない事例であり，時期的にやや後行する可能性もある。刃部が幅広となる三凸紐環首刀は，管見のかぎり東京大学文学部列品室資料（江上・水野1935，高濱1997b，松本2012）にみられる（図65）。この資料を観察すると研ぎ減りにより刀身の形状が大きく変化しているが，基本的には一字形闌をもたず幅広の刃部となる型式であることがわかる。しかし小環をもつ点や柄部の装飾などは二波坡とは異なる。なお，東京大学文学部列品室資料の柄部装飾の類例は楊河三凸紐環首刀（図68-5）や四盤磨M25環首刀（図62-16）といった殷墟2期から殷墟3期の資料にみられ関連が想定される。環首刀は上城村（図64-3）や褚家峪（図64-4）で出土している。いずれも刃部と柄部の境界がやや膨らむ形態である。高紅では双環首刀が出土している（図64-5〜7）。獣首刀は塢頭村で出土している（図64-8）。一方，商末周初の墓葬である旌介村M2（陶正剛・劉永生・海金楽1986，海金楽・韓炳華2006）で出土した獣首刀（図64-11）は塢頭村例とは形態が異なる。旌介村M2の柄部断面は楕円形で縦位に3条のスリットが入る。このような柄部形態は戚家荘東M269（図62-21）や梅園荘南地M118（図62-22）など殷墟3期の資料にみられ，青銅刀の形態からも商代後期後半とすることができるものと考えられる。このほか晋陝地区では釘頭首刀が黒豆嘴M1（姚生民1986）で出土している（図64-9・10）。西周前期の資料としては垣曲古城東関（中国歴史博物館考古部 等2001），案板（王世和 等1992），南堡（左忠誠1980）の資料が挙げられる（図64-12〜14）。いずれの資料も柄部断面Ｉ形で刃部が幅広で庖丁様を呈す環首刀であり，中原地区の西周前期の資料と類似する。晋陝地区では墓葬から銅刀が出土する事例が多い。

第3章　新岩里出土青銅刀の年代　133

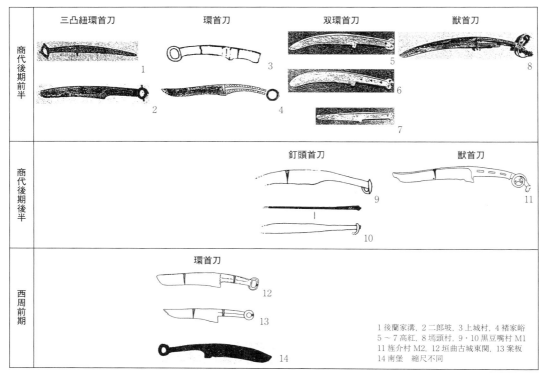

図64　晋陝地区青銅刀の変遷

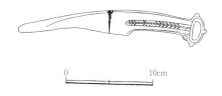

図65　東大所蔵三凸紐環首刀

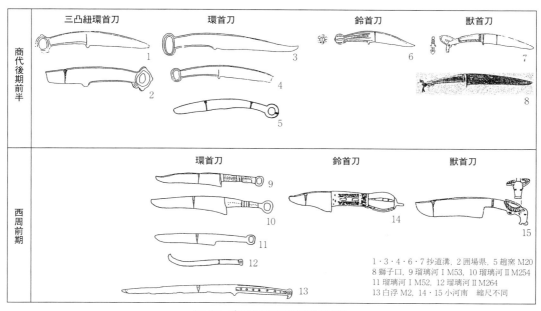

図66　京津冀地区青銅刀の変遷

134　第Ⅰ部　東北アジア先史文化の変遷と地域性

4．京津冀地区の青銅刀

　本地区の商代の資料については時期が明確な青銅礼器と共伴する窖蔵例に恵まれていないため，墓葬の一括遺物が良好に残る殷墟や晋陝地区との対比によって上限年代を示すこととする。抄道溝（鄭紹宗1962）では三凸紐環首刀（図66-1），環首刀（図66-3・4），鈴首刀（図66-6），獣首刀（図66-7）が出土した。三凸紐環首刀は殷墟や晋陝地区で検討したとおり商代後期前半に多くみられる資料である。囲場県（鄭紹宗1994）でも三凸紐環首刀が出土しており（図66-2），環首の基部に小さな環がついているという特徴があるが，これは大司空村M539例（図62-1）にもみられる。抄道溝で出土した環首刀は三凸紐環首刀，鈴首刀とともに刃部と柄部の境界に突起（一字形闌）をもつ型式で，また三凸紐環首刀とは柄部の断面がⅠ字形という点で共通することから，抄道溝出土三凸紐環首刀，環首刀，鈴首刀はそれぞれ近い年代を与えることができる。商代後期に編年される趙窯M20（陳恵・江達煌1992）では環首刀が出土しているが，刃部と頸部の境界が明確ではない型式で，柄部断面はT字形を呈しており，やや特異である（図66-5）。古冶（文啓明1984）でも環首刀が出土している。この環首刀は柄部断面がT字形であり，趙窯M20の資料との関連も考えられる。包含層からの出土であるため正確な時期比定が難しいが，②層（古冶晩期遺存）からの出土であるため商代後期のものであるものと考えられる。抄道溝で出土した獣首刀の獣首表現は小屯M5（図62-13），墕頭村（図64-8）等に類似する。金岳，董新林，呂学明は抄道溝の年代を婦好墓や後蘭家溝などより遅れるとみているが（金岳1990，董新林2000，呂学明2010），三凸紐環首刀，環首刀，獣首刀など全ての資料が商代後期前半に類例を求められるので強いて時期を遅くみる必要はなく，抄道溝の窖蔵一括遺物は基本的に商代後期前半に位置づけられる。獅子口（劉建忠1988）出土獣首刀（図66-8）や出土地不明ではあるが北京市収集獣首刀（馬希桂・程長新1978）についても，獣首表現から抄道溝に近い年代のものとみられる。なお，抄道溝，獅子口，北京市収集獣首刀の獣首表現は1966年に張家口で出土した獣首剣[5]（河北省博物館・文物管理処1980）や北京市収集獣首剣（馬希桂・程長新1978）と酷似し関連が想定される。

　西周前期の資料としては瑠璃河墓葬（郭仁・田敬東1995）で環首刀が出土しているが（図66-9～12），郭素新や田広金が指摘するように刃部と柄部の境界の小突起（一字形闌）は消失する（郭素新・田広金1995）。また，刃部が幅広で，庖丁様を呈するものが多く，柄部断面は長方形や楕円形で商代後期前半のものとは大きく異なる。小河南（王峰1990，鄭紹宗1994）では鈴首刀（図66-14）と獣首刀（図66-15）が出土している。獣首刀の表現は殷墟期後半の事例（図62-32）にやや類似することから抄道溝や獅子口よりも後行する。また，これまでにも多く指摘されてきたことであるが，小河南鈴首刀は白浮M3（北京市文物管理処1976）で出土した鈴首剣（図67）と柄部表現が酷似しており（甲元1991，三宅1999，楊建華2002ほか），同様の時期が想定される。鈴首刀自体の形態についても商代後期前半を上限とする抄道溝のものとは大きく異なる。白浮M2でも青銅刀が出土しているが，柄首に猛禽類を模った青銅刀である（図66-13）。従来，白浮M2は瑠璃河M54との対比から西周前期末と考えられてきたが，林澐は西周中期とする見解を提示している（林澐1994）。この見解を受けて，呂学明は白浮の銅刀を西周中期とみている（呂学明2010）。本書では小河南出土獣首刀が殷墟4期の獣首刀と類似する点があるので，殷墟期から遠くない時期のものとみて，白浮の年代については従来の

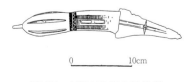

図67　白浮M3出土鈴首剣

見解に従い，西周前期に位置づけた。当該地区では青銅刀は商代後期前半には青銅工具のみで構成される窖蔵から出土する。一方，西周前期では墓葬から出土するほかに窖蔵でも出土するが，小河南では銅器蓋も伴っており，商代後期前半を上限年代とする窖蔵とは器種組成に変化がみられる。窖蔵における青銅工具と青銅容器の組成は，後行する時期の窖蔵である西撥子（斉心1979）でもみられ継承関係が想定される。

5．遼西地区の青銅刀

当該地区でも墓葬や青銅礼器の伴う窖蔵例が少ないため，殷墟や晋陝地区との対比によって上限年代を示すこととする。馮家（王雲剛・王国栄・李飛龍1996）では三凸紐環首刀（図68-1～3），環首刀（図68-6～8・11・12），釘頭首刀（図68-13）などが出土している。これらの三凸紐環首刀，環首刀，釘頭首刀は刃部と柄部の境界に一字形闌をもち，柄部断面がⅠ字形のものが多く共通性が高い。ただし環首刀には刃部と柄部がやや突起状に膨らみながらも比較的なだらかに連続する資料もみられる（図68-6）。楊河（李建民・傅俊山1978）でも三凸紐環首刀（図68-4・5）と環首刀（図68-9・10）が出土しているが，馮家と同様に刃部と柄部の境界に一字形闌をもち，柄部断面がⅠ字形のものが多く共通性が高い。馮家および楊河出土三凸紐環首刀には大司空村M539（図62-1）や後家蘭溝（図64-1）に類似した資料がみられる。金岳，董新林，呂学明は馮家および楊河の年代を婦好墓や後家蘭溝などより遅れるとみているが（金岳1990，董新林2000，呂学明2010），抄道溝と同様に三凸紐環首刀，環首刀など基本的に商代後期前半に類例を求められるので強いて時期を遅くみる必要はなく，馮家および楊河資料は商代後期前半に位置づけられる。鈴首刀（図68-14）は赤峰で収集されている（郭大順1993）が，後述の湾柳街例（図69-5）と類似する。獣首刀は朝陽山（靳楓毅1983），塔子溝（王未想1994）で出土している。朝陽山（図68-15）の獣首は小屯M5（図62-13），瑪頭村（図64-8），抄道溝（図66-7）等に類似する。また，塔子溝出土獣首刀（図68-16）の獣首表現および柄部の装飾は抄道溝出土獣首剣と類似する。朝陽山および塔子溝資料は刃部と柄部の境界に小突起をもつ点が共通することも併せて考慮すると，両資料は商代後期前半に位置づけられる。東犁（李殿福1984）出土獣首刀は柄部の比率が高く柄部と刃部の境界に突起をもつ青銅刀であるが，獣首表現は類例があまりない。東犁では夏家店下層期の文化層が検出されているが，出土状況が不明瞭で時期判別が困難である。商代後期後半から西周前期にかけての

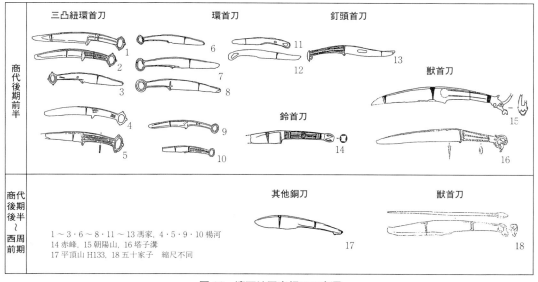

図68 遼西地区青銅刀の変遷

136　第Ⅰ部　東北アジア先史文化の変遷と地域性

青銅刀としては五十家子（邵国田1993）の獣首刀（図68-18）が挙げられ、獣首の表現や刃部がやや幅広になっている点は殷墟期後半以降のもの（図62-32）に類似する。魏営子文化に属する平頂山H113（朱永剛 等1992）で出土した青銅刀（図68-17）は他地域ではあまりみられない資料である。この平頂山例は単範鋳造で、柄部に歯状の突起があり、基本的に両範合鋳である北方系青銅刀とは形状も鋳造方式も大きく異なる。この平頂山例は琵琶形銅剣時期に盛行する単範鋳造の歯柄刀（朱永剛1987、瑜瓊1991、宮本2004）の祖形ではないかと考えられる。このことから遼西独自の青銅刀の生産が開始されたものと評価することができる。このほか詳細な年代は特定できないものの波羅赤でも内湾する青銅刀が出土している（靳楓毅1988）。遼西地区では青銅礼器を伴わない窖蔵から出土する例が多い。

6．遼東地区の青銅刀

当該地区でも墓葬や青銅礼器の伴う窖蔵例が少ないため、他地域との対比によって上限年代を示すこととする。望花（撫順市博物館1981、王秀媽1983）では三凸紐環首刀が出土しているが、環首部と柄部の間に小さな環が一つ付く特徴がある（図69-1）。同様の三凸紐環首刀は大司空村M539（図62-1）、囲場県（図66-2）で出土しており、吉林大学所蔵資料（王丹1992）にもみられる。したがって、商代後期前半を上限年代とみることができる。湾柳街（曹桂林1988、何賢武 等1989、裴跌軍 等1990、曹桂林・荘艶杰1997）では環首刀（図69-2～4）、鈴首刀（図69-5）、獣首刀（図69-6）が採集されている。環首刀には刃部がやや幅広ではあるが、比較的なだらかに柄部から刃部に移行する資料（図69-2）がみられ、馮家資料との関連が想定される。また、環首部分が扁平な形態を呈する資料（図69-3・4）も同様に馮家に類例（図68-11・12）が認められる。獣首刀は小屯M5（図62-13）、墻頭村（図64-8）、抄道溝（図66-7）、朝陽山（図68-15）出土資料に類似し、商代後期前半に位置づけられる。鈴首刀は赤峰採集品（図68-14）に酷似した資料がみられる。さて、楊建華は湾柳街出土鈴首刀について、型式的に小河南出土鈴首刀よりも後行するものと判断し、西周中期[6]よりも遅れるものとみている（楊建華2002）。しかし、上述のとおり湾柳街で出土した環首刀や獣首刀は全て商代後期前半に上限年代を想定することができる資料である。湾柳街の青銅刀は収集資料であるため、一括性が保証されないのは事実であるが、湾柳街出土土器はまとまりをもった一群で商代後期前半から西周中期に至る長い時期幅をもっているとは考えられない。したがって鈴首刀のみ西周中期まで遅れるとみると居住址との関係を考えるのが困難であるため、筆者は湾柳街の青銅刀はある程度限定された時期のもので、商代後期前半を上限とするものと考える。

施家東山住居址南側縁辺（王秀媽1983）出土青銅刀（図69-7）は首部欠損のため形態はわからないが、柄

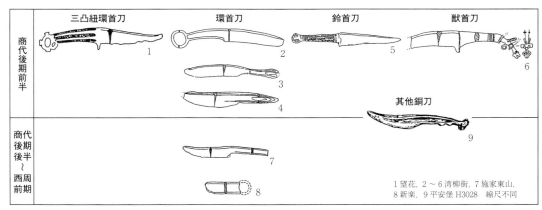

図69　遼東地区青銅刀の変遷

1 望花、2～6 湾柳街、7 施家東山、8 新楽、9 平安堡H3028　縮尺不同

部の断面がＩ字形であることからみて環首刀系ではないかと推定される。形状は王巍が指摘するように殷墟西区 M321 例（図 62-29）に類似しているため（王巍 1993），商代後期後半に位置づけられる。新楽第 5 地点（曲瑞奇・沈長吉 1978）では新楽上層期の環首刀柄部が出土しているが（図 69-8），遺存状況が悪く詳細な形態は不明である。施家東山出土土器と新楽第 5 地点出土土器との類似から，筆者は施家東山とほぼ同時期と判断した。平安堡 H3028（朱永剛・王成生・趙賓福 1992）出土青銅刀（図 69-9）は楕円形の環首をもち，柄部に突起があるという形態の青銅刀で，他地域では類例をほとんどみることができない。出土した H3028 の共伴土器が示されていないため詳細な時期的位置づけが難しいが，高台山文化に伴うものとされているのでおおむね商代後期に併行するものと思われる[7]。この他地域ではみられない特異な形態から当該地域でも青銅刀の在地生産はすでに開始していたものと考えられる。すでに秋山進午は施家東山青銅刀と色家（張波 1984）出土青銅刀がともに薄手で銅質が悪く在地で生産されたものであると判断したことがあり（秋山 1995），大貫静夫もこれを追認している[8]（大貫 2007）。遼東地区での出土状況としては住居址や居住地包含層，土坑からの少量出土が多く，窖蔵からの多量出土がみられる京津冀地区や遼西地区とは異なるようである。

Ⅵ．新岩里出土青銅刀との対比

1．新岩里出土青銅刀の類例

　北方系青銅刀を含め中国北方地区で出土する青銅刀には実にさまざまな型式がある。そのなかでも新岩里例と最も類似したものとしては殷墟 2 期に属する小屯 M5（婦好墓）で出土した 5 点の青銅刀（図 62-3〜7）を挙げることができる。新岩里青銅刀と婦好墓例は柄部から刃部にかけて若干膨らむもののなだらかに連続する点，直線的ではあるがやや内湾する点，柄部断面がＩ字形を呈する点などが共通する。趙窯例（図 66-5）や馮家例（図 68-6）もこれに近いが内湾度が強く，刃部と柄部の境界もより明瞭である。また趙窯例は柄部断面がＴ字形という差異もある。したがって，新岩里例に最も近い資料は婦好墓例ということになるが，新岩里例では刃部と柄部の境界に突線があり，柄部には特に装飾はない。一方，婦好墓の 5 点の資料は刃部と柄部の境界には突線はなく，柄部中央に突線が 1 条入るという差異がある。この両者の差異を繋ぐ資料が現在東京大学文学部に所蔵されているので次に紹介する。

2．東京大学文学部列品室所在青銅刀

　東京大学文学部列品室には商代の青銅刀が 2 点収蔵されている（図 70，表 6）。この 2 点の青銅刀子は，河南省安陽市で駒井和愛により収集され，東京大学文学部列品室に収蔵されたものである。遺物カードによる整理番号は C64 と C80 である。C64 の遺物カードには「品名：青銅刀子，個数：1，発見地：河南安陽，収蔵経過：駒井和愛」と記載されている。また C80 の遺物カードには「品名：青銅刀子，個数：1，発見地：河南安陽，収蔵経過：駒井和愛」と記載されている。これらの情報から，この 2 点の青銅刀子は，河南省安陽市で駒井和愛により収集され，東京大学文学部列品室に収蔵されたものであることがわかる。遺物の出土地は，収集場所から考えて，安陽市西北郊にひろがる殷墟である可能性が極めて高い[9]。

　（1）C64（図 70-1）　柄部下端部が欠損しているが，それ以外はよく遺存している。刃部と柄部ともに内湾しており，柄部は両端に凸線がみられ，柄部の断面形はＩ字形に近い。柄部は湾曲し，刃部につながるため，柄部と刃部の境界は膨らみをもつが，大きな突起はみられない。柄部下端部は環首であったものと考えられる。背に範線が観察されることから，両範合鋳で作られたものであることがわかる。残存長 22.2cm，刃部長は 13.9cm，柄部残存長は 8.3cm，刃部最大幅は 2.4cm である。なお，この C64 は柏倉亮吉の論文で図化されたことがある（柏倉 1961：第 2 図 11）。

138　第Ⅰ部　東北アジア先史文化の変遷と地域性

表6　東京大学文学部所蔵環首刀観察表

	（残存）長	刃部（残存）長	柄部（残存）長	刃部最大幅	刃部・柄部境界	柄部装飾	柄部断面	鋳造方式
C64	(22.2) cm	13.9cm	(8.3) cm	2.4cm	膨らみをもつが大きな突起なし	なし	I字形	両範合鋳
C80	(22.3) cm	(9.8) cm	12.5cm	2.5cm	突線により区分。なだらかに連続し大きな突起なし	柄部中央1条突線	I字形	両範合鋳

(2) C80（図70-2）　鋒が欠損しているが，それ以外はよく遺存している。刃部と柄部ともにわずかに内湾しているが，ほぼ直線状である。柄部は両端に凸線があり，断面形はI字形で，中央にも1条の凸線がみられる。また，刃部と柄部の境には凸線により区分されており，柄部から刃部にかけてはなだらかに連続しており，大きな突起等はみられない。柄部下端部は環首で，楕円形を呈している。背に範線が観察されることから，両範合鋳で作られたものであることがわかる。残存長22.3cm，刃部残存長は9.8cm，柄部長は12.5cm，刃部最大幅は2.5cmである。

このうち，C80は柄部の中央に1条の突線が見られる以外は，柄部の断面がI字形を呈する点，柄部と刃部がなだらかに連続する点，刃部と柄部の境界に1条の突線がみられる点，環首である点，そして両範合鋳である点からみてこれまで知られた資料のなかで新岩里青銅刀と非常に類似した遺物である。そして，C80の柄部中央の突線は婦好墓資料との共通性を示しており，新岩里-東大C80-婦好墓資料の関係性を想定することができる（図71）。

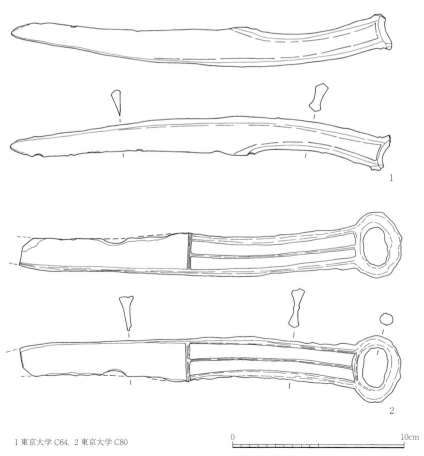

1 東京大学 C64，2 東京大学 C80

図70　東京大学文学部所蔵環首刀

Ⅶ. 新岩里出土青銅刀の年代と系譜

　以上の検討から，新岩里青銅刀の年代は商代中期以前には遡りえず，また，西周前期には類例がほとんどみられないことから西周前期に下る資料ではないため，殷墟期を中心とする商代後期に求められる。北韓の研究者が1960年代後半に到達した結論とほぼ一致し，大貫静夫が評価したように「当時の周辺地域の研究段階を考えれば，驚かざるをえない」(小川1982)。そこで，商代後期のなかでさらに，新岩里青銅刀の上限年代を求めると，新岩里例に最も類似した資料は東大C80を介して婦好墓の資料に求めることができる。婦好墓の年代は武丁期とみる見解(王宇信・張永山・楊升南1977, 鄭振香・陳志達1977)，武丁期後半から祖庚・祖甲期とみる見解(李学勤1977)，武丁期以降とみる見解(李伯謙1979)，武丁期より遅い時期とみる鄒衡，裘錫圭の見解(《考古》編輯部1977)などがあったが，最近の研究では婦好墓の年代は殷墟2期前半であるとされており(何毓霊2007)，本書でもこれに従う。武丁の在位期間が紀元前1250～紀元前1192年とされていること(夏商周断代工程専家組2000)を考慮すると，新岩里青銅刀の上限年代については紀元前13世紀末から紀元前12世紀初という年代が導き出される。殷墟と新岩里の中間地域である京津冀地区，遼西地区，遼東地区では商代後期前半に上限年代を求めることができる青銅刀が多く確認されていることからみて鴨緑江下流域でも商代後期前半に青銅刀が出現したとしても不自然なことではない。なお，新岩里青銅刀が出土した新岩里第3地点第2文化層期の土器は，一部双砣子2期末に併行する可能性があるものの，第2章第6節で述べたとおり，おおむね双砣子3期に併行すると筆者は理解しており(古澤2007・2012)，この点からも年代的な矛盾はない。

　遼東半島では双砣子2期までは膠東半島との結びつきが強いので(許玉林1993)，海岱地区の青銅刀をここで確認する。商代後期に属する事例としては益都侯城(賈効孔1985)，李家宮(郭克煜等1990)，長清(唐士和1964)，前掌大BM9(中国社会科学院考古研究所2005)など(図72-1～5)，西周前期前半に属する事例としては前掌大M38, M18, M45, M21, M40, M132など(図72-6～12)，西周前期後半の事例としては前掌大M120など(図72-13)が挙げられる。環首刀は基本的に刃部が幅広の形態で，半円形環首刀(図72-3・11・

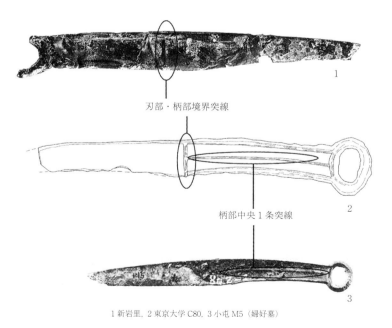

1 新岩里, 2 東京大学C80, 3 小屯M5 (婦好墓)

図71　新岩里青銅刀と類例の比較

12)も認められ，いわゆる中原系青銅刀が大部分である[10]。海岱地区の青銅刀は新岩里例とは形態差が大きく，関連は薄いことがわかる。したがって，双砣子3期以降，遼東地域が膠東半島ではなく遼西地区等内陸と強く結びつく時期に鴨緑江下流域にも青銅刀が出現したものとみられる。

ところで，遼西地区では馬廠溝（熱河省博物館1955），北洞1号窖蔵（遼寧省博物館・朝陽地区博物館1973），北洞2号窖蔵（喀左県文化館 等1974），山湾子（喀左県文化館・朝陽地区博物館・遼寧省博物館1977），花爾楼（孫思賢・邵福玉1982），小波汰溝（郭大順・馮永謙1978, 孫守道1979）などで商周青銅礼器の窖蔵が発見されている（魏凡1983）。また少量の青銅礼器の出土が報告された事例としては小城子（陳夢家1955），天宝同（克什克騰旗文化館1977），大廟，木頭城子（郭大順・馮永謙1978），頭牌子（蘇赫1982），西牛波羅（郭大順1987）などがある。

本書で扱っている青銅刀についても抄道溝，馮家，楊河などのように京津冀地区や遼西地域については窖蔵から出土することが多いが，青銅刀が含まれる窖蔵では工具や武器と共伴する一方，礼器は基本的に伴わない。一方，上述の青銅礼器の窖蔵では青銅刀等の工具・武器が伴わないため，排他的な出土状況であることはこれまでにも指摘されてきている。金岳は青銅礼器窖蔵については殷民が残した銅器，商族が北上した時の銅器，殷亡臣の銅器，中原から輸入した銅器，弧竹国の銅器などがみられる一方，青銅刀等の青銅器は土方の青銅器であるとみた（金岳1990・1991）。甲元眞之は小河南で青銅製工具と礼器が共伴する例がみられ，小河南と抄道溝などの青銅刀窖蔵の遺物の組成は同様であるため，青銅製工具窖蔵と青銅礼器窖蔵は同一の歴史的条件下に出現した現象であると捉えている（甲元1991）。秋山進午は，工具・武器と礼器が排他的に出土する原因について青銅器の伝播ルートの差異を挙げている（秋山1995）。宮本一夫は青銅葬器と青銅武器・工具の埋納はほぼ同じ年代とみて，文化様式の違いに基づいて埋納内容に差異が認められるとした（宮本2000）。李清圭は中原系青銅礼器は政治的イデオロギーの象徴的性格をもち，近距離交流を通して遼河流域西側内陸の一定地域に普及した一方，北方系青銅器はこれとは異なり非政治宗教的な遠距離交流を通して広い地域に広がり一定のシステムもなく無計画的に普及したものであるという差異を指摘している（李清圭2009）。

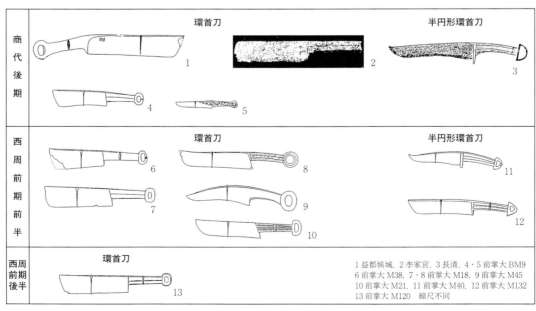

図72　海岱地区青銅刀の変遷

さて，窖蔵で出土する青銅礼器の年代については，張震澤，甲元眞之，劉淑娟，廣川守らにより馬廠溝は殷墟後期から西周前期，北洞1号窖蔵は殷墟中期から殷墟後期[11]，北洞2号窖蔵は殷墟後期から西周前期，山湾子は殷墟中期から西周中期，花爾楼は殷墟後期から西周前期とされ，小波汰溝には西周前期の礼器が含まれるため，これらの窖蔵の埋蔵年代は西周前期や西周中期となるものと考えられている（張震澤 1979，甲元 1989・1990，劉淑娟 1991，廣川 1995）。

　甲元は小河南と抄道溝等の青銅工具の組成が同一であるため同一時期として把握している。しかし，上述のとおり小河南の鈴首刀は白浮 M3 出土鈴首剣と著しく類似するので，小河南の年代は西周前期として考えられるが，青銅刀の形態が抄道溝等と小河南では異なり，これは時期差を反映しているものと筆者はみている。また，甲元は殷系の青銅器が西周代に埋蔵されたという状況を想定しているが，西周代の遺物を含む小河南は除外すると，抄道溝，楊河，馮家等では西周前期に類例を求められる遺物は出土していないので，強いて西周前期に埋蔵されたと考える根拠はなく，商代後期前半を埋蔵年代の上限年代と考えて支障はない。

　したがって筆者は，青銅刀を含む工具と青銅礼器が遼西地域等で窖蔵においては排他的に出土する原因は時期的な差異であり，それぞれ異なる歴史的条件下で出現したものと認識している[12]。すなわち，京津冀地区や遼西地区では，商代後期前半を上限年代とし北方系の工具・武器類を中心とする窖蔵を設ける系統と，西周前期・中期に一部に北方系の青銅器を加えながらも周原系の礼器を中心とする窖蔵を設ける系統というように，中心年代を異にする青銅器伝播の系統が少なくとも2系統別個にあったものと考えられる。そして，このうち前者の系統が鴨緑江下流域に及び，新岩里青銅刀が出現するのである。

　また，新岩里青銅刀の最も類似した事例がこれまでのところ殷墟に認められるということを考慮すると，遼西地区や遼東地区に波及した北方系青銅器文化は，郭大順が指摘したように商文化と北方系青銅器文化の相互影響下で現われたものである（郭大順 1993）と考えられる。ただし青銅刀が窖蔵から出土する京津冀や遼西とは異なり，『朝鮮考古学概要』の記述が正しければ土坑内の土器の中から青銅釦とともに出土したという出土状況であることから，その取扱いには差異が認められる。居住址から青銅刀が出土する遼東地区との在り方に近いものと考えられ，遼東地区と鴨緑江下流域では独自の青銅器文化の受容があったものと考えられる。

Ⅷ．結　語

　本章では現在知られている資料のうち韓半島最古の青銅器である新岩里青銅刀の年代を明らかにするため，周辺地域で出土する青銅刀との対比を行った。その結果，東大資料 C80 を介して婦好墓出土資料に類例を得ることができ，新岩里青銅刀の上限年代は紀元前 13 世紀末から紀元前 12 世紀初であると判断した。また，この時期に京津冀地区，遼西地区，遼東地区でも展開した北方系青銅刀をはじめとする青銅器文化系統が鴨緑江下流域に及び新岩里青銅刀が出現したということを併せて指摘した。

　　註
1）当時の北韓の年代観から考えると双砣子3期の誤りではないかと考えられる。
2）発掘当時の新聞報道（김성우 1966）では「（前略）　以上の遺物とともに青銅刀と青銅釦が同時に発掘された。」という記述がみられる。
3）しかし，政治的要請により伝"檀君"陵発掘調査が実施され，1993 年 10 月 2 日付けで発掘報告が公表（朝鮮民主主義人民共和国 社会科学院 1993）されて以降，北韓では琵琶形銅剣の初現時期を紀元前 26 世紀以前とする年代観（朴晋煜 1994）やコマ形土器の初現時期を紀元前 4 千年紀後半とする年代観（徐国泰 1996）を提示せざるをえなく

なり，新岩里青銅刀の年代が積極的に言及されることはなくなった。

4）このほかに二里頭期・二里崗期に属するとされる環首刀として，呂学明によると鋒が巻鋒となっている西灰同城址出土銅刀があるが（呂学明 2010），筆者は原報告（遼寧省文物考古研究所 2007）に接することができなかったので詳細な時期等については検討できなかった。

5）この獣首剣と酷似した獣首剣が 1965 年 3 月に張家口市張北県で出土したという記述が鄭紹宗の論考にあるが（鄭紹宗 1984），同一資料なのかどうかは不詳である。

6）楊建華は白浮の年代について林澐（1994）の見解に従っているため，連動して小河南の年代も西周中期となり，湾柳街について西周中期より遅いという記述になっている。

7）遼寧省阜新蒙古族自治県に位置する平安堡は地理区分からみれば遼西地区で取扱うべきであるが，帰属文化の高台山文化は瀋陽地区を主たる分布域とするため，本書では遼東地区で取扱った。

8）色家出土青銅刀と非常に類似した形態の青銅刀が八棵樹鎮建材村（許志国 2000）で出土している。建材村青銅刀には刀身に「兄」字が刻まれている。建材村では美松里型（双房型）壺が出土しており，これらの資料は琵琶形銅剣時期のものであるとみられ，遼東地区における商代後期の青銅刀在地生産の根拠からは除外すべきである。

9）収集者の駒井和愛の著作には「東京大学へ寄贈する標本として，殷墟出土の刀子を 2 本ほど買った」という記述があり（駒井 1958），駒井自身これらの青銅刀を殷墟出土のものであると認識していたようである。

10）海岱地区も北方系青銅器と全く無縁というわけではなく前掌大 M41 では抄道溝出土獣首剣などに類例を求められる獣首剣が出土しており，今後も海岱地区における出土状況を注視する必要がある。

11）北洞 1 号窖蔵と北洞 2 号窖蔵は約 3.5m の距離で構築されており，本来一連の窖蔵であったものとみられる（甲元 1989，廣川 1995）。

12）しかし，西周前期の青銅礼器窖蔵の中に殷墟期の青銅礼器が納められた事例があることや郭大順が指摘するように天宝同など商代後期の単一の青銅礼器が出土する事例も存在すること（郭大順 1987）ため，遼西地区の商代後期における青銅礼器の存在については別個考察する必要がある。

第4章　東北アジア先史時代農耕の展開

第1節　東北アジア先史時代農耕研究の現状

Ⅰ．これまでの東北アジア新石器時代農耕の想定

　農耕石器の組み合わせから農耕の実態を明らかにする研究はこれまで多く行われてきた。近年の代表的な見解として大貫静夫と宮本一夫の見解を挙げることができる。大貫の見解（大貫 1998・2010・2013）は次のとおりである。表7のとおり地域ごとに石器群が変遷する。西から東へ，南から北へ穀物の栽培化の流れとうまく連動するようにある程度の規則性をもって石器群が変遷する。まず，極東平底土器前半期に極東西部まで農耕が広がっていた。極東平底土器後半期には遼西の紅山文化で磨製石庖丁や貝庖丁が登場し，それまで，環渤海で華北農耕文化から最も遠かった遼東半島に大汶口文化の影響で打製石庖丁や多量のブタの骨が出土するようになる。紀元前2千年紀には遼東半島ですりうすが双砣子1期からなくなり，石鍬は双砣子2期からなくなる。すりうすの消失は藤本強の指摘する粉食から粒食への変化（藤本 1983）の反映であるとする。また，すりうすや土掘り具が消失し，農具が庖丁のみになる現象は一段階早く華北で起きており，これが遼東半島を経て韓半島へ入るとする。沿日本海地域では虎谷1期類型でブタがわずかに出土し，興城文化では石包丁や貝庖丁がわずかに伴う。土掘り具＋製粉具という組成に穂摘み具が加わるとし，遼西から広がった農耕文化の流れ上にあるとする。このような大貫の見解はおおむね正しいと考えられる。ただし甲元眞之による「無文土器時代の朝鮮では農具として明確に把握できるのは石庖丁だけである」という記述（甲元 1989a）を引用し，磨盤・磨棒が消失する遼東半島の動向と関連付けた点については，後述のとおり修正が必要である。

　宮本一夫の見解（宮本 2003・2008・2009・2017）は次のとおりである。アワ・キビ農耕を伴う農耕化第1段階として磨盤・磨棒，土掘り具，柳葉形石鏃を伴い，遼西から遼東を経て韓半島や豆満江流域等へ伝来するとする。韓半島南部では弓山文化系の土器文化が韓半島南部に影響を与え成立する水佳里Ⅰ期がこの段階であるとし，宮本の主張する華北型農耕石器[1]と土器文化の動態が連動するものとみた点に最大の特徴があると筆者はみている。このような観点は早くから申叔静らによっても想定されてきたが（申叔静 1994），近年の出土資料に基づく解釈として重要なものであった。農耕化第2段階として韓半島新石器時代後期に華北型農耕石器によるアワ・キビ農耕に加え，イネが韓半島中南部に受容されるとする。この栽培イネはほかの石器を伴うことなく単体で移動してきたという。韓半島の農耕化3段階として石庖丁，木材加工具などの組成が青銅器時代にみられるとする。

Ⅱ．耕作遺構・植物遺存体・土器圧痕

　2010年代に入り，韓半島中南部での先史時代農耕研究の進展は驚くべきものがある。特に，耕作遺構，植物遺存体，土器圧痕などの分野での進展が著しい。ここで，最新の研究成果を概観する。

144　第Ⅰ部　東北アジア先史文化の変遷と地域性

表7　大貫静夫による石器群の展開（大貫 1998）

時期	西部		東部	
	遼西	遼東	沿日本海	黒龍江下流
極東平底土器前半期	鑵鍬・すりうす	すりうす	打製石斧	
極東平底土器後半期	鑵鍬・すりうす・包丁	鍬・すりうす・（包丁）	鍬・すりうす	
紀元前2千年紀	鍬・包丁	包丁	鍬・すりうす・包丁	？
紀元前1千年紀（一戦国）	包丁	包丁（鎌）	鍬・すりうす・包丁・鎌	鍬・すりうす

表8　韓半島新石器時代作物遺存体

地域		遺跡名	遺構名	時期	作物遺体の種類	備考
平壌		南京	31号住居址	後期	アワ	
黄北	鳳山郡	智塔里	2号住居址	前期	アワまたはヒエ	アワの可能性
		馬山里	7号住居址	前期	アワ	
黄南	青丹郡	蘇井里第2地点	4号住居址	後期	ヒエ？	同定疑問
江原	高城郡	文岩里	10号野外炉址	中期	イネ，キビ，マメ，アカザ	
			12号炉址	中期	アワ	
			住1＋3　3-Ⅲ-18	中期	アワ，キビ族？	
			5号住居址	中期	コムギ？	
京畿	高陽市	大化里　城底	泥炭層（1地域）	後期	イネ籾	年代疑問
		大化里　家瓦地	泥炭層（2地域）	後期	イネ籾	年代疑問
		注葉里	泥炭層（3地域）	後期	土器胎土イネプラント・オパール	同定疑問
京畿	金浦市	佳峴里	泥炭層	後期	イネ籾，アワ	年代疑問
京畿	始興市	陵谷洞	15号住居址床面グリッドC4	前期	キビ	
			15号住居址床面	前期	マメ類	
			19号住居址竪穴A3木炭中層	中期	アワ，キビ，アワ属，キビ属	アワ 4770±40y. B. P.
			19号住居址床面グリッドD3	中期	アワ，アズキ，アワ属，キビ属	
			19号住居址床面グリッドC7	中期	マメ類	
京畿	華城市	石橋里	新石器3号住居址	中期	アワ	
			新石器6号住居址	中期	アワ	
			新石器22号住居址	中期	アワ，キビ	
			新石器23号住居址	中期	アワ，キビ	
			新石器25号住居址	中期	アワ	
仁川	永宗島	中山洞21地点	22号住居址cベルトⅥ-1層	後期	アワ，アワ属，アカザ属	
			22号住居址2次炉址1層	後期	アワ	
			22号住居址1号柱穴	後期	アワ	
			2号住居址1号炉址	後期	アカザ属	
		中山洞23地点	8号住居址bベルト6層	後期	キビ族	
			8号住居址炉址内1	後期	アカザ属	
			9号住居址aベルト4層	後期	キビ，アワ，キビ族	
			9号住居址dベルト4層	後期	アカザ属	
			10号住居址2号炉址1層	後期	アカザ属	
			15号住居址bベルト3層	後期	アカザ属	
			集石遺構1	後期	アカザ属	
忠北	沃川郡	大川里	住居址	後期	コメ？，イネ籾？，オオムギ？，コムギ？，アワ，キビ	年代，同定疑問
忠北	忠州市	早洞里	住居址	後期	土器胎土イネプラント・オパール	同定疑問

忠南 牙山市	長在里 アンガンゴル（안강골）	1号住居址	中期	アワ，キビ	
		6号住居址	中期	アワ	
釜山	農所里		晩期	土器胎土イネプラント・オパール	
	東三洞	1号住居址	中期	アワ，キビ，キビ族，アカザ属，ミチヤナギ属	アワ 4590±100y. B. P.
慶南 昌寧郡	飛鳳里	1貝層	前期	アワ	1粒
		1号野外炉址	前期	アワ	1粒
慶南 晋州市	上村里1地区	B3-125-3竪穴	後期	アワ，キビ	
		B3-124-3竪穴	後期	アワ，キビ	
		B3-114-1竪穴	後期	アワ，キビ	
		B3-2竪穴	後期	アワ，キビ	
		B3-8-1竪穴	後期	アワ，キビ	
		B3-8-2竪穴	後期	アワ，キビ	
		B2-Tr140-1竪穴	後期	アワ，キビ	
	上村里B地区	1号野外炉跡	後期	アワ，キビ	アワ 4060±140y. B. P.
	大坪里 漁隠1地区	6号野外炉址	後期	アワ，キビ，コムギ（攪乱）	アワ 4030±100y. B. P. コムギ 1250±270y. B. P.
		1号野外炉址	後期	アワ	
		3号野外炉址	後期	アワ	
		4号野外炉址	後期	アワ，キビ	
	平居3-1地区	28号竪穴	後期	アワ，キビ，マメ類	キビ 4340±40y. B. P. アズキ 4175±25y. B. P.
		13号土取場A竪穴	後期	アワ，キビ，マメ類	マメ 4200±40y. B. P.
		13号土取場B竪穴	後期	アワ，キビ，マメ類	
		13号土取場C竪穴	後期	アワ，キビ，マメ類	アズキ 4350±25y. B. P.
		61号竪穴	後期	キビ	
		15号貯蔵穴	後期	アワ	
		18号貯蔵穴	後期	アワ，マメ類	ドングリ 4320±30y. B. P.
		2号住居址	後期	アワ，キビ	アワ 3940±20y. B. P.
		野外炉址（1）	後期	コムギ（攪乱）	
	平居4-1地区	1,5号住居址	後期	アワ，キビ，マメ属，アズキ	
		2,3号住居址	後期	アワ，エゴマ	
		野外炉址（1）	後期	コムギ（攪乱），アワ，キビ	
		溝（1）	後期	コムギ（攪乱），アワ，キビ，マメ属，エゴマ	
		竪穴（5）	後期	コムギ（攪乱），アワ，マメ属，アズキ，エゴマ	

1．新石器時代農耕関連遺構

江原道高城郡文岩里では耕作（畠）遺構が発見されている。国立文化財研究所による 2011 年度・2012 年度調査区では，大きく上層（Ⅱ-2層）と下層（Ⅶ-1層）の2層で耕作遺構が発見された。上層耕作遺構の年代は鉄器時代～朝鮮時代（約 2000～660cal y.B.P.）であった。下層耕作遺構の耕作層の厚さは上層耕作遺構のために削平され，正確な厚さはわからないが，3～8cm の堆積が認められる。畝幅 45～150cm，畝間幅 40～87cm，畝間深さ 13～15cm である。下層耕作遺構土壌を炭化植物遺体分析した結果，畝でマメ属，カナムグラ（葎草），未詳種子，ドングリ，堅果類，堅果片が検出された。下層耕作遺構が検出された層を新石器時代中期の5号および6号住居址が切っている。さらに下層のⅦ-4層も耕作層である可能性がある。初期耕作層（Ⅶ-4層），下層畠耕作層，中期住居址層の年代は新石器時代中期（約 5300～4100cal. y.B.P.）であった[2]。

146　第Ⅰ部　東北アジア先史文化の変遷と地域性

野外炉址などからの植物遺体分析結果等からアワとキビなどの複合作物の栽培をした可能性が高く，焼畑や散播のような原始的な農業よりはすでに発展した形態の農耕であったものと評価されている（崔孟植 外2013, 曺美順2014）。花粉分析の結果でも，初期耕作層，下層畠耕作層，中期住居址層では栽培型イネ科花粉出現率が連続的な点，好湿性花粉出現率が少ない点，草本花粉（胞子含む）が樹木花粉より卓越する点などから，農業活動があったものと考えられている（박지훈・박윤정・조미순2014）。

２．新石器時代農耕関連植物遺存体と土器圧痕

（1）**植物遺存体**　農耕関連植物遺存体については，李炅娥らにより多くの資料が検出されている。近年の安承模（2012），尹昊弼（2014a）が集成した新石器時代作物遺体集成表を基に整理した集成が表8である。東三洞1号住居址アワ・キビ発見以降，新石器時代中期から晩期にかけて確実にアワ・キビ遺存体がみられることが報告されてきている。これに加え，従前，マメは青銅器時代前期にならなければあまりみられないとされてきたが（Crawford and Lee2003），平居洞3-1地区でAMS年代により紀元前2千年紀前半（3010〜2700cal.B.P.）に遡るマメ属やアズキ属が発見され，また文岩里（新石器時代中期）からマメが発見されかなり早くからマメ類が利用されていたことが判明している。平居洞3-1地区のマメは青銅器時代例に比べ，はるかに小さいが，アズキは青銅器時代例とほぼ同じ大きさで，栽培化の過程にあると指摘されている（李炅娥 外2011, 李炅娥2014a）。

（2）**農耕関連植物土器圧痕**　これまで新石器時代土器で確認された圧痕調査の結果は表9のとおりであった。新石器時代中期から晩期にかけてアワやキビが安定的にみられ，またエゴマなどがみられることも判明した（中山編2014, 曺美順 外2014）。しかし，小畑弘己と真邉彩の調査における新石器時代早期とされるアワ・キビの圧痕事例や新石器時代前期のアワやキビの圧痕事例（小畑・真邉2014）はこれまでの想定とは異なる事例であり注目される。

（3）**アワ・キビ農耕の開始と展開**　これまで，水佳里Ⅰ期（中期）における弓山文化系の土器の南部への拡散とともにアワ・キビ農耕が華北型農耕石器を随伴して展開したとみられていた（宮本2003・2009）。しかし，これを遡る事例が土器圧痕により明らかとなった。新石器時代前期とされる資料のうち，キビ有ふ果やアワ有ふ果の圧痕土器が出土した飛鳳里第1貝層および第1敷石層は出土土器からみて瀛仙洞式期のほぼ単純層とみられる。土器自体もキビの有ふ果圧痕がみられた粘土帯縦線文土器（BBR0018）は，疑いなく瀛仙洞式土器そのものである。粘土帯指頭文土器（BBR0001）や斜格子文土器（BBR0017）にもアワ有ふ果圧痕がみられるとされ，文様としては瀛仙洞式の組成をなすものとみて，問題はない。同じくアワ有ふ果圧痕がみられた東三洞5層押捺文土器（DSD0014）も瀛仙洞式土器の遅い段階の土器とみられる。そのため，韓半島南海岸新石器時代前期，すなわち瀛仙洞式期にアワやキビが存在したことはほぼ間違いないものと考えられる。このことは，筆者が以前，飛鳳里第1貝層および第1敷石層で磨盤と磨棒，掘地具といった農耕石器の組成がみられることから，新石器時代前期にアワ・キビ農耕の萌芽的な段階があったと推定したこと（古澤2013）と整合的である。

　一方，新石器時代早期の問題は検討の余地がある。東三洞1号住居址覆土出土隆起文土器（DSD0008）にキビ有ふ果圧痕が認められ，新石器時代早期の所産であるとされている。安承模（2012）はこのキビが栽培種であるか等の疑義を提示したが，小畑・真邉（2014）は栽培種であると述べた。さて，当該隆起文土器は口縁内面に段があり，縦位の隆起文がみられるが，器形や隆起文自体の形態が，新石器時代早期の典型的な隆起文土器とは異なる面がある。東三洞1号住居址自体は新石器時代中期の住居址で，その覆土には，早期の隆起文土器，前期の瀛仙洞式土器，中期の水佳里Ⅰ式土器が含まれている。そこで，層位上および埋土出

土土器からは DSD0008 を新石器時代早期のみに時期を限定することにはまだ疑いの余地があると考えていたところ，近年，金恩瑩によって当該土器は水佳里3区貝塚3・4層出土S字貼付文土器と関連があり，水佳里I期に属するという見解（金恩瑩2016）が提示された。そのため，この土器をもって新石器時代早期のキビ痕跡とするのは問題がある。ほかに新石器時代早期とされる凡方貝塚12層出土のアワとキビの土器圧痕資料（BPK0004 および BPK0005）があるが，いずれも無文様の土器で型式が不分明な部分がある。確かに凡方貝塚12層では隆起文土器が主体的に出土しているが，無文様土器が確実に新石器時代早期の所産であると判断できるかは難しい問題である。したがって，小畑らによってこれまで提示された新石器時代早期とされる資料では，韓半島南海岸に新石器時代早期にアワやキビが存在したとするには，まだ，確実性が不足していると述べざるをえない。新石器時代早期の所産であると明確に判断できる典型的な隆起文土器からアワ・キビの圧痕を探し出すことができるかどうかというのが今後の課題となる。対馬島の越高・越高尾崎出土隆起文土器ではまだそのような資料は確認されていない（小畑2015b）。

（4）**イネとムギの存否**　宮本一夫はアワ・キビ農耕の展開後，新石器時代後期にほかの石器を伴うことなくイネ単体で移動してきたとした（宮本2003・2008・2009）。その根拠の一つとなった沃川大川里のイネ遺存体については青銅器時代以降にみられるオオムギ，コムギ，アサなども伴っていることから，すでに混在が指摘されていたが（小畑2004），イネ遺存体の年代測定値は 2070 ± 60BP，1770 ± 60BP，1800 ± 60BP，1780 ± 60BP であった（韓昌均 外2014）。ただしこのコメの炭化度合いなどから年代測定値自体に対する疑問も併せて提示されている。大川里以外でイネ遺存体が発見された例としては文岩里10号野外炉址例が挙げられる。文岩里5号住居址ではコムギと推定される遺存体も出土しており，李炅娥（2014b）は文岩里のイネとコムギが新石器時代のものであるか慎重に検討しなければならないと述べている。このほかイネ関係の資料としては泥炭層出土イネ籾，土器胎土中のプラント・オパールなどが挙げられているが，相対的に信頼性が低い。庄田慎矢（2009）や中山誠二（2014）の指摘のとおり新石器時代のイネの存在自体についても再考しなければならない局面に至っている。

　一方，大川里オオムギは 4380 ± 60BP，コムギは 4590 ± 80BP という値が提示されている（韓昌均 外2014）。文岩里のコムギもそうであるが，新石器時代中期から後期にかけての時期にオオムギ，コムギが韓半島で栽培されていたかは判断が難しい部分がある。近年，遼東半島東沖の広鹿島に所在する呉家村では土坑，柱穴，炉跡，包含層に含まれる植物遺存体についての調査が行われ，アワ161点，キビ111点，ダイズ38点などとともにコムギ9点が確認された。呉家村の遺跡自体の主要な年代は韓半島新石器時代中期に併行する。コムギは5基の柱穴と1基の土坑から出土しているが，柱穴の年代は出土資料が未整理のため明確ではない。遺存体自体はコムギであると鑑定されることに微塵も疑いはないが，数量も少ないことや出土遺構が特殊であるため年代やルーツについてはより一層の測定と分析が待たれるとされている（馬曉嬌 等2014）。今後の分析結果しだいでは，大川里のコムギの解釈に影響を及ぼすことであろう。

3．青銅器時代開始期の稲作と植物遺存体・土器圧痕

　後藤直によると青銅器時代には農耕が生業の中心となり，石庖丁の出現，土器の変革，時とともに定型化し，機能分化する各種石斧という前時代にはみられない大きな変化が認められるという。磨盤・磨棒とともに畠作については新石器時代から継続している要素であると把握されている（後藤2004）。後藤が想定した段階では新石器時代の畠は未発見であったが，文岩里の畠遺構が発見されるに至り，尹昊弼は文岩里の畠は等高線に直行し，三国時代よりも青銅器時代の畠に近く，作畦形態は畦立法を採用していると述べていること（尹昊弼2014a）から，新石器時代からの連続性についての後藤の想定を裏付けた形となっている。

148 第Ⅰ部 東北アジア先史文化の変遷と地域性

表9 韓半島新石器時代土器圧痕

時期	遺跡	キビ	キビ?	野生種に近いキビ	キビ族	アワ	アワ?	アワまたはキビ	エノコログサ	エノコログサ?	アワまたはエノコログサ
早期	文岩里遺蹟										
	鰲山里C遺蹟										
	凡方貝塚	1				1			1		
	東三洞貝塚	1									
	凡方遺蹟										
前期	凡方貝塚					1					
	凡方遺蹟					1					
	飛鳳里遺蹟	3				4					
	東三洞貝塚					18					
	サルレ（살내）										
前期末・中期初	新安遺蹟										
中期	文岩里遺蹟				2	5					
	文岩里遺蹟（3次除外）	1			23	12					
	鰲山里C遺蹟	3			1						
	松田里遺蹟	4				9					
	大阜北洞遺蹟	1				2					
	石橋里遺蹟（中山ほか）	2				1					
	石橋里遺蹟（山崎）	20	1			12	1		3		
	松竹里遺蹟	1	1		6	6					
	東三洞貝塚	3				5			1		
後期	中山洞遺蹟	14	1	3		11	3	5	2	1	1
	智佐里遺蹟	3	2			2	3				
	鳳渓里遺蹟	1	1								
	東三洞貝塚								1		
後期～晩期	水佳里貝塚										
晩期	鳳渓里遺蹟	2									
	東三洞貝塚	4				3					
	凡方貝塚					1					

　青銅器時代最初期の植物遺存体については，コマ形土器期前期では，南京36号住居址でイネ，アワ，キビ，モロコシ，マメなど（金用玕・石光濬1984），やや遅れる時期の表垈23号住居址でイネが出土している（金鐘赫2002）。韓半島中南部の刻目突帯文土器期では晋州大坪里漁隠1地区104号住居址でイネ，アワ，オオムギ，コムギなど（李相吉・李炅娥2002），連下里1号住居址でイネ，キビが出土している（佐々木2009）（表10）。土器圧痕については渼沙里（高麗大調査区）出土刻目突帯文土器にイネ，キビの圧痕が確認されている（孫晙鎬・中村・百原2010）。

　このことから，大同江流域以南の韓半島では，青銅器時代の開始期からイネが栽培されていることが明らかであり，栽培穀物からも農耕が新しい段階に入ったことをうかがうことができる。ただし，この段階においては多くのキビ・アワの栽培とともにイネが栽培植物として加わったという点にも留意する必要がある。青銅器時代・初期鉄器時代の耕作遺構として水田25遺跡，畠33遺跡が確認されており，畠作も多く行われていたことがわかる（尹昊弼2013）。青銅器時代前期の水田では小区画水田と階段式田があり，水口が備えら

アワ属雑草	イネ科	エゴマ	スゲ属	シソ属	アズキ型	マメ科	マメ亜科	未詳マメ類	カナムグラ属	堅果類	不明種子	貝・昆虫	文献
											1		曺美順 외 2014
						1					3		曺美順 외 2014
											2	2	小畑・真邉 2014
											1		小畑・真邉 2014
											1		小畑・真邉 2014
													小畑・真邉 2014
													小畑・真邉 2014
					1						4	1	小畑・真邉 2014
											2	1	小畑・真邉 2014
	1						2				1		中山ほか 2013
											2		中山ほか 2013
2		2						1	1		2		曺美順 외 2014
		3							1		15		曺美順 외 2014
		1									6		曺美順 외 2014
2						1					23		曺美順 외 2014
				1							4		中山編 2014
											2		中山ほか 2013
										2	3		山崎 2013
				3							7		中山編 2014
				2							6		小畑・真邉 2014
			1								7		小畑・真邉 2014
											9	1	中山ほか 2013
				1									中山編 2014
													小畑・真邉 2014
											8		林尚澤 외 2011 김민구 2011
													中山編 2014
											1		小畑・真邉 2014
													小畑・真邉 2014

れ水路もみられる（尹昊弼 2014b）。このような水田が刻目突帯文土器期にも普及していたのか今後の資料の増加が期待される。

第2節　東北アジア先史時代磨盤・磨棒の変遷と地域性

　製粉具である磨盤・磨棒[3]については，農耕における起耕→収穫→調理という過程のなかで，調理を担うものであり，農耕に関連する道具として多く研究されてきた。農耕の比重が高い華北でも磨盤・磨棒堅果類加工の比重が高いという分析結果（劉莉 2008）がある点などから，大貫が以前から指摘しているとおり栽培作物と採集植物の両方を対象としている可能性が高いため（大貫 1998・2013），磨盤・磨棒の存在が農耕と等号で結ばれるものではない。しかし，製粉における運動方向の差異は小さなものではなく，前後運動に変化するということは，それ以前とは異なる対象物を処理していたものと考えられ，ここでは，おおむねアワ・

150　第Ⅰ部　東北アジア先史文化の変遷と地域性

表 10　韓半島青銅器時代早期作物遺存体

地域		遺跡名	遺構名	時期	作物遺体の種類
平壌		南京	36 号住居址	コマ形土器期	イネ，アワ，キビ，モロコシ，マメ
		表垈	23 号住居址	コマ形土器期	イネ
京畿　加坪市		連下里	1 号住居址	刻目突帯文土器期	イネ，キビ
慶南　晋州市		大坪里　漁隠 1 地区	104 号住居址	刻目突帯文土器期	イネ，アワ，オオムギ，コムギ

キビ農耕の存在自体についての一つの指標として取り扱う。

　韓半島における磨盤・磨棒の変遷過程について，上條信彦は新石器時代から初期鉄器時代を対象に検討したことがある。磨棒については，磨棒 2A（縦断面半・円形，横断面弓形）→ 1A（縦断面長方形，横断面弓形）→ 1B（縦断面長方形，横断面平坦）→ 2B（縦断面半・円形，横断面平坦）という変化方向がみられるという（上條 2005）。一方，小畑弘己と真邉彩は，上條案とは異なり，「磨棒が磨盤よりかなり小さく，方向も前後のみではなく多方向に動かすもの」→「磨盤とほぼ同じ幅の磨棒で作業するもの」→そして新石器時代中期に至り「細長い磨盤にそれより幅広い磨棒を合わせて前後方向に作業を行うもの」という変遷を想定しており（小畑・真邉 2014），上條案とは異なっている。박성근は新石器時代採集・農耕具について論じ，磨盤・磨棒の変遷を明らかにした。磨盤については大型・中型・小型・器形に分類，磨棒については長条形・円形・杵形に分類し，長条形については断面楕円形（Ⅰ式）・長方形（Ⅱ式）・板状（Ⅲ式）に細分類した。Ⅲ式は両端が突出した形態が大部分でⅠ・Ⅱ式とは差異が大きいものとしている。そして，新石器時代中期以前には長条形Ⅰ式とⅡ式がみられるが，中期には長条形Ⅱ式・Ⅲ式がみられるようになり，後期には特にⅢ式の比率が高くなると述べた（박성근 2016）。

　そこで，筆者も，磨盤・磨棒の変遷を明らかにするために各地域の土器編年と併行関係に基づき磨盤・磨棒を配列してみた。磨棒については時期差が顕著に認められるようなので，次のとおり分類する。

　　磨棒甲類：一面が平坦で，磨棒の一面全体が磨面となる類型。棒状の形態が多い。上條分類の 1B，2B，박성근分類の長条形Ⅰ・Ⅱ式におおむね該当する。

　　磨棒乙類：両端が突出しており，その中間が磨面となる類型。板状の形態が多い。上條分類の 1A，2A，박성근分類の長条形Ⅲ式の大部分におおむね該当する。

　子細にみればさらに細分することは可能であるが，この分類でも時期差は十分に反映されるので，ここでは大きく 2 類に分類する。磨棒甲類では厚みをもち，断面半円形になるものが多く，上から押さえつけて前後運動するものと思われるが，磨棒乙類は厚みが比較的薄く，上から押さえつけて用いるには持ち手が低いので，両端を持って前後運動するのが一般的ではないかとみられ，甲乙の分類は持つ部分の差異を反映しているものと考えられる。

　清川江流域・咸鏡南道以南の韓半島で最も早く磨盤・磨棒が認められるのは，弓山 1 期の大同江流域から臨津江流域といった韓半島中西部であり，弓山文化の丸底土器が分布する範囲である（図 73-1〜4）。この時期，韓半島東部では鰲山里式土器，南部では隆起文土器といった平底土器を中心とする別の文化が分布していたが，これらの遺跡からは，石皿・磨石が発見されることはあっても，基本的に磨盤・磨棒が発見されることはないというのが，従来からの一般的な理解であった。しかし，小畑と真邉は隆起文土器期の磨盤・磨棒として飛鳳里第 2 貝塚および第 2 敷石層の「磨盤」と凡方貝塚 12 層の「磨棒」を挙げている。飛鳳里第 2 貝塚および第 2 敷石層の磨盤は多方向に擦痕が認められ，後の時期とは区別される磨盤・磨棒であるとしている（小畑・真邉 2014）。筆者としては，連続的な前後運動を伴わないこのような「磨盤」を磨盤と呼ぶことには抵抗感がある。この時期の不整方向・回転運動による石皿・磨石の盛行からは，小畑らが指摘した遺

物は，それぞれ，盤状の石皿，棒状の磨石という理解も可能ではないだろうか。

　続く弓山2期に併行する段階でも韓半島中西部では同様に磨盤・磨棒が用いられる（図73-5〜8）。この時期に至り，韓半島東部では弓山文化系の丸底土器が認められ，これに伴い，磨盤・磨棒も登場する（図73-9・10）。従来，韓半島南部地域では次の段階の新石器時代中期に磨盤・磨棒が登場するといわれてきたが，飛鳳里第1貝層および第1敷石層やサルレなどでは磨盤・磨棒が出土しており（図73-11・12），瀛仙洞式土

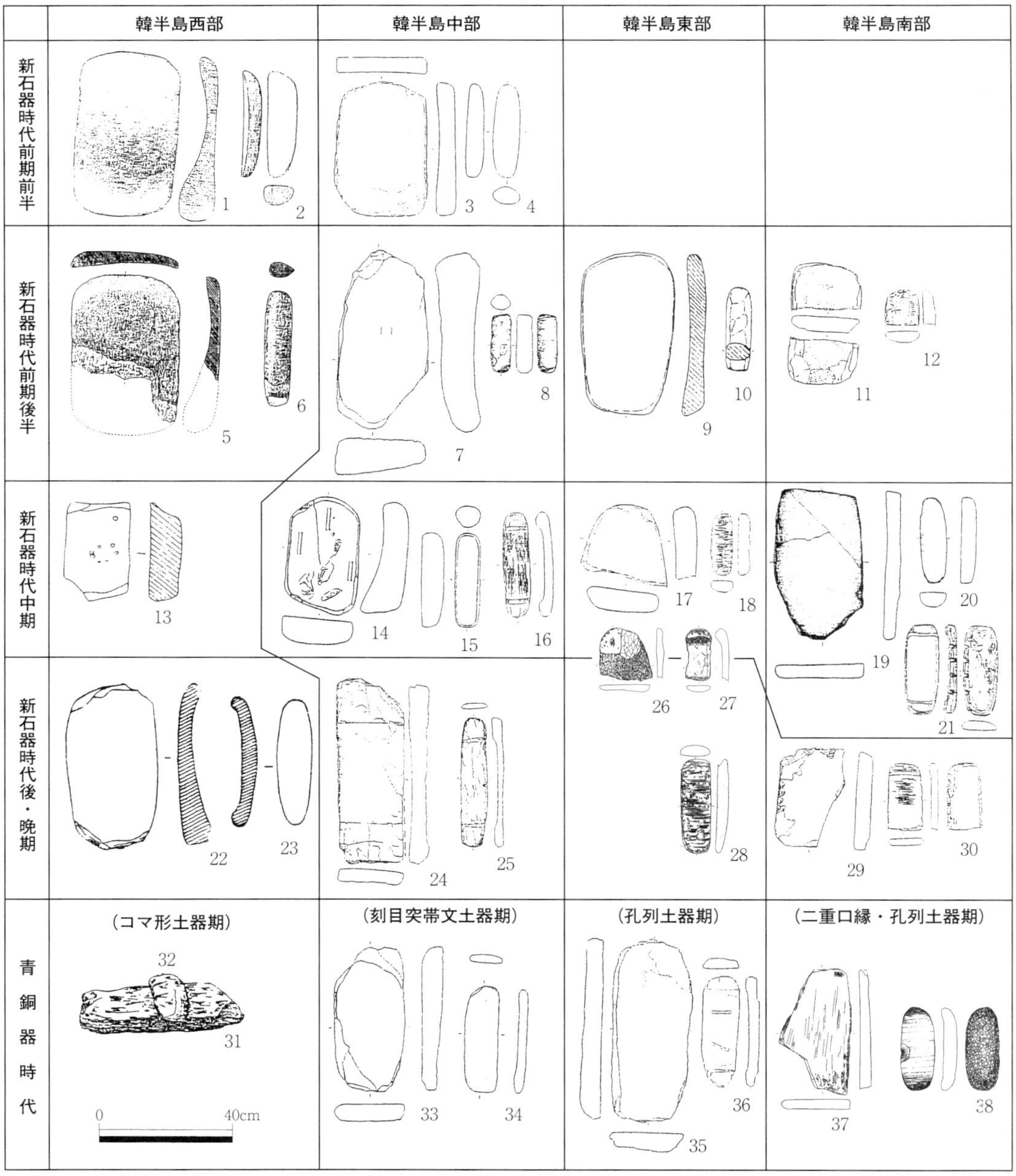

1・2智塔里1号住，3・4三巨里2号住，5・6智塔里2号住，7・8雲西洞Ⅰ2地点43号住，9・10地境里4号住，
11・12飛鳳里第1貝層および第1敷石層，13龍徳里住居，14新吉洞5号住，15新吉洞1号住，16鶴谷里，17・18草堂洞，
19・20上村里（東亞大）17号住，21凡方B地区5層，22・23長村1号住，24・25中山洞4号住，26・27池辺洞，
28アウラジ積石遺構，29・30東三洞（釜博）2層，31・32沈村里3号住，33・34蓮下里1号住，
35・36アウラジ15号住，37・38平居洞3-1地区5号住

図73　大同江以南韓半島の磨盤・磨棒

器期にすでに南部地域でも磨盤・磨棒が存在したことが明らかになった。瀛仙洞式期の遺跡はこれまで50ヶ所以上が知られているが，石皿・磨石が出土する遺跡が圧倒的で，磨盤・磨棒が出土する遺跡は飛鳳里など一部の遺跡に限られ，磨盤・磨棒が瀛仙洞式期の安定的な道具の組成を示していないため筆者は農耕の萌芽的な段階とみた（古澤2013）。以上の弓山1期から2期といった新石器時代前期の磨棒には甲類のみが認められる。飛鳳里出土磨棒は同時期の他地域の磨棒と比べるとやや扁平で在地化したものとみられる。

新石器時代中期に入ると南部も含めて安定的に道具の組成として磨盤・磨棒が認められるようになる（図73-13～21）。南部ではこの段階に農耕への依存度が高まっていったものとみられる。新石器時代中期でも磨棒の多くは甲類である。しかし，一部には乙類が現われはじめる（図73-16・27・21）。

新石器時代後・晩期には大同江流域で遺跡・住居址単位で多量の磨盤・磨棒がみられることがあり，特徴的な展開を示す。この段階では中西部から南部にかけて磨棒甲類も併存するものの（図73-28），磨棒乙類が

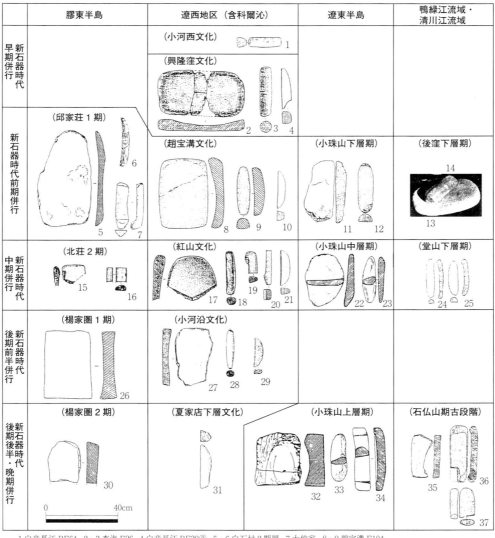

1 白音長汗BF64，2・3査海F26，4 白音長汗BF30②，5・6 白石村2期層，7 大仲家，8・9 趙宝溝F104，10 白音長汗AH21，11 北呉屯③A層，12 北呉屯F4，13・14 後窪下層，15 古鎮都④層，16 古鎮都③層，17～19 牛河梁N5下層，20 白音長汗4期層，21 白音長汗AH53，22・23 郭家村下層，24・25 堂山下層，26 楊家圏1期層，27 南宝力皐吐M170，28 南宝力皐吐M199，29 南宝力皐吐CM34，30 楊家圏2期層，31 豊下，32～34 郭家村上層，35～37 北溝西山

図74　遼東地域および周辺地域の磨盤・磨棒

第4章　東北アジア先史時代農耕の展開　**153**

安定的・主体的にみられるようになる（図73-23・25・30）。

　韓半島では青銅器時代に入っても磨盤・磨棒が引き続き用いられ，やはり磨棒乙類が目立つようである（図73-31〜36）。以上の韓半島における磨盤・磨棒の展開を整理すると，磨棒甲類から乙類への変化の方向性が看取され，小畑と真邉や朴성근が想定した変遷案こそが正しいものと判断される。

　さて，このような磨盤・磨棒の展開について極東平底土器分布圏に目を向けると，遼西地域では小河西文化や興隆窪文化で磨盤・磨棒が認められ（図74-1〜4），早い時期から用いられていたことがわかる。遼東半島や鴨緑江下流域では小珠山下層期・後窪下層期には磨盤・磨棒が認められる（図74-11〜13）。韓半島中西部弓山1期にみられる磨盤・磨棒は遼西地域から遼東地域を経てもたらされたと早くから指摘されてきた（甲元1973，田村1980）。韓半島新石器時代前期に併行する時期までの遼西地域から鴨緑江下流域でみられる磨棒は甲類のみであり，韓半島中西部の様相と一致することからこの想定は正しいものとみることができる。

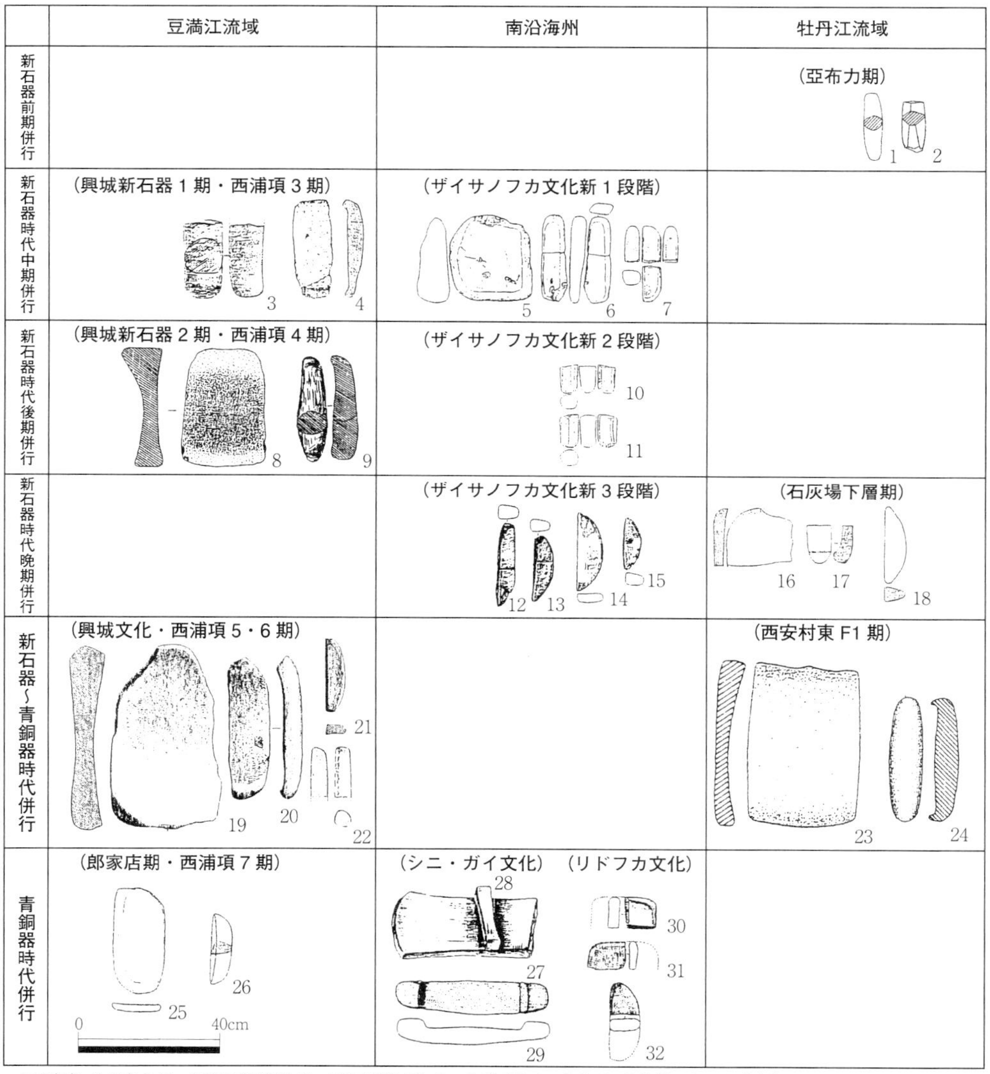

1 亞布力，2 亞布力F1，3 興城87AF11堆，4 興城87AF3，5〜7 ザイサノフカ7，8・9 金谷，10・11 ザイサノフカ1，
12・13 ヴァレンチン地峡，14・15 レッチホフカ・ゲオロギチェスカーヤ，16 六道溝北，17 光明，18 二百戸，
19・20 五洞4号住，21 五洞，22 興城87AF15堆，23・24 西安村東B区，25 西浦項1号住，26 西浦項10号住，
27・28 シニ・ガイA2号住，29 ハリナ谷，30〜32 プラゴタトノエ3

図75　豆満江流域および周辺地域の磨盤・磨棒

154　第 I 部　東北アジア先史文化の変遷と地域性

　磨棒乙類は，遼東半島では小珠山上層期にみられるが（図74-34），それ以前の磨盤・磨棒の報告例が少な
く，その導入時期は新石器時代中期併行期まで遡る可能性がある。なぜなら，韓半島中西部との接触地帯で
ある清川江流域の堂山下層期に乙類とみられる磨棒がみられるためである[4]（図74-24・25）。鴨緑江流域では
新石器時代後・晩期併行期にも遼東半島と同様に磨棒乙類がみられる（図74-36）。磨棒乙類は遼西地域では
紅山文化でみられる一方（図74-19・20），膠東半島では新石器時代前期併行期にすでにみられるようであり[5]
（図74-7），磨棒乙類の源流が遼西地域であるか，膠東半島であるかは即断できない。重要なことは，甲類か
ら乙類へという磨棒の変化の方向性が遼東地域と韓半島で一致していることである。遼東地域と韓半島でそ
れぞれ独自に変化した結果，偶然一致したという可能性もないことはないが，乙類の出現時期が新石器時代
中期併行期頃と見込まれ，新石器時代後・晩期に盛行するという時期的な一致もみられることから，遼東地
域の影響で，韓半島でも磨棒乙類が出現するようになったとみるのが穏当であろう。この想定が正しければ，
新石器時代前期に遼西地域を起源として遼東地域を介して農耕関連情報の第 1 波が韓半島に流入し，磨盤・
磨棒甲類が用いられたということに加え，後の新石器時代中期あるいは後・晩期にも第 2 波，第 3 波と継続
的・持続的に農耕関連情報が遼東地域から韓半島にもたらされたということができる。

　一方，豆満江流域および周辺地域におけるこれまでのところ最も古い段階の磨盤・磨棒出現例としては松
花江支流の蝲蛄河流域で，牡丹江西方約 80km に位置する亞布力において，磨盤（図示なし）とともに，磨
棒甲類が出土している（図75-1・2）。新石器時代中期に併行する興城新石器 1 期には，磨棒甲類（図75-3）
とともに，すでに磨棒乙類も認められる（図75-4）。豆満江流域と周辺地域でも磨棒は甲類から乙類へと変
化している。その後，新石器時代後期併行期から青銅器時代併行期にかけて，磨棒では甲類と乙類の両者が
みられるが，弓形をした磨棒甲類が多くみられるのが特徴である（図75-13〜15・18・21・26・32）。この弓形
磨棒は磨盤の幅より長さが短く，典型的な磨棒ではない可能性もある[6]。遼西地域では同様の弓形磨棒が興
隆窪文化〜小河沿文化でみられるので（図74-4・10・21・29），相互の関係性がある可能性もある。ただし，
弓形磨棒はザイサノフカ文化新 3 段階からシニ・ガイ文化[7]と，比較的遅い段階に盛行するようであり，併
行関係上，小河沿文化とは直接結びつかない一方，弓形磨棒の祖形の可能性がある磨棒がザイサノフカ 7 で
も出土していることから（図75-7），豆満江流域および周辺地域での自律的な発展の可能性も考えられる。

　遼東半島では双砣子 1 期以降磨盤・磨棒はみられなくなる（大貫1998）。一方，大同江流域以南の韓半島
や豆満江流域とその周辺地域では，青銅器時代以降も磨盤・磨棒は存続する。後藤は韓半島における磨盤磨
棒については新石器時代の継承であるとみている（後藤2004）。韓半島の青銅器時代にみられる新来の要素
の多くは遼東地域からもたらされたとみられるなか，磨盤・磨棒については遼東では双砣子 1 期以降，存在
しなくなることから，大同江流域以南の韓半島や豆満江流域・南沿海州等で青銅器時代に継続する磨盤・磨
棒はやはり，前時代の資料に系譜が求められるとすべきであろう。なお，磨盤・磨棒の消失は粉食から粒食
への変化の反映であるとする見解（李白圭1974，藤本1983，大貫1998・2010）があるが，磨盤・磨棒の残存す
る地域では鬲などの三足器が分布しないので，ある程度正しいのではないかとみられる。

第 3 節　東北アジア先史時代磨製石庖丁の変遷と地域性

I．はじめに

　磨製石庖丁は収穫具としての用途が考えられ，農耕の存在を示す重要な資料である。東北アジアでは，磨
盤・磨棒が展開し，アワ・キビを対象とした農耕が行われるが，ある程度の段階に達すると，広く磨製石庖

丁が用いられるようになる。磨製石庖丁の初現期の様相を追究することで，農耕を介した地域間の交流の様相を示すことができる。

　東北アジアの磨製石庖丁の展開についてこれまで，多くの研究がなされてきた。東北アジア全体を対象とした安志敏，石毛直道，下條信行，安承模，甲元眞之，寺澤薫の研究などが代表的な研究である（安志敏1955，石毛1968，下條1988，甲元1989・1991，安承模1993，寺澤1995）。また，遼東の範囲を扱った高美璇，陳国慶・静修，瑜琼，王嗣洲，孫暁鏑らの研究などによっても時期的変遷等について重要な研究成果が挙げられてきた（高美璇1981，瑜琼1990，王嗣洲1991，陳国慶・静修1993，孫暁鏑2006）。

　筆者が特に重要だと考えるのは下條信行により示された研究である。下條はまずそれまでの研究で直背として扱われた資料のなかで背が湾曲するものは強弱の如何を問わず全て弧背として扱い，背部の弧度については小珠山上層期から双砣子3期〜戦国期にかけて強まっており，その強まった双砣子3期の石庖丁が鴨緑江流域，清川江流域，韓半島西部へと伝わるうち，徐々に再び弧度が弱まり，韓半島南部を介して北部九州にいたり，最終的に直背弧刃系が成立したとみた。これは，韓半島の石庖丁の始原が遼東半島にあることを具体的に示した重要な研究であった。しかし，今日，中間を埋める資料が増加し，遼東半島以外の遼東地域の様相も考慮に入れる必要が生じてきている。また，韓半島中南部では最古の青銅器時代の土器として刻目突帯文土器が知られるようになり，韓半島における石庖丁の初現期について検討しなければならなくなった。こうした状況のなか，韓半島中南部の刻目突帯文土器に伴う石庖丁について豆満江流域に始原を求めるべきであるとし，下條により示された遼東半島起源説に実質的に反対する見解（金材胤2004）も提示される局面に至っている。

　これまでの研究を顧みると，東北アジアを網羅的に扱うことが多くはなかったために，全体を構成する要素の一部分だけの比較に基づき，系譜関係を想定するなどの大きな問題点があった。さらに，土器編年が未整備であった時期の研究には限界があったことは致し方のないことであったが，近年に至っても土器編年と併行関係に基づく適切な対比資料をもって比較検討されることが十分ではなく，場合によっては時期性を軽視した議論も少なくないという点に大きな問題があると述べざるをえない。そこで，筆者は本書第2章第7節で述べた土器編年を基に，東北アジアにおける各地域の磨製石庖丁の変遷を追究し，各地域間の関係について述べることとしたい。なお，ここでの検討は，農耕技術そのものの復元ではなく，確実な農耕石器にみられる地域性から地域間の関係を探るという点に主眼をおく。

II．各地域初現期磨製石庖丁

1．遼東半島

　遼東半島の先史時代磨製石庖丁についての本格的な研究は森修によって開始された（森1941）。解放後，安志敏は中国領内の石庖丁に関する総括的な研究を行い，遼東半島においては磨製直刃円背形（310型）→磨製凸刃円背型（330型）→磨製凸刃直背型（340型）へと変遷すると想定した（安志敏1955）。石毛直道は遼東半島の新石器時代では紡錘形が広がり，高麗寨の例から周末まで存続し，半月形外湾刃が紡錘形から派生したとした（石毛1968）。金元龍は崔淑卿の分類（崔淑卿1960）などを基に，遼東半島で櫛形（安志敏の310型・石毛の直線刃半月形）から魚形（安志敏の330型・石毛の紡錘形）へ型式変化したと述べ，安志敏に近い見解を示した（金元龍1972）。下條信行は遼東半島の弧背弧刃系石庖丁について時期別に変遷を追った。まずそれまでの研究で直背と扱われた資料のなかで背が湾曲するものは強弱の如何を問わず全て弧背として扱い，背部の弧度については小珠山上層期から双砣子3期〜戦国期にかけて強まっていることを指摘した。また，遼東半島では小珠山上層期から双砣子3期にかけて長さが長くなると同時に，大型と小型に分化するとした

156 第Ⅰ部 東北アジア先史文化の変遷と地域性

（下條1988）。安承模は小珠山上層期では長方形と短舟形が主で，短舟形との過渡的な様相で，魚形もあるが，両刃が優勢であるとした。於家村下層期（双砣子1期）に魚形が優勢となり，長舟形が初出し，片刃が優勢になると述べた。そして，青銅器時代（双砣子3期）に長方形と短舟形が消滅するというように平面形態が変遷するとした（安承模1993・1995）。寺澤薫は中国東北地方として本来土器型式や生業経済の異なる遼西地域と遼東地域を合わせて扱っているため，わかりにくくなっているが，安承模とは異なり小珠山上層期でも半月形が主であることを示している（寺澤1995）。金材胤も安承模の研究を引き，長方形→魚形，櫛形という変遷を想定している（金材胤2004）。

　以上の研究史を踏まえ，遼東半島における磨製石庖丁の変遷について増加している資料を基に検討する。呉家村期を前後する時期の層位である小珠山④層や郭家村③層では石片を研磨し，刃部を作出した製品が出土している。また，貝製の庖丁も出土している（図76-1～3）。穿孔された定型化した磨製石庖丁の初出はこれまで小珠山上層期であると考えられてきた。しかし，三堂村1期の単純層位である三堂村1期層（陳全家等1992）で弧背直刃型（図76-4）および弧背直刃型（図76-5）の両刃の石庖丁が出土している。偏堡類型の遺跡は遼東半島に数箇所存在するが，小珠山上層期の土器も含まれる包含層であることが多い。偏堡類型（東高台山タイプ）の土器が出土する交流島（王瑨等1992），文家屯（渡辺1958，劉俊勇・王瑨1994，宮本・村野2002，遼東先史遺跡発掘報告書刊行会2002），大藩家村（劉俊勇・王瑨1994，劉俊勇1994），魚山（王嗣洲・金志偉1997）などでも磨製石庖丁が確認されるものの，これらの遺跡では小珠山上層期の土器が含まれるため，単純に三堂村1期の所産とみなすことはできない。三堂村1期層の場合でも，上層の三堂村2期層は小珠山上層期に該当する。小珠山上層期からの混在である可能性もある。後述するように周辺地域の出土状況と比較すると，三堂村1期の磨製石庖丁は非常に古いものである。ただし報告を検討するかぎり，磨製石庖丁の出土状況としては⑥層，⑤層，3号住居址で出土しており，3号住居址では三堂村1期の土器のみが出土し，⑥層や⑤層も三堂村1期に該当する層である。したがって，ここでは，混在の疑問符を付けた三堂村1期とし，同時に混在の疑いありとする。混在であった場合は，小珠山上層期の所産であるものとみられる。

　確実に遼東半島で有孔磨製石庖丁が認められるのは小珠山上層期である。三堂村2期層，郭家村上層（許玉林・蘇小幸1984），喬東1号住居址（謝駿義・許俊臣1983），小珠山上層（許明綱等1981），洪子東（許明綱1961，許明綱・於臨祥1962），山南頭（王嗣洲・金志偉1997）で磨製石庖丁が出土している。該期では平面形態としては弧背弧刃型（図76-7・8・11・12・14・15・18），直背弧刃型（図76-9・13），直背直刃型（図76-10）がみられる。安承模や金材胤は小珠山上層期には直背直刃型が主であると述べたが，実際は弧背弧刃型が主である。特に山南頭，喬東，大藩家村で出土した直背台形刃型（図76-16・17・19）は小珠山上層期に特徴的にみられる形態である。刃部形態は両刃と片刃の双方がみられる。

　双砣子1期の資料としては双砣子1期層（朝中共同発掘隊1966，中国社会科学院考古研究所1996），於家村下層（許明綱・劉俊勇1981），大嘴子1期層・H2（大連市文物考古研究所2000），廟山前期層（陳国慶等1992），単砣子包含層（浜田1929）が挙げられる。平面形態は弧背弧刃型（図76-20・24・38・31），直背弧刃型（図76-21・32），直背直刃型（図76-23・27）に加え，弧背直刃型（図76-22・26・30）も組成に加わる。このうち弧背弧刃型が最も多い。刃部形態は片刃と両刃が認められるが，片刃の比率が圧倒的に高くなっている。長さや幅といった寸法も小珠山上層期の石庖丁より大きくなっている。

　双砣子2期の資料としては双砣子2期層，大嘴子2期層，大砣子1期層（劉俊勇・張翠敏2006）の資料が挙げられる。弧背弧刃型（図76-35・39），直背弧刃型（図76-36），弧背直刃型（図76-37・40・41）などがみられる。このうち幅広で弧度の高い弧背直刃型（図76-37）が該期の特徴的な型式である。刃部形態はこれまでのところ片刃のみしかみられない。

第4章 東北アジア先史時代農耕の展開 157

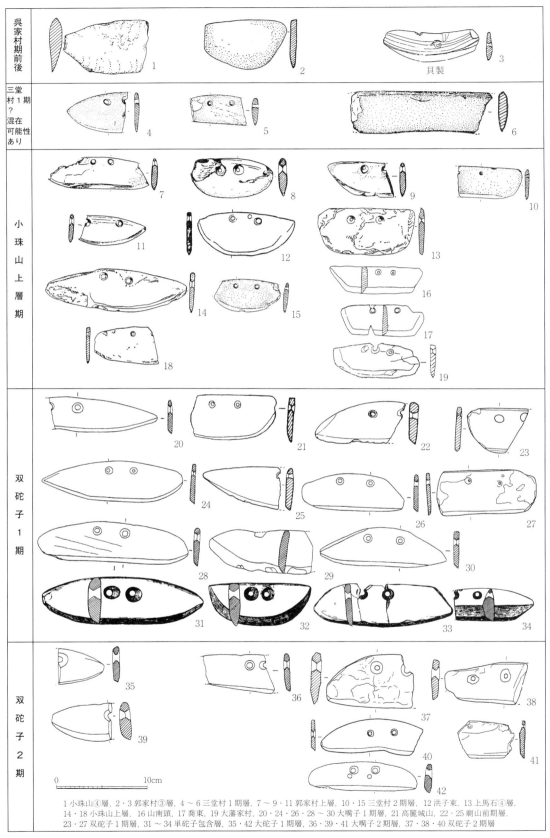

図76 遼東半島磨製石庖丁の変遷 (1)

158　第Ⅰ部　東北アジア先史文化の変遷と地域性

　双砣子3期に該当する資料としては羊頭窪（金関ほか1942），大砣子2期層，双砣子3期層，大嘴子住居址・H1・3期層，廟山後期層，魏山，大溝頭の資料が挙げられる。平面形態としては弧背弧刃型（図77-1・2・5・8・11・14・17・19・22・26・39）が主であるが，弧背直刃型（図77-3・7・9・12・15・25・28），直背弧刃型（図77-6・18・31），直背直刃型（図77-4・10・13・16・29）など各種の形態が認められる。寸法は長さ，幅，厚みとも大型化する。刃部形態は片刃のみしかみられない。最大厚が刃部の鎬部分となる資料（図77-12・15・30）が一定量認められるが，これは以前の段階ではほとんどみられなかった特徴である。

　以上の変遷を整理すると，小珠山上層期以降，弧背弧刃型，弧背直刃型，直背弧刃型，直背直刃型が併存して変遷することがわかる。平面形態で時期を特定できるのは小珠山上層期の直背台形刃型や双砣子2期の

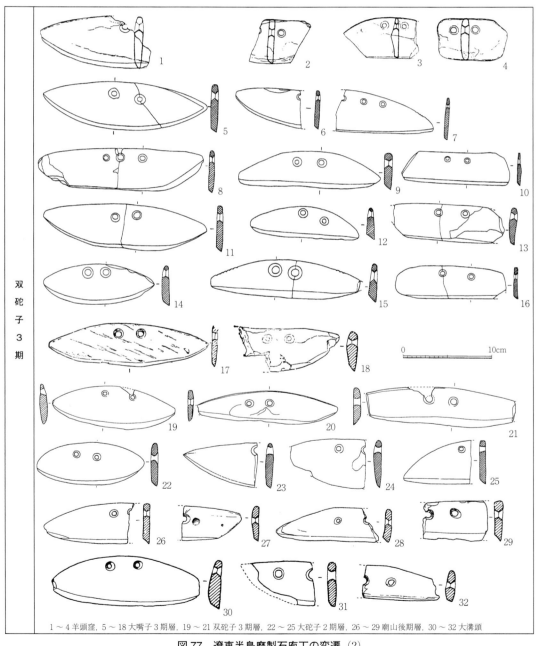

図77　遼東半島磨製石庖丁の変遷（2）

幅広弧背直刃型程度である。一方，顕著に時期性を反映するのは刃部形態である（図78）。すでに安承模が指摘しているとおり（安承模 1993・1995），小珠山上層では両刃が優勢であるが，双砣子1期には圧倒的に片刃が優勢となり，双砣子2・3期には片刃のみが認められる。また，新資料を加えて検討しても，下條がかつて指摘したとおり（下條1988），小珠山上層期から双砣子3期にかけて寸法が大きくなるという傾向が認められる（図79）。また，厚さも増す。穿孔は小珠山上層期から双砣子2期までは2ヶ所が多いが，双砣子3期には3孔の事例も確認される。

2．鴨緑江下流域

小珠山上層期から双砣子1期に併行する石仏山期古段階―青燈邑期の資料としては石仏山（許玉林1990b），西泉眼（許玉林1988），北溝西山（許玉林・楊永芳1992），龍淵里（姜仲光1974），青燈邑（李淳鎮1965）の資料が挙げられる。弧背弧刃型（図80-1・7・9・10），直背弧刃型（図80-2・4・5・8），弧背に近い台形背直刃型（図80-11），直背直刃型（図80-3・6）がみられる。刃部形態は片刃が多いが両刃も認められる。寸法は遼東半島の小珠山上層期の資料に類似する。直背直刃型で全体が台形を呈する資料（図80-11）について下條は山東系であると述べたが（下條1988），これまでのところ膠東半島楊家圏2期の資料に同様の資料はみあたらない。

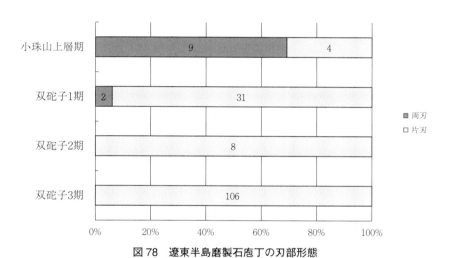

図78　遼東半島磨製石庖丁の刃部形態

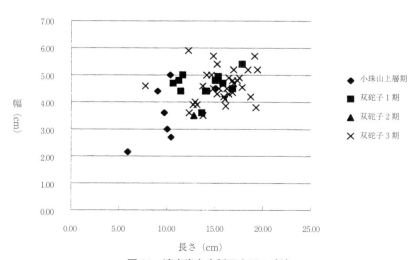

図79　遼東半島磨製石庖丁の寸法

160　第Ⅰ部　東北アジア先史文化の変遷と地域性

遼東半島の東部に位置する単砣子包含層では全体が台形を呈する資料（図76-33）がみられる。この頃，丹東地区と遼東半島東部の土器は相互に強く関連しており連動した動きであろうと筆者はみている。

双砣子3期に併行する石仏山期新段階－新岩里第3地点第2文化層期の資料としては山西頭（徐韶鋼・陳山2011），小娘娘城山（許玉林・金石柱1986），孫家壟（許玉林1990a），下金坑（許玉林・金石柱1986），新岩里第3地点第2文化層（金用玕・李淳鎮1966，新義州歴史博物館1967）の資料が挙げられる。弧背弧刃型（図80-12・13・15・16・17・21・22・23）を主とし，弧背直刃型（図80-19），直背直刃型（図80-14・20）が認められる。刃部形態は片刃と両刃の双方がみられる。また，破片資料が多く正確ではないが，石仏山期古段階と比較すると長さ，幅，厚さといった寸法が大型化する傾向がある。

以上のとおり，鴨緑江下流域では基本的には遼東半島における磨製石庖丁の変遷と同様の展開がみられる。ただし，石仏山期新段階の下金坑資料のように短辺が比較的長い長方形の石庖丁（図80-20）は遼東半島ではみることはできず，太子河上流域の廟後山上層期に特徴的に認められるもので，影響関係が想定される。また，石仏山期新段階の石庖丁の刃部に少なくない量の両刃がみられることは遼東半島とは異なり，太子河上流域や鴨緑江上流域と共通する要素であり，地域性が看取される。

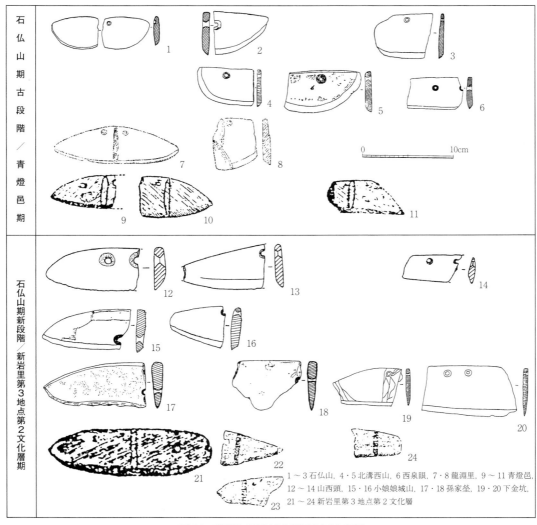

図80　鴨緑江下流域磨製石庖丁の変遷

3. 鴨緑江上流域

深貴里1号住居址期に大梨樹溝（斉俊1991，梁志龍1991）や深貴里（鄭燦永1983a）で磨製石庖丁が認められる。形態としては直背弧刃型（図81-1），弧背直刃型（図81-2・4・6・8・11・14）などが認められるが，最も多く認められるのは直背直刃型（図81-3・5・7・9・12・15）である。端部は尖らないように処理されているものが多く，斜めに処理されたものは平面形が台形に近く（図81-6・8・9），垂直に処理されたものは平面形が長方形に近くなる（図81-3・5・12）。また弧背弧刃であっても端部を直線的に研磨し，全体が長方形を呈する型式もみられ（図81-10・13），相対的に平面が長方形となるように志向した型式が多く認められる。刃部は両刃と片刃の両者が認められる。

4. 太子河上流域

太子河上流域では馬城子前期に磨製石庖丁が出土している。馬城子B洞（遼寧省文物考古研究所 等1994）で出土した磨製石庖丁は直背直刃型で台形を呈する（図82-1）。刃部は両刃である。馬城子中期に該当する張家堡A洞，山城子B洞（遼寧省文物考古研究所 等1994）では直背直刃型（図82-3・5）のほか，直背弧刃型（図82-4），弧背直刃型（図82-6）も出土している。刃部はいずれも片刃である。馬城子後期では馬城子A洞や馬城子C洞（遼寧省文物考古研究所 等1994）でみられるように直背直刃型（図82-7〜12）で台形や長方形を呈する型式が主流である。刃部は片刃と両刃の双方がみられる。このように太子河流域の馬城子前期から馬城子後期にかけては直背直刃型を主体とする組成が特徴であるといえる。

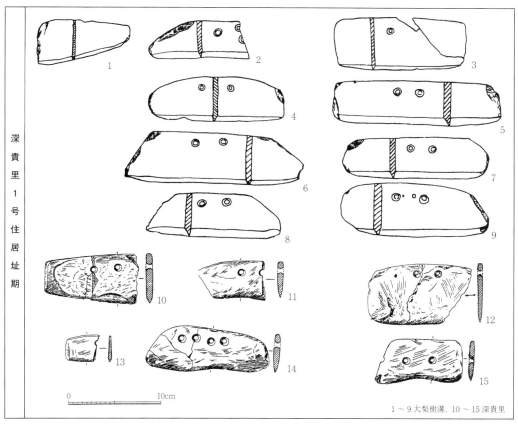

図81　鴨緑江上流域磨製石庖丁

5. 瀋陽地区

高台山文化の資料としては公主屯後山（李暁鐘1987），東高台山（曲瑞奇・於崇源1982, 鄭明・周陽生1983, 沈長吉 等1986），偏堡子（呉敬 等2011），炮師千松園（趙暁剛・付永平2009）などの資料が挙げられる。弧背弧刃型（図83-7），弧背直刃型（図83-18）などもみられるが，主となるのは直背直刃型（図83-2・5・9）である。刃部は両刃が多く，片刃も認められる。次の新楽上層期に該当する資料は遼寧大学研究生教学楼地点・学生宿舎楼地点（趙暁剛・付永平2007），湾柳街（何賢武 等1989, 裴跃軍 等1990），順山屯（辛占山1988），新楽上層（曲瑞奇・沈長吉1978），郭七（霍東峰 等2014），大望花台（林棟・趙暁剛2014）などの資料が挙げられる。弧背弧刃型（図83-14・26），直背弧刃型（図83-10・17・20・24・29〜31）もみられるが，主となるのは前段階同様，直背直刃型（図83-12・15・16・18・19・21〜23・25・27・28・32・33）である。刃部形態は両刃と片刃が併存し，その比率は高台山文化とほとんど変化がないようである（図84）。

6. 豆満江流域

中流域では興城文化に属する興城青銅器時代層（劉景文 等2001）で磨製石庖丁が出土している。形態としては弧背弧刃型がやや不整形にくずれたもの（図85-1・2），弧背凹刃型（図85-3）がみられる。刃部形態は両刃と片刃がある。穿孔は2ヶ所に認められる。この頃の下流域では，磨製石庖丁の確実な出土例はこれまでのところ報告されていないが，西浦項5期層（金用玕・徐国泰1972）では磨製貝庖丁（図85-4）が発見され

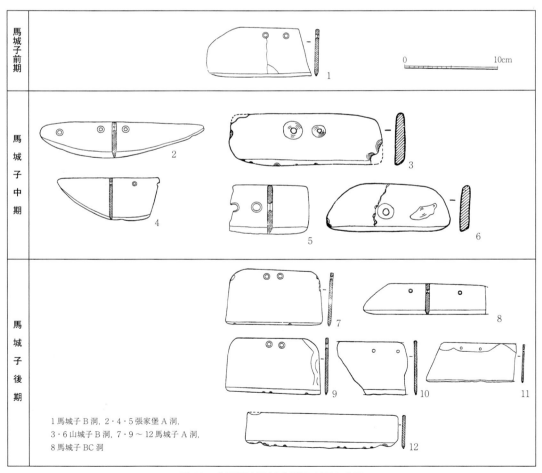

図82　太子河上流域磨製石庖丁の変遷

第4章　東北アジア先史時代農耕の展開　163

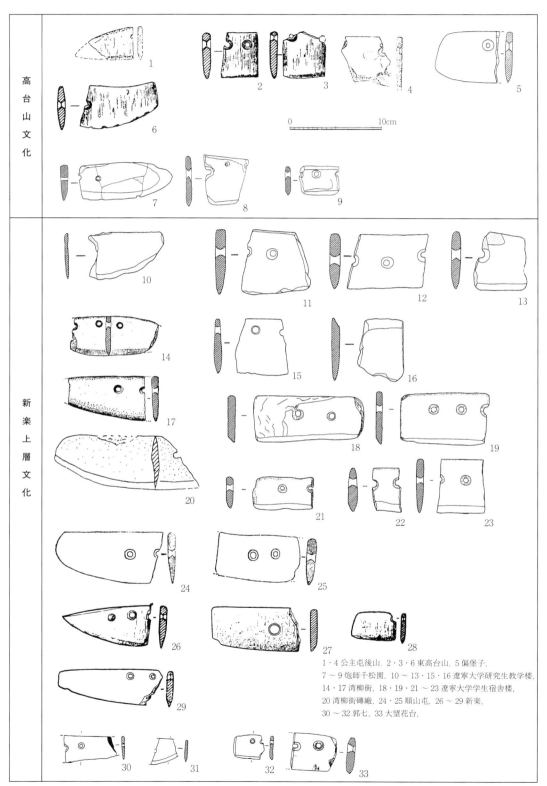

図83　瀋陽地区磨製石庖丁の変遷

1・4 公主屯後山，2・3・6 東高台山，5 偏堡子，
7〜9 炮師千松園，10〜13・15・16 遼寧大学研究生教学楼，
14・17 湾柳街，18・19・21〜23 遼寧大学学生宿舎楼，
20 湾柳街磚廠，24・25 順山屯，26〜29 新楽，
30〜32 郭七，33 大望花台．

ている。

中流域の郎家店期・虎谷2期に入ると郎家店（温海濱1986，李正鳳1988）や虎谷2期層（黄基徳1975）のように安定的に磨製石庖丁が出土するようになる。形態としては弧背弧刃型（図85-5・7・15・17），直背弧刃型（図85-6・14），直背直刃型（図85-10〜13・16・18）がみられる。特に直背直刃型または長方形の弧背弧刃型が多い特徴がある。刃部形態はほとんどが両刃である。下流域の西浦項7期でも同様に弧背弧刃型（図85-19），直背弧刃型（図85-21）のほかに長方形を呈する直背直刃型（図85-20）が認められる。刃部形態も同様に両刃である。

7．南沿海州

東海岸ではプフスン上層期からリドフカ文化古段階に相当するルドナヤ・プリスタニ（Дьяков1989）で直背弧刃型（図86-4）の磨製石庖丁が出土している。残存部分に穿孔はみられず，中央に1ヶ所あったものとみられる。片刃である。沿ハンカ地域ではプフスン上層期からリドフカ文化古段階に相当するノヴォセリシェ4（Клюев・Сергушева・Верховская2002）で磨製石庖丁が出土している。弧背弧刃型で2ヶ所穿孔される型式（図86-1〜3）で，両刃である。興城文化の磨製石庖丁との関連が想定される。

次の段階として東海岸ではリドフカ文化，沿ハンカ地域ではシニ・ガイ文化がみられる。リドフカ文化の古段階に相当するブラゴダトノエ3（Дьяков1989）やゾロタリ（Дьяков1989）では直背弧刃型（図86-5〜10）の磨製石庖丁が出土している。ルドナヤ・プリスタニ例との関連が想定される。この型式はリドフカ文化に特徴的で，片刃が多い。リドフカ文化のなかでも新しい段階であると想定されるノヴォゴルジェエフカ城（Болдин1990）では弧背直刃型（図86-11）の資料が出土し，ブラゴダトノエ3等の資料とは形態差がある。また，同じくリドフカ文化でも新しい段階であると想定されるクナレイ城（Сидоренко2002）の資料は，リドフカ文化に典型的な直背弧刃の形態をとりながらも不定形で形態差が認められる（図86-12〜14）。なお，リドフカ文化の磨製石庖丁は穿孔を1ヶ所のみ設けるという特徴も認められる。一方，シニ・ガイ文化では良好な資料に恵まれないが，シニ・ガイ文化のなかでも新しい段階に位置づけられるハリナ谷（Окладников・Дьяков1979）では弧背弧刃型磨製石庖丁（図86-15）が出土しており，沿ハンカ地域での地域的な伝統を示している可能性がある。

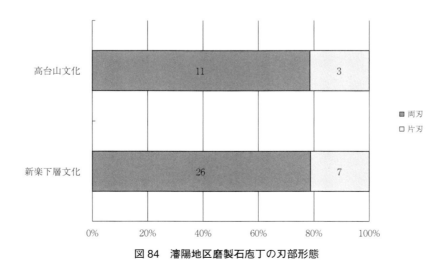

図84　瀋陽地区磨製石庖丁の刃部形態

8. 大同江流域

大同江流域では青銅器時代のコマ形土器期に磨製石庖丁が出現する。コマ形土器のなかでも比較的古い段階であると考えられる金灘里（金用玕 1964），南京青銅器時代1期（金用玕・石光濬 1984），石灘里1類型（리기린 1980），新興洞（徐国泰 1964）などの資料が初現期の資料に該当する。

コマ形土器に伴う磨製石庖丁は金灘里に直刃系（図 87-10）や直背（図 87-8）が伴うが，圧倒的に弧背弧刃系が多い（図 87-1～7・11～19）。また，刃部形態はこれまで確認されている資料は全て，片刃である。立教大学学校・社会教育講座収蔵庫に所蔵されている平壌市美林里資料は，採集資料であるため，詳細な時期については詳らかではないが，コマ形土器に伴うものであることは疑いない。弧背弧刃系で片刃の石庖丁があるが，断面形態は刃部鎬の部分が最大厚となっている（図 88）。このような特徴は先述のとおり双砣子3期

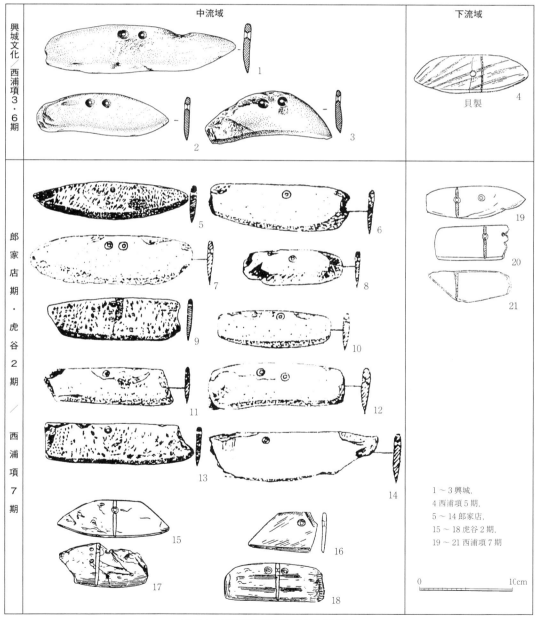

図85　豆満江流域磨製石庖丁の変遷

166　第Ⅰ部　東北アジア先史文化の変遷と地域性

の遼東半島でもみられる。総じてコマ形土器に伴う磨製石庖丁は平面形態・刃部形態双方において多様性に乏しく，規格的である。

9．韓半島中部

当該地域でも青銅器時代に至り磨製石庖丁が初出する。刻目突帯文土器期の渼沙里（任孝宰 外 1994），アウラジ（조성호 외 2011），蓮下里（이재설 외 2009），外三浦里（김권중 외 2008）などの資料が初現期の資料となる。平面形態は弧背弧刃型（図 89-1・23），弧背直刃型（図 89-3・27），直背直刃型（図 89-4・5・8・9・13・15～17・19・28・31・32）が認められる。紡錘形のように端部が尖るように処理されたものはほとんど認められず，弧背弧刃型であっても端部は直線的に処理され（図 89-23），全体が長方形や台形に近いものも少なくない。刃部形態は両刃と片刃の双方が認められる。なお，アウラジでは多量の未成品が出土しており，石庖丁の生産を示す重要な資料を提供している。

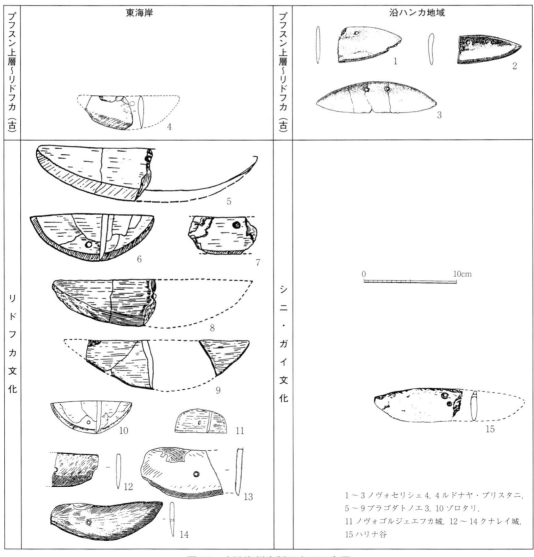

図 86　南沿海州磨製石庖丁の変遷

第 4 章　東北アジア先史時代農耕の展開　167

10. 韓半島南部

韓半島南部でも刻目突帯文土器期の大坪里玉房 5 地区住居址（李亨求 2001），上村里 B 地区 2 号遺構（崔茂蔵 2001），平居洞 4-1 地区（尹昊弼 外編 2012）などで磨製石庖丁が認められる（図 90）。直背で弧刃をなすものや凹刃となっているものもみられる。刃部形態は両刃と片刃が認められる。

11. 吉長地区

吉長地区では，左家山 2 期に該当する西断梁山 1 期層で薄い石片を研磨し刃部を作出した製品が出土して

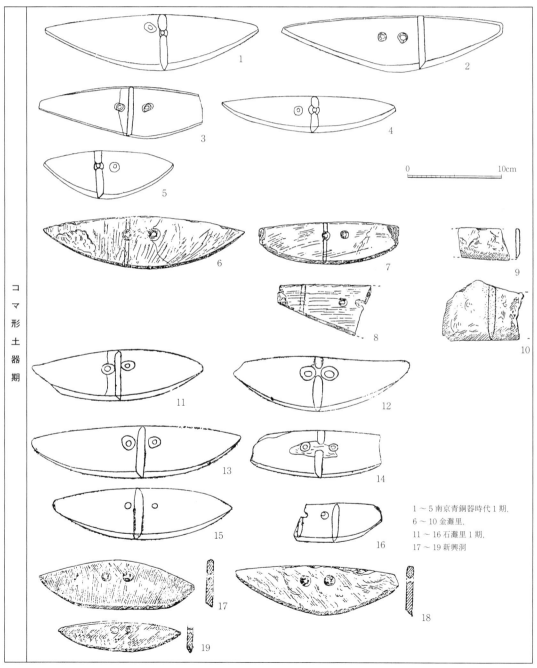

図 87　大同江流域磨製石庖丁

168　第Ⅰ部　東北アジア先史文化の変遷と地域性

いる（図91-1）。青銅器時代の腰紅嘴子でも全周を整形加工し，全体を研磨し，刃部を作出した製品がみられる（図91-2）。典型的な磨製石庖丁が確実にみられるのは北紅嘴子である（図91-3）。直背弧刃で大型である。西団山文化でみられる大型の直背弧刃型の祖形となるものであろうと考えられる。

12. 科爾沁地区

当該地区では近年調査が進行し，注目すべき遺跡は発見されている。遼西地域の紅山文化に併行するとみられる哈民忙哈（吉平・鄭鈞夫・胡春佰 2012，吉平 等 2012）で貝製庖丁のほか直背直刃型の磨製石庖丁が出土している（図92）。この石庖丁と貝庖丁の組成という様相は遼西地区の紅山文化とほぼ一致する。なお，骨柄石刃刀も出土している。

一方，後行する段階の南宝力皐吐（塔拉・吉平 2007・2008，吉平・希日巴拉 2010，鄭鈞夫・陳思如・吉平 2011）では土器では遼西地域の小河沿文化を基礎としながらも遼東地域の偏堡文化の混在した様相を示しているが，石庖丁の出土はこれまでのところ報告されておらず，骨柄石刃刀が出土している。

13. 阜新地区

阜新地区では，高台山文化に先行する段階として平安堡2期が想定されており，これまでのところ有孔磨製石庖丁の初現は，この段階である。弧背弧刃型（図93-1）と直背弧刃型（図93-2）が認められる。片刃である。平安堡3期は高台山文化に帰属する。瀋陽地区の高台山文化と同様に，直背弧刃型（図93-3），弧背直刃型（図93-5）のほか直背直刃型（図93-4・6）がみられる。片刃と両刃があり，瀋陽地区と類似する。

14. 遼西地域

当該地域における最も早い段階の収穫具は白音長汗2期（郭治中・索秀芬 2004）など興隆窪文化に認められる。扁平な石片に直線的な刃部を作出した単純な形態である（図94-1・2）。続く趙宝溝（劉晋祥・董新林 1997）や白音長汗3期など趙宝溝文化でも同様の磨製石器が出土している（図94-5）。

典型的な有孔磨製石庖丁は紅山文化に現われる。那斯台（董文義・韓仁信 1987），西水泉（劉晋祥・楊国忠 1982），白音長汗4期層などで磨製石庖丁が出土している。形態としては弧背弧刃型（図94-6・7・10・11）が多く，また弧背直刃系（図94-8・9・12・13）も認められる。刃部は片刃が多いが，両刃も少数認められる。小河沿文化では南台地（李恭篤 1977），白音長汗5期層などで磨製石庖丁が認められる。形態としては直背直刃型と弧背弧刃系の中間的な型式や台形を呈する型式などが認められる。刃部は片刃と両刃が認められる。

図88　立教大学所蔵美林里出土石庖丁

第4章 東北アジア先史時代農耕の展開 169

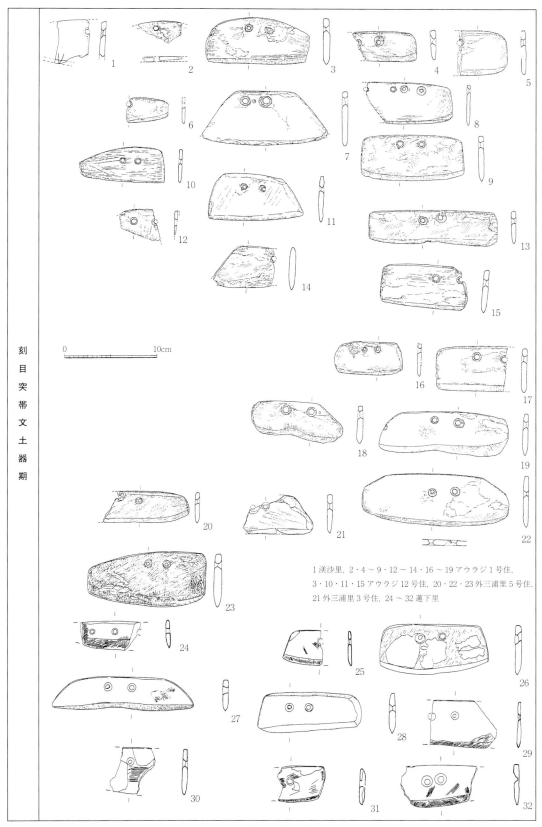

図89 韓半島中部磨製石庖丁

170　第Ⅰ部　東北アジア先史文化の変遷と地域性

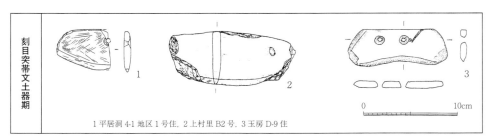

図90　韓半島南部磨製石庖丁

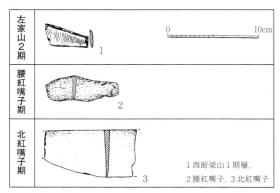

図91　吉長地区磨製石庖丁の変遷

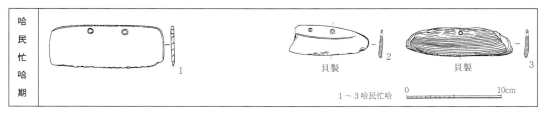

図92　科爾沁地区磨製石庖丁

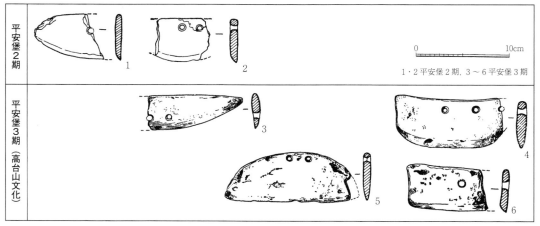

図93　阜新地区磨製石庖丁の変遷

第4章 東北アジア先史時代農耕の展開 171

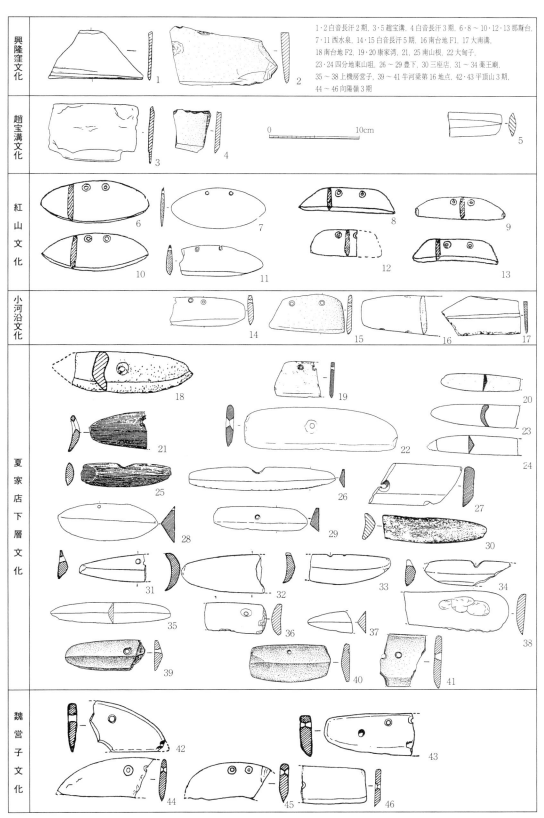

図94 遼西地域磨製石庖丁の変遷

172　第Ⅰ部　東北アジア先史文化の変遷と地域性

板石片に直線刃をつけた磨製石器も継続して認められる。

　夏家店下層期では大甸子（劉観民 等1998），牛河梁第16地点（郭大順 等2012），康家湾（陳国慶・王立新2008），豊下，四分地東山咀（李恭篤1983），南山根（劉観民・徐光冀1975），薬王廟（劉観民・徐光冀1974），上機房営子（陳国慶編2012），南台地，三座店（郭治中・胡春柏2007），水泉（李慶発 等1986），康家屯（辛岩・李維宇2001）などで磨製石庖丁が出土している。弧背直刃型（図94-22）や直背直刃型（図94-19・27・41）に加え，断面が三角形や円弧型を呈する石刀が認められる（図94-18・20・21・23〜26・28〜40）。このような石刀は甲元眞之が指摘するように（甲元1989），夏家店下層期に特徴的なものである。ただし，収穫具ではない可能性がある。穿孔するものとしないものがあり，中央部に抉りをいれたものもみられる。磨製石庖丁の刃部は圧倒的に片刃が多い。

　魏営子文化では向陽嶺3期層（王成生・董新林・呉鵬2000）や平頂山3期層（朱永剛 等1992）などで磨製石庖丁が出土している。形態としては弧背直刃型（図94-42・44），直背弧刃型（図94-43），直背直刃型（図94-46）がみられ，弧背弧刃型はほとんどみられない。刃部は再び両刃の比率が増え，片刃と共存する（図95）。

15. 膠東半島・廟島群島

　膠東半島を含む海岱地区の石庖丁については呉詩池，呉汝祚，加藤里美らによって研究されている（呉詩池1983，呉汝祚1985，加藤2007）。

　膠東半島では，大汶口文化中期に該当する北荘2期の古鎮都④層（林仙庭 等2008）で，片刃直刃の磨製石刀が出土している（図96-1）。破片であるため詳細はわからないが，残存幅7cmと一般的な収穫具としての石庖丁と比べると大きい。北阡（孫善徳1981），古鎮都（呉玉喜2000）で弧背弧刃型の石庖丁が採集されている。北阡や古鎮都は龍山文化以前の資料が主体を占めているため，これらの磨製石庖丁も龍山文化以前の可能性もあるが，採集資料のため判断が困難である。報告者の呉玉喜は古鎮都採集石庖丁について時代が異なるものと判断しているが（呉玉喜2000），穏当であろう。加藤里美は大汶口文化期に膠東半島に石庖丁が広がるとしているが，ここで述べられている石庖丁は有孔磨製石庖丁ではない。なお，加藤は大汶口文化期の段階では石器組成総体に占める農具の比率が高くないことを述べ，龍山文化期に農耕が占める比率が大きくなったと指摘している（加藤2007）。

　確実に収穫具とみなすことのできる有孔磨製石庖丁は呉汝祚や王富強が指摘したように（呉汝祚1985，王富強2008），膠東半島では龍山文化の段階である楊家圏2期に多く出現する。徐家溝（孫善徳1981），趙村（孫善徳1965），城陽（孫善徳1964），楊家圏（呉詩池 等2000，呉玉喜2000），上桃村（呉玉喜2000），小管村（呉玉喜2000）などの資料が楊家圏2期に該当する。弧背弧刃型（図96-2・6・9），直背弧刃型（図96-7）などがみられるが，直背直刃型（図96-3〜5・8・12）が多い。直背直刃型についても端部が弧を描くもの（図96-3・4）と，直線的に研磨して調整したもの（図96-8・12）がある。刃部形態は両刃と片刃が認められる。廟島群島でも

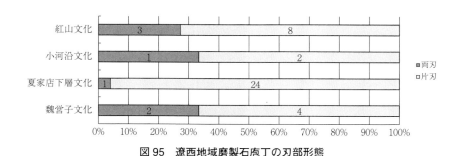

図95　遼西地域磨製石庖丁の刃部形態

第4章　東北アジア先史時代農耕の展開　173

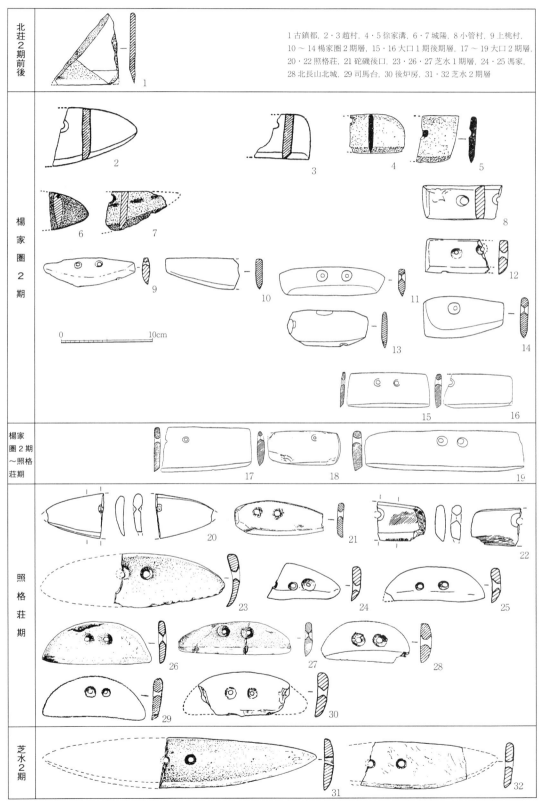

図96　膠東半島・廟島群島磨製石庖丁の変遷

174 第Ⅰ部　東北アジア先史文化の変遷と地域性

楊家圏2期に該当する大口1期後半（呉汝祚1985）で直背直刃型（図96-15・16）が認められ，膠東半島と同様の動向を示す。また，大口2期層では楊家圏2期と照格荘期の土器が混在しているため，時期が特定できないものの，長方形を呈する直背直刃型（図96-17〜19）が出土していることから，楊家圏2期に属する可能性が高い。

　岳石文化に該当する照格荘期には照格荘（韓榕1986，宮本等2008），芝水1期層（北京大学考古実習隊・煙台市博物館2000），馮家（呉玉喜2000），司馬台（厳文明1983，王洪明1985），後炉房（呉玉喜2000）などで磨製石庖丁が出土している。弧背弧刃型（図96-20・23）もみられるが，最も特徴的なのは幅広の弧背直刃型（図96-24〜30）であり，該期の遺跡から多く出土する。このことはすでに宮本一夫らにより指摘されている（宮本2008ほか）。刃部形態は片刃に限定される（図97）。廟島群島でも砣磯島の後口（厳文明1983），北長山島の北城（厳文明1983）で磨製石庖丁が出土しているが，後口の事例は片刃の弧背弧刃型（図96-21），そして北城の事例は岳石文化に特徴的な片刃の弧背直刃型（図96-28）であり，膠東半島と同様の動向を示す。

　照格荘期に後続する芝水2期の芝水2期層では弧背弧刃型（図96-31・32）の磨製石庖丁がみられる。前段階と比して寸法が大型化していることがわかる。刃部は片刃である。

　宮本一夫は膠東半島龍山文化と岳石文化の石庖丁について側縁が直線の長方形（a型）→端部が直線の弧背弧刃（b型）→端部が尖る弧背弧刃（c型）→横長の弧背直刃（d1型）→幅広の弧背直刃（d2型）と型式変化すると述べた（宮本2008）。確かに，幅広の弧背直刃系は岳石文化に特徴的な形式である。しかし，宮本の見解には幅広弧背直刃型を最終的な形態におくべく，他の型式を単線的に配列しているのではないかという疑念がある。上述のとおり楊家圏2期の段階で弧背弧刃型も直背直刃型も認められ，また，照格荘期にも弧背弧刃型と直背直刃型が認められ，さまざまな型式が併存しており，単線的な発展図式は成立しないものと考えられる。

Ⅲ．磨製石庖丁の動態

　Ⅰ段階（図98）では遼西地域に無穿孔の不定形石刀がみられる。興隆窪文化や趙宝溝文化ではアワ・キビ農耕が植物遺存体等から想定されるので，こうしたアワ・キビ農耕に伴う収穫具である可能性がある。

　Ⅱ・Ⅲ段階（図98・99）では遼西地域の紅山文化に伴う弧背弧刃型，弧背直刃型，直背直刃型の磨製石庖

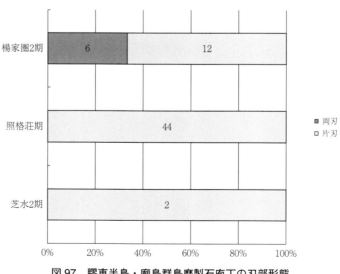

図97　膠東半島・廟島群島磨製石庖丁の刃部形態

丁が出現する。このような定型化された有孔の磨製石庖丁は紅山文化の影響を強く受けた科爾沁地区の哈民忙哈でも受容されているようである。有孔磨製石庖丁の東北アジアにおける最古例はこの紅山文化の例となる[8]。この頃，膠東半島では無穿孔の不定形石刀がみられる。また，遼東半島でも同様の道具が確認されるが，これは，分布上，膠東半島の影響で受容されたものではないかと考えられる。したがって，石製の収穫具を利用する農耕方法が膠東半島から新たにもたらされたものであると考えられる。以前の段階では華北との関係は遼西を介して陸路で結ばれていたため，華北から最も遠かった遼東半島が海峡を挟んで華北と別の最短経路で結ばれたとする大貫静夫の主張（大貫1998）は正しいと判断される。ただし，膠東半島と遼東半島の無穿孔石刀はその形態が必ずしも一致するものではない。このことについてすでに下條信行は遼東においても多元的に独自の形態の石庖丁が成立したことを認めるべきであると非常に重要な指摘をしている（下條1988）。

Ⅳ段階（図99）でも遼西地域のみに定型化された有孔磨製石庖丁が認められる。遼東半島では三堂村1期層で定型化された磨製石庖丁が出土している。この資料に混在の疑いがあることは，先述のとおりである。周辺地域との関連を考えると，この時期に定型化された磨製石庖丁があるのは遼西地域のみである。遼西地域の小河沿文化に伴う磨製石庖丁は端部を弧状または直線状に処理されており，三堂村1期層出土資料とは形態差がある。一方，この時期の膠東半島では明確な定型化された石庖丁はほとんど確認されない。また，この時期，第2章第3節で龍口貝塚の資料を用いて詳述したとおり，大汶口文化が膠東半島を含む海岱地区で広く拡散しているが，魯東北，魯西北，魯東南，魯中南全体を通しても有孔磨製石庖丁はほとんど確認することができない。管見のかぎり，三里河（呉汝祚・杜在忠1988）で有孔磨製石庖丁が確認されるが，大きさが大きく特異なものである。大汶口文化後期の有孔磨製石庖丁は皖北の尉遅寺（中国社会科学院考古研究所2000，中国社会科学院考古研究所 等2007）などで，大汶口文化中期またはそれ以前の磨製石庖丁は蘇北の大墩子（尹煥章・張正祥・紀仲慶1964），劉林（尹煥章・袁穎・紀仲慶1965），花庁（銭鋒・郝明華2003）などで認められるものの，魯斉地域ではほとんど確認されないので，膠東半島でも基本的には有孔磨製石庖丁はまだほとんど受容されていないとみるべきであろう。そのような観点からは，三堂村1期の遼東半島に有孔磨製石庖丁が存在するということは膠東半島経由では考えがたいものと思われる。あるいは，遼西からの影響とみるべきであろうか。今後の調査の進展状況によって再考しなければならない。

Ⅴ段階（図100）では遼東半島に確実に有孔磨製石庖丁が存在するという大きな変化がみられる。これは，これまで多くの先学が指摘したとおり（大貫1998，宮本2003・2008など），膠東半島に龍山文化系の有孔磨製石庖丁が安定的に展開する動向と連動したものであると考えられる。小珠山上層期の磨製石庖丁は後代のものと比較して寸法が小さいのが特徴であるが，鴨緑江下流域でも小珠山上層期の遼東半島の石庖丁の寸法に近い石庖丁が出土していることから，早い段階に鴨緑江下流域まで石庖丁が到達していることがわかる。さて，下條は磨製有孔への技術的向上には山東龍山の影響がみられるかもしれないが，山東龍山の石庖丁は，直刃系に限定され，遼東半島では前段階以来の無孔石刀にすでに弧背弧刃系が成立しているため，影響を与えていないと述べている。また，山東龍山で弧背弧刃系は客体的にみられむしろ遼東半島から伝来したと想定した（下條1988）。これは，資料が増加した現在にあっては再考を要する見解である。まず，前段階の無穿孔石刀と小珠山上層期の有孔磨製石庖丁は系譜的に繋がるかどうか難しいところである。呉家村期を前後する時期の無穿孔石刀は確かに弧背弧刃系の様相を呈するが，基本的に不定形に近い。一方，小珠山上層期にみられる有孔磨製石庖丁は定型化しており，安定的な規格をもつ。こうした点からは，やはり小珠山上層期の磨製石庖丁を在地での発展により独自発生したとみるのは困難ではないかと考えられる。そして，小珠山上層期でも直刃型が，一方，膠東半島でも弧背弧刃型がそれぞれ，相対的には少ないながらも安定的に存

176 第Ⅰ部 東北アジア先史文化の変遷と地域性

在する。筆者は，膠東半島でも遼東半島でも基本的に弧背弧刃型と直背直刃型が併存し，その比率が異なるという状況であると認識し，遼東半島では受容にあたっての選択性が強く働いているのではないかと考えている。

Ⅵ段階（図100）では遼東半島で石庖丁が片刃化・大型化が進行する。この頃，遼西地域では夏家店下層型の独特な石刀がみられる。このころ阜新地区の平安堡2期では片刃の弧背弧刃型や直背弧刃系がみられるが，両者とも夏家店下層期に認められ遼西地域からの影響が想定される。また，中央に穿孔が施され，1孔と推定される事例もみられるが，やはり遼西地域の夏家店下層期にも同様の穿孔が認められる。

Ⅶ段階（図101）では，遼東半島で片刃化が完全に進行し，大型化も進む。この片刃化と大型化の進行は膠東半島でもみられる現象で，相互交流のなかで受容された志向であるとみられる。膠東半島照格荘期には独特の幅広の弧度が強い弧背直刃型がみられるが，同様の弧背直刃型は遼東半島でもみられ，石庖丁の受容が小珠山上層期の1回に限定されたものではなく，継続的に膠東半島の関連をもっていたものと考えられる。この頃，瀋陽地区や太子河上流域でも有孔磨製石庖丁が確認される。直背直刃型が主流をなし，刃部も両刃が卓越するなど遼東半島とは区分される特徴をもっている。このような直背直刃型の隆盛の原因はよくわからない。太子河上流域でみられる幅広の台形を呈する直背直刃型は瀋陽地区では不明確なものの，遼西地域の夏家店下層期にも少数ではあるが認められ（図94-19），関係がある可能性もある。特に瀋陽地区の高台山文化と遼西地域の夏家店下層文化の接触についてはさまざまな遺跡で明らかとなっているため，石庖丁でもなんらかの影響関係があっても不自然ではない。しかし，遼西地域ではこのような台形直背直刃型が主流になることはなく，あるいは反対に瀋陽地区等からの客体的な搬入や模倣である可能性もあり，影響関係の方向を断定することは難しい。客体的であるかもしれないが，両地域での交流の一端を示す可能性はある。一方，豆満江流域や南沿海州でも弧背弧刃型を中心とする石庖丁が出現する。おそらくは遼東地域との関係で受容されたものであるとみられるが，中間地帯の資料が貧弱で受容に際する構造について述べることは困難である。

Ⅷ段階（図101）では遼東半島では片刃に限定され，大型化が最も進行する。厚さも増し，最大厚が刃部鎬にあるという特徴的な断面形態を示すものも認められる。膠東半島でもこの頃，大型化が最も進行することから，遼東半島と膠東半島間の交流があった可能性がある。一方，瀋陽地区，太子河上流域にみられた直背直刃型を主とし，両刃・片刃併存を特徴とする石庖丁の組成は鴨緑江上流域でもみられるようになる。鴨緑江下流域では遼東半島と関連があるとみられる弧背弧刃型のほか，部分的には太子河上流域や鴨緑江上流域に特徴的な幅広の直背直刃型がみられ，遼東半島系と太子河上流域系の双方の影響下にあるものとみられる。このように遼東半島系の石庖丁と瀋陽地区・太子河上流域系の石庖丁の二つの系統が遼東地域内でみとめられることとなる。

この段階は韓半島西部以南に有孔磨製石庖丁が展開する重要な段階である。ただし，地域・土器文化圏によってその影響元は異なる。コマ形土器を指標とする大同江流域では大型の端部を鋭角に処理する弧背弧刃型を主とし，片刃のみが認められるが，刻目突帯文土器を指標とする韓半島中・南部では端部を直線的に処理する弧背弧刃型に加え，直背直刃系が主流をなし，両刃と片刃が併存する（図102）。大同江流域の石庖丁は遼東半島と共通性が高い。さらに，平面形態と刃部形態に加え，美林里の資料でも示されたとおり，刃部の鎬部分が最大厚となるものも認められる点でも両地域の共通性が看取される。

一方，韓半島中・南部の石庖丁は鴨緑江上流域，太子河上流域，瀋陽地区との共通性が高い。特に刻目突帯文土器分布圏にみられる幅広の台形を呈する直背直刃型は鴨緑江上流域や太子河上流域に特徴的に認められ，この想定を裏付ける。このように土器文化圏に応じて影響元が異なることは，器物単体で受容したので

第4章 東北アジア先史時代農耕の展開 177

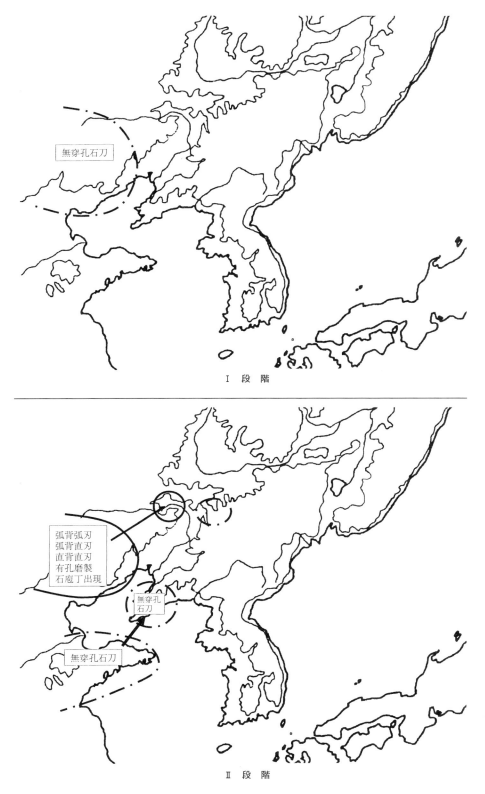

図98 東北アジア磨製石庖丁動態 (1)

178　第Ⅰ部　東北アジア先史文化の変遷と地域性

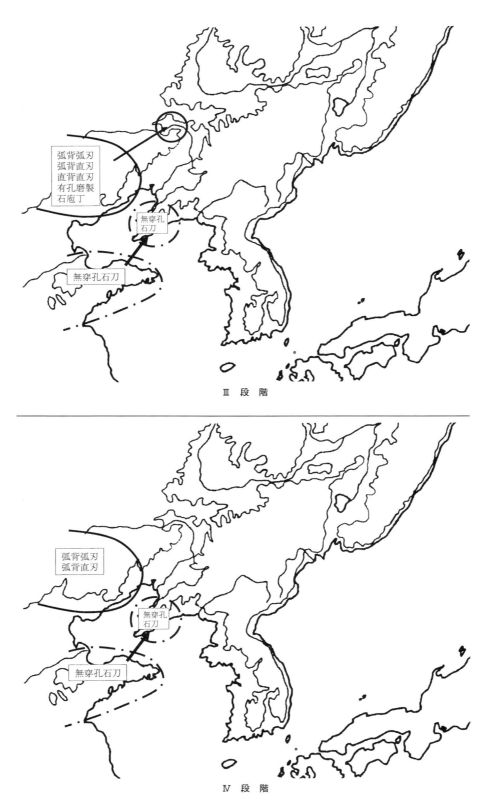

図 99　東北アジア磨製石庖丁動態（2）

第 4 章　東北アジア先史時代農耕の展開　179

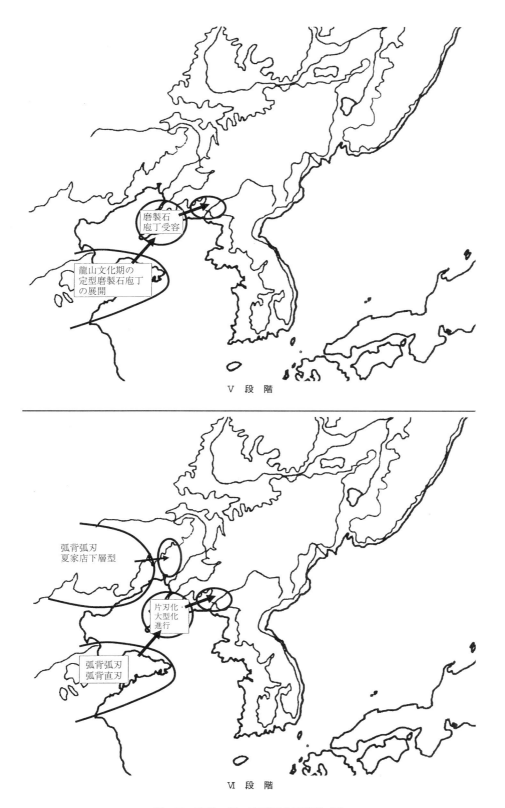

図 100　東北アジア磨製石庖丁動態（3）

180　第Ⅰ部　東北アジア先史文化の変遷と地域性

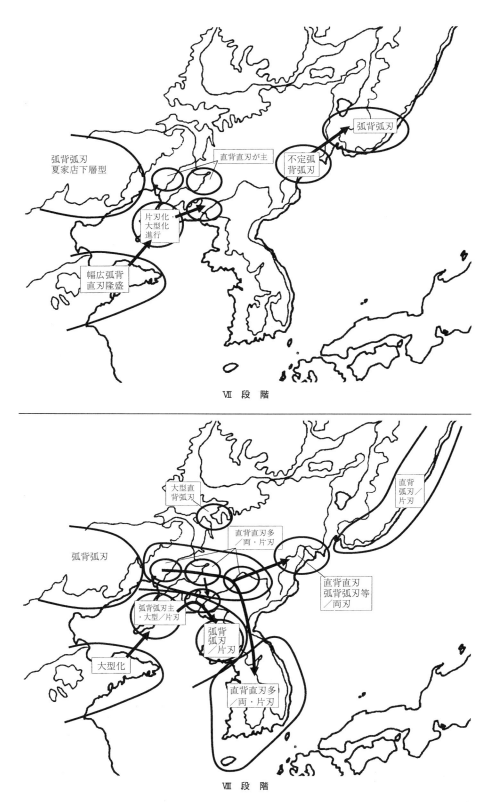

図 101　東北アジア磨製石庖丁動態（4）

はなく，生活道具全般を組成として受け入れたことを示す。その影響関係ルートを推察すると，韓半島中・南部へは鴨緑江上流域からコマ形土器分布圏をあたかも避けるかのように到達したものとみられる。一方，コマ形土器分布圏の大同江流域は遼東半島から直接海路で影響を受けたと考えるよりは，鴨緑江下流域を介して影響を受けたと想定したほうが穏当であろう。刃部形態では鴨緑江下流域では両刃・片刃併存で，片刃のみが認められる遼東半島や大同江流域とは差があるが，これは，鴨緑江下流域が，太子河上流域系の石庖丁の影響を併せて受けていることを反映しているものとみられる。このような点では，コマ形土器文化圏に到達した石庖丁伝統は遼東半島系の純粋なもので，鴨緑江下流域にみられる混合的・二次的なものではなかったことが注目される。継続的な交流下ではなく，比較的短い期間に強力な影響を受けた結果であるとも推定される。

豆満江流域は両刃が主で直背直刃系が主体となる組成を示す。鴨緑江上流域等との影響関係が想定される。これまでの研究史では韓半島中・南部刻目突帯文土器期の石庖丁と豆満江流域の石庖丁の類似を説き，その影響関係を想定する見解（金材胤2004など）があったが，確かに類似する部分もある。ただし，豆満江流域では片刃を全く欠き，さらに幅広の台形直背直刃型を欠くという点では，鴨緑江上流域により類似するため，筆者は韓半島中・南部刻目突帯文土器に伴う石庖丁の影響元を鴨緑江上流域・太子河上流域に求めたのである。このように考えると，韓半島中・南部と豆満江流域は，同じ鴨緑江上流域等を始原とする兄弟やイトコのような関係であったため，類似する部分が現出したともいえ，直接的な影響関係は想定できない。一方，南沿海州では独自の発展を遂げる。特に南沿海州リドフカ文化では独特な直背弧刃型が多く，定型化が進行している。これは豆満江中流域と関係の深いシニ・ガイ文化と在地発展したリドフカ文化の分岐と関わる現象であろうと考えられる。

吉長地区ではこれらの動向とは別個に後の西団山文化に継続するとみられる大型の直背弧刃型石庖丁がみられるようになる。

以上の磨製石庖丁の動向を整理すると次のとおりである。基本的に遼西地域は独自の発展を遂げている。一方，遼東地域では，膠東半島との関係で磨製石庖丁が発展するが，Ⅶ段階を前後する時期に遼東半島系と瀋陽地区・太子河上流域系の石庖丁の系統が成立し，Ⅷ段階には前者の系統が大同江流域へ，後者の系統が韓半島中・南部と豆満江流域へ影響を与えたものと考えるのが最も穏当であろうと考えられる。

さて，このような平面形態や刃部形態による地域性は何を反映しているのであろうか。平面形態についてはさまざまな形態が各地で併存している状況が看取された。下條信行は遼東半島で直背弧刃と弧背弧刃がほ

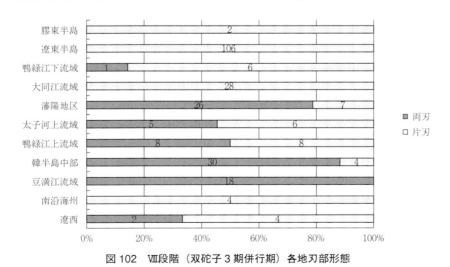

図102　Ⅷ段階（双砣子3期併行期）各地刃部形態

ぽ同量であることから「同様の価値をもって使われていた」（下條1988）という表現をしている。また，刃部形態について，石毛直道は片刃と両刃の差異は作業効率に影響しないことを示し，石庖丁使用上の機能的な差異というよりも，製作方法や使用する人々の石器に対する態度の差異に基づく文化における「くせ」に起因すると述べたことがある（石毛1968）。このような指摘には妥当性が認められるので，平面形態や刃部形態の差は，例えば対象作物の違いといった機能的な面における差異であるというよりは，文化的な差異や，石庖丁伝播に伴う交流地域の差異，すなわち系統・伝統の差異であるとみるべきであろう。本節で示した磨製石庖丁の地域性と動態は，農耕に関わる道具にみられる文化的な流れを表しているということであり，この地域性が，例えば対象作物や農耕方法などの地域性と一対一対応するとは限らないということも付言しておきたい。

　本節の終わりに磨製石庖丁の変遷を追究する過程で，気が付いた諸点について述べる。これまで，磨製石庖丁の平面形態が時期的に変遷するという見解が多くみられた。しかし，ある地域のある時期に特徴的な平面形態を示す事例はあっても，多くの場合，各種平面形態が併存しており，従来の多くの研究にみられたように，層位，遺構による裏付けなく理念的・観念的に一系統の変化過程が示されてきたことは完全に誤りであることが明確となった。この点で「型式論としての石庖丁論は，アプリオリに組列の展開として扱われたので，初めに根源型式が措定されると，その他の型式は一系論的に取り扱われた」という下條信行の批判（下條1988）に，再度，耳を傾けなければならない。刃部形態についても，同様にその比率には差異があるものの，片刃と両刃が共存する事例が多く，いずれか一方しか存在しないということは比較的稀である。反対に，いずれかしか存在しないという状況は非常に稀であるからこそ，系譜を追究するうえで重要な属性となる場合もある。いかに土器編年に基づく分期と資料選択が重要であるかということを改めて認識したところである。

第4節　東北アジアからみた韓半島の農耕

1．韓半島新石器時代の農耕

　第1節から第3節までの論議を踏まえ，想定される韓半島での農耕の様相は次のとおりとなろう。遼西地域に端を発し，遼東地域を介して，農耕が韓半島に伝えられ，弓山文化では遅くとも弓山2期には，すでにアワ・キビ農耕が開始されていた。弓山1期の磨盤・磨棒を農耕石器として積極に解する場合は，さらに遡り，遼東地域とそれほど時間差がないこととなる。韓半島南部では瀛仙洞式期にアワ・キビ農耕の萌芽的な段階がみられる。弓山文化2期とそれほど時間差はない。ただし，韓半島南部で大きな変化がみられたのは磨盤・磨棒からみても大貫静夫も指摘するように水佳里Ⅰ期である（大貫2013）。文岩里の耕作遺構は，この段階に位置づけられる可能性がある。豆満江流域等ではこの時期には確実に農耕を行っている。アワ・キビ農耕はその後も継続して行われるが，この間も遼等地域からの農耕関連情報は継続的に大同江流域以南韓半島や豆満江流域にもたらされている。また，場合によっては新石器時代中期，遅くとも後期にはマメ類も利用された。これまでのところ新石器時代にイネが栽培されたとみることはできない。新石器時代の農耕は漁撈や採集活動とともに複合的な生業の一角を占めていたが，中期以降，その比重は高まっていたものと考えられる。

2．韓半島へのイネ伝来の経路

　植物遺存体や土器圧痕により大同江流域以南の韓半島におけるイネ伝来の年代は青銅器時代開始期である

と考えられる。遼東半島における古い時期のイネ関連資料の可能性がある事例としては，イネ，ヨシ，ススキ，キビ族のプラント・オパールが検出された文家屯ＡⅠ第3層出土紅焼土が挙げられる（宇田津・藤原2002）。文家屯Ａ区第3層では小珠山中層期〜三堂村1期の土器が出土している。プラント・オパールが紅焼土内部まで潜り込む可能性があること，文家屯では小珠山上層期までの土器が出土しており，層序的に画然と堆積時期を区分できるかという懸念があること，事例数が少ないことなどから，まだ，確実な事例であるとはいえない。遼東半島南部の遺跡における土壌中に含まれるプラント・オパールの分析では小珠山上層期と推定される王家村文化層最上面採集土壌でイネ，アワ，キビなど，郭家村採集土壌（ただし土層断面の状況は灌木等あり）でイネなどが検出されている。また，双砣子1〜3期の双砣子炉跡採集土壌からイネ・アワなどが検出されている（靳桂雲 等2009）。以上の資料は土壌中のプラント・オパール資料であり，年代に不安が残るが，膠東半島北部の龍山期の楊家圏H6，H9出土紅焼土中のイネ遺存体などの存在（北京大学考古実習隊 等2000）から，遼東半島南端であれば，イネが小珠山上層期に存在していても不自然ではない。双砣子3期に属する大嘴子F3から出土した6点の壺内部に炭化穀物があり，炭化穀物にはキビとイネが確認されている（大連市文物考古研究所編2000）。また，上馬石貝塚ではイネ籾圧痕と玄米圧痕がある上馬石上層期の土器がみられる[9]（小畑2015a，李作婷2015）。

　以上を整理すると遼東半島南部では遅くとも双砣子3期にはイネが栽培されていたとみることができる。気候が比較的冷涼な中国東北地方にあって，遼東半島南部は膠東半島と同様に温暖湿潤で落葉広葉樹林区に属し（劉明光1998），イネを生育できる条件が整っている。そして，上述のとおり双砣子3期の遼東半島こそが，大同江流域の石庖丁も含む文化総体に強い影響を及ぼしているため，コマ形土器文化前期にみられるイネは遼東半島から黄海沿岸に沿って大同江流域に伝来したものであるとみることができる。ここで，黄海沿岸と述べたのは，鴨緑江下流域では，鴨緑江上流域とともに遼東半島の影響を受けた文化がみられることと，韓半島の気温示数図（Yim and Kira1975）において平安北道沿岸部にはわずかに大同江流域と同様のWI＝85-100の地帯が広がっていることを念頭に置いているためである。

　それでは，韓半島中・南部における刻目突帯文土器に伴うイネの伝来経路はどのように考えるべきであろうか。上述のとおり，刻目突帯文土器分布圏の石庖丁を含む文化総体は瀋陽地区－太子河上流域－鴨緑江上流域からの強い影響を受けている。これらの地域では，資料の不足によりどのような作物が栽培されていたか不分明であるが，韓半島の気温示数図において，鴨緑江上流域はWI＝55-85の地帯に属していることからみて，鴨緑江上流域では基本的にはイネは認められないものと考えられる。東方の豆満江流域では虎谷2期に属する複数の住居址でキビ粉やモロコシ粉，五洞ではダイズ粒，アズキ粒，キビ粒などが出土しているため，鴨緑江上流域でもキビなどを中心とする作物が栽培されていたのであろう。そのため，石庖丁を含む文化総体において刻目突帯文土器分布圏は鴨緑江上流域から強い影響を受けているのではあるが，イネについてはその経路とみなすことができない。

　そうすると，刻目突帯文土器分布域におけるイネについては，別の経路を考えなければならないが，筆者は遼東半島から黄海沿岸を経由して大同江流域に到達したイネが，韓半島中・南部に伝来したものと考えている。刻目突帯文土器文化とコマ形土器文化は隣接しており交流可能性が大きいからである。そして，韓半島南部地域に至り，気候と非常によく適合したため，後に稲作が発展したものとみている。このような経路に関する考え方は，宮本一夫が2009年に提示した見解（宮本2009）とほぼ同じである。筆者と宮本2009年見解の差異は，その伝来時期のみであるといってよい。

　しかし，このような考え方と対立する見解がすでに，後藤直によって提示されたことがある。後藤は二者択一ではないと断りながらも，上述経路以外に膠東半島から韓半島中部西海岸へ直接渡来する経路も念頭に

置き，「(イ) 遼東半島の稲作が大同江流域に伝わったが，灌漑施設と区画水田からなる体系化された水田稲作とは考えられないから，南下して南部の水田稲作のもとになったはずはない。(ロ) 膠東半島で岳石文化期頃の雑穀畠作農耕と結びついて適応した稲作が韓半島中部西海岸に伝えられ，南部に急速に広がった。(ハ) (ロ) のように南部に広がる水田稲作の一部が北上して大同江下流域に達したが，気候条件が厳しいために定着せず放棄された。」と想定している (後藤 2004)。

　ここで，大きく問題になるのは，膠東半島と韓半島中部西海岸を連結する黄海直行横断航路の存在が認められるかという点である。先史時代の黄海直行横断航路の存在は，解放前から想定されてきたが，現在に至るまで，その実態は把握されていない。第1章第5節で述べたように膠東半島・韓半島の両岸において，これまで相互の遺物が出土したことがないので，新石器時代に黄海直行横断航路は存在しないことを筆者は想定しているが，青銅器時代についても同様に両岸で相互の遺物は出土しない。

　文献史学における検討では，黄海直行横断航路は南朝の劉宋時期に開通したとみられているが (牟元珪1999)，李慧竹はこれに反対し，戦国式銅剣をはじめとする「斉系」遺物が韓半島南部に集中して出土することから，戦国時代の斉国亡民が黄海直行横断航路を利用したと述べている (李慧竹 2004)。しかし，「斉系」遺物とされた多くは，陸路でもその搬入・伝播は十分に想定されるものであり，筆者は黄海直行横断航路の証拠とは考えない。むしろ，戦国時代にあっても，黄海直行横断航路を証するとされる遺物がその程度しか挙げられないのだから，先史時代においてはまず，航路としては存在しなかったとみるべきだろう。『管子』や『爾雅』にみられる「発，朝鮮之文皮」と『爾雅』や『淮南子』にみられる「斥山之文皮」を関連づけ，「斥山」を現在の栄成市に比定し，先秦時代の黄海直行横断航路を想定する研究もあるが，王青は「斥山」を現在の蓬莱市に比定し，廟島群島に沿った航路を想定している (王青 2014)。

　恒常的な交流の航路が存在しないにもかかわらず，それでも黄海を直接横断してイネが伝来したとすると，漂着など偶然の渡来を考えなければならなくなる[10]。畢竟，イネ伝来経路の問題は，そうした航路も含めた交通路の安定性か，気温など生育条件の安定性かどちらを重視するかという問題に収斂される。

註

1 ）なお，安承模は華北型農耕石器とは黄河流域を中心に発生した石器と受け取られるため，「遼寧新石器農耕石器」とするのが適切だと述べている (安承模 2007)。

2 ）ただし下層畠出土磨製石鏃などから年代についての疑義も提起されている (金炳燮 2014)。

3 ）製粉具の「したいし」を南韓では「갈판」，北韓では「갈돌판」，「うわいし」を南韓では「갈돌」，北韓では「갈돌대」と呼ぶのが一般的であるが，回転運動により磨り潰す道具と前後運動によって磨り潰す道具を区分している例はあまりない。本書では不整方向・回転運動により磨り潰す道具については日本考古学の用語を借用して「したいし」を「石皿」，「うわいし」を「磨石」とし，前後運動によって磨り潰す道具については中国考古学の用語を借用して「したいし」を「磨盤」，「うわいし」を「磨棒」とする。

4 ）清川江流域だけでなく，新石器時代中期併行期の遼西地域，豆満江流域と遼東半島を取り巻く地域で，磨棒乙類が出土していることは，遼東半島でも磨棒乙類が存在した可能性を示す。

5 ）膠東半島でも磨盤・磨棒の報告例が少なく，正確な変遷過程を追うのが困難である。新石器時代中期併行期にも磨棒乙類が存在するか否か今後の出土事例を注視したい。

6 ）この弓形の磨製石器について中文では「磨棒」，露文では「курант (グラインダー)」として報告されることが多く，本稿でも磨棒として取り扱っているが，都宥浩は五洞で出土した同様の磨製石器について「갈돌'대형 숫돌 (磨棒形砥石)」と報告しており，磨棒ではない徴表があるとする (都宥浩 1960)。

7 ）Д. Л. ブロジャンスキーはシニ・ガイ文化の磨棒では弓形磨棒が優勢であると述べている (Бродянский1987)。なお，図 5-28 に図示した磨棒とされる「うわいし」は詳細な説明がなく，不分明であるが，砥石の可能性もある。

8）寺澤薫は中国東北地方最古の有孔磨製石庖丁例として，吉長地区の大青嘴（劉紅宇 1984・1986）例を挙げ，新楽下層期に該当すると判断しているが（寺澤 1995），大貫静夫は報告者の劉紅宇の見解である西団山文化類似の文化に帰属するものとみて，これを明確に否定している（大貫 2003）。

9）上馬石貝塚 B Ⅱ 区出土イネ籾圧痕土器について，小畑は双砣子 3 期と集計しているが（小畑 2015a），底部であり，B Ⅱ 区で主体を占める上馬石上層期に属する可能性もあり，双砣子 3 期として限定できる資料ではない。

10）偶然の漂着により栽培作物が伝えられる例としては『類聚国史』にみられる蛮船漂着記事が挙げられる。延暦 18 （799）年，崑崙人（自称・天竺人）が三河に漂着したが，木綿の種を持っていたので，朝廷は紀伊，淡路，阿波，讃岐，伊予，土佐，大宰府の諸国で栽培させた。ただし，『夫木和歌抄』（延慶 3 （1310）年頃）所収の衣笠内大臣の歌に「敷島のやまとにはあらぬから人のうゑてし綿の種は絶にき」とあるように栽培・定着には失敗している（永原 2004）。

第5章　東北アジア先史時代紡錘車の変遷と地域性

Ⅰ．はじめに

　紡錘車は，紡錘の部品の一つである。紡錘とは，繊維に撚りをかけ，糸を製作する道具，すなわち紡糸の道具である。紡糸を行うには専用の道具は必ずしも必要ではなく，民族誌・民俗例では，指，手，膝，口と頬など人体の各部を使用して行われる事例が知られている。また，紡糸の道具は紡錘だけではなく，時代や地域，集団によっては糸車やその他の道具が使用されることもある。紡錘は一般的には，繊維に撚りをかけ，巻き取る紡茎と回転力を得るための紡錘車で構成される。ただし，紡錘車を付属させない紡錘，すなわち紡茎のみの紡錘も存在する（古澤 2016）。

　以上のことから，紡錘車の存否は，紡錘車を付属させた紡錘の使用の存否を示すことになり，紡糸の存否，紡錘の存否とは必ずしも相関関係にはないということを念頭におく必要がある。

　しかし，紡錘車は一方で，確実な紡糸の証左であり，繊維利用の一端を示すことに疑う余地はない。そこで，筆者は，東北アジア先史時代の紡錘車についてその変遷と地域性を考察することで，紡織文化的観点からその文化動態を追究したいと思う。

　紡錘車の材質にはさまざまな種類があるが，先史時代では土製，石製，貝製，骨角製などが知られている。本章ではその全ての種類について扱うが，土製については，紡錘車専用品として焼成されたものに限定して取り扱い，土器片再加工品については原則的に取り扱わない。土器片再加工品が紡錘車であるかどうかの判断が困難なことと，専用の紡錘車の準備には紡糸活動上の特別な意味づけが考えられるためである。

　さて，先史時代の東北アジア各地域では紡錘車が出土するため，各地域で紡錘車に関する研究がなされている。特に沿海州では紡錘車が数量的に多く出土するためか，ソヴィエト連邦の Г．И．アンドレーニフの研究（Андреев1965）以降継続して，研究されてきた主題である。韓半島では北韓の研究者が継続して研究を行っているが（黄基徳 1984b，리순신・리금산 編 1994，리승일・문병훈・박영애 編 1996），近年では南韓でも専論がみられる（崔得俊 2011）。中国全体について触れた論著は多いが（王若愚 1980，陳維稷編 1984，王暁 1987，張建林 1991 ほか），東北地方についての紡錘車の専論は相対的に少なく，黒龍江省の紡錘車について扱った曲守成による論文が挙げられる（曲守成 1981）。

　東北アジアの紡錘車を対象とした我が国の研究としては八幡一郎による韓半島や遼東半島を対象とした一連の研究（八幡 1968ab・1974）が挙げられる。その後，中間研志と西川宏により当時知られた東北アジアの紡錘車について変遷と地域性を明らかにする画期的研究がみられた（中間 1985，西川 1985）。しかし，その後の資料の増加にもかかわらず，我が国ではこの分野の研究は，ほとんど顧みられることの少ないものであった。そこで，筆者は，新石器時代から青銅器時代前期にかけての東北アジアを対象とし，各時期の紡錘車の変遷を検討し，時期ごとに地域性を明らかにすることで紡錘車の動態について述べたいと思う。等閑視されがちな紡錘車であるが，かつて Г．И．アンドレーエフは「紡錘車も土器のように時間的な変化を示す」と正しく指摘した（Андреев1965）。このことを本章でも示したい。

Ⅱ. 各地域の紡錘車の変遷

1. 韓半島

　新石器時代に韓半島丸底土器が分布する地域の紡錘車について検討する。黄基徳は新石器時代に比べ青銅器時代には多くの紡錘車が使用されるようになると述べている（黄基徳1984）。中間研志は韓半島南半部では新石器時代に土製算盤珠がみられる一方，青銅器時代には円盤形が主になること，コマ形土器では石製円盤形紡錘車が圧倒的な量を占めることなどを指摘している（中間1985）。西川宏は新石器時代には土器片再加工の円盤形が主体で，青銅器時代には円錐形や算盤珠形などが伴うと述べている（西川1985）。徐国泰は弓山文化では土器片再加工紡錘車が多い一方，西浦項等では土製の円錐形や算盤珠形が多いという地域性を指摘している（徐国泰1986）。崔得俊は韓半島の紡錘車を1～4段階に編年した。1段階に紡錘車が出現し，2段階と3段階に文様が活性化すると同時に断面形態が多様化し，4段階に変遷するにつれ無文化と断面形態が長方形に変化すると述べた（崔得俊2011）。

　（1）**韓半島南部**　韓半島南部では水佳里Ⅲ期に該当する水佳里2層および1層（鄭澄元・林孝澤・申敬澈1981）で土製算盤珠形紡錘車が出土している（図103-1～3）。水佳里貝塚で表面採集された紡錘車（林尚澤 外2011）は沈線が放射状に施文されている（図103-4）。表採資料のため正確な時期は不明であるが，胎土などの様相から水佳里Ⅲ期である可能性が高い。一方，カルモリ（安承模 外2003）では典型的な円盤形とは異なり，直径に対して比較的厚く，中央がやや膨らむ形態の土製紡錘車が出土している（図103-5・6）。包含層出土のため正確な時期は不明であるが，胎土が砂質であることから水佳里Ⅲ期に併行する時期に該当すると考えられる。

　刻目突帯文土器期に入ると紡錘車の様相は一変する。大坪里玉房5地区住居址（李亨求2001），上村里B

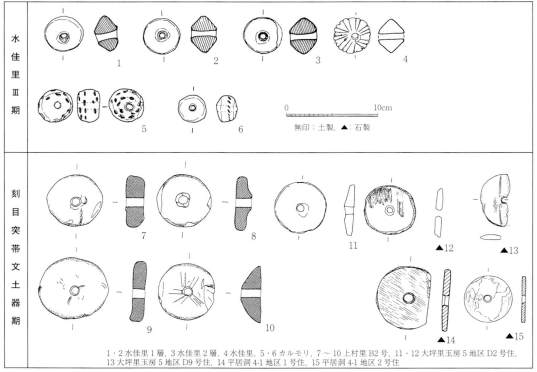

1・2水佳里1層，3水佳里2層，4水佳里，5・6カルモリ，7～10上村里B2号，11・12大坪里玉房5地区D2号住，
13大坪里玉房5地区D9号住，14平居洞4-1地区1号住，15平居洞4-1地区2号住

図103　韓半島南部紡錘車の変遷

第5章 東北アジア先史時代紡錘車の変遷と地域性　189

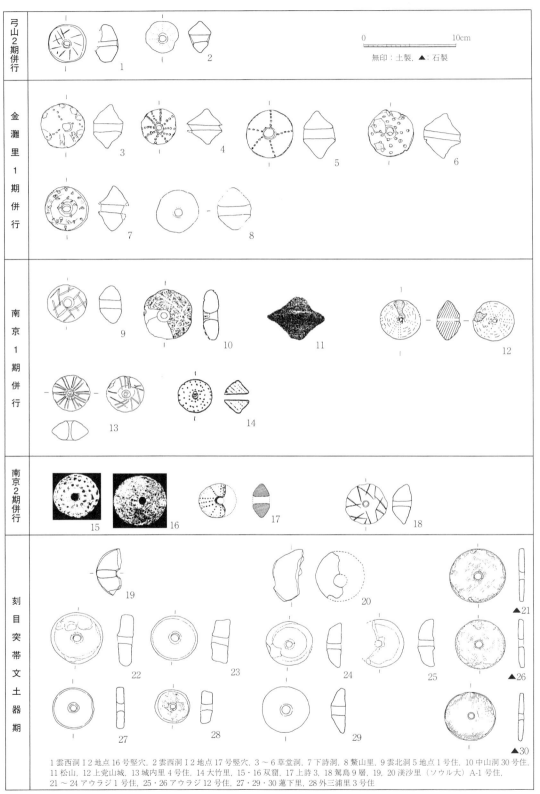

図 104　韓半島中部紡錘車の変遷

190　第Ⅰ部　東北アジア先史文化の変遷と地域性

地区2号遺構（崔茂蔵2001），平居洞4-1地区（尹昊弼 外編2012）などでは，土製円盤形（図103-7・8・11），土製饅頭形（図103-10）に加え，石製円盤形（図103-12～15）が組成に加わる。

　(2) 韓半島中部　これまでのところ最も古い紡錘車は雲西洞（趙詳紀 外2010）で確認される（図104-1・2）。雲西洞Ⅰ遺蹟2地点17号竪穴では大同江流域編年弓山2期に併行する時期の土器と共伴しており，16号竪穴では共伴遺物がないものの，周囲の住居址や竪穴の時期が弓山2期併行期であるため，弓山2期併行期であると判断した。土製算盤珠形が出土しており，放射状に乱雑な沈線を施文したものと点列を放射状に配したものがみられる。このようなモチーフは新石器時代の韓半島西部・中部・南部では一般的な文様で，この時期に韓半島新石器時代紡錘車の原型が完成していると判断される。

　草洞堂（池賢炳 外2006），下詩洞（池賢炳 外2006）では筆者編年（古澤2006a）地境里1号住期～6号住期に該当する土器とともに土製算盤珠形紡錘車が出土している（図104-3～8）。点列を放射状に配したり，点列で同心円を描くものが認められる。鰲山里（金元龍・任孝宰・權鶴洙1985）では無文の算盤珠形紡錘車が出土しているが，鰲山里上層に伴うものであると考え，この時期に位置づけた。

　南京1期併行期では雲北洞5地点1号住居址（이석현 외2012），中山洞30号住居址（권도희 외2012），松山（서울市立大學校博物館1996），上莞山城（忠北大學校 湖西文化研究所1997），城内里4号住居址（具滋振・최봉균2007），大竹里で土製算盤珠形紡錘車が出土している（図104-9～14）。沈線や点列で放射状に施文するものが多い。松山では両凸形が出土しているが，算盤珠形の変異である可能性がある。

　南京2期併行期には双窟（최삼용2004，延世大學校 原州博物館2005），上詩3窟（홍현선1987）などで土製算盤珠形紡錘車が確認される（図104-15～17）。前代と同様に点列により同心円や放射状文が描かれる。駕島9層（朴淳発 外2001）では新石器時代前期から晩期の土器が混在しているので正確な時期は不明であり，施文等から暫定的に南京2期併行期に位置づけたが（図104-18），時期はさらに遡る可能性が十分にある。

　韓半島南部と同様に刻目突帯文土器期には紡錘車の様相は一変し，渼沙里（任孝宰 外1994），アウラジ（조성호 외2011），蓮下里（이재설 외2009），外三浦里（김권중 외2008）などでは土製円盤形（図104-19・22・23・27・28），土製饅頭形（図104-20・24・25・29）に加え，石製円盤形（図104-21・26・30）が組成に加わる。新石器時代では，限られた遺跡で少量紡錘車が出土するが，刻目突帯文土器期以降，どの遺跡でも紡錘車が一般的に出土するようになる変化も認められる。

　(3) 大同江流域　当該地域の確実な紡錘車の実例としては南京2期の資料が挙げられるが，土器片再加工

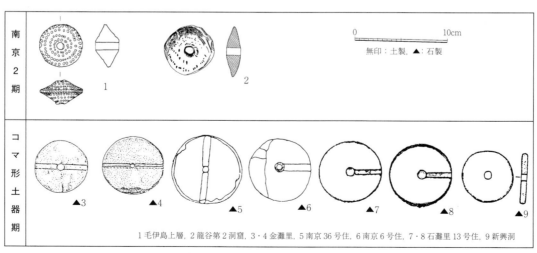

図105　大同江流域紡錘車の変遷

有孔円盤は弓山1期から認められ，弓山（都宥浩・黄基徳1957）では1期層に属する住居址で骨製の針に麻糸が巻かれた状態で出土したため，紡糸活動が行われていたことに疑いはない。加えて，韓半島中部の雲西洞では上述のとおり弓山2期に土製紡錘車がみられるので，大同江流域でも同様に専用の紡錘車が存在する可能性が高い。

南京2期の毛伊島上層（李相俊・曺美順・金正延2002）では土製算盤珠形紡錘車がみられ，点列文で同心円文が描かれる（図105-1）。龍谷第2洞窟（金日成総合大学1986）でも同様の紡錘車が出土しており（図105-2），ここでは南京2期に位置づけたが，龍谷第2洞窟では弓山1期から南京2期にいたる各時期の土器が出土しているため，時期がさらに遡る可能性もある。

コマ形土器期になると金灘里（金用玕1964），南京（金用玕・石光濬1984），石灘里（리기련1980），新興洞（徐国泰1964）などでみられるように石製円盤形紡錘車が多い（図105-3〜9）。これまでのところ土製紡錘車は認められない。韓半島中部・南部と同様に青銅器時代に至るとどの遺跡でも，複数の紡錘車が出土するようになる傾向がある。

2．豆満江流域・南沿海州・牡丹江流域

（1）豆満江流域　豆満江流域ではこれまでのところ下流域の西浦項3期，中流域の興城1期が紡錘車の最古段階であるが，後述する南沿海州ではこれを遡る時期の紡錘車も発見されていることから，紡錘車の初出は遡る可能性もある。西浦項3期層（金用玕・徐国泰1972）では土製の算盤珠形（図106-1〜4），截頭円錐形（図106-5）がみられ，興城1期層（劉景文 等2001）では土製の算盤珠形（図106-14）がみられる。文様は沈線や点列で幾何文を配するものが認められる。

下流域西浦項4期では農圃（横山1934，考古学 研究室1957，黄基徳1962a）や西浦項4期層で土製紡錘車がみられる。算盤珠形（図106-6・7・9・10），饅頭形（図106-12），円錐形（図106-8・11），截頭円錐形（図106-13）などがみられる。文様は沈線や点線がみられるが，農圃例（図106-7）は土器に施される雷文と同様の文

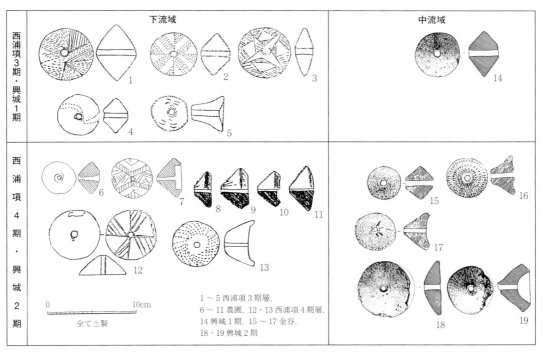

図106　豆満江流域紡錘車の変遷（1）

192　第Ⅰ部　東北アジア先史文化の変遷と地域性

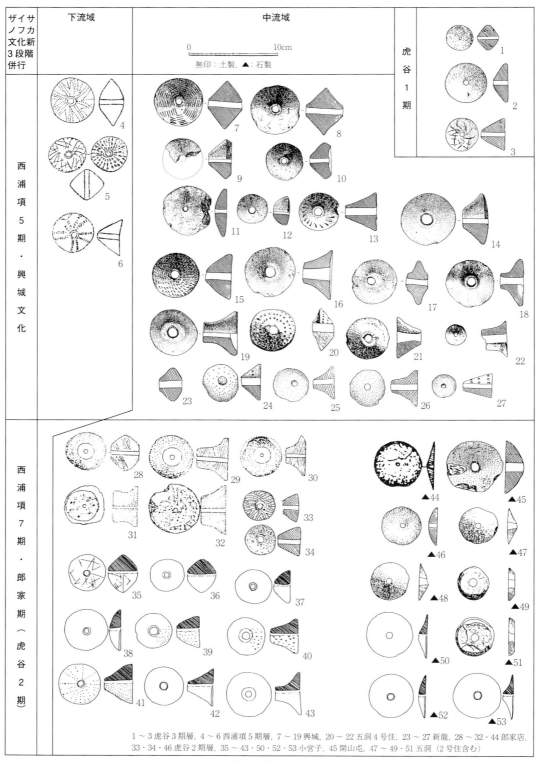

図 107　豆満江流域紡錘車の変遷 (2)

様が配され，注目される。中流域の興城2期や金谷（朴龍淵1991）でも同様に，土製の算盤珠形（図106-15），饅頭形（図106-18），截頭円錐形（図106-16），円錐形（図106-17・19）などがみられる。

中流域の虎谷1期（黄基徳1975）の編年的位置づけについては諸説があるが，筆者はザイサノフカ文化新3段階（東風類型）から興城文化にかけての時期であるとみている。紡錘車は土製の算盤珠形（図107-1），饅頭形（図107-2），円錐形（図107-3）などで興城2期の組成と大きく変化はない。

下流域西浦項5期および中流域興城文化では，西浦項5期層，興城，五洞4号住居址（都宥浩編1960），新龍（侯莉閩1994b）などで土製の紡錘車が発見されている。石製の紡錘車は確認されていない。形態は算盤珠形（図107-4・5・7・8・9・10・20・23），饅頭形（図107-11），円錐形（図107-6・10・21・24・25・27），截頭円錐形（図107-14・16）などに加え，やや重量感のある円錐形紡錘車（図107-13）がみられるようになる。この型式は牡丹江流域では，ザイサノフカ文化新3段階に相当する石灰場下層期でも認められることから，初出はやや遡る可能性もある。また，同様に重量感のある有頸型（図107-18・19・25・26）も認められる。西浦項5期層では有文の紡錘車が報告されているが，興城文化では無文の紡錘車の比率が高くなってきている。

次の郎家店期・虎谷2期の資料としては郎家店（温海濱1986，李正鳳1988），開山屯（侯莉閩1993），虎谷2期層，五洞2号住居址の資料が該当する。土製紡錘車（図107-28〜34）に加え，石製紡錘車（図107-44〜53）がみられるようになり大きな変化を看取できる。土製紡錘車は興城文化にみられる型式や文様を基本的には継承しているが，郎家店例などでみられる重量感のある有頸型（図107-29）などもみられるようになる。石製紡錘車は笠形（図107-44〜48）が多く認められ，中には低い截頭円錐形（図107-49・51）も認められる。学史的に著名な小営子の年代についてはさまざまな見解があり一致していないが，紡錘車からみると土製には算盤珠形（図107-35・36），饅頭形（図107-37・38），円錐形（図107-39〜42），有頸型（図107-43）などに加え，石製笠形（図107-50・52・53）がみられ，郎家店期・虎谷2期の紡錘車の組成と完全に一致することから，筆者はこの段階の遺跡であると考えている。

(2) 南沿海州　沿海州の紡錘車についての本格的な研究はГ. И. アンドレーエフの研究（Андреев1965）を嚆矢とする。ここではザイサノフカ文化では沈線や刺突により三角集線文，渦文，魚骨文を施文する算盤珠形が主で，南沿海州文化（今日のヤンコフスキー文化）では沈線や刺突による放射状・十字区画等の文様が施される断面弓形・有頸型・截頭円錐形が主となり，鉄器時代（今日のクロウノフカ文化）に至るとほぼ無文で断面長方形の円盤形が主になるという時期的変遷が示された。この見解は今日でもおおむね有効で，アンドレーエフによって沿海州紡錘車研究の基本的な枠組みが構築されたと評価できる。ただし，アンドレーエフの研究が公表された1960年代は，まだ沿海州の先史文化の変遷自体が明らかではなかったため，古金属時代・青銅器時代の紡錘車については取り扱われていない。

青銅器時代の紡錘車が議論の対象となったのは1980年代に入ってからである。В. И. ジヤコフは沿海州の青銅器時代文化についての総括的な著作（Дьяков1989）を発表したが，この著作でリドフカ文化とシニ・ガイ文化の紡錘車についても触れている。ここで，リドフカ文化の紡錘車には断面弓形，截頭円錐形，断面長方形の円盤形があり，シニ・ガイ文化に有頸型があることが明らかとなった。また，А. А. ピカはシニ・ガイ文化の小型土製品について論じるなかで，紡錘車についても触れ，小さな紡錘車には玩具の可能性があるものもあるという新しい視覚での見解が示された（Пика2001）。近年，А. В. ガルコヴィークは沿海州の先史時代の織物を論じるなかで，紡錘車について触れ，新石器時代には円錐形と算盤珠形が多い一方，古金属時代では断面長方形の円盤形が特徴であると述べている（Гарковик2006）。さらに，Е. В. シドレンコによりリドフカ文化に属するヴェトロドゥイの紡錘車の分析が行われ，より多くの種類の紡錘車がリドフカ文化に存在することが明らかとなった（Сидоренко2011）。

194　第Ⅰ部　東北アジア先史文化の変遷と地域性

　これまでのところ南沿海州で最古段階の紡錘車はシェクリャーエヴォ 7（Клюев・Яншина・Кононенко2003）で認められる。土製円盤形（図108-1〜4）および両凸形（図108-5）が出土している。シェクリャーエヴォ 7 では原ボイスマン文化，ボイスマン文化，ルドナヤ文化，ザイサノフカ文化古段階の土器が出土している。このうち，紡錘車にみられる押引文（図108-1）や沈線文（図108-2〜4）はザイサノフカ文化古段階の土器に認められるもので，これらの紡錘車の年代はザイサノフカ文化古段階であると考えられる。

　ザイサノフカ文化新段階では土製算盤珠形を主体とする組成に変化する。ザイサノフカ文化新 1 段階の資料としては東海岸ではザイサノフカ 7（Komoto et al.2005），沿ハンカ地域ではシニ・ガイ A 下層（Бродянский1987）の資料が該当する。ザイサノフカ 7 では算盤珠形に加え，円盤形も認められる（図108-6〜8）。シニ・ガイ A 下層では平面多角形の有孔土製品（図108-9〜11）が認められ，紡錘車であると報告されているが，判断が困難である。

　ザイサノフカ新 2 段階の資料としてはザイサノフカ 1（Андреев1957）やオレニーⅡ文化層（Бродянский1987）の資料が挙げられる。土製算盤珠形（図108-12〜20）が主体であり，沈線文や点列文で装

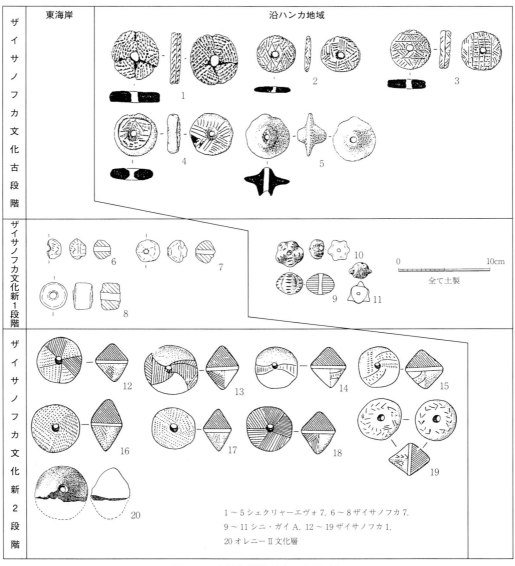

図108　南沿海州紡錘車の変遷（1）

飾されているものが多い。

　ザイサノフカ文化新3段階の資料としては東海岸のヴァレンチン地峡（Андреева и др. 1987），ウ・ドロギ（Окладников・Медведев1995），ソプカ・バリシャヤ（Окладников・Медведев1995），エフスタフィ4（Андреев・Андреева1962，Гарковик1985・2011，ガルコヴィク1997），ペルムスコエ2（Андреев・Андреева1962），沿ハンカ地域のレッチホフカ・ゲオロギチェスカーヤ（金材胤・Kolomiets・Krutikh2006）などの資料が挙げられる。全て土製品で，算盤珠形（図109-1～13・21・25～28）を主体に，饅頭形（図109-14・23・29），円錐形（図109-15），有頸型（図109-16・17・22・24・30），両凸形（図109-18・19）など多様な組成を示す。従来，ザイサノフカ文化では円盤形は想定されていなかったが，ヴァレンチン地峡では円盤形が出土している（図109-20）。この円盤形紡錘車の表裏の文様と類似した文様が算盤珠形にもみられ（図109-1），同時期性を補強する。

　プフスン上層類型の資料としては，ペレヴァル1号住居址（Окладников・Медведев1995，Медведев, В. Е. 2000），モリャーク・ルィボロフ上層（Окладников1964），シニエ・スカルィ（Андреева・Студзицкая1987，Андреева и др. 2002），グラズコフカ2（Клюев・Яншина1997），ルドナヤ・プリスタニ（Дьяков1992），ヴォドラズジェリナヤ（Крупянко・Яншина2002），スヴォロヴォ6（Крупянко・Яншина2002）などの資料が挙げられる。土製饅頭形（図110-1・4・8），円錐形（図110-2・9・14・15・17），有頸型（図110-3・6・11・16・18～20），両凸形（図110-7）などがみられ基本的にザイサノフカ文化新3段階の組成を継承している。重量感のある有頸型がこの段階に組成に加わっており，豆満江流域の興城文化と連動した変化を示す。ただし，興城文化と比べ有文の比率がやや高いという差異も認められる。

　次の段階は東海岸ではリドフカ文化，沿ハンカ地域ではリドフカ文化古段階からシニ・ガイ文化にいたる段階である。リドフカ文化の古い段階の資料としてはリドフカ1（Дьяков1989），モナスティルカ3（Дьяков1989），ゴルバトカ3（Кузнецов・Якупов2004）などが挙げられ，ヴェトロドゥイ（Сидоренко2011），グラズフカ城（Коломиец・Афремов・Дорофеева2002），クナレイ城（Сидоренко2002），ノヴォゴルジェエフカ城（Болдин1990）の資料などはやや遅い段階の所産である。リドフカ1，モナスティルカ3，ゴルバトカ3では土製饅頭形（図110-21～24）がみられ，高さが低く薄手になるのが特徴である。ヴェトロドゥイでは饅頭形（図110-25），円錐形（図110-26・31），截頭円錐形（図110-27・28），有頸型（図110-29・30），円筒形（図110-32），球形（図110-33），円盤形（図110-34）など多種多様な組成が認められる。報告者の E. B. シドレンコはリドフカ文化のなかでもヴェトロドゥイで多種多様な紡錘車が認められる理由は時期が遅く，クロウノフカ文化段階まで下るとする。筆者は，ヴェトロドゥイでみられる高い円錐形で刺突文が施される紡錘車が豆満江流域の興城文化の新龍でもみられる点，全体の組成は豆満江流域の郎家店期と類似することから，鉄器時代まで年代を遅らせて考える必要はないとみている（古澤2012b）。リドフカ文化でも遅い段階では，低い円錐形（図110-36），円盤形（図110-37・38），有頸型（図110-35）などがみられる。リドフカ文化では紡錘車の無文化が進行した様相を示す。沿ハンカ地域では，プフスン上層期からリドフカ文化古段階にかけての時期に該当するクルグラヤ・ドリナ（Дьяков1989）で，リドフカ1などと共通する薄い円錐形がみられる（図110-39～41）。シニ・ガイ文化ではシニ・ガイA上層（Бродянский1987）で，有頸型（図110-42・43），低い円錐形（図110-44）などがみられるが，文様が施されている。シニ・ガイ文化でも遅い段階であると考えられるハリナ谷（Окладников・Дьяков1979）では低く薄手の円錐形（図110-45～49）などがみられ，無文化が進行している。

　南沿海州では，豆満江流域の郎家店期に石製紡錘車が出現する様相とは異なり，リドフカ文化やシニ・ガイ文化では石製紡錘車は認められない。南沿海州で石製紡錘車がみられるのはヤンコフスキー文化であるが，

196　第Ⅰ部　東北アジア先史文化の変遷と地域性

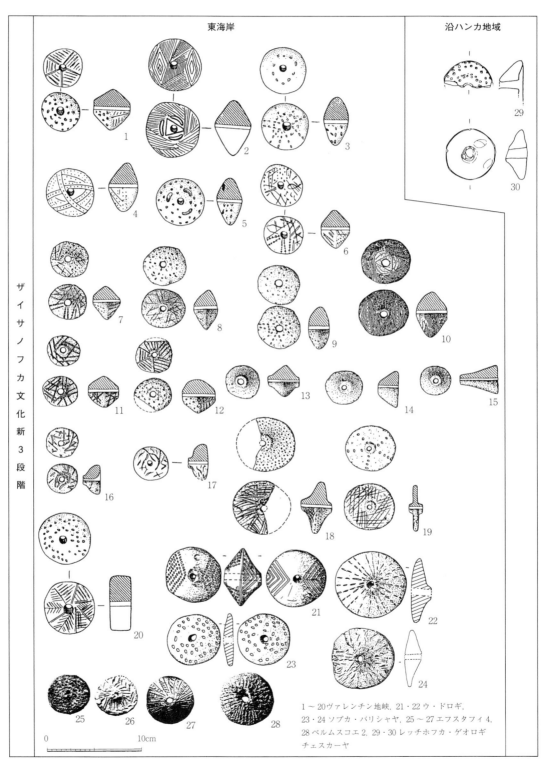

図109　南沿海州紡錘車の変遷（2）

第5章 東北アジア先史時代紡錘車の変遷と地域性　197

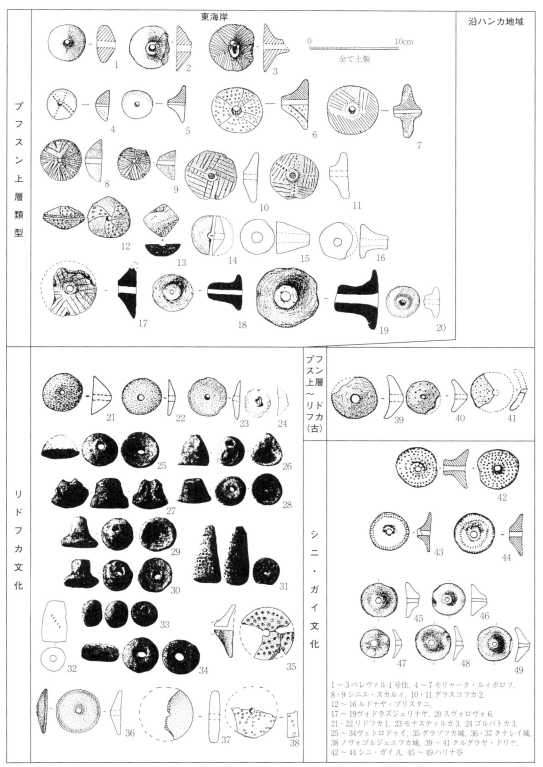

図110　南沿海州紡錘車の変遷（3）

198　第Ⅰ部　東北アジア先史文化の変遷と地域性

それでもその数量は極めて少なく特異なものである。

(3) **牡丹江流域**　豆満江流域西浦項 3 期に併行する鶯歌嶺下層期では土製算盤珠形（図111-1），円錐形（図111-2），有頸型（図111-3）がみられる。

ザイサノフカ文化新 3 段階に併行する石灰場下層期の資料としては六道溝北（陶剛・倪春野2003），二百戸（陶剛・倪春野2003），建新北（張志成2012），光明（陶剛・倪春野2003），龍廟山（陶剛・倪春野2003），西安村東 4 号住居址（王祥濱・張志成・陶剛2004），鮑付溝西（張志成 等2012），石灰場下層（陶剛・安路・賈偉明1990）などの資料が挙げられる。土製算盤珠形（図111-4）のほか饅頭形（図111-5・6・11・12），円錐形（図111-7・13），有頸型（図111-8〜10・14〜16）など多様な組成を示す。重量感のある有頸型（図111-17）はこの段階から認められる。また，低い有頸型（図111-10・16）はこれまでのところ牡丹江流域のみで確認されている。

プフスン上層期に併行する西安村東 1 号住居址期の資料としては牛場，西安村東 1 号住居址などの資料が挙げられる。算盤珠形（図111-18），饅頭形（図111-20），有頸型（図111-23），重量感のある有頸型（図111-22）などがみられ，基本的に前段階の組成を継承しているが，円盤形（図111-21）もみられる。

3．吉長地区

左家山 3 期の資料としては左家山 3 期層（陳全家・趙賓福1989）や西玉字井（郭珉・李景氷1992）などの資料が挙げられる。左家山 3 期層では土製の薄い算盤珠形紡錘車（図112-1）がみられ，西玉字井では土製の円盤形で，周縁に刻目を施した紡錘車（図112-2）がみられる。

西断梁山 2 期層（金旭東・王国範・王洪峰1991）では土製算盤珠形（図112-3）のほか厚みのある数珠形で周縁に刻目を施した紡錘車（図112-4）がみられ，左家山 3 期の様相を継承していることがわかる。

青銅器時代に該当する腰紅嘴子（劉景文 等2003）では紡錘車の様相が変化し，土製の円盤形（図112-5・6）が主となる。後続する北紅嘴子（劉景文 等2003）では土製算盤珠形（図112-7）や数珠形（図112-8・9）など

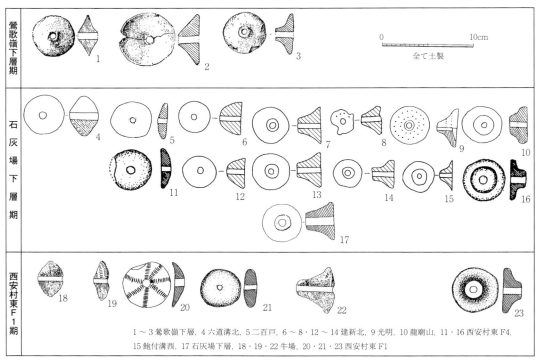

図111　牡丹江流域紡錘車の変遷

がみられる。

4. 鴨緑江上流域

土城里期に該当する土城里で（鄭燦永 1983b）は土製饅頭形（図 113-1・2），有頸型（図 113-3～6）が優勢で，

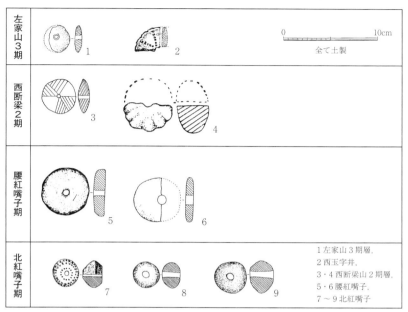

図 112　吉長地区紡錘車の変遷

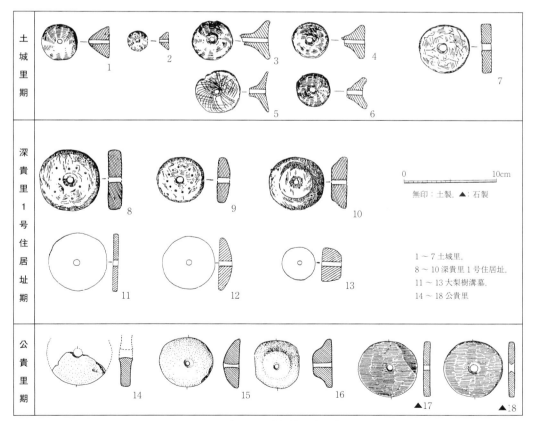

図 113　鴨緑江上流域紡錘車の変遷

円盤形（図113-7）も1点出土している。すでに徐国泰が指摘しているとおり（徐国泰1990），有頸型などの組成は豆満江流域や南沿海州と共通し，円盤形は鴨緑江下流域や遼東半島と共通するものとみられ，中間地帯の様相を示す。

深貴里1号住居址期の大梨樹溝墓（斉俊1991，梁志龍1991）や深貴里1号住居址（鄭燦永1983a）では土製円盤形（図113-8・9），饅頭形（図113-9・12・13），低い有頸型（図113-10）という組成となり鴨緑江下流域との関連性がより強くなる。

後続する公貴里期（金用玕1959）にいたり，土製円盤形（図113-14），饅頭形（図113-15），低い有頸型（図113-16）などに加え，石製円盤形（図113-17・18）がみられるようになる。

5．遼東地域

(1) **鴨緑江下流域** 後窪では土製算盤珠形紡錘車（図114-1）が採集されている。後窪では後窪下層期と後窪上層期の層が認められているがどちらの時期に帰属するかは不明であるものの，当該地域で最古段階の紡錘車である可能性がある。

石仏山期古段階に属する資料としては北溝西山（許玉林・楊永芳1992），西泉眼（許玉林1988），石仏山（許玉林1990b）などの資料が挙げられる。土製円盤形（図114-2～12）が主で，点列，押捺，短沈線により文様が描かれる。鴨緑江左岸の青燈邑（李淳鎮1965）では土製の円盤形に，石製円盤形（図114-13）が組成に加わる。

石仏山期新段階に属する山西頭（徐韶鋼・陳山2011）では土製円盤形（図114-14～16）がみられるが，文様は前段階のものと類似し継承関係が想定される。

(2) **遼東半島** 遼東半島ではこれまでのところ小珠山中層期における紡錘車が最古段階である。郭家村⑤層（許玉林・蘇小幸1984）では，土製円盤形（図115-1～5）がみられ，点列や沈線で文様が施される。

呉家村期の資料としては呉家村（許明綱 等1981），郭家村④層などが挙げられる。小珠山中層期と同様に

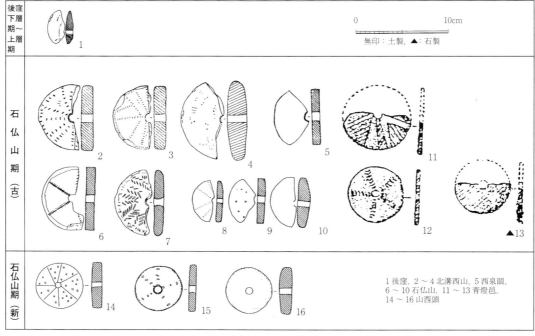

図114　鴨緑江下流域紡錘車の変遷

第5章　東北アジア先史時代紡錘車の変遷と地域性　201

点列や沈線による文様が施された土製円盤形（図115-6～9）が主となる。

　三堂村1期に該当する資料としては三堂村1期層（陳全家 等1992），文家屯C（遼東先史遺蹟発掘報告書刊行会2002）などの資料が挙げられる。この時期の資料は零細であるため全体像の把握は困難であるが，饅頭形に近い円盤形（図115-10）や饅頭形（図115-11）がこの段階に初出する。従前は中間研志により小珠山上層

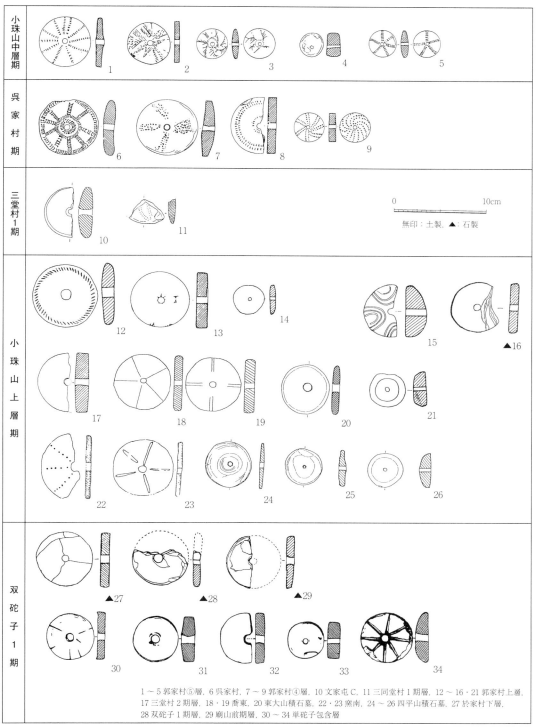

1～5 郭家村⑤層，6 呉家村，7～9 郭家村④層，10 文家屯C，11 三同堂村1期層，12～16・21 郭家村上層，17 三堂村2期層，18・19 喬東，20 東大山積石墓，22・23 窯南，24～26 四平山積石墓，27 於家村下層，28 双砣子1期層，29 廟山前期層，30～34 単砣子包含層

図115　遼東半島紡錘車の変遷（1）

期に饅頭形，円錐形が出現すると指摘されてきたが（中間1985），やや初出時期が遡るものと考えられる。

小珠山上層期に該当する資料としては三堂村2期層，喬東（蘇小幸・劉俊勇1983），窯南（王嗣洲・金志偉1997），郭家村上層，四平山積石墓（澄田・小野山・宮本2008），東大山積石墓（遼東先史遺蹟発掘報告書刊行会2002）などの資料が挙げられる。集落遺跡のほか積石墓からも紡錘車が出土する。紡錘車の形態は土製円盤形（図115-12～14・17～20・22～25）を主とするが，饅頭形（図115-15・21・26）が一定量存在する。四平山や窯南では厚さが5mm程度の薄手の円盤形がみられるようになる（図115-22～24）。なお，このような薄手の土製円盤形は鴨緑江下流域の青燈邑でも確認され（図114-11・12），相互の関係が想定される。土製紡錘車には無文のものが増加し，有文でも沈線を放射状に配すなど簡素化した文様が主となる。この段階に石製円盤形が組成に加わる変化が認められる（図115-16）。

双砣子1期に至り，於家村下層（許明綱・劉俊勇1981），双砣子1期（朝中共同発掘隊1966，中国社会科学院考古研究所1996），廟山早期（陳国慶等1992）などでみられるように石製円盤形（図115-27～29）が主となる大きな変化が認められる。なお，単砣子包含層（浜田1929）では土製円盤形（図115-30～33），饅頭形（図115-34）がみられる。単砣子は遼東半島碧流河流域に所在し，丹東地区に近接しており，遼東半島先端部では石製，遼東半島東部では土製といった地域性があった可能性がある。

双砣子2期に該当する資料としては大砣子1期（劉俊勇・張翠敏2006），大嘴子2期層（大連市文物考古研究所2000）などが挙げられる。前段階同様，石製円盤形（図116-1・2）が主となる。

双砣子3期に該当する資料としては於家村上層，土龍子（呉青雲2008），廟山晩期，大砣子2期，大嘴子F8，大嘴子3期層，羊頭窪（金關・三宅・水野1942），濱町（島村1942）などの資料が挙げられる。この段階でもほとんどの紡錘車が石製である。石製紡錘車は円盤形（図116-3～5・8～10）が主となるが，低い截頭円錐形も認められる（図116-6・11）。羊頭窪では土製算盤珠形（図116-7）が，大嘴子F10では角製紡錘車が出土し注目される。

(3) 太子河上流域　遼東半島双砣子2期に併行する馬城子前期の資料として馬城子B洞，北甸A洞（遼寧省文物考古研究所 等1994）などの資料が挙げられる。土製紡錘車と石製紡錘車が認められる。土製紡錘車では円盤形（図117-1・3・5）が主であるが，饅頭形（図117-11）も認められる。そして，瀋陽地区の高台山文化で特徴的にみられる低い截頭円錐形で，短辺に突起部がめぐる型式（図117-4・6・7・9）も組成に加わる。

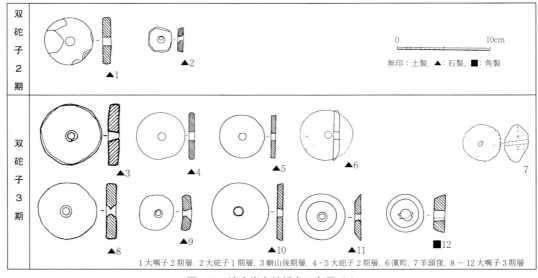

図116　遼東半島紡錘車の変遷（2）

第5章　東北アジア先史時代紡錘車の変遷と地域性　203

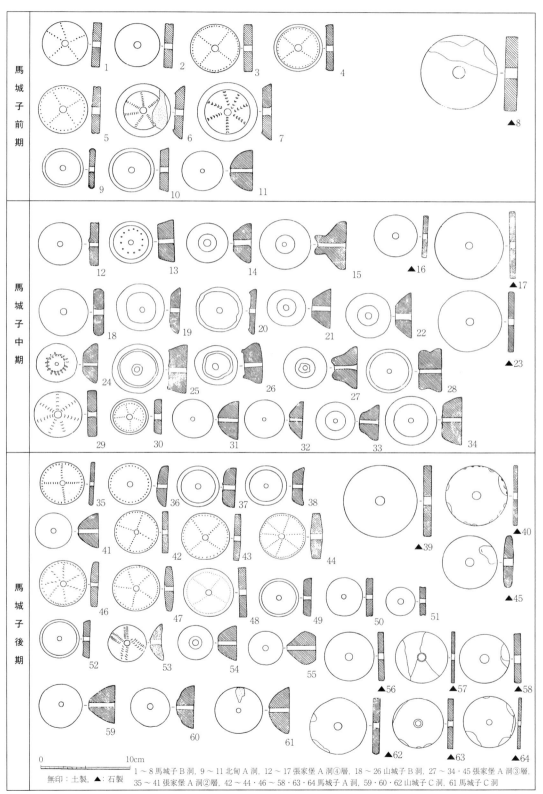

図117　太子河上流域紡錘車の変遷

204 第Ⅰ部 東北アジア先史文化の変遷と地域性

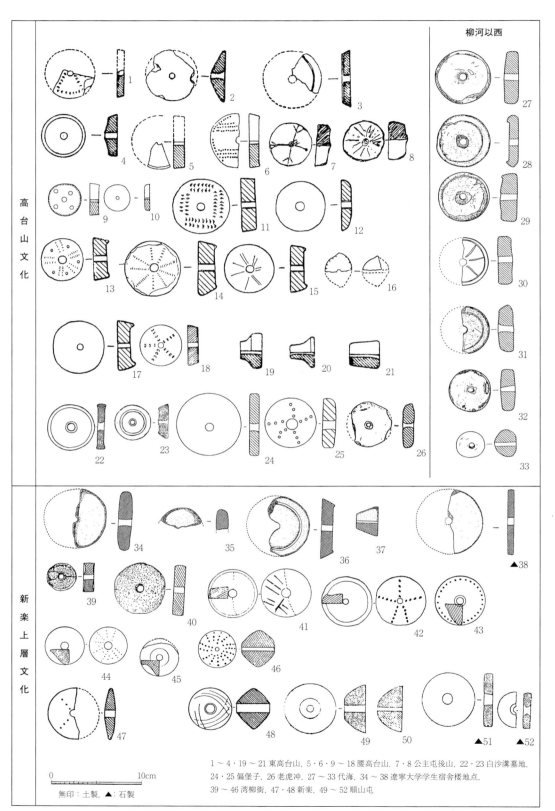

1〜4・19〜21 東高台山, 5・6・9〜18 腰高台山, 7・8 公主屯後山, 22・23 白沙溝墓地, 24・25 偏堡子, 26 老虎冲, 27〜33 代海, 34〜38 遼寧大学学生宿舎楼地点, 39〜46 湾柳街, 47・48 新楽, 49〜52 順山屯

図118 瀋陽地区紡錘車の変遷

石製紡錘車は円盤形（図117-8）である。

　後続する双砣子3期に併行する馬城子中期の資料としては張家堡A洞④層，山城子B洞，張家堡A洞③層（遼寧省文物考古研究所 等1994）などの資料が挙げられる。土製紡錘車と石製紡錘車が認められる。土製紡錘車では円盤形（図117-12・18・29・30），饅頭形（図117-14・31・32），截頭円錐形（図117-13・19・21・22・24・34），有頸型（図117-15・27），滑車形（図117-28）などが認められ，截頭円錐形で短辺に突起部がめぐる型式（図117-20・25・26）もみられる。前段階に比べ厚さが増した紡錘車が多くなる傾向がある。石製紡錘車は円盤形を呈する（図117-17・23）。

　馬城子後期の資料としては張家堡A洞②層，馬城子A洞，山城子C洞，馬城子C洞（遼寧省文物考古研究所 等1994）などの資料が挙げられる。土製円盤形（図117-35・42～44・46・48・50・51），饅頭形（図117-36・37・41・53・59～61），截頭円錐形（図117-38・49・54），算盤珠形（図117-55）および石製円盤形（図117-39・40・45・56～58・62～64）の組成をなす。

　(4) 瀋陽地区　高台山文化では東高台山（曲瑞奇・於崇源1982，鄭明・周陽生1983，沈長吉 等1986），腰高台山（曲瑞奇・於崇源1982，鄭明・周陽生1983），公主屯後山（李暁鐘1987），白沙溝墓地（趙少青・許志国1992），偏堡子（呉敬 等2011），老虎冲（劉煥民・周陽生2005），炮師千松園（趙暁剛・付永平2009）などで土製紡錘車が認められる。形態としては低く円盤形に近い截頭円錐形（図118-1・5・11・22・24～26）が主で，饅頭形（図118-2・12）のほか少数ではあるが，算盤珠形（図118-16），有頸型（図118-19・20），円筒形（図118-21）なども認められる。当該地域に特徴的な形態としては低い截頭円錐形で，短辺に突起部がめぐる型式（図118-3・6・9・13～15・17・18・23）である。有文と無文が認められ，沈線，刺突，押引などで放射状に施文されるもののほか，方形に刺突が施されるものがあり，これも当該地域に特徴的な文様である。高台山文化は遼西方面にも広がり，夏家店下層文化との接触が広くみられている。阜新市に所在する代海（徐韶鋼2013）の墓地と遺跡では高台山文化を基礎としながらも夏家店下層文化の影響を受けた土器などが共伴している。土坑で出土した紡錘車は土製紡錘車で，円盤形（図118-27・30～32）のほか低い截頭円錐形で，短辺に突起部がめぐる高台山文化に特徴的な型式（図118-28・29）が確認され，組成としては夏家店下層文化というより高台山文化の影響が強く現われている。

　続く新楽上層文化では新楽上層（曲瑞奇・沈長吉1978），遼寧大学学生寄宿舎楼地点（趙暁剛・付永平2007），湾柳街（何賢武 等1989，裴跃軍 等1990），郝心台（李樹義2014），郭七（霍東峰 等2014），などで紡錘車が確認される。土製紡錘車では円盤形（図118-34・35・39～41・47），饅頭形（図118-43・44），截頭円錐形（図118-37），有頸型（図118-45），算盤珠形（図118-46・48）などが認められ，高台山文化に特徴的な低い截頭円錐形で，短辺に突起部がめぐる型式（図118-36・42）も認められる。この段階には遼寧大学学生寄宿舎楼地点や

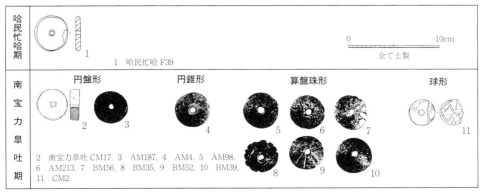

図119　科爾沁地区紡錘車の変遷

206　第Ⅰ部　東北アジア先史文化の変遷と地域性

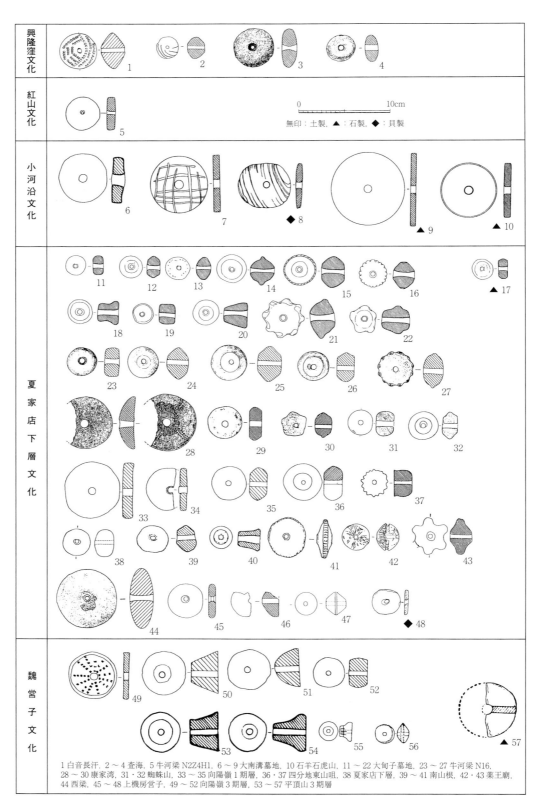

1 白音長汗，2〜4 査海，5 牛河梁N2Z4H1，6〜9 大南溝墓地，10 石羊石虎山，11〜22 大甸子墓地，23〜27 牛河梁N16，28〜30 康家湾，31・32 蜘蛛山，33〜35 向陽嶺1期層，36・37 四分地東山咀，38 夏家店下層，39〜41 南山根，42・43 薬王廟，44 西梁，45〜48 上機房営子，49〜52 向陽嶺3期層，53〜57 平頂山3期層

図120　遼西地域紡錘車の変遷

郭七などでみられるように石製紡錘車（図118-38）が確実に組成に加わり，円盤形を呈している。順山屯類型の年代的位置づけについては見解が一致しておらず，土器のなかには高台山文化の要素と新楽上層の要素が認められるとされる。紡錘車（辛占山1988）からみると土製饅頭形（図118-49・50）と石製円盤形（図118-51・52）が認められ，新楽上層期の組成に近い。

6．科爾沁地区

当該地区では近年調査が進行し，注目すべき遺跡が発見されている。遼西地域の紅山文化に併行するとみられる哈民忙哈（吉平 等2012）では土器片を再加工した円盤形が主で，土製の円盤形紡錘車（図119-1）もみられるようである。この様相は遼西地区の紅山文化の紡錘車の様相とほぼ一致する。

一方，後行する段階の南宝力皋吐（吉平・希日巴拉2010，鄭鈞夫・陳思如・吉平2011）では土器では遼西地域の小河沿文化を基礎としながらも遼東地域の偏堡文化の混在した様相を示しているが，紡錘車では土製円盤形紡錘車（図119-2・3），土製円錐形紡錘車（図119-4），土製球形紡錘車（図119-11）に加え，多数の土製算盤珠形紡錘車（図119-5〜10）が確認される。土製算盤珠形紡錘車は遼西地域の小河沿文化では確認することはできない。また，偏堡文化の紡錘車は瀋陽地区や太子河上流域等ではこれまで発見例がないため，その様相は不分明であり，遼東半島では土製円盤形，土製饅頭形のみがみられ，算盤珠形はみられない。そのため，紡錘車については科爾沁地区の在地的な様相を示す可能性がある。

7．遼西地域

興隆窪文化の白音長汗（郭治中・索秀芬2004）や査海（辛岩編2012）では土製紡錘車が確認される。算盤珠形（図120-1・2）を主とし，円盤形に近く端部が丸い形態の紡錘車（図120-3・4）も認められる。

次の段階の趙宝溝文化や紅山文化ではほとんどの紡錘車が土器片を再加工した円盤形の紡錘車である。紅山文化の牛河梁第2地点（郭大順等2012）で1点土製円盤形（図120-5）が認められるのみである。

小河沿文化に至り，大南溝墓地（王建国 等1998），石羊石虎山（蘇赫1963），白音長汗5期では専用の紡錘車が再び安定的に認められるようになる。土製円盤形（図120-6・7），貝製円盤形（図120-8）のほか石製円盤形（図120-9・10）も組成に加わる。

夏家店下層文化では大甸子墓地（劉観民 等1998），牛河梁第16地点（郭大順 等2012），康家湾（陳国慶・王立新2008），蜘蛛山（徐光冀1979），向陽嶺1期層（王成生・董新林・呉鵬2000），四分地東山咀（李恭篤1983），夏家店下層（劉観民・徐光冀1974），南山根（劉観民・徐光冀1975），薬王廟（劉観民・徐光冀1974），西梁（陳国慶編2012），上機房営子（陳国慶編2012），康家屯（辛岩・李維宇2001）などで紡錘車が認められる。土製紡錘車が圧倒的に多いが，石製紡錘車もわずかに認められる。土製紡錘車は円盤形（図120-11・23・31・33・34・45），饅頭形（図120-28・46），算盤珠形（図120-12・13・15・16・21・22・24〜27・30・32・35・36・39・41・43・47），円錐形（図120-20），有頸型（図120-18・40）など多様な紡錘車が認められる。全体的に肉厚で直径が小さなものが多くなる。また，平面形態が花弁形・星形になるもの（図120-16・21・22・27・30・37・43）も認められる。このような直径が小さく肉厚な有孔土製品は紡錘車として報告されることが多いが，装飾品などである可能性もある。大甸子，康家屯などでは高台山文化系の土器が認められ，接触・交流が想定されるが，紡錘車ではこれまでのところ，高台山文化系の組成を示す紡錘車はほとんど確認されていない。

魏営子文化では向陽嶺3期層や平頂山3期層（朱永剛 等1992）などで紡錘車が出土している。土製紡錘車には円盤形（図120-49），截頭円錐形（図120-50・53），饅頭形（図120-51），有頸型（図120-54・55），算盤珠形（図120-56）が認められる。石製紡錘車としては円盤形（図120-57）がみられる。

208　第Ⅰ部　東北アジア先史文化の変遷と地域性

8．膠東半島・廟島群島

白石村期ではこれまでのところ専用の紡錘車はみられない。邱家荘1期に該当する桃林（中国社会科学院考古研究所1999），蜊岔埠（王洪明1985，中国社会科学院考古研究所1999），桃村王家（中国社会科学院考古研究所1999），河口（中国社会科学院考古研究所1999，呉玉喜2000），義和（王錫平 等1997，中国社会科学院考古研究所1999），大仲家④層（中国社会科学院考古研究所1999），毓璜頂（林仙庭1987），蛤堆頂（王錫平 等1997），白石村2期層（王錫平・呉洪濤2000）などでは土製紡錘車が出土している。円盤形（図121-1～11・14・15）が主であるが，一部に截頭円錐形（図121-12）や算盤珠形（図121-13）が認められる。

北荘1期～北荘2期では大仲家③層，泉水頭（厳文明1983b），羊角園（王洪明1985），北斜山（姜樹振1990），東演堤（孫善徳1981）などで土製紡錘車が出土している。円盤形（図121-16～19）が主で，一部に算盤珠形（図121-20）が認められる。

楊家圏1期では古鎮都（林仙庭 等2008），楊家圏1期層（呉詩池 等2000）などで紡錘車が出土している。土製円盤形（図121-21～23・25・26）が主であるが，土製饅頭形（図121-27）が組成に加わり，一部に土製算盤珠形（図121-24）がみられる。そして，石製円盤形（図121-28）がこの段階に組成に加わる。

楊家圏2・3期では，紫荊山上層（山東省博物館1973），大口1期（呉汝祚1985），城子頂（王洪明1985），楊家圏2期層（呉詩池 等2000），於家店（厳文明2000），小管村（王錫平2000），洴家荘（呉玉喜2000），城陽（孫善徳1964），漁稼溝（李元章1966）などで紡錘車が認められる。土製円盤形（図121-29・30・35・36・37）が主となるが，土製饅頭形（図121-32・33・38）もみられる。高さが低い土製饅頭形で周溝がめぐる型式の土製紡錘車（図121-39）がみられるようになるが，佟柱臣によりすでに指摘されているように（佟柱臣1989），龍山文化に特徴的な紡錘車である。また，石製円盤形（図121-34）も認められる。楊家圏2・3期の土器と照格荘期の土器が出土しているため時期決定が困難な資料に大口2期（呉汝祚1985），丁家店（蔣英炬1963）が挙げられるが，高さが低い土製饅頭形で周溝がめぐる型式の土製紡錘車（図121-40・41）がみられ，楊家圏2期に帰属するものであると推定される。

照格荘期には照格荘（韓榕1986），芝水1期層（北京大学考古実習隊・煙台市博物館2000），司馬台（王洪明1985），北長山北城（厳文明1983a）などで紡錘車が確認される。土製円盤形（図121-42）と石製円盤形（図121-43～45）がみられる。

Ⅲ．紡錘車の地域性と動態

ここでは，第2章第7節の段階設定に従い，Ⅰ～Ⅷ段階に区分して，時期ごとの変遷を検討する。Ⅰ段階（図122）では各地で，土器片を再加工した紡錘車とみられる労働道具がみられることから各地で紡糸自体は行われているものとみられる。これまでのところ東北アジアのなかで唯一，遼西地域の興隆窪文化では少数ではあるが土製算盤珠形がみられる。また，膠東半島では土製円盤形がみられる。今後，他の地域でも発見される可能性はある。

Ⅱ段階（図122）では，吉長地区，鴨緑江下流域，韓半島中部で土製算盤珠形がみられる。前段階にみられた遼西地域の土製算盤珠形との関連が想定される。以後の段階では，土製算盤珠形が東北アジアの紡錘車の基本となっていく。しかし，土製算盤珠形を主とする東北アジアにあって異質なのが，土製円盤形を使用する遼東半島の動向である。これは，周辺地域に土製円盤形を主として用いる地域が，対岸の膠東半島以外に存在しないことから，膠東半島からの影響を考えることができる。一方，遼西地域では，土製円盤形が極わずかにみられるが，圧倒的に土器片を再加工した紡錘車が多く，基本的に専用の紡錘車の作製は振るわないため，遼東半島の土製円盤形の起源とすることは困難である。なお，遼西地域の紅山文化の組成は科爾沁

第5章 東北アジア先史時代紡錘車の変遷と地域性

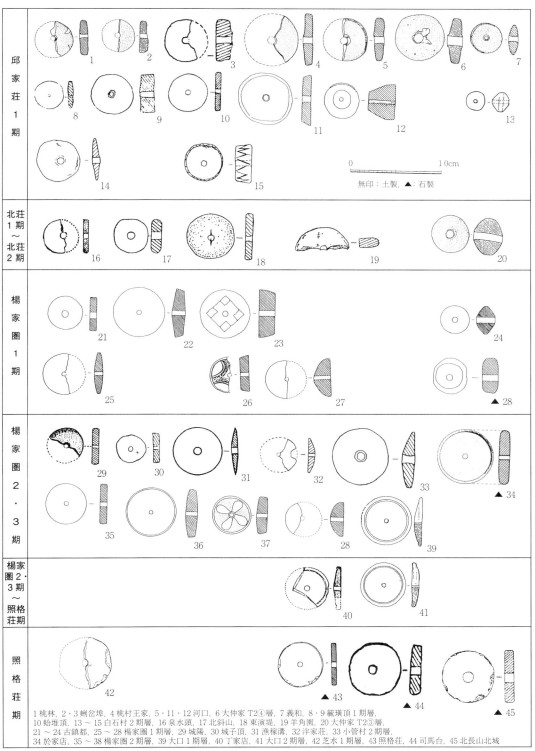

図121 膠東半島紡錘車の変遷

210　第Ⅰ部　東北アジア先史文化の変遷と地域性

地区に影響を及ぼしている。南沿海州のザイサノフカ文化古段階では土製円盤形と両凸形がみられる。この後の段階に南沿海州等では多様な紡錘車の組成を示すようになるが，この段階に多様性が生まれる素地ができているものと理解される。

　Ⅲ段階（図123）にいたり，豆満江流域，南沿海州，牡丹江流域でも土製算盤珠形をはじめとする組成となる。このため，遅くともⅢ段階までに，土製算盤珠形を中心とする遼東半島を除く東北アジア，膠東半島との関連が強い遼東半島，独自の動きをみせる遼西地域という3大地域圏は成立することとなる。豆満江流域等では算盤珠形以外に饅頭形や円錐形など多様な組成を示す独自性もみられる。このため，土製算盤珠形が主となる東北アジアでは土製算盤珠形に加え，有頸型や円錐形などその他の型式が組成に加わる豆満江流域，南沿海州，牡丹江流域，吉長地区などの地域圏とほぼ土製算盤珠形のみがみられる韓半島中部に細分される。土製算盤珠形が東北アジアを席巻している情勢下で，唯一，これとは異なる動きをしている地域である遼東半島では引き続き膠東半島との影響下で土製円盤形が主となる組成を示す。ただし，膠東半島の土製円盤形が圧倒的に無文が多いのと比較し，遼東半島では有文が多く，差異も認められ，在地化の進行が想定される。

　Ⅳ段階（図123）では，基本的にⅢ段階の地域性を継承する。遼東半島ではこの段階で土製円盤形に土製饅頭形が組成に加わる。この動きは膠東半島において土製円盤形に，土製饅頭形，石製円盤形が組成に加わる変化と連動しているものと考えられる。ただし，膠東半島でみられる石製円盤形は，遼東半島ではまだ確実な発見例がない。今後，偏堡文化段階の遼東半島で発見される可能性は十分にあるものと考えられる。一方，遼西地域では再び専用の紡錘車が用いられるようになるが，小河沿文化では土製円盤形と石製円盤形の組成をなしており，独自の動きをみせる。科爾沁地区の南宝力皋吐では小河沿文化と偏堡文化の両者から影響をうけた土器様式がみられるが，紡錘車は土製算盤形と円錐形などが組成に加わる汎東北アジア的な状況を示し，遼西地域の紡錘車の影響はほとんど受けず，在地的な様相を呈する。

　Ⅴ段階（図124）でも基本的にⅣ段階の地域性を継承する。豆満江流域，南沿海州などの土製算盤珠形を主体とし，饅頭形，円錐形，有頸型などが組成に加わる地域圏に鴨緑江上流域も加わることが確実となる。韓半島西部から中部にかけては依然，土製算盤珠が主体であり，その他の型式はほとんどみられない。遼東半島ではこの頃，土製円盤形と饅頭形に加え，確実に石製円盤形が組成に加わる。これも膠東半島との関連のなかで用いられるようになった動きであると考えられる。ただし，龍山文化に特徴的な高さが低い土製饅頭形で周溝がめぐる型式の紡錘車は遼東半島で受け入れられた形跡はこれまでのところ確認されず，ある程度の選択性と受容の在地化が想定される。

　Ⅵ段階（図124）でも基本的にⅤ段階の地域性を継承する。この段階には韓半島西部から南部に至る地域で土製算盤珠形が主体的にみられるようになる。遼東半島では大きな変化が認められる。遼東半島では石製紡錘車が圧倒的に主体を占めるようになる。この頃の膠東半島では依然，土製紡錘車も多く利用されているため，前段階に膠東半島から受容した石製円盤形が遼東半島で独自に隆盛したものとみられる。そして，鴨緑江下流域で土製円盤形に加え，石製円盤形が認められるようになるのは，この遼東半島における石製円盤形の隆盛と関連があるものとみられる。遼西地域では夏家店下層期の独自の紡錘車の組成が展開する。

　Ⅶ段階（図125）では，遼東半島では引き続き石製円盤形が主である。この時期土器文化では膠東半島と遼東半島の関係が非常に深いが，膠東半島では依然土製円盤形が用いられるのとは異なり，遼東半島では前段階以来の石製円盤形が用いられ，在地的な発展が想定される。一方，太子河上流域，瀋陽地区，吉長地区など遼東地域内陸部では土製円盤形が主である。特に瀋陽地区の高台山文化と太子河上流域の馬城子中期では低い截頭円錐形で，短辺に突起部がめぐる独特な型式がみられ相互の関連性が想定される。太子河上流域

第 5 章　東北アジア先史時代紡錘車の変遷と地域性　211

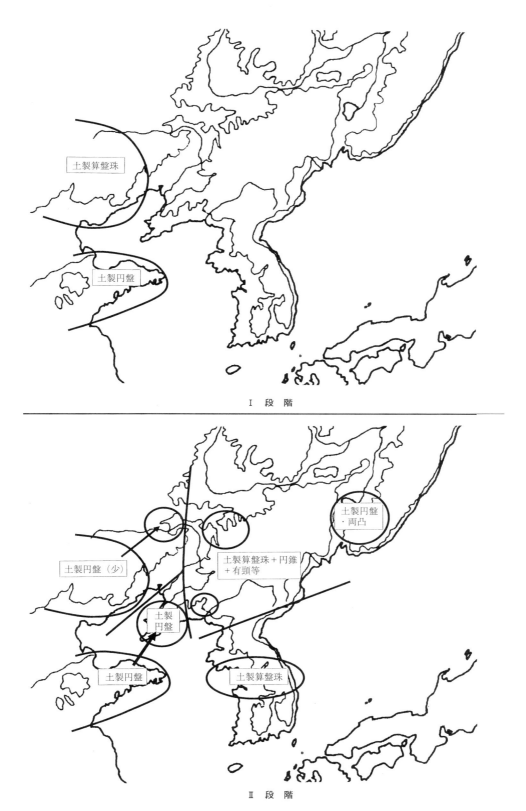

図122　東北アジア紡錘車の動態（1）

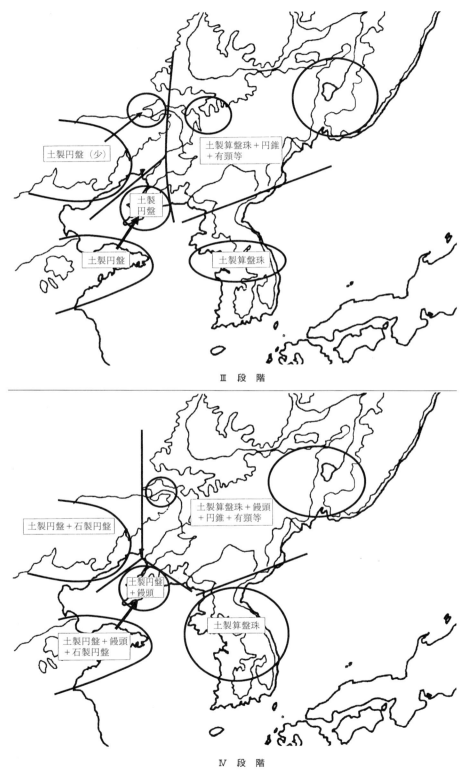

図123　東北アジア紡錘車の動態 (2)

第5章 東北アジア先史時代紡錘車の変遷と地域性 213

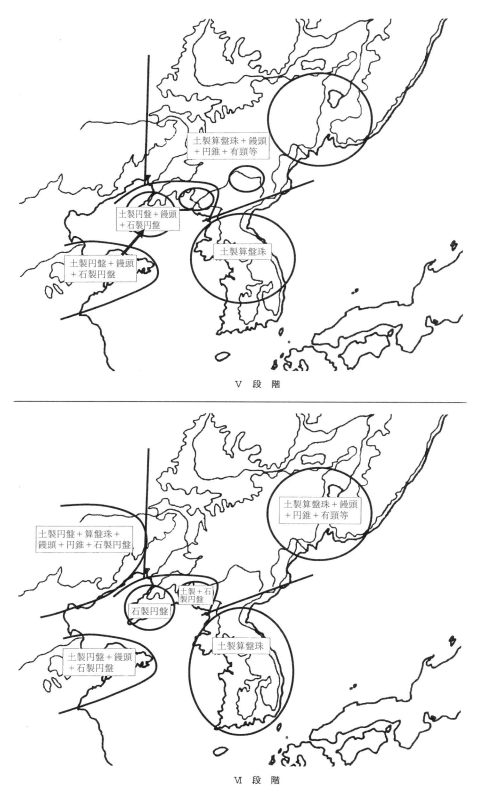

図124 東北アジア紡錘車の動態（3）

214　第Ⅰ部　東北アジア先史文化の変遷と地域性

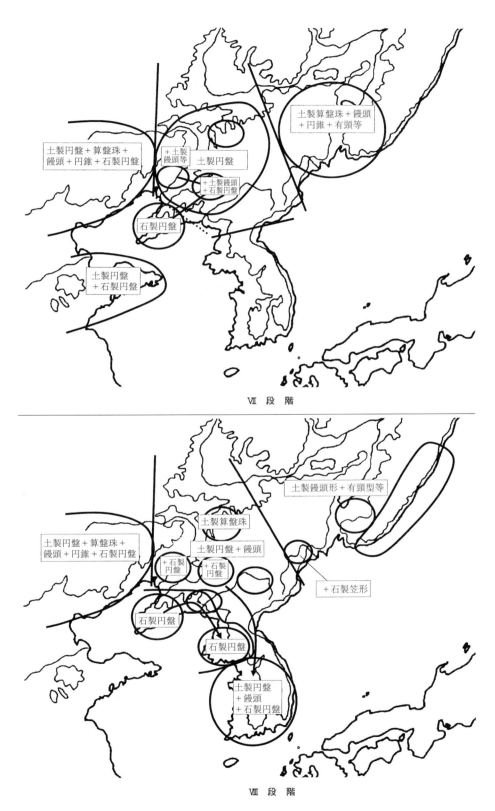

図 125　東北アジア紡錘車の動態（4）

ではこの頃，すでに石製円盤形がみられるが，遼東半島との関係も想定される。夏家店下層文化と高台山文化は相互に異系統土器が出土し，交流が想定されるが，遼西地域の夏家店下層文化の墓地である大甸子では少量の高台山文化系の土器が出土するものの，紡錘車は全て夏家店下層文化系で，高台山文化の遺跡である代海では夏家店下層文化系の土器が出土するものの，紡錘車は全て高台山文化系である。このように紡錘車の動きでは折衷的な様相を呈することなく，それぞれ基層を占める文化に紡錘車が排他的に帰属することが特徴である。豆満江流域，南沿海州，牡丹江流域での興城文化・プフスン上層類型ではザイサノフカ新3段階の組成を継承し，それまでの汎東北アジア的様相が残存する。

　Ⅷ段階（図125）では，韓半島全域が青銅器時代に入り，大きな変化が認められる。韓半島中部および南部における刻目突帯文土器文化では土製円盤形，饅頭形に加え石製円盤形がみられる。一方，韓半島西部のコマ形土器文化では圧倒的に石製円盤形紡錘車が多い。前段階の弓山文化系の土器文化圏がコマ形土器系と刻目突帯文土器系に分離した結果，紡錘車でも相互の差異が顕在化したものと把握される。瀋陽地区，太子河上流域，鴨緑江下流域，鴨緑江上流域は土製円盤形や饅頭形を主体とする地域圏を構成する。このうち瀋陽地区と太子河上流域では確実に石製円盤形も伴う。鴨緑江上流域ではⅣ段階では豆満江流域等との関係が強かったが，この段階には遼東地域との関係が強くなるという変化が認められる。このような土製円盤形および饅頭形および石製円盤形の組成をしめす遼東地域内陸地域のあり方は，韓半島中南部の刻目突帯文土器の組成と非常に類似するため，影響関係を想定することができる。以前，千羨幸は韓半島中南部の刻目突帯文土器に伴う紡錘車の組成は，韓半島東北部ではなく，鴨緑江中上流域に近いという指摘をしているが（千羨幸2005），そのとおりである。遼東地域内陸部と様相が異なるのが，遼東半島である。双砣子1期以降，石製円盤形が圧倒的主体を占めているが，韓半島西部のコマ形土器文化における紡錘車の組成と共通する。中間地帯の鴨緑江下流域では土製紡錘車が主体であり遼東地域内陸部との関連が強いため，関係性の有無が問題となるが，遼東半島からの直接的な影響を想定することも可能であろう。遼西地域の魏営子文化の紡錘車は以上の地域とは全く異なる動きを示す。豆満江流域，南沿海州では基本的に前段階の組成を継承するが，豆満江中流域では石製紡錘車が受け入れられる変化が認められる。ただし，豆満江中流域の石製紡錘車は遼東地域の円盤形ではなく，笠形を呈し，在地化の傾向が非常に強い。一方，南沿海州ではシニ・ガイ文化でもリドフカ文化でも石製紡錘車は一般的ではなく，土製の立体的な紡錘車が継続して用いられることとなる。

第6章 東北アジア先史文化における精神文化

第1節 東北アジア先史時代偶像・動物形製品の変遷と地域性

Ⅰ. 緒 言

東北アジアにおける偶像や動物形製品に関しては，精神文化を表象する遺物として注目されてきた[1]。資料の蓄積が早く，研究体制が充実していた北韓では，早くから土偶等についての見解が示された。新石器時代の彫塑品は携帯しやすいようにできており『護身符』として利用されたとされ，土偶の性別は女性が主であることから母系氏族社会に特徴的な母神崇拝と関連する一方，青銅器時代の一部の人形と鉄器時代の人形は父神を象っており，父系制下での父神信仰に変化したことを示すとした（金勇男 1967，金用玗・黄基徳 1967，黄基徳 1970，社会科学院歴史研究所 1979）。南韓では金元龍や黄龍渾の研究（金元龍 1982，黄龍渾 1983）が挙げられるが，資料数が限られており，土偶等に与えられた意味を考察する研究が主であった。1990 年代後半に甲元眞之や今村佳子により韓半島を含めた東アジアの土偶類の集成が行われ（甲元・今村 1998），土偶等をめぐる諸問題について論ぜられた（甲元 1997）。2000 年代に入り，韓半島でも土偶等の資料が充実化したことにより，土偶等に関する具体像が河仁秀によって示された（河仁秀 2003）。こうした資料の増加を受け，近年では特に韓半島南部地域と東海岸地域を比較する研究（金恩瑩 2007）や沿海州・沿アムール地域と比較する研究（金材胤 2008）が提示されている。さらに韓半島の女性土偶から女性性の形成を指摘する研究（金鐘一 2011）も発表された。

一方，中国東北地方の土偶等に関する研究（王宇 等 1986，李宇峰 1987）や中国全域にわたる土偶等に関する研究（楊暁能 1989，今村 2002・2010）も提示されている。また沿海州における意匠芸術についても整理されている（Бродянский1996）。

近年，急速に増加した韓半島を中心とする東北アジアにおける土偶等の資料や研究に基づき，筆者は，これまでの研究では必ずしも十分とはいえなかった時期的な変遷の把握と地域性の抽出が必要であるという問題意識をもつに至った。そこで，ここでは精神文化に関係すると考えられる偶像や動物形製品について変遷と地域性を示すことを目的とした検討を行いたい。主たる対象地域は韓半島，豆満江流域，沿海州，牡丹江流域，吉長（吉林 - 長春）地区，鴨緑江下流域，遼東半島，瀋陽地区とし，遼西地域，海岱地区といった周辺地域についても概略的に述べる。また，各地域間の併行関係については第 2 章第 7 節のとおりである。

Ⅱ. 各地域における偶像・動物形製品の変遷

1. 東北アジア各地域における時期的変遷

(1) 韓半島南部地域 当該地域では新石器時代早期に該当する隆起文土器段階から土偶や動物形土製品が認められる。確実に隆起文土器段階のものとしては，細竹（黄尚周 外 2002）出土土偶（図 126-1）・海生哺乳類形土製品（図 126-5）や東三洞（釜山博物館調査地区 7 層）（河仁秀 2007）出土クマ形土製品（図 126-4）が挙げられる。また麗瑞島（金建洙 外 2007）出土土偶（図 126-6）は隆起文土器期〜瀛仙洞式期のものでありやはり

218 第Ⅰ部 東北アジア先史文化の変遷と地域性

古い例の一つである。このほか新岩里（鄭澄元 外1989）出土土偶（図126-7），欲知島（韓永熙 外1989）出土イノシシ形土製品（図126-8・9），東三洞（尹武炳 外2005）出土動物形土製品（図126-10）などがみられるが，出土層位からは隆起文土器から水佳里Ⅰ式土器が出土しており，時期比定が難しい。この時期の土偶の特徴としては大きさが小さく，粘土塊から象徴的に手足を作っているという特徴がある。

韓半島中西部からの影響で水佳里Ⅰ式が成立した後にも土偶は少数ながら認められる。水佳里（박영철 외

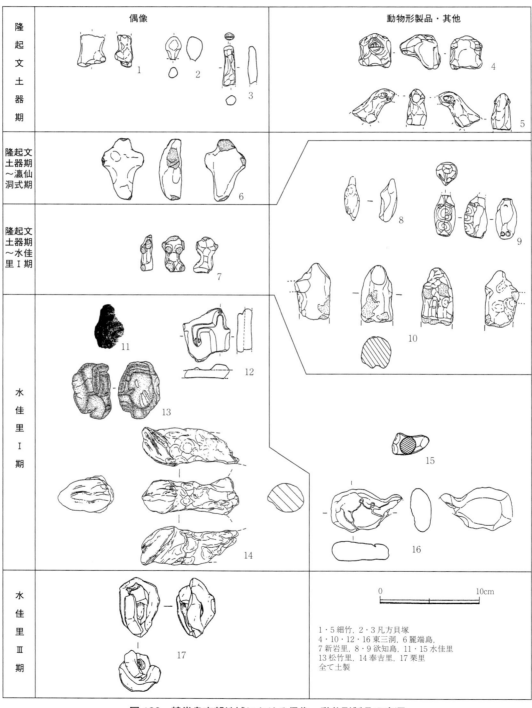

図126 韓半島南部地域における偶像・動物形製品の変遷

1996) 例（図126-11）は水佳里Ⅰ期〜Ⅲ期のものである。水佳里例も高さ3.5cmとやはり小さく，隆起文土器期や瀛仙洞式期のものと類似しており，継承関係が推定される。また水佳里Ⅰ期初葉に該当する水佳里Ⅵ層（鄭澄元ほか1981）では3点の牛角形土製品（図126-15）が出土しているが，他の物体に付着した痕跡がなく独立した土製品とされる。また，松竹里（裵成爀2006）では女性の頭部とされる土製品（図126-13）が出土している。さらに，東三洞（釜山博物館調査地区5-1層）では人物像が付着した土器片（図126-12）が出土していることから，以前の段階とは異なる偶像表現もみられるようになる。しかし，隆起文土器期や瀛仙洞式期に比べると土偶も動物形土製品もあまりみられなくなる傾向にある。

水佳里Ⅰ期〜Ⅲ期の特色としては，性器を比較的写実的に表現した土製品が出現することが挙げられる。近年，発見・報告された奉吉里（김용성 외2008）例（図126-14）は男性器を表現した土製品で，出土層位から確実に水佳里Ⅰ期のものである。また，栗里（金廷鶴・鄭澄元1980）例（図126-17）は子安貝形土製品とされているが，報告でも記されているとおり女性器を表現したものである。このような性器を表現したとみられている製品は隆起文土器期にも凡方貝塚（河仁秀1996）例（図126-3）が挙げられるが，水佳里Ⅰ期〜Ⅲ期のものほど写実的ではない。

(2) 韓半島東海岸地域　当該地域では鰲山里式土器や隆起文土器が展開する鰲山里下層期から土偶が認められる。近年，発掘調査された鰲山里Ｃ最下層（高東淳2007・2009）からは動物形土製品（図127-6・7）が出土している。また，蔚珍に所在する竹辺里（라재숙2010，啓明大学校 行素博物館 外2012）は嶺東地域と南海岸を結ぶ重要な遺跡であるが，ここでは人面土製品（図127-5）や人面附土器把手（図127-1〜4）が出土してい

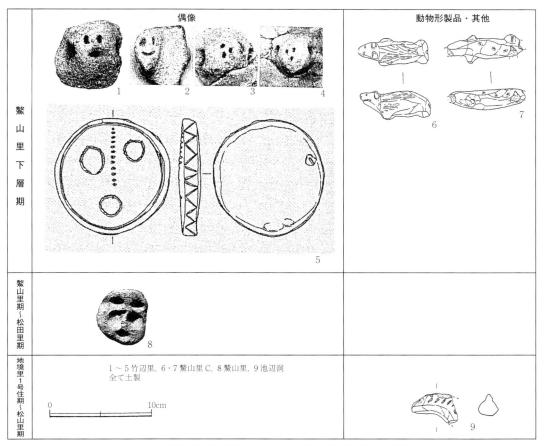

図127　韓半島東海岸地域における偶像・動物形製品の変遷

る。韓半島中西部からの影響で丸底の沈線文系土器が展開する地境里期以降は土偶はあまりみられず，池辺洞（김현정・권순철 2007）で有文の土製品（図 127-9）が発見されている程度である。なお，従来から韓半島の人面土製品として著名な鰲山里（任孝宰・権鶴洙 1984）例（図 127-8）は表採資料であり，鰲山里では鰲山里下層期から松田里期にかけての土器が出土するため，時期の特定が困難である。

（3）韓半島中西部地域　近年，調査された弓山 2 期に併行する段階の大規模集落である雲西洞では，人物坐像と推定される土製品（図 128-1）が出土している。ただし，雲西洞（趙詳紀 外 2010）では棒状の土製品（図 128-2）も出土していることから土偶ではない可能性もある。棒状の土製品は岩寺洞（韓永熙 外 1994）などでもみられるが（図 128-3），土器製作時の粘土紐である可能性が高い。このようにいわゆる狭義の「櫛文土器」，筆者の述べる韓半島丸底土器の分布範囲では土偶，動物形土製品はほとんど発達しない。

（4）豆満江流域　当該地域では土偶・土製品のほかに骨偶・骨製品がみられるのが特徴である。西浦項 3 期（金用玕・徐国泰 1972）では人面（図 129-1），ヘビ（図 129-3），仔ウマ[2]（図 129-4）を模した骨製品がみられる。ヘビ形骨製品は沿海州における前段階のボイスマン文化でもみられ（図 130-2）関連が想定される。西浦項 4 期では農圃（考古学研究室 1957，黄基徳 1957）では土偶（図 129-7），イヌ形土製品（図 129-8）が出土している。また西浦項 4 期層では人面骨製品（図 129-5・6）もみられる。青銅器時代の西浦項 6 期（《朝鮮遺蹟遺物図鑑》編纂委員会 1988）では顔部に目鼻口等の表現がなく，頭部は角度をつけて傾斜し，小さな手足が表現されている特徴的な土偶がみられる（図 129-14・15）。西浦項 5・6 期にほぼ併行する興城（劉景文 等 2001）ではヒト頭部土偶（図 129-10），動物形土製品（図 129-12・13）がみられる。また，人面附骨製品もみられる（図 129-11）。赤色磨研土器が盛行する西浦項 7 期には西浦項 6 期にみられた目鼻口のない特徴的な土偶が継続してみられる（図 129-16〜18）。また，ブタ形石製品もみられる（図 129-20）。郎家店期の小営子（藤田 1943，姜仁旭 外 2009）では人面附骨製品がみられ（図 129-19），興城文化の人面附骨製品との継承関係が想定される。

（5）沿海州　ボイスマン文化ではボイスマン -2 で鳥またはウシまたはシャコを模った動物形土製品（Бродянский2003a）（図 130-1）やヘビ（または性器）形骨製品（Попов и др. 1997）（図 130-2）が出土している。ルドナヤ文化ではセルゲエフカ -1（Попов и др. 2004）で土偶（図 130-3）が出土している。これらの土偶・動物形製品は小さいのが特徴である。ルドナヤ文化と関係の深い新開流（楊虎・譚英杰 1979）では，ヒト上半身を表現した土偶（図 130-4）やタカ形骨製品（図 130-5）が出土している。ペトロヴィチ（Бродянский1987）では人面を模った石製品（図 130-6）が出土している，また，ルドナヤ・プリスタニ（Дьяков1992）では剝片を加工した動物形石製品（図 130-7〜12）が出土している。

ザイサノフカ文化古段階（縄線文土器段階）では，シェクリャーエヴォ -7（Клюев и др. 2003）でクマ形土製品（図 130-13）が出土しているが，やはり小さな土偶である。また，前段階でもみられた剝片による動物

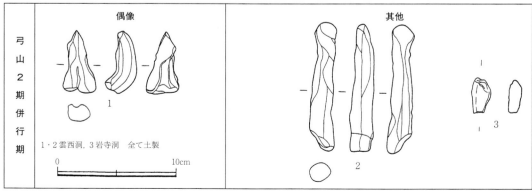

図 128　韓半島中西部地域における偶像とされる製品

第 6 章　東北アジア先史文化における精神文化　221

形石製品（図 130-14・15）もみられる。

　ザイサノフカ文化新段階では，オレニーB（Бродянский1987）で土偶（図 130-16），エフスタフィ-4（Гарковик1985・2011）でハリネズミ（図 5-23），オットセイ（図 130-24），ヘビ形（図 130-25）の動物形土製品

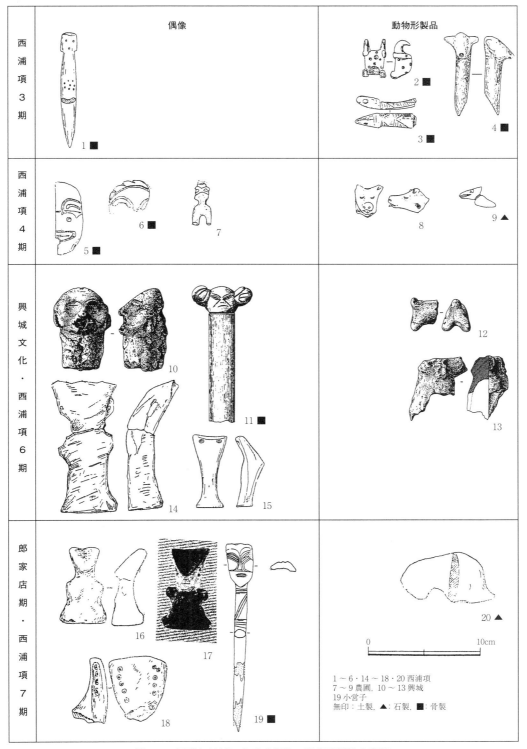

図 129　豆満江流域における偶像・動物形製品の変遷

が出土しているがいずれも小さな製品である。ノヴォセリシェ -4（Klyuev1998）で人面土製品（図130-19），シニ・ガイ A（Окладников・Деревянко1973，Бродянский2003б）で人面土製品，骨製品等（図130-17・18・20）が出土している。このほかヴァレンチン地峡（Андреева и др. 1987）では土偶の付着した土器が発見されている（図130-21・22）。

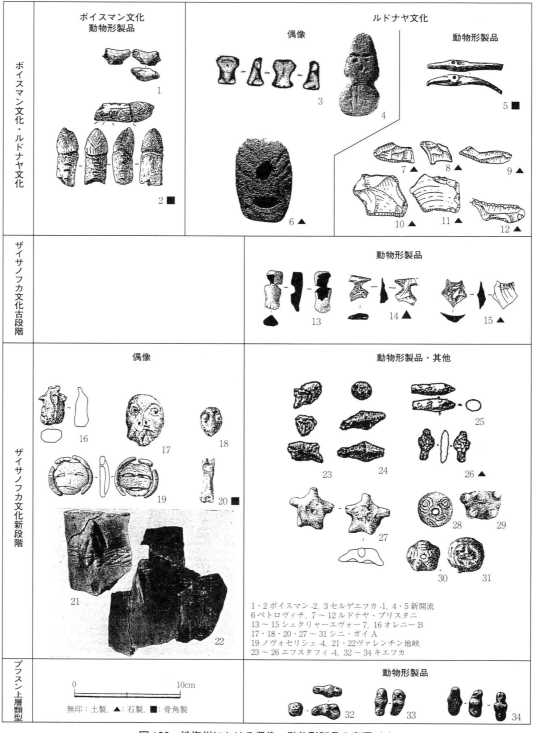

図 130　沿海州における偶像・動物形製品の変遷（1）

第6章　東北アジア先史文化における精神文化　223

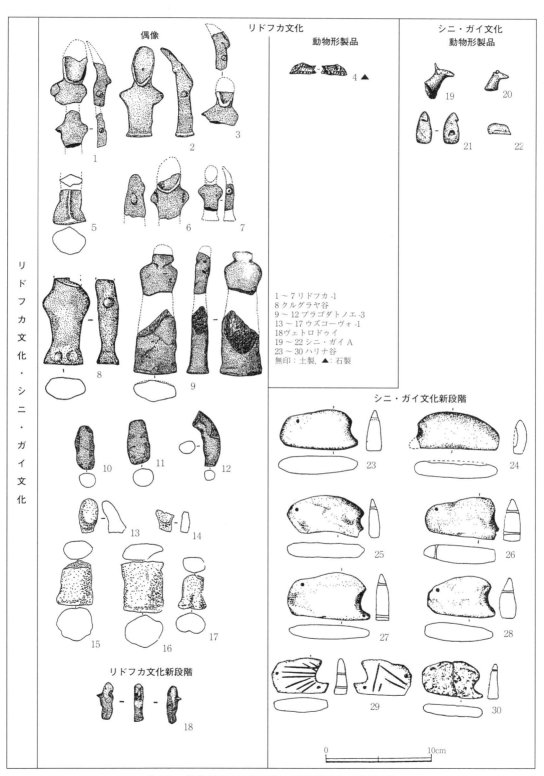

図131　沿海州における偶像・動物形製品の変遷（2）

224 第Ⅰ部　東北アジア先史文化の変遷と地域性

プフスン上層類型でもキエフカ（Бродянский・Жущиховская1995）で小さな動物形土偶がみられる（図130-32～34）。

以上のような小さな土偶を作る伝統に変化が生じるのがリドフカ文化段階で，顔部に目鼻口等の表現がなく，頭部は角度をつけて傾斜し，小さな手足が表現されている特徴的なヒト形土偶がみられる。リドフカ-1，クルグラヤ谷，ブラゴダトノエ-3（Дьяков1989），ウズコーヴォ-1（Крупянко・Перегудона2001）等で出土しているが（図131-1～3・5～17），楕円形の頭部，短く表現された手足など非常に共通性が高く，定型化した土偶が使われるようになったといえる。なお，同様の土偶は豆満江流域の西浦項でもみられる。ただしリドフカ文化でも小さな土偶を作る伝統は残り，ヴェトロドゥイ（Сидоренко2003）で小さな《ブラチーノ》形[3]の土偶（図131-18）が出土している[4]。リドフカ文化に併行するシニー・ガイ文化でもシカ（図131-19・20），サル（？）（図131-21），ネズミ形（図131-22）の小さな動物形土製品がみられるが，注目されるのはシニ・ガイＡ（Бродянский1987，Студзицкая1987）でアカシカの埋葬址にシカ形土製品が副葬されている点で，動物形土製品の使用法の一端をうかがわせる。シニ・ガイ文化新段階のハリナ谷（Окладников・Дьяков1979）では多くの動物形土製品がみられるが（図131-23～30），牡丹江流域の鶯歌嶺上層（図132-4～10）や豆満江流域の西浦項7期（図129-20）でみられる頭部が大きく表現されたブタ形製品との関連が想定される。

（6）牡丹江流域　興城文化・西浦項6期に併行する鶯歌嶺上層期では西安村東（王祥濱 等2004）や鶯歌嶺上層（張太湘 等1981，呂遵祿・孫秀仁 1991）でイヌ形（図132-2・3）・ヘビ形（図132-1）・ブタ形（図132-4～10）・クマ形（図132-11）土製品がみられる。ヘビ形土製品は沿海州における前段階のザイサノフカ文化新段階でもみられ（図130-25），関連が想定される。また，ブタ形土偶は斉一性の高い形態で，動物形土製品の定型化が看取される。鶯歌嶺1号住居址や1号灰坑からは複数の動物形土偶が出土しているという特徴的な出土状況を示している。

（7）吉長地区　左家山2期には元宝溝（龐志国 1989）で砂岩製の人物下半身（図133-1）がみられる。左家山2期層（陳全家・趙賓福 1989）では男性器を模した石製品が出土している（図133-3）。左家山2期層では石龍（図133-4），左家山1～2期と考えられる東北河（金旭東 1994）では石鳥（図133-2）が出土しており，遼西との関係が考えられる。

左家山3期では土製品が顕著となる。左家山3期層では目を刺突で表現した小さなヒト頭部土偶（図133-5）やクマ形土製品（図133-6），鳥形土製品（図133-8）がみられる。また石龍に類似した土製品（図133-7）もみられる。なお，通楡県に位置する敖包山（王国範 1984，呉喜才・田広生 1984）は土器文化では左家山よりは紅山文化に近く，網格文などからは哈民忙哈との関係も想定される。土偶では目・口を刺突で表現するヒト頭部土偶（図133-9・11）が出土しており，遼西よりも左家山等との共通性が認められる。

西断梁山2期（金旭東 等1991）でも目や口を刺突で表現したヒト頭部土偶（図133-13）や鳥形土偶（図133-14）がみられる。

このようなヒト頭部土偶は青銅器時代の腰紅嘴子（劉景文 等2003）でも出土しており（図133-15），強い継承関係がうかがわれる。

（8）鴨緑江下流域　後窪下層期（許玉林・傅仁義・王伝普 1989）にはヒト頭部土偶や人面土製品，石製人物像がみられる（図134-1～3）。また，動物形土製品（図134-7～8），イノシシ・ブタ形，猪龍形，トラ形，タカ等の鳥形，魚形，セミ，カイコ等の虫形等の多彩な滑石製品・玉製品が出土している（図134-11～25）。滑石製品には片面に人面，片面に鳥が表現されたものもみられる（図134-6）。後窪上層期でもヒト・サル頭部土製品[5]（図134-26）や人面土製品（図134-27～31），土製人物像（図134-32）がみられるが，棒などの差し込み

第 6 章　東北アジア先史文化における精神文化

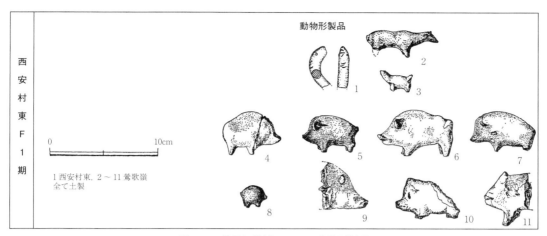

図 132　牡丹江流域における動物形製品

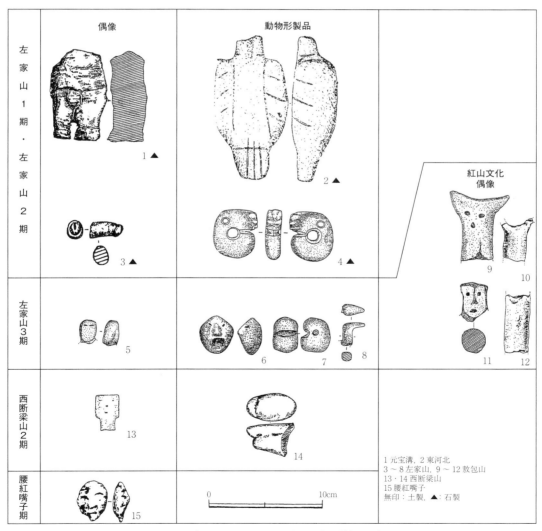

図 133　吉長地区における偶像・動物形製品の変遷

穴があるのが特徴である。また，鳥，魚形，動物形石製品もみられる（図134-33・34）。宋兆麟は鳥像が多いことや人鳥同体石彫像鳥・トーテムとの関係を想定している（宋兆麟1989）。金鐘赫は後窪1期層では鳥をはじめとする各種動物形製品がみられるのに対し，後窪2期層では動物形製品の比率が減少し，人物像の比率が高まっていることからトーテム信仰から母神または父神信仰へ崇拝思想が変化したと指摘している（金鐘赫1997）。大貫静夫はこれらの土偶，石製品が多く出土した後窪が特別な集落である可能性を検討する必要があると指摘している（大貫1998）。

(9) **遼東半島** 小珠山下層期の北呉屯下層（許玉林 等1994）や小珠山下層期〜呉家村期の北呉屯上層では

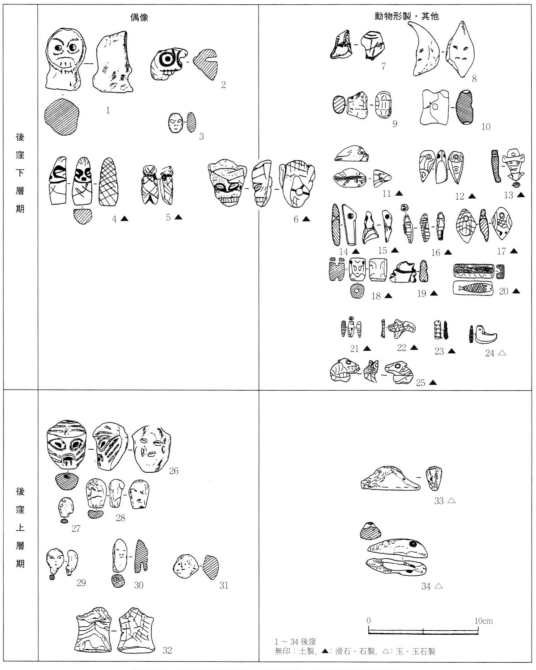

図134 鴨緑江下流域における偶像・動物形製品の変遷

土器片を再加工し，人面や太陽文を表現したと考えられている遺物が出土している（図135-1～4）。山添奈苗は剝き出しにした歯の表現が後窪下層の石製人物像（図134-6）と共通することを指摘している（山添2006）。また北呉屯上層で出土した玉鳥（図135-6）と同様の遺物が鴨緑江下流域の後窪下層（図134-14）や後窪上層（図134-34）でも出土しており両地域の関係が密接であったことを示す。

呉家村期の郭家村4層（許玉林・蘇小幸1984）や呉家村（許玉林 等1981）ではイノシシ・ブタ形土製品がみられるが，鼻が長く全体に横長の形態を示す[6]（図135-10～12）。このような形態のイノシシ・ブタ形製品は，年代的には先行するが鴨緑江下流域の後窪下層の滑石製品（図134-11）にもみられ，玉鳥と同様，関係が想定される。

小珠山上層期の郭家村上層でも，横長で鼻が長く，脚の表現が短いイノシシ・ブタ形土製品[7]がみられる（図135-15・17）。また脚部の表現が明瞭な動物形製品もみられるが（図135-14・16），図135-16はイヌ形製品

図135　遼東半島における偶像・動物形製品の変遷

である可能性がある。人面土製品もみられる（図135-13）。遼東半島では土製品が多くみられるようになるのが呉家村期以降であるが，その種類はイノシシ・ブタ類が多く，偶像はあまり発達しない[8]という地域性がある。

（10）瀋陽地区　新楽下層期の新楽2号住居址（于崇源1985）北壁の西端から三つに折れた状態で鳥形木製品が出土した（図136-1）。この鳥形木製品を鳥トーテム崇拝を示すものという見解もある（孫慶永・王菊耳1983）。また，新楽では1980～1982年の救済発掘の際に，探方13の西壁の上下層の境界でイノシシ・ブタ形土製品が出土している。この遺物は図示されていないものの，円球状で方形の突出部がつまみ出され，突出部には浅く2孔があけられており，イノシシ・ブタの頭部に類似していると報告されている（周陽生1990）。このほか詳細時期は不明であるが，北陵（李暁鐘1984）では動物形土製品頭部が出土している（図136-2）。偏堡類型段階である東高台山2期の可能性がある。

2．東北アジア周辺地域における時期的変遷

（1）遼西地域　興隆窪文化における偶像としては白音長汗（内蒙古自治区文物考古研究所2004）例のように大きな石人がみられ（図137-1），趙宝溝文化，紅山文化へ継承される。興隆窪文化の動物形製品としては白音長汗で出土したクマ形石製品（図137-3），カエル形石製品（図137-4）などが認められる。また，セミ形玉製品もみられる（図137-5）。趙宝溝文化では偶像としては蹲踞する後台子（湯池1994）などで石人（図137-6）がみられる一方，趙宝溝（劉晋祥・董新林1997）で出土したように人面土製品（図137-7・8）もみられる。カエル形石製品（図137-9）がみられることは，前段階を継承している可能性が強い。紅山文化では前段階以来の石人が那斯台（董文義・韓仁信1987）などでみられる（図137-10）。さらに牛河梁（方殿春・魏凡1986，孫守道・郭大順1986），東山嘴（郭大順・張克挙1984），西水泉（劉晋祥・楊国忠1982）などでみられるように土偶・人面土製品も発達する（図137-11～17）。土偶は全身像が多く，牛河梁や東山嘴などでは大型のもの（図137-15）と小型のもの（図137-12・13）が認められる。動物形製品としては那斯台でクマ形石製品（図137-18）が認められるほか，牛河梁では猪龍などの大型の動物形土製品が多く出土している。遼西では玉器が発達するが，牛河梁，東山嘴，那斯台，城子山（李恭篤1986），胡頭溝（方殿春・劉葆華1984）などでみられるように動物形玉器も非常に多くみられる。猪龍，鳥，ブタ，魚，カメなどが認められる（図137-19～24）。小河沿文化では偶像，動物形製品はあまり発見されていないが，南宝力皋吐（鄭鈞夫 等2011）で偶像のついた土器（図137-25），南台地（李恭篤1977）ではブタ形土製品（図137-26），イヌ形土製品（図137-27）がみられる。小河沿文化でも玉器が多くみられるが，前段階と比べると動物形製品は少なくなるものの，南宝力皋吐（吉平・希日巴拉2010）では鳥形玉器がみられる。夏家店下層文化では偶像としては康家湾で土製人頭像が出土している（図137-28）。動物形製品としては表面採集資料であるため，時期比定に不安を残すが，房身第1地点

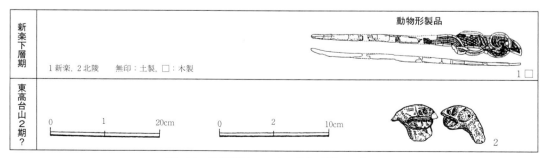

図136　瀋陽地区における動物形製品の変遷

第6章　東北アジア先史文化における精神文化　229

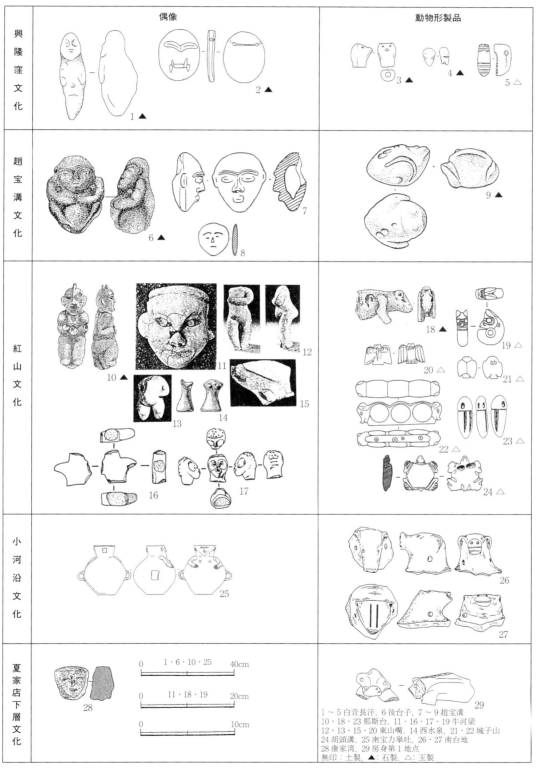

図137　遼西地域における偶像・動物形製品の変遷

230 第Ⅰ部 東北アジア先史文化の変遷と地域性

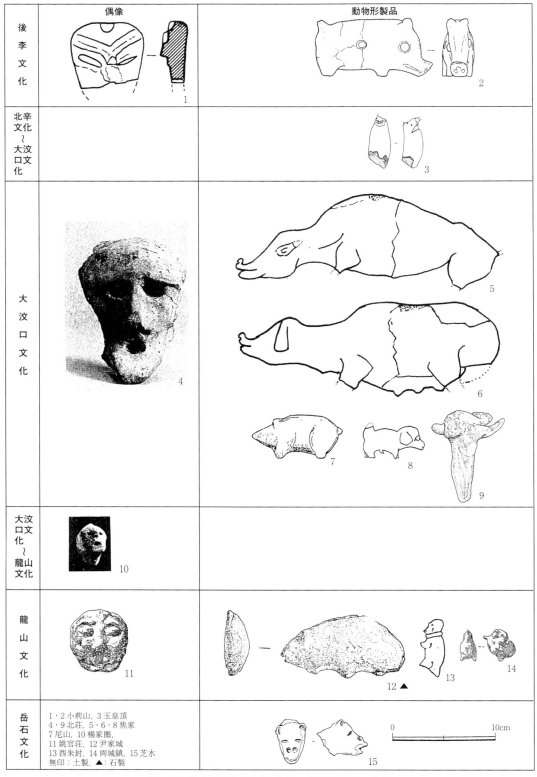

図138 海岱地区における偶像・動物形製品の変遷

（朱延平 等 2002）でブタ形土製品が出土している（図 137-29）。

（2）**海岱地区**　後李文化の小荊山（劉伯勤 等 2004）で人面土版（図 138-1）とブタ形土製品（図 138-2）がみられる。また，西河（山東省文物考古研究所 2000）でもブタ形土製品が出土している。北辛文化から大汶口文化前期の玉皇頂（孫波 等 2010）では動物形土製品が出土している（図 138-3）。大汶口文化期の事例としては北荘（出光美術館 1995，甲元・今村 1998，侯建業 2006）で人面塑像（図 138-4），鳥形土製品（図 138-9），焦家（寧蔭棠・曲世広 1998）で大きなブタ形土製品（図 138-5・6）やイヌ形土製品（図 138-8），尼山（王思礼 1963）でブタ形土製品（図 138-7）が出土している。楊家圏（何徳亮 1984）では大汶口文化の文化層と龍山文化の文化層が確認されているが，出土した人頭土製品（図 138-10）はどの文化層で出土したか報告がない。龍山文化期の姚官荘（鄭笑梅・呉汝祚 1981）では人面土製品（図 138-11），尹家城（蔡鳳書 等 1990）ではブタ形石製品（図 138-12），西朱封（李日訓・宮徳杰 1989）ではサル形土製品（図 138-13），両城鎮（劉敦愿 1958）では鳥形土製品（図 138-14）が出土している。岳石文化照格荘類型の芝水 1 期層（北京大学考古実習隊・煙台市博物館 2000）ではイヌ形土製品が出土している（図 138-15）。

海岱地区で出土する偶像では全身像はほとんどみられず，人面や人頭を表現した土製品が後李文化から龍山文化までみられる。動物形製品ではブタ形製品が多くみられ，後李文化で初出し，大汶口文化や龍山文化に継承される。また，イヌ形製品や鳥形製品が大汶口文化や龍山文化にみられる。龍山文化では鳥頭形の器蓋のつまみが多く出土していることと併せて，鳥に対する特別な意識が働いていたということはこれまでも多く指摘されている（何徳亮 1984 ほか）。

Ⅲ．偶像・動物形製品の地域性

東北アジアの先史文化を対象として，偶像・動物形土製品の地域性を検討した研究は多くはない。大貫静夫は極東西部にイノシシ類が多く東部にクマが多いと指摘したことがある（大貫 1998）。東北アジア全体で出土した偶像・動物形製品は対象面積と比較してあまりに少量であるため，十分な地域性を抽出することは難しいが，現況からは次のような地域性を看取できる。地域性により大きく区分すると，韓半島南部地域，韓半島東海岸地域といった韓半島東南部グループ[9]，豆満江流域，沿海州，牡丹江流域といった東部グループ，遼東半島，鴨緑江下流域，瀋陽地区，吉長地区といった遼東グループといった三つの地域性が認められる。これらの三つのグループ内では比較的共通した要素が認められるが，これらのグループとしてのまとまりは土器文化によって区分されるグループとほぼ一致する。精神文化に関わる遺物であるとみられる偶像・動物形製品による地域性と，生活用具である土器様式による地域性が一致するということは，実生活の情報を共有する集団が，精神文化においても共有する部分が大きいことを示す。ただし，この地域性は必ずしも静的・固定的なものではなく，時期により変遷し，動的なものであることに加えて，グループ内でも地域によってさらに細かな地域性も認められるため，以下では時期ごとに地域性の変遷を述べる（図 139）。

1．Ⅰ段階

韓半島南部地域と東海岸地域の土偶に関連があるという指摘はすでに金恩瑩によってなされており（金恩瑩 2007），妥当な指摘であると考えられ，筆者は同一グループとして韓半島東南部グループとした。このグループの土偶は，全身像で大きさが小さいという特徴がある。動物形土偶も同様に全身像で小さい。また，沿海州を中心とする東部グループでも小さな全身像の土偶と小さな動物形製品が認められる。韓半島南部地域・東海岸地域と沿海州に密接な関係があると主張する見解が近年提示されてきているが（金材胤 2008），両者に関係があるのかは今後追求しなければならない課題である。一方，鴨緑江下流域では全身像ではなく，

232 第Ⅰ部 東北アジア先史文化の変遷と地域性

ヒトの頭部を中心とした土偶がみられる。したがって，現時点では現象面からみると，この段階では小さな全身像土偶をもつ韓半島東南部グループおよび東部グループに対して，頭部を中心とした半身土偶をもつ遼東グループという2大地域性が認められる。ただし東部グループの新開流でもヒトの頭部を中心とした半身像が発見されていることから，遼東グループと東部グループでは精神文化に関わる情報の交換があった可能性もある。また，動物形製品からみると多種多様な種類の野生動物を模った製品が全地域的に認められるようである。また，遼東グループと遼西地域は大型石人の有無等からみて基本的に異なるグループであるが，後窪等で滑石製品が多くみられる点や猪龍がみられる点，吉長地区で石鳥や石龍がみられる点から一定の交

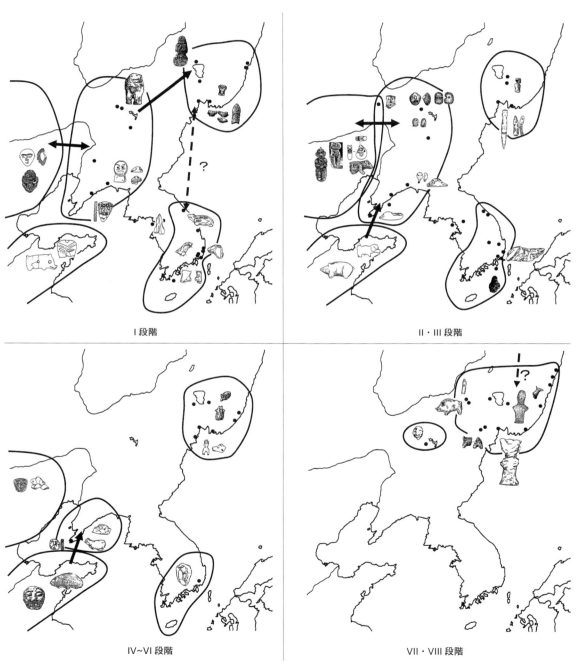

図 139 東北アジア先史時代偶像・動物形製品の地域性

流があったものとみられる。

2．Ⅱ・Ⅲ段階

この段階では韓半島で中西部に由来する狭義の「櫛文土器」である丸底土器が東海岸や南部地域に拡散する時期である。韓半島南部地域では前段階の小さな全身像土偶を作る伝統が一部に残るが，基本的に丸底土器文化では土偶等は発達しない。また，同様に韓半島東海岸でも土偶等の状況は不明瞭になる。したがって，韓半島中西部，韓半島東海岸，韓半島南部地域は土偶等があまり発達しない韓半島中南部グループを形成し，南部地域など一部に前段階を継承した様相が残るとみることができる。一方，豆満江流域や沿海州といった東部グループでは前段階同様小さな動物形製品が存在する。また他地域ではあまりみられない人面・動物形骨製品が多くみられるのも特徴である。

遼東グループの吉長地区や鴨緑江下流域では前段階同様ヒトの頭部を中心とする土偶・人面土製品が発達し，遼東半島では横長のイノシシ・ブタ形土製品がみられるようになる。なお，欲知島出土のイノシシ形製品と遼東半島の横長のイノシシ・ブタ形土偶は非常に類似するため関連を想定する見解（甲元1997）もあるが，欲知島のイノシシ形土偶の帰属年代が明確でないため，関連性の有無については判断が困難である。中間地域の韓半島中西部で動物形製品が発達しないことから考えると，筆者は否定的に考えている。

大貫は以前の段階ではさまざまな野生生物を模した製品があるが，この段階にブタ形土製品が残るのみとなるとすでに指摘している（大貫1998）。こうした傾向は特に遼東半島で顕著なようである。そこで周辺地域に目を向けると遼西では玉器の一部にブタ形製品がみられる程度でそれほど多くはない。一方で遼東半島と対峙する海岱地区では後李文化以来，動物形製品の中でもブタ形土製品が多い。そのため遼東半島の様相は海岱地区との関係を想定することができる。ただし，遼東半島のイノシシ・ブタ形製品は形態的には後窪下層期のイノシシ・ブタ形製品（図134-11）と類似し，海岱地区の製品とは差異があるので，海岱地区のブタ形製品がそのまま移入されたのではなく，基本的に在地の系譜を引くものである。新石器時代前期には後窪下層でみられたようにイノシシ・ブタ，トラ，鳥，魚，虫など多種多様な動物形製品が存在した状況が，新石器時代中期にイノシシ・ブタに集中するといったような対象動物の選択性の変化についてのみ海岱地区との関係があったものと筆者は考える。膠東半島と遼東半島の土器文化ではこの段階に交流が活発化しており，土器の動きと連動していた可能性が高い。

遼西地域との関係については吉長地区で龍形土製品がみられる一方，紅山文化に属する敷包山で吉長地区的な土偶が出土するなど相互の関係性が認められる。したがって遼東グループのなかでも海岱地区との関係がみられる遼東半島と，遼西地域との関係がみられる吉長地区といったように小地域性を看取することができる。

3．Ⅳ～Ⅵ段階

この段階では韓半島中南部グループではあまり土偶等は発達しないが，韓半島南部地域で性器を表現した土製品がみられるのが特徴である。一方，東部グループの豆満江流域や沿海州では前段階の系譜を引く小型の多種多様な土偶・動物形製品が発達することに加え，人面土製・骨製品もみられるようになる。遼東グループの遼東半島では前段階に引き続きイノシシ・ブタ形製品がみられるが，定型化しているようである。この段階のイノシシ・ブタ形製品も基本的な形態は前段階のものを継承しており，対象動物の選択には海岱地区との関係が考えられる。さらに，遼東半島では偶像の発見例がほとんどないが，人面を模した土製品が出土していることも，比較的平面的な人面土製品が出土する海岱地区との関係を考える必要がある。なお，

234　第Ⅰ部　東北アジア先史文化の変遷と地域性

この段階は膠東半島の土器様式が遼東半島の土器様式に組み込まれるほど強い影響関係にあり，連動した動きであるとみられる。ただし，海岱地区で隆盛する鳥形製品が遼東半島で隆盛した形跡はこれまでのところ確認されないので影響関係は部分的なものであったと考えたい。

4．Ⅶ・Ⅷ段階

　韓半島中南部グループではほとんど土偶等はみられなくなる。また，遼東グループの遼東地域や鴨緑江下流域でも土偶等がほとんどみられなくなる。この現象は，遼東地域からの影響で，韓半島青銅器時代の土器文化が形成されるという現象と連動しているものと考えられる。ただし，吉長地区では伝統的な小さなヒト頭部土偶が残るようであり，新石器時代以来の地域性を引き継いでいるといえよう[10]。一方，豆満江流域・沿海州・牡丹江流域といった東部グループでは土偶等が発達する。以前の段階では比較的多種多様な偶像・動物形製品がみられたのに反し，斉一性が高く，定型化する傾向が強くなる。まず土偶では金材胤が「極東全身像土偶」（金材胤 2008）と呼称する顔に目鼻の表現が無く頭部が傾斜した無性（中性）の土偶が特徴的に現れる。ただし，一部には《ブラチーノ》形土偶のように小さな土偶も残る。さて，定型化した目鼻の表現が無く頭部が傾斜した土偶について，金材胤は沿アムール地域のコンドン 3 号住居址（Окладников1973）などヴォズネセノフカ文化期の土偶との関連を想定している（金材胤 2008）。この見解の問題点は沿アムール地域のヴォズネセノフカ文化と沿海州のリドフカ文化が併行関係にないことである。沿アムール地域における偶像・動物形製品の時期的変遷については伊藤慎二や加藤博文によって整理されているが（伊藤 2006，加藤 2006），伊藤はヴォズネセノフカ文化新段階では土偶製作がほとんど消滅すると推測しており，さらに現状では沿海州のリドフカ文化に併行する時期の沿アムール地域の土偶等の様相が詳らかではないため，金材胤の見解の当否を論ずるのが困難である。しかし，土器においては沿海州のザイサノフカ文化終末期に沿アムール地域からの影響が認められるという見解（Яншина・Клюев2002）もあり，新石器時代終末期に沿アムール地域から沿海州へ影響関係があったとすれば，土偶等もそうした文化複合の一つとして影響関係があった可能性もある。

　東部グループの動物形土製品にはブタ形土製品が多くみられるが，いずれも形は類似しており定型化している。頭部を大きく表現しており，新石器時代中〜後期の遼東半島等にみられる横長のイノシシ・ブタ形土偶とは異なる。この頭部が大きいブタ形土製品は虎谷 4 期〜5 期（黄基德 1975）でもみられ鉄器時代にいたるまで存続する。さらに，東部グループでは土偶が住居址・灰坑・埋葬址といった遺構からまとまって出土したり，同一遺跡から複数出土するといった特徴もみられる。このような点からも東部グループが他のグループとは全く異なる動きを示していることがわかる。また，東部グループでは新石器時代前期から青銅器時代まで一貫してヘビ形製品が認められること（図 129-3，図 130-2・25，図 132-1）も顕著な地域性を示しているといえる。

Ⅳ．東北アジア偶像・動物形製品の特徴

　本書では東北アジアにおける偶像・動物形製品の基本的な時期的変遷，地域性，地域間関係の変遷について述べた。これまでみた多種多様な地域性からみると東北アジアの偶像・動物形製品にはほとんど共通性がないようにも思われる。しかし，遼西地域や沿アムール地域を除外した東北アジアでは次のような特徴が共通する。まず，青銅器時代の東部グループを除外すると，偶像・動物形製品は大部分が小さく，作業中でも常時携帯可能な程度の大きさのものも多い。このような特徴からは，北韓の研究者が主張したように護身符として用いられたものも多かったことを想定できる。こうした点からは青銅器時代に突如として比較的大き

第 6 章　東北アジア先史文化における精神文化　235

な立像が多く現われる東部グループの土偶については周辺地域からの影響を考えてもよいと思われる。

　また，偶像と動物形製品が出土し，地域によっては動物形製品が多い事例も認められる。このことも大貫静夫が指摘するように（大貫 1998），東北アジアの意匠遺物の特徴の一つであると考えられる。

第 2 節　東北アジア岩画の編年と系統 —咸鏡北道芝草里岩刻画の検討—

I．緒　言

　岩画は全世界に広く分布する遺構で，原始から現代にいたるまで，長い時期にわたって製作されたことはよく知られている[11]。その分布の中心地の一つに，シベリア，モンゴル高原，極東などの北アジアが挙げられる。また，韓半島南部でも慶尚北道を中心に分布している（図 140）。韓半島北部の岩刻画の様相は従来，不明瞭であったが，近年，豆満江中流域の咸鏡北道茂山郡に所在する芝草里における岩刻画の詳細が報じられるようになり，岩画研究に一石を投じている。そして，その芝草里岩刻画の年代を新石器時代とみる見解

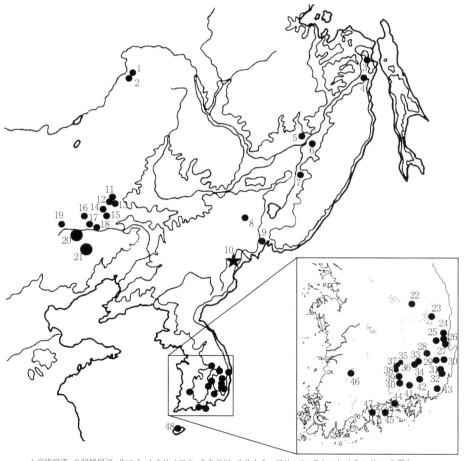

1 交唠呵道，2 阿娘尼河，3 マイ，4 カリノフカ，5 キヤ川，6 サカチ・アリャン，7 シェレメチエヴォ，8 郡力，9《メドヴェージ・シェーキ》，10 芝草里，11 烏努克斉山，12 白岔温都，13 查布嘎吐，14 半拉山，15 三龍山，16 床金溝，懐陵前山，17 鹿山，18 東馬鬃山，19 砧子山，20 白岔河岩画群，黒頭山，河谷，洞子，棚子店，土城子，21 陰河岩画群，紅山，22 可興洞，23 水谷里，24 七浦里，25 仁屁里，26 大蓮里，27 石里，28 甫城里，29 金丈台，30 安心里，31 川前里，32 盤亀台，33 辰泉洞，34 川内里，35 鳳坪里，36 良田里，37 池山洞，38 安和里，39 芋浦里，40 馬双里，41 道項里，42 新安，サルレ，43 福泉里，44 本村里，45 良阿里，46 南原大谷里，47 五林洞，48 光令里

図 140　東北アジア岩画の分布

236　第Ⅰ部　東北アジア先史文化の変遷と地域性

もある。もし，芝草里岩刻画の年代が新石器時代のものであれば，東北アジア先史時代の精神文化を検討するうえで，重要な資料となる。そこで，本節では，東北アジア全体の岩刻画の編年と地域性について検討し，芝草里の年代と系譜について検討したい。なお，本書ではその対象時期を新石器時代から青銅器時代前期としているが，岩刻画の製作時期については各種見解が提示されているため，本節では特別におおむね初期鉄器時代までを対象時期とする。

Ⅱ．芝草里岩刻画の概要

1．芝草里遺跡の概要

（1）芝草里岩刻画　芝草里岩刻画は 1960 年代にはすでに発見されており，黄基徳は渦文が刻まれていると述べていたが（黄基徳 1962），長らくその詳細については不明であった。1990 年代には金用玕の著書（金用玕 1990）や『朝鮮全史 1 原始篇』（第 2 版）（社会科学院 歴史研究所・考古学研究所 1991）に芝草里岩刻画に関する若干の記述がみられ，2000 年代に入り림룡국による『民主朝鮮』紙の記事（림룡국 2002），徐国泰による『朝鮮考古研究』誌の報告（徐国泰 2004），김성국による『朝鮮考古学全書』中の概要（김성국 2009）などで徐々にその詳細について明らかにされていった。以下では徐国泰，김성국の報告を翻訳，整理し引用する。

　咸鏡北道茂山郡所在地から北側に 20km 程度離れた芝草里に所在する岩刻画である。豆満江岸に南側に開口する自然洞窟があり，その洞窟の開口部西側絶壁に岩刻画がある。現地の住民はこの岩刻画を神聖な場所という意味の『神仙岩（신선바위）』や，聖人が降りてきた場所という意味の『聖降岩（성강바위）』と呼んでいる。岩壁は東から西にいくにつれ膨らみ弧線をなし，縦に 4 条の亀裂が生じているが，おおむね面は平坦である。岩刻画のある上部，すなわち地表面から 160cm 程度の高さには壁面を彫りだす鑿の痕跡でなされた帯線が横に 1 条生じており，その幅は 30cm で長さは 6m 程度である。これをみると，元来 6m 程度の区間に壁画が刻もうと試みたこととともに壁画を刻んだ壁面もある程度，手を入れて平坦に調整したことがわかる。岩刻画は洞窟開口部の西端から 40〜50cm 程度離れた西側部分，そして地表面から高さ 20〜30cm 程度上部に刻まれているが，壁画が刻まれている範囲は高さ 130cm，幅 320cm 程度で，壁画を刻もうと選定された区画の半分程度の範囲である。壁画は尖った工具による敲打技法で溝を彫ってできた溝線で刻まれている。溝線の幅は普通，1〜1.5cm 程度であるが，それよりある程度細いものや，太い溝線もある。岩刻画の内容はさまざまな図案の渦文[12]と雷文であるが，圧倒的多数は渦文である。渦文図案には単純に円となるもの，多重の同心円であるもの，時計のぜんまいのように渦巻くもの，『∽』形の輪のようになるものがある。1 番目と 3 番目の図案の渦文はそれぞれ 6 個ずつ，2 番目の図案の渦文は 5 個，4 番目の図案の渦文は 3 個が刻まれている。そして同心円の渦文図案には 2 重になるものと 3 重になるものがあり，時計のぜんまいのように渦巻くもののなかには 2〜3 重に渦巻くものと，6 重程度渦巻くものがあり，『∽』形の輪をなすもののなかにも，2〜3 重になるものと 5 重になるものがあるが，多重になるものがより大きく刻まれている。そのほかに雷文もあり，雷文とも渦文ともみられる文様が刻まれているものがある。雷文は重ねて刻んだ菱形文様であるが，1 個のみ刻まれている。そして，渦文とも雷文ともみることができるものは時計のぜんまいのように渦巻いているが，ある部分では弧線をなし，ある部分では角ばって渦巻いている。文様の大きさも多様で，その配列状態もある程度区分される。比較的大きく刻まれた文様は『∽』形の輪をなした渦文であるが，そのなかでも最も大きいものの長軸は 75cm 程度で，小さなものの長軸は 40cm 程度である。この文様は壁画面の上部中央に配置されている。次に大きく刻まれている渦文は時計のぜんまいのように渦巻いているもので，そのなかで最も大きいものは直径 40cm，小さなものは直径 20cm 程度である。この文様は『∽』形渦文の上部に 1 個刻まれており，残り 5 個は壁画面東端中間部分から下部中央部分にかけて斜めに

下がりながらほぼ一列に配置されていた。渦文とも雷文ともみることができるものも比較的大きな部類に属するが，その長軸は 40cm 程度である。この文様は壁画面西側下部に配置されている。この文様の直上には重菱形文である雷文が刻まれているが，長軸は 16cm 程度である。同心円の渦文にも直径が 30cm 程度のものから 10cm 程度のものにいたるまで，さまざまな大きさをもつものがあるが，この文様は壁画面の両端部分に縦列をなして 2 個ずつ配置されており，残りの 1 個のみはやや内側に入ったところに配置されていた。最も小さく刻まれた渦文は円になっているものであるが，そのなかで最も大きいものは直径 10cm，小さなものは直径 4cm 程度である。この文様 4 個は雷文の西側部分を廻りながら弧線をなして配置されており，残りの 2 個は最も大きく刻まれた時計のぜんまいのような形の渦文の下部に配置されている。このように文様の配置に明らかな秩序を探し出すことは困難であるが，文様の趣旨と個性的特徴がよく示され，多くの労力を投入し，壁画を創作したことがわかる（徐国泰 2004，김성국 2009）（図 141）。

(2) 芝草里墓地　芝草里岩刻画のある洞窟内で墓地が発見されている。この墓地は長方形の墓壙を掘り，河原石を敷いた後，4 枚の板石で築かれた石棺墓である（図 142）。石棺の大きさは南北長 210cm，東西幅 85cm，残存高 40～45cm であるが，板石の上部は欠けていて，本来の高さは 50cm 程度であったものと推定されている。石棺内からは頭位方向を北にした人骨が出土している。また，副葬品としては突起のついた赤褐色の平底深鉢 1 点（図 142-1），黒色磨研の鉢 1 点（図 142-2），高杯 1 点（図 142-8），突起のついた赤褐色の口縁部 2 点（図 142-3・4），赤褐色の平底底部 3 点（図 142-5～7）がみられる。また，獣骨を研磨して製作された円盤形の紡錘車 1 点（図 142-9），内湾する骨を輪切りにして研磨して製作された管玉 2 点（図 142-10・

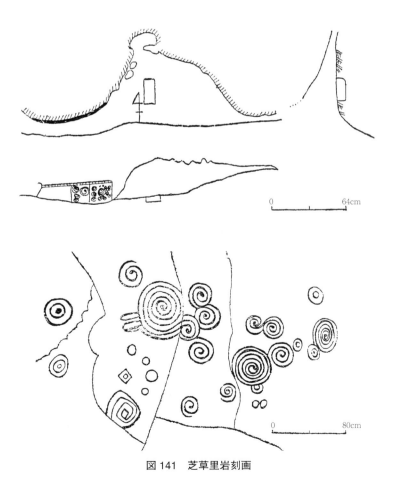

図 141　芝草里岩刻画

11)も副葬されていた。

徐国泰は墓地の年代について突起附土器，黒色磨研土器，高杯，骨製紡錘車，管玉から虎谷5期（黄基徳 1975）のものであると判断している（徐国泰 2004）。

筆者は徐国泰の見解がおおむね妥当なものであると考えるが，突起附土器でより類似した事例は虎谷5期に編年される虎谷38号住居址にみられるため，やや年代が遅くなる可能性もある。なお，骨製円盤形紡錘車は虎谷4期の11号住居址のほか，豆満江流域では柳庭洞類型に属する金谷水庫南山（朴潤武 1985），新興洞（王培新 等 1992）などでみられ，虎谷4期－柳庭洞類型時期に特徴的な紡錘車である（Furusawa 2007）。したがって，芝草里石棺墓の年代は虎谷4期～5期に編年されるものと考えられる。

2．従来の想定年代

黄基徳は渦文土器と雷文土器が時期差であることを明らかにしたが，芝草里岩刻画には渦文がみられることから渦文土器時期のものであると論じた（黄基徳 1962）。金用玕も岩刻画の文様図案が新石器時代の土器によくみられるものであるとし，新石器時代のものとした（金用玕 1990）。『朝鮮全史 1 原始篇』（第 2 版）でも同様に，蔚州郡川前里岩刻画例とともに渦文土器・雷文土器との対比から新石器時代の所産であるとしている（社会科学院 歴史研究所・考古学研究所 1991）。림룡국は渦文・雷文が刻まれた岩刻画が川前里に存在することを指摘すると同時に，西浦項や黒狗峯などで出土した渦文土器や雷文土器を根拠に新石器時代のものであると述べている（림룡국 2002）。徐国泰や김성국は芝草里岩刻画に渦文と雷文が刻まれていることからみて新石器時代中期末～後期初に該当するものであると述べている（徐国泰 2004，김성국 2009）。この場合，芝草里石棺墓とは年代的な接点がないため，直接の関係はないということになる。

一方，南韓で芝草里岩刻画を紹介した최광식は，これまで知られた南韓における他の岩刻画と同様に青銅器時代のものとみている（최광식 2007）。ただし，최광식の紹介文には事実誤認がある[13]。李夏雨は洞窟内の石棺墓と必ず関係するとは限らないとしながら，幾何文岩刻画や同心円が農耕と関連性が深いので，青銅器時代のものとみるのも妥当であるとし，祈雨祭と関連すると考えられる同心円文，渦文，雷文という幾何文

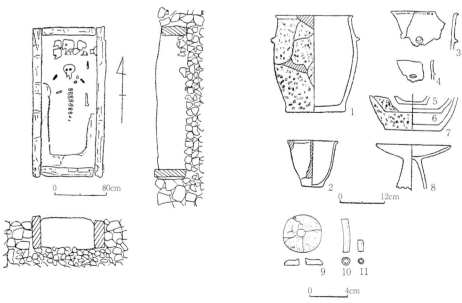

図 142　芝草里石棺墓および出土遺物

がともに現われ，規模も比較的大きいという点を考慮し，一旦，川前里岩刻画と比較される青銅器時代中期程度であるとしている（李夏雨 2011b）。

3．芝草里岩刻画年代に関する問題点

北韓では，一貫して土器に描かれた渦文や雷文と，芝草里岩刻画にみられる渦文や雷文を比較し，新石器時代の所産であるとする見解が主張されてきた。特に，さらに年代を絞り込むと豆満江流域の土器編年上における新石器時代中期末～後期初とする見解が提示されている。しかし，渦文・同心円文や方形文のような文様は，岩刻画としては一般的な文様であるため，必ずしも土器の文様の年代に限定されるものではないと考えられる。したがって，北韓の見解をそのまま首肯することはできない。一方，南韓の研究者が主張するように主として青銅器時代と推定されている韓半島南部の岩刻画の年代から芝草里岩刻画の年代も同様に青銅器時代とするためには，芝草里岩刻画と韓半島南部の岩刻画の関連が明確でなければならないが，現状では関連性が証明されていない。したがって，芝草里岩刻画の年代は現況では確定されたものではないことがわかる。そこで，豆満江中流域に位置する芝草里岩刻画の年代や文化的背景を考察するため，芝草里に比較的近接した地域に存在する他地域の岩刻画と比較する方法を筆者は採用したい。

東北アジアのなかで豆満江流域と比較すべき岩刻画は，沿海州の岩画，牡丹江流域の岩画，沿アムール地域の岩画，赤峰地区の岩画，韓半島南部の岩刻画である。そこで，本書ではそれぞれの地域の岩画の年代等について検討したい。

Ⅲ．沿海州の岩刻画

ウラジオストクから 88km，ウスリースクから 20km の距離にあるウスリー線バラノフ駅の対面にあるスイフン川附近に《メドヴェージ・シェーキ》と呼ばれる岩刻画がある。А. З. フェドロフにより 1928 年に報告されており，岩面に 3 点の顔画が刻まれている（Окладников1971）（図 143-1）。

詳細な来歴は不明であるが，ウラジオストクに所在するアルセーニエフ名称国立沿海州博物館所蔵品に 2 点の動物画が線刻された 300×290×35-40cm の岩があることが Д. Л. ブロジャンスキーと Н. А. パンクラチエヴァによって紹介されている。1 点はヘラジカ，1 点はノロシカを描いたものとされている（図 143-2）。沿海州に類例はないため，沿アムール地域かシベリアから招来された可能性もある。サハの岩刻画との類似も指摘されている（Бродянский・Панкратьева2003）。

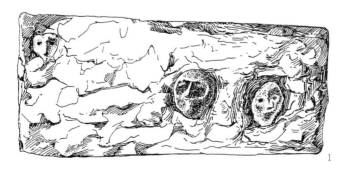 

1《メドヴェージ・シェーキ》，2 アルセニエフ博物館所蔵岩刻画

図 143　沿海州の岩刻画

Ⅳ. 牡丹江流域の岩画

黒龍江省牡丹江市海林市柴河鎮群力村附近の牡丹江右岸に岩画が存在する。シカの画像，シカと人物像の画像，人またはクマの画像，涼棚の下で男女が座っている画像，母獣の可能性があるシカの画像，左端に操舟をしているとみられる人物，中央右よりには箱または漁網を両手で掲げる人物，右端にはやや身を屈め立っている人物がみられる舟の画像が朱紅色の顔料で描かれている（黒龍江省博物館1972）（図144）。

蓋山林は赤色顔料で塗彩する点，岩画の数量が少なく，大型の画像が欠ける点，個別に画像が描かれる点，シカなどが卓越する点などの諸点で，内蒙古自治区根河市の阿娘尼河，額爾古納市の交唠呵道（趙振才1987）などの大興安嶺の岩画と共通するとみている。そして，年代についてはシカ飼育の様相から青銅器時代後期から前期鉄器時代であるとした（蓋山林1993，蓋山林・蓋志浩2002）。また，李亨求も同様に大興安嶺との共通性について述べている（李亨求1996）。

Ⅴ. 沿アムール地域の岩刻画

1. 岩画の所在と内容

沿アムール地域の岩刻画については，А. П. オクラドニコフによって非常に詳細に調査・研究されている。ここでは，オクラドニコフの一連の著作（オクラードニコフ1968，Окладников1968・1971・1989，Окладников・Деревянко1973，Okladnikov1981）を基に，サカチ・アリャン[14]，シェレメチエヴォ，キヤ川，カリノフカ，マイといった沿アムール地域の岩刻画について概略を述べる。

サカチ・アリャン岩刻画はアムール河に面したサカチ・アリャン村およびマルィシェヴォ村附近に所在する。川岸に自然状態で分布する玄武岩に画像が刻まれている。分布としてはアムール河南岸にⅠ～Ⅵ群が確認されている。モチーフとしては仮面と考えられる人面，シカ，ウシ，ヘビ，カモやガンといった水鳥などの動物，舟，狩猟場面，渦文などの幾何文などが認められる。多くは敲打技法により製作されているが，線刻技法により製作されているウマやトラなどの動物画なども確認されている。

シェレメチエヴォではウスリー川に面した岩壁に岩刻画が認められる。モチーフとしては仮面とみられる人面，シカ，イノシシなどの動物，水鳥，動物の足跡，舟，渦文などがみられる。

キヤ川（チョルトヴォ・プリョーソ）では川に面した岩壁に岩刻画が認められる。仮面とみられる人面，シカ，水鳥，舟などがみられる。

図144 牡丹江流域群力岩画

アムール河下流域に位置するカリノフカでは1ヶ所の岩壁に岩刻画が認められる。舟と仮面とみられる人面画が確認されている。

アムール河下流域に位置するマイでは線刻によりウマ，シカなどの動物，人物，鳥，重弧文・鋸歯文などが描かれている。

2．これまでの想定年代

А. П. オクラドニコフはサカチ・アリャンをはじめとする沿アムール地域の岩刻画について4段階に区分している。

1段階はヘラジカまたは雄ウシ，ウマなどの動物画が描かれる。動物画に家畜は認められず，野生動物が描かれている。サカチ・アリャン69号岩など仮面画の一部もこの段階に属する。頭蓋骨，サカチ・アリャン44号岩のような頭部またはサルを一般化した外形の仮面などがこの段階に該当する。これらの仮面は簡潔な線による表現と細部の装飾に乏しいことが特徴である。いくつかの穴や穴の組み合わせも簡潔でかなりの程度風化していることから，該期に属するものとみられる。サカチ・アリャンの中石器時代層で出土した珪岩製の鳥形像とサカチ・アリャン10号岩に描かれた鳥画との類似性から中石器時代が想定されている。

第2段階では仮面画が盛行し，仮面画の内部を複雑な幾何文で充填したものが多くみられる。カモやガンといった水鳥画もこの段階に該当するものと考えられている。この段階のサカチ・アリャン号岩のような人面画とヴォズネセノフカ（Окладников1972）およびマルィシェヴォ（Окладников・Деревянко1973）出土の人面描写のある土器の人面画（図146-1）とサカチ・アリャン50号岩に描かれた人面画（図146-2）は極めて近似していることから，第2段階はスーチュ島1号住居址，コンドン，ヴォズネセノフカ中層に代表される渦文土器に代表される新石器時代最盛期，すなわち今日のヴォズネセノフカ文化という時代が想定されている。

第3段階は型式的に分離される。装飾傾向の強化，抽象性の発展によって特徴づけられる。仮面のほかに渦巻や同心円で胴部を充填するサカチ・アリャン63号岩や65号岩などのヘラジカ画像などがこの段階に該当する。おそらく紀元前2千年紀から紀元前1千年紀初という時代が想定されている。

第4段階はカリノフカやサカチ・アリャン81号岩などが該当する。カリノフカではそれ以前の敲打技法ではなく，線刻技法により岩刻画が製作されており，以前の段階とは区分される。また，仮面自体も台形の輪郭，長方形または正方形による口の表現，直線により三角形や長方形に形成された眼などの諸点で，サカチ・アリャンなどの多くの仮面画とは区分される。また，サカチ・アリャン81号の渦文など曲線幾何文で構成された仮面画も線刻技法で製作されており，カリノフカ同様この段階に位置づけられる。ただしこの段階ではカリノフカのような北では直線様式，サカチ・アリャン81号岩のような南では曲線様式が多用されるという地域性も顕在化する。この段階の年代は紀元前1千年紀から紀元後1千年紀が想定され，金属器時代，靺鞨時代に該当する（Окладников1971）。

しかし，後にオクラドニコフは沿アムール地域の岩画を大きく，新石器時代と靺鞨時代に分類し，サカチ・アリャン，シェレメチエヴォ，キヤ川に加え，カリノフカも新石器時代に編年している（Окладников1989）。

馮恩学はサカチ・アリャンの岩刻画について古い時期と靺鞨時期に大きく区分しているが，古い時期は新石器時代中・後期から青銅器時代であるとみている。オクラドニコフの指摘のとおり，ヴォズネセノフカ出土人面画土器との比較から新石器時代中・後期のものが含まれるとする。一方で，人物画や動物画にみられる肋骨等の透視表現についてトゥヴァのモンゴル高原族のシャマン服や青銅器時代のトゥヴァやモンゴル高

原の鹿石でもみられるとし，シャマニズムで顕著にみられる肋骨表現は新石器時代にすでに出現していたと述べている（馮恩学 2002）。

伊藤慎二もサカチ・アリャン，シェレメチエヴォ，キヤ川の岩刻画について特に人面状の岩刻画に関してはマルィシェヴォ文化新段階の渦文の1種やヴォズネセノフカ文化古段階 a 期の人面状の土器文様と酷似した例がみられるため，該期に描かれたものを少なからず含まれるとしている（伊藤 2006）。

3．沿アムール地域岩画の編年

ヴォズネセノフカ文化またはやや先行するマルィシェヴォ文化新段階の土器にみられる渦文および，ヴォズネセノフカ等出土土器の人面画との類似から，サカチ・アリャンにおける多くの部分はヴォズネセノフカ文化を前後する時期に位置づけられるというこれまでの研究成果は，年代決定上，確実性の高いものとして首肯しうる。特に，ヴォズネセノフカ文化期土器にみられる人面画（図 146-1）とサカチ・アリャン 50 号岩（図 146-2）をはじめとする人面画ではハート形の頭部，二つの穴による鼻部表現等でその類似性は非常に高く有力な根拠となる。シェレメチエヴォやキヤ川の岩刻画もサカチ・アリャンの岩刻画と類似性が高く，同様の時期を想定することができるであろう（図 146～148）。この段階はオクラドニコフの 1971 年案における第 2 段階にあたる。第 3 段階と第 2 段階は型式学的に分離されるとされていたが，個々の岩刻画を二つの段階に分離することは困難な部分もあり，本書ではヴォズネセノフカ文化を前後する段階として一つの段階として取り扱う。

それではオクラドニコフ 1971 年案における第 1 段階すなわち中石器時代に遡る岩刻画は認められるのであろうか。その根拠となったサカチ・アリャン出土珪岩製鳥形像は鳥と認められるか困難な部分があり，また岩刻画との類似も根拠としては弱い。このため，サカチ・アリャン岩刻画に中石器時代のものが含まれるという考え方には検討の余地があり，その正否を判断するのは困難である。ただし，典型的なヴォズネセノフカ文化期を前後する時期の岩刻画にみられる渦文や同心円文を多用した動物画とは区分される 9 号岩，21 号岩，28 号岩など古拙な印象の動物画（図 145）も存在するため，ヴォズネセノフカ文化期を前後する時期に先行する段階の岩刻画が含まれる可能性もある。

ヴォズネセノフカ文化期以降の岩刻画としては，サカチ・アリャン 36 号岩，81 号岩，83 号岩，84 号岩，100 号岩等，マイなどの資料を挙げることができる（図 149）。これらの資料は敲打技法ではなく線刻技法で製作されており，ヴォズネセノフカ文化期を前後する時期の岩刻画とは区分される。また，モチーフとしても騎馬像が認められるなど，金属器時代に属することは疑いのないところである。オクラドニコフは鞍韃時

サカチ・アリャン 9 号岩

図 145　沿アムール地域ヴォズネセノフカ文化以前と推定される岩画

第6章 東北アジア先史文化における精神文化 243

1 ヴォズネセノフカ出土土器,
2 サカチ・アリャン50号岩,
3 サカチ・アリャン8号岩,
4 サカチ・アリャン58号岩,
5 サカチ・アリャン70号岩

6 サカチ・アリャン43号岩,
7 サカチ・アリャン62号岩,
8 サカチ・アリャン91号岩,
9 サカチ・アリャン64号岩,
10 サカチ・アリャン98号岩

図146 沿アムール地域ヴォズネセノフカ文化前後の岩画 (1)

244　第Ⅰ部　東北アジア先史文化の変遷と地域性

1・2 サカチ・アリャン 25 号岩，3 サカチ・アリャン 38 号岩，
4 サカチ・アリャン 6 号岩，5 サカチ・アリャン 13 号岩，
6 サカチ・アリャン 23 号岩，7 サカチ・アリャン 55 号岩，
8 サカチ・アリャン 57 号岩，9 サカチ・アリャン 66 号岩，
10 サカチ・アリャン 82 号岩，11・12 サカチ・アリャン 63 号岩，
13 サカチ・アリャン 65 号岩．

図 147　沿アムール地域ヴォズネセノフカ文化前後の岩画（2）

第6章 東北アジア先史文化における精神文化 245

表11 沿アムール地域岩画の編年

時期	岩画	渦文	同心円文	人面画渦文	人面画同心円文	動物画渦文・同心円文
ヴォズネセノフカ文化期前後以前	サカチ・アリャンの一部（?）					
ヴォズネセノフカ文化期前後	サカチ・アリャン，シェレメチエヴォ，キヤ川	サカチ・アリャン8号岩，58号岩，70号岩，シェレメチエヴォ，キヤ川	サカチ・アリャン43号岩，62号岩，63号岩，64号岩，91号岩，98号岩	サカチ・アリャン25号岩，38号岩，シェレメチエヴォ，キヤ川	サカチ・アリャン6号岩（無輪郭），13号岩，23号岩（無輪郭），55号岩，57号岩，62号岩，63号岩（無輪郭），66号岩（無輪郭），82号岩，シェレメチエヴォ，キヤ川	サカチ・アリャン63号岩，65号岩
金属器時代	カリノフカ，サカチ・アリャン36号岩，81号岩，83号岩，84号岩，100号岩等，マイ	サカチ・アリャン81号岩				

代まで年代を遅くみる見解を示しているが，年代の下限を決定することが困難であるため，本書では暫定的に金属器時代としておく。カリノフカの年代はオクラドニコフ1971年見解と1989年見解[15]で位置づけが異なっており，1971年見解では金属器時代・靺鞨時代とされていたが，1989年見解では新石器時代の所産となっている。1971年見解における指摘のとおり人面画はサカチ・アリャン，シェレメチエヴォ，キヤ川のものとは輪郭や口などの表現が異なっているため，異なる時期のものである可能性がある。舟の表現（図149-1）はサカチ・アリャンのヴォズネセノフカ文化期を前後する時期の資料（図146-8）でも，金属器時代の資料（図149-3）でも，形態が類似しており，分期の基準として利用するのは困難である。技法としては線刻技法であると報告されているので，本書では金属器時代の所産であると判断するが，人面画や舟のモチーフがみられる一方，サカチ・アリャン線刻画やマイのようなウマ，騎馬などの表現はみられないので，

1〜4シェレメチエヴォ，5・6キヤ川

図148　沿アムール地域ヴォズネセノフカ文化前後の岩画（3）

246　第Ⅰ部　東北アジア先史文化の変遷と地域性

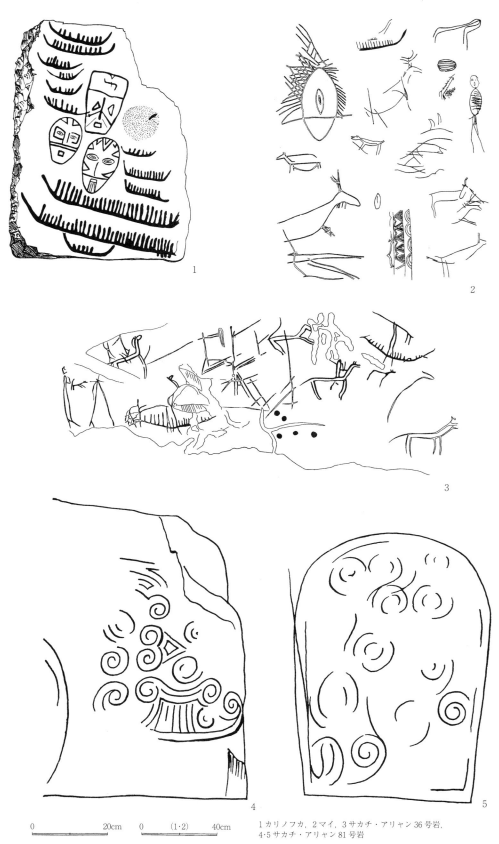

1 カリノフカ，2 マイ，3 サカチ・アリャン36号岩，
4・5 サカチ・アリャン81号岩

図149　沿アムール地域金属器時代の岩画

第6章　東北アジア先史文化における精神文化　**247**

金属器時代のなかでも早い段階のものではないかとも考えられる。以上の編年案を整理したものが表11である。

4．渦文・同心円文のある岩画の年代

　沿アムール地域でみられる岩刻画のうち，芝草里でみられた渦文および同心円文がみられる岩画は次のとおりである。渦文はサカチ・アリャン8号岩（図146-3）では人面画，モチーフ不詳画とともに，58号岩（図146-4）では単独で，70号岩（図146-5）ではモチーフ不詳画とともに，シェレメチエヴォ（図148-1）では舟画の直上で，キヤ川（図148-6）では人面画や動物画などとともに確認される。同心円文はサカチ・アリャン43号岩（図146-6）では不明動物画（？）とともに，62号岩（図146-7）では人面画とともに，63号岩（図147-11）では人物画，シカ画などとともに，64号岩（図146-9）ではモチーフ不詳画とともに2個が並んで，91号岩（図146-8）では舟画とともに，98号岩（図146-10）ではモチーフ不詳画とともに確認される。このほかに人面画や動物画の内部を渦文や同心円文で装飾する事例が非常に多く認められる（図147・148）。人面画の眼を同心円文で表現する例が多い。また，人面画は輪郭を表現するものと表現しないものがあり，無輪郭人面画の場合，眼を同心円文で表現することが多いことから，同心円文のみの岩刻画であっても遺存状態によっては，本来無輪郭人面画であるものが含まれている可能性がある。以上は上記編年案に従うと共伴画の様相からヴォズネセノフカ文化期を前後する時期の所産である。金属器時代の事例としては渦文がサカチ・アリャン81号岩（図149-4・5）で認められる。以上を総括するとヴォズネセノフカ文化期を前後する時期に渦文および同心円文，金属器時代に渦文が沿アムール地域では認められるということになる。

Ⅵ．赤峰地区の岩画

1．岩画の所在

　赤峰地区は陰山山脈を中心に多く分布する一連の岩刻画群の東端を担い，数多くの岩刻画が発見されている。なお，本書における「赤峰地区」とは赤峰市と扎魯特旗などの通遼市の一部を包含する地区を指す。これまで発見されている岩画には扎魯特旗（ジャルートホショー）に所在する査布嘎吐，白音温都，烏努克斉山（蓋山林1993，蓋山林・蓋志浩2002），阿魯科爾沁旗（アルホルチンホショー）に所在する半拉山（趙国棟1992），三龍山（張松柏1998），巴林右旗（バイリンバローンホショー）に所在する床金溝，東馬鬃山，鹿山（董剣英・張松柏1992，蓋山林1993，吉平1994，蓋山林・蓋志浩2002），懐陵前山（張松柏1998a），克什克騰旗（フシグテンホショー）の白岔河流域に所在する永興，板石房，広義，烏蘭垻底，双合，大河隆，大河隆山前村，胡角吐，溝門，哥佬営子，裕順広村（張松柏・劉志一1984，張松柏1996・1998b），西拉木倫河流域に所在する黒山頭（趙国棟1992），河沿，洞子，棚子店（韓立新2004），葦塘河流域に所在する土城子（孫継民1994），達里湖北岸に所在する砧子山（孫継民1994，韓立新2004），翁牛特旗（オンニュドホショー）に所在する白廟子山（呉甲才2007），赤峰市（オラーンハダホト）紅山区に所在する紅山（張松柏1998，蓋山林・蓋志浩2002），松山区に所在する陰河流域の第1地点〜第11地点（蓋山林・蓋志浩2002，田広林2004）などが挙げられる。

2．内容と特徴

　扎魯特旗の査布嘎吐では人面画などが刻まれている。阿魯科爾沁旗の半拉山では人物像などが刻まれている。三龍山では8字形の図形が刻まれている。巴林右旗の床金溝では人面画などが刻まれている。東馬鬃山では赤色鉱物で舞踏画などが描かれている。

　克什克騰旗の永興，板石房，広義，烏蘭垻底，大河隆，胡角吐，溝門，哥佬営子では白色顔料を用いた岩画が多くみられる。板石房，烏蘭垻底，大河隆，溝門，哥佬営子では顔料を用いた塗彩岩画とともに線刻に

248　第Ⅰ部　東北アジア先史文化の変遷と地域性

よる画像がみられ，双合では線刻のみがみられる。シカ等の動物画，狩猟画が多いが，舞踏画もみられ，双合，大河隆，溝門，哥佬営子では人面もみられる。張松柏と劉志一は，内蒙古西部やシベリアで褐色の顔料，敲打技法，動物の表現における誇張技法（透視技法や足跡）が多用され，放牧場面が描かれるのに対し，白岔河流域では白色の顔料，線刻後研磨する技法が多用され，動物も写実的に現実の比率で描かれ，狩猟場面がみられることなどで，差異がみられることを指摘している（張松柏・劉志一1984）。孫継民は克什克騰旗の岩画について，まず線を刻み敲打で陰刻する技法，敲打の後研磨する技法，顔料で描く技法，敲打技法，金属製の利器で陰刻する技法の5種の技法を指摘している（孫継民1994）。

　翁牛特旗の白廟子山では多数の人面画とともに穴が刻まれている。この穴の配列は北斗七星を表現していると考えられている。赤峰市紅山区の紅山では同心円が刻まれている。松山区の陰河流域では多数の岩画が発見されている。人面・人物画や動物画，渦文，同心円文など幾何文が刻まれている。

3．従来の想定年代

　白岔河流域の岩画について張松柏と劉志一は時間幅が大きく，上限年代は夏家店下層期であるとした（張松柏・劉志一1984）。黒山頭の3ヶ所の岩画はそれぞれ年代が異なるとみられ，Ⅱ区の線刻動物画が古く，Ⅰ区とⅢ区の研磨技法による岩刻画は新しいという。このうちⅠ区とⅢ区はシカ画などから契丹との関係が考えられている。また，半拉山岩刻画については人物が並んでいる様相から夏家店上層期の所産であると考えられている（趙国棟1992）。孫継民は克什克騰旗の岩画について編年している。白岔河岩画の舞踏画は新石器時代の土器の文様に類例があるとし，新石器時代中後期のものであるとした。大河隆人面画は紅山文化の玉器にみられる人面に類似すること，哥佬営子人面画は那斯台（董文義・韓仁信1987）で出土した紅山文化の石偶に類似すること，山前村一組の人面画は趙宝溝文化の偶像に類似することなどからそれぞれの年代を付与している。土城子岩画は黄土採取時に地表下3～4mの黄土層中で発見されており，黄土層は比較的単純で，遺構・遺物は発見されていない。地表には多量の夏家店上層期の遺物が散布している。そのため夏家店下層期かそれ以前の所産であるとする。山前村人面画のある断崖頂部台地上には石積があり，興隆窪文化と紅山文化の遺物が多量に散布している。これらの遺構や遺物は人面画と関係があるとみられている。以上から，人面画のなかには紅山諸文化と関連があるものがあるとされる。胴部に折線文がみられるシカ等動物画は夏家店上層期の青銅短剣の柄や青銅製タカ像の胴部に同様の折線文が認められるため，夏家店上層期の所産であるとされる。一方，砥子山は製作技法等から魏唐時代から遼代とみられている（孫継民1994）。張松柏は紅山と三龍山の同心円文が線を刻んだ後反復して研磨する技法が用いられていることから新石器時代の所産であるとみている。白音長汗（内蒙古自治区文物考古研究所2004）で出土した石偶では三つの穴で顔面を表現しており，類似するとする。哥佬営子の人面画と同心円文についても同様に刻磨技法で描かれ，三つの穴で人面を表現しているため，興隆窪文化期のものであるとする。土城子や懐陵前山については眼部に同心円が採用されていることから紅山や三龍山と共通するが，眉，鼻，口などの顔の各部分はより写実的で区別される。そのため新石器時代の範疇を超えることはないようであるが，興隆窪文化期における異なる表現手法であるか，継続する時期であるかは資料の増加を待たなければならないとする（張松柏1998a）。また，白岔河流域の人物画について3組に分類し，それぞれ編年している。第1組には裕順広が該当する。裕順広では，他の岩画では白色顔料が用いられることが多いなか，赤色顔料が用いられている。この岩画では龍が2体描かれており，三星他拉玉龍（賈鴻恩1984）などとの比較から紅山文化期とする。また，第2組は永興村，山前村，胡角村などが該当し，白岔河流域で最も多い種類の岩画となる。騎乗場面が描かれていることから青銅器時代より古いものではなく，夏家店上層期の所産とする。第3組は広義，溝門が該当する。線磨技法で，遼代

第 6 章　東北アジア先史文化における精神文化　249

の壁画ほど写実的ではないことから下限年代は契丹建国初より遅いものではないとする（張松柏 1998b）。蓋山林と蓋志浩は西拉木倫河流域等の岩画について新石器時代としては土城子などの神仮面岩画が該当し，上限は興隆窪文化で下限は夏家店下層文化であるとしている。一方，西拉木倫河流域ではシカ画が多くみられシカ飼育の岩画もみられることやシカ画の胴部に描かれる折線文が夏家店上層期の青銅短剣の柄部などにも

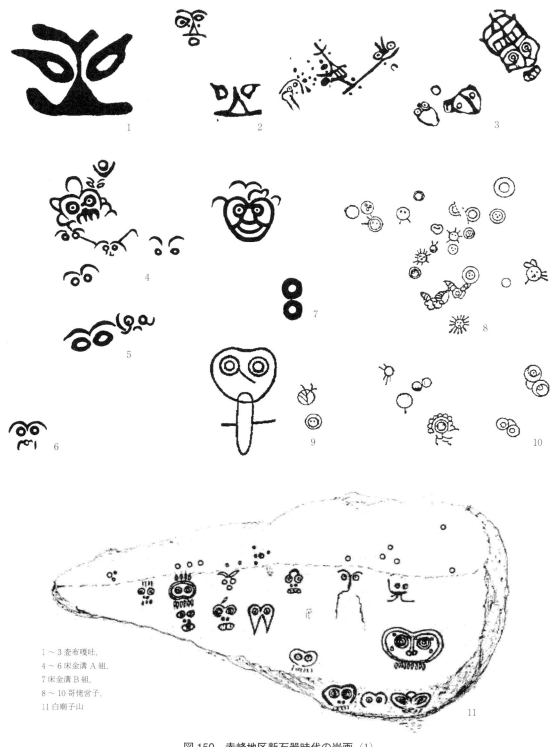

1～3 査布嘎吐，
4～6 床金溝 A 組，
7 床金溝 B 組，
8～10 哥佬営子，
11 白廟子山

図 150　赤峰地区新石器時代の岩画（1）

250　第Ⅰ部　東北アジア先史文化の変遷と地域性

みられることから青銅器時代の所産であるとしている。遼代の岩画としては黒山頭の胴部に点文のあるシカ画などが想定されている。砧山子の岩画は遼代からモンゴル帝国時代までの年代が想定されている。また，英金河流域の岩画についても新石器時代と青銅器時代に編年している。新石器時代には渦文や一部の神仮面，重圏文，一部のシャマン，一部の動物画が該当し，興隆窪文化の石偶や趙宝溝文化の土偶などと対比されている。青銅器時代には仮面，宝冠をかぶりガウンを着た人物画，五角盾，胴部に折線文のある動物画が該当する。初頭郎（陰河第7地点）では仮面画が夏家店下層期の建物礎石に立石に描かれていたため，夏家店下層期のものであると判断された。五角盾はモンゴル高原やロシア領内で青銅器時代に編年されているとしている。胴部に折線文のある動物は，夏家店上層期の青銅製動物造形にできるので夏家店上層期に編年される。さらに躍進渠渠首の人物像は銅鈴鼓をもっているとされ，ガウンを着ており，夏家店上層期に編年している。遼代の岩画としては黒山頭と同様に胴部に点文のあるシカ画がみられる関家営子などが挙げられている（蓋山林・蓋志浩 2002）。

陰河流域の岩画について田広林は人面画と白音長汗や洪格力図で出土した人面像と比較し，相当数の興隆窪文化[16]に属する人面画が含まれているとみている。ウマが描かれた岩画については青銅器時代のものとみている。また動物の体に折線文が描かれる特徴は夏家店上層期の動物造形でもみられるため，当該時期に属するものとみている。大きな耳のある人面画についても夏家店上層期にみられる芸術表現であるため，夏家店上層期より早い段階のものではないとする（田広林 2004）。白廟子山岩画について呉甲才は描かれた杯穴について約1万年前の配列の北斗七星であると判断したことから新石器時代前期の所産であるとしている（呉甲才 2007）。

これまで提示された見解を総合すると新石器時代に人面画が多く描かれ，一部の人面画は夏家店下層期や夏家店上層期に比定されている。また，シカ等の動物画は夏家店上層期を中心とする青銅器時代に描かれたものが多いということになる。

1・2 弧山子，3～8 半支箭西，
9 機房営子，10・11 三座店，
12 陰河第11地点，13・14 紅山

図 151　赤峰地区新石器時代の岩画（2）

4. 赤峰地区岩画の編年

以上の年代に関する議論をもとに赤峰地区の岩画の年代を考察する。これまで根拠として挙げられたなかで，確実性の高い岩画は，蓋山林らが指摘した夏家店下層期の建物基礎の立石に描かれた初頭郎例である。初頭郎では輪郭のない人面画で同心円による眼の表現に樹木状の表現がみられる（図152-［2］）。康家山湾では樹木状の文様がある人面画がみられるため（図152-［3］-34），康家山湾には夏家店下層期の資料が含まれるものとみられる。

なお，このような樹木状の表現は沿アムール地域のサカチ・アリャン25号岩などでみられる（図147-1）。サカチ・アリャンの岩画の多くが帰属するヴォズネセノフカ文化は夏家店下層期と併行する部分があるため（古澤2014c），時期的には関連がある可能性があるが，両地域を繋ぐ資料がないため，断定が困難である。大塚和義は赤峰地区の白廟子山岩画を「アムールタイプ」と呼ぶ仮面の型式であるとして，サカチ・アリャンなどとの関係を想定しており，中間地域でも今後発見されるという見通しを述べている（大塚2005）。筆者は後述のとおり白廟子山の年代を夏家店下層期より古く考えているため，ヴォズネセノフカ文化との併行関係上，直接連結させるのは困難であると考える。

次に年代の確実性が高い岩画は，蓋山林らが指摘した黄土の掘削により発見された土城子岩画（図152-［1］）である。地表には夏家店上層期の遺物が散布しており，黄土は無遺物であったことから，夏家店上層期以前の時期が想定される。土城子の人面画と類似した人面画は康家山湾（図152-［3］）でもみられる。

確実性には不安が残るが，遺物に表現された文様と同様の文様が岩画にみられる場合，同時期と看做す論

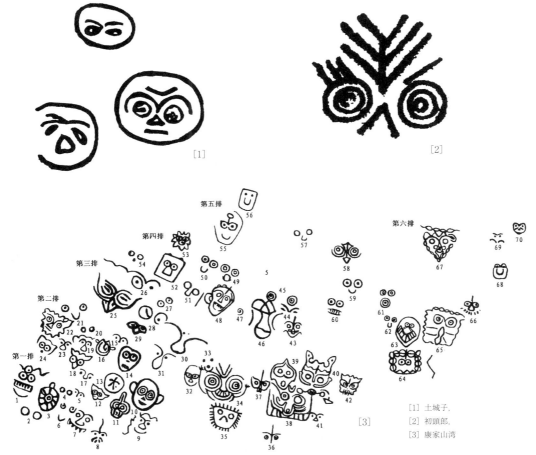

［1］土城子，
［2］初頭郎，
［3］康家山湾

図152　赤峰地区夏家店下層期の岩画

理も上でみたように多用される。このうち，胴部に折線文のみられる動物画は孫継民，蓋山林，田広林が主張するように夏家店上層期に位置づけられる小黒石溝 8501 号墓（塔拉 等2009）出土青銅製倣皮嚢形器の鴨形文の胴部を折線で充填する事例（図153-22）などから夏家店上層期に位置づけられるものと考えられる。胴部に折線文のある動物画は疙瘩山（池家営子）（陰河第 3 地点）（図153-1・3・4），康家山湾東（図153-14），辛店（関家営子満族郷）（陰河第 9 地点）（図153-9）等で確認される。また，折線文は疙瘩山（図153-1），辛店（図153-9）で確認される。このうち康家山湾東では眼があり，眉と鼻を繋げた人面画がみられる。このような人面画は夏家店下層期の初頭郎例などとは区分されるので，夏家店上層期の人面画とすることができるものと考えられる。なお，同様の人面画は王家営子（図153-12）や陰河第 4 地点第 2 組（図153-13）でも確認される。辛店ではシカ画が多くみられるため，シカ画の多くを青銅器時代に位置づける従来の編年観は正しいものと考えられる。

　さて，辛店では胴部を折線で充填した動物画とともに五角形を折線で充填した文様がみられる（図154-1）。これは，蓋山林が指摘したとおりモンゴル高原やシベリアでみられる文様である。特に，モンゴル高原の鹿石（Цэвээндорж1979，Баярхүү・Төрбат2010）にはこの文様が多くみられ（図154-2〜9），盾（防牌）であるとみられている。鹿石の年代についてはさまざまな見解があり，В. В. ヴォルコフは写実的なシカ画から様式化されたシカ画に変遷するとしたが（Волков1981），Э. А ノヴゴロドヴァや高濱秀は反対に写実的なシカ画のほうが新しいとみている（노브고라도바 1995，高濱 1999）。ノヴゴロドヴァはモンゴル高原の鹿石をカラスク時代のものとみて，3 類型に分類した。また，抄道溝出土短剣や白浮出土短剣と比較し，商末西周前期と併行関係にあることを述べた（노브고라도바 1995）。畠山禎は短剣の表現や鹿石を再利用して造られたクルガンの年代などから商代後期から春秋時期，紀元前 13 世紀を遡る時期から紀元前 7-6 世紀とみた（畠山1992）。近年，潘玲は鹿石に描かれる短剣，弓形器，戈，剣鞘，巻曲動物文とモチーフの元となった出土遺物とを対比している。古い段階のものはやはり抄道溝などと対比されており（図154-6），モンゴル高原の鹿石が商代後期から戦国時代にかけて形成・変遷したことを示している（潘玲2008）。潘玲の編年案に基づくと折線充填五角形（盾）の表現は商末から戦国中期にいたるモンゴル高原の鹿石に継続してみられるということとなる。鹿石の上限年代についてはノヴゴロドヴァや潘玲が注目した抄道溝や白浮の資料の年代が問題となるが，筆者は青銅刀の編年から抄道溝は商代後期前半，白浮は西周前期に位置づけたことがある（古澤2013d）。商代後期の赤峰地区はおおむね魏営子類型に該当するので，辛店などでみられる折線充填五角形は魏営子類型まで遡る可能性もあるものの，おおむね夏家店上層期に併行するという従来の見解はモンゴル高原の鹿石との対比からも首肯される。魏営子類型に先行する夏家店下層期にまで遡ることはないことをここで確認した。このような赤峰地区岩刻画とモンゴル高原の鹿石との類似は夏家店上層文化の青銅器にみられる草原地帯との関係（中村2007）と連動するものであると考えられる。

　跃進渠渠首（陰河第 8 地点）にみられる人物画（図153-21）は鈴鼓をもっているため夏家店上層期に該当するものと蓋山林らにより推定されている。この人物画と同じく跃進渠渠首で確認される人面画は大きく耳が表現されているのが特徴であるが（図153-19），そのような人面画は平房（陰河第 2 地点），王家営子（図153-10・11）でも確認される。

　以上の状況から，人面画に関しては，樹木状の文様がある初頭郎や康家山湾の一部などが夏家店下層期に該当し，眉と鼻を繋げた人面画がある康家山湾東や陰河第 4 地点第 2 組の一部，大きな耳が表現される平房，陰河第 8 地点，王家営子などの人面画は夏家店上層期に該当するものと整理される。そのように考えると，これらの特徴をもたない多くの人面画（図150・151）は夏家店下層期を遡る新石器時代の所産とみることが最も妥当性が高いものと考えられる。ただし，多くの研究者が主張するような人面画の多くを興隆窪文化期

第6章　東北アジア先史文化における精神文化　253

図 153　赤峰地区夏家店上層期の岩画

254 第Ⅰ部　東北アジア先史文化の変遷と地域性

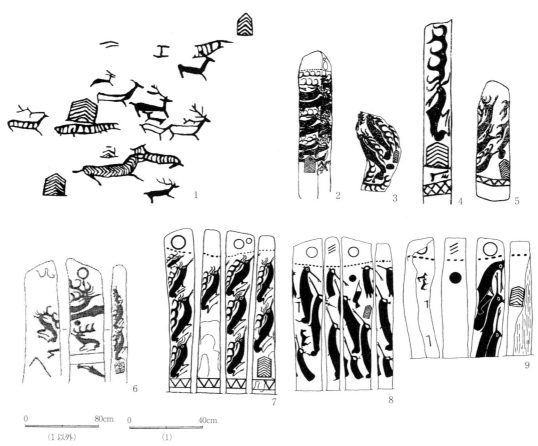

1 辛店, 2 バヤンツァガーヌィ・フンディー, 3 バヤンツァガーヌィ・アダーグ 6 号, 4 デルゲル・ムルニー・フンディー 3 号, 5 シャタル・チョロー 6 号, 6 フヴスグルアイマグ・ガルトスム Ⅲ-4 号, 7 ダストゥィン・ゴル 2 号, 8 ボドンチーン・ゴル 11 号, 9 ボドンチーン・ゴル 12 号

図 154　赤峰地区岩画とモンゴル高原鹿石の比較

表 12　赤峰地区岩画の編年

時期	岩画							渦文	同心円文
	阿魯科爾沁旗	扎魯特旗	巴林右旗	克什克騰旗	翁牛特旗	赤峰市区		
新石器時代（夏家店下層期以前）		査布嘎吐	懐陵前山, 床金溝,	哥佬営子（一部）	白廟子山	孤山子, 半支箭西, 機房営子, 三座店, 第 11 地点, 紅山	弧山子, 半支箭西	哥佬営子, 紅山, 半支箭西, 陰河第 11 地点
夏家店下層期				土城子		初頭郎, 康家山湾（一部）		康家山湾
夏家店上層期	半拉山		東馬鬃山	永興, 板石房, 広義, 双合, 烏蘭坝底, 大河隆, 胡角吐, 溝門, 黒山頭（一部）, 裕順広村		平房, 疙瘩山, 第 4 地点第 2 組（一部）, 半支箭東（一部）, 康家山湾東, 跃進渠渠首, 辛店, 王家営子	疙瘩山, 跃進渠渠首	
遼代を前後する時期		査布嘎吐	磴磴山, 床金溝	黒山頭, 砧山子		関家営子		

まで遡らせる考え方の当否については筆者は判断することができない。以上の編年案を整理したものが表12である。

5．渦文・同心円文のある岩画の年代

　赤峰地区でみられる岩画のうち，芝草里でみられた渦文および同心円文がみられる岩画は次のとおりである。哥佬営子では，動物画，人面画とともに同心円文がみられる（図150-8～10）。また人面画の眼を同心円で表現している。紅山では同心円文が2個並んで描かれており（図151-13），このほか一重の円文もみられる。三龍山では2個の同心円の周囲を横位の8字状に囲んだ図像が描かれている。陰河第11地点では2個の同心円がみられる。ただし，赤峰地区では顔の輪郭を形成しない人面画もあり（王暁琨・張文静2014），紅山，三龍山，陰河第11点などの事例は人面の眼部分である可能性がある。なお，眼部分を同心円で表現する人面画は白廟子山などで確認されている。弧山子では人面画（図151-1）とやや離れた地点で渦文（図151-2）が確認されている。半支箭西では人面画とともに同心円文と渦文の組み合わさった文様（図151-8）が確認されている。康家山湾では多数の人面画が確認されているが，眼部分を同心円で表現するものが多い（図152-［3］）。疙瘩山では胴部に折線文が描かれた動物画とともに渦文（図153-2・5）が認められる。跃進渠渠首では毛髪を表現した人面画や鈴鼓をもつ人物画と渦文が組み合わさった図がみられる（図153-20・21）。赤峰地区の渦文は弧山子，半支箭西などで共伴した人面画の特徴から新石器時代（夏家店下層期以前）に位置づけられ，疙瘩山，跃進渠渠首では共伴した動物画や人物画の特徴から夏家店上層期に位置づけられるものと考えられる。したがって赤峰地区では新石器時代と夏家店上層期に渦文がみられることとなる。

　同心円のみられる哥佬営子，紅山，半支箭西などでは共伴した人面画の特徴から新石器時代（夏家店下層期以前）に編年され，康家山湾の同心円は共伴した人面画の特徴から夏家店下層期に位置づけられるものと考えられる。したがって赤峰地区では新石器時代から夏家店下層期にかけて同心円文がみられることとなる。

　渦文と同心円が共伴した事例としては半支箭西例が挙げられ，新石器時代の所産とみられる人面画とともに描かれている。

Ⅶ．韓半島南部の岩刻画

1．岩刻画の所在

　韓半島南部では，慶尚北道を中心に岩刻画が確認されている。これまで確認されている岩刻画は慶尚北道栄州市可興洞（任世権1999），安東市水谷里（任世権1999），浦項市七浦里崑崙山，ノンバルジェ（농발재），新興里オジュムバウィ（오줌바위），七浦里（推定）支石墓（韓馨徹1996，李夏雨2011b），浦項市仁屁洞支石墓（李健茂 外1985），浦項市石里（李夏雨2011b），浦項市大蓮里（李夏雨2011b），永川市甫城里（任世権1999），慶州市石長洞金丈台（韓馨徹1996，任世権1999），慶州市安心里・上辛里（韓馨徹1996，任世権1999），蔚山広域市蔚州郡川前里（文明大1973，黄寿永・文明大1984，全虎兌1996），蔚州郡大谷里盤亀台（文明大1973，黄寿永・文明大1984，全虎兌1996），大邱広域市辰泉洞立石（李白圭・呉東昱2000），大邱広域市川内里支石墓（李夏雨2011a），慶尚北道高霊郡良田里（李殷昌1971，申鍾煥・鄭東樂・孫貞美2008），高霊郡安和里（申鍾煥・鄭東樂・孫貞美2008），高霊郡池山洞30号墳石材（박승규・하진호・김수경1998），高霊郡鳳坪里（大伽耶博物館2008，李夏雨2011b），慶尚南道陜川郡苧浦里支石墓（釜山大学校博物館1987），宜寧郡馬双里出土岩刻石（柳昌煥 外2012），咸安郡道項里支石墓（崔憲燮1992，昌原文化財研究所1996），密陽市新安支石墓（이영주・김병섭・박소은2007），密陽市サルレ（살내）支石墓（金炳燮2003），釜山広域市福泉洞79号墳（宋桂鉉・洪潽植・李海蓮1995），慶尚南道泗川市本村里出土銅剣岩刻石（趙榮済・宋永鎮・鄭智善2011），南海郡良阿里（黄龍渾1975），全羅北

256　第Ⅰ部　東北アジア先史文化の変遷と地域性

道南原市大谷里（宋華燮1993b），全羅南道麗水市五林洞支石墓（李栄文・鄭基鎮1992），済州特別自治道済州市光令里（김종찬2013）などが挙げられる。慶尚北道に多く分布しているのが特徴である。

2．韓半島南部岩刻画の類型

韓半島南部の岩刻画はいくつかの類型に分類される。ここでは，動物画を含む岩刻画，鳳坪里岩刻画，防

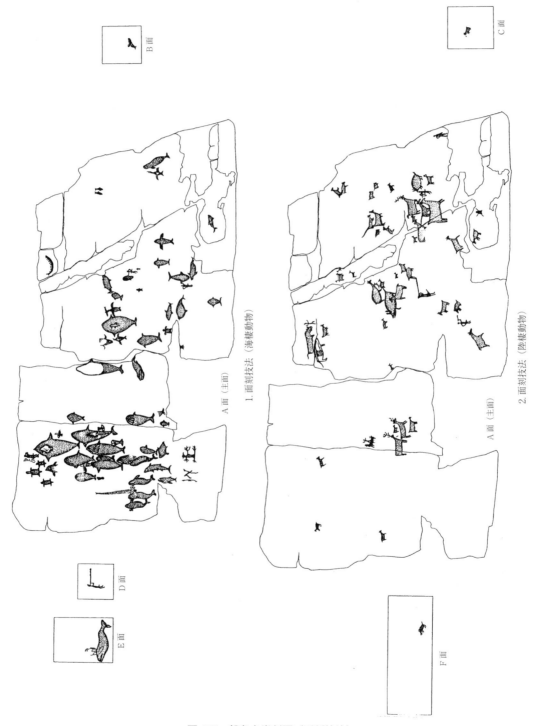

図155　盤亀台岩刻画（面刻技法）

牌形岩刻画，支石墓や立石に描かれる岩刻画，その他の岩刻画，三国時代古墳岩刻画に分類する。また，動物画を含む岩刻画として大谷里盤亀台と川前里が挙げられるが，両者は異なる部分も多いため，ここではそれぞれ説明する。

(1) **大谷里盤亀台岩刻画** 200点あまりの人物画，動物画，各種生活場面が描かれている。動物には海棲

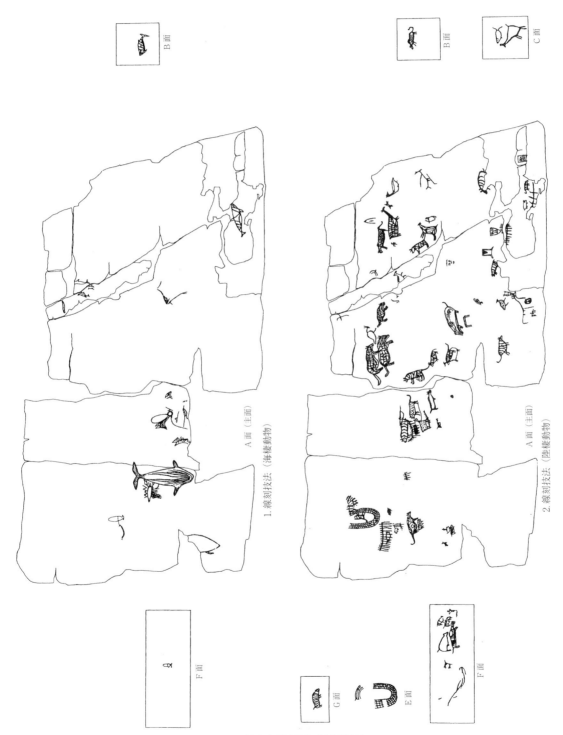

図 156　盤亀台岩刻画（線刻技法）

258　第Ⅰ部　東北アジア先史文化の変遷と地域性

動物と陸生動物がみられ，海棲動物はクジラ，オットセイ，海亀など，陸生動物にはシカ，トラ，イノシシ，イヌなどがみられる。人物画は人面のみ描かれる場合と全身像，舟にのった人などがみられる。道具画は舟，垣根，網，銛，弩のような物件などがみられる。表現方法は対象の内部を全て敲打した面刻技法（図155）と輪郭のみを刻んだ線刻技法（図156）がみられる。

1. 面刻技法　　2. 線刻技法

図 157　川前里岩刻画（面刻技法・線刻技法）

第 6 章　東北アジア先史文化における精神文化　259

(2) 川前里岩刻画　盤亀台岩刻画の前を流れる大谷川の中流にあり，盤亀台とは約 2km 離れている。シカやイヌなどの動物，人面，同心円文・渦文・菱文などの幾何文，人の行列，舟，想像上の動物などの画像のほか新羅時代の銘文もみられる。動物と人は大部分面刻技法（図 157-1），幾何文は線刻研磨技法（図 157-2），騎馬行列，舟，想像上の動物は細線刻技法（図 158）で描かれる。

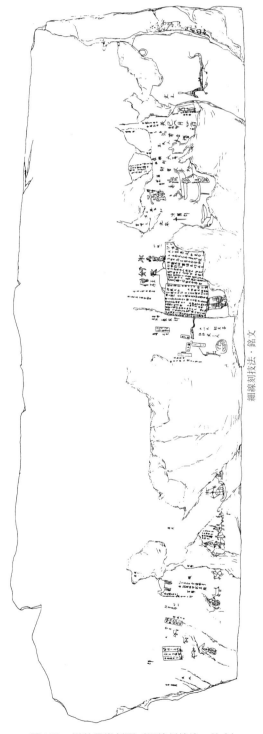

図 158　川前里岩刻画（細線刻技法・銘文）

(3) 鳳坪里岩刻画　鳳坪里岩刻画は2008年に大伽耶博物館学芸研究チームによる地表調査で発見された岩刻画である。岩面右側に磨製石剣形岩刻画3点程度あり，周辺に獣（イノシシ？）とみられる岩刻画があり，石剣で獣を突き刺しているようにもみえるという。その石剣の左側に鋸歯文がみられる。岩面左側には琵琶形銅矛形岩刻画がある。中央の性穴を中心に一重の円形岩刻画5～6点がみられる。そのほか馬蹄形とみることもできる岩刻画3～4点と20ヶ所程度の刻んだ痕跡がみられる。また，南側に10m程度離れた地点でも女性器形岩刻画1点が確認された（図159）。岩面前面の腐葉土と堆積土を除去した結果，次のような層位であった。

　　腐葉土：表土下15cm程度
　　第1層：厚さ20cm程度。黄褐色砂質土。近代砂防事業以前の堆積土。
　　第2層：厚さ20cm程度。少量の岩盤片を包含する明褐色砂質土。
　　第3層（最下層）：厚さ15cm程度。比較的粒子が大きい多量の岩盤片を包含する明赤褐色土。岩刻画が
　　　　　刻まれた岩面を一部覆っている。石器剥片を包含する青銅器時代文化層。

この層序により岩刻画は第3層の堆積より早いか同時期に製作されたものと考えられている。また，岩刻画から南に約500mの位置に青銅器時代の石器製作遺跡があり，石器製作集団が岩刻画を残した可能性についても言及されている（大伽耶博物館2008）。李夏雨は磨製石剣とされた一部の岩刻画の柄部形態から，銅剣であると判断している。製作技法としては敲打後に研磨する技法であるとする（李夏雨2011b）。

(4) 防牌形岩刻画　防牌形岩刻画は剣把形岩刻画（宋華燮1994，韓馨徹1996），牌形岩刻画（李相吉1996），神体文岩刻画（申大坤1998），神像岩刻画（任世権1999），長方形幾何文（李炯佑2004），七浦里型岩刻画（李夏雨2011b）などとも呼称される。可興洞（図161-6），七浦里崑崙山（図160-4～6），ノンバルジェ，新興里オジュムバウィ，七浦里（推定）支石墓（図160-7），甫城里（図160-8），石長洞金丈台（図160-1・2），安心里・上辛里（図160-3），良田里（図161-1），安和里（図160-2・3），池山洞30号墳（図160-4），南原大谷里（図160-5）などで確認される。防牌のように両側面が湾曲するものが多く，上部は直線になるものと，V字に屈曲するものがある。内部を横線で区画するものが多く，穴をもつものも多い。上面や側面に羽毛状の短線をもつものともたないものがある。なお，5世紀中葉に編年される池山洞30号墳では主石室蓋石に防牌形岩刻画，下部石槨蓋石に人物像岩刻画が刻まれているが，これは，本来別の場所にあった岩刻画岩を古墳石材

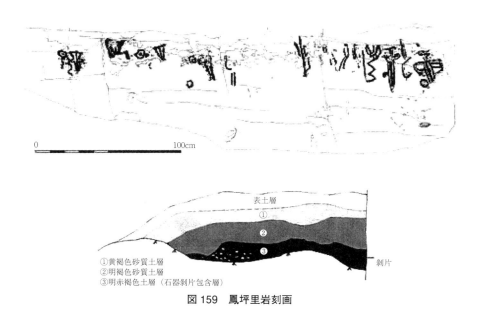

図159　鳳坪里岩刻画

第6章 東北アジア先史文化における精神文化 261

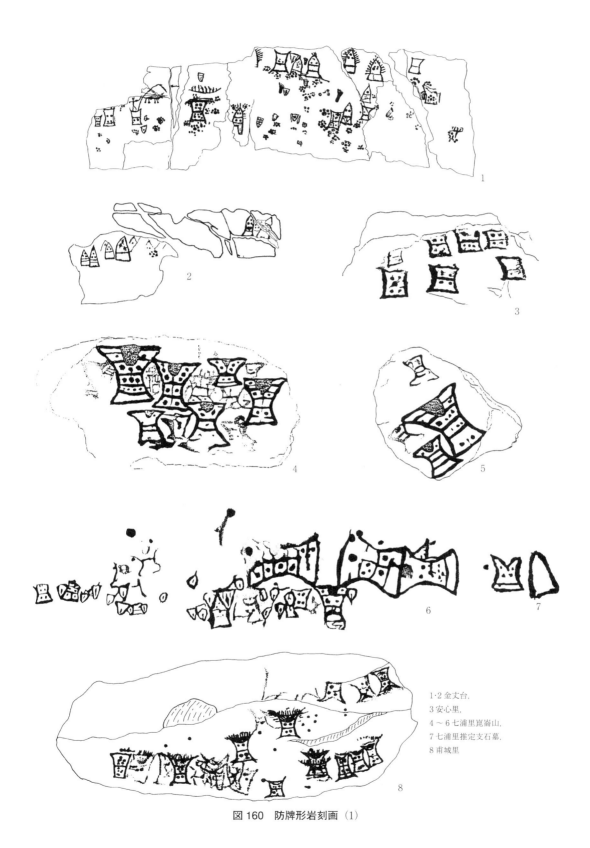

1・2 金丈台,
3 安心里,
4〜6 七浦里崑崙山,
7 七浦里推定支石墓,
8 甫城里

図160 防牌形岩刻画 (1)

262　第Ⅰ部　東北アジア先史文化の変遷と地域性

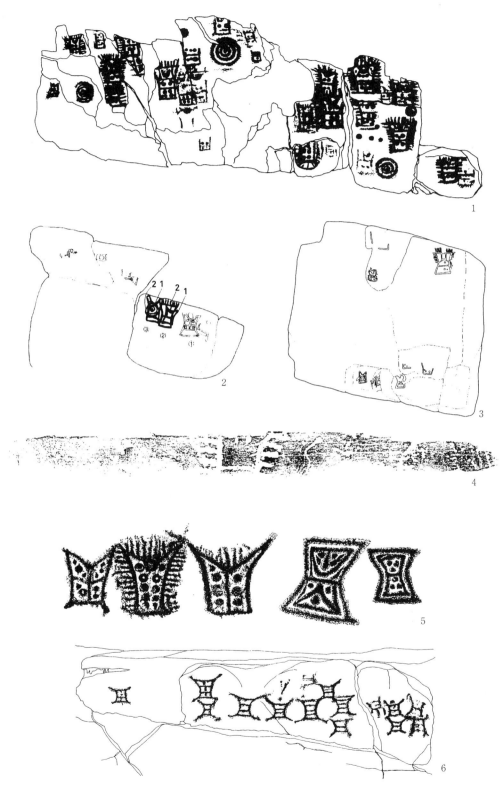

1 良田洞，2・3 安和里，4 池山洞 30 号墳，5 南原大谷里，6 可興洞

図 161　防牌形岩刻画（2）

として利用した事例である。

(5) その他の岩刻画　水谷里ではヒトの足跡文，馬蹄文，鳥，ユッパン（윷판）[17]，穴などが線敲打技法で製作されている（図162）。石里では楕円と線がみられる岩刻画が存在した（李夏雨2011b）。良阿里では不整形の幾何学的文様が線刻技法で製作されている（任世権1999）。光令里では樹木状の文様と穴が敲打・研磨・沈線で製作されている（김종찬2013）。

(6) 支石墓・立石等岩刻画　仁屁里16号支石墓では石剣と石鏃とみられる岩刻画が描かれている（図163-1）。辰泉洞では基壇の中に立てられた不定形の花崗岩立石の北面に6ヶ所の性穴，西面に4個の渦文がみられる（図163-2）。川内里支石墓では上石に直径6.8〜8.2cmの3重または4重の同心円が6ヶ所みられる（図163-4）。苧浦里E地区4号支石墓では上石に多数の性穴とともに円文が刻まれている（図163-3）。馬双里1号墓は半地下式の積石土壙墓であるが，積石の北西隅で，石剣と推定される図像が敲打により描かれた石が出土した（図164-3）。道項里では나号支石墓上石に性穴と陰刻線がみられ（図163-5），다号支石墓上石に同心円文7ヶ所と多数の性穴，矢（？），陰刻線がみられる（図163-6）。新安ではⅡ地区1号支石墓と4号支石墓で岩刻画が認められる。Ⅱ地区1号支石墓は墓域支石墓であるが，墓域を構成する岩に女性性器1点と人物像が刻まれている（図164-1）。Ⅱ地区4号支石墓も墓域支石墓であるが，墓域西側中央部の割石西面に同心円文が刻まれている（図164-2）。サルレ1号祭壇支石墓では，祭壇を構成する石に岩刻画がみられ，石剣像2点と女性性器像1点が刻まれた石1点（図164-4）と何を表現したのかわからない陰刻線のある石1点（図164-5）が確認されている。五林洞5号支石墓では，石剣，座っている人物，立っている人物，槍のような道具が刺さった動物画などがみられる（図164-6）。

(7) 画像が刻まれた石（刻画石）　本村里나10号住居址では再加工琵琶形銅剣像が刻まれた石（図164-8）と，モチーフ不明像の刻まれた石（図164-7）が出土している。

(8) 三国時代古墳岩刻画　大蓮里では人物像の描かれた岩刻画がみられるが，周辺に多く所在する盗掘された三国時代古墳の石材であったものとみられる（図165-2）。

福泉洞79号墳は竪穴式石槨墓で，西障壁北側下端石の表面に舟とその上に渦文があり，船首にはモチーフ不明画があり，船尾には座って祈祷しているとみられる人物が描かれている。船首の先には同心円文が描かれる（図165-1）。

3．従来の想定年代

韓半島南部岩刻画の年代については非常に多くの見解が提示されている。朴廷根はそれぞれの見解を表に整理しており，参考となる（朴廷根2000）。本項ではその根拠も含めて整理する。

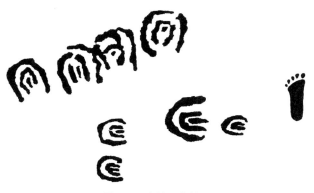

図162　水谷里岩刻画

264 第Ⅰ部 東北アジア先史文化の変遷と地域性

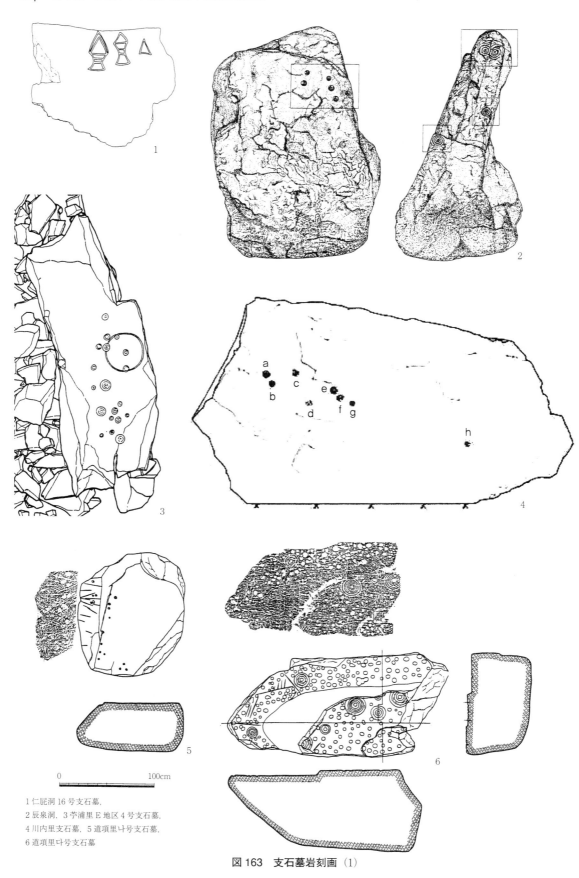

1 仁屁洞16号支石墓,
2 辰泉洞, 3 苧浦里E地区4号支石墓,
4 川内里支石墓, 5 道項里나号支石墓,
6 道項里다号支石墓

図163 支石墓岩刻画 (1)

(1) **大谷里盤亀台の想定年代**　文明大と黄寿永は，盤亀台岩刻画に全面彫技法と線彫技法があることを示し，重複（切り合い）関係から全面彫技法が古く，線彫技法が新しくなり，様式化が進展するとした。線彫技法のなかには動物の内部器官を表現したものがあり（透過技法），北欧や沿アムールにも同様の岩刻画がみられ，それらの年代は新石器時代中期とされたことから，線彫技法は上限年代を新石器時代中期まで遡るとし，先行する全面彫技法の上限は新石器時代中期以前と考えた。したがって，盤亀台岩刻画の年代について新石器時代中期以前から新石器時代末期を経て，青銅器時代前期までの時間幅をもつと考察した（文明大 1973，黄寿永・文明大 1984）。

金元龍は当初，青銅器に現われた文様や性格と類似することから青銅器時代の所産であるとみていたが（金元龍 1973），後にさらに年代を絞り込んだ。盤亀台の岩刻画を大きく4期に分期し，その最も古い段階で

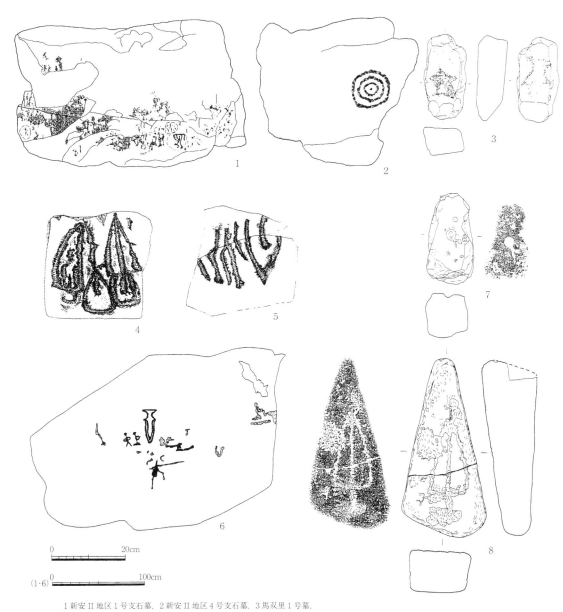

1 新安Ⅱ地区1号支石墓，2 新安Ⅱ地区4号支石墓，3 馬双里1号墓，
4・5 살내1号祭壇支石墓，6 五林洞5号墓，7・8 本村里나号住居址出土刻画石

図164　支石墓岩刻画（2）・刻画石

あると想定したB区では多人数が乗る外洋船と捕鯨用の弩がみられ，弩の中国での使用が紀元前300年頃であることから，この頃を上限年代とし，下限は三国時代以前とした（金元龍1980）。

孫寶基はシカ画などの一部の岩刻画は後期旧石器時代末に製作されたものであると述べた（孫寶基1973）。

黄龍渾は岩刻画の製作技術に着目し，韓半島南部の岩刻画に年代を与えた。盤亀台では敲打技法（第Ⅰ技法）により製作されており，第Ⅰ技法は新石器時代の技法であるとした。また盤亀台の一部の動物画は沈線技法（第Ⅱ技法）により製作されていることから青銅器時代の所産であるとした（黄龍渾1975）。

江坂輝彌は盤亀台の線刻獣類の絵画の一部は晩期旧石器時代にまで遡るものがあるのではないかと述べた（江坂1982）。

정동찬はクジラ崇拝信仰岩刻画は新石器時代後期以前であると述べた（정동찬1988）。

金用玕は，動物，漁撈，鳥狩猟，人々が踊る姿は新石器時代のものとしながら，舟に乗りクジラを獲っている画像については，クジラ漁を新石器時代に行っていたかは疑問であるとして，新石器時代のものとみるのは困難であるとした（金用玕1990）。

張明洙は岩刻画製作技法により編年を行った。敲打技法は面敲打技法と線敲打技法に分類される。研磨技法は面研磨技法，線研磨技法，隆起研磨技法に分類される。沈線技法には線沈線技法がみられる。そして面敲打技法を青銅器時代Ⅰ期，線敲打技法を青銅器時代Ⅱ期，面研磨技法を青銅器時代後期以降，狭く浅い線研磨技法を初期鉄器時代Ⅰ期，広く浅い線研磨技法を初期鉄器時代Ⅱ期，広く深い線研磨技法を初期鉄器時代Ⅲ期，隆起研磨技法を初期鉄器時代Ⅳ期，線沈線技法を古代に編年している。このうち盤亀台では面敲打技法と線敲打技法がみられるため青銅器時代Ⅰ期であるとする（張明洙1996）。

金貞培は盤亀台岩刻画に馬に乗った人や船のなかに銛があることから青銅器時代の所産であるとし，各種動物が描かれているのは，狩猟・漁撈経済段階を示しているのではなく，蔚山地方の特殊な生業関係を反映していると述べた（金貞培1997）。

任世権は，文明大らと同様に面刻動物画を線刻動物画が破壊している点を指摘し，先後関係にあることを述べているが，一方では，面刻画は一定の区域に集中して製作されている一方，線刻画はできるだけ，面刻画と重複を避けて，製作されている点，同じ動物画が描かれる点などから，製作時期は異なるが，ほぼ同一の文化的背景をもった集団が製作したものと指摘しており，その時間的間隔は大きくないものと考えた（任

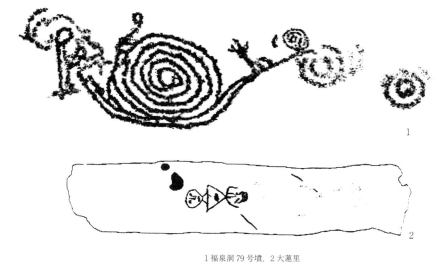

1 福泉洞79号墳，2 大蓮里

図165　三国時代古墳岩刻画

世権 1999)。

　金権九は，金元龍の見解を支持し，青銅器時代の支石墓にも岩刻画があり，岩刻画伝統がみられる点，東西里剣把形銅器（池健吉 1978）にある「手」文様，南城里剣把形銅器（韓炳三・李健茂 1977）にみられるシカ文様，伝慶州肩甲形銅器（岡内 1983）にみられるトラとシカ文様，伝大田出土農耕文青銅器（韓炳三 1971）にみられる鳥，人などの文様が盤亀台岩刻画の線刻方式と類似している点などを挙げ，青銅器時代後期から初期鉄器時代を中心年代とみている（金権九 1999）。

　黄相一・尹順玉は古蔚山湾の海水面変動から内湾捕鯨が可能となった新石器時代に該当する 6000〜5000 年 B. P. 頃に製作が開始されたと述べている（黄相一・尹順玉 2000）。

　이상목は遺跡と海水面変動による海岸線の距離，岩刻画に示される道具と狩猟技術，海洋漁撈に基盤を置く生業活動などを根拠に上限を新石器時代とみた（이상목 2004）。

　河仁秀は東三洞出土シカ線刻文土器や，東三洞等で多量に出土するクジラ類骨から想定される新石器時代の捕鯨を根拠に，盤亀台岩刻画の上限年代を新石器時代に遡上させている（河仁秀 2007・2012）。

　李夏雨は盤亀台岩刻画の表現物について属性により類型化した後，重複関係から先後関係を求めた。その結果，第 1 製作層は捕鯨舟やクジラなどで構成され，第 2 製作層は腰部分が圧縮された動物表現などで構成され，第 3 製作層はヤギ，シカ，イノシシ，オオカミなど陸地動物で構成され，第 4 製作層は盤亀台を代表するクジラなどで構成され，第 5 製作層は線刻でトラやヒョウなどの動物や腹が膨らんだイノシシ，トラ，シカ，下に向けたクジラなどで構成され，第 1 製作層から第 5 製作層へと変遷したとみる。時期は新石器時代末期から青銅器時代中期にかけて製作されたとする（李夏雨 2011b）。

　姜奉遠は河仁秀の論拠に加え，金元龍により弩と解釈された岩刻画について，捕鯨時に使用される浮具である可能性を述べ，やはり新石器時代まで年代を遡上させている（姜奉遠 2012）。

　(2) 川前里の想定年代　金元龍は慶州入室里（藤田・梅原・小泉 1925）出土銅矛にみられる菱文と川前里岩刻画の菱文が酷似すると指摘し青銅器時代の所産であると主張した（金元龍 1973）。なお，入室里の年代について後藤直は出土した叩き目のある小形鉢と牛角形把手から原三国時代直前の「無文土器終末期」に編年しており（後藤 1982），今日の初期鉄器時代に該当する。また，後に幾何文は古新羅末期から現われる印花文土器と相通する面もあるが，動物文・人面などは盤亀台岩刻画を通してより先行する時期のものである可能性があるので，青銅器時代後期・原三国時代からあった岩刻画に古新羅時代末期から統一新羅時代にかけて文様と銘文が加筆されたものとみた（金元龍 1983）。

　岩刻画の製作技術に着目した黄龍渾は川前里下部における岩刻は沈線技法（第 II 技法）で製作されており，青銅器時代の所産であるとした。また川前里上部の同心円，渦文，菱文などは研磨技法（第 III 技法）で製作されており，青銅器時代以降のものであるとした（黄龍渾 1975）。

　金用玕ら北韓の研究者は，川前里と芝草里の類似を指摘し，新石器時代の土器文様との類似から，新石器時代の所産とみている（金用玕 1990，社会科学院歴史研究所・考古学研究所 1991）。

　宋華燮は盤亀台と川前里は新石器時代末とみるのが普遍的であるとしながらも，川前里では盤亀台とは異なる文様もみられることから盤亀台とは時間差があると述べた（宋華燮 1993b）。

　製作技法で編年した張明洙は川前里では動物文は面敲打技法で製作されているので，青銅器時代 I 期に，仮面と幾何文は広く深い線研磨技法で製作されているので初期鉄器時代 III 期，記録画は沈線技法で描かれるので古代に編年されると述べている（張明洙 1996）。

　金貞培は川前里岩刻画に太陽を象徴する同心円があり，支石墓の上石にみられる同心円との関係を想定し，また，一部の幾何文様は龍を象徴しているとして，青銅器時代の所産であると述べた（金貞培 1997）。

268 第Ⅰ部 東北アジア先史文化の変遷と地域性

任世権は川前里の面敲打技法による動物画を深い線刻技法による幾何学文が破壊していることから先後関係が明らかであると述べている。しかし，動物画が青銅器時代と推定した場合でも，幾何学文は鉄器時代とみることはできないとする。シベリアでは鉄器時代の岩刻画は細い線で刻んだ画像が多く，川前里幾何学文とは差異があることを根拠としている。そこで，青銅器時代前期に動物画，青銅器時代後期に幾何学文画，鉄器時代には鋭い鉄器で細線刻により製作された記録画が該当するという編年観を示した（任世権1999）。

細線刻画について全虎兌により5〜6世紀のものと想定され（全虎兌1999），銘文については姜鍾薫により6世紀前半のものと判断されている（姜鍾薫1999）。

李夏雨は動物表現については図式化過程の進行度合いから，自身の盤亀台編年と比較した場合，盤亀台第3製作層と同時期であると述べた。また幾何文についてはその多くを占める菱形文が女性性器を示し，女性の生理機能と農耕の生産性が一つの象徴体として結合しているものと判断し，農耕生活に基盤をおいた青銅器時代の所産であるとみた。動物画も青銅器時代と判断しているが，細部的な時期差があるとした。細線刻技法については細線刻で製作された瑞獣画と慶州皇南洞味雛王陵地区C地区3号墳出土瑞獣形土器を比較し，一部は4世紀〜6世紀前半頃の積石木槨墓築造時期であるとした（李夏雨2011b）。

(3) 鳳坪里岩刻画の想定年代　岩刻画を発見・調査した大伽耶博物館では，青銅器時代の琵琶形銅矛や磨製石剣が描かれていることや，岩刻画のある岩面の一部を覆っている最下層の第3層で青銅器時代の石器剥片が出土したことから，青銅器時代に製作されたとみている（大伽耶博物館2008）。

(4) 防牌形岩刻画の想定年代　防牌形岩刻画として早い段階に発見された良田洞岩刻画について李殷昌は，附近の丘陵に粘土帯土器，高杯，牛角形把手等が出土する遺跡があり，その年代を同一年代とみた（李殷昌1971）。

岩刻画の製作技術に着目した黄龍渾は良田洞では沈線技法（第Ⅱ技法）と研磨技法（第Ⅲ技法）で製作されており，青銅器時代以降のものであるとした（黄龍渾1975）。

一方，三上次男は良田里の防牌形岩刻画を靫とみて，同心円文を日輪文であるとみた。日輪と靫の組み合わせは北部九州の装飾古墳の壁画や線彫（佐賀県立博物館1973）と共通し，北部九州以外では東北アジアに存在しないことから，北部九州古墳時代中・後期の5〜6世紀のものであるとした（三上1977）。

宋華燮は仁屍洞16号支石墓にみられる石剣岩刻画から金丈台の変形石剣文様，七浦里の幾何学的石剣文様へ変化し，剣把部分が強調され，象徴化することで防牌形（剣把形幾何文）岩刻画が成立するとみている。また，石鏃岩刻画についても同様の変遷を想定している（宋華燮1994）。剣把形幾何文岩刻画自体については仁屍里－七浦里－可興洞・良田洞・南原大谷里Ⅰ式－南原大谷里Ⅱ式・安和里という変遷を想定している。このような変遷過程からみると防牌形岩刻画の年代は支石墓の年代以降ということになり，紀元前6〜4世紀の所産であると述べている（宋華燮1993b）。

韓馨徹も宋華燮と同様に仁屍洞の石剣から防牌形岩刻画が成立したとみている。また，防牌形岩刻画自体の変遷としては，七浦崑崙山などの初期，石長洞金丈台を経て，甫城里，良田洞，南原大谷里（左側）などの発展期，安和里，南原大谷里，可興洞，安心里などの消滅期と変遷するとした（韓馨徹1996）。

李相吉は甫城里，金丈台，上辛里で確認される両側面が緩慢に湾曲し上下が直線である類型（類型1），甫城里，七浦里，南原大谷里，安和里で確認される上部がV字に屈曲する類型（類型2），甫城里，南原大谷里，安和里で確認される上部外郭のみに羽毛が表現されている類型（類型3），南原大谷里，安和里，良田里で確認される上部および両側面に羽毛が表現されている類型（類型4），南原大谷里，七浦里で確認される上部が直線で，両側面が強く湾曲したり「く」の字に屈曲する類型（類型5），可興洞で確認される両側面は湾曲し，内部には性穴がみられず主に横線が入る類型（類型6）に分類した。そして，1段階には類型1，2段階には

類型 2，3 段階には類型 5 と類型 3，4 段階には類型 5 を継承した類型 6，類型 3 を継承した類型 4 が該当するという編年案を提示した。遺跡別では上辛里が 1 段階〜2 段階初，石長洞が 1 段階半ば〜2 段階，甫城里が 1 段階半ば〜3 段階，安和里が 2 段階〜3 段階，南原大谷里が 2 段階〜3 段階，七浦里が 2 段階〜4 段階初，良田洞が 2 段階終末〜4 段階初，可興洞が 4 段階と編年される。良田里，金丈里，上辛里では附近で粘土帯土器期の遺跡が所在するため，岩刻画の年代も粘土帯土器の時期であるとみている（李相吉 1996）。

　一方，製作技法で編年した張明洙は金丈台では動物文は線敲打技法，足跡文と花文は面研磨技法，防牌文，舟文，生殖器文は狭く浅い線研磨技法で製作されていることから青銅器時代Ⅱ期〜初期鉄器時代Ⅰ期に，安和里の防牌文と同心円文は線敲打技法で製作されることから，青銅器時代Ⅱ期に，甫城里防牌文は狭く浅い線研磨技法で製作されることから，初期鉄器時代Ⅰ期に，良田里では防牌文が面研磨技法と線研磨技法，同心円文は広く浅い線研磨技法で製作されることから初期鉄器時代Ⅱ期に，南原大谷里防牌文は広く浅い線研磨技法と広く深い線研磨技法で製作されていることから初期鉄器時代Ⅱ期〜Ⅲ期に，七浦里の防牌文と生殖器文は主に面研磨技法と広く深い線研磨技法で製作されていることから初期鉄器時代Ⅲ期に，可興洞防牌文は隆起研磨技法で製作されていることから初期鉄器時代Ⅳ期に編年されると述べている（張明洙 1996）。

　金貞培は坊牌形岩刻画を仮面であると想定している。川前里や盤亀台では人物と仮面がみられるが，金丈台岩刻画以降，人物像がみられなくなることから，川前里や盤亀台よりも防牌形岩刻画は後行するとみている（金貞培 1997）。

　李夏雨は二段柄磨製石剣の剣把から仁屄里支石墓岩刻画を経て，初期（発生期）の防牌形岩刻画である七浦里や金丈台へ変遷したとする。その後，装飾化・定型化した発展期（定型期）には甫城里→安和里→良田里，池山洞へと変遷し，南原大谷里 B，を経て，消滅期の可興洞，大谷里 A，安心里へと変遷するとした。時期は仁屄里支石墓を青銅器時代中期，七浦里，金丈台をやや遅れる青銅器時代中期，甫城里を青銅器時代中期末から後期初，良田里などを青銅器時代後期，可興洞などを鉄器時代初であるとみている（李夏雨 2011b）。

（5）その他の岩刻画の想定年代　製作技法で編年した張明洙は水谷里では足跡文が面敲打技法で製作され，馬蹄文，鳥，ユッパン（윷판），穴が線敲打技法で製作されることから青銅器時代から初期鉄器時代Ⅰ期に編年されると述べている（張明洙 1996）。任世権は水谷里と防牌形岩刻画がみられる金丈台ではともに足跡文がある点が共通するとし，さらに内蒙古の陰山（蓋山林 1986）や鳥蘭察布（蓋山林 1989）に源流を求めている（任世権 1996）。

　光令里の年代については青銅器時代後期を上限とする可能性があるとしながらも，周辺の外都洞遺跡（済州文化芸術財団 2005）との関係から紀元 200 年前後の時期であるとされている（김종찬 2013）。

（6）支石墓・立石岩刻画の想定年代　仁屄洞 16 号支石墓に描かれた石剣は無血溝二段柄式のなかの有溝柄式で，石鏃は抉入式であるとみたことからそのような組成の遺物が出土している欣岩里 12 号住居址（任孝宰 1978）の年代を基準に紀元前 6〜5 世紀であるとみられている（李健茂・崔鍾圭・朴方龍・김상면 1985）。

　円文と性穴がみられる 4 号支石墓のある苧浦里 E 地区の支石墓については出土遺物から前期無文土器時代中葉から後葉にかけて築造されたと考えられている（釜山大学校博物館 1987）。

　道項里の岩刻画がある支石墓の年代に関しては支石墓の下部構造が調査された 나号については単純土壙である点や赤色磨研土器の様相などから松菊里段階の遅い段階であると報告者はみている（崔憲燮 1992，昌原文化財研究所 1996）。다号は下部構造が調査されていないため詳細な時期は触れられていないが，道項里支石墓群の年代が松菊里段階であることから，同様の年代が考えられる。

　辰泉洞の年代について報告者の李白圭と呉東昱は基壇周辺で出土した土器に青銅器時代前期に編年される

口唇刻目土器が出土し，青銅器時代前期中葉から粘土帯土器段階まで継続する外反口縁と突起附土器が出土することから，青銅器時代前期前半頃に築造され，後半まで利用された可能性が大きいと述べた（李白圭・呉東昱 2000）。

　金炳燮は岩刻画のある祭壇支石墓の年代について次のように言及している。サルレの場合は祭壇支石墓と同一層位で畑遺構が造成されているが，畑層上面で円形粘土帯土器が出土しているため，円形粘土帯土器段階であるとする。新安の祭壇支石墓は内部調査がなされなかったが，1号祭壇支石墓から墓域施設内で断面抹角方形の蛤刃石斧1点が出土しており，松菊里文化の蛤刃石斧の断面が円形または楕円形であることとは差異がある点や，1号祭壇支石墓と同一層位で確認された1号竪穴では壁面に突出した炉跡がみられ，同様に松菊里文化のものとは差異がある点などから，年代を松菊里文化の最終段階から円形粘土帯土器段階であるとする。辰泉洞は青銅器時代前期に造成され，後期まで利用されたとみられているが，出土遺物は位置が正確でない周辺収集遺物で青銅器時代前・後期の遺物とともに粘土帯土器片も含まれ，青銅器時代前期に造成時期を遡らせる根拠は希薄であるとする（金炳燮 2009a）。

　馬双里1号墓では抹入石斧，有肩石斧（遼東型伐採斧）が出土し，1号積石土壙墓に伴うとみられる1号石列では直立口縁の無文の土器，把手附土器，平底の底部などが出土しており，青銅器時代の所産であると考えられている（柳昌煥 外 2012）。

　李夏雨は支石墓等について辰泉洞→本村里・馬双里→雲谷洞→道項里→五林洞→新安・サルレ→川内里と変遷するとし，辰泉洞を青銅器時代中期，馬双里から五林洞を青銅器時代後期，新安・サルレを青銅器時代後期末から初期鉄器時代初，川内里を初期鉄器時代と位置づけている（李夏雨 2011b）。

　（7）**刻画石の想定年代**　本村里나10号住居址で出土した岩刻画は再加工した琵琶形銅剣であるとみられ，順天牛山里（송정현・이영문 1988）で出土した再加工琵琶形銅剣に最も類似しているとされている。本村里나10号住居址は方形形態であることから青銅器時代後期（松菊里段階）に編年されている（趙榮濟・宋永鎭・鄭智善 2011）。

　（8）**三国時代古墳岩刻画の想定年代**　大蓮里岩刻画は古墳築造当時に製作されたものとみられている（李夏雨 2011b）。

　福泉洞79号墳は出土遺物から5世紀後半とみられている（宋桂鉉・洪潽植・李海蓮 1995）。古墳とは直接関係がなく，他の場所から運ばれたという見解もあるが，李夏雨は霊魂を運ぶ舟，祈祷する人物など葬儀と関連して製作されたものとみて，古墳に伴うものと考えている（李夏雨 2011b）。

4．韓半島南部岩刻画の編年

　まず，韓半島南部の岩刻画のなかで，時期が確実な事例は支石墓・立石等に描かれた岩刻画である。道項里나号支石墓は，出土した赤色磨研土器から報告者の指摘のとおり松菊里段階のものと考えられ，遺物が出土していないため詳細は不明であるが，다号支石墓も同じ支石群に属することからほぼ同様の年代が与えられるものと考えられる。道項里支石墓は出土遺物から粘土帯土器段階まで時期が下る可能性はほとんどないものと考えられるので，青銅器時代後期のものと考えられる。尹昊弼の研究によると道項里では蓋石が上下に離れており，その間や上部が石や土で充填される型式に該当する支石墓がみられるため遅い段階に位置づけられるとされているため（尹昊弼 2013），松菊里段階でも遅い段階のものであるとみられる。

　道項里다号支石墓のほか苧浦里E地区4号支石墓，新安Ⅱ地区1号支石墓と4号支石墓，サルレ1号祭壇支石墓は，いわゆる墓域支石墓と呼ばれる形態の支石墓・祭壇遺構である。金炳燮が指摘したとおり，出土遺物からは新安やサルレのような墓域支石墓は粘土帯土器まで年代が下る可能性が高い。川内里，仁屍洞，

第6章　東北アジア先史文化における精神文化　271

五林洞などの墓域支石墓ではない支石墓については，時期的な編年が困難であるため，本書では青銅器時代後期から初期鉄器時代のものとみておく。

次に時期が確実なものとみられるのは，鳳坪里岩刻画のように銅剣・銅矛・石剣が描かれた岩刻画である。鳳坪里では岩刻画が描かれた岩面を覆う土層堆積の調査からも青銅器時代の所産であることが裏付けられている。銅剣，石剣などが描かれる岩刻画は支石墓に多くみられ，仁屁洞，五林洞，サルレ，馬双里などで認められ，本村里の刻画石でも再加工琵琶形銅剣が刻まれている。このような銅剣・石剣が描かれる岩刻画は支石墓の編年的位置からみても青銅器時代後期（松菊里段階）から一部は初期鉄器時代（粘土帯土器段階）にいたる段階に製作されたものと判断することができる。ただし，石剣表現においては仁屁洞支石墓と五林洞では差異があり，五林洞が先行する可能性が高い。また，再加工琵琶形銅剣が描かれた本村里出土刻画石も青銅器時代後期の範疇で収まる可能性が高い。

防牌形岩刻画については，多くの研究者が述べているように，仁屁洞支石墓に描かれる石剣・石鏃表現と金丈台の防牌形岩刻画に関連が認められるため，金丈台は防牌形岩刻画のなかでも早い段階に位置づけられる。上部と側面に単線に羽毛状の装飾がなされる防牌形岩刻画は遅い段階に出現するという見解もあるが，金丈台では石鏃様の湾曲する三角形の上部に単線の装飾がなされるものがあり，このような装飾は比較的早い段階から存在するものとみられる。防牌形岩刻画のなかで，最も遅い段階のものは多くの見解にみられるように，防牌形の退化形態である点，製作技法が異なる点から可興洞の岩刻画であると考えられる。したがって，本書では金丈台→典型的な防牌形岩刻画→可興洞という大枠での変遷を考えたい。仁屁洞支石墓に金丈台が後続するとみた場合，防牌形岩刻画の年代は多くの見解にみられるように青銅器時代後期から初期鉄器時代が想定される。なお，七浦里では推定支石墓で防牌形岩刻画と石鏃が描かれており，この資料が支石墓であった場合は，年代上の定点となる有力資料となるが，支石墓であるかどうか確証がない。

水谷里では足跡文，馬蹄文がみられるが，青銅器時代の鳳坪里では馬蹄文，青銅器時代後期～初期鉄器時代の金丈台では足跡文，動物足跡文がみられ，関連が想定される。本書では水谷里の岩刻画についてはヒトの足跡と動物足跡の組成がみられる金丈台の同様の年代を与え，青銅器時代後期～初期鉄器時代と判断する。

以上から，鳳坪里，五林洞，本村里は青銅器時代後期，防牌形岩刻画，水谷里岩刻画，墓域支石墓を中心とする支石墓に描かれる岩刻画は青銅器時代後期～初期鉄器時代という年代が想定される。次に問題となるのは，盤亀台と川前里の岩刻画の年代的位置である。両岩刻画では防牌形岩刻画とは全く異なる岩刻画が描かれているため，基本的に初期鉄器時代より先行するものと考えられる。

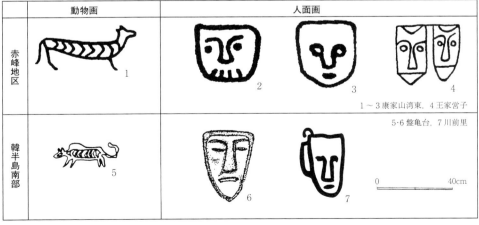

図166　赤峰地区と韓半島南部岩刻画の比較

272　第Ⅰ部　東北アジア先史文化の変遷と地域性

表13　韓半島南部岩画の編年

時期	岩画								渦文	同心円文	菱文
	大谷里盤亀台	川前里	鳳坪里	防牌形	其他	支石墓等	刻画石	三国時代古墳			
新石器時代	?↑	?↑									
青銅器時代早・前期～後期	面刻技法動物画　線刻技法動物・人面画	面刻技法動物画　線刻技法人面画・幾何学文							川前里	川前里	川前里
青銅器時代後期			鳳坪里			五林洞	本村里				
青銅器時代後期～初期鉄器時代				金丈台→七浦里, 甫城里, 安心里・上辛里, 良田里, 安和里, 大谷里→可興洞	水谷里	仁屁洞, 道項里, 苧浦里, 辰泉洞, 新安, サルレ, 馬双里	辰泉洞			良田里, 安和里, 道項里, サルレ, 新安, 辰泉洞, 川内里	
三国時代		細線刻技法行列画等						大蓮里, 福泉洞79号墳	福泉洞79号墳	福泉洞79号墳	

　盤亀台および川前里でみられる面刻技法と線刻技法は文明大や任世権らにより指摘されてきたとおり（文明大1973，任世権1999），その重複関係から面刻技法画から線刻技法画へと変遷するものと考えられる。面刻技法においては盤亀台と川前里でシカ等の動物画というモチーフにおいても共通性が高いため，その同時期性はある程度確実であろう。線刻技法においては盤亀台では陸棲・水棲動物画が主である一方，川前里では同心円文・渦文・菱形文など幾何文が主体となっており，差異が認められる。しかし，宋華燮，金貞培，任世権，朴廷根が指摘したように線刻技法による人面画は両岩刻画で類似していることから（宋華燮1996，金貞培1997，任世権1999，朴廷根2001），近い時期に製作されたものではないかとみられる。すなわち，同時期に異なるモチーフを描いたのではないかと考えられる。川前里の線刻技法幾何文画は敲打後，研磨しているという特性から，鉄器時代に編年されたこともあったが，近年発見された青銅器時代の所産であることが確実な鳳坪里岩刻画でも同様の技法で製作されていることからみて，川前里線刻技法幾何文画との関係が想定される。したがって，盤亀台線刻動物画，川前里線刻幾何文画，鳳坪里線刻画は近い時期に製作されたもので，青銅器時代に編年されるものとみられる。さらに，筆者が注目するのは，盤亀台と川前里でみられる線刻人面画と盤亀台でみられる線刻動物画である。川前里の線刻人面画は逆三角形に近い輪郭に眼と鼻を繋げて表現している。盤亀台の線刻人面画では逆三角形に近い輪郭に眉と鼻を繋げて表現している。さらに，盤亀台の線刻動物画には胴部に折線を描いているものが数例認められる。眼または眉と鼻を繋げる人面画と胴部に折線のある動物画は康家山湾東などで共伴しているとおり，赤峰地区でもみられる岩刻画である（図166）。そして，赤峰地区ではこれらの岩刻画は夏家店上層期に編年される。盤亀台や川前里の線刻岩刻画が赤峰地区の夏家店上層期の岩刻画と関連があるとすると，青銅器時代に編年することは時期的に矛盾がない。ただし，赤峰地区と韓半島南部の中間地帯である遼東地域，韓半島西北部，韓半島中部で岩刻画が未発見であるため，直接関連するかどうかは不確実である。しかし，琵琶形銅剣をはじめとする韓半島南部の青銅器時代の青銅器等は中間地帯を介して，夏家店上層期に始原を求めることができ（中村2007），また精神文化

第6章　東北アジア先史文化における精神文化　273

に関わる副葬風習も同様である（中村2012）ため，夏家店上層文化の韓半島南部への影響は一定程度想定できる。盤亀台・川前里線刻画に夏家店上層文化の影響が認められるとすると，青銅器等の動向と連動したものであった可能性が高い。遼東地域や韓半島北部のように元来岩刻画を製作する習慣のなかった地域では岩刻画が受容されず，韓半島南部のように面刻技法の岩刻画を製作する習慣のあった地域では夏家店上層文化に始原をもつ岩刻画が採用されたという可能性も十分に考えられる。

　盤亀台および川前里の面刻画は線刻画に先行するのは確実であるが，先行する時期の範囲が青銅器時代で収まるのか，新石器時代まで遡及するのかは判断が困難である。本書では盤亀台の面刻画と線刻画で動物モチーフが共通するという任世権らの指摘に従い，近い時期のものと考え，青銅器時代に編年するが，河仁秀や姜奉遠の指摘のとおり新石器時代まで遡及する可能性は少なくないものと思われる。

　三国時代古墳に伴う岩刻画は，比較的時期が明確であるが，福泉洞79号墳岩刻画は古墳との直接的な関係に疑義があるようである。九州の装飾古墳でも舟が描かれることがあるが，関連を想定することもでき，また，舟の表現自体はこれまで発見されている韓半島南部先史時代の表現とは異なるので，李夏雨と同様，筆者も古墳に伴うものであると考える。以上の編年案を整理したものが表13である。

5．渦文・同心円文・菱文のある岩刻画の年代

　ここでは，上でみた韓半島南部岩刻画の編年に則り，芝草里と関連する可能性のある渦文，同心円文，菱文の年代について考察する。

　渦文がみられるのは，川前里と辰泉洞である。川前里では線刻技法で渦文が表現されており，青銅器時代に属するものと考えられる。辰泉洞では花崗岩立石の西面に4個の渦文がみられ，青銅器時代後期～初期鉄器時代に属する。また福泉洞79号墳でも渦文が認められる。したがって，これまでのところ韓半島南部では青銅器時代から初期鉄器時代に至る時期および三国時代に渦文が認められることとなる。

　韓半島南部の岩刻画における同心円文については朴廷根や李夏雨によって注目され，その象徴や意味についてさまざまな解釈が示されている（朴廷根2003，李夏雨2011a）。同心円文は，川前里岩刻画，良田里・安和里といった防牌形岩刻画，道項里・サルレ・新安・辰泉洞・川内里といった支石墓岩刻画，福泉洞79号墳といった三国時代古墳にみることができる。川前里は上述のとおり線刻技法幾何文に伴うことから，青銅器時代に，防牌形岩刻画は青銅器時代後期～初期鉄器時代に，支石墓岩刻画は青銅器時代後期～初期鉄器時代にそれぞれ属する。したがって，これまでのところ韓半島南部では青銅器時代から初期鉄器時代に至る時期および三国時代に同心円文が認められることとなる。

　菱文は川前里線刻幾何文に認められることから，青銅器時代には認められることとなる。芝草里でみられた渦文，同心円文，菱形文の全ての組み合わせは，これまで指摘されてきたように川前里線刻幾何文でのみ認められるようである。

Ⅷ．芝草里岩刻画の年代と系統

　以上で，芝草里岩刻画と関連が想定される周辺地域の岩刻画の編年および渦文・同心円文・菱文の年代について整理した。これを基礎として，芝草里の年代および系譜についてさまざまな可能性を想定することができる。

　周辺地域と関係があるかどうか，あるとすれば，どの地域と関係があるか，そのなかでもどの岩刻画と関係があるか，周辺地域と関係がないとすれば，芝草里洞窟内石棺墓との関係はあるかといった項目ごとに選択肢を整理すると表14のとおり11通りの可能性を具体的に示すことができる。

274　第Ⅰ部　東北アジア先史文化の変遷と地域性

表14　芝草里岩刻画の年代と系統に関する想定可能性

選択肢			想定される時期	番号
周辺地域と関係がある	沿アムール地域	サカチ・アリャン等と関係がある	ヴォズネセノフカ文化（新石器時代後期）	①
		サカチ・アリャン81号岩と関係がある	金属器時代	②
	赤峰地区	夏家店下層期以前の岩刻画の渦文・同心円文と関係がある	新石器時代（夏家店下層期以前）	③
		康家山湾の同心円文と関係がある	夏家店下層期	④
		疙瘩山，跃進渠渠首の渦文と関係がある	夏家店上層期	⑤
	韓半島南部	川前里と関係がある	青銅器時代	⑥
		防牌形岩刻画に伴う同心円文と関係がある	青銅器時代後期～初期鉄器時代	⑦
		支石墓に伴う同心円文・渦文と関係がある	青銅器時代後期～初期鉄器時代	⑧
		三国時代古墳に伴う同心円文・渦文と関係がある	三国時代	⑨
周辺地域と関係がない（独自形成または未発見岩画と関係）	洞窟内石棺墓と関係がある		虎谷4～5期（青銅器時代～初期鉄器時代）	⑩
	洞窟内石棺墓と関係がない		時期決定不可能	⑪

　この11案のうちどれが最も可能性が高いのであろうか。まず，周辺地域との関連性の有無について検討する。芝草里岩刻画は渦文，同心円文，菱文で構成されており，人物，人面，動物といった具象画が含まれていないことは顕著な特徴である。このような岩刻画は沿アムール地域，赤峰地区，韓半島南部ではほとんど存在しない。周辺地域では，渦文や同心円文はおおむね人面画や動物画などの具象画とともに製作されることが多く，このことは，芝草里で独自に岩刻画が製作されたとするには有利な条件となる。

　しかし，より巨視的な観点で，北アジアの岩刻画を検討すると，渦文や同心円文は赤峰地区，沿アムール地域，韓半島南部といった東北アジアに特徴的にみられる岩刻文様である。すでに，А. П. オクラドニコフは渦文など曲線の多様は，シベリアやモンゴル高原の岩刻画とは区別される極東地方の岩刻画の特徴であると指摘している（オクラードニコフ1968）。事実，沿アムール地域より西方の沿バイカル（Окладников1974），レナ川上流域（Окладников1977），モンゴル高原（Окладников1981, 노브고라도바 1995）などでは同心円文や渦文はあまりみられない[18]。赤峰地区より西方の陰山（蓋山林1986），烏蘭察布（蓋山林1989），賀蘭山（周興華1991，許成・衛忠1993）などの大岩画地帯でもその岩画の数量に比して，渦文，同心円文の数量は極めて限定的である。赤峰地区と陰山山脈の中間地域である錫林郭勒の岩画（蓋山林・蓋志浩2002）でわずかに同心円文が認められるのみである。このことから，芝草里岩刻画の様相は，渦文や同心円文の多用という東北アジア岩刻画にみられる最も顕著な特徴の一つを具備しているとみられ，やはり，東北アジアのなかのいずれかの周辺地域と関連する可能性が高いように思われる。

　それでは，東北アジアのなかの周辺地域のなかで，関連する地域はどの地域である可能性が最も高いのであろうか。まず，芝草里に最も近く，土器をはじめとする文化要素の内容や変遷が豆満江流域と類似する沿海州や牡丹江流域の岩画が注目されるが，《メドヴェージ・シェーキ》の岩刻画とはモチーフの点で芝草里と異なっており，また群力村の岩画も製作技法，モチーフなどの点で芝草里とは全く異なっているため，直接対比することは不可能である。したがって，関連地域としての選択肢からは除外される。

　芝草里の渦文，同心円文，菱文という組成であるが，組成として最も近似するのは，金用玗，림룡국，徐国泰，李夏雨らが想定したとおり，川前里であることは事実である。ところで，韓半島南部と豆満江流域の間には，咸鏡南道，嶺東地域など岩画の空白地帯が存在し，直接関連を想定することが難しいという問題が

ある。これは，沿アムール地域や赤峰地域にも共通する問題である。赤峰地域の場合は，遼東地域という岩刻画の空白地帯があり，沿アムール地域の場合でも，沿海州などの岩刻画が乏しい地帯が認められる。

　ところで，岩刻画は周知のとおり祭儀などの精神文化に関わる遺構である。精神文化は保守的な一面があり，精神文化面で他地域からの影響を受容するということは，相当に大きな文化的影響を受けたものと推測される。このような観点からみた場合，岩刻画以外の文化動態との関連性が重要となる。

　先に挙げた沿アムール地域，赤峰地区，韓半島南部のうち，岩刻画の空白・貧弱地帯を通して芝草里の所在する豆満江中流域と文化的接触があったと想定される地域と時期としては，ヴォズネセノフカ文化期の沿アムール地域と夏家店上層期の赤峰地区が挙げられる。

　第2章第2節で述べたとおり，沿ハンカ湖地域や牡丹江流域ではヴォズネセノフカ文化の南下に伴い，その影響を受けた土器が土器様式の組成に加わる。芝草里の位置する豆満江中流域では，これまでのところ，ヴォズネセノフカ文化の影響を受けた土器は確認されていないが，東風類型には牡丹江流域や沿ハンカ湖と関連の深い土器がみられるため，ヴォズネセノフカ文化からの文化的影響を受けた可能性は十分にある。

　さらに，精神文化という面では，偶像・動物形製品の動向も重要となるが，第5章第1節で述べたとおり，沿海州東海岸のリドフカ文化にみられる土偶と沿アムール地域のコンドン3号住居址（Окладников1973）などヴォズネセノフカ文化期の土偶との関連を想定できる可能性がある。ただし，この場合であってもヴォズネセノフカ文化に始原がある可能性はあるが，リドフカ文化の偶像とは直接の系譜関係は想定し得ないだろうと考えられる。沿海州等のザイサノフカ文化新3段階，プフスン上層期および沿アムール地域のヴォズネセノフカ文化期以後の偶像の様相がさらに明らかになるのを待たなくてはならない。

　次に豆満江中流域と夏家店上層文化との関係について検討する。第1章第2節で述べたとおり，豆満江中流域のさらに東方にあたる沿ハンカ湖地域のシニ・ガイ文化は豆満江中流域の虎谷2期から虎谷3期に併行し，豆満江中流域と非常に関連性の深い文化である。そして，シニ・ガイA上層（Бродянский1987）では臼杵勲や姜仁旭が指摘したとおり夏家店上層期のものと類似する連珠飾が出土している（臼杵1989，姜仁旭2009）。

　夏家店上層文化と豆満江中流域では土器は全く異なり，またその中間地帯である遼東地域や鴨緑江上流域でも土器においては連鎖的な影響関係は全く認められないが，青銅器にはシニ・ガイ文化に夏家店上層文化との関連が認められる点で，直接の関係は想定困難であるものの，間接的な影響関係は認められる。

　以上のとおり岩刻画の空白・貧弱地帯（沿海州，遼東地域等）を通して文化的影響を豆満江中流域に及ぼしたとみられるのはヴォズネセノフカ文化と夏家店上層文化であるが，その影響の度合いは異なり，土器文化にまで及ぶ強い影響関係が認められるのは，ヴォズネセノフカ文化期の沿アムール地域との関係である。ヴォズネセノフカ文化の影響は面的である一方，夏家店上層文化の影響は点的である。

　そのため，芝草里の年代と系統について先に11案を提示したが，このなかで最も可能性が高いのは，サカチ・アリャンをはじめとするヴォズネセノフカ文化期の沿アムール地域との関係で芝草里岩刻画が形成された可能性であると筆者はみている。この場合，芝草里岩刻画の年代は，ヴォズネセノフカ文化との併行関係上，東風類型を前後する時期，すなわち新石器時代後期・末となろう。

　その次に可能性が高いのは夏家店上層期の赤峰地区との関係で芝草里岩刻画が形成された可能性である。この場合，芝草里岩刻画の年代は，夏家店上層期との併行関係上，虎谷3期を前後する時期，すなわち青銅器時代となろう。筆者は，韓半島南部の盤亀台や川前里の線刻画に夏家店上層文化の間接的な影響を想定しているので，芝草里と川前里の類似は偶然によるものではないということになる。ただしこの場合でも芝草里と川前里の類似は直接的影響関係によるものではなく，同じ夏家店上層期の岩画を母胎としているため，

276　第I部　東北アジア先史文化の変遷と地域性

モチーフが類似したという，兄弟やイトコのような関係ということになろう。

IX. 東北アジア岩画の変遷と相互の関係

以上の検討を基に東北アジア全体の岩画の変遷を整理し，芝草里岩刻画の位置について述べる（図167）。

夏家店下層期以前の新石器時代（I～V段階）では，赤峰地区と沿アムール地域に岩画が認められる。また，韓半島南部の盤亀台や川前里の面刻技法による動物画などが新石器時代まで遡上するものであれば，この時期にも認められることとなる。これら3地域の相互の関係についてはほとんど認めることができない。

夏家店下層期併行期（VI・VII段階）では，赤峰地区と沿アムール地域に岩画が認められる。特に沿アムール地域では，サカチ・アリャンの多くの岩画，シェレメチエヴォ，キヤ川など岩画が盛んに製作される時期

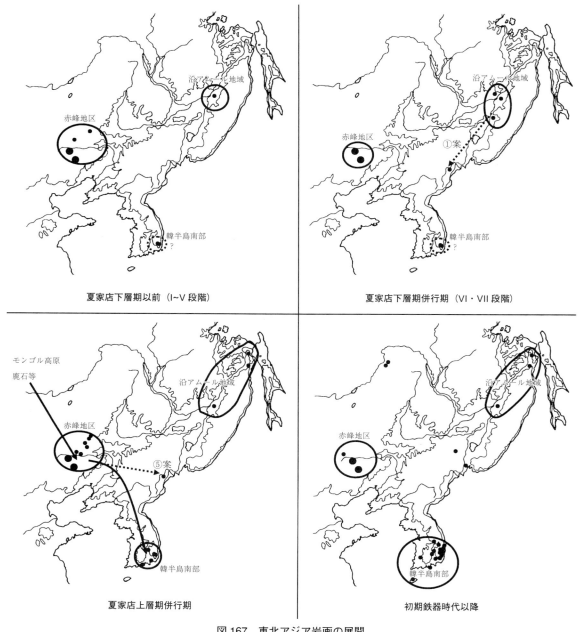

図167　東北アジア岩画の展開

であるヴォズネセノフカ文化期前後に該当する。韓半島南部については，上述したとおり，筆者は盤亀台や川前里の線刻技法による岩刻画を夏家店上層期併行期に編年したため，これに先行する面刻技法動物画などがこの時期に該当する可能性が高い。この時期の3地域の関係については不明な点が多い。大塚和義の主張する「岩画の道」が成立するならば，一部の人面画に共通点がみられる赤峰地区と沿アムール地域に関係があったことになるが，判断の困難なところである。そして，芝草里岩刻画の形成について①案が正しい場合，ヴォズネセノフカ文化の南下および沿海州・牡丹江流域でのヴォズネセノフカ文化系土器の盛行と連動する形で，芝草里に岩刻画が製作されたと考えられる。

　夏家店上層期併行期では赤峰地区，沿アムール地域，韓半島南部で岩刻画が認められる。このうち赤峰地区の岩画は，モンゴル高原の鹿石や岩刻画との関連性が強く，さらに，韓半島南部の盤亀台や川前里の線刻技法岩刻画に影響を及ぼしたものと考えられる。このようにモンゴル高原から赤峰地区を介して，韓半島南部にいたる岩画の影響関係は，琵琶形銅剣をはじめとする青銅器の動向と連動したものであると考えることができる。そして，芝草里岩刻画の形成について⑤案が正しい場合，夏家店上層文化系の青銅器の拡がりと関連があるものと考えられる。

　夏家店上層期以降の初期鉄器時代では，赤峰地区，沿アムール地域，韓半島南部でそれぞれ岩画が認められる。特に韓半島南部では，墓域支石墓関連岩刻画や防牌形岩刻画が多数発見され，岩刻画製作の最盛期を迎える。しかし，この時期の3地域の岩画はそれぞれ独自性が強く，相互の関係は不分明である。ただし，それよりも遅れる歴史時代の騎馬画などでは，赤峰地区と沿アムール地域の岩画に関連性が認められる可能性がある。

　東北アジア岩画の変遷と相互の関係，そしてそのなかでの芝草里岩刻画の位置は以上のとおりであるが，遺憾なことに資料および筆者の力量不足によりそれ以上，限定的な見解をここで提示することはできなかったが，今後の調査の進展を待って，さらに考察を深めていきたい。

　以上を総括すると，本書で主たる対象としている遼東地域から南沿海州，韓半島中部までは基本的に岩画がみられないということは東北アジア先史時代精神文化上の大きな特徴の一つである。芝草里の岩刻画が新石器時代末のものであったとしても，それは沿アムールからの影響下で成立した外来的要素が比較的強いもので，現状では例外的な事例であるとみるのが穏当であろう。

註

1）本書では人物を表現した像を偶像とし，土製人物像を土偶とする。ヒト以外の動物を表現した像については，「偶」字は人の形を意味するので動物土偶という用語を用いないという江坂輝彌の見解（江坂1960）に従い，本書では動物形製品とした。本書では基本的に像を対象とするが，一部土器に付着した像も扱った。

2）原報告では仔ウマとされるが，『朝鮮全史1原始篇』第1版（社会科学院歴史研究所1979）では仔ヤギとされる。

3）C.コッローディが著した児童文学作品「ピノッキオの冒険」を，A.H.トルストイが翻案した「金の鍵またはブラチーノの冒険」に登場するブラチーノというソ連・ロシア版ピノッキオに因む。

4）報告者のE.B.シドレンコはヴェトロドゥイの年代がクロウノフカ文化併行期まで下る可能性を考えているが（Сидоренко2011），筆者は郭家店期併行程度であるとみている（古澤2012b）。

5）この土製品の片面はサルとみる見解と入墨をした人面であるとみる見解がある。

6）図11-12については胴部に刺突文があることからウリボウを表現したものであるという見解がある（深澤2006）。

7）張仲葛によると郭家村出土イノシシ・ブタ形土製品は体形がイノシシとは明瞭に区分されブタであるという（張仲葛1979）。

8）このほか遼東半島では，広鹿島柳條溝屯で男性器を模した石製品が採集されたことがあるが（三宅1933），時期は

278　第Ⅰ部　東北アジア先史文化の変遷と地域性

全く不明で先史時代のものではない可能性が高い。

9 ）このグループに韓半島中西部地域が入るかどうかは検討する必要がある。現状で韓半島中西部では偶像・動物形製品がほとんど認められないため，現時点では孤立した地域として取扱う。

10）吉長地区では前段階の新石器時代後・晩期段階の土偶が発見されていないが，これは当該段階の遺跡自体がほとんど発見されていないことによるものと考えられる。

11）本書では岩に絵画を描いたり刻んだものを岩画とし，特に刻んだり叩いたりして凹凸で表現したものを岩刻画とする。

12）通常，渦文とは，渦巻いた線により構成された螺旋モチーフを指し，単純な円や同心円は含まれないが，報告者は同心円等についても渦文の範疇で報告している。このため本節「Ⅱ．芝草里岩刻画の概要」では，報告者の渦文概念に基づいて整理する。

13）최광식の紹介文では洞窟内の墓地で渦文土器と雷文土器が出土したとしているが，徐国泰の報告にはそのような事実は記載されていない。また，최광식は新石器時代末から鉄器時代にいたるさまざまな時期の住居址が発見されており，青銅器時代のものが中心であるため，岩刻画の年代は青銅器時代であると述べているが，これは虎谷のことであり，芝草里のことではない。

14）現在はシカチ・アリャンと称する。

15）出版は 1989 年であるが，A．П．オクラドニコフは 1981 年に死去しているので，1971 年の見解が出版されてから，10 年以内に見解の変更があった模様である。

16）洪格力図の原報告者は紅山文化の早い段階の墓葬であるとみているが，田広林は玉器の組成から興隆窪文化に帰属するとみている。

17）ユッパン（윷판）とは韓半島における伝統的な双六のような遊戯であるユンノリ（윷놀이）で使用される盤である。点列で円形を表現し，その内部を点列で十字形充塡した文様をここでは指す。水谷里のほか七浦里崑崙山뉘地区など韓半島で多く発見されている（김일권 2003）。京畿道甕津郡北島面信島（国立文化財研究所 2000）でも発見例があり，他の岩刻画とは分布が異なる。吉林省集安市禹山墓区 JYM3319 号墓の東南角でも人物像に重ねてユッパン形文が配置されている岩刻画が確認されている（孫仁杰 2009）。

18）さらに西方のミヌシンスク盆地ではアファナシェヴォ文化期やタガール文化期の板石墓の板石に渦文や胴部に渦文のあるシカ画などが描かれる場合があり，これを A．П．オクラドニコフは沿アムール地域との関係を想定したが，A．H．リプスキーの指摘のとおり（リプスキー 1983），東北アジアの岩刻画との直接的な関係を想定するのは困難である。

第Ⅱ部

新石器時代日韓文化交流

第7章　韓半島南部における縄文土器

Ⅰ．新石器時代の日韓土器文化交流についての研究史

　対馬海峡西水道（大韓海峡，以下対馬海峡）を挟む地域の新石器時代の土器文化に関して，隆起文－轟B式，瀛仙洞式－西唐津式の影響関係については，異論もあるが，おおむね認められている。特に西唐津式を構成する土器のなかには瀛仙洞式と酷似した土器が認められ，韓半島の土器様式が縄文土器様式に影響を及ぼしていることはよく知られている[1]（水ノ江1988，宮本1990，李相均1998ほか）。

　新石器時代の日韓交流について扱った近年の研究として対馬海峡を挟む地域の日韓の交流に関わる遺物について網羅的に検討した画期的な研究（鄭澄元・河仁秀1998，甲元ほか2002）があり，日韓交流遺物研究の基礎となっている。また，関係資料の増加を背景に，土器文化の交流を検討するうえで前提となる併行関係についての研究（田中2003a・2009a，宮本2004）が進展している。その結果，従来は対馬海峡を挟む地域の土器文化というと冒頭で述べた轟B式，西唐津式，曾畑式といった「似ている」土器に関する検討が中心となっていたが，新石器時代全時期にわたる検討がなされ，さらに交流の性質にまで考察が及ぶようになった。

　そのなかで近年注目される見解として，対馬海峡を挟む地域と琉球諸島や伊豆諸島の様相を比較し，対馬海峡49kmの距離は縄文人にとって交流（往き来）可能距離であったにもかかわらず，相対的に交流は断片的で，規模は小さかったとし，土器文化においては相互の様式に影響を及ぼしていないとする水ノ江和同の指摘があった（水ノ江2003・2007）。この水ノ江の指摘を皮切りに新石器時代（特に中～晩期）の日韓土器交流は相互の土器様式に影響を与えるような影響関係ではないという指摘（廣瀬2005，田中2009a，幸泉2009）が相次いでおり，近年一つの潮流をなしている。

　こうした認識のうえで，交流の背景についての見解が示されるようになり，水ノ江は日韓の土器が互いに土器様式に影響を及ぼしていない理由として海峡の存在と言語の差異を想定している（2003・2007・2010）。また交流の担い手として外洋性の漁撈民を想定する見解（渡辺1985，宮本1990，木村2003ほか）を受け，廣瀬雄一は交流の担い手が土器製作に直接関わらなかった男性が中心だったため「似せて造った土器」が生じるとし，交流における性差が土器の交流に影響を及ぼしたとする（廣瀬2005）。

　また，近年の日韓の土器交流に係る新潮流の一側面として，対馬海峡を挟む地域の交流を東北アジア全体の中で位置づけようとする研究が積極的になされるようになってきていることも特徴といえよう（宮本1990・2004，林尚澤2008）。

　これまでの研究の到達点として，西唐津式を除外すると日韓間で相互の土器様式に影響を与えることはないという事実が明らかになり，その背景として，交流の担い手の問題や言語の問題が仮説として提示されるに至ったと整理することができる。

　そこで，筆者は以下で，対馬海峡間で出土する異系統土器を中心に，日韓間の文化交流について論じたい。

Ⅱ．韓半島南部地域における縄文土器

　東三洞（Sample1974，尹武炳・任鶴鐘・呉世筵2004ab・2005，河仁秀2007，岡田・河仁秀2009）では轟B式（図168-4・5），曽畑式（図168-8），船元Ⅱ式（図168-9），里木式（図168-11），坂の下式（図168-15～19），鐘崎式

282　第Ⅱ部　新石器時代日韓文化交流

～三万田式，北久根山式（図168-21・22），三万田式の可能性がある土器（図168-23）など各種の縄文系土器が出土しており，出土点数を整理すると表15のとおりである[1]。東三洞以外では安島（趙現鐘・梁成赫・尹温植 2009）で苦浜式，轟A式（図168-1），型式不明縄文系土器（図168-2），大浦（李憲宗・河仁秀・김영훈 2004）で轟B式，煙台島（韓永熙・任鶴鐘 1993）で轟B式（図168-3），春日式（図168-10），黄城洞（최은아 외 2012）で曽畑Ⅰ式（図168-6・7），欲知島（韓永熙・任鶴鐘・権相烈 1989）で船元式，新岩里（鄭澄元 外 1989）で坂の下式（図168-13），上老大島上里（孫寶基 1982）で坂の下式（図168-14），中津Ⅱ式（図168-12）が出土している。

　従来，田中聡一や宮本一夫により韓半島新石器時代土器と縄文土器の併行関係が策定されてきたが（田中 2003a・2009b，宮本 2004），近年の調査によりこれを補う資料が出土している。安島で出土した型式不明とされた縄文土器（図168-2）はつぐめのはなⅦ層で出土した刺突文土器（図168-25）に類似し，苦浜式，轟A式とともに縄文時代早期末の所産であると考えられる。安島では隆起文土器より古い韓半島新石器時代土器は出土していないので，隆起文土器が伴うものとみられる。一方で，頭ヶ島白浜6・7層では轟B式と隆起文土器が共伴しているので，隆起文土器と縄文土器の併行関係は縄文時代早期末から轟B式期までとなる。また，従来，西唐津式と瀛仙洞式の併行関係が想定されてきたが，瀛仙洞式が出土した黄城洞で曽畑Ⅰ式が出土しているので，瀛仙洞式は西唐津式から曽畑式の古い段階まで併行する可能性が高まった。

　図168-20は北久根山式とする考え方（宮本 2004，水ノ江 2007）と南福寺式（岡田・河仁秀 2009）とする考え方がある。田中は南福寺式とする見解について，同様の土器は熊本県を中心とする中九州西側地域でのみ確認され，西北および北部九州地域での存在は不分明であると危惧している（田中 2009b）。捻った粘土紐で突

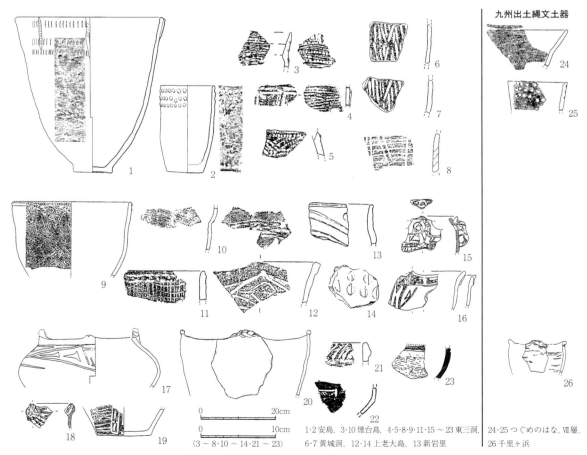

図168　韓半島南部出土縄文系土器と関連資料

起を作り，指頭圧痕が顕著であるという特徴が類似した例は千里ヶ浜（図168-26），ヌカシに認められ，宮ノ首（宮﨑・村川 1991）などにみられる X 字状に粘土紐を貼り付ける技法の変異であるとも考えられ，筆者は坂の下（南福寺）式の可能性が高いのではないかと思う。

これまでにも指摘されてきたように東三洞をはじめとする韓半島南海岸で出土する縄文土器の大半は坂の下式が占める（宮本 2004，林尚澤 2008，田中 2009b）。第9章で述べるとおり玄界灘島嶼域で坂の下式期に海での活動の活発化に伴い遺跡数が増加していることと関係があるものと思われる（田中・古澤 2013）。また，坂の下式以外で

表15　東三洞出土縄文系土器

東三洞	口縁部	胴部	底部	計
轟 B 式	1	3		4
曽畑式		4		4
船元 II 式	1			1
里木式	1			1
坂の下式 （うち阿高式系）	18 (1)	10 (6)	6 (3)	34 (10)
鐘崎〜三万田	1			1
北久根山	1	1		2
三万田？		1		1
不明		2		2

は轟 B 式や曽畑式の出土が目立つが，これも対馬島，壱岐島，沖ノ島といった玄界灘島嶼域で安定した出土量がみられる時期にあたり，玄界灘島嶼域が日韓交流上で果たす役割が大きかったことを示唆している。

河仁秀によると縄文時代中期の縄文系土器は胎土，器形，施文形態などからみて全て九州から持ち込まれたものであるという。また，縄文時代後期の縄文系土器については他型式の土器に比べて数量が多く型式も多様で，特定地域に限って出土する傾向があるが，大部分が九州から搬入されたものとみられ，在地で縄文土器の影響で製作されたものはみられないという（河仁秀 2004）。

一方，東三洞等で出土した縄文系土器について宮本一夫は日韓の様式の折衷土器ではなく，縄文土器のカテゴリーで作ろうとしながら，本来の規範を逸脱した土器であると指摘している（宮本 2004）。水ノ江も，視覚的な情報だけでは模倣できない技術的な様相が認められることから九州縄文人が製作したものであることは間違いないが，器形や文様における微妙な相違は長期滞在した九州縄文人の記憶が薄れたためか，あるいは次世代への情報伝達に際してその情報が希薄になっていった結果であり，韓半島の土器には縄文土器の影響はみられないと評価している（水ノ江 2003・2007）。

一方，幸泉満夫は東三洞III次調査4層や3層（尹武炳・任鶴鐘・呉世筵 2004a）を新石器時代前期〜中期に相当することが確実であるとみなし，両層で平底の割合が高く，中には凹底や高台底がみられることから北部九州や山陰西部との類縁性を指摘している。しかし，東三洞III次4層や3層では新石器時代早期の隆起文土器も一定量出土しており，出土した平底土器は幸泉の想定のように新石器時代中期〜晩期に伴うものではなく，隆起文土器等に伴うものと考える方が妥当性が高い[2]。したがって，東三洞III次4層・3層の平底土器を北部九州・山陰西部からの影響と考えるのは困難である。

このように韓半島南海岸では縄文土器や縄文系土器がみられるが，その出土数は限られており，在地の韓半島丸底土器文化と折衷様式を構成することもないという状況である。

註

1）阿高式か坂の下式か弁別できない資料について表15では（うち阿高式系）と表示した。

2）確かに水佳里 I 期〜III 期に平底土器も存在するが，丸底土器が主体的である。このことは幸泉自身が指摘しているとおり，東三洞3次3層・4層のように他時期の遺物が混在していない水佳里（鄭澄元・林孝澤・申敬澈 1981）や梧津里住居址・II 層（釜山大学校博物館 外 1994），栗里（金廷鶴・鄭澄元 1980）等で平底土器が少数であることから明らかである。

第8章　瀛仙洞式土器と西唐津式土器

Ⅰ．緒　言

　韓半島の新石器時代土器と曽畑式土器の間に関連があるという見解は古くからみられたが，資料の増加と研究の深化により，曽畑式そのものよりむしろ曽畑式以前の段階である西唐津式と韓半島新石器時代土器の間に関連性を認める見解（水ノ江1988，宮本1990，李相均1996・1998ほか）が提示されるようになった。

　ここでは，韓半島の瀛仙洞式から水佳里Ⅰ式初葉にかけての土器と日本列島の縄文土器との関連について考えてみたい。

Ⅱ．瀛仙洞式土器と水佳里Ⅰ式初葉土器

　瀛仙洞式についての研究は非常に多く，さまざまな見解が提示されている（廣瀬1985，宮本1986，小原1987，李相均1996・1998，河仁秀1997，田中2001，金恩瑩2010，宋銀淑2012ほか）。

　瀛仙洞式の変遷について金恩瑩の見解（金恩瑩2010）を中心に整理すると次のとおりである。瀛仙洞式の成立は前段階の隆起文土器からの継承関係が認められ，隆起文と押引横走魚骨文が施文される土器（図169-1）や粘土帯痕を残し隆起文をつまみ出す土器（図169-2）などが認められ，瀛仙洞式土器が成立する。隆起文で作られた文様モチーフが刺突・押引による文様モチーフへと変遷する。瀛仙洞古段階の資料は瀛仙洞，隍城洞267などが該当する。器種としては碗・鉢類，壺，注口土器などがある。文様としては口唇刻目，押引横走魚骨文などが認められる（図169）。瀛仙洞中段階は欲知島Hトレンチ，梧津里Ⅲ層などの資料が該当する。器種組成は深鉢，碗・鉢類，壺などがある。文様としては押引横走魚骨文，粘土帯痕や沈線文が追加された文様，三角集線文，斜格子文，沈線文に押点が追加された複合文などが認められる。また二重口縁土器もみられる[1]（図169-26）。瀛仙洞新段階は密陽サルレ（살내），梧津里Ⅲ層，欲知島積石などの資料が該当する（図170）。器種組成としては深鉢，碗・鉢類，壺などがある。文様としてはこの段階に押捺短斜線文が量的に多く出土し，口縁部に押捺短斜線文をもち，口縁部従属文様帯に斜格子文や横走魚骨文をもつものも認められる。一方で典型的な瀛仙洞式から変遷した押引横走魚骨文や三角集線文などの文様も認められる。二重口縁土器もみられる。

　水佳里Ⅰ式初葉の土器は水佳里Ⅵ層や梧津里Ⅲ層などが該当し，器種組成としては深鉢，碗・鉢類，壺などがある。押捺による短斜沈線文を主体とする土器群である（図171）。

Ⅲ．日本列島における瀛仙洞式土器と西唐津式土器

（1）日本列島における瀛仙洞式土器　日本列島で瀛仙洞式そのものが出土している事例として対馬島の夫婦石とヌカシが挙げられる。夫婦石では口唇部に刻目をもち，刻目隆起文および押引文の施文された土器，粘土帯痕および沈線施文土器，粘土帯痕および沈線文，口唇部に刻目のある壺など，下位層を中心に良好な瀛仙洞式土器が確認されている（図181-7・11・15〜17・19〜21）。なかでも刻目隆起文と押引文が施文された土器（図182-17）は隆起文土器期から瀛仙洞式期に移行する中間的な形態の土器であり注目される。対馬島では周知のとおり越高にみられるように隆起文土器期に日韓土器文化交流が始まるが，夫婦石における最初

286 第Ⅱ部 新石器時代日韓文化交流

期の瀛仙洞式土器や典型的な瀛仙洞式土器の出土により新石器時代早期から前期にかけて間断なく交流が継続したことがうかがわれる。ヌカシでもⅣ層で口唇部に刻目をもち点列文が施される碗形土器が出土している（図191-2）。これは瀛仙洞式土器を構成する山形文土器（河仁秀1993）で，類例が朝島，凡方，欲知島，煙台島などで発見されている（鄭澄元・河仁秀1998）（図169-21）。

　五島列島の北部に位置する小値賀町野崎島の野首では韓半島系の土器として14点が報告されており，報告者は①半島で製作された搬入土器，②文様構成や製作技法は半島系だが胎土は九州のもの，③いわゆる西唐津海底タイプの3種に分類しており，野首出土の瀛仙洞式に近い土器は②とされる（塚原2003）。野首の瀛仙洞式に近い土器は横走魚骨文が施文されるもの（図172-3・4），横線を施文した後，横走魚骨文を施文し，下部に押点を施文するもの（図172-1・2）がみられる。このうち図172-1〜3には胎土に滑石が含まれる。また図172-4には胎土に結晶片岩が含まれ，内面は条痕調整である。図172-1と図172-2は同一個体である可能性が高いが，胎土に滑石が含まれ，内外面に条痕調整がみられる。瀛仙洞式土器の胎土に滑石や結晶片岩が含まれる事例はなく，在地的な特徴である。洛東江以西の南海岸の瀛仙洞式土器を中心に条痕調整がなされるものもみられるが，大部分はナデ調整であることから，これも在地的な特徴である。図172-1・2にみられる沈線による文様の下部に押点を施すという文様モチーフは韓半島でも欲知島などに認められ（図169-18など），その関係性を想定することができるが，横線で区画し，間を斜線で埋め，有軸の横走魚骨文を呈する土器はこれまでのところ瀛仙洞式期の韓半島南部には認められない。これらの諸点を勘案すると，野首出土の瀛仙洞式期の韓半島系土器とされる土器は在地の土器，すなわち西唐津式であり，報告者のいう②の土器群というよりは，まさしく③の西唐津式のなかでも瀛仙洞式土器に近い一群であると把握すべきであろうと考えられる。この点で倉元慎平が図172-1・2の文様モチーフを西唐津式の文様変異「39」として掲げた考え方（倉元2011）に筆者は賛意を表するものである。

　野首の対岸に位置する小値賀島殿崎（福田編1986）でも韓半島系土器の可能性がある土器として横走魚骨文が施文された土器（図172-5）が報告されたことがあるが，これも西唐津式土器のなかの瀛仙洞式に近い一群であろうと判断される。

　以上，これまで日本列島で確認されている瀛仙洞式土器および瀛仙洞式系といわれている土器を検討したが，搬入土器の事例は夫婦石とヌカシのみであり，対馬島に限られている。隆起文土器期の搬入土器は対馬島の越高，越高尾崎，夫婦石に加え，壱岐島の松崎，五島列島の頭ヶ島白浜などで出土しているため，瀛仙洞式期の搬入土器の分布は前段階に比べると狭まっているようにもみえるが，今後の調査成果によっては変動する可能性もある。そして搬入土器の内容は，主要器種である碗や深鉢に加え，壺も認められ，注口土器を除外した瀛仙洞式の器種がほぼ揃っており，対馬島を中心とした安定的な交流を確認することができる。

　（2）瀛仙洞式土器との強い関係が想定される西唐津式土器　これまで，瀛仙洞式土器と西唐津式土器について，関連性が想定されていたが，どのような点で影響関係が想定されるのか具体的に検討してみよう。西唐津式を構成する土器のなかで瀛仙洞式土器との関係が想定されたことがあるのは押引横走魚骨文，刺突文，斜格子文と押点文の複合文，連弧文といった深鉢や鉢の文様である。

　押引横走魚骨文は，瀛仙洞式土器の最も典型的な文様であるが，深堀や菜畑でみられる押引横走魚骨文（図173-1〜3）は非常に瀛仙洞式土器（図173-4・8など）に類似しており，多くの研究者がその関連性を指摘している（李相均1996・1998，鄭澄元・河仁秀1998，河仁秀2006）。

　刺突文（図173-5・6）について李相均は西唐津式にみられる刺突文と隆起文のある土器を轟B式終末の様相に瀛仙洞式（図169-23・24）からの影響で刺突文が加えられたものと指摘している（李相均1996・1998）。

　斜格子文と押点文の複合文は韓半島では山達島，水佳里2地区貝塚などでみられるが（図169-19・20），西

第8章 瀛仙洞式土器と西唐津式土器　287

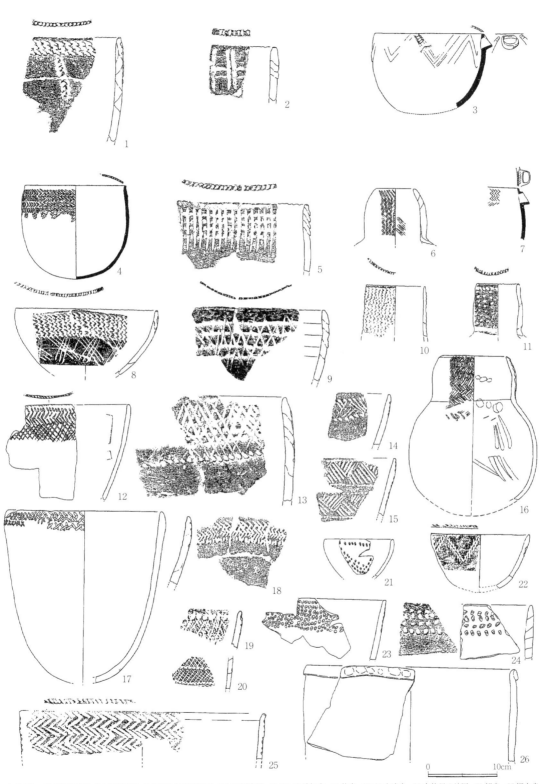

1・2・5・8〜11・13 東三洞，3・4・7 瀛仙洞，6・17・24・26 隍洞267，12・23 梧津里，14・15・18 欲知島，16 牧島，19・22 山達島，20 水佳里2地区，21 朝島，25 煙台島

図169　瀛仙洞期古段階・中段階の土器

288 第Ⅱ部 新石器時代日韓文化交流

唐津式では深堀（図173-7～9）などでみられることを水ノ江や宮本，李相均が指摘している（水ノ江1988，宮本1990，李相均1996・1998）。

　連弧文は西北九州の西唐津式のなかでも多くみられる文様であるが（図173-11），韓半島との関係を想定する見解もある。宮本は新岩里で出土した縦位の沈線と連弧文が施文された土器（図174-1）と西唐津式の連弧文の関係を想定したことがある。宮本は新岩里では瀛仙洞式土器が出土していないことから隆起文土器終末期のものとみているが，西北九州における隆起文のモチーフが沈線で描かれるようになる方向性と韓半島南部での隆起文土器期から瀛仙洞式期への施文技法の変化の方向性が一致することからその関係性を想定している（宮本1990）。一方，李相均は新岩里出土連弧文土器を瀛仙洞式1段階であるとみている。さらに，東三洞（I.L.サンプル・A.モア調査地点）出土連弧文土器（図174-2）を瀛仙洞式2段階に位置づけ，西北九州から影響を受けたものとした（李相均1996・1998）。李相均が指摘するように韓半島南部地域では連弧文が施文された土器は極めて少ないのであるが，近年，飛鳳里でも，隆起線文と縦位の沈線，そして連弧文が施文

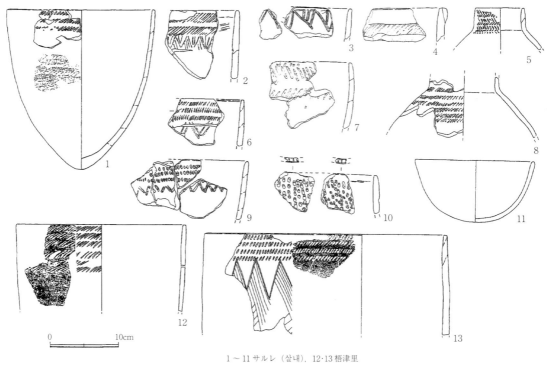

1～11 サルレ（살내），12・13 梧津里

図170　瀛仙洞期新段階の土器

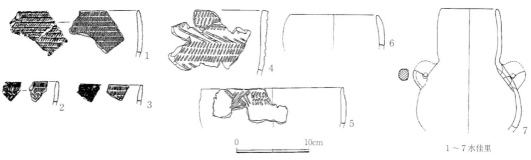

1～7 水佳里

図171　水佳里Ⅰ式初葉土器

第8章 瀛仙洞式土器と西唐津式土器　289

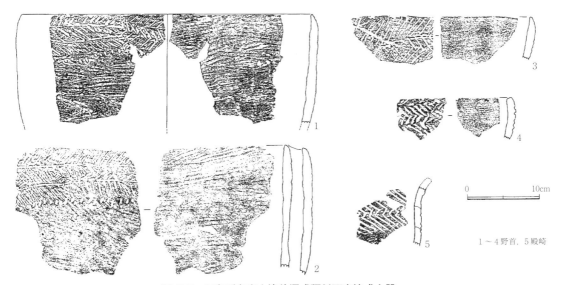

図172　五島列島出土瀛仙洞式類似西唐津式土器

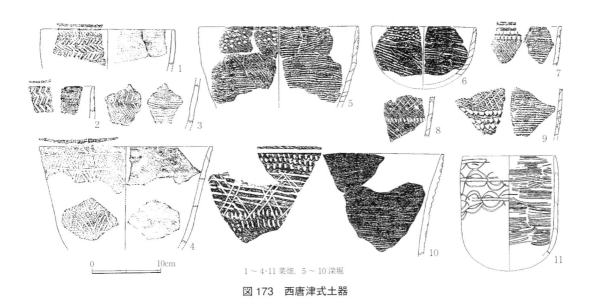

図173　西唐津式土器

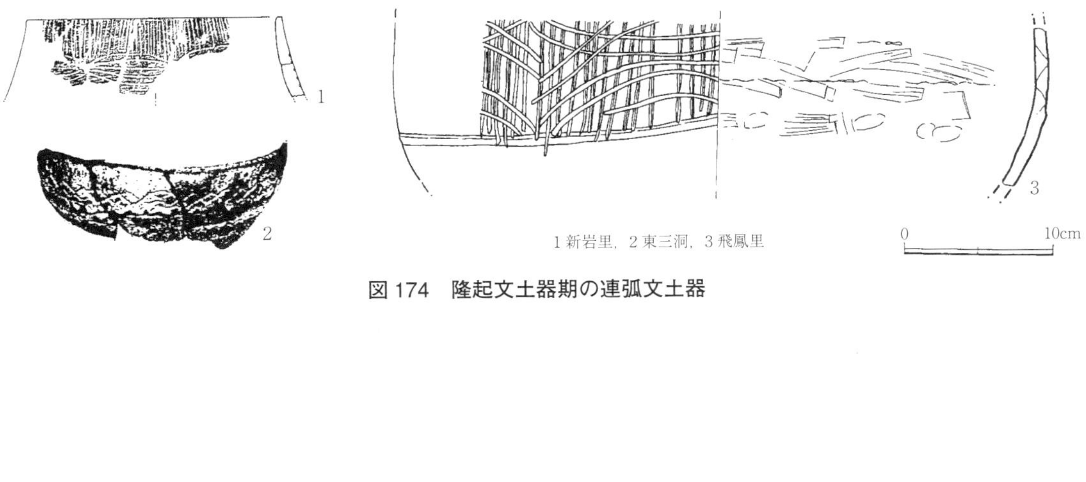

図174　隆起文土器期の連弧文土器

290　第Ⅱ部　新石器時代日韓文化交流

された土器が出土している（図174-3）。この土器には隆起線文が施されている点，出土層位である第2貝層および第2敷石層では隆起文土器のみが出土している点から隆起文土器期のものであることは疑いがない。新岩里例も，隆起文土器のみが出土する層から出土している。また，東三洞例についても連弧文の下部に隆起文があり，出土層位についてもサンプルらのいう牧島期（Mokto period）層であることから隆起文土器に伴う土器であるとみられる。以上，韓半島で発見されている連弧文はいずれも隆起文土器期のものであり，これまでのところ瀛仙洞式期に連弧文の土器は確認されていない。隆起文土器期と西唐津式期は併行関係上時期差があるので，隆起文土器期の所産である新岩里例，東三洞例，飛鳳里例はいずれも西唐津式とは直接対比することはできない。西唐津式の連弧文については韓半島からの直接の系譜よりも，むしろ轟B式からの内在的な変遷を考えた方が妥当であると思われる。

（3）西唐津式期における日韓土器文化交流の特質　Ⅲ-(2)でみたように西唐津式には韓半島南部瀛仙洞式土器との関連が想定される要素がみられるが，その特徴は次のとおりである。まず，文様についてであるが，横走魚骨文，刺突文，斜格子文を含む沈線文と押点文の複合文といった碗・鉢または深鉢にみられる文様については両者に共通する。かつて有光教一が西唐津海底出土土器について「朝鮮の土器にソックリだ」と発言した（松尾1955）ように，菜畑，深堀，野首などの遺跡から出土した土器の中には文様上は瀛仙洞式と共通する気風を感じることができる土器がみられるほどである。しかし，瀛仙洞式土器はⅡでみたようにそれ以外にも粘土帯痕文や三角集線文，点列山形文など多種多様な押引・刺突・沈線による文様があるが，西唐津式にはそれらの文様が基本的にみられない。Ⅲ-(1)でみたように対馬島を中心に瀛仙洞式期には両岸の安定的な交流がみられ，実際にヌカシや夫婦石では瀛仙洞式土器の多種多様な文様が施文された土器が出土することからみて，瀛仙洞式の多種多様な文様は西唐津式土器を製作した集団の目に触れた可能性があったにもかかわらず，それらの文様は西唐津式土器に採用されることはなかった。

　Ⅱでみたように瀛仙洞式土器を構成する器種には深鉢，碗・鉢，甕，壺，注口土器などがあり，深鉢と同様に碗・鉢も量的には安定しているのが特徴である。西唐津式に碗・鉢類が比較的安定的にみられることも瀛仙洞式の土器組成と共通する可能性がある。しかし，瀛仙洞式のなかでも極めて限られた量の注口土器が西唐津式にみられないことは理解できるにしても，瀛仙洞式土器のなかで一定の比率でみられる壺は，対馬島の夫婦石で出土していること（図182-21）からわかるように，西唐津式土器を製作した集団の目に触れた可能性があったにも関わらず，西唐津式土器に採用されることはなかった。

　土器の胎土については，西唐津式土器のなかには西北九州を中心に滑石や結晶片岩を混入するものがみられるが，これらの鉱物を胎土に混入する習慣は韓半島南部にはない。

　最後に器面調整についてであるが，西唐津式のなかには，貝殻条痕を施すものが多い。欲知島例など瀛仙洞式土器のなかにも貝殻条痕を施すものもあるが，限定的で，大部分はナデ調整である。先述のとおり文様上，瀛仙洞式と共通する気風を感じることができる土器もあるが，そこには条痕調整がなされていることも多く，やはり瀛仙洞式とはやや異なる印象を感じるのである。

　以上のように，当該時期に少なくとも対馬島では西唐津式に影響を与えた押引横走魚骨文や斜格子文・押点複合文が施文された深鉢や碗・鉢類のみが単体で搬入されたのではなく，瀛仙洞式の器種組成全般・多種多様な文様をもつ土器がまとまって搬入されており，瀛仙洞式土器の全体像は西北九州の集団にも把握できた可能性が高いにもかかわらず，西唐津式のなかで瀛仙洞式と共通する要素は，深鉢または碗・鉢類のなかの一部の文様のみで，その他の文様，器種組成，胎土，器面調整においては全て異なっているものと考えざるをえない。したがって，轟B式の伝統の上に西唐津式土器を製作した集団が，韓半島南部の土器の要素を全て受け入れるのではなく主体的に選択し，採用した結果であるということを提起しておくのもあながち

間違いではなかろう。このような観点からみれば，水ノ江が早くから，韓半島からの影響は"主"ではなく，あくまで"従"の要素であると指摘したこと（水ノ江 1990）は重要なことである。

しかしながら，選択的ではあるが深鉢や碗・鉢類に一部の文様を韓半島南部から採用したということは，九州の縄文土器製作史のなかでは非常に稀有な状況であることも一方では事実である。近年，新石器時代の日韓間の土器文化交流について相互の土器様式に影響を与えるような影響関係ではなかったという指摘（水ノ江 2003・2007，廣瀬 2005，田中 2009，幸泉 2009）が相次いでいるところであり，筆者も韓半島新石器時代土器側に軸足を置いて東北アジアにおける異系統土器文化の接触を比較することで，このことについて追認する相対評価を行った（古澤 2011）。このような土器文化の交流内容が新石器時代の対馬海峡間の常態であったとするならば，田中聡一の理解（田中 2009a）のように瀛仙洞式－西唐津式のような土器様式に限定的とはいえ影響を与えるような関係があること自体が特殊な状況であったとみなされる。木村幾多郎が日本列島でみられる韓半島系土器を「搬入土器」，「韓国系土器」，「韓国系土器類似土器」に分類し，このうち「韓国系土器」や「韓国系類似土器」は新石器時代前期に多くみられ，曽畑式土器成立に至る大きな流れのなかになると指摘している（木村 1997）のは，こうした様式に対する影響関係の特殊な状況をよく示しているといえよう。

その原因についてはほとんど不明であるが，筆者は近年の調査で少しずつその実態が明らかになってきている瀛仙洞式土器文化側の状況について考えてみたい。

この時期は，第4章第1節で述べたとおり，飛鳳里第1貝塚および第1敷石層で磨盤・磨棒，掘土具が出土し，本格的にアワ・キビ農耕を開始する前の萌芽的な段階であったことを想定できる。

このような磨盤・磨棒の出現は大同江流域や漢江流域といった韓半島中西部地域で早い時期に現われていることは明らかなので，中西部地域と南部地域の交流の結果，出現したものであることは疑いがない。一方，土器文化上での南部地域と中西部地域との関係を考えると，典型的な瀛仙洞式期には中西部との折衷土器はあまり認められないが，錦江下流域の駕島やノレソム（노래섬）では，中西部系統の区分文系土器（図175-3〜5）と南部地域の瀛仙洞式土器（図175-1・2）が共伴している（李永徳 2001）。また，瀛仙洞式期の終末期には中西部に系譜を求められる短斜線文土器に在地由来の口唇刻目が施される折衷土器（図175-6・7）が密陽サルレ（살대）などみられることから（金恩瑩 2010），中西部地域と南部地域に一定の交流があったことはうかがえる。

このように韓半島中西部地域から南部地域へアワ・キビ農耕などの生業の変化を伴う文化的変動が及んだという状況が認められるならば，韓半島南部地域と西北九州が選択的とはいえ土器文化に影響を及ぼすよう

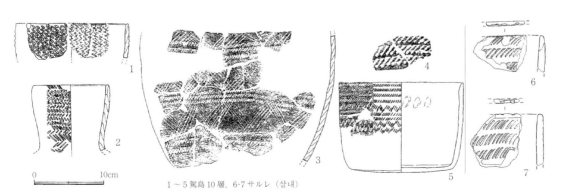

1～5 駕島10層，6・7 サルレ（살대）

図175　瀛仙洞式期の韓半島中西部地域と韓半島南部地域の交流を示す土器

292　第Ⅱ部　新石器時代日韓文化交流

な相対的に活発な交流がなされた現象と関係があった可能性も否定はできないものと思われる。

Ⅳ．曽畑式土器と韓半島の土器との関係

　以前は曽畑式土器は韓半島との関係がある土器型式であるという把握が一般的であったが，先行する西唐津式の内容が明示され，西唐津式と韓半島との関係が指摘された1980年代後半以降，曽畑式そのものと韓半島との直接的な関係を積極的に主張する見解はほとんどみられない。曽畑式と同時期の水佳里Ⅰ式には共通する要素がほとんどみられない。文様モチーフ，胎土（西北九州の曽畑式にみられる滑石混入は水佳里Ⅰ式に認められない），器壁の厚さ（曽畑式は薄いが，水佳里Ⅰ式は厚い），器種組成（水佳里Ⅰ式を構成する壺は曽畑式には認められない），調整（曽畑式にみられる条痕調整は水佳里Ⅰ式では一般的ではない），施文範囲（曽畑式にみられる口縁内面施文は水佳里Ⅰ式には認められない），深鉢の器形・プロポーション（曽畑式では寸胴の器形があるが，水佳里Ⅰ式では口径が器高より大きい場合がある），口縁の形態（曽畑式土器には波状口縁がみられるが水佳里Ⅰ式には平口縁のみが認められる）といった諸点で差異が認められ，直接の関係性を追うことはできない。従来，曽畑式と韓半島の土器が共通する要素として掲げられてきた沈線文，丸底，口縁部－胴部－底部の3部位区分に関して，沈線文と丸底については西唐津式に系譜が求められ，3部位区分についても西唐津式の中の重畳系の文様（図173-10）からの系譜を考えるのが合理的であるとみられる。3部位区分のうち，曽畑式では口縁部に刺突文や押引横走魚骨文がみられるが，水佳里Ⅰ式では短斜線文に限定され，差異が認められる[2]。したがって曽畑式土器は韓半島の土器とは直接の関係はない。関係があるようにみえる要素は，基本的に西唐津式からの伝統であり，同時代の韓半島の土器とは，縁遠い関係であったものと考えられる。

　曽畑式期にも対馬海峡を挟んだ地域で土器の交流があったにもかかわらず，関係する要素がなくなり，互いの土器様式にほとんど影響を与えることがなくなっていく時期が始まるのである。

Ⅴ．小　結

　本章では曽畑式土器と先行する西唐津式土器と韓半島との関係について検討を行った。その結果，西唐津式の深鉢や碗・鉢類の一部の文様のなかで韓半島の瀛仙洞式と共通する要素は選択的に文様を採用したものであると判断した。影響としては限定的なものに過ぎないが，しかし九州縄文土器製作史のなかで韓半島から様式構造に影響を及ぼすこと自体は稀有な現象である。その原因はまったく不明ではあるが，瀛仙洞式土器を製作した集団における韓半島中西部からの文化的な変動と関係がある可能性を指摘した。一方，曽畑式期になると対馬島・韓半島南海岸を中心に交流が継続していたにもかかわらず互いの土器様式にほとんど影響を与えなくなるという現象も確認された。

　曽畑式土器を縄文土器の範疇で考えてよいのかという議論もあるが（川崎2009），韓半島の土器と共通する点がほとんど認められない曽畑式土器はもちろんのこと，西唐津式についても轟B式の伝統の上に韓半島南部の要素を主体的に選択して採用している以上，まぎれもなく縄文土器の範疇で把握すべき土器であるというのが筆者の理解である。

註

1）二重口縁土器は新石器時代後・晩期のものがよく知られているが，隍城洞267，飛鳳里，サルレ（살내）などでも発見され，新石器時代前期や中期にも二重口縁土器が存在することが明らかになっている（金炳燮2006b）。

2）韓半島の区分文系土器のなかで口縁部文様帯に刺突文をもつのは大同江流域や京畿湾北部に認められるが，西北九州とは地理的に隔絶があり関係を求めるのは難しい。

第9章　縄文時代玄界灘島嶼域の動向と韓半島系土器

I. 緒　言

　玄界灘に所在する対馬島，壱岐島，沖ノ島といった島嶼域は縄文時代の日韓交流を考えるうえで非常に重要な地域であることは，これまでにも実に多くの研究で指摘されているとおりである。従来，日韓交流を考究するのに際し，これらの島嶼域で出土する韓半島系土器に研究の重心が置かれていた。本来であれば玄界灘島嶼域での縄文時代の遺跡の展開を把握し，そのうえで，出土する韓半島系土器の位置づけを考究しなければ，韓半島系土器のもつ歴史的な位置づけは困難である。ところが，玄界灘島嶼域での発掘調査件数は少なく，また調査面積も非常に狭小で，資料が相対的に少ないこと，交通の不便により現地踏査が困難なこと，文献や情報の入手が困難なこと，さまざまな機関による調査のため資料が分散していることといった種々の条件のため，玄界灘島嶼域における縄文時代遺跡のあり方がどのようなものであったのか総合的に検討することは困難を極めている。そこで，調査が不十分な現状からは完全な検討は不可能ではあるが，本章では現時点での調査結果に基づく状況把握と検討を行いたいと思う。

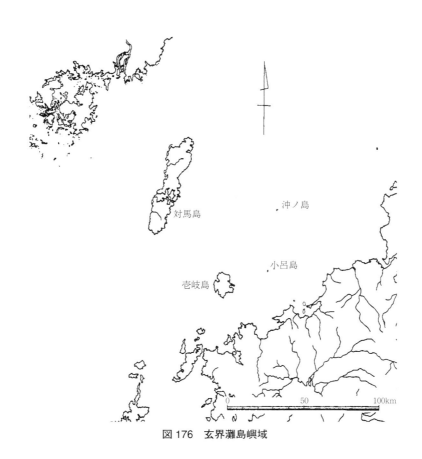

図176　玄界灘島嶼域

294 第Ⅱ部 新石器時代日韓文化交流

Ⅱ．玄界灘島嶼域における縄文時代遺跡の概要

１．対馬島の縄文時代遺跡

（１）遺跡概要

　泉遺跡　対馬市上対馬町泉小字在所に所在する。泉湾の西北隅に突き出た標高 10m 前後の丘陵の先端部に位置する。明治末年に箱式石棺から二段柄式の磨製石剣が 2 点出土したとされ，うち 1 点は現存している。この石棺から 3〜4m 北に所在する石棺を 1951 年東亞考古学会が発掘調査した。この石棺は半壊した長さ 2m，幅 0.6m の箱式石棺で（図 178），内部から合口甕棺と思われる土器片（図 178-1）と碧玉製管玉 1 点（図 178-2）が出土した。この土器片は甕（深鉢）で内外面条痕調整である。報告者は志多留の土器とは異なるとし，縄文時代晩期の土器に近いとしている（岡崎 1953）。森貞次郎は底部形態などから黒川式と比定している（森 1966）。沈奉謹は土器片を黒川式と判断し，管玉や同時期と考えられる有柄式石剣から韓半島青銅器文化との相互接触点であると把握している（沈奉謹 1979）。一方，高野晋司は，土器は縄文時代のものと考える一方，箱式石棺は対馬島では弥生時代中期から後期に属する事例が一般的であるとし，縄文土器は破片で，石棺の蓋石も数枚欠損していることから，上部からの流れ込みの可能性を指摘している（高野 1996a）。

　志多留貝塚　対馬市上県町大字志多留字茂に所在する。大将軍山と乙宮平の間にある標高 3〜5m の砂洲に立地し，南に志多留川，東に古谷川が流れる。貝塚は現在，天道広場と呼ばれる一帯に広がっている。このほか古谷川の川床で打製石器が発見されているが，土器片の出土は確認されていない。1916 年鳥居龍蔵による調査，1948 年東亞考古学会による調査，1950 年九学会連合対馬共同調査委員会[1]による調査，1953 年対馬遺跡調査会による調査，1972 年長崎大学縄文文化研究会による調査が行われている。

　1948 年の調査では，大礫の間層を挟み，貝層が 2 枚確認され，上部の貝層からは陶器，寛永通寶などが認められたため，2 次堆積によるものと考えられた。貝層を中心に出土した遺物には土器，石器，骨角器が認められる。土器はほとんど貝殻条痕が内外面に施されており，胎土には貝殻粉を含む。底部は平底である（図 179-1・2）。石器としては打製石斧，磨製石斧，石錘，打製石鏃などが出土した。また骨針とベンケイガイ製貝輪も出土している（岡崎 1953）。

　1950 年の調査ではボーリングの結果，古谷川が湾に注ぎ作った狭小な扇状地上に，極めて海岸近くに営まれた遺跡であると推定された。A トレンチでは 20cm の表土，弥生土器から寛永通寶までの遺物を含む 50cm の混土包含層の下に縄文土器を含む 50cm の黒褐色混貝土層があり，その下に 10cm 程度の貝層が認められた。以下，砂利，人頭大の円礫層，砂質粘土層であった。B トレン

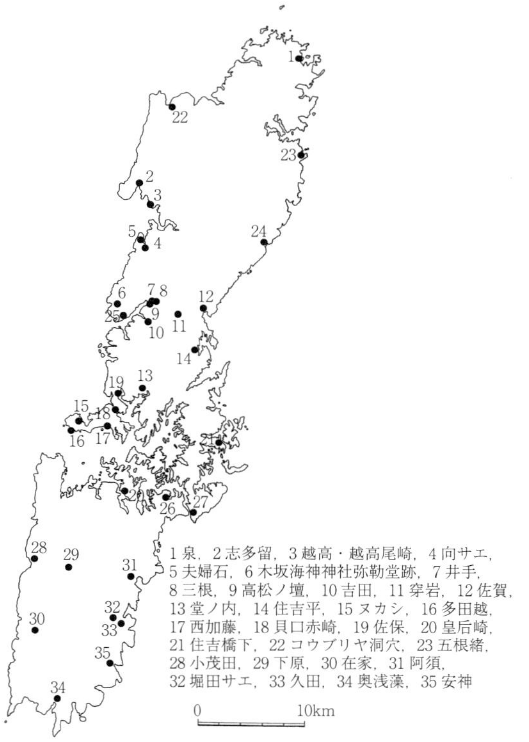

1 泉，2 志多留，3 越高・越高尾崎，4 向サエ，
5 夫婦石，6 木坂海神神社弥勒堂跡，7 井手，
8 三根，9 高松ノ壇，10 吉田，11 穿岩，12 佐賀，
13 堂ノ内，14 住吉平，15 ヌカシ，16 多田越，
17 西加藤，18 貝口赤崎，19 佐保，20 皇后崎，
21 住吉橋下，22 コウブリヤ洞穴，23 五根緒，
28 小茂田，29 下原，30 在家，31 阿須，
32 堀田サエ，33 久田，34 奥浅藻，35 安神

0　　　　10km

図 177　対馬島における縄文時代遺跡

チでも同様の堆積であったが，貝層中より人骨2体が出土した。I号人骨は西北向屈葬で，両腕に貝輪を各1点着装し，右側よりイノシシ牙製の鋩，凹石が出土した。人骨は川原石で覆われ，附近から大型の鉢形土器が出土した。人骨は老年の男性である。II号人骨は西北向屈葬で，周囲を石で覆っていた。傍らから子安貝1点，凹石1点が出土し，土器の大型破片が多く出土した。人骨は老年の男性である。貝層からは内外面に貝殻条痕が施され，胎土に貝殻粉が混入した土器が出土した（図179-4）。石器としては石錘，凹石，打製石斧などが出土した。またベンケイガイ製貝輪，サルボウ製の玦状貝製品，イノシシ牙製刺突具が出土した（駒井ほか1954）。杉原荘介もBトレンチの南西側に2m×2mのCトレンチを設定し，調査したが，同様の層序であった（杉原1951）。この九学会調査時の排土中から採集した資料を永留久恵が保管していたが，この資料のうち，1点沈線の施された口縁部片があり，鐘崎式土器であった（岡崎1953）（図179-3）。

1953年の調査では1号試掘坑から1体の人骨が出土し，肩の附近から翡翠製の珠が出土した。この珠は乳白色で小さな穿孔が認められた。2号試掘坑から1体の小児人骨が出土した。また4号試掘坑からは茶褐色で無文の滑石混入土器片が出土した（永留1976）。

1972年の調査は最も大規模であった。貝塚が楕円形に広がっていると推定された。1950年の調査で縄文時代の包含層と考えられた黒褐色混貝土層から寛永通寳などが出土し，後世の攪乱層とされ，その下の貝層（第2貝層）は縄文時代後期中葉のものとされた。人骨は5体出土した。うち4体は第2貝層からの出土で，3号人骨は仰臥屈葬で浅鉢が副葬されていた。土器としては北久根山式，西平式が出土し（図

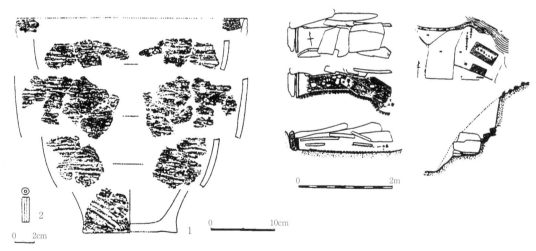

図178　泉遺跡出土遺物・遺構

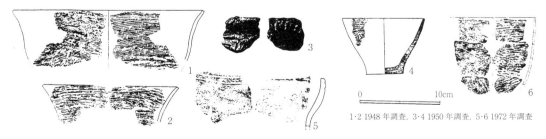

1・2 1948年調査，3・4 1950年調査，5・6 1972年調査

図179　志多留貝塚出土遺物

296　第Ⅱ部　新石器時代日韓文化交流

179-5)，これらの時期に伴う貝殻条痕が施された粗製土器が多量に出土した（図179-6）。石器としては石鏃，石鋸，石錘，凹石，石皿，磨製石斧，打製石斧，石鑿，異形石器，岩偶などが出土した。骨角器としては結合式釣針の針部，Ｔ字形釣針，刺突具，タマキガイ製とされる貝輪などが出土した（坂田1975）。

　　越高・越高尾崎遺跡（越高浜遺跡）　対馬市上県町大字越高字ハヤコに所在する。仁田湾内の標高1〜7mの海岸に立地する。遺跡附近はかつては広い平坦地で畑地として利用されていたが，海水の浸食により現在では畑地が失われ，山裾の傾斜地に崖面を露出している。越高尾崎遺跡は越高遺跡の南西方約50mの地点の海岸である。越高遺跡と越高尾崎遺跡は一連の遺跡であると考えられ，周知の埋蔵文化財包蔵地としては「越高浜遺跡」という名称で遺跡地図（長崎県教育委員会1994）に登載されている。長崎県教育委員会では越高遺跡を越高浜遺跡Ｂ地点，越高尾崎遺跡を越高浜遺跡Ａ地点と呼称している。1976年上県町教育委員会と長崎大学医学部解剖学第2教室が越高遺跡を発掘調査した。1978年上県町教育委員会が主催し，別府大学考古学研究室が越高尾崎遺跡を発掘調査した。その後1996年長崎県教育委員会が越高遺跡・越高尾崎遺跡の発掘調査を実施した。このほか表面採集が幾度か行われている。1993年に安楽勉と阿比留伴次は表面採集を行っている。東貴之は1998年に越高尾崎遺跡で，2004年に越高・越高尾崎遺跡で表面採集を行っている（東2007）。2001年に九州大学考古学研究室が採集した資料もある（鐘ヶ江・三辻2004）。

　1976年の越高遺跡調査では土坑墓が2基検出されている。1号土坑墓は隅丸方形で，人骨の頭向は東で屈葬されていたとみられている。隆起文土器が副葬されていた。2号土坑墓は楕円形で，土坑上部は拳大の石で覆われていた。人骨の頭向は北東で，屈葬されていた。包含層から出土した土器は大部分が隆起文土器である（図180-1〜6）。深鉢のほか鉢，壺などもみられる。縄文土器は少量の前平式が出土している。石器としては石鏃，石匙，削器，掻器，石槍，石斧，礫器，敲石，石錘，石核，剝片などが出土している（坂田1978a）。1978年の越高尾崎遺跡の調査では4層で1基，2層で2基の炉址が検出されている。4層の3号炉址は円形に礫を配し床面は焼けていた。2層の1号炉址と2号炉址も礫を円形に配しており，床面は焼けていた。6層からは韓半島系土器が主体的に出土している。縄文土器としては縄文時代早期末とみられる貝殻条痕土器が1点出土している（図180-7）。韓半島系土器としては，隆起文やこれに伴う沈線文・刺突文深鉢，壺などが出土している（図180-8〜11）。隆起文土器の中には貝殻条痕で調整されたものもみられる（図180-10）。石器としては石鏃，削器，石槍，石斧，礫器，石錘，敲石，砥石などがみられる。5層からは韓半島系の土器のみが出土しており，隆起文やこれに伴う沈線文土器などが出土している（図180-12）。石器としては石鏃，石斧，剝片などがみられる。4層からは縄文土器と韓半島系土器が出土している（図180-13）。縄文土器としては塞ノ神式，轟Ｂ式（図180-14）が出土している。韓半島系の土器は隆起文土器が出土している。石器としては削器，掻器，剝片，石核，石庖丁様石器，石剣様石器，打製石斧，礫器，敲石，砥石などがみられる。3層からは縄文土器のみが出土し，轟Ｂ式（図180-16），西唐津式がみられる。石器としては削器，剝片，石核，石錘，敲石，砥石，石皿などが出土した。2層からは縄文土器と韓半島系土器が出土し，縄文土器には轟Ｂ式，西唐津式（図180-17），曽畑式がみられ，韓半島系土器は隆起文土器が出土している。石器としては削器，掻器，剝片，石核，礫器，石錘，敲石などが出土している。1層からは縄文土器が出土し西唐津式，曽畑式（図180-18）がみられる。石器としては削器，剝片，石核，礫器などが出土した。韓半島系土器は下層で多く，上層では縄文土器が多く出土している傾向があることが指摘されている（坂田1979）。

　1996年の調査では越高尾崎遺跡で隆起文土器とこれに伴う沈線文土器，口唇刻目を有する土器のほか貝殻条痕が施された土器なども出土した（図180-24）。石器としては頁岩製の大型のスクレイパー，黒曜

第9章　縄文時代玄界灘島嶼域の動向と韓半島系土器　297

石石核などが出土している。越高遺跡では隆起文土器，刺突文土器，隆起文土器の伴う沈線文の施文された壺などが出土した（福田・東 1998）（図 180-20～23）。

1993 年，安楽勉と阿比留伴次が採集した資料（安楽 1994）に口唇に刻目をもち押点文と斜格子文が施文され，表面を貝殻条痕で調整している大型の深鉢がある（図 180-19）。この資料は韓半島系土器であるとする見解もあるが，筆者は西唐津式であると考えている。

向棲遺跡　対馬市上県町久原字向棲に所在する。鹿見湾に臨む平地に立地する。ここで，外面に貝殻による押引文が施され内面に貝殻条痕が施された土器が採集されており縄文時代早期末の政所式であるとみられている（図 181）（坂田 1974，永留 1975）。

夫婦石遺跡　対馬市上県町大字久原字夫婦石に所在する。仁田湾の南岸に鹿見湾と対馬海峡をへだてる細長い丘陵があるが，先端部附近の鹿見湾に面した部分に八幡神社があり，遺跡は神社境内附近の標高 10m から海岸部分の標高 0m に立地する。1988 年に長崎県教育委員会により範囲確認調査が，1989 年には対馬文化財調査委員会による発掘調査が，1993 年にも長崎県教育委員会による範囲確認調査が行われた。

1988 年の調査は海岸部分に A 調査区～C 調査区として 2×2m の試掘坑が 3 ヶ所設定された。その結果，C 調査区第Ⅶ層から刺突文の施された土器（図 182-1）や無文の土器，C 調査区Ⅵ層から水佳里Ⅰ式（図 182-2・3），B 調査区Ⅲa～Ⅲd 層から水佳里Ⅰ式，水佳里Ⅱ式（図 182-4），阿高式系（図 182-6），石鏃，スクレイパー，石斧，石核，黒曜石製・頁岩製剥片が出土した。また瀛仙洞式（図 182-7），水佳里Ⅰ式初葉土器（図 182-8），阿高式（図 182-10）が表面採集された（副島 1992ab）。

1993 年の調査地点は標高約 1m の八幡神社境内を中心とする範囲に設定され，TP1～TP6 として 2×2m の試掘坑を 6 ヶ所，計 24 ㎡の面積について調査が実施された（副島 1994）。このうち縄文時代遺物が確認されたのは TP1，TP2，TP4，TP5 であった。TP2 では 13 層で瀛仙洞式（図 182-11），水佳里Ⅰ式，

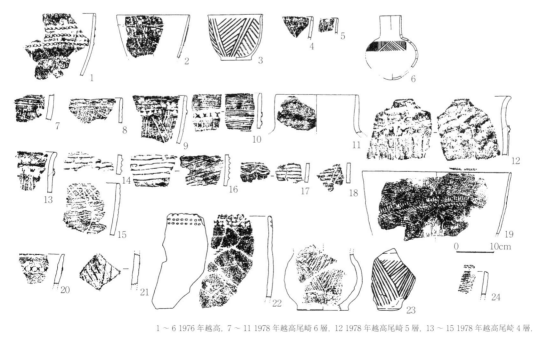

1～6 1976 年越高，7～11 1978 年越高尾崎 6 層，12 1978 年越高尾崎 5 層，13～15 1978 年越高尾崎 4 層，16 1978 年越高尾崎 3 層，17 1978 年越高尾崎 2 層，18 1978 年越高尾崎 1 層，19 1993 年越高尾崎採集，20～23 1996 年越高尾崎，24 1996 年越高

図 180　越高・越高尾崎遺跡出土遺物

298　第Ⅱ部　新石器時代日韓文化交流

曽畑Ⅱ式（図182-12・13），凹石，使用のある剝片など，12層で隆起文土器（図182-14），瀛仙洞式（図182-15～17），水佳里Ⅰ式（図182-18），水佳里Ⅱ式，11層で瀛仙洞式（図182-19～21），水佳里Ⅰ式（図182-22），水佳里Ⅱ式，曽畑式，阿高式系，石斧未成品，黒曜石剝片など，8層で縄文時代後期前葉，中葉の粗製土器，つまみ形石器，黒曜石剝片など，7層で鐘崎式（図182-23），大型剝片鏃，剝片鏃，黒曜石剝片などが出土した。またTP4では5層で鐘崎式（図182-24・25），4層で縄文時代後期中葉土器，弥生土器，黒曜石剝片などが出土した（副島・古澤・川道2013）。

木坂海神神社弥勒堂跡　対馬市峰町木坂タカイノクチに所在する。西海岸御前浜から小河川にそって400m程度遡った場所にある木坂海神神社境内に立地する。1990年に峰町教育委員会が調査主体となり長崎県教育委員会が調査を支援した。13～14世紀の高麗青磁をはじめとする多数の中世遺物が出土し，『対州神社誌』にみえる弥勒堂であることが特定された（安楽・阿比留1993）。この調査の際，押引文の土器が1点出土し，短斜線文が横位に施文された櫛目文として報告された（副島1992）。しかし，筆者が実見したところ，改めて図示したとおりこの土器は斜位に爪形工具による押引文が施された土器で，典型的な短斜線文の施文された水佳里Ⅰ式の口縁部ではないことが明らかになった（図183）。胎土には石英・長石など

図181　向陬遺跡出土遺物

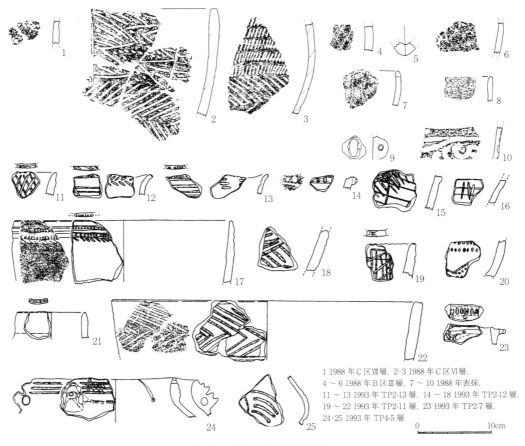

1 1988年C区Ⅶ層，2・3 1988年C区Ⅵ層，
4～6 1988年B区Ⅲ層，7～10 1988年表採，
11～13 1993年TP2-13層，14～18 1993年TP2-12層，
19～22 1993年TP2-11層，23 1993年TP2-7層，
24・25 1993年TP4-5層

図182　夫婦石遺跡出土遺物

の細かな砂粒が混じる。

井手遺跡 対馬市峰町三根下モ在家に所在する。三根湾に注ぐ三根川河口から約7～800mの沖積地で，三根川の左岸にある低丘陵の麓に立地する。1959年に阿比留嘉博と永留久恵により2ヶ所の小トレンチが設定され調査された。1990年に峰町教育委員会が主催し永留久恵と下條信行が調査を行った。2002年には「峰町日韓共同遺跡発掘交流事業」として峰町教育委員会と東亞大学校により発掘調査が行われた。

1959年の調査では板付Ⅰ式，板付Ⅱ式，須玖Ⅱ式，抉入柱状片刃石斧が出土した（永留1964，真野1974）。

1990年の調査では1959年の調査区東南4mの地点にAトレンチ，Aトレンチの南30mの丘陵麓にBトレンチを設定したが，Bトレンチでは得るべき成果はなかった。Aトレンチ最下層の11層からは縄文晩期の甕・壺を主体とし，1点板付Ⅱ式壺を含む。10・9層は無遺物層で，8・7層からは突帯文系統の甕・壺（図184-1～3），如意形口縁，有段如意形口縁のほかoi半貫通の孔列土器（図184-4），頸部縦磨研の赤色磨研土器（図184-5），甕の口縁下に附着する把手（図184-6）といった韓半島系土器が出土した。6層は有段如意形口縁の板付Ⅱ式が出土した。5層は板付Ⅱ式から須玖Ⅱ式が出土し，4層からは古墳時代土師器が出土した（峰町教育委員会1990，下條1996）。

2002年の調査では，褐色土の8層から夜臼式期の刻目突帯文土器（図183-7～10），韓半島系の口唇刻目内湾口縁甕（図184-12），壺（図184-13）などが出土している。このほか8層では滑石混入土器も出土している（図184-11）。黒曜石剝片も出土した。7層では溝状遺構が検出されているが，突帯文土器と板付式が出土している。石器としては柱状磨製石斧，敲石が出土している。この2002年の8・7層は1990年の8・7層に対応するものとみられている（俵2009）。

三根遺跡山辺区 対馬市峰町三根に所在する。三根川左岸に開口した谷部にある舌状丘陵部周辺に立地している。井手遺跡から約500mの位置にある。1999～2002年に峰町教育委員会により発掘調査された。丘陵中央部の比較的低い土地（6・7区）で夜臼式期の土器が出土している（峰町2003，俵2009）。

高松ノ壇（タカマツノダン）遺跡 対馬市峰町三根字エイシに所在していたが，現在では消滅している。三根湾に注ぐ三根川河口附近に立地していた。1910～1920年代および1930年代の2度にわたり開墾された際黒曜石製石鏃が出土したという。また，1948年東亞考古学会による踏査が行われた際には黒曜石剝片，滑石粉末を混入した厚手の土器片，弥生土器片，須恵器片が

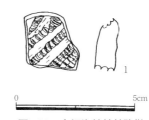

図183 木坂海神神社弥勒堂跡出土遺物

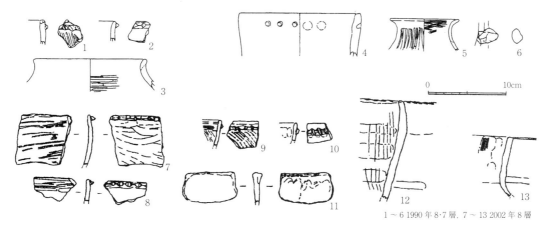

図184 井出遺跡出土遺物

採集された (岡崎 1953)。滑石混入土器は花盆形土器などの楽浪系土器でなければ,曽畑式か並木・阿高式系ということになるが,厚手という点からは並木・阿高式系の可能性が高いと思われる。1950年の九学会連合対馬共同調査委員会が踏査した際には種畜場広場一帯および舌状丘陵基部東南側裾に隣接する甘藷畑から黒曜石核6点,黒曜石剝片56点,石鏃3点 (図 185-2~4),石鋸1点 (図 185-1),土師器片2点が採集された (渡邊 1954)。滑石混入土器や石鋸から縄文時代後期前葉を中心とする時期の遺跡であった可能性がある。

吉田遺跡 対馬市峰町大字吉田字古河に所在する。三根湾の支浦である吉田浦に注ぐ吉田川右岸のテンドウの森と呼ばれる舌状台地の先端部,標高約7~8mに立地する。1954年に曾野寿彦,増田精一らによる調査,1975年に峰町教育委員会主催による別府大学の調査,2000年に九州大学による調査が行われている。

1954年の調査では貝層が確認されその上下に包含層が認められた。貝層下部の包含層はさらに二分される。上部の茶褐色土層および貝層からは夜臼式土器 (図 186-1~5),打製石斧が出土した。下部の岩盤直上の灰褐色土層からは阿高式系土器が出土した。表土からは夜臼式土器および弥生土器が出土した。原報告者は土器をA~D類に分類し,このうちA類を板付式,B~D類を夜臼式とし,貝層からはA~C類,茶褐色土からB~D類が出土したとしている (曾野・増田 1961)。しかし,橋口達也はA類も夜臼式土器とし貝層,茶褐色土ともに夜臼式のみを出土する単純層とした (橋口 1974)。

1975年の調査時点では夜臼式の貝層が道路建設により大きく削平されていたため,貝塚から北西側の台地上が調査された。5層が遺物包含層で,阿高式,坂の下式 (図 186-6・7),韓半島系の沈線文土器 (図

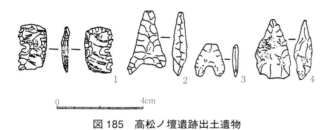

図185 高松ノ壇遺跡出土遺物

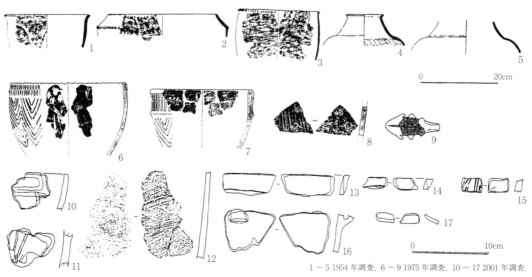

1~5 1954年調査,6~9 1975年調査,10~17 2001年調査

図186 吉田遺跡出土遺物

186-8）が出土した。また，イノシシ形土製品も出土している（図186-9）。縄文時代の石器としては打製石斧，削器，磨石，敲石，砥石などがした。この5層からは少量の夜臼式土器，弥生土器，有茎磨製石鏃も出土している（坂田1975b）。

2000年の調査では1975年の調査区附近の台地上が対象となった。5層が遺物包含層で，土器としては坂の下式（図186-10〜12）を主体とし，中津式などがみられ，水佳里III期の二重口縁土器（図186-13・14）や沈線文土器（図186-15），把手附鉢（図186-16），壺（図186-17）も出土した。石器は打製石鏃，スクレイパー，石核，剝片，石斧，磨石，石皿などが出土した（宮本編2004）。

穿岩遺跡　対馬市峰町穿岩附近に所在する。三根から佐賀に至る道路の標高約60mに立地する。1950年の九学会連合対馬共同調査委員会が踏査した際に黒曜石剝片1点が採集されている（渡邊1954）（図187）。

佐賀貝塚　対馬市峰町大字佐賀に所在する。東海岸佐賀湾に望む駄道川河口域の狭い海岸平野に立地する。佐賀からは駄道川を遡り，佐賀内川水系に沿って西進すると三根に至り，対馬島の東海岸と西海岸を結ぶ最適な路程となっている。1954年に曾野寿彦，増田精一，永留久恵，阿比留嘉博らによって発掘調査が行われた結果，縄文時代中期の阿高式土器が発見されている（永留1964・1975・2009，阿比留・永留1986）。1985年に峰町教育委員会を調査主体とし，長崎県教育委員会が実施した緊急調査の結果，縄文時代中期の貝層，縄文時代後期の貝層，住居址3基，埋葬遺構が発見された。縄文時代の貝層（4層）からは並木式（図188-2），阿高式（図188-3）が出土した。縄文時代後期の貝層（3層，3′層）からは鐘崎式（図188-4），北久根山式（図188-5），宮下式およびこれに伴う胎土に貝殻粉を含むことが多い貝殻条痕粗製土器（図188-6）が出土した。また，大型石鏃，石銛，剝片鏃，つまみ形土器，掻器，石鋸等の剝片石器，312点に及ぶ石斧（図188-9），叩石，磨石，凹石，石皿，石錘，大型刃器，砥石などの石器，刺突具，釣針等の骨角器，キバノロ上顎犬歯で製作された垂飾等の装飾品（図188-7），ベンケイガイ，サルアワビ，ユキノカサ，タマキガイ等で製作された貝輪，マガキ製の貝面（図188-8）等多種多彩な遺物が多数出土した。1号住居址は南北2.2m，東西1.5mの楕円形の範囲に掘られた柱穴群で，竪穴は検出されていない。床面が硬くしまっている。2号住居址は径250cm程度，深さ30cm程度の円形竪穴を掘り，大小26基の柱穴が竪穴外に掘られている。柱穴の側面と床面には平たい石を配し，崩壊を防いでいる。3号住居址では東西4m，南北3mの範囲に25基の柱穴がまとまって検出されている。2号住居址と同様に柱穴の壁面と床面に平たい石を配している例が多い。この住居址では30点以上の石斧や砥石がまとまって出土しており石斧製作工房といった性格が想定される。人骨は6体検出され，埋葬状態が検出されたのは4体である。1号人骨は土壙に屈葬状態で埋葬されていた。右手側に扁平石斧があり，人頭大の礫で覆われていた。2号人骨は屈葬状態で検出された。3号人骨は子供の埋葬骨であり屈葬と考えられる。4号人骨は屈葬状態で検出され，全体が人頭大の礫で覆われていたようである。頭部にアワビの殻が5点あり，左膝の部分にもアワビが1点残っていたことからアワビの殻で全身を覆っていたものとみられている。5号人骨は大腿骨のみが残り，散乱骨とも考えられる。本遺跡の特徴として多量に出土した石斧から石斧を量産し交易を行っていたということが想定されている（正林1985・1986ab・1987・1989a）。ただし原石や剝片が出土していないことから露頭附近で荒割りして持ち込まれ加工されたという見解もある（古門2001）。このほかに1985年の発掘調査終了に際して，隣接家屋のブロック塀附近の掘り残し部分から韓半島南部地域の水佳里I式に属する赤彩された短斜線文土器の口縁部1点（図188-1）が出土している（正林1989b）。

堂ノ内遺跡　豊玉町仁位清玄寺原堂ノ内に所在する。仁位川に向う緩い標高5〜10mの傾斜面に立地する。この附近では打製石斧（図189-3・4），凹石（図189-

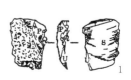

図187　穿岩出土遺物

2) などが採集されている（岡崎 1953）。1950 年の九学会連合対馬共同調査委員会が踏査した際にも黒曜石剝片（図 189-1）などが採集されている（渡邊 1954）。

住吉平貝塚　対馬市豊玉町大字曽字浜に所在する。対馬島東海岸の曽浦の最も奥まった部分に流れ込む曽川の左岸に住吉平と呼ばれる標高 10〜15m の舌状台地が延びており，この台地の東側に貝塚群が点在している。1973 年長崎県教育委員会と豊玉町教育委員会の共催により，長崎大学医学部解剖学第 2 教室が調査を実施した。遺物は A〜D 貝塚と 4 ヶ所で確認された貝塚と A 貝塚と B 貝塚の中間に堆積した土層である黒褐色土層から出土した。A 貝塚では夜臼式のみが確認されている（図 190-1〜4）。黒褐色土層では夜臼系甕（図 190-5），板付 I 式が出土した。B 貝塚では少量の夜臼系壺のほか板付 I 式，板付 II 式および柱状片刃石斧，石皿，砥石，凹石，貝刃器などが出土した。C 貝塚では板付 II 式が出土した。D 貝塚では夜臼式（図 190-6）が採集された（坂田 1975a）。

ヌカシ遺跡　対馬市豊玉町廻字ヌカシに所在する。海に面した小さな谷間で，海岸に近いなだらかな扇状地に立地する。1974 年豊玉町教育委員会が主催し，別府大学文学部考古学研究室が調査を行った。IV 層では炉址 1 基が検出されている。IV 層の土器には阿高式，坂の下式（図 191-1）と瀛仙洞式（図 191-2）がみられる。石器としては石鏃，石錐，削器，石鑿，磨製石斧，打製石斧，石錘，敲石，凹石，磨石などがみられる。III 層では炉址 2 基，集石 1 基，柱穴 1 基が検出された。集石は敲石，凹石，磨石，石斧が一括して出土したものである。III 層の土器には坂の下式（図 191-3），韓半島系壺（図 191-4）などがみられる。石器としては削器，搔器，磨製石斧，打製石斧，石皿，敲石，凹石，磨石，石錘などがみられる。II 層の土器には坂の下式（図 191-5・6）と水佳里 III 式の二重口縁土器（図 191-7），把手附壺（図 191-8）がみられる。石器としては削器，搔器，磨製石斧，打製石斧，砥石，敲石，凹石，磨石などがみられる。II 層上部では北久根山式・宮下式（図 191-9・10）や内外面貝殻条痕による調整の施された粗製土器（図 191-11）が出土している（坂田 1978b）。このほか水佳里 III 期の沈線文土器が採集されている（図 191-12）。

多田越遺跡　対馬市豊玉町唐洲字多田越に所在する。浅茅湾の入口附近の只越岬に立地し，標高は 0〜5m である。波浸食によって露出した崖面に赤褐色礫土の遺物包含層が観察される。1996 年，東貴之が踏査し，新規発見された。坂の下式（図 192-1・3），貝殻条痕土器（図 192-2），沈線文施文土器（図 192-4），

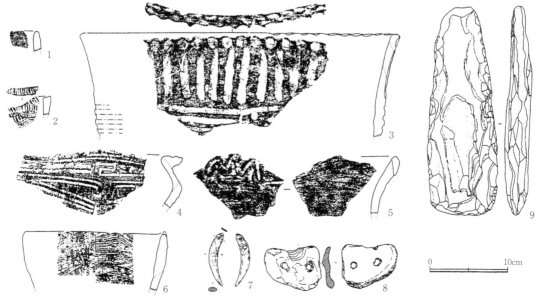

図 188　佐賀貝塚出土遺物

第9章 縄文時代玄界灘島嶼域の動向と韓半島系土器 303

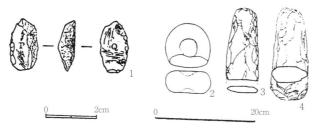

図 189 堂ノ内遺跡出土遺物

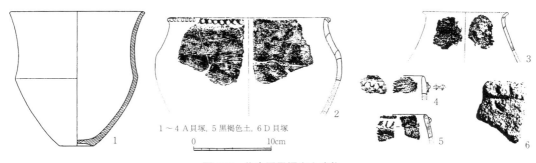

1〜4 A貝塚, 5 黒褐色土, 6 D貝塚

図 190 住吉平貝塚出土遺物

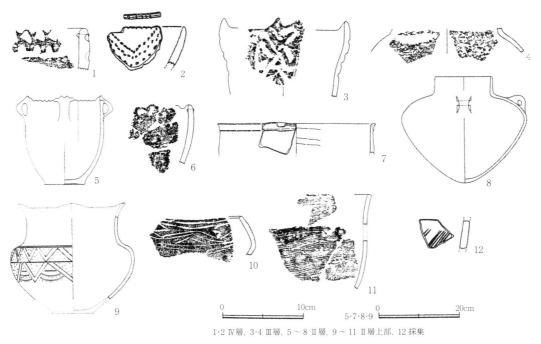

1・2 Ⅳ層, 3・4 Ⅲ層, 5〜8 Ⅱ層, 9〜11 Ⅱ層上部, 12 採集

図 191 ヌカシ遺跡出土遺物

図 192 多田越遺跡出土遺物

西加藤遺跡 対馬市豊玉町嵯峨字加藤に所在する。浅茅湾を望む小さな湾の奥に立地する。加藤小学校裏に遺物包含地があり，加藤小学校前の海底遺跡がある。1968年加藤小学校裏遺物包含地で遺物が採集され，1968年〜1969年にかけて加藤小学校前の海底遺跡で遺物が採集された。加藤小学校裏遺物包含地で採集された資料には坂の下式（図193-8〜11）と焼成後穿孔の土製円盤がある。加藤小学校前の海底遺跡で採集された資料には坂の下式（図193-4〜7）のほか掻器，石錐，石鏃，縦長剥片などがある（西1974a）。1974年に海底遺跡部分で発掘調査が行われているが，正式な報告はなく，永留久恵や坂田邦洋による断片的な記述のみが存在する。海底下1.8mで田村式とみられる押型文土器（図193-1〜3），海底下1.5mで船元式，南福寺式，韓半島沈線文土器，海底下1.4〜1.3mで鐘崎式が出土したという（坂田1974，永留1975）。

貝口赤崎遺跡 対馬市豊玉町貝口字テナシ浦に所在する。仁位湾の西側，中央附近で深く入り込んだ貝口浦の最奥部に西から突出した岬に立地する。夜臼式土器片が1点採集されている（髙倉・渡部1974）（図194）。

佐保遺跡 対馬市豊玉町佐保に所在する。佐保川の流れに沿って開けた小さな原の山裾で石斧（図195-1〜4）4点が重なり合って出土した。同時に馬鐸，腕輪，巴形銅器などが出土したというが，共伴関係には疑問があるとされる。石斧が重なり合って出土した地点から2mほど離れた地点から石斧（図195-5）が1点採集された（永留1967）。これらの石斧の時期は不明であるが，縄文時代のものである可能性があるとされる（永留1967）。

皇后崎遺跡 対馬市美津島町箕形字皇后崎に所在する。西海岸の黒瀬湾と洲藻浦の間に突き出た皇后崎に位置する。1952年〜1954年対馬遺跡調査会により対馬島各地で調査が行われた際，踏査され，黒曜石破片5点および素焼きの土器片2，3点が表面採集された。黒曜石のうち2点は表裏より周縁剥離を施し，一辺が鋸歯状を呈している（図196）。報告者の増田精一は五島市福江の石鋸と対比している（増田1963）。

住吉橋下遺跡 対馬市美津島町鴨居瀬字住吉に所在する。東海岸芦浦に続く住吉瀬に面する標高18mの海岸に所在する。曽畑式や黒曜石剥片が採集されたという（安楽1994）。

その他の遺跡 以上の遺跡のほかに1985年，長崎県教育委員会により実施された分布調査（長崎県教育委員会1995）により発見された縄文時代と考えられる遺跡がある。長崎県埋蔵文化財包蔵地カードに基づき表16のように整理したが，出土遺物のほとんどが黒曜石剥片などであり，縄文時代の遺跡ではない可能性もある。このほか中山，井口浜，佐護，佐護白岳，雞知，阿連などで石斧や凹石が採集されているが，帰属時期は不明である（岡崎1953）。また，永留久恵によると島山で長さ38cmの大型の打製石斧が出土し，志加々では多くの石斧が一括で出土し，糸瀬では6点の石斧がまとまって出土しているとされるが（永留1975），帰属時期は不明である。さらに，貝鮒（字スクエ），鑓川，小綱，貝口（字カリンコ），仁位（字松原）などで磨製石斧や凹石が採集されているが帰属時期などは不明である（西1974b）。このうち貝鮒と鑓川の

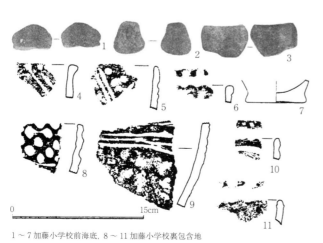

1〜7加藤小学校前海底，8〜11加藤小学校裏包含地
図193　西加藤遺跡出土遺物

磨製石斧は擦切技法によるもので注目される。

(2) 対馬島の縄文時代遺跡の特徴

対馬島の縄文文化については永留久恵，坂田邦洋，久原巻二，安楽勉らによって整理されている（永留1964・1975・2009，坂田1980，久原1988，正林1995，安楽1996）。永留久恵は対馬島における縄文時代遺跡が西海岸に多く分布することを指摘し，志多留や佐賀は拠点的な集落であった一方，多くの遺跡は短期に利用された漁撈民の一時的な小規模集落であると考察している（永留2009）。久原巻二は対馬島の縄文時代の遺跡は北側か西側に風波を防ぐ山地や丘陵があり切り立った岩石海岸が途切れて，湾奥に小さな浜がある入江に多く立地し，分布は西海岸に多く見られることを指摘している。また弥生時代の遺跡の分布が仁田川，佐護川，三根川といった河川沿いに多く分布するのと対称的に，縄文時代の遺跡は河川沿いには立地せず，湾の奥の小平地を集約的に占地しているという特徴も指摘している（久原1988）。また，木村幾多郎は対馬島の縄文時代遺跡が湾の最奥のやや広い平坦地に立地するものの，韓半島系土器が主体を占める遺跡は湾の入口附近の狭い谷に多く，棲み分けをしていたのか，一時的滞在のくり返しであったためそれほど広い土地を必要としなかったという可能性を指摘している（木村1997・2003）。また，従前より韓半島系土器が多く出土する遺跡は対馬島西海岸に多いと指摘されており（宮本1990），李相均は海流の影響であるとしている（李相均2003）。

対馬島では永留らの指摘のとおり縄文時代早期から後期前葉にかけて西海岸に遺跡が多く立地する。この状況に変化が生じるのは，鐘崎式期である。この時期に対馬島では比較的大きな居住遺跡である佐賀や志多留が形成される。佐賀は東海岸に立地するが，対馬島の西海岸と東海岸を繋ぐ結節点に位置し，壱岐島を介した九州本島との交流拠点となったものと考えられる。三万田式期には対馬島では遺跡がほとんどみられず，その後の遺跡としては，黒川式期の可能性がある泉，その後の夜臼式期の井手，住吉平，吉田などの遺跡が挙げられる。それまでの遺跡の立地とは異なり，住吉平では東海岸に立地している。また，井手はそれまで利用されることの稀であった比較的大きな河川のそばに立地しており，三万田式期の断絶期をはさみ遺跡立地が変化したものと考えられる。

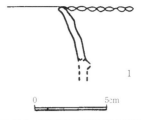

図194　貝口赤崎遺跡出土遺物

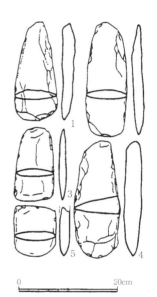

図195　佐保遺跡出土遺物

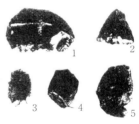

図196　皇后崎出土遺物

2．壱岐島の縄文時代遺跡

(1) 遺跡概要

串山ミルメ浦遺跡　壱岐市勝本町東触字白濱辻，字小串に所在する。遺跡は天ヶ原から小串へと伸びる陸繋砂洲上に位置し，東は外海，西はミルメ浦に臨む。1980年，勝本町教育委員会が九州大学考古学研究室の参加を得て実施された調査により，並木Ⅱ式（図198-1）が2点出土した（平川編1985）。また，1996年の海浜部潮間帯における調査では1点の完形に近い夜臼式の刻目突帯文甕（図198-2）が出土している（安楽2011）。

306 第Ⅱ部 新石器時代日韓文化交流

表16 その他の対馬島の縄文時代遺跡

遺跡名	所在地	立地	標高	種別	出土遺物
コウブリヤ洞穴	上県町コサヤ北里	海岸	2m	洞穴・岩陰	黒曜石剝片
五根緒	上対馬町五根緒小字平山	丘陵	20〜30m	遺物包含地	黒曜石剝片
古小鹿	上対馬町小鹿字古小鹿	山裾	5〜10m	遺物包含地	石斧6点
狩尾	峰町狩尾字狩尾采	平地	5〜10m	遺物包含地	黒曜石剝片
白連江第1	美津島町大字竹敷	岬先端	5〜10m	墳墓（弥生）	
大船越	美津島町大字大船越字下在所	平地	10m	遺物包含地	石鏃，黒曜石剝片
小茂田	厳原町小茂田字乗越	砂堆	4〜5m	遺物包含地	黒曜石剝片
下原	厳原町小茂田下原	丘陵	30m	遺物包含地	黒曜石剝片
在家	厳原町久根田舎字在家	平地	20〜25m	遺物包含地	黒曜石剝片
阿須	厳原町北里滝が深	丘陵斜面	30〜40m	遺物包含地	凹石
堀田采	厳原町堀田深	丘陵	25〜30m	遺物包含地	石鏃，黒曜石剝片
久田	厳原町久田	丘陵傾斜面	30m	遺物包含地	黒曜石剝片
奥浅藻	厳原町奥浅藻	丘陵先端	10m	遺物包含地	黒曜石剝片
安神	厳原町安神	砂堆内側斜面	4m	遺物包含地	黒曜石剝片

　浦海遺跡　壱岐市勝本町本宮仲触字浦海に所在する。標高0〜10mの岩石海岸に立地しており，満潮時には海面下に完全に水没する潮間帯遺跡である。1985年長崎県教育委員会により踏査され，長さ28.8cm，最大幅9.9cm，最大厚3.1cmの玄武岩製の磨製石斧1点（図199-1）およびサヌカイト剝片（図199-2），黒曜石剝片（図199-3）が採集されている（古澤2015c）。このような長大な磨製石斧は，九州島では縄文時代前期にみられるもので，遺跡形成時期と地理的距離から松崎の集落との関連を想定させる。

　松崎遺跡　壱岐市勝本町本宮南触字松崎地先海岸に所在する。標高1m未満の低地部に立地しており，満潮時には海面下に完全に水没する潮間帯遺跡である。1979年に勝本町教育委員会および九州大学壱岐国研究会により範囲確認調査が行われ，2002年に勝本町教育委員会により発掘調査が行われた。遺構としては貝塚が発見されているが，堆積は旧河道内に限定されることから2次堆積した可能性が高い。貝層からは曽畑式土器および阿高式系土器を主体とする土器片が出土しており阿高式系土器の時期に最終的に形成されたものとみられる。

　遺物としては土器，石器，ベンケイガイ製貝輪などが発見されている。土器型式は田村式（図200-1），早期末条痕文土器，西之薗式，轟B式（図200-2），西唐津式（図200-3），曽畑式Ⅱ式（図200-4），春日式（図200-5），並木式（図200-6），坂の下式（図200-7），鐘崎式（図200-8），北久根山式（図200-9）が確認されている。このうち曽畑式と阿高式系土器の出土量が多い。また，韓半島系土器として隆起文土器1点（図200-10）と水佳里Ⅰ式太線沈線文土器1点（図200-11）が出土している。石器は打製尖頭器，打製石鏃，サイドブレイド，石錐，スクレイパー類，両面調整石器，磨製石斧，打製石斧，礫器，石錘，凹石，台石，敲石，石皿などが出土した。遺跡形成当時，河道の水が流れるような環境であったことから現在のような潮間帯ではなく，陸地であったと考えられている。また調査地区は遺跡本体から流失・廃棄により形成されたものとみられ，陸地側の山地裾部の傾斜変換点附近に遺跡の中心があったものと推定されている（田中編2003）。

　国柳遺跡（カラカミ遺跡国柳地区）　壱岐市勝本町立石東触字国柳に所在する。深い湾入部をもつ片苗湾とそれに続く刈田院川流域の標高52〜70mの丘陵に立地し，弥生時代の集落遺跡として著名なカラカミ遺跡の西部にあたる。福田敏により黒曜石製細石刃核（図201-1），黒曜石製剝片鏃，黒曜石縦長剝片などが採集されている（安楽1976，正林・宮﨑編1985）。

第 9 章　縄文時代玄界灘島嶼域の動向と韓半島系土器　307

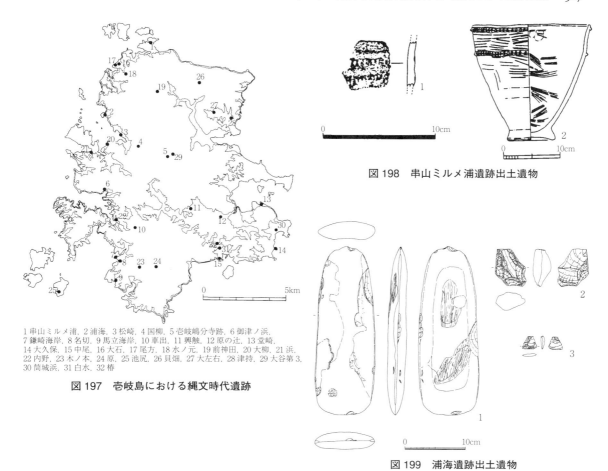

1 串山ミルメ浦, 2 浦海, 3 松崎, 4 国柳, 5 壱岐嶋分寺跡, 6 御津ノ浜,
7 鎌崎海岸, 8 名切, 9 馬立海岸, 10 車出, 11 興触, 12 原の辻, 13 堂崎,
14 大久保, 15 中尾, 16 大石, 17 尾方, 18 水ノ元, 19 前神田, 20 大柳, 21 浜,
22 内野, 23 木ノ本, 24 原, 25 池尻, 26 貝畑, 27 大左右, 28 津持, 29 大谷第 3,
30 筒城浜, 31 白水, 32 椿

図 197　壱岐島における縄文時代遺跡

図 198　串山ミルメ浦遺跡出土遺物

図 199　浦海遺跡出土遺物

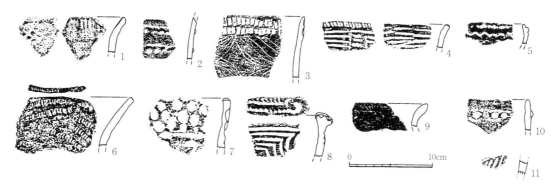

図 200　松崎遺跡出土遺物

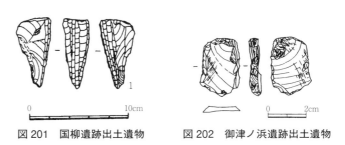

図 201　国柳遺跡出土遺物　　図 202　御津ノ浜遺跡出土遺物

壱岐嶋分寺跡 壱岐市芦辺町国分本村触に所在する。8世紀後半から11世紀初頭まで官寺として機能していた遺跡である。2012年度の壱岐市教育委員会による発掘調査で細石刃核が出土した[2]。

御津ノ浜遺跡 壱岐市郷ノ浦町大浦触に所在する。標高0mの岩石海岸に立地しており，満潮時には海面下に完全に水没する潮間帯遺跡である。1985年長崎県教育委員会により踏査され，縄文土器が採集されている（長崎県教育委員会 1994）。筆者は2013年踏査した際，黒曜石剥片（図202）を採集している。

鎌崎海岸遺跡・名切遺跡 鎌崎海岸遺跡は壱岐市郷ノ浦町片原触字鎌崎に，名切遺跡は字名切山，字菓子田に所在する。弁天崎とよばれる小さな岬がありこの岬の南西海岸から名切川の河口一帯までに遺物が散布している。鎌崎海岸遺跡と名切遺跡の間には新田が開かれて断ち切られているが，本来は一体の遺跡であったと考えられている。両遺跡は高潮時には海中に没する潮間帯遺跡である。1977年～1978年に壱岐郷土館が両遺跡の表面採集を行っている（横山・田中 1979）。また1983年に長崎県教育委員会により名切遺跡の発掘調査が行われている（安楽・藤田編 1985）。1977年～1978年の鎌崎海岸遺跡における地表調査では，出水式土器（図203-1）や貝殻条痕土器（図203-2）のほか石槍，打製石鏃，剥片鏃（図203-6），石錘（図203-3），スクレイパー，凹石，石皿，尖頭状礫石器，磨製石斧などの石器が採集されている。特に全

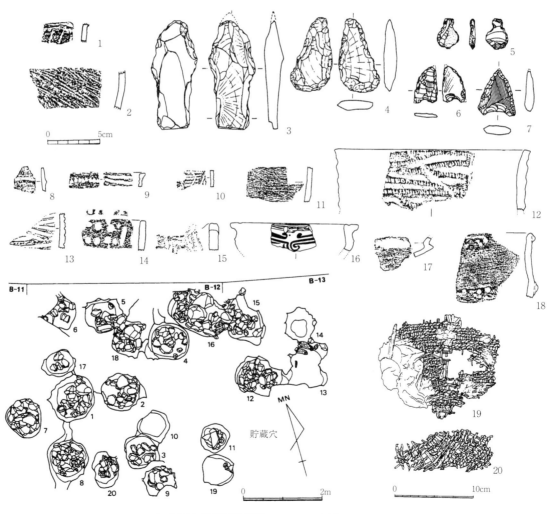

1～7 1977・78年鎌崎海岸採集，8～20 1983年名切

図203 鎌崎海岸・名切遺跡出土遺物

体が直角三角形状で底辺に当たる部分に刃部を有し，柄部が細長い定型化した特徴をもつスクレイパー（図203-4）は鎌崎型スクレイパーと呼ばれる。また，1977年～1978年の名切遺跡における地表調査では，轟B式，曽畑式，轟D式，並木式，阿高式，坂の下式，小池原上層式，鐘崎式，北久根山式，黒川式などの土器のほか打製石鏃，局部磨製石鏃（図202-7），つまみ形石器（図203-5），磨製石斧が採集された。1983年の名切遺跡の調査では30基の貯蔵穴が確認された（図203）。この貯蔵穴は堅果類の貯蔵およびあく抜きのための施設と考えられている。貯蔵穴からは縄文時代中期の土器が出土する事例と晩期の土器が出土する事例があり，時期は縄文時代中期と晩期に属すると報告されている。出土土器には轟B式（図203-8），曽畑式（図203-9・10），轟D式（図203-11），船元式，並木式（図203-12），阿高式（図203-13），坂の下式（図203-14），中津式（図203-15），鐘崎式（図203-16），北久根山式，黒川式（図203-17），刻目突帯文土器（図203-18）などが確認されている。石器としては縦長剥片，石鏃，剥片鏃，石錐，つまみ形石器，掻器，石核，彫器，石銛，鎌崎形スクレイパー，磨製石斧，打製石斧，磨石，凹石，敲石，石皿などがみられ，このほか2号貯蔵穴から，かご（図203-19・20）と垂飾玉も出土している。名切遺跡では土器の出土が多く，鎌崎海岸遺跡では石器の出土が多いという指摘もある（横山1990）。

馬立海岸遺跡 壱岐市郷ノ浦町坪触字小下シ，字小形に所在する。標高0～5mの岩石海岸に立地しており，満潮時には海面下に完全に水没する潮間帯遺跡である。1985年長崎県教育委員会により踏査され，石斧，石核など多数の石器が採集されている（長崎県教育委員会1994）。筆者は2013～2015年踏査した際，黒曜石剥片（図204-1～7）やサヌカイト剥片（図204-8）を採集している。縦長の剥片がみられることから縄文時代後期頃の遺跡ではないかと推測される。遺跡南部には坪・初瀬流紋岩類が広がり，流紋岩層中から黒曜石が産出されるが（竹下ほか1987，佐野1995，山内2013），出土遺物は腰岳系で在地石材は利用されていない（古澤2015b）。

車出遺跡 壱岐市郷ノ浦町田中触に所在する。鉢形山の南側の田中川流域の平坦地とその南側の丘陵斜面に立地する。1998年長崎県教育委員会により発掘調査された結果，細石刃2点と船底形細石刃核1点（図205-1）と原礫面を残す円錐形細石刃核1点（図205-2）が出土した（安楽1998）。

興触遺跡 壱岐市芦辺町湯岳興触に所在する。遺跡は島内最大の平野である深江田原平野の北西部外縁に位置し，平野に突き出た舌状台地とその周辺に広がっている。標高は8～18mである。1975年および1976年に長崎県教育委員会が踏査した際，黒曜石製細石刃（図206-1）と細石刃核（図206-2）が採集されている（安楽1976，副島1977）。1992年に長崎県教育委員会が範囲確認調査を実施した際，縄文時代早期とみられる刺突文の施された口縁部片1点（図206-3）と打製石器1点（図206-4）が出土した（川口・松永

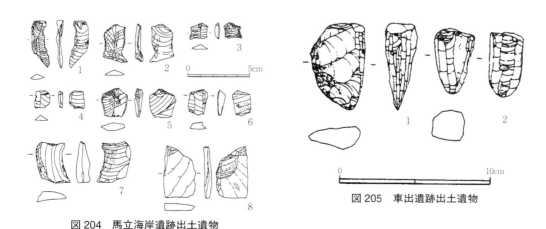

図204 馬立海岸遺跡出土遺物

図205 車出遺跡出土遺物

1998)。

原の辻遺跡　壱岐市芦辺町・石田町に所在する。深江田原とよばれる平野に広がる面積約 100ha の広大な弥生時代の環濠集落遺跡で，標高 9～18m の低い玄武岩台地を中心に，周囲の標高 5～7m の低地部にも遺跡が分布する。原の辻遺跡では弥生時代・古墳時代初頭の遺物が多量に出土しているが，縄文時代の遺物も少量出土している。黒曜石製の細石刃（図 207-1）や細石刃核（図 207-2）が川原畑地区（宮﨑編 1998），不條地区（宮﨑編 1998, 杉原編 1999, 安楽編 2000, 杉原編 2001, 寺田編 2006），八反地区（安楽編 2002, 福田・小玉編 2004, 林編 2005），高元地区（中尾編 2004），原地区（安楽編 2000），芦辺高原地区（山下・川口編 1997），石田大原地区（河合編 2004），大川地区（安楽 1976, 副島 1977, 宮﨑編 1999），原ノ久保 A 地区（宮﨑編 1999）で 20 点以上出土している。西海技法によるものが大部分で縄文時代草創期の資料とみられる。これまで弥生時代以降の層から細石刃・細石刃核が出土していることが確認されていたが，2013 年度の川原畑地区の調査では，弥生時代以前の河川堆積層（補正 ^{14}C 年代 6420 ± 40 年 BP）から細石刃が 1 点，中世層から細石刃核が 1 点出土した（古澤編 2014）。

確実に縄文時代早期以降のものと考えられる遺物として，坂の下式土器（図 207-3・4）3 点が不條地区，川原畑地区で出土している（古澤・田中 2014）。石器としては山口麻太郎により原の辻遺跡またはカラカミ遺跡で採集された局部磨製石鏃や剝片鏃が以前より知られていた（下川 1970）。局部磨製石鏃（図 207-5）は不條地区（安楽編 2001），八反地区（小石編 2001），高元地区（中尾編 2005），石田高原地区（副島・山下編 1995），菅ノ木地区（安楽・藤田編 1978）で 8 点程度出土している。剝片鏃（図 207-6）は不條地区（安楽編 2001），石田高原地区（中尾編 2003），石田大原地区（河合編 2002），大川地区（藤田編 1977），原ノ久保 A 地区（林編 2006），原ノ久保 B 地区（松見編 2005），池田大原地区（林編 2009）で 7 点程度出土している。石匙（図 207-7）は不條地区（安楽編 2001, 寺田編 2006），八反地区（中尾編 2003, 川畑敏則編 2011），原地区（宮﨑編 1999），石田高原地区（中尾編 2003），大川地区（安楽勉 2001）で 9 点程度出土している。楔形石器は不條地区（安楽勉 2000）で 1 点出土している。鎌崎型スクレイパー（図 207-8）は八反地区（福田・小玉編 2004）で 1 点出土している。このほか多くの打製石鏃や磨石・凹石・敲石，石皿などが出土しているが弥生時代のものと判別が困難である。

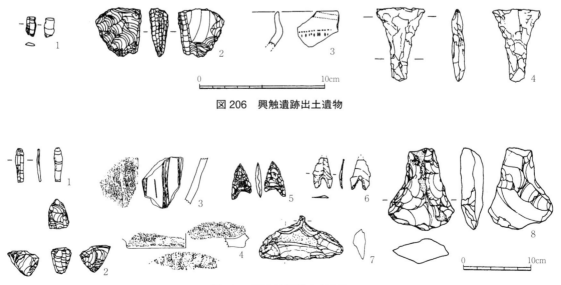

図 206　興触遺跡出土遺物

図 207　原の辻遺跡出土遺物

時期としては坂の下式土器，剥片鏃，基部のみを研磨する局部磨製石鏃，鎌崎型スクレイパーなどから縄文時代後期前葉を中心とする時期に土地が利用されたことが想定される。縄文時代の遺物は相対的に少量出土しているのが現状であるが，大規模な弥生時代以降の土地改変により縄文時代の層が煙滅している可能性や弥生時代の遺構より下層を調査しない事情による可能性もある。これまで出土した縄文時代遺物は石匙や石鏃などの石器が多く，原の辻遺跡周辺は一時的な野営地や狩猟場であった可能性が高いものと思われる（古澤・田中 2014）。

堂崎遺跡　壱岐市石田町筒城山崎触字堂崎に所在する。遺跡は標高 0～10m の砂浜海岸の岬部に立地する。1985 年安楽勉ら長崎県教育委員会により踏査され，2010 年川畑敏則と筆者により，2013 年筆者により踏査された。水田灌漑用の溜池を掘った上げ土（砂）から縄文時代後期末から晩期の屈曲部がある鉢（図 208-1）や貝殻粉を混和し貝殻条痕を施した粗製土器片（図 208-2・3），黒曜石剥片などが出土している。このほか焼成前穿孔の孔列土器が採集されているが，胎土や焼成から縄文時代の所産ではないと考えられる。溜池の岸には貝層がみられ貝塚の可能性もある（安楽・川畑・古澤 2014）。

大久保遺跡　壱岐市石田町筒城東触字大久保に所在する。遺跡は大浜と筒城浜と呼ばれる砂性の海浜に挟まれた小山状の岬の基部に位置する。岬から西側に下った麓にあたり，北側は海に向かって急激に落ち込んでいる。岬の周辺には人頭大の礫が多くみられ，岩礁性と砂性の環境を併せもつ。標高は 2～3m である。2001 年に熊本大学考古学研究室により発掘調査が行われた。貝層は砂層中にレンズ状に堆積していた。条痕調整が顕著な粗製土器（図 209-1～5），「く」の字に屈曲する鉢胴部などが出土し（図 209-3・4），胎土には貝殻粉を含むものも認められ，縄文時代後期末～晩期前葉の時期が考えられている。このほか打製石斧，石皿，骨角器が出土した（河合編 2002）。筆者が 2009 年～2013 年に踏査した際には，熊本大学調査時と同様の所見をもつ貝殻条痕調整土器（図 209-7）が露頭礫層を中心に発見され，なかにはミガキ調整が顕著な土器（図 209-8）もみられた。露頭礫層の遺物は上部の砂層から落ち込んだものとみられるが，縄文時代後期末～晩期の土器のみがみられたため，砂層の堆積年代も同様の時期であることが確認された（古澤 2014a）。

中尾遺跡　壱岐市石田町池田東触字中尾に所在する。遺跡は印通寺港西部に位置する標高 6～30m の斜面に広がる。1996 年～1997 年に石田町教育委員会によって範囲確認調査が行われた。3m×4m のトレンチⅥ区から 130 点の石器が出土した。サヌカイト製スクレイパー，黒曜石製打製石鏃（図 210-1～3），剥片，縦長剥片（図 210-5・6），つまみ形石器（図 210-4）などがみられる（河合 1998）。土器は確認されていないが，縦長剥片，つまみ形石器などから縄文時代後期の所産であると考えられる。遺跡北西部には久喜流紋岩類が広がり，流紋岩層中から黒曜石が産出されるため（竹下ほか 1987，佐野 1995，山内 2013），黒曜石関連遺

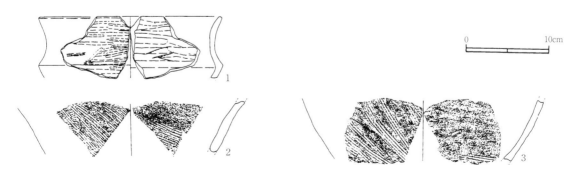

図 208　堂崎遺跡出土遺物

312　第Ⅱ部　新石器時代日韓文化交流

跡としての性格も想定される。

　その他の遺跡　このほか1985・1986年，長崎県教育委員会により実施された分布調査（長崎県教育委員会1994）により発見された縄文時代と考えられる遺跡がある。長崎県埋蔵文化財包蔵地カードに基づき表17のように整理したが，出土遺物のほとんどが黒曜石剝片などであり，縄文時代の遺跡ではない可能性もある。原島では縄文時代の遺跡としてこれまで池尻遺跡が1ヶ所知られるのみであった。2010年川村明人が縄文土器の可能性がある有文土器を原島で採集したことがある。また，2013年犬童淳一郎により原島各所で黒曜石剝片などが採集されており，さらに多くの遺跡が所在するものとみられる。

(2) 壱岐島の縄文時代遺跡の特徴

これまで，壱岐島の縄文文化に特化した論究は少ないが，横山順，高野晋司，中尾篤志，川畑敏則らにより整理されている（横山1990，高野1996b，中尾2001，川畑2008）。横山は壱岐島の縄文時代遺跡は西海岸の潮間帯に位置するものが多いと指摘している。縄文時代草創期の遺物は原の辻，興触，壱岐嶋分寺跡，前神田，国柳，車出，原といった内陸部で多く発見されている。一方，縄文時代早期以降の遺跡は浦海，松崎，大柳，浜，御津ノ浜，内野，鎌崎海岸・名切，馬立海岸といった西海岸の潮間帯を中心とする海岸部に多く，遺跡立地の変化がみられ，縄文時代早期以降，海での活動に依拠した遺跡が多く認められる。特に松崎や名切では間に土器型式がみられない段階があるが，押型文土器期や轟B式期から北久根山式期や夜臼式期までの土器が出土し，間歇的ではあるが長期間にわたり，土地が利用されている。遺跡によって量的な多寡に差異

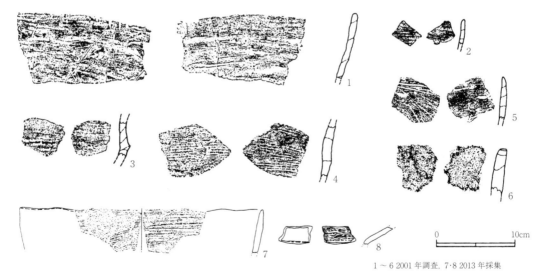

図209　大久保遺跡出土遺物

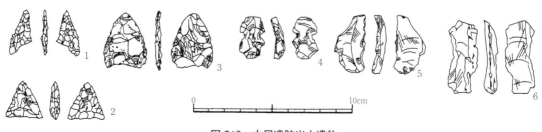

図210　中尾遺跡出土遺物

第9章 縄文時代玄界灘島嶼域の動向と韓半島系土器　313

表17　その他の壱岐島の縄文時代遺跡

遺跡名	所在地	立地	標高	種別	出土遺物
大石	勝本町坂本触字大石	丘陵	10〜25m	遺物包含地	石鏃，黒曜石剝片
尾方	勝本町坂本触字尾方	丘陵傾斜面	4〜10m	遺物包含地	黒曜石製石鏃，剝片，サヌカイト製スクレイパー
水ノ元	勝本町坂本触字水ノ元	丘陵傾斜面	20〜40m	遺物包含地	黒曜石製石鏃
前神田	勝本町新城西触字平川	平地	40〜48m	遺物包含地	半船底形細石刃核，縄文土器，石鏃
大柳	勝本町立石西触字大柳	海岸	0〜8m	遺物包含地	縄文土器，磨製石斧，サヌカイト剝片
浜	郷ノ浦町里触字浜	砂浜	0〜5m	遺物包含地	安山岩製スクレイパー
内野	郷ノ浦町半城本村触字内野	海岸	0〜10m	遺物包含地	縄文土器
木ノ本	郷ノ浦町片原触字木ノ本	丘陵	90m	遺物包含地	黒曜石製石鏃2点，黒曜石剝片
原	郷ノ浦町若松触字原	丘陵	130m	遺物包含地	船底形細石刃核，黒曜石剝片
池尻	郷ノ浦町原島字池尻	丘陵	0〜5m	遺物包含地	黒曜石剝片
貝畑	芦辺町箱崎本村触	丘陵	58m	遺物包含地	黒曜石剝片，黒曜石原石
大左右	芦辺町箱崎大左右触大左右	丘陵	5m	遺物包含地	黒曜石製石鏃，剝片
津持	芦辺町箱崎大左右触津持	丘陵斜面	20m	遺物包含地	黒曜石剝片
大谷第3	芦辺町国分本村触	丘陵	90m	遺物包含地	黒曜石原石
筒城浜	石田町筒城西触花川	平地	5m	遺物包含地	黒曜石製グレーバー
白水	石田町石田西触白水	台地	2〜3m	遺物包含地	黒曜石原石，剝片
椿	石田町池田東触字椿	平地	15〜16m	遺物包含地	黒曜石原石，剝片

はあるものの，特に松崎，名切では曽畑式と坂の下式から北久根山式が，名切では並木式がまとまって出土している。これらの状況から，縄文時代前期後半と後期前葉から中葉に壱岐島での縄文人の活動の盛期があったものと考えられる。また，壱岐島の西海岸遺跡では馬立海岸のように黒曜石や黒曜石製石器が採集されるのみで土器がほとんど採集されない遺跡が多い。この土器量に比して石器量が多い遺跡があるという現象は偶然ではないものと思われ，発掘調査が実施された結果，黒曜石製石器のみが出土し，土器が出土しなかった中尾のような事例も確認されている。これらの黒曜石製石器には剝片石器が多く認められることから，時期は縄文時代後期を中心とするものと考えられる。これらの遺跡附近には黒曜石産地もあり，黒曜石関連遺跡としての性格も想定される一方，土器の出土量が少なく黒曜石が多く出土する理由として縄文時代後期前半に小規模な野営地が多く営まれたという可能性を考えることができる。縄文時代早期以降の壱岐島内陸部の遺跡の様相が判然としないが，原の辻で発見された縄文時代遺物のうち大半は石器類で，石器類のなかには剝片鏃があり，わずかに出土した縄文土器は3点とも坂の下式であることや，国柳でも剝片鏃が採集されていることから，やはり縄文時代後期前半に内陸部でも狩猟などの活動が行われていたものと考えられる。

　一方，大久保や堂崎は数少ない東海岸の遺跡である。これらの遺跡では縄文時代後期末から晩期前半の貝殻条痕粗製土器が出土している。壱岐島の海岸は大部分が岩石海岸であるが，東海岸には砂浜海岸が発達し海岸砂丘もみられる（石井・鎌田1965）。縄文時代後期以前の遺跡は岩石海岸の潮間帯に位置する事例が多いが，これとは対照的に縄文時代後期末から晩期前半の遺跡は大久保や堂崎のように東海岸の砂浜にも遺跡が立地するようになるという変化が認めら

図211　沖ノ島における縄文時代遺跡

1 社務所前
2 4号洞穴
3 大麻畑

れる。甲元眞之は大久保の砂層堆積から縄文時代晩期初頭以降に砂丘が形成されたということを指摘している（甲元2005）。また壱岐島の対岸にある九州島の唐津湾沿岸における砂堆を分析した田崎博之は縄文時代晩期前葉〜中頃（黒川式）に海水準の下降と連動して砂丘が発達すると指摘している（田崎2007）。壱岐島では以前の時期ではあまり利用されなかった砂丘でも黒川式期を前後する段階に大久保や堂崎のように土地利用がなされたものと考えられる。

3．沖ノ島の縄文時代遺跡

(1) 遺跡概要

社務所前遺跡 沖ノ島の最南端部に位置し，北側を除く三方は急激な崖によって海に落ち込んでいる。北側は大小の岩石の路頭と樹木によって覆われた斜面で，北に伸びる尾根に続いている。この岸壁から北方に向かってゆるい傾斜がわずかに開けており，この平坦部に遺跡が立地する。標高は26〜30mである。1954年宗像神社復興期成会によって行われた沖ノ島第1次第2回調査により発見され，1955年第1次第3回調査時に発掘調査された。この第1次調査時には縄文土器片約3,700点，うち口縁部は約250個体が出土した。曽畑式，船元式，里木Ⅱ式（図212-6），縄文時代中期末・後期初頭と考えられる土器などが出土した。石器としては石鏃，石匙，刃器類，磨製石斧，玦状耳飾，石錘，凹石などが出土した（原田・渡辺1958）。1970年沖ノ島第3次学術調査時にも発掘調査された。西側調査区Ⅱ層が縄文時代前・中期の遺物包含層であり，南側調査区Ⅳ層が縄文時代晩期の包含層である。土器は曽畑式（図212-1〜3），船元式（図212-4・5），黒川式（図212-7〜9）などが出土した。石器は石鏃，石銛，石錐，石匙，スクレーパー，使用痕のある剥片，彫器，敲石，凹石，磨石，石錘等が出土した（橘・前川・黒野1979a）。

4号洞穴遺跡 沖津宮の北側にあたる巨岩の下に位置し，二つの巨岩が転落して重なり合って洞穴状になっている。1970年沖ノ島第3次学術調査時に縄文時代前期土器（図213-1・2），曽畑式，船元式（図213-3・4），黒川式（図213-5）などが出土している。石器は石鏃，石匙，スクレーパー，剥片石器，磨製石斧，玦状耳飾，敲石などが，骨角器は釣針，貝製装身具などが出土している（橘・前川・黒野1979a）。

大麻畑遺跡 社務所前遺跡より北西約250mのところに狭い平坦面があり，湧水もみられる。1969年の調査時に蛇紋岩製磨製石斧（図214-2）と黒曜石製刃器（図214-1）が採集されている（橘・前川・黒野

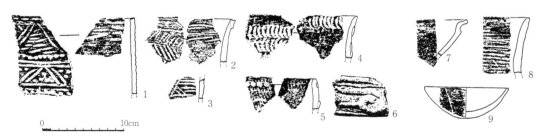

図212　社務所前遺跡出土遺物

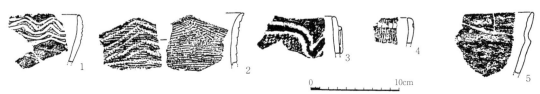

図213　4号洞穴遺跡出土遺物

1979a)。

(2) 沖ノ島の縄文時代遺跡の特徴

社務所前は沖ノ島における居住の中心的な役割を果たしていたと推定される。一方，4号洞穴は遺物の出土量から少人数が短期間断続的に生活の場として利用していたと推定されている。生業としては海洋資源とりわけ海棲哺乳類への依存度が高いほか，多量に出土している敲石類から根茎植物などの植物資源への依存も想定されている。黒曜石石材についての肉眼観察からは縄文時代前期は西九州との関連が強く，縄文時代中期には周防灘・瀬戸内との強い関係がみられ縄文時代晩期は西北九州と密接な関係をもつように地域間関係が変化したと指摘されている一方，土器では北部九州，特に遠賀川周辺の土器とほぼ同一であることが指摘されている（橘・前川・黒野 1979b）。橘昌信は縄文時代前期と中期の石器を弁別することは不可能であると述べており，縄文時代前期・中期の石材供給地の変遷は，中期の土器に阿高式系土器が認められず，瀬戸内系の船元式がみられることから推定されたものである。当時は阿高式と船元式が同時期に九州島の東西で分布すると考えられていたことがこの推定の背景にある。現在では船元式は五島列島など西北九州でも安定して発見されており，船元式が強いて東九州のものと考えられないため，前川威洋の北部九州の土器とほぼ同一であるとする指摘のほうが実態に近いのではないかと思われ，縄文時代前期から中期にかけて腰岳，星鹿半島，佐世保市東浜といった西北九州産と周防灘の姫島産の黒曜石の両者がみられると考えておくのが穏当であろう。ただし，沖ノ島で里木式が出土していることは注意され，周防灘や瀬戸内地域との関係性も無視することはできない。

III．玄界灘島嶼域の縄文土器の特徴

対馬島，壱岐島，沖ノ島の縄文土器は縄文時代全時期を通して常に北部九州と同様の土器変遷を示しており，島嶼部独自の土器様式が形成されたことは基本的にない。そもそも，土器様式の形成には集団による規制が強く影響しており，土器様式の伝播・流布には集団の影響力が大きく関わっている。先に確認したとおり，対馬島，壱岐島，沖ノ島では縄文時代全般を通して，遺跡自体は確認されるものの，小規模な野営地的性格をもつ遺跡も多く，拠点となる遺跡は非常に少ない。集団規模が九州本島の遺跡より上回ったり，同等であるとみなされる遺跡は確認されていない。

玄界灘島嶼部の土器がいかに北部九州と同様の土器様式を保持しようとしたかということを端的に表す事例が滑石混和土器の様相である（表18）。西彼杵半島をはじめとする九州西北部で産出する滑石は，対馬島・壱岐島・沖ノ島では産出しない。したがって，滑石混和土器の出土は，土器が九州本島から持ち込まれたか，原料となる滑石を九州本島から搬入しているものと考えられる。このように滑石は遠隔地石材としての性格を有している（川道 2013）。九州の縄文土器のなかで滑石を混入する土器として曽畑式と並木式および阿高式系を挙げることができる。

曽畑式については滑石混和土器と滑石非混和土器の両者が対馬島，壱岐島，沖ノ島で出土している。対馬島の夫婦石では滑石混和土器と滑石非混和土器の比率は拮抗している。壱岐島の松崎でも滑石混和が優勢である。名切では滑石非混和土器が優勢であるが，本来滑石が混和されることの少ない遅い段階の曽畑式が多く出土していることを反映している。沖ノ島については数値化できないが滑石が混和された土器は極少量であると記述されている。

並木式については対馬島，壱岐島ともに滑石混和土器が優勢である。阿高式，阿高式系では壱岐島では滑石混和土器が優勢であるが，対馬島では佐賀

図214　大麻畑遺跡出土遺物

316　第Ⅱ部　新石器時代日韓文化交流

表 18　玄界灘島嶼域における滑石混和土器

型式	島嶼	遺跡	滑石混和				滑石非混和			
			口縁部	胴部	底部	計	口縁部	胴部	底部	計
曽畑式	対馬島	越高尾崎					1	3		
		夫婦石	2	14		16	1	12		13
	壱岐島	松崎	40	11	2	53	27	2		29
		名切	3	9		12	1	6	7	14
並木式	対馬島	佐賀	1			1				
	壱岐島	串山ミルメ浦		2		2				
		松崎	19	11		30		1		1
		名切	13	18		31				
阿高式・坂の下式	対馬島	夫婦石		4		4				
		吉田	2	8	2	12	8	26	4	38
		佐賀	20	5	2	27	17	1	1	19
		ヌカシⅡ層	0	28	1	29	12	275	6	293
		ヌカシⅢ層	11	119	5	135	13	239	14	266
		ヌカシⅣ層	7	36	6	49	3	137	7	147
		多田越		1		1	3	11	3	17
	壱岐島	松崎	40	5	12	57	2		3	5
		名切	17	24	9	50				
		原の辻		2	1	3				

のように滑石混和土器が優勢である遺跡と吉田やヌカシのように滑石非混和土器が優勢である遺跡がある。滑石産地から離れるにつれ，滑石を混和する比率が低くなっている可能性がある。

　このように西北九州では滑石を混和することが多い曽畑式，並木式，阿高式系について，玄界灘島嶼部では滑石が混和されるものと滑石が混和されないものがあり，滑石が混和されるものが優勢である遺跡も少数ではない。このことは，土器本体や滑石を搬入してでも，北部九州の土器様式を保持しようとする意識の発露であると考えられる。また，滑石を混和しない曽畑式土器のなかには金雲母が混和されているものが認められたり，滑石を混和しない阿高式系土器であっても赤褐色に発色するものが多くみられ，滑石を混和できなくても，同様の質感・色調を志向したものと考えることができる。このような滑石非混入土器が一定程度存在することは，在地でもこれらの土器を作成していた可能性が高いことを示す。

　玄界灘島嶼部として特徴を示す土器の要素としては志多留，佐賀，ヌカシⅡ層上部などにみられる鐘崎式期・北久根山式期の貝殻粉混和粗製土器や大久保や堂崎にみられる縄文時代後期末から晩期の貝殻粉混和粗製土器が挙げられる。三万田式期の様相が不明なので縄文時代後期中葉と後期末～晩期の貝殻粉混和土器が系譜関係にあるかはわからない。このうち田中聡一は縄文時代後期末～晩期初頭の土器について「九州本土のものとは異質な土器」とみて，壱岐島および対馬島ではなんらかの理由で九州本土と疎遠な関係となり，個性の強い文化が形成されたと指摘している（田中 2009a）。貝殻粉混和土器には本土部であまりみることのない土器で，島嶼部の独自色を示しているものと思われる。しかし，鉢の形態などは大久保や堂崎で示されるように九州本島の土器と同様であり，独自の土器様式として設定するほど，九州本島の土器と異なるものではない[3]。

　島嶼部のみの独自の土器様式が存在しないということは，島嶼部の集団が土器様式を独自に形成するような影響力をもたない程度の規模の集団であったことを裏付ける。島嶼部であれば，必ず独自の土器様式を持

表19　玄界灘島嶼域における遺跡の時期

韓半島南部土器編年		隆起文		瀛仙洞		水佳里I	水佳里II		水佳里III					刻目突帯文	孔列	休岩里
九州北部土器編年		早期	轟B	西唐津	曽畑	船元/春日	並木	阿高	坂の下	鐘崎	北久根山	太郎迫	三万田	御領・広田	黒川	夜臼
対馬島	泉														●	
	志多留								○?	●	●	●				
	越高	▲	▲													
	越高尾崎	▲○	▲○	●	●											
	向采	○														
	夫婦石		△	▲	●△	▲		▲○		●						
	井手															●△
	高松ノ壇								○?							
	吉田									●△						●
	佐賀				△			○	●	●	●					
	住吉平															●
	ヌカシ				△					●△	●					
	多田越									●						
	西加藤	○				○△?				●						
	貝口赤崎															○
	皇后崎								□?							
	住吉橋下			○												
壱岐島	串山ミルメ浦							●								○
	浦海		□?													
	松崎	●	●△	●	●	●△	●	●		●	●	●				
	国柳								□?							
	鎌崎海岸									●						
	名切		●		●	●	●	○		●	●				●	●
	馬立海岸								□?							
	興触	○														
	原の辻								○							
	堂崎													●		
	大久保													●		
	中尾								□?							
沖ノ島	社務所前			●	●										●	
	4号洞穴			●	●										●	

●：安定した量の縄文土器　○：少量の縄文土器　▲：安定した量の韓半島系土器　△：少量の韓半島系土器　□：土器未確認

たないわけではない。例えば，済州島の新石器時代土器は，基本的に韓半島南海岸の土器様式と同一の歩調をとって変遷していくものの，観察すれば，それは済州島の土器であると明確に認識できるほどの差異があり，独自の土器様式をもちえている。したがって対馬島や壱岐島は島嶼であるから独自の土器様式をもちえなかったのではなく，集団の規模，性格，また本土との距離や交流頻度などの集団の諸条件によって独自の土器様式をもちえなかったものと考えられる[4]。

IV．玄界灘島嶼域における縄文時代遺跡の変遷と韓半島南部における縄文系土器

以上で概観した対馬島，壱岐島，沖ノ島の縄文時代遺跡の概要と変遷について整理したものが表19である。それぞれの島で特有の遺跡変遷がみられるが，共通する面も多い。対馬島と壱岐島では縄文時代早期の押型文土器段階以降，縄文時代遺跡がみられるが，対馬島でも壱岐島でも西海岸に多く遺跡が分布し，大きな河川の流域ではなく，小さな湾奥の岩礁性海岸附近の平坦地に遺跡が立地するのが特徴である。また，西海岸に立地するとはいえ，ほぼ北西風を避けることのできる立地であることも注意される。基本的に小規模な遺跡が多く，拠点集落とみられるのは，遺物量，竪穴建物跡（佐賀），貯蔵穴[5]（名切）などから判断して，対馬島の佐賀，志多留，壱岐島の松崎，名切程度であろう。

318　第Ⅱ部　新石器時代日韓文化交流

　　時期別でみると曽畑式期に対馬島の夫婦石など，壱岐島の松崎，鎌崎海岸・名切など，沖ノ島の社務所前，4号洞穴といったように遺跡数が増加し，また土器も安定した出土量がみられる。後期初頭・前葉の坂の下式期には遺跡数が再度，増加するが，石器の出土が多く，土器の出土量が少ない小規模な遺跡も多い。この時期に西北九州全体で遺跡数が増加していることはすでに福田一志が指摘している。福田は坂の下式期に多くの集落が存在したのではなく，本拠地となる集落は数少なく，本拠地の周りに小さなワークサイトが形成されたことが遺跡数に反映していると分析している（福田1999）が，この指摘は対馬や壱岐島でもあてはまるものと思われる。中尾篤志は西北九州における漁撈具の変遷について整理しているが，縄文時代中期後葉～後期前葉に黒曜石製鋸歯尖頭器や石鋸および石銛などの刺突具が増加し，単式釣針もみられるという変化が認められることが指摘している（中尾2009）。海での活動の活発化を想定することができる段階である。ただし，この時期の遺跡は沖ノ島では未確認で，他の玄界灘島嶼域の様相とは異なる。続く，鐘崎式期から太郎迫式期には佐賀に代表されるように対馬島や壱岐島でも遺跡が認められる。しかし，三万田式期には，玄界灘島嶼域では遺跡がほとんど確認されない。福田は西北九州の島嶼部で該期に遺跡数が減少することを指摘しているが（福田1999），玄界灘島嶼部でもこれと対応する動きであったものと思われる。黒川式期に再び遺跡がみられるようになるが，黒川式期以降の遺跡は対馬島や壱岐島ではそれまでの縄文時代遺跡の立地とは異なるという変化がみられる。

　　以上のような玄界灘島嶼域における遺跡数の消長と立地の変遷は日韓交流上，影響関係があったのであろうか。すでに，対馬島での縄文時代遺跡の消長と韓半島との交流の活発さが対応するということを，田中聡一が指摘している（田中2013）。

　　第7章でみたように韓半島南部で出土する縄文（系）土器の型式別数量は一様ではない。これまでにも指摘されてきたように東三洞をはじめとする韓半島南海岸で出土する縄文土器の大半は坂の下式が占める（宮本2004，林尚澤2008，田中2009b）。このことは，玄界灘島嶼域で坂の下式期に海での活動の活発化に伴い遺跡数が増加していることと関係があるものと思われる（田中・古澤2013）。また，坂の下式以外では轟B式や曽畑式の出土が目立つが，これも対馬島，壱岐島，沖ノ島といった玄界灘島嶼域で安定した出土量が認められる土器型式である。一方，船元式，春日式や里木式も東三洞，煙台島，欲知島で出土しているものの数量は多くなく，これは玄界灘島嶼域で該期の遺跡が多くない様相が反映しているものと考えられる。このように縄文時代早期から縄文時代後期前葉までの東三洞をはじめとする韓半島南海岸における縄文土器型式の内訳は，玄界灘島嶼域の遺跡の消長に対応しており，いかに玄界灘島嶼域が縄文時代後期前葉まで日韓交流のうえで大きな役割を果たしたかを予測することができる。ただし，縄文時代後期中葉に対馬島などで拠点的な比較的規模の大きな遺跡が形成されるにもかかわらず，東三洞で該期の縄文土器の出土が目立たないことは，すでに日韓交流の低調化が開始しているものと考えられる（古澤2013b）。なお，これまでの調査成果では三万田式期以降の縄文系土器はあまり韓半島南部では発見されていないが，近年，昌原市馬山合浦区網谷里の環濠内で内湾口縁甕，口唇刻目甕，赤色磨研壺とともに夜臼式系土器が出土した（柳昌煥 編2009）。遺跡は鎮海湾の支湾である鎮東湾に注ぐ鎮東川を遡った狭隘な平野に所在し，九州と韓半島南部内陸を結ぶ交通の要衝にある。この夜臼式系土器は端野晋平が指摘したとおり（端野2010），底部形態や胎土などが北部九州のものとは異なり模倣品である。

　　後述のとおり韓半島との交流で中心的な役割を果たした対馬島と，韓半島との交流の痕跡が希薄な壱岐島の遺跡の消長はほぼ対応していることから，対馬島における遺跡の消長は韓半島との交流によるものではなく，縄文集団側の事情によるものが基本であることも推察させる。

　　それでは，玄界灘島嶼域における韓半島からの影響について次に検討したい。

V．土器からみた玄界灘島嶼域の縄文時代日韓交流の変遷

1．時期別変遷

（1）**縄文時代早期**　越高尾崎Ⅵ層で出土した貝殻条痕土器が，越高では前平式土器が出土しており，これに伴う韓半島新石器時代土器は，隆起文土器である可能性が高い。

（2）**縄文時代前期前葉**（轟Ｂ式期）　この時期の遺跡としては隆起文土器が出土する越高（図180-1〜6），越高尾崎（図180-8〜13・15・20〜23），夫婦石（図182-14）が挙げられる。越高や越高尾崎は出土した過半の土器が韓半島系の土器であるという特異な遺跡であり，韓半島からの渡航集団が居住した結果であると考えられる。越高で採集された隆起文土器の胎土分析から対馬島在地で隆起文土器を製作された可能性が提起されており，越高では隆起文土器の全てではないにせよ，韓半島南部から渡海した集団が一定期間居住し，土器の製作を行っていたと推測されている（鐘ヶ江・三辻2004）。また，越高・越高尾崎は一時的滞在が繰り返された遺跡とみる見解（木村2003）や小規模な野営地的な遺跡であるという見解もある（大貫2013）。

　一方，壱岐島では松崎で多くの縄文土器とともに隆起文土器（図200-10）が1点確認されている。

（3）**縄文時代前期中葉**（西唐津式期）　韓半島新石器時代土器が出土した事例としてはヌカシ（図191-2）や夫婦石の事例が挙げられる。夫婦石では押引横走魚骨文，斜格子文（図182-11），沈線文（図182-7），押点文（図182-1・20），粘土痕＋沈線文（図182-15・16・19）などの多様な瀛仙洞式土器の文様がみられ，器種としては深鉢，鉢・碗類のほか壺（図182-21）も確認されており，文様上も器種組成上も瀛仙洞式土器の全般的なセットが出土しているものと把握される。また，瀛仙洞式の初期段階の土器（図182-17）も出土し，隆起文土器期と瀛仙洞式土器期の移行期にも間断なく対馬島で交流が行われたことを示す。この段階の夫婦石の土器組成は過半が韓半島系土器で越高・越高尾崎と同様に韓半島からの渡航集団の居住地として利用されたものと考えられる。対馬島で確認される瀛仙洞式土器は全て搬入品である。

（4）**縄文時代前期後葉**（曽畑式期）　韓半島系土器としては，夫婦石や佐賀貝塚で水佳里Ⅰ式初葉土器の搬入品が出土している（図182-8，図188-1）。調査面積があまりに狭小であるため判然としないが，夫婦石では曽畑Ⅱ式と水佳里Ⅰ式初葉土器の出土地点がやや異なり，同一遺跡内での棲み分けがなされた可能性もある。

（5）**縄文時代中期**（船元式期〜阿高式期）　西加藤では韓半島系土器が出土しているという情報（永留1975）もあるが詳細は不明である。夫婦石で多量の水佳里Ⅰ式（図182-2・3・18・22），水佳里Ⅱ式（図182-4）が認められる。夫婦石ではこれらの時期に対応する縄文土器は少量で，韓半島の搬入品が多量に出土するこの時期の夫婦石は特殊な役割を担った集落である可能性がある。

　一方，壱岐島では松崎で多くの縄文土器とともに韓半島系の太線沈線文土器（図200-11）が1点確認されている。

（6）**縄文時代後期前葉**（坂の下式期）　吉田（図186-13〜17）やヌカシⅡ層（図191-7・8）などで坂の下式土器とともに水佳里Ⅲ期の二重口縁土器や把手附土器などの搬入品がある程度まとまって出土する。吉田やヌカシは調査面積が狭小で，出土土器資料も細片が大部分であるにもかかわらず，一定の比率で韓半島新石器時代土器が出土している。一方，先述のとおり韓半島南部出土縄文系土器のなかで坂の下式が最も数量が多く，そのため双方向的に活発な交流があったと考えられる。ただし，吉田やヌカシでは縄文土器も出土し，客体的に韓半島土器が出土しており，前段階の夫婦石で圧倒的な量の水佳里Ⅰ・Ⅱ式が出土する様相とは異なり，交流の形態が変化したものと考えられる。

（7）**縄文時代後期中葉**（鐘崎式〜太郎迫式期）　佐賀，志多留，夫婦石，ヌカシⅡ層上部などで鐘崎式，北久根山式が多量に出土し，拠点となる集落が形成されているにもかかわらず，韓半島新石器時代土器は確認

されない。東三洞で北久根山式土器が出土し，佐賀でキバノロ上顎犬歯製垂飾（図188-7）が出土することから交流が絶無になったわけではないが，前段階と比較した場合，日韓交流の低調化を指摘することができる（古澤 2013b）。

(8) **縄文時代後期後葉**（三万田式期）　この時期の玄界灘島嶼域の様相は不分明である。これまでのところ対馬島，壱岐島，沖ノ島では三万田式土器が1点も出土していない。このため，日韓交流の様相も不分明である。

(9) **縄文時代後期末～晩期後半**（御領式期～黒川式期）　この時期の玄界灘島嶼域では対馬島の泉，壱岐島の名切，堂崎，大久保，沖ノ島の社務所前，4号洞穴などの遺跡がみられる。三万田式期の空白期から再び，島嶼部での活動がみられる時期であるが，これらの遺跡のうち，韓半島との関係を考えることができるのは対馬島でも最も韓半島に近い位置に立地する泉の箱式石棺で，内部から合口甕棺と思われる土器片（図178-1）と碧玉製管玉1点（図178-2）が出土している。この遺跡の評価は非常に難しいが，この箱式石棺が黒川式期のものであったとすれば，韓半島との交流があったものと考えられるがやや例外的な事例である。しかし，そのほかの遺跡では韓半島系の遺構・遺物はこれまでのところ確認されていない。また，孔列土器は対馬島の井手で1点出土しているが（図184-4），出土した層からは突帯文系統の甕・壺，如意形口縁，赤色磨研土器，甕の口縁下に附着する把手といった韓半島系土器が出土しており，さらに無遺物層を挟み，下層からは1点板付Ⅱ式壺が出土していることから，層の堆積自体は板付Ⅱ式以降であると判断されるので，主体的に出土する土器から夜臼式に伴う可能性が高いものの井手遺跡の孔列土器の時期を判断するのは困難である。これまでのところ井手では黒川式は出土していない。片岡宏二は井手の孔列土器を第3類として分類しているが，韓半島からの搬入品の可能性が高いとしている（片岡1999）。筆者は，井手の孔列土器が黒川式期ではなく夜臼式期のものであれば，九州本島からの影響も排除することができないものと考えている。

(10) **弥生時代早期**（夜臼式期）　夜臼式期の対馬島・壱岐島の遺跡として井手，吉田，住吉平，貝口赤崎，串山ミルメ浦，名切などが挙げられる。このうち韓半島系土器としては井手で頸部縦磨研の赤色磨研土器（図184-5），甕の口縁下に附着する瘤状の把手（図184-6），口唇刻目内湾口縁甕（図184-12），壺（図184-13）が出土している。このほか，（伝）対馬市美津島町雞知出土磨研壺（福岡県文化会館1978）も韓半島系である可能性が高い。（伝）雞知出土壺は高さ17.7cmの壺で縦方向のミガキ調整が施され[6]，底部は上げ底となっている（図215）。赤色ではないとされることもあるが，部分的に赤色が観察される。沈奉謹は大坪里住居跡出土例を類例に求めており（沈奉謹1979），小田富士雄は日本列島産としながらも韓半島と共通の特徴を有することを指摘している[7]（小田1986）。これらのことから対馬島を中心に日韓間の土器文化の交流自体は存在したことが明らかである。しかし，縄文時代後期前葉までの遺跡では対馬島ではかなり多くの頻度で韓半島系土器が出土していた状況と比較すると圧倒的に韓半島系土器が出土する頻度は低下している。特に縄文時代前期における越高・越高尾崎，夫婦石や縄文時代中期の夫婦石のように出土土器の過半が韓半島系土器で占められる遺跡は夜臼式期には確認されていない。

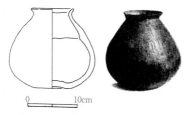

図215　(伝)雞知出土磨研壺

2．玄界灘島嶼域における韓半島系土器の様相

玄界灘島嶼域では韓半島系土器が出土するが，遺跡内の同時期土器のなかで過半を占める程度韓半島系土器が出土するのは対馬島のみである。壱岐島でも韓半島系土器が松崎で出土しているが，客体的な存在である。韓半島系土器が主体を占める時期は縄文時代早期・前期前葉の越高・越高尾崎，縄文時代前期中葉の夫婦石，縄文時代中期の夫婦石であり，これらの遺跡は韓半島からの渡航集団の

居住地である。このように縄文時代早期から中期まで間断はあるもののおおむね対馬島を中心とした交流をうかがうことができる。

縄文時代後期初頭・前葉の対馬島では吉田やヌカシのように韓半島系土器が出土する遺跡があるが，過半を占めることはない。しかし，これらの遺跡では小規模集落であったためか，土器の遺存状況が悪く，点数も少ないなか，一定程度の比率で韓半島系土器が出土しており，一概に交流拠点が韓半島南部に移ったとは考えられず，依然，日韓交流の拠点として対馬島は重要な位置を占めていたものと思われる。

縄文時代後期中葉から晩期後半頃まで玄界灘島嶼域ではほとんど韓半島系土器がみられない。特に縄文時代後期中葉には比較的大規模な遺跡が認められるにもかかわらず韓半島系土器はみられないことは重要である。

弥生時代早期になり再び韓半島系土器が井手などで確認されるが，韓半島系土器が出土する頻度は低下し，まとまった量の土器が出土していても韓半島系土器が出土しない遺跡も多い。

このような韓半島系土器からの変遷からは特に縄文時代早期から中期までは韓半島の集団の拠点が構築されるほど，対馬島は日韓交流で重要な位置を占めていた。後期前葉でも双方向的な交流の下，対馬島は交流の拠点であったが，その後，対馬島の日韓交流上の重要性は相対的に低下する。縄文時代晩期後半・弥生時代早期に至っても，地理的位置に比してそれほど多くの韓半島系土器はみられず，縄文時代早期から後期前葉までの水準の重要性は回復することはなかった。

VI．日韓交流における玄界灘島嶼域と九州本島との関係の変遷

1．縄文時代早期～後期前葉の様相

縄文時代早期から縄文時代前期前葉（轟B式期）にかけての時期で玄界灘島嶼域以外で出土した韓半島隆起文土器は五島列島の頭ヶ島白浜（古門ほか1996）出土赤彩沈線文土器搬入品1点（図216-1）のみである。この時期の対馬島では韓半島の隆起文土器集団の居住遺跡が認められる。隆起文土器の集団は対馬島を最終目的地とし，対馬島を中心に交流を行っていたものと考えられる。壱岐島や五島といった対馬島以外の島嶼で確認されている隆起文土器は対馬島を介した交流の結果であると筆者はみている。

縄文時代前期中葉には九州島で西唐津式が成立する。この西唐津式の横走魚骨文，刺突文，斜格子文を含む沈線文と押点文の複合文といった碗・鉢または深鉢にみられる文様は韓半島の瀛仙洞式と強い影響関係がある（水ノ江1988，李相均1998ほか）。このことについては第8章で詳述した。

縄文時代前期後半（曽畑式期）には玄界灘島嶼域で遺跡数・規模が増加し，東三洞や黄城洞などに曽畑式土器が搬入されるが，基本的に日韓の土器に影響関係はみられなくなる時期が再び始まる段階である。九州島でも韓半島からの搬入土器は認められない。

縄文時代中期（船元式期～阿高式期）では対馬島で韓半島系土器が過半を占める夫婦石がみられる一方，九

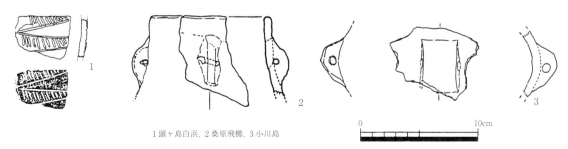

1 頭ヶ島白浜，2 桑原飛櫛，3 小川島

図216 玄界灘島嶼域以外で出土した韓半島系土器

322　第Ⅱ部　新石器時代日韓文化交流

州本島では基本的に搬入土器は認められない。依然として対馬島を中心とした交流であり，その余波がわずかに壱岐島に及んでいると評価される。また，この時期の縄文土器にも韓半島からの影響は認められない。

　縄文時代後期初頭・前葉（坂の下式期）では西北九州全体で海での活動が活発化し，遺跡数自体は増加し，こうした傾向は玄界灘島嶼域でも確認される。この段階では東三洞でも対馬島の吉田やヌカシでも相互の土器が確認され，交流自体は行われているが，対馬島以外での韓半島系土器は，小川島（冨桝・木村1982）で水佳里Ⅲ期の把手附壺の搬入土器（図216-3）が1点，九州島では唯一の韓半島系土器の事例として桑原飛櫛（木村1992）で水佳里Ⅱ〜Ⅲ期の把手附壺の模倣土器（図216-2）1点を数えるのみである。したがって，この段階も韓半島からの渡航集団は対馬島を最終目的地とし，その余波が玄界灘沿岸部に及んでいるものと考えられる。また，この時期の縄文土器にも韓半島からの影響は認められない。

　以上の縄文時代早期から後期前葉までの日韓交流の特徴として，木村幾多郎が指摘するように，九州本島では韓半島新石器時代土器の搬入品は出土していない（木村1997・2003）。また，縄文時代前期中葉の一時期を除外すると基本的に九州の縄文土器は韓半島からの影響を基本的に受けていない。

２．縄文時代後期中葉〜晩期後半の様相

　縄文時代後期中葉（鐘崎式期〜太郎迫式期）には対馬島を中心に比較的規模が大きな遺跡が分布するにもかかわらず，韓半島からの搬入土器は確認されない。そして，九州島でも韓半島からの搬入土器は確認されず，縄文土器にも韓半島からの影響は認められない。日韓交流の低調化が開始しているものと考えられる。

　縄文時代後期後葉（三万田式期）には，玄界灘島嶼域での遺跡の存在自体が不分明であり，あるいは，縄文時代後期末から晩期前半の土器が出土している壱岐島の大久保や堂崎ではそれまでの縄文時代遺跡とは立地が異なるので，三万田式期の遺跡もそれまでの縄文時代遺跡とは立地が異なる可能性もある。九州島でも韓半島からの渡来要素がみとめられる土器はこれまでのところ認められていない。土器以外の要素としては三万田式期に現われる玉類が韓半島から取り入れられたとする見解がある（大坪2003）。この見解を受け，宮本は玉のもつイデオロギー的な精神世界の伝播であると把握し，それ以前の交流とは質を異にしていると述べている（宮本2004）。その後，三万田式期の石製装身具が韓半島からの影響を受けたという大坪志子の見解は玉類の盛行期が韓半島と九州では異なるという理由で，本人により否定されるに至った（大坪2013）。該期の韓半島南部の様相が不分明であり，精神文化にまで及ぶ交流があったとすると，不自然なまでに玄界灘島嶼域を含め，北部九州では韓半島系の遺物が確認されないことから，筆者は大坪の撤回に同意する。

　縄文時代晩期後半（黒川式期）には，対馬島の泉で韓半島からの影響による石棺墓が築かれるが，例外的な存在で，玄界灘島嶼域ではあまり韓半島からの影響を受けた痕跡はみられない。一方，九州島におけるこの時期の韓半島からの渡来要素として孔列が施文される土器が挙げられている（田中1986，武末1987）。黒川式期から板付Ⅰ式期までの時期の土器に孔列文が施される土器がみられる。田中良之は孔列が在来の粗製深鉢に施文されていることから在来伝統と規制の中が健在ななか，マイナーな要素として取り入れられた折衷土器とみている（田中1986）。武末純一はこれらの孔列施文土器がどの遺跡でも一定の比率を占めるということはないという現象に注目し縄文人の主体的な選択力・受容消化力の大きさをあらわしているとした（武末1987）。この黒川式期の孔列土器は韓半島からの影響であるとする見解は多くの研究者に継承され（安在皓1992，秦1995，光永1995，片岡1999，松本2000），近年では韓半島における孔列土器の地域性に着目し，西日本各地の孔列土器の祖地を想定する研究も提示されている（千羨幸2008）。このような孔列土器は大きな注目を浴び，幾度か地名表が作成され，その分布は九州北部を中心に九州南部，瀬戸内，山陰地方まで確認されている（秦1995，光永1995，片岡1999，千羨幸2008）。

しかし，黒川式期からみられる孔列土器の祖形を韓半島に求める見解に対して，一方では否定的な見解や慎重論もある（後藤1987，深澤・庄田2009）。三阪一徳は孔列および孔列以外の製作技術を検討した結果，「韓半島の孔列土器の影響下で日本列島の孔列土器が成立した可能性は十分あるが，現状では他人の空似の可能性を棄却するだけの根拠も十分ではない」という見解を示している。

これまで，韓半島の孔列土器そのものが日本列島で確認されたことはないとされる（庄田2004，宮地2006）。このことは黒川式期に現われた孔列文が韓半島由来であるという見解に疑念を抱かせる要因となる。ただし，土器以外の文化要素として北九州市貫川遺跡で磨製石庖丁が出土していること（前田・武末1994）から黒川式期の韓半島との交流は認められるところであり，このような点からは黒川式期の孔列土器も韓半島に由来する可能性も排除しきれない。筆者の立場としてはどちらの可能性も留保した三阪の見解に近い。

仮に，黒川式期の孔列土器が韓半島の影響で製作されたものであった場合，量的に少なく，取り入れられた要素はマイナーなものであったとしても，九州の縄文土器史上，西唐津式以来の強い影響を受けたものと認めざるをえない。しかし，現状では西唐津式期の様相と次の点で大きく異なっている。

①対馬島，壱岐島，沖ノ島では黒川式期において韓半島との関係を考えることができる資料がないわけではないが，例えば西唐津式期の対馬島で夫婦石遺跡にみられるように瀛仙洞式土器が圧倒的な量を占めるといったような韓半島系の遺物が過半を占める遺跡はこれまでのところ確認されていない。②また，韓半島系の遺物であることが確実な石庖丁が九州本島の響灘・周防灘沿岸でも確認されるという状況は，縄文時代後期前半までの韓半島系遺物が基本的に対馬島を中心に濃密に分布し，周辺の島嶼や九州島沿岸部にわずかにその余波が及んでいるという状況とは全く異なる。

縄文時代後期前半までの対馬島を中心に韓半島と交流を行っていた時期と比較すると，交流自体は存在しても，交流のうえで果たす玄界灘島嶼域の重要性は低下しているものと思われる。この点で，黒川式期の孔列土器が韓半島の影響で製作されたものであった場合，韓半島からの渡航集団は，西唐津式期よりも，九州本島を最終渡航地として志向していた可能性もある。

3．弥生時代早期の様相

夜臼式期の九州島の土器にみられる韓半島からの影響としてこれまで，搬入土器・模倣土器，壺，粘土の接合方法などが指摘されてきた。

夜臼式期の搬入土器や模倣土器については家根祥多が曲り田，菜畑などの資料に韓半島からの搬入土器があることを指摘している（家根1996・1997b）。近年，小南裕一は，曲り田（橋口編1984），高田小生水（江野編

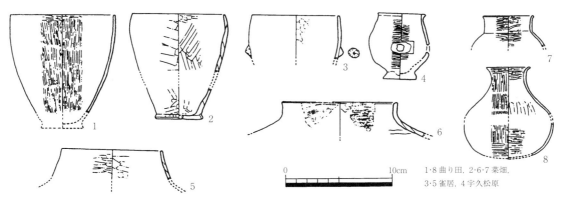

図217　九州島で出土した韓半島系土器

324　第Ⅱ部　新石器時代日韓文化交流

2001），菜畑（中島・田島編 1982）8 上層で出土した内湾口縁甕（図 217-1・2），雀居（松村編 1995）SK159 出土把手附内湾口縁甕（図 217-3），雀居 SD03 下層，菜畑 9〜12 層出土大型壺（図 217-5・6），菜畑 9〜12 層，曲り田出土小型壺（図 217-7・8）などを例示している（小南 2006）。また五島列島最北部に所在する宇久松原（川道 1997）では 6 号支石墓に供献された赤色磨研小壺（図 217-4）が出土しており，韓半島系土器と認識されている。この土器の形態は韓半島で確認されておらず，内面に貝殻条痕調整がみられることから報告者の川道寛が指摘したとおり韓半島系土器を模倣して在地の縄文土器の技法で製作されたものである。橋口達也は曲り田の弥生時代早期土器 2,192 点のうち韓半島の土器やその可能性があるものは 20 点余りであるとしている。橋口は全体の 1 ％に満たないと述べ，赤色磨研壺を含めても韓半島から直接北部九州にもたらされたものはわずかな量であったと評価している（橋口 1999）。これは同時期の在地の土器との量的比較からすれば妥当な評価である。しかし，韓半島新石器時代土器の搬入土器は圧倒的に対馬島で出土し，それ以外の島嶼，九州本島では，1 遺跡で 1 点程度のわずかな点数しか出土していない状況からみると，曲り田をはじめとした玄界灘沿岸部を中心とする九州本島で極少量ではあっても複数の搬入土器とみられる土器が出土することは，以前の状況とは全く異なり，非常に重要な意味をもつ。

　家根祥多は粘土帯積み上げの際に縄文土器では内傾接合であるのに対し，韓半島に由来する外傾接合が夜臼式期から板付Ⅰ式期に優勢になることを指摘した（家根 1984・1987・1996・1997ab）。この外傾接合でつくられた土器が出現し，組成に加わることを重視し，このことをもって弥生時代早期を設定すべきであるという見解（宮地 2004）もある。

　夜臼式期の九州島に出現する壺は韓半島からの渡来要素として早くから指摘されていた。夜臼式のほかの器種は在来の伝統を踏襲しており従来の器種組成に壺が導入されたという様相を呈している（田中 1986）。夜臼式期の壺には大型の壺と赤色磨研されることの多い小型の壺がある。大型壺は，同時期の韓半島南部に形態が類似したものは認められず，小型壺の比率を縦長に変換した形態を示している一方，小型壺は韓半島南部に形態が類似したものが認められるため，大型壺は小型壺を導入するやいなや成立したと中園聡によって指摘されている（中園 1994）。

　赤色磨研されることの多い小型壺については韓半島青銅器時代の小型壺と形態上類似するため，早くから韓半島に系譜を求める見解が提示されており（杉原 1977，沈奉謹 1979，後藤 1980），多くの研究者が等しく共通認識としているところである。韓半島では縦方向の研磨が多く，九州島では横方向の研磨が多いとされてきたため（後藤 1980），横方向に研磨する縄文土器伝統により九州島の小型壺が製作されたとする見解が示されたことがある（中園 1994 ほか）。しかし，河仁秀は横研磨は韓半島にも認められ韓半島南部の影響で九州島の小型壺が出現したとしており（河仁秀 1992），端野晋平は頸部の研磨方向は頸部の長さ・形態に規制される可能性が高く文化的系統差を示す属性ではないと指摘している（端野 2003）。

　中村大介は，赤色磨研小壺は韓半島では住居址および墓地で出土するが，九州島では少数例を除外するとほぼ墓地から出土しており，このことは韓半島の小壺の副葬・供献という習俗の受容を示すと指摘している（中村 2003）。赤色磨研壺は祭祀において必要な道具とみられるが，小林青樹はさらに踏み込み，再生装置として壺の象徴性を想定している（小林 2013）。家根祥多は早くから種々の物質文化のみならず韓半島から宗教・思想が伝わったことを指摘している（家根 1984・1996・1997b）。夜臼式期にみられる精神文化に関わる祭祀土器である赤色磨研壺の在地様式への導入はそれまでの縄文時代の土器文化交流とは大きく異なる事象である。縄文時代後期前葉まで対馬島・玄界灘沿岸部では，壺が選択的に搬入されてきていたにもかかわらず，壺が縄文土器様式に加わることはなかった。しかし，韓半島由来の祭祀土器が九州島の様式に組み込まれるのが，この夜臼式の状況であり，これこそが縄文時代から弥生時代への大きな変革であったと考えられる。

以上を整理すると夜臼式期の土器にみられる韓半島からの影響として，九州本島で搬入土器や模倣土器が確認されること，土器様式に韓半島に由来する器種が組み込まれ，祭祀に関係する器種もみられること，土器の製作技術といった面にも韓半島の影響が認められることといった諸点は，以前の時期ではいずれもみられなかった事象であり，韓半島からの非常に強い影響があったものと考えることができる。

しかし，夜臼式期には韓半島からの非常に強い影響を受容しているにもかかわらず，先述のとおり日韓間の中間地帯である対馬島や壱岐島で，韓半島系土器の出現頻度，内容が縄文時代前期～後期前葉よりむしろ弱化しているというのは興味深い現象である。九州本島で韓半島搬入土器が出土するように変化していることも勘案し，筆者はこの理由を韓半島からの渡航集団のなかに主要最終目的地を対馬島ではなく九州本島に定めた集団が現われたという状況に求めたいと考えている[8]。すでに，家根祥多は唐津湾周辺から糸島半島西部にかけての限られた地域に韓半島から比較的小規模な移住があったと渡航先を限定した見解を述べている（家根 1994・1996・1997a）。端野晋平は気候冷涼化に伴い黒川式期から水稲農耕に適した風土があるという情報が蓄積されており，次の気候冷涼化によって夜臼式期に体系的な文化要素の伝播や，やや規模の大きな渡来が生じたと想定しており（端野 2008・2010），この想定に従えば，対馬島では少ない水稲農耕の適地が九州本島に存在することが主要最終目的地の変化の原因であるとみられる。

この時期の九州島では土器以外にも韓半島に由来する文化要素が多くみられる。精神文化に大きく関わる祭祀土器について韓半島に起源をもつ土器が九州島の土器様式に組み込まれるということと関連して，精神文化に深く関わる墓制にも注目する必要がある。これまでの研究で幾度も指摘されてきたとおり支石墓は韓半島から受け入れられた墓制である（Kagamiyama1955 ほか）。

ところが，対馬島や壱岐島ではこれまで支石墓が発見されていないということは早くから指摘されており，大きな課題とされてきた（高野 1979 ほか）。壱岐島でも支石墓ではないかとされる巨石が何例かある。勝本町百合畑触に所在する亀石や石田町筒城仲触に所在する白沙八幡神社の拝殿内にある唐（韓）櫃石[9]などが支石墓ではないかとされたことがあるが，筆者は実地踏査しても支石墓であるとの確証を得ることはできなかった。今後，支石墓が対馬島や壱岐島で発見される可能性は皆無ではないが，可能性は低く，発見されたとしても小規模なものであろうと考えられる。このように対馬島や壱岐島で支石墓が確認されていないことは支石墓の伝播ルートをめぐる議論に大きな影響を及ぼしてきており，これを積極的に解釈した結果として，済州島から五島列島や肥前西部に伝播したという見解が提示されている（本間 1991，森田 1997）。一方，到着地について玄界灘沿岸地域の北部九州であるとみる見解（森 1969，甲元 1978，西谷 1980・1997，岩崎 1980，高倉 1995，宮本 2012）もある。川道寛は玄界灘沿岸地域到着説を支持し，対馬島や壱岐島で縄文時代晩期後半の遺跡自体が少ないため，九州島への中継地という性格よりも通過地点と位置づける見解を提示している（川道 1997）。端野晋平は対馬島・壱岐島を介して玄界灘沿岸地域に至る伝播ルートを想定しているが，泉遺跡の箱式石棺墓や井手遺跡の韓半島系土器の存在から韓半島南部と対馬島の交流自体は存在し，支石墓の発見はなくても伝播ルートたりうるとしている（端野 2001）。ただし弥生時代前期・中期に比べ対馬島では交流を示す遺物は希薄で稲作適地の少なさからみてあくまで九州島に到達するための中継地点であると把握している（端野 2003）。

筆者は支石墓が対馬島や壱岐島で発見されない理由については韓半島系土器の様式的受容と類似した状況ではなかったかと考えている。対馬島や壱岐島には川道の指摘のとおり数は少ないものの，夜臼式期の遺跡自体は確実に存在する。しかし，遺跡の規模や出土品の量などからみて，支石墓という精神文化を規定する墓制の受容に係る決定を行い，それを九州島に流布するほどの影響力をもった大きな集団が存在したとは思われない。今後，対馬島や壱岐島で支石墓が発見されたとしても，それは九州島で受容された支石墓が伝播

されたものである可能性を考えなければならないものと思われる。したがって，対馬島や壱岐島で支石墓が確認されないことをもって，支石墓伝播ルートを考察するうえでの大きな論拠とすることには問題があるものと考えている。こうした支石墓の分布状況からも日韓交流で果たす玄界灘島嶼域の役割が相対的に低下し，韓半島からの渡航集団のなかには九州本島を主要最終目的地とした集団が現われたということが支持されるのである。

註

1）志多留貝塚発掘当時は八学会であった。

2）田中聡一氏ご教示。

3）対馬島，壱岐島以外では貝殻条痕貝殻粉混和土器として五島列島の中島（村川編 1987，川道編 1997，甲元編 2001），宮下（古門・宮路・川道 1998）などで縄文時代後期中葉の事例，五島列島の西ノ股（久原編 1988），白浜（安楽編 1980），佐世保市高島の宮の本（久村編 1981）などで晩期の事例が確認されている。西田泰民は額拉蘇 C 出土貝殻混入土器を分析するなかで，土器に炭酸カルシウムを多く含むものを混和することは素地を圧迫し，亀裂や破損が生じるため通常は避けるべきことであるが，O.S. ライが貝殻を含む砂を混入しても素地の調整に海水を用いると破損が少ないと報告していること（Rye1976）などを踏まえ，塩を含ませることで亀裂や破損を防止できると述べている（西田 1987）。九州縄文時代後・晩期貝殻粉混和土器は塩分濃度の高い胎土を用いなければ，海水を用いて製作されたものとみられる。当該土器が玄界灘島嶼域や五島列島などの海に面した遺跡で多くみられることは海水の入手が容易であったことと関連する可能性が高い。

4）このことについて山崎真治氏との議論によって多くのご教示を得た。

5）九州では縄文時代早期から晩期まで一貫して洪水によって埋没するような縄文人が居住することができない低湿地に居住域とは離れて設けられるという指摘がある（水ノ江 2012）。名切の貯蔵穴はまさに低湿地型貯蔵穴であり，居住域は調査範囲からやや離れたところにある可能性が高い。

6）小田富士雄の論文には「よこ方向の研磨が加えられ」という記述があるが（小田 1986），実物資料を観察すると縦方向のミガキである。

7）1977 年調査大坪里玉房 1 号住居址で出土した赤色磨研壺は小田が依拠した概報（趙由典 1979）では上げ底様の実測図が公表されていたが，正式報告（趙由典 1994）では丸平底の実測図が掲載されている。近年の韓半島の赤色磨研壺についての諸研究（김미영 2010・2013，宋永鎮 2012・2013）においても上げ底の壺はほとんど確認することはできない。

8）ただし，井手などで韓半島系土器が出土するように，韓半島－対馬島間の交流も同時に認められ，九州島を最終目的地とすることは前段階との相対的な比較でのことである。

9）亀石（地元ではガメシと発音する）や唐櫃石は古くから知られた巨石である。後藤正恒と吉野鞆千代により 1861 年（文久元年）に著された『壱岐名勝図誌』には亀石について「堅己辛七尺廿寸，横丁癸七尺一寸五歩，周二丈一尺五寸，高二尺七寸余，頭寅卯向」という記述があり，唐櫃石については「韓櫃石 拝殿内にあり。図次に出す。此石，堅四尺三寸二分，横二尺八寸一分，高二尺三寸六分。土上板敷上所現高九寸七分。むかしより，人敬て上ることあたはす。伝云，中昔拝殿造替の時，此石を除かんとせしかハ，石より血気流れ出たり。故人恐れて止たりとそ。」という記述がある。

第10章　日韓精神文化遺物の比較

Ⅰ. 緒　言

　土器以外の遺物で，縄文時代の日韓間に共通する遺物として土偶や貝面が挙げられることがあるため，ここで比較する。韓半島南部の偶像・動物形製品については第6章第1節で述べたので，ここでは，対岸の長崎県（対馬島・壱岐島・肥前西部）の土偶・動物形土製品について変遷を確認する。

Ⅱ. 人物形土偶

　九州の縄文時代土偶についてはこれまで，多くの研究（江坂1960・1990，賀川1974，宮内1980，米田1984，小野1984，富田1987・1990・1992，井上1993，藤沼1997ほか）がなされてきた。これらの研究を踏まえ，近年の小池史哲や大野薫の研究成果により，九州における土偶の出現については，縄文時代早期の資料を除外すると，縄文時代後期前葉から東九州に分銅形土偶が現れ，東海地方の今朝平タイプの人形土偶や関東地方の山形土偶（椎塚土偶型式）の影響を受けた人形土偶が後期後葉にみられるということが判明してきている（小池2004，大野2005・2009）。

　長崎県内では坂の下式期に人物形土偶がみられる。西常盤貝塚（秀島・古賀・橋本2000）の人物形土偶頭部（図218-1）は現存長8.47cm，現存幅7.48cmと大型で，胴部との接続を考慮すると頭部は前方に突き出した形となる。胎土には滑石が混入する。出土層位のⅣ層からは並木式，阿高式，坂の下式，出水式等の阿高式系土器が出土しており，報告者は縄文時代後期前葉の所産とみている。深堀（土岐2004）の人物形土偶（図218-2）は脚部とみられ，片面に2列の連続刺突が施され，滑石を多く含んでいる。報告者は連続刺突文等から並木式期のものとみているが，出土したⅤa層では並木式，坂の下式，鐘崎式，太郎迫式，三万田式等各期の土器が出土しているので，滑石を混入する並木式か坂の下式に伴うものとみるのが妥当であろう。天神洞穴（川内野2006）では足形土製品（図218-3）が出土している。時期は不詳であるが，胎土に滑石が混入しており坂の下式期のものである可能性が高い。土偶の脚部とみることもできるが，宮内克己は，脚附土器の脚部である可能性を指摘している（宮内1980）。なお，このような足形土製品は熊本県天草市沖ノ原貝塚（緒方1984），鹿児島県出水市出水貝塚（中原2012），鹿児島県南さつま市芝原・渡畑（佐藤ほか2010）でも出土している[1]。有喜貝塚では不明土製品2点（うち1点は滑石混入）が出土しているが，土偶関係の遺物であるとみられている。これまでしばしば指摘されてきた（宮内1980，富田1992）ことではあるが，中国地方の影響で九州に現れる分銅形土偶とは別系統の坂の下式や南福寺式に伴う在地色の強い土偶が確実に存在するということが，長崎県内の諸例からも明確となった。九州では縄文時代後期初頭・前葉の人形土偶の例として，熊本県天草市大矢（山崎2007）例が知られている。大矢例はその所属時期から分銅形土偶に分類されて考えられてきたことがあるが（井上1990），胎土が南福寺式土器に類似している点を勘案すると，坂の下式に伴う土偶が明らかとなった現在，南福寺式に伴う在地の系統の土偶と考えるのがより妥当性が高いものと思われる。原田昌幸が全国の土偶型式を設定するなかで，後期初頭の九州地方に括弧書きで（大矢）と記載されている土偶（原田2010ab）がこれにあたる。坂の下式や南福寺式に伴う土偶が存在することは確実であるが，それを一つの土偶型式として類型化できるかという点では全体の形状がわかる資料が不足している現

328 第Ⅱ部 新石器時代日韓文化交流

在，原田が括弧書きで示しているように判断が難しい部分がある。坂の下式や南福寺式は西日本の中津式や関東地方の称名寺式におおむね併行するが，称名寺式期は東北地方北部を除き東日本で土偶が不在の時期であるとされ（原田2010ab），坂の下式期の土偶の系譜を東日本に求めるのは現状では困難である[2]。また，大野薫によると東九州・瀬戸内・山陰・近畿では縄文時代後期前葉に分銅形土偶がみられるが（大野2005），坂の下式に伴う土偶とは形態的に異なり系譜を求めるのは困難である。大野が出自に注目している中津式期に伴う岡山県倉敷市福田貝塚（泉1989）出土人形土偶は真横に短く伸びる腕などが大矢例に類似するが，長崎県内の坂の下式に伴う土偶とは差異が大きい。さらに，坂の下式期は北部九州の対岸の韓半島南部地域では新石器時代晩期の水佳里Ⅲ期に併行するが，当該地域・時期では女性器を模った土製品が釜山広域市栗里貝塚（金廷鶴・鄭澄元1980）で出土しているほかは人物形土偶がこれまでのところほとんど確認されていないことからわかるように，人物形土偶の製作は盛んではなく，現状では坂の下式期の土偶の系譜を韓半島に求めるのも困難である。坂の下式期の土偶は土器と同様に胎土に滑石が混入するものや赤褐色に発色するものが多く，縄文時代後期中葉以降の分銅形土偶や人形土偶とは形態も異なることから，在地の文化のなかから出現したものとみるのが最も妥当性が高い。ただし，今後の資料の増加によっては再考の必要が生じる可能性もある。

縄文時代後期中・後葉の人物形土偶は出津（平野1983），小原下（古田1967，宇土・大坪2011，宇土ほか2011），大野原（諫見・森川2001），石原（辻田・竹中2003），筏（諫見・古田1976）で出土している。出津例は胴上半部が残存した人形土偶で，報告者によると北久根山式または西平式に伴うという（図218-6）。小原下では過去表採された土偶1点と近年の調査により出土した土偶8点，土版2点が認められ，土偶には分銅形土偶と人形土偶がみられる。大坪芳典は小原下型土版1式（北久根山式）→小原下型土版2式（太郎迫式）→小原下型土偶1式（分銅形土偶，太郎迫式）（図218-7）→小原下型土偶2式（分銅形土偶，太郎迫式・三万田式）（図218-8・9）→小原下型土偶3式（人形土偶，三万田式・鳥井原式）（図218-10・11）という変遷を想定している（大坪2012）。後期後葉の中での時期的変遷を明らかにした貴重な見解であるが，土版と分銅形土偶が系譜上つながるかが課題となろう。大野原遺跡では3層から，4点の人形土偶が出土している。3層からは西平式～御領式土器が出土している。腹部が膨らむ胴部から脚部にかけての土偶（図218-13），土偶の手2点（図218-14），板状土偶の頭部（図218-12）がみられる。石原遺跡例（図218-15）は木心痕が残る人形土偶の胴部である。このように土偶に木心痕が残る例は熊本県熊本市上南部等でみられることが指摘されている（富田1982）。筏では5点の土偶が三万田式に伴い出土している。縄文時代後期中・後葉の土偶は島原半島で多く発見されており，その理由としては島原半島に縄文時代後期後半の遺跡が多いことに加え，土偶が盛んに作られた熊本平野との距離的な近さも挙げられる。なお，島原半島以外でも出津のように西彼杵半島にも広がりをみせている。

弥生時代早期には原山（森1976）の比較的小さな人物形土偶が知られる（図218-17）。手足の表現が省略されている。

Ⅲ．動物形土製品

これまで発見されている動物形土製品の古い例としてはイノシシ上半身が残った宮下貝塚（鈴木1969）例（図218-3）とイノシシの耳と胴部片が残った吉田貝塚（坂田1975）例（図218-4）が挙げられる。宮下例は滑石が混入されており，吉田例は滑石の混入はないが赤褐色に発色していることから，ともに坂の下式段階のものであろう。

縄文時代後期中葉の動物形土製品としてイノシシの鼻部を表現した殿崎（宮本編2005）例（図218-5）があ

第10章 日韓精神文化遺物の比較 329

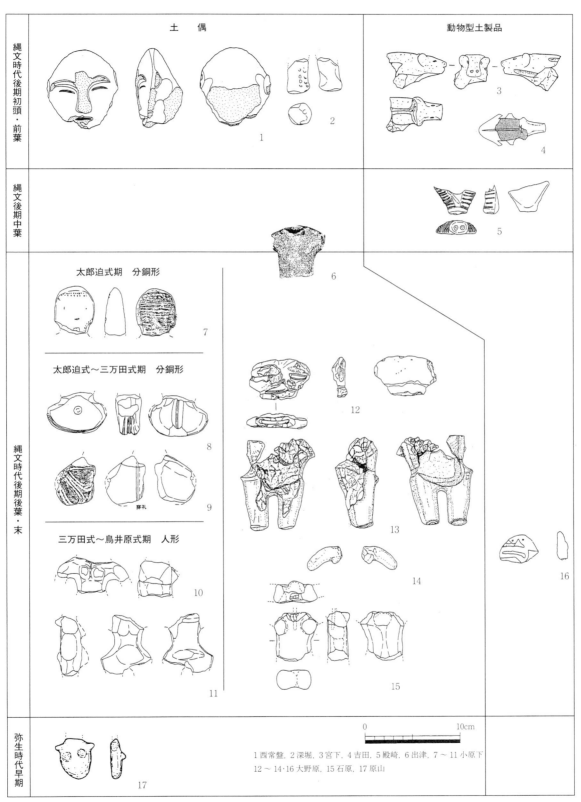

図218 縄文時代長崎県内土偶・動物形土製品の変遷

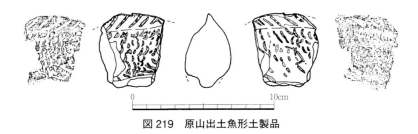

図219 原山出土魚形土製品

り，胎土に角閃石が混入しているが，このような胎土は同遺跡では鐘崎式〜北久根山式土器に認められるため，それらの時期に該当しよう。なお，殿崎例については土器の突起部である可能性も提示されている。

縄文時代後期後葉の動物形土製品は大野原で出土しており，西平式〜御領式土器に伴う（図218-16）。

縄文時代晩期の原山（古田1974）では魚形土製品が出土しているが，出土状況は不明瞭である。胴部片で背びれが付き，刺突により鱗が表現されている。下部（腹部）は剝離がはなはだしい。色調はにぶい黄橙色（Hue10YR6/3）を呈し，胎土に1mm程度の長石が混じる。焼成が良好で，非常に堅く焼きしまっており，あたかも陶器のような質感で，縄文時代のものではない可能性がある（図219）[3]。

九州各県では熊本県球磨郡多良木町軍野（乙益1955）で動物形土製品，熊本県天草市大矢（山崎2007）でサル形土製品等2点の動物形土製品，熊本県八代郡氷川町大野貝塚（江見1909）で動物形製品，宮崎県宮崎市本野原（森田・金丸2004）でシカ形土製品，鹿児島県垂水市柊原貝塚（羽生2006）で動物形土製品が発見されている。このうち大矢例は南福寺式に伴い，柊原貝塚例は黒色磨研土器期に伴うとされ，長崎県における動物形土製品の存在する時期と一致する。

Ⅳ. 長崎県出土縄文時代土偶・動物形製品の変遷と韓半島との関係

以上で述べてきた長崎県内の土偶・動物形土製品の時期的変遷を整理すると図218のようになる。図218における時期区分は後期初頭・前葉：坂の下式，出水式等，後期中葉：鐘崎式〜北久根山式，後期後葉・末：西平式〜御領式である。人物形土偶と動物形土製品はそれぞれ縄文時代後期初頭・前葉，後期中葉，後期後葉にみられ，その消長は連動しているものと思われる。そして土偶・動物形土製品は後期初頭・前葉を中心とするグループと後期中葉〜後期末を中心とするグループ，弥生時代早期の事例に大別されることがわかる。

このような状況は，韓半島南部の偶像・動物形製品の変遷と全く一致することはないことを示す。韓半島南部では隆起文土器期〜瀛仙洞式期にかけて土偶が盛行するが，長崎県側では，縄文時代後期初頭・前葉と後期中葉〜弥生時代早期に土偶・動物形製品がみられ，時期が一致しない。宮下貝塚のイノシシ形土製品と慶尚南道統営市欲知島東港里貝塚（韓永熙 外1989）出土イノシシ形土偶について程度の差はあれなんらかの関係を想定する研究（島津1991・1992，安楽1994ほか）がこれまで提示されてきたが，欲知島例は隆起文土器期から水佳里Ⅰ期の所産であり，併行関係上，一致しないので，直接の系譜を考えるのは難しい。

また，土偶・動物形製品自体の形態もほとんど一致しない。これらの点から，新石器時代－縄文時代の土偶・動物形製品については，韓半島南部と，玄界灘を挟んで対峙する長崎県では交流関係も影響関係も全くなかったと述べざるをえない。ただし，今後，玄界灘島嶼部における韓半島からの渡航集団の滞在・居住地から韓半島系の偶像・動物形製品が発見される可能性はある。

Ⅴ. 偶像・動物形製品以外の精神文化遺物

これまで，日韓間で共通するとされた精神文化関連遺物としては貝面が挙げられる。九州島の貝面（図188-8）は縄文時代中期から後期まで認められ素材はイタボガキやマダカアワビで，2孔穿孔するものと3孔

穿孔するものがある。韓半島南部では東三洞国博第3次調査4層（隆起文土器〜水佳里I式出土）で3孔穿孔したホタテガイ製の貝面とイタヤガイ製の2孔貝製品が出土している。また東三洞釜博調査2層（水佳里Ⅲ式出土）では2孔の有孔貝製品が出土している。島津義昭は九州島と東三洞で出土した貝面を精神文化の交流として把握した（島津1992）。山崎純男は環玄界灘漁撈圏での共通性として積極的に解釈している（山崎2001）。一方，水ノ江和同は日韓間の貝面に目孔・口孔の類似がみられるが，サイズやそのほかの表現については類似がみられないことを述べ，縄文時代後期初頭に出現する西日本の土面との関係も想定している（水ノ江2012）。使用される貝種が異なることや，東三洞での時期が明確でないことから，筆者は貝面を精神文化の交流の根拠とするには十分ではない段階であると考えている。また，仮に九州島と東三洞の貝面に関連が認められたとしても，東三洞は九州との交流拠点という特殊な性格をもつ遺跡であり，韓半島南海岸で貝面が一般的に十分に定着していたものであるかどうか議論の余地がある。貝面については可能性を留保しながらも，基本的に縄文時代の日韓間で精神文化遺物は共通しないと筆者は考える。

註

1）足形土製品の諸例については山崎純男氏からご教示を賜った。

2）関東地方の堀之内式期に盛行するハート形土偶（郷原土偶型式）と西常盤貝塚土偶は頭部が前方に飛び出るという共通点がみられるが，頭部の形状や顔面の装飾等が大きく異なり，併行関係上も同時期とするには問題があることから系譜を求めるのは難しい。

3）動物形土製品の研究史をひもとけば，かつて東北地方で縄文時代のイヌ形土製品とされたものの一部は江戸時代の花巻人形としてのイヌ形土製品であったことが判明したことがあった（江坂1974）。このことは動物形土製品は出土状況の確実性が保証されなければ，時期比定が難しいことを示している。

第11章　新石器時代日韓交流の特質

　第7章および第9章で，日韓間の新石器時代の土器文化交流について，瀛仙洞式－西唐津式の関係を除外すると，相互に土器様式に影響を及ぼさなかったという水ノ江の見解が正しいことを再度確認した。この原因について，水ノ江和同は「言葉」による情報の伝達や交換ができなかった状況という可能性に求めている。しかし，筆者は韓半島南部地域における黒曜石の搬入状況（鄭澄元・河仁秀1998，河仁秀2001・2004・2006，河仁秀・李柱憲2001）等から，交流の内容として交易という側面があり，交易を行うにあたって，沈黙交易（無言貿易）（岡1928）を行わないかぎり，言葉による応酬はあったものと考えている。東三洞では縄文系土器と韓半島新石器時代土器が排他的に出土しているわけではなく，ともに出土している。また東三洞で出土する縄文系土器は水ノ江が指摘したとおり典型的な縄文土器とは異なり，縄文人が長期滞在・世代交代した結果，製作されたものとみることもできる。こうした東三洞で出土する縄文系土器のあり方から，東三洞の集団内で縄文人の生命は保証されていたとみられ，沈黙交易のみが行われた可能性は低いとみられる。したがって，言葉は異なっていても集団の成員のなかに相互の言葉を解する人物がいる以上，言葉の不通が原因であるとは考えがたい。

　それでは，なぜ相互の土器様式が影響しないのかという問いに対して，筆者は3個の原因を掲げたい。

　第一は，第9章で述べたとおり，縄文時代後期までは韓半島からの渡航集団の主要最終目的地が，独自の土器様式を形成することがなかった対馬島であったことである。日韓交流の内容として九州本島で産出する黒曜石をめぐる交易があったと考えると，韓半島からの渡航集団は対馬島で拠点を作ったように，壱岐島や九州島玄界灘沿岸部に同様の拠点を作り，原産地附近で直接黒曜石を入手してもよさそうなものであるが，そのような遺跡はこれまでのところ確認されておらず，対馬島以南の島嶼や九州本島へ積極的に渡航できないなんらかの障壁があったものと思われる。そして，韓半島からの渡航集団の主要最終目的地が独自の土器様式を形成することのない集団の居住する対馬島であり，土器様式の形成を決定する九州島の大きな集団と直接接触する機会に乏しかったことが，九州の縄文土器に韓半島からの影響がほとんどみられない要因であると考えられる。

　第二は，相互の生活様式が異なり，かつそれぞれの集団が相互に生活様式を導入する必要がなかったとみられることである。このことは，日韓間では土器の器種組成が異なることに示される。また，瀛仙洞式以降の磨盤・磨棒の存在から想定されるように農耕が韓半島南部に導入されたにもかかわらず，九州の縄文集団はこれを受け入れた痕跡がない。韓半島南部地域は隆起文土器期から水佳里Ⅲ期まで一貫して深鉢，碗・鉢類とともに相対的に数量は限定されるものの壺が組成に加わっている。対馬島・玄界灘沿岸部では韓半島新石器時代各時期にわたる壺が出土している（図180-6・11・23，図182-21，図186-17，図191-8，図216-2・3）ばかりか，壺や把手附土器が選択的に搬入されている形跡がある。したがって，縄文人は壺に接触できなかったわけではない。それでも，壺は縄文土器の器種組成に加えられることはなかった。このような器種組成の差異は食生活等の生活相の差異に起因する可能性がある。

　第三は，第10章でみたように縄文時代後期までの日韓間では精神文化上の交流がほとんどなかったということである。先に述べた韓半島南部地域の壺が祭祀目的であった場合は，縄文集団側がこれを強固に受容しなかったことは，精神文化の非受容と関わりがあったと考えることができる。また，祭祀土器であること

334　第Ⅱ部　新石器時代日韓文化交流

がほぼ確実な赤彩土器も搬入されているにもかかわらず，縄文土器様式に導入されることはなかった。

　土器の文様は，種族（部族）〈племя〉の象徴を反映しているという見解（Авдусин 1977）や，「集団」の個性の物的表現という見解（千葉 1989）がある。上野佳也は土器の文様のもつ情報には精神生活のなかを流れ社会のシステムを維持する情報と，傾向やムードとして含まれる情報が含まれるとする（上野 1980）。また，近藤義郎は「土器への文様の付与とある種の形態部分の作出が，呪的行為のひとつの表現」である可能性を述べている（近藤 1985）。このように土器の文様が精神文化に大きく関わるものとみた場合，精神文化上の影響関係がほとんどなかったという状況は，相互の土器様式に影響を及ぼさなかった現象の最も大きな要因ではなかったかと筆者は考える。

　このように考えると，瀛仙洞式の文様を縄文人側が主体的・選択的に受容し，西唐津式が成立したことは，極めて異例の事態であったものと判断せざるをえない。第8章では，その原因を韓半島南部における農耕の導入による社会的な変化に求めた。さらに具体的にいえば，土器の文様がある種の精神文化上の規制を受けている場合，例えば「この文様でなければ，食べ物がよく煮えない」（イリーン・セガール 1959）などといった観念を先史人がもっていたとしたら[1]，文様は土器使用の対象物・内容物と関連があった可能性がある。

　ここで挙げた3点は，弥生時代早期の状況と比較すると全て対称的である。弥生時代早期の状況と縄文時代後期までの様相を比較することで，3点の特徴は強く浮かび上がってくる。

　これまで縄文時代の漁撈民による交流が弥生時代早期の農耕民による交流の基盤となった，あるいは縄文時代以来の長い文化的伝統の上に，初期農耕が渡来したということが縄文時代研究者からも弥生時代研究者からも指摘されてきた（渡辺 1985，高倉 1995 ほか）。その根拠となったのは夜臼式期の支石墓の分布が西北九州型釣針や石鋸の分布範囲を踏襲すること（山崎 1980）などであった。これは 1980・90 年代当時における最新の研究成果に基づいてなされた推論であったが，日韓交流を示す資料が不足し，縄文時代全般を俯瞰することができないという制約があるなかでの推論であったともいえる。支石墓が伝来する時期と直接繋がらない時期の遺物である西北九州型釣針や石鋸の分布から縄文時代の交流が弥生時代早期の交流に繋がったと考えることは現状では困難であると考えられる。

　むしろ本書で検討したように縄文時代全般を通した日韓交流のあり方には断絶と画期がある。玄界灘島嶼域，とりわけ対馬島を中心にみた場合，縄文時代早期から縄文時代中期までは対馬島を渡航の最終目的地とした結果，残されたとみられる遺跡が存在し，縄文時代後期前半の坂の下式期には島嶼域での小規模な遺跡が増加し，外洋活動が活発化するのに伴い双方向的な韓半島との交流が継続して盛期を迎える。しかし鐘崎式期や北久根山式期には対馬島，壱岐島で比較的大きな規模の遺跡が存在するにもかかわらず，少なくとも土器については日韓交流の低調化がみられ，三万田式期には玄界灘島嶼域で遺跡自体がほとんどみられなくなる。この断絶の時期を経て黒川式期には玄界灘島嶼域では遺跡立地が変化しており，日韓交流の痕跡も以前の時期ほど多くは認められない。その後，韓半島から九州島へ大きな影響関係がみられる夜臼式期でも玄界灘島嶼域では交流自体は認められるものの，縄文時代早期～後期前葉ほど集中して韓半島系遺物が認められなくなるという状況になる。

　こうしてみると縄文時代後期後葉を境界に日韓交流上での対馬島をはじめとする玄界灘島嶼域の重要性が大きく変化したということが指摘される。また，韓半島系遺物の集中度などから韓半島からの渡航集団の中に九州本島を最終目的地とする集団が現われるという状況に変化したものと考えられる。このことと関連し，集団の精神文化に関する規制を決定付ける集団規模が存在する九州本島との接触により，祭祀土器が様式として受け入れられるという交流内容の性格変化も認められる。高倉洋彰は縄文時代の交流は短期的・通過型の漁民の交流（漁民型交流）で，弥生時代の交流を長期的・滞在型の農民の交流（農民型交流）であり，交流

の性格が異なることを指摘している（髙倉 1995）。漁民の交流が短期的，通過型であったのかということについては検討の余地があるが，日韓交流の変遷がよく表現された指摘である。

　そして，縄文時代と弥生時代早期のこのような交流の性格・内容の差異に加え，玄界灘島嶼域の場合，三万田式期を中心とする時期に日韓交流の大きな断絶があることも重要である[2]。交流の性格・内容の差異と時期的な断絶は看過しえないことであり，縄文時代の漁撈民の交流の基盤の上に弥生時代早期の水稲稲作農耕の導入が行われたとする従来の単線的な発展史観は，現況では成立しないのである。

註

1）モノの形状や形態が，必ずしも，機能や用途といった物理的な合理性によって決定されるとは限らず，使用する人間のもつ観念や精神文化により決定される場合もあるということは，民族誌・民俗事例で確認される。

2）これまで縄文時代後期後半から徐々に韓半島青銅器時代文化の影響を受け弥生化が段階的に達成されたとする見解（田中 1986，松本 2000，宮本 2004，端野 2008・2010 ほか）が主流を占めてきたが，最近では反対意見（小南 2008）も提示されており注意される。筆者は先述のとおり黒川式期の孔列土器に対して判断を留保している状況であるため，黒川式期と夜臼式期の日韓交流上の断絶性の有無についても留保せざるをえない。本書では三万田式期に確実に断絶があることのみを示しておきたい。

結論　東北アジア先史文化の動態

　以上の第1章から第11章までの検討を踏まえ，東北アジア先史文化の変遷と交流の様相について叙述し，結論とする。

Ⅰ．東北アジア先史文化の動態

　これまで検討した磨製石庖丁（図98～101），紡錘車（図122～125），偶像・動物形土製品（図139），岩画（図167）と，土器（図52～59）の相関関係をみると，土器によって区分される最小単位の領域内では，それぞれ固有の地域性をもっている。同じ土器文化内で異なる型式の道具が使用されるということは二・三の例を除いて存在しない。このことから，新石器時代から青銅器時代にかけての東北アジアでは，土器にみられる地域性は，生活全般に及ぶ文化複合体の地域性をおおむね示していることがわかる。

　Ⅰ段階では大貫らの指摘のとおり極東平底土器は遼西地域，吉長地区を含む遼東地域，豆満江流域という大きな地域区分が存在する。また，韓半島東海岸と南海岸では平底土器がみられるが，極東平底土器との関係が非常に深いか，あるいは極東平底土器に含まれるものである。また，この時期韓半島中西部では丸底土器が拡がり独特である。このような土器文化と，精神文化を反映した偶像・動物形製品の地域性は連動している。之字文土器の分布する範囲には人面・人頭像がみられ，豆満江流域等では小さな全身像が主である。韓半島東海岸や南部地域ではこのころ，最も盛んに偶像・動物形製品が用いられるが，豆満江流域等の様相と関連があるものとみられる。一方，丸底土器文化圏では，偶像である可能性があるものがわずかに指摘されるが，基本的に発達しない。丸底土器文化圏ではこの後の時代も偶像・動物形製品が発達しないという点で，東北アジアのなかにおいて特異な精神文化を保持していく。生業関係では，遼西地域では無穿孔石刀がみられ，他地域よりやや農耕が発達していたようである。また，土製算盤珠形紡錘車もみられる。そして，この段階に遼西地域，吉長地区，遼東地域，鴨緑江下流域，そして韓半島中西部まで磨盤・磨棒の組成は広く分布している。注目されるのは，磨盤・磨棒の組成は平底土器文化内において豆満江流域など分布しない地域がみられる一方，韓半島丸底土器文化の一部にはすでに分布している点である。このようにみると土器文化は生業より，むしろ精神文化との関連が強い分布を示しているように考えられる。

　Ⅱ段階ではこれまでの指摘のとおり遼西地域と遼東地域における土器文化の差が大きくなる。遼東では後窪上層類型が広く拡がり鴨緑江下流域まで分布を広げ斉一性が高くなる。紡錘車は土器文化の差異と呼応するように遼西ではほとんど用いられなくなり，遼東半島を除外した遼東地域では算盤珠形が用いられる。この土製算盤珠形は韓半島中部でもみられるようになる。また，形態は異なるが，南沿海州でも紡錘車がみられる。紡錘車は出土例が少ないので，判断が困難である部分もあるが，初現期磨盤・磨棒の動きと算盤珠形土製紡錘車は遼西地域を起源とし，比較的早い段階から豆満江流域等を除外する東北アジア各地にみられ，連動した動きを示す可能性が高い。この動きは極東平底土器や韓半島丸底土器の分布を越え，また，極東平底土器内での地域性を越え，東北アジア各地にみられることから環黄海の基層的な文化要素である可能性もある。

　韓半島東海岸まで丸底土器が分布する展開がみられ，韓半島南部では，基本的に隆起文土器を継承した瀛仙洞式がみられる。この瀛仙洞式土器は基本的に，韓半島丸底土器文化（弓山文化）とは独立した土器文化

であるが，錦江下流域では接触がみられ，瀛仙洞式期の終末期には折衷土器が製作され，徐々に弓山文化の影響が強くなる。これと連動して，磨盤・磨棒が韓半島南部に受容されはじめる。このような韓半島南部において韓半島中西部からの文化的影響が及ぶ動きのなか，西唐津式は瀛仙洞式から一部の文様を選択的に受容する。東北アジアで起きた動向が西唐津式に影響を及ぼしたという仮説が存在したが（水ノ江1988など），ある程度首肯される部分がある。ただし，これは弓山文化と瀛仙洞式文化での接触・交流との関係であって，遼東地域まで含めた東北アジア全体に及ぶ動向というのは同時代的には存在しないことにも注意したい。さて，西唐津式が瀛仙洞式から一部文様を選択的に受容するという事象は東北アジア全体の交流のあり方からみると極めて異質であるものと判断せざるをえない。土器の文様のような精神文化的な属性を受容する場合，多くの場合，生産道具にも影響を及ぼすほどの強い文化的影響がみられるのが常であるためである。次に述べるように生産道具が置き換わっても精神文化性が保持される事例も少なくない。しかるに，西唐津式では瀛仙洞式と生産道具での共通性が高いわけでもなく，また，偶像・動物形製品が共通するわけでもない。西唐津式で起きた事象は東北アジアで起きた通常の交流とは異なる特殊な事例であると考えられる。現在の乏しい資料ではこの原因や交流の背景は全く不明とせざるを得ないが，一部の土器文様の共通性から，土器に入れる内容物の搬入と関連があるものと考えられる。

豆満江流域等では，ザイサノフカ文化古段階であり，遼東地域とはほとんど関係性がない土器文化が広がる。磨盤・磨棒の受容は認められないが，紡錘車自体は使用されるようになる。ただし，形態が土製算盤珠形を主とする遼東地域のものとは異なる点で，やはり独自性が強い。偶像・動物形製品においても遼東地域とは差異が大きい。

Ⅲ段階でも遼西地域と遼東地域における土器文化の差は大きい。遼西地域と遼東地域の中間に位置する科爾沁地区では，独自の文化を維持しながらも，基本的な土器組成，石庖丁，紡錘車にあっては遼西地域との強い連関性を示す。一方で，敖包山に示されるように偶像においては，吉長地区との関係がうかがえ，さらに斜口器のような吉長地区にみられる土器も組成に加わり，特に精神文化に関する部分では遼東地域との関係性が強く認められる。ただし，Ⅰ～Ⅴ段階のどの段階のものであるか明確ではないが，科爾沁地区でも遼西地域と共通した岩画がみられ，ある段階では遼西地域との精神文化の共通性をみることができる。

Ⅲ段階の遼東地域では北は吉長地区，東は清川江流域まで呉家村的な土器が広がる。一方，弓山文化の土器は清川江流域，咸鏡南道まで様式に及ぶ強い影響を及ぼし，また，韓半島南部へも影響を及ぼし水佳里Ⅰ式を成立させる。この水佳里Ⅰ式は漢江流域系土器が主体を占める韓半島東海岸まで北上する。遼東地域では呉家村的な土器が斉一的に広く分布する一方，韓半島では激しい土器文化の動きが観察される。このころ，乙類磨棒が全東北アジア的に出現することとなり，農耕に関する情報は，遼東地域から韓半島へ継続的に流入している。このような農耕情報に関する動きと，清川江流域における遼東系土器と大同江流域系土器の接触は連関し，清川江流域が農耕情報伝達の窓口となったものとみられる。このように韓半島中・南部の土器文化は動的な様相を示しているにもかかわらず，西北九州では曽畑式の成立とともに，再び，様式に影響を及ぼさない交流が始まることとなる。

Ⅱ段階後半（小珠山中層期）・Ⅲ段階（呉家村期）の遼東半島では膠東半島からの土器様式・組成に関与する強い影響を受けるとともに，磨製石庖丁，土製円盤形紡錘車など生業に関する道具は徹底して膠東半島的となる。また，動物形製品でもイノシシ・ブタを多用するなど動物の選択性においては膠東半島との関係がみられる。ただし，土器では遼東的な平底土器が主であり，偶像・動物形製品では，イノシシ・ブタ形製品は在地からの系譜を看取することができる。また，生産道具であっても紡錘車が有する属性のうち，機能と直接結びつかず精神文化との関連が推測される文様については，膠東半島と遼東半島では差異があり，遼東半

島のものは他の遼東地域的である点も看過できない。このように遼東半島では膠東半島の大きな影響を受けているものの，基本的には，生産道具の機能的・実用的な面にその影響が多くみられ，精神文化に関わる面では遼東的な独自性もある程度維持されているものとみなければならない。

Ⅲ段階の大きな変化としては豆満江流域で磨盤・磨棒が受容され，また，土製算盤珠形紡錘車がみられるようになることが挙げられる。中間地帯の様相が不分明であるため，確実ではないが，実用品の一部は複合的に，遼東地域からの影響を受けたものと推察される。

Ⅳ段階では，遼東地域に偏堡文化が拡がり清川江流域の様式からは弓山文化系の影響が排除される。さらに，偏堡文化は大同江流域に影響を及ぼすようになり，前段階でみられた韓半島中・南部の動的な様相は収束する。また，偏堡文化は北方の科爾沁地区の様式にまで影響を及ぼす。豆満江流域等ではザイサノフカ新2段階の土器が分布する。生産道具はそれぞれの土器文化内で固定化しており大きな動きはみられない。ただし，遼東半島では，土器，紡錘車等で膠東半島からの強い影響を受ける。

Ⅴ段階では遼東半島に膠東半島からの強い影響下で小珠山上層文化が成立し，極東平底土器は終焉を迎える。そして，鴨緑江下流域まで在地変容しながら膠東半島由来の文化が及ぶ。このとき磨製石庖丁，石製紡錘車が組成をなして用いられるようになる。精神文化関係ではやはり偶像・動物形製品に膠東半島の影響が認められる。また，龍山文化系の精製器種が流入している点などにも膠東半島の精神文化が強く及んでいることがわかる。ただし，墓制では積石塚など在地的な様相もみられ，全ての精神文化が，膠東半島化したわけではない。それでも，小珠山上層期の膠東半島からの強い影響は，前段階まででみられないほどの精神文化・実生活面双方に及んでいることが了解される。また，太子河流域や鴨緑江流域では遼東半島系の土器文化と瀋陽地区を中心とする肇工街系の土器文化の双方から影響を受け，独自の文化圏を形成しはじめる。一方，この段階の鴨緑江上流域ではザイサノフカ文化の地方類型が展開し，紡錘車でも豆満江流域等との関連が強く，文化が総体として及んでいることがわかる。

Ⅵ段階ではⅤ段階で徐々に独自性を形成しつつあった鴨緑江下流の独自性が顕著となり，遼東半島や鴨緑江上流域，大同江流域に影響を与えるようになる。特に鴨緑江上流域は以前の段階では，東方の豆満江流域との関係が深かったが，この段階より鴨緑江下流域との関係が深くなる大きな変化がみられ，注目される。また，以前の段階では，遼東半島→鴨緑江下流域という流れは観察されたが，ここで，その流れに逆行し遼東半島に及ぶほどの影響力をもつ土器文化が成立したことは特筆される。このころの韓半島では磨棒乙類の比率が増加しているが，同様に遼東地域等でも磨棒乙類が種類をなしており，継続的に農耕関連情報が遼東地域から韓半島へもたらされていることがわかる。南沿海州ではこの頃，沿アムール地域との関係が深くなる。芝草里岩刻画が沿アムール地域のものと関連があるとすれば，精神文化上での影響関係も想定されるが，詳らかではない。

Ⅶ段階では，瀋陽地区以西の高台山文化と遼西地域の夏家店下層文化が接触をもつが，土器の交流が中心で，生業関係の道具ではほとんど共通する様相が存在しない。特に阜新周辺では墓に鬲を中心とした夏家店下層系土器が副葬されており，精神文化に関わる事項についての接触が主で，土器以外の生活道具自体はそれほど相互の関係は密ではない。一方，高台山文化と馬城子前期文化の関係は三足器の有無という点で大きな差異があるが，土器，磨製石庖丁，紡錘車といった生産道具の面で共通性が高い。この頃，豆満江流域等には興城文化やプフスン上層類型が広がるが，磨製石庖丁が受容されるものの，紡錘車は従前の組成を引き継いでおり，生業道具における影響は部分的なものに留まる。

Ⅷ段階では大同江流域でコマ形土器，韓半島中南部で刻目突帯文土器がそれぞれ成立し，青銅器時代に入る。コマ形土器文化では土器，磨製石庖丁，紡錘車といった多くの面で遼東半島－丹東地区－鴨緑江下流域

との関連性が強く，刻目突帯文土器文化では土器，磨製石庖丁，紡錘車といった多くの面で鴨緑江上流域－太子河上流域－瀋陽地区との関連性が強い。韓半島の青銅器時代文化は基本的に遼東地域からの影響で成立したという点では共通するが，遼東地域の中でも子細にみるとコマ形土器と刻目突帯文土器では関連する地域を異にするという現象が起きている。これはV段階頃からの鴨緑江下流域の独自性の高潮，また，Ⅵ段階頃からの遼西地域との接触等の原因により，遼東山地部での独自性が明確となったことに起因する。つまり，韓半島の青銅器時代文化の成立は，遼東地域内における地域分化と関係があるものとみられる。新岩里出土青銅刀はこの時期の遼西地域との関係で，もたらされたものである。また，韓半島中南部では磨製石庖丁，紡錘車とも組成をなして，受容され，新石器時代との継承関係はほとんどみられない。これが急激な変化であるかどうかはⅥ段階の韓半島の様相が不分明であるため，にわかに判断を下すことはできない。ただし，磨盤・磨棒などは残る。そして，この大きな変化と同時に，イネが遼東半島から黄海沿岸に沿って，大同江流域に到達し，大同江流域から韓半島南部へ伝来する。精神文化面でもそれまで，わずかに韓半島南部に残存していた偶像・動物形製品が消滅し，遼東地域との関係が強くなる。一方，豆満江流域等では磨製石庖丁の個数が増加し，石製紡錘車も用いられるようになる。このような磨製石庖丁と石製紡錘車の出現もやはり遼東地域からの影響を想定するのが穏当であろう。一方では独自の偶像・動物形製品が発達するなど，精神文化面では独自性が高くなる。

　このように東北アジアでは非常に動的な動きをみせているが，韓半島南部と西北九州の関係は，相互に異系統土器が搬入され，交流自体は絶えず存在していたにもかかわらず，Ⅱ段階の瀛仙洞式－西唐津式の関係を除外すると，土器の様式に影響を与えることはなく，また，生産道具，精神文化関係道具においてもほとんど共通することはなかった。本書で扱った時期の東北アジアにおける土器文化動態が偶像・動物形製品や岩画などにみられる精神文化における枠組みと一致する例が多いことは，第11章で提起した，日韓間における精神文化の交流が少なかったことが土器文化様式に影響を及ぼさなかった原因の一つであるという想定と整合的である。

Ⅱ．青銅器時代化への道程

　Ⅷ段階に至ると多くの地域で深鉢（甕）と壺の組成，磨製石庖丁，石製紡錘車を備えることとなる。このような変革現象を本書では「青銅器時代化」と呼ぶこととする。この青銅器時代化は宮本の述べる東北アジア農耕化第3段階（宮本2009）に相当する変化で，農耕文化との関連が深いものである。青銅器時代化の進行は，遼東地域でやや早く進行し，周辺地域となる韓半島中・南部と豆満江流域等では完全に達成されるのはⅧ段階となる。ただし，遼東地域では磨盤・磨棒が消滅するのに対して，韓半島中・南部や大同江流域と豆満江流域等では残存するという差異も認められる。この青銅器時代化への発展過程は，豆満江流域等と韓半島中・南部では異なる点がある。韓半島中・南部では深鉢・甕の組成，磨製石庖丁，石製紡錘車の組成はⅧ段階にほぼ同時に達成される。前段階のⅦ段階における韓半島中・南部の様相が不分明であるため，急速な変化であったかどうかは，わからない点もあるが，少なくともⅦ～Ⅷ段階に達成されたものであることは指摘できる。また，土器の連続性も南京2期とコマ形土器文化期の一部の器種の連続性を除外すると，総体的には継承要素は少ない。韓半島中・南部では青銅器時代化は生業道具の多くの部分に及ぶような組成として変革していったものと想定される。

　一方，豆満江流域等では大型の貯蔵用甕は早くもⅣ段階・Ⅴ段階頃にはみられ，磨製石庖丁はⅦ段階，石製紡錘車はⅧ段階にみられる。また，南沿海州ではⅧ段階に至っても石製紡錘車が受容されることはなかった。豆満江流域等では新石器時代から青銅器時代への土器の変化は連続的であることも勘案すると青銅器時

結論　東北アジア先史文化の動態　341

代化は徐々に進行し，Ⅷ段階に至り一応の完成をみたということがいえる[1]。

　この差異と顕著な対比を示すのが，精神文化を表象する偶像・動物形製品の動向である。比較的急激に組成として青銅器時代化が進行した韓半島南部では，以前の時期にわずかに残っていた偶像・動物形製品は消滅し，遼東地域と同様に，土製品に依存しない精神文化をもつようになる。一方，豆満江流域等では，青銅器時代化が進行すると，かえって盛んに独自の偶像・動物形製品が製作されるようになる。

　このことは，遼東地域からの新たな農耕を含む文化的衝撃に対する在地集団の反応が異なっていることを示している。豆満江流域等では新たな文化的衝撃に対して，在地独自色を保持しようとしたものとみられるが，大同江流域以南の韓半島と比較すると全生業中で占める農耕の比率が比較的低かったため，そのような反応が可能だったのではないかと考えられる[2]。反対に大同江流域以南の韓半島では，より農耕化が急激に徹底されたため，精神文化に至るまで遼東地域との共通性が高まったのだと筆者は考えている。

　このような韓半島中・南部青銅器時代化の前段階としてこれまで，遼東地域においては極東平底土器が終焉を迎え，石器組成も大きく変わる時期として小珠山上層期を大きな画期と捉える見解が示されてきた。しかし，その大きな変革を遼東半島の周辺地域はそのまま受容したのではなく，在地化の過程を経ながら受容・独自発展してきた点が重要な点である。鴨緑江下流域の独自発展した土器文化が遼東半島東部へ流入する動きも看取でき，遼東半島→鴨緑江下流域という流れのみでは決してない。その結果，遼東山地部では，遼東半島とは区分される独自の領域が形成され，韓半島中南部の刻目突帯文土器文化が成立する母胎となったのである。一方，韓半島中・南部側では，韓半島南部の水佳里Ⅲ式土器が南京2期併行期の韓半島中部の一部に様式的な影響を及ぼすという別の動きがあり（古澤2006b），それまで堅持されてきた韓半島中部と南部における土器文化上の境界が崩壊しはじめる過程をみせる。このような，遼東山地部を中心とした独自の文化圏形成と韓半島中部における不安定な状況という二つの様相こそが，韓半島中・南部に強力な青銅器時代化をもたらした要因であったと提起したい。なお，東北アジアに大きな変化をもたらしたⅧ段階は第2章第6節と第3章での検討を踏まえると，紀元前13世紀末・紀元前12世紀初を前後する時期のことであった。

　最後に，これを踏まえて，最近出版された宮本一夫の著書『東北アジアの初期農耕と弥生の起源』（宮本2017）における見解について簡単に触れる。土器の基層的な技術的特徴に共通性がみられることから，偏堡文化－「公貴里」文化（筆者のいう深貴里に相当する）－韓半島中南部刻目突帯文土器という系譜関係を想定し，この系譜こそが古日本語（高句麗語等との関係からいえば日本祖語という意味合いに近いか？）話者の残した文化であったとする興味深い見解が示されている。筆者も本書で示したとおり，土器以外の文化要素からも深貴里文化－韓半島中南部刻目突帯文土器文化という系譜関係は認められるところである。しかし，偏堡文化と深貴里文化は直接，連結できるものではない。なんらかの系譜関係を求めるとするといくつかの可能性があるが，深貴里期以前の鴨緑江上流域には，鴨緑江下流域の影響が強い五女山城F48期の文化があり，偏堡文化と直接的な系譜を求めるのは困難である。深貴里文化自体は太子河上流域や瀋陽地区との関係が深いので，偏堡文化からの流れが瀋陽地区から遼東山地にかけての内陸部で温存され，鴨緑江上流域に影響を及ぼした可能性もあるが，偏堡文化の発展した肇工街期の文化から高台山文化や馬城子文化への系譜関係は明瞭ではなく，あるいは遼西地域の影響も考えておく必要がある。このように，これらの地域の文化動態は単線的な変遷だけでなく，周辺地域由来のさまざまな文化系統が束のようになって展開していることは本書で述べたとおりである。このように交錯した文化系統がみられる状況下にあって，特定の文化系統に特定の言語を想定するには未だ検討の余地があるものと考える。

　なお，言語の問題は別として，北部九州の弥生時代開始期は大容量貯蔵土器，磨製石庖丁，石製紡錘車などを具備するため，本書でいう「青銅器時代化」に相当するが，徐々に青銅器時代化が進行した豆満江流域

の図式よりも，比較的急速に青銅器時代化が進行した韓半島中・南部の図式に近いものと思われる。青銅器時代化への進行速度が生業全体における農耕の占有比率に依拠するという本書の結論からすれば，北部九州における弥生時代開始期の生業全体における農耕比率は当初より高かったのではないかという見通しを得ることができる。

Ⅲ．結　語

従来の研究では，華北の高文化が周辺地域に拡散するという図式が多く適用されてきた。本書でも示されたとおり基本的にこのような流れは確認される。しかし，必ずしも膠東半島→遼東半島→韓半島という一方向で展開しているのではないということも同時に示した。すなわち，各小地域があるときは核地域となり，あるときは周辺地域となるという非常に動的な展開をみせている。

もはや西から東へ，北から南へといった単純な理解[3]のみでは，東北アジア先史文化動態を正しく認識することはできない。それぞれの小地域における自律的な動きこそが重要であるということが本研究により明確となった。

註

1）大貫静夫は豆満江流域の変化について，虎谷1期を極東平底土器の終焉とみて，画期を想定している（大貫1992・1998）。筆者は第1章第2節で述べたように，虎谷1期を東風類型（ザイサノフカ文化新3段階）から興城文化に跨る地方類型とみたので，虎谷1期を大きな画期としない。それでは，豆満江流域の大きな画期はどこかというと変化が連続的で，容易に設定し得ない。多くの中国やロシアの研究者の見解，あるいは，黄基徳が虎谷の報告書（黄基徳1975）で述べた分期のように，興城文化やプフスン上層類型を青銅器時代と分期し，以前の段階と区分するのは磨製石庖丁の存在からみて，理のないことではない。しかし，本格的に磨製石庖丁が普及するのは，次の郎家店期（本書Ⅷ段階）であり，石製紡錘車の出現，壺の安定的な存在もこの時期である。こうした様相からは，青銅器時代化の一応の完成をみた段階として，興城文化と郎家店期の間に画期を認めるほうが，合理的ではないかと考える。なお，大貫は小営子墓地の年代を興城文化とみて，大規模な墓地がみられることから，大規模な集落が存在したものであるとみるが，筆者は第1章第2節および第5章で詳述したとおり，小営子墓地は郎家店期に帰属するとみるので，郎家店期に大規模集落がみられるということとなり，やはり郎家店期に大きな画期を認めるべきではないかと考える。

2）ただし，動物形製品のなかにはブタもみられ，農耕文化を取り込む形での発展であったとみられる。なお，豆満江流域等での新たな文化的衝撃に対する反応は，小林達雄が九州中部をはじめとする西日本の縄文時代後・晩期の土偶製作の活発化を韓半島からの文化要素が縄文社会の世界観を揺るがし，縄文世界観に深く根ざした土偶をあらためて保有するようになったという「縄文反抗運動」（「縄文復興運動」「縄文復古運動」）であるとみなした図式（小林1985）に類似している。ただし，宮地聡一郎は韓半島からの文化的な影響を受ける時期と西日本各地の土偶盛行期が一致しないことから小林の「縄文反抗運動」説自体は成立しないことを指摘しており（宮地2012），筆者も本書第Ⅱ部での検討内容から宮地の反論を支持する。

3）以前，大貫が述べた「櫛目文土器（カムケラミク）」南下説的思考（大貫1995）というのが，これに近い。

引用文献

※引用文献の提示は，言語ごとに提示し，韓文，中文，露文，モンゴル文，日文，英文の順に配列した。

※文献の配列順は韓文にあっては「가나다」順，中文にあっては拼音「ABC」順，露文およびモンゴル文にあっては「АБВ」順，日文に
　あっては「あいうえお」順，英文にあっては「ABC」順とした。

【韓　文】

姜奉遠　2012「盤亀台 岩刻画에 表出된 陸地動物의 再認識―動物飼育 問題와 編年의 再検討―」『韓国新石器研究』23

姜仁旭　2007「豆満江 流域 青銅器時代 文化의 変遷 過程에 대하여―東北韓 土器의 編年 및 周辺 地域과의 比較를 中心
　으로―」『韓国考古学報』62

姜仁旭　2009「러시아 沿海州 青銅器文化 調査研究의 成果와 課題」『東北亞 青銅器文化 調査研究의 成果와 課題』学研
　文化社

姜仁旭・李俊貞・梁時恩・조가영・金材胤・金殷英・이정은　2009『博物館 所蔵 豆満江 流域 先史時代 遺物 研究』서울
　大学校博物館学術叢書 16

岡田憲一・河仁秀　2009「韓半島 南部 終末期 櫛文土器와 縄文土器의 年代的 併行関係 検討」『韓国新石器研究』17

姜鍾薫　1999「蔚州 川前里書石 銘文에 대한 一考察」『蔚山研究』1

姜仲光　1974「龍淵里遺蹟 発掘報告」『考古学資料集』4

姜仲光　1975「우리나라 新石器時代 번개무늬그릇 遺蹟의 年代에 대하여」『考古民俗論文集』6

姜仲光　1979「新岩里原始遺蹟 第 4 地点에 대하여」『歴史科学』1979-2

啓明大学校 行素博物館・三韓文化財研究院・嶺南文化財研究院　2012『大邱・慶北 新石器文化 그 시작과 끝』新石器文
　化 特別展

慶北大学校 博物館　2003『慶北大学校 博物館 所蔵遺物 目録』

考古学 研究室　1957「清津 農圃里 原始 遺蹟 発掘」『文化遺産』1957-4

高東淳　2007「襄陽 鰲山里 C 遺蹟」『国家 形成에 대한 考古学的 接近』第 31 回 韓国考古学全国大会

高東淳　2009「東海岸 鰲山里 C 地区 最下層遺蹟의 調査 成果」『韓・日 新石器時代의 漁撈와 海洋文化』第 8 回 韓・日
　新石器時代 共同学術大会 発表資料集

고민정　2009「南江流域 刻目突帯文土器文化와 北韓地域과의 併行関係」『東北아시아的観点에서 본 北韓의 青銅器時代』

고영남　2004「타래무늬그릇과 번개무늬그릇에 反映된 新石器時代文化의 継承性」『朝鮮考古研究』2004-4

고영남・전일권　1998「蘇井里遺蹟 第 3 地点의 新石器時代 집자리에 대하여」『朝鮮考古研究』1998-3

古澤義久　2011「新石器時代 中期～晩期 韓日土器文化交流의 特質―동북아시아에서의 異系統土器文化 接触의 비교―」
　『韓国新石器研究』22

古澤義久　2014c「東北아시아 新石器時代 土器의 交流」『韓国 新石器時代 土器와 編年』진인진

科学院 考古学 및 民俗学 研究所　1962「雄基郡 屈浦里 西浦項洞 原始 조개무지 遺蹟 発掘」『文化遺産』1962-6

具滋振・최봉균　2007『牙山 城内里 新石器 遺蹟』忠清南道歴史文化院 遺蹟調査報告 第 30 冊

国立文化財研究所　2000『軍事保護区域 文化遺蹟 地表調査報告書 京畿道篇』

国立中央博物館　2006『북녘의 문화유산』展示図録

권도희・이가연・이인경・육송희　2012『仁川中山洞遺蹟』漢江文化財研究院 遺蹟調査報告 第 20 冊

金建洙　2009「海峡을 둘러싼 新石器時代 漁民」『韓・日 新石器時代의 漁撈와 海洋文化』

金建洙・李承允・양나래　2007『莞島 麗瑞島 貝塚』木浦大学校博物館 学術叢書 第 150 冊

金京鎬・李成龍　2009『漣川 鶴谷里 新石器遺蹟』中原文化財研究院 調査報告叢書 第 82 冊

김광철　2006「遼東半島一帶 新石器時代 질그릇갖춤새의 変遷」『朝鮮考古研究』2006-2

金権九　1999「大谷里 盤亀台 岩刻画의 理解와 研究方向에 대하여」『蔚山研究』1

김권중・남귀희・우수혜・김민지　2008『洪川 外三浦里 遺蹟』江原文化財研究所 学術叢書 92 冊

김길룡　2000「大同江流域 青銅器時代 질그릇갖춤새의 淵源」『朝鮮考古研究』2000-3

김남돈　1995「鉄原郡의 先史遺蹟」『鉄原郡의 歴史와 文化遺蹟』江原大学校博物館

김동일　2002「馬山里遺蹟発掘報告」『馬山里, 盤弓里, 表垈遺蹟発掘報告』白山資料院

김동일・김광철　2001「증산군 龍徳里 新石器時代 집자리에 대하여」『朝鮮考古研究』2001-3

김미영　2010「赤色磨研土器의 変遷과 分布에 대한 研究」『慶南研究』2

김미영　2013「嶺南 中東部地域 赤色磨研土器의 地域性」『韓半島（赤色）磨研土器 探究』

김민구　2011「水佳里遺蹟 圧痕 試料」『水佳里貝塚Ⅱ』釜山大学校博物館 研究叢書 第 36 輯

金炳燮　2003「密陽 살내遺蹟 調査成果」『慶尚考古学』2

金炳燮　2006「密陽 살내 新石器遺蹟에 대한 検討」『韓国新石器研究』11

金炳燮　2009a「密陽地域 墓域式 支石墓에 대한 一考察」『慶南研究』1

金炳燮　2009b「南韓地域 早・前期 無文土器 編年 및 北韓地域과의 併行関係」『韓国青銅器学報』4

김상태・양성혁・안경숙　2006「先史 文化의 復元」『북녘의 문화유산』国立中央博物館

金碩勳　1999「仁川섬地域의 新石器時代 遺蹟 新例―信島・矢島를 中心으로―」『仁荷史学』7

김성국　2000「질그릇갖춤새를 通하여 본 南沿海州一帶新石器時代文化의 性格」『朝鮮考古研究』2000-3

김성국　2005「南沿海州地域 新石器時代 遺蹟들의 相対編年」『朝鮮考古研究』2005-3

김성국　2006「延辺地区 金谷新石器時代遺蹟에 대하여」『朝鮮考古研究』2006-3

김성국　2009「芝草里遺蹟」『豆満江流域一帶의 新石器時代遺蹟 (1)』朝鮮考古学全書 5 原始編 5

김성우　1966「새로 発掘한 遺蹟 青銅칼과 단추 平北道 龍川郡 新岩里에서」『民主朝鮮』1966 年 5 月 15 日 4 面

김성태・이미란・곽수복・송용식　2009『汶山 堂洞里 遺蹟』京畿文化財研究院 学術調査報告 第 111 冊

김아관・蘇相永・李種安・강태홍・정우진・마원영　2009『安山新吉洞遺蹟報告書』高麗文化財研究院

김영근　2000「大藩家村遺蹟에 대하여」『朝鮮考古研究』2000-2

김영근　2001「北呉屯遺蹟에 대하여」『朝鮮考古研究』2001-1

김영근　2004「遼東地方新石器時代遺蹟들의 年代」『朝鮮考古研究』2004-4

김영우　1964「細竹里遺蹟発掘中間報告 (2)」『考古民俗』1964-4

金英熙　2002『遼東半島新石器文化의 形成過程研究』서울大学校博士学位論文

金用玕　1959『江界市 公貴里 原始 遺蹟 発掘 報告』遺蹟 発掘 報告 第 6 集

金用玕　1961a「美松里洞窟遺蹟発掘中間報告 (1)」『文化遺産』1961-1

金用玕　1961b「美松里洞窟遺蹟発掘中間報告 (II)」『文化遺産』1961-2

金用玕　1963a「美松里遺蹟의 考古学的位置」『朝鮮学報』26

金用玕　1963b「美松里 洞窟 遺蹟 発掘 報告」『各地 遺蹟 整理 報告』考古学 資料集 第 3 集

金用玕　1964『金灘里 原始 遺蹟 発掘 報告』遺蹟 発掘 報告 第 10 集

金用玕　1966「西北朝鮮빗살 무늬 그릇 遺蹟의 年代를 論함」『考古民俗』1966-1

金用玕　1979「우리 나라 新石器時代 질그릇갖춤새 変遷에 보이는 文化発展의 固有性」『考古民俗論文集』7

金用玕　1990『朝鮮考古学全書 原始篇 （石器時代)』科学百科事典総合出版社

金用玕・李淳鎮　1966「1965 年度 新岩里遺蹟発掘報告」『考古民俗』1966-3

金用玕・徐国泰　1972「西浦項原始遺蹟発掘報告」『考古民俗論文集』4

金用玕・石光濬　1984『南京遺蹟에 関한 研究』

金用玕・黄基徳　1967「紀元前 千年紀前半期의 古朝鮮文化」『考古民俗』1967-2

金用玕・黄基徳　1967「朝鮮의 青銅器時代」『考古民俗』1967-4

金龍基　1965「農所里貝塚 発掘調査報告」『釜山大学校論文集』6

金龍基　1966「農所里貝塚의 発掘調査概報」『古文化』4

金勇男　1961「西浦項 조개무지 発掘 中間 報告」『文化遺産』1961-3

金勇男　1963「海州市 龍塘里 龍塘浦 조개 무지 遺蹟 調査 報告」『考古民俗』1963-1

金勇男　1967「朝鮮의 新石器時代」『考古民俗』1967-3

金勇男　1983「弓山文化에 대한 研究」『考古民俗論文集』8

김용성・유환성・정미란　2008「慶州 陽北面 奉吉里 13-1 番地 遺蹟」『慶州의 文化遺蹟Ⅳ』（財）新羅文化遺産調査団
　調査研究叢書 第 17 冊

金元龍　1971『韓国考古学概説』一志社

金元龍　1972「韓国 半月形石刀의 発生과 展開」『史学志』6

金元龍　1973『韓国美術全集 1 原始美術』同和出版公社

金元龍　1979「草芝里（別望）貝塚発掘調査報告」『韓国考古学報』7

金元龍　1980「蔚州盤亀台岩刻画에 대하여」『韓国考古学報』9

金元龍　1982「韓国先史時代의 神像에 대하여」『歴史学報』94・95

金元龍　1983「芸術과 信仰」『韓国史論』13

金元龍・任孝宰・権鶴洙　1985『鰲山里遺蹟Ⅱ』서울大学校 考古人類学叢刊 第 10 冊

金恩瑩　2007「高城 文岩里遺蹟을 通해 본 新石器時代 平底土器文化의 展開」『文化財』40

金恩瑩　2010「瀛仙洞式土器의 編年」『釜山大学校 考古学科 創設 20 周年 記念論文集』

金恩瑩　2010「러시아 沿海州와 周辺地域 新石器時代 前期 土器의 編年과 動態」『古文化』76

김일권　2003「韓国 윷판形 岩刻画의 文化性과 象徴性」『国民大学校 博物館 学芸研究』2003-3, 4

金日成総合大学　1986『龍谷洞窟遺蹟』

金壮錫　2003「中西部 新石器時代 編年에 대한 批判的 検討」『韓国新石器研究』5

金壮錫・梁成赫　2001「中西部 新石器時代 編年과 貝塚 利用戦略에 대한 새로운 理解」『韓国考古学報』45

金材胤　2004「韓半島刻目突帯文土器의 編年과 系譜」『韓国上古史学報』46

金材胤　2007「韓半島 東北地域 雷文土器 変遷過程」『文化財』40

金材胤　2008「先史時代의 極東 全身像 土偶와 環東海文化圏」『韓国上古史学報』60

金材胤　2009「西浦項 遺蹟의 新石器時代 編年 再考」『韓国考古学報』71

金材胤　2010「豆満江流域 新石器時代 後期의 編年」『嶺南考古学』53

金材胤　2012「牡丹江 流域의 鶯歌嶺 下層文化에 대한 検討」『嶺南考古学』62

金材胤・Kolomiets, S. A., Krutikh, E. B.　2006「東北韓 新石器晩期에서 青銅器時代로의 転換期 様相」『石軒 鄭澄元教授
　定年退任 紀念論叢』

金政文　1964「細竹里遺蹟発掘中間報告（1）」『考古民俗』1964-2

金貞培　1997「東北亞속의 韓国의 岩刻画」『韓国史研究』99・100

金廷鶴・鄭澄元　1980『金谷栗里貝塚』釜山大学校博物館遺蹟調査報告 第 3 輯

346 引用文献

金鐘一 2011「韓国 先史時代 女性과 女性性」『韓国考古学報』78

김종찬 2013「済州島 光令里 岩刻画에 대한 一考察」『光令川의 源流를 찾아서』

金鍾赫 1961「中江郡長城里遺蹟調査報告」『文化遺産』1961-6

金鍾赫 1991「石仏山遺蹟의 遺物갖춤새에 대하여」『朝鮮考古研究』1991-4

金鍾赫 1992「鴨緑江下流域一帯新石器時代遺蹟들의 年代에 대하여」『朝鮮考古研究』1992-4

金鍾赫 1993「鴨緑江下流域一帯의 新石器時代질그릇갖춤새 変遷」『朝鮮考古研究』1993-3

金鐘赫 1997「後窪遺蹟의 彫塑品에 대하여」『朝鮮考古研究』1997-3

金鍾赫 2002「表垈遺蹟 第1地点 팽이그릇 집자리 発掘報告」『馬山里, 盤弓里, 表垈遺蹟発掘報告』白山資料院

金鍾赫 2005「表垈遺蹟에서 発掘된 新石器時代의 질그릇가마터에 대하여」『朝鮮考古研究』2005-1

金鍾赫・전영수 2003「表垈遺蹟 팽이그릇집자리들의 編年」『朝鮮考古研究』2003-2

김현식 2008「南韓 青銅器時代 早期-前期의 文化史的 意味」『考古広場』2

김현정・권순철 2007『江陵 池辺洞 遺蹟』(財)濊貊文化財研究院 学術調査報告 第3冊

노브고라도바, Э. А.(정석배訳) 1995『蒙古의 先史時代』学研文化社

都宥浩 1960『朝鮮 原始 考古学』科学院 出版社

都宥浩編 1960『会寧 五洞 原始 遺蹟 発掘 報告』遺蹟 発掘 報告 第7集

都宥浩・黄基徳 1957『弓山 原始 遺蹟 発掘 報告』遺蹟 発掘 報告 第2集

都宥浩・黄基徳 1961『智塔里 原始 遺蹟 発掘 報告』遺蹟 発掘 報告 第8集

都宥浩・鄭白雲 1956『羅津 草島 原始 遺蹟 発掘 報告書』

大伽耶博物館 2008『高霊 鳳坪里 岩刻画 発見 報道資料』

라재숙 2010「蔚珍 竹辺里遺蹟」『東海岸地域의 新石器文化』

량익룡 1961「最近 江原道에서 発見된 原始 遺物」『文化遺産』1961-6

렴주태 1965「咸鏡北道에서 새로 알려진 遺蹟과 遺物」『考古民俗』1965-2

柳昌煥編 2009『馬山 鎮北 網谷里遺蹟Ⅰ』慶南発展研究院 歴史文化센터 調査研究報告書 第79冊

柳昌煥・김미영・황인천・탁진원・이시내・강경화・이양희・서수자・김태순・강미정・박연숙・서순이・장향자・최은
　숙・하복성・김응정・구정혜 2012『宜寧 馬双里・山南里遺蹟』慶南発展研究院 歴史文化 調査 研究報告書 第95冊

류충성 2002「질그릇갖춤새를 通하여 본 馬山里遺蹟 新石器時代文化層의 相対年代」『歴史科学』2002-2

림룡국 2002「우리 나라 最初의 壁画」『民主朝鮮』2002年8月13日 4面

리기련 1980『石灘里遺蹟発掘報告』遺蹟発掘報告 第12集

李炳善 1961「中江郡土城里原始및 古代遺蹟発掘中間報告」『文化遺産』1961-5

李炳善 1962「平安北道龍川郡、塩州郡一帯의 遺蹟踏査報告」『文化遺産』1962-1

李炳善 1963「鴨緑江流域빗살 무늬 그릇遺蹟의 特性에 関한 若干의 考察」『考古民俗』1963-1

李炳善 1965「鴨緑江流域빗살 무늬 그릇遺蹟의 継承性에 대한 若干의 考察」『考古民俗』1965-2

리순신・리금산編 1994『朝鮮의 民俗伝統2 옷차림風習』

李淳鎮 1965「新岩里遺蹟発掘中間報告」『考古民俗』1965-3

리승일・문병훈・박영애編 1996『朝鮮技術発展史1(原始, 古代篇)』

리원근 1961「黄海南道 北部 地方 遺蹟 踏査 報告」『文化遺産』1961-6

리장섭 1958「元山市 仲坪里 原始 遺蹟」『文化遺産』1958-6

文明大 1973「蔚山의 先史時代 岩壁刻画」『文化財』7

박성근 2016「新石器時代의 採集・農耕具」『新石器時代 石器論』진인진

朴淳発　1993「漢江流域의 青銅器・初期 鉄器文化」『漢江流域史』民音社

朴淳発・林尚澤・李俊貞・金壮錫　2001『駕島貝塚』忠南大学校 博物館叢書 第22輯

박승규・하진호・김수경　1998『高霊池山洞30号墳』嶺南埋蔵文化財研究院 学術調査報告書 第13冊

박영철・전옥년・이재현・서영남・동진숙・안성희　1996『先史와 古代의 文化』釜山大学校博物館

朴廷根　2000「韓国의 岩刻画 研究 成果와 問題点」『先史와 古代』15

朴廷根　2001「韓国의 岩刻画 中 人物像에 대한 考察」『民俗学研究』9

朴廷根　2003「韓国岩刻画의 同心円에 対한 考察」『国民大学校 博物館 学芸研究』2003-3, 4

박지훈・박윤정・조미순　2014「花粉分析으로 본 高城 文岩里 遺蹟의 新石器時代 中期 以後 植生変遷 및 農耕活動」『韓国新石器研究』27

박철　2008「表岱遺蹟 第7地点에서 発掘된 집자리와 遺物」『朝鮮考古研究』2008-2

방기영・여성민・김용　2009『龍仁 農書里 遺蹟』畿湖文化財研究院 発掘調査報告 第7冊

裵成爀　2006『金泉松竹里遺蹟Ⅰ』啓明大学校 行素博物館 遺蹟調査報告 第15輯

朴淳発　2003「渼沙里類型 形成考」『湖西考古学』9

朴淳発・李亨源　1999「大田 月坪洞 櫛文土器 및 高句麗 土器 散布遺蹟」『湖西考古学』1

朴晋煜　1994「古朝鮮의 琵琶形短剣文化에 대한 再検討」『民族의 原始祖 檀君』平壌出版社

裴眞晟　2003「無文土器의 成立과 系統」『嶺南考古学』32

裴眞晟　2006「北韓 無文土器의 編年―早期～前期를 中心으로―」『転換期의 先史土器 資料集』

裴眞晟　2007『無文土器文化의 成立과 階層社会』

백룡규　1966「麟山郡 舟岩里 原始 遺蹟 発掘 簡略 報告」『考古民俗』1966-2

白弘基　1980「江原道 東海岸의 櫛文土器文化」『歴史学報』87

白弘基　1993「東北亞平底土器의 研究」『韓国上古史学報』12

白弘基　1995「東海岸 先史文化의 特性」『韓・日 先史文化의 交流와 襄陽 鰲山里遺蹟 新石器文化』

白弘基　1996「江原道의 新石器時代」『韓国上古史学報』22

白弘基・高東淳・沈相六　2002『襄陽 地境里 住居址』江陵大学校博物館学術叢書36冊

변사성・안영준　1986「江上里遺蹟의 질그릇갖춤새에 대하여」『朝鮮考古研究』1986-2

釜山大学校博物館　1987『陜川苧浦里E地区遺蹟』釜山大学校 博物館遺蹟調査報告 第11輯

釜山大学校博物館・雲門댐水没地域発掘調査団・清道郡　1994『清道 梧津里 岩蔭 遺蹟』雲門댐 水没地域 文化遺蹟 発掘 調査報告書1

社会科学院考古学研究所　1977『朝鮮考古学概要』

社会科学院考古学研究所・歴史研究所　1969「紀元前千年紀前半期의 古朝鮮文化」『考古民俗論文集』1

社会科学院歴史研究所　1979『朝鮮全史1 原始篇』(第1版)

社会科学院歴史研究所・考古学研究所　1991『朝鮮全史1 原始篇』(第2版)

上條信彦(金建洙訳)　2005「先史時代의 製粉 加工具―韓半島와 北部 九州를 中心으로―」『韓国新石器研究』10

徐国泰　1964「新興洞 팽이그릇 집자리」『考古民俗』1964-3

徐国泰　1986『朝鮮의 新石器時代』

徐国泰　1990「질그릇을 通하여 본 우리 나라 新石器時代의 文化類型」『朝鮮考古研究』1990-3

徐国泰　1992「우리 나라 新石器時代 研究에서 이룩된 成果」『朝鮮考古研究』1992-1

徐国泰　1996「팽이그릇文化의 編年에 대하여」『朝鮮考古研究』1996-2

徐国泰　1998『朝鮮新石器時代文化의 単一性과 固有性』

348 引用文献

徐国泰　2004「茂山郡 芝草里遺蹟에 대하여」『朝鮮考古研究』2004-2

徐国泰　2006「우리 나라 新石器時代文化의 分布範囲」『朝鮮考古研究』2006-2

徐国泰・지화산　1994「盤弓里遺蹟에 대하여 (1)」『朝鮮考古研究』1994-2

徐国泰・지화산　1995「盤弓里遺蹟에 대하여 (2)」『朝鮮考古研究』1995-2

徐国泰・지화산　2003「盤弓里遺蹟発掘報告」『馬山里、盤弓里、表岱遺蹟発掘報告』

서울市立大学校博物館　1996『永宗島 松山 先史遺蹟』

石光濬・김재용　2003「구룡강遺蹟発掘報告」『강안리、고연리、구룡강遺蹟発掘報告』

石光濬・허순산　1987「長村遺蹟 発掘報告」『朝鮮考古研究』1987-4

孫寶基　1973「旧石器文化」『韓国史 I』国史編纂委員会

孫寶基　1982『上老大島의 先史時代 살림』수서원

孫晙鎬　2006『韓半島 青銅器時代 磨製石器 研究』高麗大学校 大学院 博士学位論文

孫晙鎬・上條信彦　2011「青銅器時代 갈돌・갈판의 使用痕 및 残存 緑末 分析」『中央考古研究』9

孫晙鎬・中村大介・百原新　2010「複製 (replica) 法을 利用한 青銅器時代 土器 圧痕 分析」『野外考古学』8

宋桂鉉・洪潽植・李海蓮　1995「東莱 福泉洞古墳群 第5次 発掘調査 概報」『博物館研究論集』3　釜山広域市立博物館

宋満栄・박경신・김경환　2002『漣川 三巨里遺蹟』京畿道博物館 遺蹟調査報告 第9冊

宋永鎮　2012「南江流域 磨研土器의 変化와 時期区分」『嶺南考古学』60

宋永鎮　2013「南部地域 (南江～蟾津江流域) 赤色磨研土器의 地域性」『韓半島 (赤色) 磨研土器 探究』

宋銀淑　2012「瀛仙洞式土器文化의 成立과 展開過程」『韓国新石器研究』24

송의정・윤형원・김현정　2007『岩寺洞IV』国立博物館 古蹟調査報告 第36冊

송의정・윤형원・김현정　2008『岩寺洞V』国立博物館 古蹟調査報告 第37冊

송정현・이영문　1988「牛山里 내우 支石墓」『住岩댐 水没地域 文化遺蹟発掘調査報告書II』全南大学校 博物館

宋華燮　1993a「韓半島 先史時代 幾何文岩刻画의 類型과 性格」『先史와 古代』5

宋華燮　1993b「南原 大谷里 幾何文岩刻画에 대하여」『白山学報』42

宋華燮　1994「先史時代 岩刻画에 나타난 石剣・石鏃의 様式과 象徴」『韓国考古学報』31

宋華燮　1996「韓国 岩刻画의 信仰儀礼」『韓国의 岩刻画』한길사

新義州歴史博物館　1967「1966年度 新岩里遺蹟発掘簡略報告」『考古民俗』1967-2

申大坤　1998「神体文岩刻画의 解釈」『科技考古研究』3

申叔静　1995『우리나라 南海岸地方의 新石器文化 研究』学研文化社

申鍾煥　1993『清原 双清里 住居址』国立清州博物館 学術調査報告書 第3冊

申鍾煥・鄭東樂・孫貞美　2008『高霊의 岩刻遺蹟』大伽耶博物館 学術調査報告書5

申昌秀・李相俊・洪亨雨・劉銀植・메드베데프, В. И.・끄라민쩨프, В. А.・필라또바, И. В　2004『沿海州 불로치까遺蹟 I』 (Деревянко, А. П., Ким, Б., Медведев, В. Е., Шин, Ч., Ю, Ы., Краминцев, В. А., Медведева, О. С., Филатова, И. В., Хон, Х. 2004 Древние памятники южного Приморья отчет об исследовании поселения Булочка в 2003 году. Сеул.)

申昌秀・李相俊・洪亨雨・劉銀植・메드베데프, В. И.・끄라민쩨프, В. А.・필라또바, И. В　2005『沿海州 불로치까遺蹟 II』 (Деревянко, А. П., Ким, Б., Медведев, В. Е., Шин, Ч., Хон, Х. Ю, Ы., Краминцев, В. А., Медведева, О. С., Филатова, И. В. 2005 Древние памятники южного Приморья отчет об исследовании поселения Булочка в 2004 году. Сеул.)

沈奉謹　1979「日本弥生文化 形成過程研究」『東亞論叢』16

안병찬　1962「平北道 博川郡 寧辺郡의 遺蹟 調査 報告」『文化遺産』1962-5

安星姫　2011「南海岸地域 新石器時代 石器組成과 時期別 樣相」『第1回 韓国考古学 連合大会 発表資料集』

安承模　1993「東아시아 初期収穫具의 種類와 分布」『民族文化』6

安承模　1995『韓国半月形石刀의 研究』서울大学校碩士論文

安承模　2002「金灘里Ⅰ式土器의 再検討」『韓国新石器研究』4

安承模　2007「第6回 韓・日 新石器時代 共同研究会에 대한 断想」『日韓新石器時代の住居と集落』第7回日韓新石器
　　時代研究会発表資料集

安承模　2012「東아시아 조, 기장 起源 研究의 最近 動向」『韓国 新石器文化의 樣相과 展開』

安承模・李永徳・김대성・이창욱・곽진선　2003『갈머리 遺蹟』湖南文化財研究院　学術調査報告書 第13冊

安在晧　1992「松菊里類型의 検討」『嶺南考古学』11

安在晧　2000「韓国 農耕社会의 成立」『韓国考古学報』43

梁成赫　2002「中西部地方新石器時代編年再検討」『韓国新石器研究』3

延世大学校 原州博物館　2005『南漢江 流域의 新石器 文化』展示図録

유성진　2005「吉林、長春地区新石器時代遺蹟들의 先後関係」『朝鮮考古研究』2005-1

尹光鎮・曺美順　2005『大延坪島 까치山貝塚』

尹根一・曺美順・李相俊　2002『小延坪島 貝塚』

尹武炳　1972「韓国 青銅遺物의 研究」『白山学報』12

尹武炳・任鶴鐘・呉世筵　2004a『東三洞貝塚Ⅱ』國立博物館 古蹟調査報告 第34冊

尹武炳・任鶴鐘・呉世筵　2004b『東三洞貝塚Ⅲ』國立博物館 古蹟調査報告 第34冊

尹武炳・任鶴鐘・呉世筵　2005『東三洞貝塚Ⅰ』國立博物館 古蹟調査報告 第34冊

尹昊弼　2013『築造와 儀礼로 본 支石墓社会 研究』木浦大学校 大学院 博士学位 論文

尹昊弼　2013「韓半島 出土 耕作遺構（논遺構・밭遺構）集成表」『農業의 考古学』社会評論

尹昊弼　2014a「高城 文岩里 新石器時代 住民의 耕作活動」『高城 文岩里遺蹟의 再照明 学術 심포지엄』

尹昊弼　2014b「韓国 青銅器時代 農耕의 開始 및 展開」『青銅器時代 韓・日 農耕文化의 交流』第8回 韓国青銅器学会
　　学術大会

尹昊弼・고민정・이나영編　2012『晋州 平居 4-1 地区 遺蹟』慶南発展研究院 歴史文化센터 調査研究報告書第96冊

李康承・朴淳発　1995「新石器・青銅器時代 遺蹟」『屯山』忠南大学校 博物館叢書 第12輯

李健茂　1997「2.青銅器時代의 遺蹟과 遺物 (3) 青銅器」『韓国史3 青銅器文化와 鉄器文化』国史編纂委員会

李健茂・李康承・韓永熙・李白圭　1980「漢江流域 地表調査報告」『中島 進展報告Ⅰ』

李健茂・崔鍾圭・朴方龍・김상면　1985「月城郡・迎日郡地表調査報告」『国立博物館 古蹟調査報告』第17冊

李炅娥　2013「植物遺体分析의 研究 成果와 農耕出現」『自然科学에서 본 農耕 出現』

李炅娥　2014a「韓半島 新石器時代 植物資源 運用과 豆類의 作物化 検討」『中央考古研究』15

李炅娥　2014b「高城 文岩里 遺蹟 植物遺体 및 澱粉 分析」『高城 文岩里 遺蹟Ⅱ 分析報告書』

李炅娥・尹昊弼・고민정・김춘영　2011「新石器時代 南江流域 植物資源 利用에 대한 考察」『嶺南考古学』56

李白圭　1974「京畿道 出土 無文土器 磨製石器」『考古学』3

李白圭・呉東昱　2000「辰泉洞 先史遺蹟」『辰泉洞・月城洞 先史遺蹟』慶北大学校博物館 叢書27

李相均　1998『新石器時代의 韓日 文化交流』学研文化社

李相均　2003「日本 対馬島의 縄文遺蹟」『韓国新石器研究』6

李相吉　1996「牌形岩刻画의 意味와 그 性格」『韓国의 岩刻画』한길사

350　引用文献

이상목　2004「蔚山 大谷里 盤亀台 先史遺蹟의 動物그림—生態的 特性과 季節性을 中心으로—」『韓国考古学報』52

李相俊・曹美順・金正延　2002『延坪 毛伊島 貝塚』

이석현・박승현・조순제・곽서연　2012『仁川雲北洞遺蹟』漢江文化財研究院 遺蹟調査報告 第 24 冊

이선복・林尚澤・梁時恩・홍은경　2006『龍游島 南北洞・乙旺洞Ⅰ遺蹟』

李鮮馥・崔鍾澤・成春澤　1994『臨津・漢灘江流域 地表調査報告』

李永德　2001『群山 노래섬 遺蹟의 新石器時代 土器 研究』檀国大学校大学院碩士学位論文

李栄文・鄭基鎮　1992『麗水 五林洞 支石墓』全南大学校博物館

이영주・김병섭・박소은　2007『密陽 新安 先史遺蹟』慶南発展研究院 歴史文化센터 調査研究報告書 第 53 冊

李隆助・禹鍾允　2001『忠州 早洞里 遺蹟 (I)』

李隆助・禹鍾允・李承源　2002『忠州 早洞里 遺蹟 (II)』

李殷昌　1971「高霊良田洞岩画調査略報」『考古美術』112

이재설・조연옥・김현주・박성우・최영미　2009『加坪 蓮下里 遺蹟』韓白文化財研究院 学術調査叢書 第 18 冊

李清圭　2009「遼河流域 北方系 青銅器의 出現」『遼河流域의 初期 青銅器文化』東北亞歴史財団

李夏雨　2011a「韓国 同心円岩刻画의 象徴—물과 関連하여」『東아시아古代学』26

李夏雨　2011b『韓国 岩刻画의 祭儀性』学研文化社

李憲宗・河仁秀・김영훈　2004「巨済島出土 新石器時代 新資料」『韓国新石器研究』7

李亨求　1996「韓半島 岩刻画와 中国 岩刻画와의 比較」『韓国의 岩刻画』한길사

李亨求　2001『晋州 大坪里 玉房 5 地区 先史遺蹟』南江댐 水没地区遺蹟 発掘調査報告書 第 6 冊

李炯佑　2004「嶺南地域 先史 岩刻画의 性格」『大丘史学』76

林炳泰・崔恩珠・金武重・宋満栄　1994『渼沙里 第 3 巻』

林尚澤　1999a「西海中部地域 빗살무늬土器 編年研究」『韓国考古学報』40

林尚澤　1999b「韓半島 中部地域 新石器時代中期土器의 様相」『先史와 古代』13

林尚澤　2001「빗살무늬土器文化의 地域的 展開」『韓国新石器研究』1

林尚澤　2003「中部地域 新石器時代 相対編年을 둘러싼 問題」『韓国新石器研究』5

林尚澤　2004「江原地域 빗살무늬土器 文化의 展開過程」『江原地域의 新石器文化』

林尚澤　2006『韓国中西部地域 빗살무늬 土器文化研究』서울大学校博士学位論文

林尚澤　2008『韓半島 中西部地域 빗살무늬土器文化 変動過程 研究』

林尚澤　2008「新石器時代 大韓海峡 両岸地域 交流에 대한 再検討」『韓・日 交流의 考古学』

林尚澤　2012「新石器時代 中西部地域 相対編年의 総合과 併行関係」『韓国 新石器文化의 様相과 展開』

林尚澤・김은영・이나경　2007『仁川 三木洞 Ⅲ遺蹟 学術発掘調査 報告書』

林尚澤・安星姫・千羨幸・류위남・최문정・정종환・송현경・임수진・장은혜　2011『水佳里貝塚 II』釜山大学校博物館 研究叢書 第 36 輯

林尚澤・정종환　2011「Replica-SEM 法을 通한 水佳里 土器 圧痕 研究」『水佳里貝塚 II』釜山大学校博物館 研究叢書 第 36 輯

任世権　1980「春川 中島의 先史文化」『韓国考古学報』9

任世権　1996「韓国 岩刻画의 源流」『韓国의 岩刻画』한길사

任世権　1999『韓国의 岩刻画』대원사

任孝宰　1969「韓国西海中部島嶼의 櫛文土器文化」『考古学』2

任孝宰　1978『欣岩里住居址 4』서울大学校考古人類学叢刊 第 8 冊

任孝宰　1983a「土器의 時期的変遷過程」『韓国史論』12 下

任孝宰　1983b「西海岸地域의 櫛文土器文化」『韓国考古学報』14・15

任孝宰・権鶴洙　1984『繁山里遺蹟』서울大学校 考古人類学叢刊 第 9 冊

任孝宰・朴淳発　1988『烏耳島貝塚―新浦洞 A，B 貝塚発掘調査報告―』

任孝宰・梁成赫　1999『永宗島 는들 新石器遺蹟』

任孝宰・梁成赫・禹姃延　2001『烏耳島 가운데 貝塚』

任孝宰・梁成赫・禹姃延　2002『烏耳島 뒷살막 貝塚』

任孝宰・崔鍾澤・林尚澤・呉世筵　1994『渼沙里 第 4 巻』

張明洙　1987「江華 東幕里 빗살문土器의 遺蹟과 遺物」『古文化』30

張明洙　1996「韓国 岩刻画의 編年」『韓国의 岩刻画』한길사

張明洙　1997「岩刻画에 나타난 性信仰 모습」『古文化』50

張明洙　1999「蔚山 大谷里 岩刻画에 나타난 信仰意識」『蔚山研究』1

張明洙　2003「新例 刀剣類 그림 岩刻画의 文化性格에 대한 検討」『国民大学校 博物館 学芸研究』2003-3, 4

田中聡一　2001『韓国 中・南部地方 新石器時代 土器文化 研究』東亞大学校大学院文学博士学位論文

田中聡一　2009b「東三洞貝塚 出土 縄文系土器와 그 意味」『韓國新石器研究』18

全虎兌　1996「蔚州 大谷里・川前里 岩刻画」『韓国의 岩刻画』한길사

全虎兌　1999「蔚州 川前里 書石 細線刻画 研究」『蔚山研究』1

정동찬　1988「蔚州 大谷里 先史바위그림의 研究」『孫寶基博士停年紀念 考古人類学論叢』

정봉찬　1997「올레니 1 遺蹟과 西浦項遺蹟의 互相関係에 대하여」『朝鮮考古研究』1997-2

정석배　2006「沿海州의 青銅器時代 研究現況에 대한 小考」『先史古代』25

정연우・고동순・이해용・박수영・김남희・김소영　2007『江陵 池辺洞 遺蹟』濊貊文化財研究院 学術調査報告 第 3 冊

鄭永振　1994「延辺地区先史時代四種文化類型」『韓国上古史学報』15

鄭澄元・安在晧・全玉年・李柱憲・李尚律・徐姶男・李賢珠　1989『新岩里 II』国立博物館 古蹟調査報告 第 21 冊

鄭澄元・林孝澤・申敬澈　1981『金海水佳里貝塚 I』釜山大学校博物館遺跡調査報告 第 4 輯

鄭澄元・河仁秀　1998「南海岸地方과 九州地方의 新石器時代 文化交流 研究」『韓国民族文化』12

鄭燦永　1961「慈江道時中郡深貴里原始遺蹟発掘中間報告」『文化遺産』1961-2

鄭燦永　1983a「I. 深貴里遺蹟」『鴨緑江、禿魯江流域高句麗遺蹟発掘報告』

鄭燦永　1983b「IV. 土城里遺蹟」『鴨緑江、禿魯江流域高句麗遺蹟発掘報告』

済州文化芸術財団　2007『済州 外都洞遺蹟 II』済州芸術文化財団 発掘調査報告書 20 冊

曺美順　2014「高城 文岩里 先史遺蹟의 発掘調査 成果와 意義」『高城 文岩里遺蹟의 再照明 学術 심포지엄』

曺美順・서민석・조은하・李旲娥　2014「高城 文岩里 遺蹟 出土 土器 圧痕 研究」『高城 文岩里 遺蹟 II 分析報告書』

曺美順・조은하・신이슬・서민석・小畑弘己・李旲娥　2014「土器 圧痕法을 活用한 中部 東海岸地域 新石器時代 植物資源 利用 研究」『韓国新石器研究』28

趙詳紀・孔敏奎・李尚馥・南珍珠・李美善　2010『仁川 雲西洞遺蹟 I』中央文化財研究院 発掘調査報告 第 170 冊

朝鮮民主主義人民共和国 社会科学院　1993「檀君陵発掘報告」『朝鮮考古研究』1993-4

《朝鮮遺蹟遺物図鑑》編纂委員会　1988『朝鮮遺蹟遺物図鑑 1 原始篇』

조성호・김민지・장문경・김지연・정원철・정상민・최기식・최종원・이미진　2011『旌善 아우라지遺蹟』江原文化財研究所 学術叢書 113 冊

趙榮濟・宋永鎭・鄭智善　2011『泗川 本村里遺蹟』慶尚大学校博物館 研究叢書 第 33 輯

352 引用文献

趙由典 1979「慶南地方의 先史文化研究」『考古学』5, 6

趙由典 1994『晋陽 大坪里 遺蹟』文化財研究所

朝中共同発掘隊 1966『中国東北地方의 遺蹟発掘報告』

趙現鐘・梁成赫・尹温植 2009『安島貝塚』国立光州博物館学術叢書 第58冊

中村大介 2012「東北亞 青銅器・初期鉄器時代 首長墓 副葬遺物의 展開」『韓国上古史学報』75

池健吉 1978「礼山東西里石棺墓出土青銅一括遺物」『百済研究』9

지화산・리명철 2008「梨川里遺蹟 第1地区 新石器時代 집자리에 대하여 (1)」『朝鮮考古研究』2008-2

池賢炳・高東淳・홍성학・김민경 2006『江陵 草堂洞 新石器 遺蹟』江原文化財研究所 学術叢書 40冊

池賢炳・高東淳・최영석・홍성학・김민경 2006『江陵 下詩洞 空軍官舎 敷地 内 文化遺蹟 試掘調査 報告書』江原文化
　　財研究所 学術叢書 47冊

진소래 1997「遼東半島新石器文化研究」『韓国上古史学報』24

차달만 1992「堂山조개무지遺蹟 発掘報告」『朝鮮考古研究』1992-4

차달만 1993a「清川江流域青銅器時代遺蹟들의 年代」『朝鮮考古研究』1993-2

차달만 1993b「堂山遺蹟 웃文化層 질그릇갖춤새의 特徴에 대하여」『朝鮮考古研究』1993-4

차달만 1997「鴨緑江 및 清川江流域의 褐色민그릇갖춤새의 変遷」『朝鮮考古研究』1997-2

車勇杰・박중균・노병식・한선경 2004『清州 鳳鳴洞遺蹟 (III)』

昌原文化財研究所 1996『咸安岩刻画古墳』学術調査報告 第3輯

千羨幸 2005「韓半島 突帯文土器의 形成과 展開」『韓国考古学報』57

千羨幸 2007「無文土器時代의 早期設定과 時間的 範囲」『韓国青銅器学報』1

최광식 2007「北韓의 茂山郡 芝草里 岩刻画」『先史와 古代』26

崔得俊 2011「韓半島 新石器時代 紡錘車에 대한 小考」『韓国新石器研究』21

崔孟植・李相俊・박윤정・曺美順・조은하・엄경은・박수범・백인화 2013『高城 文岩里 遺蹟 II』

崔夢龍・盧爀眞・安承模 1982「白翎・延坪島의 櫛文土器遺蹟」『韓国文化』3

崔茂蔵 2001『晋州 上村里 3～8号 支石墓 및 先史遺蹟』建国大学校 博物館 叢書 第8冊

최삼용 2004「寧越 淵堂 双窟 遺蹟의 新石器 文化」『嶺西地方의 新石器文化』

崔淑卿 1960「韓国摘穂石刀의 研究」『歴史学報』13

최은아・마경희・김상현・김주연 2012『蔚山 黄城洞 新石器時代 遺蹟』古跡調査報告第27冊

崔憲燮 1992「咸安 道項里 先史遺蹟」『韓国上古史学報』10

忠北大学校 湖西文化研究所 1997『上党山城』研究叢書 第14冊

河仁秀 1993「前期 櫛文土器의 一型式」『博物館研究紀要』2 釜山直轄市立博物館

河仁秀 1996『凡方貝塚 II』釜山広域市立博物館研究叢書 第11冊

河仁秀 1997「瀛仙洞式土器 小論」『嶺南考古学』21

河仁秀 2001「新石器時代 対外交流 研究」『博物館研究論集』釜山博物館

河仁秀 2003a「嶺南地方 丹塗磨研土器의 編年」『嶺南考古学』10

河仁秀 2003b「新石器時代 土偶」『우리人形―또 하나의 삶―』釜山博物館 開館25周年 記念 特別展

河仁秀 2004「新石器時代 韓日文化交流와 黒曜石」『韓・日交流의 考古学』

河仁秀 2006a「末期櫛文土器의 成立과 展開」『韓国新石器研究』12

河仁秀 2006b『嶺南海岸地域의 新石器文化 研究』釜山大学校 大学院 博士学位 論文

河仁秀 2007『東三洞貝塚 浄化地域 発掘調査報告書』釜山博物館 学術研究叢書 24輯

河仁秀　2012「盤亀台 岩刻画의 造成時期論—東三洞貝塚 資料를 中心으로—」『韓国新石器研究』23

河仁秀・李柱憲　2001「新石器時代의 対外交流」『港都釜山』17

韓炳三　1970『矢島貝塚』国立博物館 古蹟調査報告 第8冊

韓炳三　1971「先史時代 農耕文青銅器에 대하여」『考古美術』112

韓炳三・李健茂　1977『南城里石棺墓』国立博物館古蹟調査報告 第10冊

韓炳三・李浩官・趙由典・池健吉・崔夢龍　1974『八堂・昭陽댐 水没地区 遺蹟発掘 総合調査報告』

韓永熙　1978「韓半島中・西部地方의 新石器文化」『韓国考古学報』5

韓永熙　1983「角形土器考」『韓国考古学報』14, 15

韓永熙　1983「地域的 比較」『韓国史論』12

韓永熙　1996「新石器時代 中・西部地方 土器文化의 再認識」『韓国의 農耕文化』

韓永熙・宋義政・鄭聖喜・尹炳元　1995『岩寺洞 II』国立博物館 古蹟調査報告 第30冊

韓永熙・任鶴鐘　1993『煙台島 I』国立晋州博物館 遺蹟調査報告書 第8冊

韓永熙・任鶴鐘・権相烈　1989『欲知島』国立晋州博物館 遺蹟調査報告書 第3冊

韓永熙・鄭聖喜・殷和秀　1994『岩寺洞』国立博物館 古蹟調査報告 第26冊

한은숙　1995「平壌一帯 新石器時代질그릇의 섞음材料에 대하여」『朝鮮考古研究』1995-4

한은숙　1999「질그릇을 通하여 본 平壌地方 新石器時代사람들의 生活모습」『朝鮮考古研究』1999-2

한은숙　2001a「색갈을 通하여 본 平壌地方 新石器時代질그릇의 焼成方法에 대하여」『朝鮮考古研究』2001-3

한은숙　2001b「平壌地方 新石器時代 後期 질그릇의 特徴에 대하여」『朝鮮考古研究』2001-4

한은숙　2002「平壌地方 新石器時代질그릇 갖춤새의 変遷」『朝鮮考古研究』2002-4

한은숙　2003「平壌地方 新石器時代질그릇質의 状態의 変遷」『朝鮮考古研究』2003-3

한은숙　2004「질그릇을 通하여 본 新石器時代朝鮮옛類型사람들의 食生活」『朝鮮考古研究』2004-2

한은숙　2008「平壌地方에서의 新石器時代 末期〜青銅器時代 早期 질그릇갖춤새変遷에 대한 考察」『朝鮮考古研究』2008-4

韓昌均・具滋振・김근완　2014「大川里 新石器遺蹟 炭化穀物의 年代와 그 意味」『韓国新石器研究』28

韓馨徹　1996「迎日・慶州 地域의 岩刻画」『韓国의 岩刻画』한길사

홍현선　1987『上詩 3 바위그늘의 文化 研究』延世大学校大学院碩士学位論文

洪亨雨・메드베데프, В. И.・끄라민쩨프, В. А.・필라또바, И. В.・김상현・박영현　2006『沿海州 불로치카 遺蹟 III』（Деревянко, А. П., Ким, Б., Медведев, В. Е., Ким, Е., Хон, Х., Филатова, И. В., Краминцев, В. А., Медведева, О. С., Хам, С., Субботина, А. Л. 2006 Древние памятники южного Приморья отчет об исследовании поселения Булочка в 2005 году. Сеул.）

黄基徳　1957a「咸鏡北道 地方 石器 時代의 遺蹟과 物 (1) (2)」『文化遺産』1957-1, 2

黄基徳　1957b「豆満江 流域과 東海岸 一帯의 遺蹟 調査」『文化遺産』1957-6

黄基徳　1958「朝鮮西北地方原始土器의 研究」『文化遺産』1958-4

黄基徳　1960「茂山邑 범의 구석 原始 遺蹟 発掘 中間 報告」『文化遺産』1960-1

黄基徳　1960「黄海 南道 龍淵郡 石橋里 原始 遺蹟 簡略 報告」『文化遺産』1960-5

黄基徳　1962a「豆満江 流域의 新石器 時代 文化」『文化遺産』1962-1

黄基徳　1962b「豆満江 流域의 青銅器 時代 文化 (1) (2)」『文化遺産』1962-5, 6

黄基徳　1963「黄海 南道 龍淵郡 石橋里 原始 遺蹟 発掘 報告」『各地 遺蹟 整理 報告』

黄基徳　1966「西北地方 팽이그릇遺蹟의 年代에 대하여」『考古民俗』1966-4

黄基徳　1970「豆満江流域의 青銅器時代文化」『考古民俗論文集』2

黄基徳　1975「茂山범의구석遺蹟 発掘報告」『考古民俗論文集』6

黄基徳　1984a『朝鮮의 青銅器時代』

黄基徳　1984b『朝鮮 原始 및 古代 社会의 技術発展』

黄相一・尹順玉　2000「蔚山 太和江 中・上流部 Holocene 自然環境과 先史人의 生活 変化」『韓国考古学報』43

黄寿永・文明大　1984『盤亀台 蔚州岩壁彫刻』東国大学校出版部

黄龍渾　1975「韓半島 先史時代 岩刻의 製作技術과 形式分類」『考古美術』127

黄龍渾　1983「芸術과 信仰」『韓国史論』12

黄龍渾　1984「中原 荷川里 A 地区 遺蹟発掘調査 報告」『忠州댐 水没地区 文化遺蹟 発掘調査 総合報告書 考古・古墳分野 (II)』

無記名　1983「새로 発掘한 長村遺蹟」『歴史科学』1983-2

無記名　1988「鴨緑江流域、遼東半島南端이른 時期 新石器時代遺蹟들에 대하여」『朝鮮考古研究』1988-3

無記名　2003「表垈遺蹟에서 発見된 新石器時代집자리」『朝鮮考古研究』2003-2

【中　文】

安徳烈耶夫, Г. И.（孟陶訳）　1958「在大彼得湾沿岸及其島嶼上発現的公元前第二至第一千年的遺跡」『考古学報』1958-4

安陽亦工亦農文物考古短訓班・中国科学院考古研究所安陽発掘隊　1977「安陽殷墟奴隷祭祀坑的発掘」『考古』1977-1

安志敏　1955「中国古代的石刀」『考古学報』10

安志敏　1962「記旅大市両処貝丘遺址」『考古』1962-2

安志敏・鄭乃武　1981「内蒙古寧城県南山根 102 号石椁墓」『考古』1981-4

安志敏・鄭乃武　1989「瀋陽肇工街和鄭家窪子遺址的発掘」『考古』1989-10

北京大学考古実習隊・煙台市博物館　2000「煙台芝水遺址発掘報告」『膠東考古』文物出版社

北京市文物管理処　1976「北京地区的又一重要考古収獲—昌平白浮西周木槨墓的新啓示」『考古』1976-4

卜工　1999「遼寧東部地区商周時期的陶壺譜系及相関問題」『北方文物』1999-4

布羅江斯基, Д. Л.（王徳厚訳）　1993「90 年代初期的濱海考古学」『北方文物』1993-3

蔡鳳書　1993「関於《貔子窩》的陶器」『遼海文物学刊』1993-2

蔡鳳書・于海広・任相宏・欒豊実　1990『泗水尹家城』文物出版社

曹桂林　1988「法庫県青銅文化遺址的考古発現」『遼海文物学刊』1988-1

曹桂林・荘艶傑　1997「法庫湾柳街遺址出土的青銅器時代器物」『遼海文物学刊』1997-1

陳大為　1960「桓仁県考古調査発掘簡報」『考古』1960-1

陳光　1989「羊頭窪類型研究」『考古学文化論集』2

陳国慶編　2012『赤峰上機房営子与西梁』科学出版社

陳国慶・静修　1993「浅析東北出土的石刀」『農業考古』1993-3

陳国慶・万欣・劉俊勇・王王从　1992「金州廟山青銅器時代遺址」『遼海文物学刊』1992-1

陳国慶・王立新　2008「内蒙古赤峰市康家湾遺址 2006 年発掘簡報」『考古』2008-11

陳恵・江達煌　1992「武安趙窯遺址発掘報告」『考古学報』1992-3

陳振中　1985「我国古代的青銅削刀」『考古與文物』1985-4

陳連旭　1978「旅順老鉄山積石墓」『考古』1978-2

陳夢家　1955「西周銅器断代（二）」『考古学報』10

陳雍　1992「左家山新石器遺存分析」『考古』1992-11

陳全家・陳国慶　1992「三堂新石器時代遺址分期及相関問題」『考古』1992-3

陳全家・陳国慶・劉俊勇・梁振晶　1992「遼寧省瓦房店市長興島三堂村新石器時代遺址」『考古』1992-2

陳全家・徐光輝　1985「吉林省農安徳恵考古調査簡報」『北方文物』1985-1

陳全家・趙賓福　1989「農安左家山新石器時代遺址」『考古学報』1989-2

陳全家・趙賓福　1990「左家山新石器時代遺址的分期及相関文化遺存的年代序列」『考古』1990-3

陳全家・王春雪・趙海龍・方啓・張殿甲　2007「吉林省白山市老道洞遺址試掘報告」『北方文物』2007-1

陳山・徐韶鋼・張桂霞　2011「大連荘河平頂山青銅時代遺址発掘簡報」『北方文物』2011-1

陳維稷編　1984『中国紡織科学技術史（古代部分）』科学出版社

程松・金太順　1983「寧安県鏡泊湖地区文物普査」『黒龍江文物叢刊』1983-2

大貫静夫　1989「東北亜洲中的中国東北地区原始文化」『慶祝蘇秉琦先生考古五十五年論文集』文物出版社

大連市文物考古研究所　2000『大嘴子　青銅器時代遺址1987年発掘報告』大連出版社

戴复漢　1991「1987年安陽梅園荘南地殷墓的発掘」『考古』1991-2

丹化沙・孫秀仁　1960「牡丹江中下游考古調査簡報」『考古』1960-4

董新林　1996「高台山文化研究」『考古』1996-6

董新林　2000「魏営子文化初歩研究」『考古学報』2000-1

董剣英・張松柏　1992「内蒙古巴林右旗東馬鬃山岩画調査」『遼海文物学刊』1992-1

董文義・韓仁信　1987「内蒙古巴林右旗那斯台遺址調査」『考古』1987-6

段天璟　2008「馬城子諸洞穴墓葬遺存的分期与相関問題」『辺疆考古研究』7

范忠澤　2004「黒龍江寧安市牛場遺址発現的幾件石器」『北方文物』2004-2

方殿春・劉葆華　1984「遼寧阜新県胡頭溝紅山文化玉器墓的発現」『文物』1984-6

方殿春・魏凡　1986「遼寧牛河梁紅山文化"女神廟"与積石塚群発掘簡報」『文物』1986-8

馮恩学　1990「蘇聯濱海和黒龍江中下游地区的青銅時代」『遼海文物学刊』1990-1

馮恩学　1991「東北平底筒形罐区系研究」『北方文物』1991-4

馮恩学　2002『俄国東西伯利亞与遠東考古』吉林大学出版社

撫順市博物館　1981「遼寧撫順市発現殷代青銅環首刀」『考古』1981-2

蓋山林　1986『陰山岩画』文物出版社

蓋山林　1989『烏蘭察布岩画』文物出版社

蓋山林　1993「我国北方草原岩画区域特征初論」『考古与文物』1993-5

蓋山林・蓋志浩　2002『内蒙古岩画的文化解読』北京図書館出版社

高芳・華陽・霍東峰　2009「遼寧大連大藩家村出土遺存再認識」『博物館研究』2009-2

高広仁　1978「試論大汶口文化的分期」『考古学報』1978-4

高広仁・任式楠　1964「山東曲阜西夏侯遺址第一次発掘報告」『考古学報』1964-2

高広仁・任式楠・呉汝祚　1986「西夏侯遺址第二次発掘報告」『考古学報』1986-3

高美璇　1981「遼寧出土石刀研究（提要）」『遼寧省考古博物館学会成立大会年刊』

高去尋　1967「刀斧葬中的銅刀」『中央研究院歴史語言研究所集刊』37上冊

高雪　1984「陝西清澗県又発現商代青銅器」『考古』1984-8

岡村秀典　1992「遼東半島与山東半島史前文化的交流」『環渤海考古国際学術討論会論文集』

356　引用文献

宮本一夫　2008「膠東半島出土的龍山文化和岳石文化石器分析」『海岱地区早期農業和人類学研究』

宮本一夫・欒豊実・上條信彦・林仙庭・王富強　2008「以膠東半島為中心的石器群」『海岱地区早期農業和人類学研究』

古澤義久（藍秋霞訳）　2008「膠東半島大汶口文化晩期的陶器—山東省龍口貝丘遺址出土的陶器再探討」『東方考古』5

郭宝鈞　1951「一九五〇年春殷墟発掘報告」『中国考古学報』5

郭宝鈞　1964『濬県辛村』考古学専刊乙種第十三号，科学出版社

郭大順　1985「西遼河流域青銅文化研究的新進展」『中国考古学会第四次年会論文集』

郭大順　1987「試論魏営子類型」『考古学文化論集』1

郭大順　1993「遼河流域"北方式青銅器"的発現與研究」『内蒙古文物考古』1993-1, 2

郭大順・方殿春・魏凡・朱達・王来柱・呂学明・郭明　2012『牛河梁 紅山文化遺址発掘報告（1983-2003 年度）』文物出版社

郭大順・馮永謙　1978「概述遼寧省考古新収獲」『文物考古工作三十年』文物出版社

郭大順・張克挙　1984「遼寧省喀左県東山嘴紅山文化建築群址発掘簡報」『文物』1984-11

郭大順・馬沙　1985「以遼河流域為中心的新石器文化」『考古学報』1985-4

国家文物局考古領隊培訓班　1999『兗州六里井』科学出版社

郭克煜・孫華鐸・梁方建・楊朝明　1990「索氏器的発現及其重要意義」『文物』1990-7

郭珉・李景氷　1992「吉林省乾安県新石器時代遺址調査」『北方文物』1992-2

郭沫若　1960「安陽円坑墓中鼎銘考釈」『考古学報』1960-1

郭仁・田敬東　1995『瑠璃河西周燕国墓地 1973-1977』文物出版社

郭素新・田広金　1995「源遠流長的北方民族青銅文化」『中国青銅器全集第 15 集北方民族』中国美術分類全集

郭勇　1962「石楼後蘭家溝発現商代青銅器簡報」『文物』1962-4, 5

郭治中・胡春柏　2007「内蒙古赤峰市三座店夏家店下層文化石城遺址」『考古』2007-7

郭治中・索秀芬　2004『白音長汗—新石器時代遺址発掘報告』科学出版社

海金楽・韓炳華　2006『霊石旌介商墓』科学出版社

韓立新　2004「内蒙古克什克騰旗岩画」『内蒙古文物考古』2004-1

韓榕　1986「膠東史前文化初探」『山東史前文化論文集』斉魯書社

韓榕　1986「山東牟平照格荘遺址」『考古学報』1986-4

韓維龍・張志清・郭木森　2000『鹿邑太清宮長子口墓』中州古籍出版社

河北省博物館・文物管理処　1980『河北省出土文物選集』文物出版社

何徳亮　1984a「山東曲阜南興埠遺址的発掘」『考古』1984-12

何徳亮　1984b「山東史前彫塑浅談」『美術史論』1984-4

何徳亮　1991「莒県大朱家村大汶口文化墓葬」『考古学報』1991-2

何徳亮・竟放　1985「試論楊家圏遺存的文化性質」『考古与文物』1985-1

《河南出土商周青銅器》編輯組　1981『河南出土商周青銅器（一）』文物出版社

何賢武・鄭辰・趙常琳・曹桂林　1989「遼寧法庫県湾柳遺址発掘」『考古』1989-12

何明　1991「吉林省新石器時代的考古発現与認識」『内蒙古東部区考古学研究文集』海洋出版社

黒光・朱捷元　1975「陝西綏徳墕頭村発現一批窖蔵商代銅器」『文物』1975-2

黒龍江省博物館　1972「黒龍江省海林県牡丹江右岸的古代摩崖壁画」『考古』1972-5

侯建業　2004「膠東半島与遼東半島早期的文化交流」『膠東考古研究文集』斉魯書社

侯建業　2006「原始聚落"東半坡"—北荘遺址」『考古煙台』斉魯書社

侯莉閩　1993「吉林省延辺龍井開山屯出土文物」『北方文物』1993-3

侯莉閩　1994a「吉林省延辺新石器時代文化及初歩研究」『博物館研究』1994-2

侯莉閩　1994b「吉林延辺新龍青銅墓葬及対該遺存的認識」『北方文物』1994-3

華玉冰　2009「馬城子文化墓葬分期及相関問題」『新果集—慶祝林澐先生七十華誕論文集』科学出版社

華玉冰・陳国慶　1996「大嘴子上層文化遺存的分期及相関問題」『考古』1996-2

霍東峰・華陽・付珺　2008「新楽上層文化研究」『辺疆考古研究』7

霍東峰・劉煥民・張全超・邵会秋　2014「瀋陽市道義鎮郭七遺址発掘報告」『瀋陽考古文集』4

吉平　1994「巴林右旗床金溝発現一処岩画」『内蒙古文物考古文集』1

吉平・鄭鈞夫・胡春佰　2012「内蒙古科左中旗哈民忙哈新石器時代遺址 2010 年発掘簡報」『考古』2012-3

吉平・朱永剛・阿如娜・包曙光・宋貴華　2012「内蒙古科左中旗哈民忙哈新石器時代遺址 2011 年的発掘」『考古』2012-7

賈鴻恩　1984「内蒙古翁牛特旗三星他拉村発現玉龍」『文物』1984-6

賈效孔　1985「山東寿光県新発現一批紀国銅器」『文物』1985-3

江秉信・邱宣充・陳志達・魏樹勛　1987『殷墟発掘報告 1958-1961』文物出版社

姜恵居　1989「山東即墨県新石器時代遺址調査簡報」『考古』1989-8

蒋英炬　1963「山東膠東地区新石器時代遺址的調査」『考古』1963-7

姜樹振　1990「山東乳山県史前遺址調査」『考古』1990-12

靳桂雲・欒豊実・張翠敏・王宇　2009「遼東半島南部農業考古調査報告」『東方考古』6

靳楓毅　1983「遼寧建平県的青銅時代墓葬及相関遺物」『考古』1983-8

靳楓毅　1988「大凌河流域出土的青銅時代遺物」『文物』1988-11

金旭東　1992「試論西断梁山新石器時代遺存」『考古』1992-9

金旭東　1994「1990 年四平地区新石器時代遺址調査簡報」『博物館研究』1994-2

金旭東・王国範・王洪峰　1991「吉林東豊県西断梁山新石器時代遺址発掘」『考古』1991-4

金英熙・華笑冰　2011「遼寧長海県小珠山新石器時代遺址発掘簡報」『考古』2009-5

金岳　1990「論東北商代青銅器分期、性質和特点」『遼海文物学刊』1990-2

金岳　1992「東北商代青銅器的研究」『自然雑誌』1991-12

喀左県文化館・朝陽地区博物館・遼寧省博物館　1977「遼寧省喀左県山湾子出土殷周青銅器」『考古』1977-12

喀左県文化館・朝陽地区博物館・遼寧省博物館北洞文物発掘小組　1974「遼寧喀左県北洞村出土的殷周青銅器」『考古』
　　1974-6

《考古》編輯部　1977「安陽殷墟五号墓座談紀要」『考古』1977-5

克什克騰旗文化館　1977「遼寧克什克騰旗天宝同発現商代銅甗」『考古』1977-5

藺新建・李晩鐘　1993「遼寧地区商周時期陶壺研究」『青果集』知識出版社

李歩青・王錫平　1988「膠東半島新石器文化初論」『考古』1988-1

李伯謙　1979「安陽殷墟五号墓的年代問題」『考古』1979-2

李陳奇・陳国慶・李伊萍・趙虹紅　2001『河口与振興—牡丹江蓮花水庫発掘報告（一）—』科学出版社

李殿福　1984「吉林省庫倫、奈曼両旗夏家店下層文化遺址分布与内涵」『文物資料叢刊』7

李恭篤　1977「遼寧敖漢旗小河沿三種原始文化的発現」『文物』1977-12

李恭篤　1983「内蒙古赤峰県四分地東山咀遺址試掘簡報」『考古』1983-5

李恭篤　1985「遼寧東部地区青銅文化初探」『考古』1985-6

李恭篤　1986「遼寧凌源県三官甸子城子山遺址試掘報告」『考古』1986-6

李恭篤　1989「本渓地区三種原始文化的発現及研究」『遼海文物学刊』1989-1

李恭篤　1992「本渓地区洞穴文化遺存的発現与研究」『北方文物』1992-2

李恭篤・高美璇　1998「試論偏堡文化」『北方文物』1998-2

李恭篤・劉興林・斉俊　1985「遼寧本渓廟後山洞穴墓地発掘簡報」『考古』1985-6

李慧竹　2004「漢代以前山東与朝鮮半島南部的交往」『北方文物』2004-1

李済　1949「記小屯出土之青銅器　中篇」『中国考古学報』4

李健民・傅俊山　1978「遼寧興城県楊河発現青銅器」『考古』1978-6

李錦山・文光　1984「棗荘市南部地区考古調査紀要」『考古』1984-4

李慶発・董高・鄧宝学・李大鈞　1986「建平水泉遺址発掘簡報」『遼海文物学刊』1986-2

李魯滕・孫開玉　1995「山東滕州市西康留遺址調査、発掘簡報」『考古』1995-3

李日訓・宮徳杰　1989「臨胊県西朱封龍山文化重椁墓的清理」『海岱考古』1

李樹義　2014「"瀋陽四環快速路工程"考古調査所発現的青銅時代遺址」『瀋陽考古文集』4

李暁鐘　1987「新民県公主屯後山遺址試掘簡報」『遼海文物学刊』1987-2

李晩鐘・藺新建　1991「下遼河流域早期青銅文化譜系研究」『遼海文物学刊』1991-1

李維明　1988「簡論商代青銅刀」『中原文物』1988-2

李硯鉄　1988「黒龍江尚志県亞布力新石器時代遺址清理簡報」『北方文物』1988-1

李暁鐘　1984「瀋陽北陵地区発現新石器時代遺物」『遼寧文物』6

李学勤　1977「論"婦好"墓的年代及有関問題」『考古』1979-11

李伊萍　2004「黒龍江東部地区青銅時代遺存初識」『辺疆考古研究』2

李宇峰　1987「東北地区原始彫塑芸術初探」『史前研究』1987-2

李元章　1966「山東栖霞漁稼溝発現新石器時代遺址」『考古』1966-3

李雲鋒　1973「吉林琿春南団山、一松亭遺址調査」『文物』1973-8

李正鳳　1988「琿春郎家店墓地再次調査」『博物館研究』1988-3

梁志龍　1991「桓仁大梨樹溝青銅器時代墓葬調査」『遼海文物学刊』1991-2

遼寧省博物館・朝陽地区博物館　1973「遼寧喀左県北洞村発現殷代青銅器」『考古』1973-4

遼寧省文物考古研究所　2004『五女山城　1996〜1999、2003年桓仁五女山城調査発掘報告』文物出版社

遼寧省文物考古研究所　2007『鉄朝高速公路特刊』

遼寧省文物考古研究所・本渓市博物館　1994『馬城子　太子河上游洞穴遺存』文物出版社

林仙庭　1987「山東煙台毓璜頂新石器時代遺址発掘簡報」『史前研究』1987-2

林仙庭・閻勇・王金定・高大美・肖靖・孫航偉・閻虹・楊文玉　2008「山東栖霞市古鎮都新石器時代遺址発掘簡報」『考古』2008-2

林棟・趙暁剛　2014「瀋陽市瀋北新区大望花台青銅時代遺址考古発掘報告」『瀋陽考古文集』4

林澐　1987「商文化青銅器與北方地区青銅器関係之再研究」『考古学文化論集』1

林澐　1994「早期北方系青銅器的幾個年代問題」『内蒙古文物考古文集』大百科全書出版社

劉伯勤・劉善沂・于茸　2004「山東章丘小荆山遺址第一次発掘」『東方考古』1

劉敦愿　1958「日照両城鎮龍山文化遺址調査」『考古学報』1958-1

劉観民　1986「試析夏家店下層文化的陶鬲」『中国考古学研究—夏鼐先生考古五十年紀念論文集』三秦出版社

劉観民・徐光冀　1974「赤峰薬王廟、夏家店遺址試掘報告」『考古』1974-1

劉観民・徐光冀　1975「寧城南山根遺址発掘報告」『考古学報』1975-1

劉観民・徐光冀・劉晋祥・郭大順・李宇峰・邵国田　1998『大甸子—夏家店下層文化遺址与墓地発掘報告』科学出版社

劉法祥　1960「吉林通化市江口村和東江村考古発掘簡報」『考古』1960-7

劉法祥・何明　1986「吉林汪清金城古墓葬発掘簡報」『考古』1986-2

劉紅宇　1984「長春市徳恵県原始文化遺址調査述要」『博物館研究』1984-1

劉紅宇　1986「吉林省飲馬河沿岸古文化遺存調査簡報」『考古』1986-9

劉煥民・周陽生　2005「瀋陽老虎冲青銅時代遺址発掘簡報」『博物館研究』2005-2

劉建忠　1988「河北懐安獅子口発現商代鹿首刀」『考古』1988-10

劉振華　1982「吉林省原始文化中的幾種新石器時代遺存」『博物館研究』1

劉晋祥　1986「大甸子墓地乙群陶器分析」『中国考古学研究—夏鼐先生考古五十年紀念論文集』三秦出版社

劉晋祥・董新林　1997「敖漢趙宝溝—新石器時代聚落」中国田野報告集考古学専刊丁種第 52 号

劉晋祥・楊国忠　1982「赤峰西水泉紅山文化遺址」『考古学報』1982-2

劉景文　1992「吉林長嶺県腰井子新石器時代遺址」『考古』1992-8

劉景文　1994「吉林琿春市河西北山墓地発掘」『考古』1994-5

劉景文　2005「論中国境内図們江流域的原始文化」『博物館研究』2005-3

劉景文・王洪峰・安文栄・王偉民　2003「長春市腰紅嘴子与北紅嘴子遺址発掘簡報」『考古』2003-8

劉景文・王洪峰・朴淵龍・呼国柱・張志立　2001『和龍興城 新石器及青銅時代遺址発掘報告』文物出版社

劉莉　2008「中国史前的碾磨石器、堅果採集、定居及農業起源」『慶祝何炳棣先生九十華誕論文集』

劉明光　1998『中国自然地理図集』中国地図出版社

劉淑娟　1991「山湾子商周青銅器断代及銘文簡釈」『遼海文物学刊』1991-2

劉俊勇　1994「遼寧大連大藩家村新石器時代遺址」『考古』1994-10

劉俊勇　1981「大連市小黒石砣子古代遺址破壊記実」『遼寧文物』1981-1

劉俊勇・王琺　1994「遼寧大連市郊区考古調査簡報」『考古』1994-4

劉俊勇・張翠敏　2006「遼寧大連大砣子青銅器時代遺址発掘報告」『考古学報』2006-2

劉一曼　1993「殷墟青銅刀」『考古』1993-2

呂学明　2010『中国北方地区出土的先秦時期銅刀研究』科学出版社

呂遵禄・孫秀仁　1991「鏡泊湖附近鶯歌嶺等地考古調査報告」『北方文物』1991-3

欒豊実　1997「大汶口文化的分期和類型」『海岱地区考古研究』山東大学出版社

馬得志・周永珍・張雲鵬　1955「一九五三年安陽大司空村発掘報告」『考古学報』9

馬希桂・程長新　1978「北京市新征集的商周青銅器」『文物資料叢刊』2

馬暁嬌・金英熙・賈笑氷・趙志軍　2014「呉家村遺址 2010 年度浮選結果及分析」『東方考古』11

孟憲武　1991「殷墟戚家荘東 269 号墓」『考古学報』1991-3

牟元珪　1999「古代山東在中韓関係史上的地位」『第三届韓国伝統文化国際学術討論会論文集』山東大学出版社

寧蔭裳・曲世広　1998「山東章丘市焦家遺址調査」『考古』1998-6

欧潭生　1986「羅山天湖商周墓地」『考古学報』1986-2

潘玲　2008「論鹿石的年代及相関問題」『考古学報』2008-3

龐志国　1989「吉林農安県元宝溝新石器時代遺址発掘」『考古』1989-12

龐志国・宋玉彬　1991「吉林東豊県西断梁山新石器時代遺址発掘」『考古』1991-4

裴躍軍・許志国・曹桂林・周向永　1990「法庫県湾柳街遺址試掘報告」『遼海文物学刊』1990-1

朴龍淵　1982「延吉徳新金谷古墓葬清理簡報」『東北考古与歴史』1

朴龍淵　1991「吉林省龍井県金谷新石器時代遺址清理簡報」『北方文物』1991-1

朴潤武　1985「金谷水庫南山遺址試掘簡報」『博物館研究』1985-3

斉俊　1987「本渓地区太子河流域新石器至青銅時期遺址」『北方文物』1987-3

斉俊　1991「遼寧桓仁渾江流域新石器時代及青銅時期的遺跡和遺物」『北方文物』1991-1

斉暁光　1983「敖漢旗範仗子古墓発掘簡報」『内蒙古文物考古』1983-3

斉心　1979「北京市延慶県西撥子村窖蔵銅器」『考古』1979-3

銭鋒・郝明華　2003『花庁—新石器時代墓地発掘報告』文物出版社

曲守成　1981「紡輪—原始的紡績工具」『学習与探索』1981-2

曲瑞奇・沈長吉　1978「瀋陽新楽遺址試掘報告」『考古学報』1978-4

曲瑞琦・於崇源　1982「瀋陽新民県高台山遺址」『考古』1982-2

熱河省博物館　1955「熱河凌源県海島営子村発現的古代青銅器」『文物参考資料』1955-8

山東省博物館　1973「山東蓬莱紫荊山遺址試掘簡報」『考古』1973-1

山東省博物館　1978「談談大汶口文化」『文物』1978-4

山東省博物館・山東省文物考古研究所　1985『鄒県野店』文物出版社

山東省文物管理処・済南市博物館　1974『大汶口　新石器時代遺址発掘報告』文物出版社

山東省文物考古研究所　2000「山東章丘市西河新石器時代遺址 1997 年的発掘」『考古』2000-10

山西省文物管理委員会保管組　1958「山西石楼県二郎坡出土商周銅器」『文物参考資料』1958-1

邵国田　1993「内蒙古敖漢旗発現的青銅器及有関遺物」『北方文物』1993-1

沈長吉・曲瑞琦・李晩鐘　1986「新民東高台山第二次発掘」『遼海文物学刊』1986-1

石楼県人民文化館　1972「山西石楼義牒発現商代銅器」『考古』1972-4

宋玉彬　2002「図們江流域青銅時代的幾個問題」『北方文物』2002-4

宋兆麟　1989「後窪遺址彫塑品中的巫術寓意」『文物』1989-12

蘇赫　1963「内蒙古昭烏達盟石羊石虎山新石器時代墓葬」『考古』1963-10

蘇赫　1982「従昭盟発現的大型青銅器試論北方的早期青銅文明」『内蒙古文物考古』1982-2

蘇小幸・劉俊勇　1983「大連新金県喬東遺址発掘簡報」『考古』1983-2

蘇小幸・王嗣洲　1994「遼東半島新石器時代晩期文化的再認識」『考古』1994-6

孫波・党浩・張驥・夏宜勇　2010「山東済寧玉皇頂遺址発掘報告」『海岱考古』3

孫善徳　1965「青島市郊区発現新石器時代和殷周遺址」『考古』1965-9

孫善徳　1981「山東即墨県新石器時代遺址調査」『考古』1981-1

孫継民　1994「克什克騰旗岩画述略」『内蒙古文物考古』1994-1

孫慶永・王菊耳　1983「新楽木彫芸術品初探」『新楽遺址学術討論会文集』

孫仁杰　2009「洞溝古墓群禹山墓区 JYM3319 号墓発掘報告」『吉林集安高句麗墓葬報告集』科学出版社

孫守道　1979「商代大鼎為啥出土在遼寧?」『理論与実践』1979-10

孫守道・郭大順　1986「牛河梁紅山文化女神頭像的発現与研究」『文物』1986-8

孫思賢・邵福玉　1982「遼寧義県発現商周銅器窖蔵」『文物』1982-2

孫祖初　1991「論小珠山中層文化的分期及与各地比較」『遼海文物学刊』1991-1

塔拉・曹建恩・党郁・李義　2009『小黒石溝—夏家店上層文化遺址発掘報告』科学出版社

塔拉・吉平　2007「2006 年扎魯特旗南宝力皋吐墓地的発掘」『内蒙古文物考古』2007-1

塔拉・吉平　2008「内蒙古扎魯特旗南宝力皋吐新石器時代墓地」『考古』2008-7

湯池　1994「試論灤平後台子出土的石彫女神像」『文物』1994-3

唐洪源　1996「東豊南部新石器時代遺址調査」『博物館研究』1996-2

唐淼・段天璟　2008「夏時期下遼河平原地区考古学文化芻議」『辺疆考古研究』7

唐士和　1964「山東長清出土的青銅器」『文物』1964-4

唐雲明　1985『藁城台西商代遺址』文物出版社

陶剛・安路・賈偉明　1990「黒龍江省寧安県石灰場遺址」『北方文物』1990-2

陶剛・倪春野　2003「黒龍江省穆棱河上游考古調査簡報」『北方文物』2003-3

陶正剛・劉永生・海金楽　1986「山西霊石旌介村商墓」『文物』1986-11

田広金・郭素新　1988「鄂爾多斯式青銅器的淵源」『考古学報』1988-3

田広林　2004「内蒙古赤峰市陰河中下游古代岩画的調査」『考古』2004-12

佟偉華　1989「膠東半島与遼東半島原始文化的交流」『考古学文化論集』2

佟柱臣　1961「東北原始文化的分布与分期」『考古』1961-10

佟柱臣　1989「黄河中下游新石器時代工具的研究」『中国東北地区和新石器時代考古論集』文物出版社

杜金鵬　1992「試論大汶口文化潁水類型」『考古』1992-2

王培新・温海濱・朴龍淵・李強・張志立　1992「吉林琿春新興洞墓地発掘報告」『北方文物』1992-1

王成生・董新林・呉鵬　2000「遼寧義県向陽嶺青銅時代遺址発掘報告」『考古学集刊』13

王丹　1992「吉林大学蔵北方青銅器」『北方文物』1992-3

王峰　1990「河北興隆県発現商周青銅器窖蔵」『文物』1990-11

王富強　2008「周代以前膠東地区経済形態的考古学観察」『海岱地区早期農業和人類学研究』

王国範　1984「吉林通楡新石器時代遺址調査」『黒龍江文物叢刊』1984-4

王洪明　1985「山東省海陽県史前遺址調査」『考古』1985-12

王建国・蘇赫・李宇峰・李恭篤・項春松・郭大順・賈洪恩　1998『大南溝—後紅山文化墓地発掘報告』科学出版社

王進先・楊暁宏　1992「山西武郷県上城村出土一批晩商銅器」『文物』1992-4

王立新・斉暁光・夏保国　1993「夏家店下層文化淵源芻論」『北方文物』1993-2

王立新・卜箕大　1998「対夏家店下層文化源流及与其他文化関係的再認識」『青果集』知識出版社

王未想　1994「内蒙古林東塔子溝出土的羊首銅刀」『北方文物』1994-4

王青　1995「試論山東龍山文化郭家村類型」『考古』1995-1

王青　1998「再論龍山文化郭家村類型」『北方文物』1998-3

王青　2014「《管子》"発、朝鮮之文皮"的考古学探索」『東方考古』11

王若愚　1980「紡輪与紡専」『文物』1980-3

王樹明　1987「山東省莒県陵陽河大汶口文化墓葬発掘簡報」『史前研究』1987-3

王思礼　1963「山東曲阜新石器時代遺址調査」『考古』1963-7

王嗣洲　1991「東北地区新石器時代石刀的研究」『東北地方史研究』1991-1

王嗣洲　2000「大連北三市新石器文化研究」『北方文物』2000-4

王嗣洲・金志偉　1997「大連北部新石器文化遺址調査簡報」『遼海文物学刊』1997-1

王巍　1993「夏商周時期遼東半島和朝鮮半島西北部的考古学文化序列及其相互関係」『中国考古学論叢』考古学専刊甲種
　第二十二号

王世和・王建新・銭趺鵬・李挙綱　1992「陝西扶風案板遺址第五次発掘」『文物』1992-11

王錫平　2000「乳山小管村的発掘」『膠東考古』文物出版社

362　引用文献

王錫平・李歩青　1987「試論膠東半島与遼東半島史前文化的交流」『中国考古学会第六次年会論文集』文物出版社

王錫平・林仙庭・袁靖・焦天龍　1997「山東省蓬莱、煙台、威海、栄成市貝丘遺址調査簡報」『考古』1997-5

王錫平・呉洪濤　2000「煙台白石村遺址発掘報告」『膠東考古』文物出版社

王祥濱・張志成・陶剛　2004「寧安市渤海鎮西安村東遺址発掘簡報」『北方文物』2004-4

王暁　1987「浅談我国原始社会紡織手工業的起源与発展」『中原文物』1987-2

王暁琨・張文静　2014「中国人面像岩画伝播路線探析」『東南文化』2014-4

王秀媽　1983「撫順地区早晩両類青銅文化遺存」『文物』1983-9

王宇・陳麗華・王珍仁　1986「大連沿海地区原始文化芸術芻論」『遼寧師範大学学報』1986-5

王宇信・張永山・楊升南　1977「試論殷墟五号墓的"婦好"」『考古学報』1977-2

王雲剛・王国栄・李飛龍　1996「綏中馮家発現商代窖蔵銅器」『遼海文物学刊』1996-1

王琇　1992「遼寧省瓦房店市謝屯郷青銅器時代遺址調査」『北方文物』1992-1

王琇・陳国慶・劉俊勇　1992「瓦房店市交流島原始文化遺址試掘簡報」『遼海文物学刊』1992-1

王増新　1958「遼寧新民県偏堡沙崗新石器時代遺址調査記」『考古通訊』1958-1

魏凡　1983「就出土青銅器探索遼寧商文化問題」『遼寧大学学報』1983-5

温海濱　1986「琿春郎家店墓地調査」『博物館研究』1986-3　83-86 頁

文啓明　1984「唐山市古冶商代遺址」『考古』1984-9

烏恩　1985「殷至周初的北方青銅器」『考古学報』1985-2

烏恩　1986「中国北方青銅文化與卡拉蘇克文化的関係」『中国考古学研究　二』科学出版社

烏恩岳斯図　2007『北方草原考古学文化研究—青銅時代至早期鉄器時代』科学出版社

烏恩岳斯図　2008『北方草原考古学文化比較研究—青銅時代至早期匈奴時期』科学出版社

呉甲才　2007「内蒙古翁牛特旗白廟子山発現新石器時代早期北斗七星岩画」『北方文物』2007-4

呉敬・姜万里・張樹範・劉煥民・蒋璐　2011「遼寧新民市偏堡子遺址青銅時代遺存」『考古』2011-10

呉汝祚　1982「論大汶口文化的類型与分期」『考古学報』1982-3

呉汝祚　1985「海岱文化区的史前農業」『農業考古』1985-1

呉汝祚　1985「山東省長海県砣磯島大口遺址」『考古』1985-12

呉汝祚　1987「試論龍山文化的蛋殻陶杯」『史前研究』1987-1

呉汝祚　1989「従黒陶杯看大汶口—龍山文化発展的階段性及其中心範囲」『考古学文化論集』2

呉汝祚・杜在忠　1988『膠県三里河』中国田野考古報告集考古学専刊丁種第 32 号，文物出版社

呉汝祚・万樹瀛・高平　1980「山東滕県古遺址調査簡報」『考古』1980-1

呉青雲　2008「遼寧大連市土龍子青銅時代罪石塚群的発掘」『考古』2008-9

伍人　1982「山東地区史前文化発展序列及相関関係」『文物』1982-10

呉詩池　1983「山東新石器時代農業考古概述」『農業考古』1983-2

呉詩池　1987「浅談大汶口文化陶器」『考古与文物』1987-1

呉詩池・張竟放・趙輝・厳文明　2000「栖霞楊家圏遺址発掘報告」『膠東考古』文物出版社

呉喜才・田広生　1984「通楡敖包山遺址調査」『博物館研究』1984-3

呉玉喜　2000「栖霞、乳山、栄成、蓬莱新石器時代遺址調査」『膠東考古』文物出版社

呉振録　1972「保徳県新発現的殷代青銅器」『文物』1972-4

夏商周断代工程専家組　2000『夏商周断代工程 1996-2000 年階段成果報告　簡本』夏商周断代工程叢書研究報告，世界図書出版公司

謝駿義・許俊臣　1983「大連新金県喬東遺址発掘簡報」『考古』1983-2

辛岩編　2012『査海　新石器時代聚落遺址発掘報告』文物出版社

辛岩・李維宇　2001「遼寧北票市康家屯城址発掘簡報」『考古』2001-8

辛占山　1988「康平順山屯青銅時代遺址試掘報告」『遼海文物学刊』1988-1

徐広徳　1988「安陽大司空村東南的一座殷墓」『考古』1988-10

徐広徳・何毓霊　2007『安陽殷墟花園荘東地商代墓葬』中国田野考古報告集考古学専刊丁種第77号　科学出版社

徐光輝　1977「旅大地区新石器時代晩期至青銅器時代文化遺存分期」『考古学文化論集』4

徐光冀　1979「赤峰蜘蛛山遺址的発掘」『考古学報』1979-2

徐建華　1994「大連地区新石器時代文化和青銅器時代文化断代画分」『遼海文物学刊』1994-1

徐韶鋼　2013『代海墓地』文物出版社

徐韶鋼・陳山　2011「遼寧東港市山西頭青銅時代遺址発掘簡報」『考古』2011-1

許成・衛忠　1993『賀蘭山岩画』文物出版社

許明綱　1959「旅大市的三処新石器時代遺址」『考古』1959-11

許明綱　1961「旅大市長海県新石器時代貝丘遺址調査」『考古』1961-12

許明綱　1979「長海県貝丘遺址発掘収穫」『遼寧大学学報哲学社会科学版』1979-5

許明綱　1987「試論大連地区新石器和青銅文化」『中国考古学会第六次年会論文集』文物出版社

許明綱　1989「遼東半島与山東半島原始文化的関係」『東北地方史研究』1989-1

許明綱・劉俊勇　1981「旅順於家村遺址発掘簡報」『考古学集刊』1

許明綱・許玉林・蘇小幸・劉俊勇・王璀英　1981「長海県広鹿島大長山島貝丘遺址」『考古学報』1981-1

許明綱・於臨祥　1962「旅大市長海県新石器時代貝丘遺址調査」『考古』1962-7

許永杰　1989「東北境内新石器時代筒形罐的譜系研究」『北方文物』1989-2

許玉林　1986「遼寧東溝大崗新石器時代遺址」『考古』1986-4

許玉林　1987「後窪遺址考古新発現与研究」『中国考古学会第六次年会論文集』文物出版社

許玉林　1988「東溝県西泉眼新石器時代遺址調査」『遼海文物学刊』1988-1

許玉林　1989「東北地区新石器時代文化概述」『遼海文物学刊』1989-1

許玉林　1990a「海岫鉄路工程沿線考古調査和発掘情況簡報」『北方文物』1990-2

許玉林　1990b「遼寧東溝県石仏山新石器時代晩期遺址発掘簡報」『考古』1990-8

許玉林　1993「遼寧商周時期的青銅文化」『考古学文化論集』3

許玉林・傅仁義・王伝普　1989「遼寧東溝県後窪遺址発掘概要」『文物』1989-12

許玉林・高洪珠　1984「丹東市東溝県新石器時代遺址調査和試掘」『考古』1984-1

許玉林・金石柱　1986「遼寧丹東地区鴨緑江右岸及其支流的新石器時代遺存」『考古』1986-10

許玉林・楊永芳　1992「遼寧岫岩北溝西山遺址発掘簡報」『考古』1992-5

許玉林・許明綱・高美璇　1982「旅大地区新石器時代文化和青銅器時代文化概述」『東北考古与歴史』1982-1

許玉林・蘇小幸　1980「略談郭家村新石器時代遺址」『遼寧大学学報哲学社会科学版』1980-1

許玉林・蘇小幸　1984「大連市郭家村新石器時代遺址」『考古学報』1984-3

許玉林・蘇小幸・王嗣洲・孫徳源　1994「大連市北呉屯新石器時代遺址」『考古学報』1994-3

許志国　1998「遼北地区新石器時代文化初探」『北方文物』1998-2

許志国　2000「遼寧開原市建材村石棺墓群」『博物館研究』2000-3

閻晨飛・呂智栄　1988「陝西延川県文化館収蔵的幾件商代青銅器」『考古与文物』1988-4

閻金鋳　1985「山西吉県出土商代青銅器」『考古』1985-9

厳文明　1980「論青蓮崗文化和大汶口文化的関係」『文物集刊』1

厳文明　1983a「山東省海陽、莱陽、莱西、黄県原始文化遺址調査」『考古』1983-3

厳文明　1983b「山東長海県史前遺址」『史前研究』1983-1

厳文明　1986「膠東原始文化初論」『山東史前文化論文集』斉魯書社

厳文明　1989「東夷文化的探索」『文物』1989-9

厳文明　2000「莱陽於家店的小発掘」『膠東考古』文物出版社

厳文明・呉詩池・張景芳　1984「山東栖霞楊家圏遺址発掘簡報」『史前研究』1984-3

厳文明・張江凱　1987「山東長島北荘遺址発掘簡報」『考古』1987-5

楊宝成　2002『殷墟文化研究』武漢大学出版社

楊宝成・楊錫璋　1979「1969-1977年殷墟西区墓葬発掘報告」『考古学報』1979-1

楊宝順　1975「温県出土的商代銅器」『文物』1975-2

楊国忠・劉忠伏　1983「1980年秋河南偃師二頭里遺址発掘簡報」『考古』1983-3

楊虎・譚英杰　1979「密山県新開流遺址」『考古学報』1979-4

楊虎・譚英杰・張泰相　1979「黒龍江古代文化初論」『中国考古学会第一次年会論文集』文物出版社

楊建華　2002「燕山南北商周之際青銅器遺存的分群研究」『考古学報』2002-2

楊紹舜　1981a「山西柳林県高紅発現商代銅器」『考古』1981-3

楊紹舜　1981b「山西石楼褚家峪、曹家垣発現商代銅器」『文物』1981-8

楊錫璋　1992「1980年河南安陽大司空村M539発掘簡報」『考古』1992-6

楊錫璋・楊宝成　1986「安陽殷墟西区一七一三号墓的発掘」『考古』1986-8

楊暁能　1989「中国原始社会彫塑芸術概述」『文物』1989-3

楊育彬　1979「河南靈宝出土一批商代青銅器」『考古』1979-1

楊占風　2013『鴨緑江、図們江及烏蘇里江流域新石器文化研究』文物出版社

楊澤蒙　2000『朱開溝─青銅時代早期遺址発掘報告』文物出版社

姚生民　1986「陝西淳化県出土的商周青銅器」『考古與文物』1986-5

尹煥章・袁穎・紀仲慶　1965「江蘇邳県劉林新石器時代遺址第二次発掘」『考古学報』1965-2

尹煥章・張正祥・紀仲慶　1964「江蘇邳県四戸鎮大墩子遺址探掘報告」『考古学報』1964-2

郁金城・郭京寧・楊広文・邢軍　2007『昌平張営 - 燕山南麓地区早期青銅文化遺址発掘報告』文物出版社

瑜瓊　1991「歯柄式銅刀芻議」『北方文物』1991-3

瑜琼　1990「東北地区半月形穿孔石刀研究」『北方文物』1990-1

于崇源　1985「瀋陽新楽遺址第二次発掘報告」『考古学報』1985-2

張波　1984「新賓県永陵公社色家発現石棺墓」『遼寧文物』6

張翠敏　2004「大嘴子第三期文化聚落遺址研究」『博物館研究』2004-2

張翠敏　2005「双砣子二期文化再探討」『博物館研究』2005-2

張建林　1991「中国原始手工業生産工具初探」『慶祝武伯綸先生九十華誕論文集』三秦出版社

張江凱　1997「論北荘類型」『考古学研究』3

張震澤　1979「喀左北洞村出土銅器銘文考釈」『社会科学輯刊』1979-2

張松柏　1996「内蒙古白岔河沿岸新発現的動物岩画」『北方文物』1996-1

張松柏　1998a「赤峰市新発現的古代岩画」『内蒙古文物考古』1998-2

張松柏　1998b「赤峰市白岔河両岸的人物岩画」『内蒙古文物考古』1998-2

張松柏・劉志一　1984「内蒙古白岔河流域岩画調査報告」『文物』1984-2

張泰相・魏国忠　1965「黒龍江省海浪河中下游考古調査簡報」『考古』1965-1

張泰相・楊虎・朱国忱　1981「黒龍江寧安県鶯歌嶺遺址」『考古』1981-6

張文軍・張志清・樊温泉・王勝利　1989「河南鹿邑欒台遺址発掘簡報」『華夏考古』1989-1

張英・賈瑩　1988「試論環状石器及其用途」『中国考古学会第五次年会論文集』文物出版社

張志成・李麗・申佐軍・于観春・王祥濱　2011「綏芬河新石器遺址調査簡報」『文物春秋』2011-6

張志成・李麗・申佐軍・于観春・王祥濱　2012「黒龍江省綏芬河市新石器―商周時代遺址調査報告」『北方文物』2012-2

張仲葛　1979「出土文物所見我国家猪品種的形成和発展」『文物』1979-1

趙賓福　1993「関於高台山文化若干問題的探討」『青果集』知識出版社

趙賓福　2009『中国東北地区夏至戦国時期的考古学文化研究』科学出版社

趙賓福　2011「牡丹江流域新石器文化序列与編年」『華夏考古』2011-1

趙国棟　1992「赤峰地区又発現両処岩画」『内蒙古文物考古』1992-1，2

趙輝　1993「龍山文化的分期和地方類型」『考古学文化論集』3

趙輝　1995「遼東地区小珠山下、中層文化的再検討」『考古与文物』1995-5

趙善桐　1960「黒龍江寧安牛場新石器時代遺址清理」『考古』1960-4

趙暁剛・付永平　2007「遼寧大学青銅時代遺址発掘簡報」『辺疆考古研究』5

趙暁剛・付永平　2009「瀋陽炮師千松園遺址2003年発掘報告」『瀋陽考古文集』2

鄭若葵・徐広徳　1986「1980-1982年安陽苗圃北地遺址発掘簡報」『考古』1986-2

趙少青・許志国　1992「遼寧康平県趙家店村古遺址及墓地調査」『考古』1992-1

鄭紹宗　1962「河北青龍県抄道溝発現一批青銅器」『考古』1962-12

鄭紹宗　1984「中国北方青銅短剣的分期及形制研究」『文物』1984-2

鄭紹宗　1994「長城地帯発現的北方式青銅刀子及其有関問題」『文物春秋』1994-4

鄭鈞夫・陳思如・吉平　2011「内蒙古扎魯特旗南宝力皋吐新石器時代墓地C地点発掘簡報」『考古』2011-11

鄭明　1981「新民高台子新石器時代遺址和墓葬」『遼寧文物』1981-1

鄭明・周陽生　1983「新民高台山新石器時代遺址1976年発掘簡報」『文物資料叢刊』7

鄭笑梅・呉汝祚　1981「山東姚官荘遺址発掘報告」『文物資料叢刊』5

鄭永振・朴潤武　1985「吉林汪清考古調査」『北方文物』1985-4

趙振才　1987「大興安嶺原始森林里的岩画古跡」『北方文物』1987-4

鄭振香　1976「1975年安陽殷墟的新発現」『考古』1976-4

鄭振香・陳志達　1977「安陽殷墟五号墓的発掘」『考古学報』1977-2

鄭振香・陳志達　1980『殷墟婦好墓』中国田野考古報告集考古学専刊丁種第23号　文物出版社

中国歴史博物館考古部・山西省考古研究所　2001『垣曲古城東関』黄河小浪底水庫山西庫区考古報告2　科学出版社

中国科学院考古研究所　1959『洛陽中州路（西工段）』科学出版社

中国社会科学院考古研究所　1980『殷墟婦好墓』文物出版社

中国社会科学院考古研究所　1996『双砣子与崗上』科学出版社

中国社会科学院考古研究所　1999『膠東半島貝丘遺址環境考古』社会科学文献出版社

中国社会科学院考古研究所　2001『蒙城尉遅寺　皖北新石器時代聚落遺存的発掘与研究』科学出版社

中国社会科学院考古研究所　2005『滕州前掌大墓地』中国田野考古報告集考古学専刊丁種第71号　文物出版社

中国社会科学院考古研究所・安徽省蒙城県文化局　2007『蒙城尉遅寺（第二部）』中国田野考古報告集考古学専刊丁種第78号　科学出版社

中国社会科学院考古研究所・中国歴史博物館・山西省文物考古研究所　1988『夏県東下馮』文物出版社

周興華　1991「中衛岩画」寧夏人民出版社

周陽生　1990「遼寧瀋陽新楽遺址搶救清理発掘簡報」『考古』1990-11

朱貴　1960「遼寧朝陽十二台営子青銅短剣墓」『考古学報』1960-1

朱延平　1996「小珠山下層文化試析」『考古求知集』科学出版社

朱延平・郭治中・王立新・楊晶　2002『半支箭河中游先秦時期遺址』赤峰考古隊田野工作報告之一　科学出版社

朱永剛　1987「夏家店上層文化的初歩研究」『考古学文化論集』1

朱永剛　1993「遼東地区新石器時代含条形堆紋陶器遺存研究」『青果集』知識出版社

朱永剛　1997「論高台山文化及其遼西青銅文化的関係」『中国考古学会第八次年会論文集』文物出版社

朱永剛　1998「東北青銅時代的発展階段与文化区系」『考古学報』1998-2

朱永剛・王成生・趙賓福　1992「遼寧彰武平安堡遺址」『考古学報』1992-4

朱永剛・趙賓福・王成生・徐光輝　1992「遼寧阜新平頂山石城址発掘報告」『考古』1992-5

鄒衡　1964「試論殷墟文化分期」『北京大学学報・人文科学』（1980『夏商周考古学論文集』文物出版社）

左忠誠　1980「陝西渭南県南堡西周初期墓葬」『文物資料叢刊』3

【露　文】

Авдусин Д. А. 1977 *Археология СССР*. Москва.

Андреев, Г. И. 1957 Поселение Зайсановка I в приморье. *СА*1957-2. стр. 121-145. Москва.（アンドレエフ，ゲ・イ（荻原真子訳）1982「沿海州のザイサノフカ I 遺跡」『シベリア極東の考古学 2 沿海州篇』河出新社書房　151-185 頁）

Андреев, Г. И. 1960 Некоторые вопросы культур южного Приморья III-I тысячелетий до н. э.. *МИА*86. стр. 136-161. Москва-Ленинград.

Андреев Г. И. 1965 Пряслица с побережье Приморья. *Новое в советской археологии МИА* №. 130. Москва.

Андреев, Г. И., Андреева, Ж. В. 1962 Работы прибрежного отряда Дальневосточной экспедиции в Приморье в 1959 году. *КСИА*. 88. стр. 93-101. Москва. (Andreev, G. I., Andreeva, ZH. V. 1965 1959 Field work of the coastal section of the far eastern expedition in the Maritime territory. *Arctic Anthropology*. III-1, pp.129-135.)（アンドレエフ，ゲ・イ，アンドレエワ，ヂェ・ヴェ（中村嘉男訳）1982「1959 年度の沿海州での極東調査隊沿岸隊の調査」『シベリア極東の考古学 2 沿海州篇』河出書房新社　76-87 頁）

Андреева, Ж. В.1975 Следы металлургического производства в Приморье в памятниках II тыс. до н. э.. *Археология Северной и Центральной Азии*. стр. 104-110. Новосибирск.

Андреева, Ж. В. 1976 Синие Скалы. Вопросы истории. 1976-11, стр. 129-137. Москва.

Андреева, Ж. В. 1977 *Приморье в эпоху первобытнообщинного строя. Железный век*. Москва.

Андреева, Ж. В., Горковик А. В., Кононенко, Н. А., Жущиховская, И. С.1987 *Валентин- перешеек посерок древних рудокопов*. Москва.

Андреева, Ж. В., Жущиховская, И. С., Кононенко, Н. А. 1986 *Янковская культура*. Москва.

Андреева, Ж. В., Клюев, Н. А., Короткий, А. М., ВострецовЮ. Е. 2002 *Синие Скалы*. Владивосток.

Андреева, Ж. В., Студзицкая, С. В. 1987 Бронзовый век Дальнего Востока. *Эпоха бронзы лесной полосы СССР*. Москва.

Афремов, П. Я., Кузнецов, А. М. 2003 Коллекция материала эпохи неолита и палеометалла, собранная при раскопках памятника Горбатка 3. *Проблемы археологии и палеоэкологии Северной, Восточной и Центральной Азии.* стр. 256-258. Новосибирск.

Батаршев, С. В. 2005 *Руднинская археологическая культура в Приморье.* Владивосток.

Батаршев, С. В., Попов, А. Н., Морева, О. Л., Крутых, Е. Б. 2003 Результаты археологического изучения неолитического памятника Гвоздево-3 на Юге *Приморского края. Проблемы археологии и палеоэкологии Северной, Восточной и Центральной Азии.* стр. 61-65. Новосибирск.

Болдин, В. И., Дьякова, О. В., Сидоренко, С. В. 1990 Новогордеевское городище как источник для периодизации культур Приморья. *Проблемы средневековой археологии Дальнего Востока.* стр. 19-51. Владивосток.

Бродянский, Д. Л. 1979 Проблема периодизации и хронологии неолита Приморья. *Древние культуры Сибири и тихоокеанского бассейна.* стр. 110-115. Новосибирск.

Бродянский, Д. Л. 1987 *Введение в Дальневосточную археологию.* Владивосток. (브로댠스키, 데. 엘. (정석배譯) 1996 『沿海州의 考古学』 学研文化社)

Бродянский, Д. Л. 1996 Искуство дальневосточного неолита: опыт предварительной систематизации находок в Приморье. *Древнее искусство тихоокеанских культур.* Владивосток.

Бродянский, Д. Л. 2001 Художественные изделия, предметы-знаки, календари в комплексе второго Бойсманского могильника. *Произведения искусства и другие древности из памятников Тихоокеанского региона – от Китая до Гондураса.* Владивосток.

Бродянский, Д. Л. 2003 а Произведения искусства трех древних культур из бухты Бойсмана (находки 2001-2002 годов). *Древности Приморья и Приамурья в контексте тихоокеанской археологии.* Владивосток.

Бродянский, Д. Л. 2003 б *Археология Приморья Краткий очерк.* Владивосток.

Бродянский, Д. Л. 2007 Бронзовый век Приморье. 『오르도스 青銅器文化와 韓国의 青銅器文化』 韓国古代学会 74-94 쪽

Бродянский, Д. Л., Жущиховская. И. С. 1995 Полиэйконическая фигурка из Киевки. *Вестник ДВО РАН* 1995-3

Бродянский, Д. Л., Панкратьева, Н. А. 2003 Два загадочных петроглифа в музеях Владивостока. . *Древности Приморья и Приамурья в контексте тихоокеанской археологии.* стр. 136-139. Владивосток.

Бутин, Ю.М. 1979 Новые материалы по археологии Корейского полуострова (стоянка Помый-Кусок). *Новое в археологии Сибири и Дальнего Востока.* стр. 126-134. Новосибирск.

Варенов А. В. 1997 "Карасукские" ножи и кинжалы из восточного Туркестана находки, аналогии, контакты, проблемы. *Проблемы археологии, этнографии, антропологии Сибири и сопредельных территорий.* Том III Новосибирск.

Варенов А.В. 1999 Чаодаогоу и Янхэ—Памятники эпохи Шан-Инь с Ордосскими бронзами. *Проблемы археологии, этнографии, антропологии Сибири и сопредельных территорий.* Том V Новосибирск.

Варенов А. В. 2004 Комплекс бронзового оружия с 《Карасукскими》 ножами из Фэнцзяцунь уезда Суйчжун в южной Маньчжурии. *Проблемы археологии, этнографии, антропологии Сибири и сопредельных территорий.*Том X Новосибирск.

Волков, В.В. 1981 *Оленные камни Монголии.* Улан-Батор.

Вострецов, Ю. Е., Гельман, Е.И., Комото, М., Миямото, К., Обата, Х. 2003 Новый керамический комплекс неолитического поселения Кроуновка 1 в Приморье. *Проблемы археологии и палеоэкологии Северной, Восточной и*

Центральной Азии. стр. 86–93. Новосибирск.

Гарковик, А.В. 1983 Поселение Евстафий-1 в Приморье. *Материалы по древней и средневековой археологии юга Дальнего Востока СССР и смежных территорий.* стр. 16–24. Владивосток.

Гарковик, А. В. 1985 Исследования в бухте Евстафия в Приморье. *Археологические открытия 1983 года.* Москва.

Гарковик, А.В. 1989 Новый неолитический памятник Боголюбовка-1. *Древние культуры Дальнего Востока СССР.* стр. 8-10. Владивосток.

Гарковик, А.В. 2003 Неолитесктй керамический комплекс многослойного памятника Рыбак 1 на юго-западном побережье Приморя. *Проблемы археологии и палеоэкологии Северной,Восточной и Центральной Азии.* стр. 94-124. Новосибирск.

Гарковик А.В. 2006 Древний текстиль Приморья (по данным археологии). *Россия и АТР.* 2006-3. Владивосток.

Гарковик, А.В. 2011 Некоторы итоги исследования памятника Евстафий-4 (Восточное побережье Приморья). *Россия и АТР* 2011-4. стр. 32-47. Владивосток.

Деревянко, А. П. 1969 Проблема бронзового века Дальнем Востоке. ИСОАН СССР. 6. Сер.обществ. наук, вып. 2. стр. 94-99.（ヂェレヴァンコ，ア・ペ（荻原真子訳）1982「極東における青銅器時代の問題」『シベリア極東の考古学2 沿海州篇』河出書房新社　245-252頁）（杰列維揚科，А. П.（呂強訳）1985「遠東青銅時代問題」『北方文物』1985-1 102・107-110頁）

Дьяков, В. И. 1979 Древние памятники на северо-западном побережье Японского моря. *Древние культуры Сибири и тихоокеанского бассейна.* стр. 145-157. Новосибирск.

Дьяков, В. И. 1989 *Приморье в эпоху бронзы.* Владивосток.

Дьяков, В. И. 1992 *Многослойное поселение Рудная Пристань и Периодизация неолитических культур Приморья.* Владивосток.（吉亞科夫，В. И.（宋玉彬摘訳）1996「魯徳納亞碼頭多層遺址及濱海地区新石器時代文化的分期」『東北亞考古資料訳文集—俄羅斯専号』16-30頁）

Дьякова, О.В., Сидоренко, С.В. 2002 Древние и средневековые кулутуры Северо-восточного Приморья (по материалам Куналейского городища). *Труды института истории,археологии и этнографии народов дальнего востока. Том XI* стр. 7-45. Владивосток.

Жущиховская, И.С. 1998 Керамика поселения Бойсмана-1. *Первые рыболовы в заливе Петра великого.* стр. 123-196. Владивосток.

Клюев, Н. А., Гарковик, А.В. 2002 Исследования многослойного памятника Дальний Кут-15 в Приморье в 2000г.. *Археология и культурная антропология Дальнего Востока и Центральной Азии.* стр.68-81.Владивосток.

Клюев, Н.А., Никитин, Ю.Г. 1989 Археологические исследования в Красноармейском районе Приморского края в 1988 г.. *Древние культуры Дальнего Востока СССР.* стр. 3-8. Владивосток.

Клюев, Н.А., Сергушева, Е. А., Верховская, Н.Б. 2002 Земледелие в финальном неолите Приморья (по материалам поселения Новоселище-4). *Традиционная культура востока Азии.* стр. 102-125. Благовещенск.

Клюев, Н. А., Яншина, О. В. 1997 Новые материалы по эпохе палеометалла Приморья. Поселение Глазковка-2. *Вопросы археологии, истории и этнологии Дальнего Востока.* стр. 18-30. Владивосток.

Клюев, Н.А., Яншина,О.В. 2002 Финальный неолит Приморья: Новый взгляд на старую проблему. *Россия и АТР* 2002-3. стр. 67-78. Владивосток.

Клюев, Н.А., Яншина, О.В., Кононенко, Н.А. 2003 Поселение Шекляево-7 –новый неолитический памятник в *Приморье. Россия и АТР* 2003-4. стр. 5-15. Владивосток.

Коломиец, С. А., Афремов, П. Я., Дорофеева, Н. А. 2002 Итоги полевых исследований помятника Глазовка-городище. *Археология и культурная антропология Дальнего Востока*. стр. 142-155. Владивосток.

Коломиец, С.А., Батаршев, С.В., Крутых, Е.Б. 2002 Поселение Реттиховка-Геологическая (Хронология, культурная принадлежность). *Археология и культурная антропология Дальнего Востока*. стр. 90-102.Владивосток.

Крупянко, А. А., Перегудона, Е. В. 2001 Загадочные вещи из Узкого 1. *Произведения искусства и другие древности из памятников Тихоокеанского региона – от Китая до Гондураса*. Владивосток.

Крупянко, А. А., Яншина, О.В. 2002 Поселение Суворово- Ⅵ и его место в археологии Приморья. *Археология и культурная антропология Дальнего Востока*. стр. 57-74. Владивосток.

Крушанов, А. И. ред. 1989 *История Дальнего Востока СССР с древнейших времен до XVII века*. Москва.（克鲁沙諾夫, А. И. 主編（王德厚・王正維・譚英杰・楊志軍・楊慶旺・景愛・斉心・張泰湘・岳小玲・李妍・関艶秋・徐学良・楊茂盛訳）1993『蘇聯遠東史－従遠古到 17 世紀』哈爾濱出版社）

Кузнецов, А. М., Якупов, М.А. 2004 Раскопки стоянки Горбатка 3.『東アジアにおける新石器文化と日本 I』73-80 頁

Ларичев В. Е. 1978 Неолит и бронзовый век Кореи. *Сибирь центральная и восточная Азия в древности. Неолит и эпоха металла*. Новосибирск.

Мартынов, А. И. 1996 *Археология*. Москва.

Медведев, В.Е. 2000 Поселение Перевал на Юге Приморья. *История и Археология Дальнего Востока К 70-летию Э.В. Шавкунова*. стр. 40-48. Владивосток.

Морева, О. Л. 2003 Относительная периодизация керамических комплексов бойсманской археологической культуры памятника Бойсмана-2. *Проблемы археологии и палеоэкологии Северной, Восточной и центральной Азии*.

Морева, О.Л., Попов, А.Н., Фукуда, М. 2002 Керамика с веревочным орнаментом в неолите Приморья. *Археология и культурная антропология Дальнего Востока и Центральной Азии*. стр. 57-68. Владивосток.

Окладников, А.П. 1959 *Далекое прошлое Приморья*. Владивосток.（Okladnikov, A.P. (Dunn, S.P., Tolstoy, P.transl.) 1965 The remote past of the Maritime region. *The Soviet Far East in Antiquity*. Toronto.）

Окладников, А. П. 1963 Древнее поселение на полуострове Песчаном у Владивостока. *МИА*. 112, Москва-Ленинград.

Окладников, А.П. 1964 Древнее поселение в бухте Пхусун. *Материалы по истории Сибири Археология и этнография Дальнего Востока. Древняя Сибири. Выпуск1*. стр. 73-84. Новосибирск.（Okladnikov 1965 An ancient settlement in Pkhusun bay. *Arctic Anthropology*. Ⅲ-1, pp.69-76.）（オクラドニコフ, ア・ペ（荻原真子訳）1982「プフスン湾の古代遺跡」『シベリア極東の考古学 2 沿海州篇』河出新社書房　132-146 頁）

Окладников, А. П. 1968 Из предыстории искусства Амурских народов (Петроглифы на р. Кия, Уссури). *СА*. 1968-4. стр. 46-57.

Окладников, А. П. 1970 Неолит сибири и дальнего востока. *Каменный век на территории СССР. МИА*166. стр.172-193. Москва.

Окладников, А. П. 1971 *Петроглифы Нижнего Амура*. Ленинград.

Окладников, А. П. 1972 Отчет о раскопках древнего поселения у села Вознесеновского на Амуре, 1966 г..*Материалы по археологии Сибири и Дальнего Востока*. Ч.1. стр. 3-35. Новосибирск.

Окладников, А. П. 1973 *Древнее поселение Кондон (Приамурье)*. Новосибирск

Окладников, А. П., Деревянко, А. П. 1973 *Далекое прошлое Приморья и Приамурья*. Владивосток.

Окладников, А. П. 1974 *Петроглифы Байкала-памятники древней культуры народов Сибири*. Новосибирск.

Окладников, А. П. 1977 *Петроглифы Верхней Лены*. Ленинград.

Окладников, А. П., Дьяков, В. И. 1979 Поселение эпохи бронзы в пади Харинской. *Новое в археологии Сибири и Дальнего Востока*. стр. 85-117. Новосибирск.

Окладников, А. П. 1981 *Петроглифы Чулутын-Гола (Монголия)*. Новосибирск.

Окладников, А. П. 1989 Искусство неолитических племен Приморья и Приамурья. *История Дальнего Востока СССР с древнейших времен до XVII века*. стр.67-76.Москва.（奥克拉德尼科夫，А. П.（楊志軍訳）1993「濱海地区和阿穆爾河沿岸新石器時代部落的芸術」『蘇聯遠東史—従遠古到 17 世紀』哈爾濱出版社　81-91 頁）

Окладников, А.П., Медведев, В. Е. 1995 Неолит Южного Приморья: по материалам раскоп поселений. 『石渓黄龍渾教授定年紀念論叢 亞細亞古文化』学研文化社　601-619 쪽

Пика А. А. 2001 Мелкие керамические изделия в Синегайской культуре. *Произведения искусства и другие древности из памятников Тихоокеанского региона – от Китая до Гондураса*. Владивосток.

Попов, А. Н. 2003 Неолит на Приханкайской низменности: по результатам исследований в центральном Приморье в 2000-2002 году. *Проблемы археологии и палеоэкологии Северной, Восточной и Центральной Азии*. стр. 183-185. Новосибирск.

Попов, А. Н., Батаршев, С. В. 2002 Археологические исследования в Хасанском районе Приморского края в 2000г.. *Археология и культурная антропология Дальнего Востока*. стр. 74-89. Владивосток.

Попов, А. Н., Батаршев, С.В., Крутых, Е. Б., Малков, С. С. 2004 Памятник Сергеевка-1 в Юго-Западном Приморье. *Проблемы археологии, этнографии и антропологии Сибири и сопредельных территорий*. Новосибирск

Попов, А. Н., Морева, О. Л., Батаршев, С. В., Дорофеева, Н. А., Малков, С. С. 2002 Археологические исследования Приханкайской низменности в Юго-Западном Приморье в 2002 г.. *Проблемы археологии, этнографии, антропологии Сибири и сопредельных территорий*. том VIII . стр. 179-184. Новосибирск.

Попов, А. Н., Морева, О. Л., Крутых, Е. Б., Батаршев, С. В. 2003 Новые исследования на памятнике Лузанова Сопка-2 в юго-западном Приморье в 2003г.. *Проблемы археологии, этнографии, антропологии Сибири и сопредельных территорий*. том IX частьI. стр.208-213.Новосибирск.

Попов, А. Н., Чикишева, Т. А., Шпакова, Е. Г. 1997 *Бойсманская археологическая культура Южного Приморья*. Новосибирск.

Чжан Яцин 1984 *Керамика неолитических культур восточного китая*.

Членова Н. Л. 1972 *Хронология памятников карасукской эпохи*. Москва.

Сапфиров, Д. А. 1989 Типологические комплексы стоянки Черниговка I. *Древние культуры Дальнего Востока СССР*. стр.11-15. Владивосток.

Сидоренко,С.В. 2002 Куналейское городище.Комплекс эпохи палеометалла. *Археология и культурная антропология Дальнего Востока*. стр.134-141. Владивосток.

Сидоренко, Е. В. 2003 Мелкая пластика поселения Ветродуй. *Древности Приморья и Приамурья в контексте тихоокеанской археологии*. Владивосток.

Сидоренко Е. В. 2011 Пряслица Тетюхинской группы памятников эпохи палеометалла горно-таёжной зоны Приморья. *Россия и АТР*. 2011-3. стр27-36. Владивосток.（シドレンコ，Е. В.（古澤義久訳）2012「沿海州山岳タイガ地帯における古金属時代テチューヘ・グループの遺跡の紡錘車」『九州考古学』87　95-106 頁）

Студзицкая, С. В. 1987 Искусство Дальнего Востока в эпоху бронзы. *Эпоха бронзы лесной полосы СССР*. Москва.

Шевкомуд, И. Я. 2004 *Поздний неолит Нижнего Амура*. Владивосток.

Яншина, О. В. 2004 *Проблема выделения бронзового века в Приморье*. Санкт-Петербург.

Яншина, О. В., Клюев, Н. А. 2005 Поздний неолит и ранний палеометалл Приморья: Критерии выделения и характеристика археологических комплексов. *Российский Дальний Восток в древности и средневековье*. стр.187-233.Владивосток.

【モンゴル文】

Баярхүү, Н., Төрбат, Ц. 2010 Монгол Алтайн өвөр бэлийн буган чулуун хөшөөд. *Археологийн Судлал*. (IX) XXIX.. Улаанбаатар.

Цэвээндорж, Д. 1979 Монгол нутгаас олдсон зарим буган чулуун хөшөө. *Археологийн Судлал*. VII. Улаанбаатар.

【日　文】

秋山進午　1995「遼寧省東部地域の青銅器再論」『東北アジアの考古学研究』同朋舎出版

阿比留嘉弘・永留久恵　1986「佐賀貝塚発掘調査と、豆酘の大蔵経整理」『対馬の自然と文化』14

有光教一　1962『朝鮮櫛目文土器の研究』京都大学文学部考古学叢書第3冊

安在晧・千羨幸　2004「前期無文土器の文様編年と地域相」『福岡大学考古学論集―小田富士雄先生退職記念―』

安楽勉　1976「壱岐島における旧石器」『原の辻遺跡』長崎県文化財調査報告書第26集

安楽勉編　1980『白浜貝塚』福江市文化財調査報告書第2集

安楽勉　1993『木坂海神社弥勒堂跡―発掘調査報告―』峰町文化財調査報告書第11集

安楽勉　1994「対馬における韓国新石器文化との交流」『考古学ジャーナル』376　ニュー・サイエンス社

安楽勉　1996「原始・古代の対馬」『原始・古代の長崎県 資料編I』長崎県教育委員会

安楽勉　1998『車出遺跡』原の辻遺跡調査事務所調査報告書第8集

安楽勉　2011「対馬・壱岐における刻目突帯文土器の様相」『長崎県埋蔵文化財センター研究紀要』1

安楽勉編　2000『原の辻遺跡』原の辻遺跡調査事務所調査報告書第18集

安楽勉編　2001『原の辻遺跡』原の辻遺跡調査事務所調査報告書第22集

安楽勉編　2002『原の辻遺跡』原の辻遺跡調査事務所調査報告書第25集

安楽勉・阿比留伴次　1993『木坂海神神社弥勒堂跡』峰町文化財調査報告書第11集

安楽勉・川畑敏則・古澤義久　2014「壱岐市石田町堂崎遺跡採集資料」『長崎県埋蔵文化財センター研究紀要』4

安楽勉・藤田和裕編　1978『原の辻遺跡（III)』長崎県文化財調査報告書第37集

安楽勉・藤田和裕編　1985『名切遺跡』長崎県文化財調査報告書第71集

諫見富士郎・古田正隆　1976『続・筏遺跡―主として第6次調査の新資料を中心に―』百人委員会埋蔵文化財報告第6集

諫見富士郎・森川実　2001『大野原遺跡』有明町文化財調査報告書第12集

李相均　1996「韓国南岸の瀛仙洞式と西北九州の西唐津式土器の諸様相」『考古学雑誌』81-1

李相吉・李㫛娥（南秀雄訳）　2002「韓国における農耕遺跡調査・研究の現況」『大阪市学芸員等共同研究「朝鮮半島と日本の相互交流に関する総合学術調査」平成13年度成果報告』

石井泰義・鎌田泰彦　1965「壱岐及び対馬の地形と地質」『壱岐・対馬自然公園学術調査報告書』日本自然保護協会調査報告第19号

石毛直道　1968「日本稲作の系譜」『史林』51-5, 6

泉拓良　1989「II 縄文土器」『福田貝塚資料　山内清男考古資料2』奈良国立文化財研究所史料第32冊

出光美術館　1995『北京大学サックラー考古芸術博物館所蔵 中国の考古学展 北京大学考古学系発掘成果』

372　引用文献

伊藤慎二・内田宏美　2004「土器」『東アジアにおける新石器文化と日本 I』

伊藤慎二　2005「第 VI 章 総括」『東アジアにおける新石器文化と日本 II』

伊藤慎二　2006「VI. ロシア極東の新石器文化と北海道」『東アジアにおける新石器文化と日本 III』

伊藤慎二・内田宏美　2004「土器」『東アジアにおける新石器文化と日本 I』96-97 頁

伊藤慎二・中野拓大・加藤元康・阿部昭典・中島里香　2005「第 V 章遺物第 1 節土器」『東アジアにおける新石器文化と日本 II』

井上繭子　1993「西日本の土偶—主にその分類と系統について—」『古文化談叢』29

今村佳子　2002「中国新石器時代の偶像」『中国考古学』2

今村佳子　2010「中国先史時代の動物意匠」『中国考古学』10

イリーン，M・セガール，E（袋一平訳）　1959『人間の歴史』岩波書店

岩崎二郎　1980「北部九州における支石墓の出現と展開」『鏡山猛先生古稀記念古文化論攷』

上野佳也　1980「情報の流れとしての縄文土器型式の伝播」『民族学研究』44-4

臼杵勲　1989「沿海州青銅器時代遺跡の再考」『筑波大学先史学・考古学研究』1

臼杵勲　2004『鉄器時代の東北アジア』同成社

宇田津徹朗・藤原宏志　2002「土器のプラント・オパール分析」『文家屯』遼東先史遺跡発掘報告書刊行会

宇土靖之・大坪芳典　2011『小原下遺跡』島原市文化財調査報告書第 12 集　島原市教育委員会

宇土靖之・大坪芳典・嘉村哲也・竹田ゆかり　2011『小原下遺跡 II』島原市文化財調査報告書第 13 集　島原市教育委員会

江上波夫・駒井和愛・水野清一　1934「旅順双台子山新石器時代遺蹟」『人類学雑誌』49-1

江上波夫・水野清一　1935「綏遠青銅器」『内蒙古・長城地帯』東方考古学叢刊乙種第一冊

江坂輝彌　1960『土偶』校倉書房

江坂輝彌　1974「動物形土製品」『古代史発掘③土偶芸術と信仰・縄文時代』講談社

江坂輝彌　1982「縄文土器文化時代の宗教的遺構・遺物と朝鮮半島における同時代の宗教的遺構・遺物について」『古文化談叢』10

江坂輝彌　1990『日本の土偶』六興出版

江見水蔭　1909『探検実記 地中の秘密』博文館

大塚和義　2005「岩画の道—アジアが共有するイメージのネットワーク」『文化遺産の世界』18

大坪芳典　2012「西北・西九州における縄文時代後期後半の精神文化—蔵上遺跡と小原下遺跡の資料をもとに—」『縄文時代における九州の精神文化』第 22 回九州縄文研究会鹿児島大会

大坪志子　2003「縄文の玉から弥生の玉へ」『先史学・考古学論究 IV』

大坪志子　2013「縄文時代後晩期における九州の石製装身具と韓半島」『韓国 先史・古代의 玉文化 研究』福泉博物館 学術研究叢書 第 38 冊

大貫静夫　1992a「極東の先史文化」『季刊考古学』38　雄山閣

大貫静夫　1992b「豆満江流域を中心とする日本海沿岸の極東平底土器」『先史考古学論集』2

大貫静夫　1994「韓永熙「中・西部地方の櫛目文土器」について」『The second Pacific Basin International Conference on Korean Studies Archaeology Seminar』

大貫静夫　1996「欣岩里類型土器の系譜論をめぐって」『東北アジアの考古学第二［槿域］』

大貫静夫　1997「北方系青銅刀子」『考古学による日本歴史 10 対外交渉』雄山閣

大貫静夫　1998『東北アジアの考古学』同成社

大貫静夫　2003「石包丁は日本海を渡ったか」『異貌』21

大貫静夫　2006「東アジアの中の縄文文化」『東アジア世界における日本基層文化の考古学的解明』

大貫静夫　2007a「双砣子3期文化の土器編年」『遼寧を中心とする東北アジア古代史の再構成』平成16年度〜平成18年
　　度科学研究費補助金（基盤研究（B））研究成果報告書

大貫静夫　2007b「上馬石上層文化の土器編年」『遼寧を中心とする東北アジア古代史の再構成』平成16年度〜平成18
　　年度科学研究費補助金（基盤研究（B））研究成果報告書

大貫静夫　2008「双房型壺を副葬した石棺墓の年代」『東アジア青銅器の系譜』雄山閣

大貫静夫　2010「北東アジア新石器社会の多様性」『北東アジアの歴史と文化』北海道大学出版会

大貫静夫　2011a「アムール網目文土器の終焉と周縁」『東北アジアにおける定着的食料採集社会の形成および変容過程の
　　研究』

大貫静夫　2011b「「極東」の考古学」『第1回 韓国考古学連合大会 発表資料集』

大貫静夫　2013「朝鮮半島」『講座日本の考古学3 縄文時代 上』青木書店

大野薫　2005「西日本における縄文土偶の変遷」『西日本縄文文化の特徴』第1回西日本縄文文化研究会

大野薫　2009「西日本の祭りの施設と用具組成」『季刊考古学』107　雄山閣

岡内三眞　1983「朝鮮の異形有文青銅器の製作技術」『考古学雑誌』69-2

岡内三眞　2004「朝鮮半島青銅器からの視点」『季刊考古学』88　雄山閣

岡崎敬　1953「対馬の先史遺蹟（一）」『対馬』東方考古学叢刊乙種第6冊

緒方勉　1984「第4章第3次調査」『沖ノ原遺跡』五和町教育委員会

岡正雄　1928「異人その他」『民族』3-6

小川静夫　1982「極東先史土器の一考察」『東京大学文学部考古学研究室研究紀要』1

奥田直榮　1940「鏡泊湖畔の先史学的調査覚書」『大陸科学院彙報』4-2

オクラードニコフ，A. П.（加藤九祚訳）　1968『黄金のトナカイ』美術出版社

オクラドニコフ，ア・ペ（中村嘉男訳）　1982「最近の考古学の成果から見たソ連極東」『シベリア極東の考古学2 沿海州
　　篇』河出書房新社

小田富士雄　1986「北部九州における弥生文化の出現序説」『九州文化史研究紀要』31

乙益重隆　1955「獣形土偶の一例について」『上代文化』25

小野忠明　1937a「朝鮮大同江岸梧野里櫛目紋土器遺跡」『ミネルヴァ』1

小野忠明　1937b「朝鮮大同江岸櫛目紋土器に随伴する石器」『考古学』8-4

小野美代子　1984『土偶の知識』東京美術

小畑弘己　2004「東北アジアの植物性食料」『先史・古代東アジア出土の植物遺存体（2）』

小畑弘己　2015a「上馬石貝塚出土土器圧痕調査の成果」『遼東半島上馬石貝塚の研究』九州大学出版会

小畑弘己　2015b「対馬島の朝鮮半島系土器出土遺跡における圧痕調査」『高野晋司氏追悼論文集』

小畑弘己・真邉彩　2014「韓国櫛文土器文化の土器圧痕と初期農耕」『国立歴史民俗博物館研究報告』187

何毓霊（橋本裕行訳）　2007「殷墟花園荘東地 M54号墓の年代に関する問題について」『考古学論攷』30

賀川光夫　1974「九州の造形文化」『古代史発掘③土偶芸術と信仰』講談社

笠原烏丸　1936「櫛目紋時を発見せる北鮮清湖里遺跡に就て（一）（二）」『人類学雑誌』51-5, 6

梶村秀樹　1977『朝鮮史　新書東洋史⑩』講談社

柏倉亮吉　1961「三崎山出土の青銅刀」『東北考古学』2

片岡宏二　1990「日本出土の朝鮮系無文土器」『古代朝鮮と日本』名著出版

374 引用文献

片岡宏二　1999『弥生時代渡来人と土器・青銅器』雄山閣

加藤里美　2007「中国新石器時代海岱地区の石刀（予察）」『國學院大學考古学資料館紀要』23

加藤博文　2006「アムールランドにおける新石器文化の成立過程」『東アジアにおける新石器文化と日本 III』

金關丈夫・三宅宗悦・水野清一　1942『羊頭窪』東方考古学叢刊乙種第 3 冊

鐘ヶ江賢二・三辻利一　2004「吉田遺跡出土土器、および関連遺跡採集土器の胎土分析」『対馬吉田遺跡―縄文時代遺跡の発掘調査―』

ガルコヴィク，A. B.　1997「ロシア極東南部の新石器時代」『5000 年前の東アジア』

河合章行編　2002「大久保貝塚」『考古学研究室報告第 37 集』

河合雄吉　1998『中尾遺跡』石田町文化財調査報告書第 2 集

河合雄吉編　2002『原の辻遺跡』石田町文化財調査報告書第 5 集

河合雄吉編　2004『原の辻遺跡』石田町文化財調査報告書第 8 集

川口洋平・松永泰彦　1998『興触遺跡』原の辻遺跡調査事務所調査報告第 7 集

川崎保　2009『文化としての縄文土器型式』雄山閣

川内野篤　2006「天神洞穴」『佐世保の洞穴遺跡～洞穴遺跡総合調査報告書　平成 17 年度佐世保市埋蔵文化財発掘調査報告書』佐世保市教育委員会

川畑敏則　2008「古代壱岐の島探索（9）縄文時代の遺跡」『原の辻ニュースレター』30

川畑敏則編　2011『原の辻遺跡』長崎県埋蔵文化財センター調査報告書第 1 集

川道寛　1997『宇久松原遺跡』宇久町文化財調査報告書第 4 集

川道寛　2013「長崎県における縄文時代前期後葉土器の様相」『曽畑式土器とその前後を考える』第 23 回九州縄文研究会沖縄大会

川道寛編　1997「中島遺跡」『県内重要遺跡範囲確認調査報告書 V』長崎県文化財調査報告書第 133 集

川道寛・古澤義久　2012「長崎県における縄文時代精神文化遺物の様相」『長崎県埋蔵文化財センター研究紀要』2

金恩瑩　2006「韓半島中東部地域新石器時代の平底土器についての考察」『東アジアにおける新石器文化と日本 III』

金恩瑩　2016「水佳里文化の貼付文土器」『SEEDS CONTACT』3

金廷鶴　1972『韓国の考古学』河出書房新社

金姓旭・片多雅樹・小畑弘己・那須浩郎・真邉彩　2012「レプリカ法による韓国中山洞遺跡出土土器の圧痕」『仁川 中山洞 遺蹟』

金炳燮（庄田慎矢訳）　2014「朝鮮半島新石器・青銅器時代の農耕関連遺跡」『日韓における穀物農耕の起源』

木村宇太郎　1914「城津に於ける石器時代遺物遺跡発見始末記」『考古学雑誌』4-9

木村幾多郎　1992「把手付土器の二者」『季刊考古学』38　雄山閣

木村幾多郎　1997「交易のはじまり」『考古学による日本歴史 10 対外交渉』雄山閣

木村幾多郎　2003「縄文時代の日韓交流」『東アジアと日本の考古学 III』同成社

久原巻二　1988「対馬の遺跡分布と社会の変容」『中道壇遺跡』長崎県文化財調査報告書第 90 集

久原巻二編　1988『西ノ股遺跡』新魚目町文化財調査報告書第 2 集

倉元慎平　2011「曽畑式土器出現過程に関する研究―西唐津式編年を中心として―」『日韓新石器時代研究の現在』第 9 回日韓新石器時代研究会発表資料集

クリューエフ，H. A.（福田正宏訳）　2001「ノボセリシェ 4 遺跡とロシア極東沿海州における考古学的諸問題」『北方ユーラシア学会会報』14

小石龍信編　2001『原の辻遺跡』原の辻遺跡保存等協議会調査報告書第 2 集

小池史哲　2004「福岡県内の土偶」『福岡大学考古学論集—小田富士雄先生退職記念—』

幸泉満夫　2009「北部九州にみる縄文時代後晩期社会の小地域性」『古文化談叢』62

江野道和編　2001『高田小生水遺跡』前原市文化財調査報告書第76集

甲元眞之　1973「朝鮮の初期農耕文化」『考古学研究』20-1

甲元眞之　1978「西北九州支石墓の一考察」『法文論叢 文科篇』41

甲元眞之　1989a「東北アジアの石製農具」『古代文化』41-4

甲元眞之　1989b「遼寧省山湾子出土の一括青銅器群」『熊本大学文学部論叢』29

甲元眞之　1990「燕の成立と東北アジア」『東北アジアの考古学（天池）』六興出版

甲元眞之　1991「遼西地方における青銅器文化の形成」『国立歴史民俗博物館研究報告』35

甲元眞之　1991「東北アジアの初期農耕文化～自然遺物の分析を中心として～」『日本における初期弥生文化の成立』

甲元眞之　1997「朝鮮先史時代の土偶と石偶」『宗教と考古学』勉誠出版

甲元眞之　2001「中島遺跡発掘調査報告」『環東中国海沿岸地域の先史文化』5

甲元眞之　2005「砂丘の形成と考古学資料」『文学部論叢（歴史学篇）』86　熊本大学文学部

甲元眞之・今村佳子　1998「東アジア出土先史時代土偶・岩偶集成」『環東中国海沿岸地域の先史文化』

甲元眞之・鄭澄元・河仁秀・小畑弘己・正林護・田中聡一・高野晋司　2002「先史時代の日韓交流試論」『青丘学術論集』20

後藤直　1971「西朝鮮の「無文土器」について」『考古学研究』17-4

後藤直　1980「朝鮮南部の丹塗磨研土器」『鏡山猛先生古稀記念古文化論攷』

後藤直　1982「朝鮮の青銅器と土器・石器」『森貞次郎博士古稀記念古文化論集』

後藤直　1987「朝鮮系無文土器再論—後期無文土器系について—」『岡崎敬先生退官記念論集 東アジアの考古と歴史』中　同朋舎

後藤直　1994「朝鮮半島原始時代農耕集落の立地」『第四紀研究』33-5

後藤直　2004「朝鮮半島農耕の二つの始まり」『財団法人大阪府文化財センター・日本民家集落博物館・大阪府立弥生文化博物館・大阪府近つ飛鳥博物館 2002年度共同研究成果報告書』

小林青樹　2013「縄文の思想，大陸の思想，弥生の思想」『季刊考古学』122　雄山閣

小林達雄　1985「縄文時代のクニグニ」『縄文人の知恵』小学館

小原哲　1987「朝鮮櫛目文土器の変遷」『東アジアの考古と歴史』上

駒井和愛　1931「山東省黄県龍口附近貝塚に就いて」『東方学報』1

駒井和愛　1934「吉林省寧安県附近三霊屯の石器時代遺蹟」『考古学雑誌』

駒井和愛　1939「北満洲の石器時代文化に就いて」『人類学・先史学講座』12

駒井和愛　1958「山形県発見の青銅刀子とストーン・サークル」『学芸手帖』6（1973『日本の巨石文化』学生社所収）

駒井和愛・江上波夫　1939「東亞考古学」『東洋考古学』平凡社

駒井和愛・増田精一・中川成夫・曾野寿彦　1954「考古学から観た対馬」『対馬の自然と文化』総合研究報告 No.2　古今書院

駒井和愛・三上次男　1936「賓江省三霊屯の石器」『考古学雑誌』26-8　487-496頁

小南裕一　2006「日韓農耕文化成立期の土器編年と併行関係（予察）」『日韓交流史理解促進事業調査研究報告書』

小南裕一　2008「日韓農耕文化成立期の土器に関する諸問題」『地域と文化の考古学』II　六一書房

近藤義郎　1985「縄文時代の生産と呪術」『日本考古学研究序説』岩波書店

佐賀県立博物館　1973『装飾古墳の壁画 原始美術の神秘をさぐる』

坂田邦洋　1974「対馬における縄文早期の土器について」『対馬考古学』1-1

坂田邦洋　1975a「住吉平貝塚」『対馬の遺跡』長崎県文化財調査報告書第 20 集

坂田邦洋　1975b「吉田貝塚」『対馬の遺跡』長崎県文化財調査報告書第 20 集

坂田邦洋　1976「志多留貝塚」『対馬の考古学』縄文文化研究会

坂田邦洋　1978a『韓国隆起文土器の研究』昭和堂印刷出版事業部

坂田邦洋　1978b『対馬ヌカシにおける縄文時代中期文化』別府大学考古学研究室報告第 1 冊

坂田邦洋　1979『対馬越高尾崎遺跡における縄文前期文化の研究』別府大学考古学研究室報告第 3 冊

佐々木由香　2009「清平—県里道路建設工事予定区間 A 地区の住居址から出土した炭化種実」『加坪 連下里 遺蹟』한백
　文化財研究院 学術調査叢書 第 18 冊

佐藤達夫　1963「朝鮮有紋土器の変遷」『考古学雑誌』48-3

佐藤義明・小林晋也・日髙勝博・上床真・内山伸明　2010『渡畑遺跡 1』鹿児島県埋蔵文化財センター発掘調査報告書
　（151）

佐野貴司　1995「壱岐火山群の地質：主に K-Ar 年代に基づく溶岩流層序」『火山』40-5

島田貞彦　1927「貔子窩遺蹟発掘記」『民族』2-6

島津義昭　1991「火山灰と有文土器」『新版 ［古代の日本］3　九州・沖縄』角川書店

島津義昭　1992a「日韓の文物交流」『季刊考古学』38　雄山閣

島津義昭　1992b「縄文時代の貝面」『平井尚志先生古稀記念考古学論攷第 II 集』

島村孝三郎　1942「大連濱町貝塚の記」『羊頭窪』東方考古学叢刊乙種第 3 冊

下川達彌　1970「長崎県内壱岐島発見の石器」『長崎県立美術博物館館報』昭和 44 年度

下條信行　1988「日本石庖丁の源流—弧背弧刃系石庖丁の展開—」『日本民族・文化の生成 1 永井昌文教授退官記念論文
　集』

下條信行　1996「井手遺跡」『原始・古代の長崎県 資料編 I』長崎県教育委員会

庄田慎矢　2004「韓国嶺南地方南西部の無文土器時代編年」『古文化談叢』50

庄田慎矢　2009「東北アジアの先史農耕と弥生農耕」『弥生時代の考古学 5　食糧の獲得と生産』同成社

正林護　1985「「南北市糴」の島「対馬」—最近の対馬の考古資料から—」『韓国文化』7-9

正林護　1986a『佐賀貝塚（略報）』峰町文化財調査報告書第 8 集

正林護　1986b「対馬東岸の縄文時代遺跡」『えとのす』30

正林護　1987「対馬縄文人のくらし—峰町佐賀貝塚の発掘」『対馬風土記』23

正林護　1989a『佐賀貝塚』峰町文化財調査報告書第 9 集

正林護　1989b「対馬佐賀貝塚の調査報告補遺」『九州考古学』64

正林護　1995『ながさき古代紀行 vol.1 対馬』タウンニュース社

正林護・宮﨑貴夫編　1985『カラカミ遺跡』勝本町文化財調査報告書第 3 集

正林護・村川逸朗　1986「つぐめのはな遺跡」『長崎県埋蔵文化財調査集報 IX』長崎県文化財調査報告書第 82 集

白石渓冴　2011「遼東地域における商代後期から西周併行期の土器編年—大嘴子遺跡の土器編年を中心として—」『中国
　考古学』11

末永雅雄編　1935『本山考古室要録』岡書院

杉原敦史編　1999『原の辻遺跡』原の辻遺跡調査事務所調査報告書第 16 集

杉原敦史編　2001『原の辻遺跡』原の辻遺跡調査事務所調査報告書第 21 集

杉原荘介　1951「対馬の考古学的調査」『駿台史学』1

杉原荘介　1977『日本農耕社会の形成』吉川弘文館

鈴木重治　1969「五島列島福江島の動物形土製品」『考古学ジャーナル』35　ニュー・サイエンス社

澄田正一　1986「遼東半島の先史遺蹟（調査抄報）：文家屯遺蹟（一）」『愛知学院大学文学部紀要』16

澄田正一　1990「遼東半島の先史遺蹟：貔子窩付近分布調査」『人間文化』5

澄田正一・小野山節・宮本一夫編　2008『遼東半島四平山積石塚の研究』柳原出版

副島和明　1977「原の辻遺跡の先土器文化」『原の辻遺跡』長崎県文化財調査報告書第31集

副島和明　1992a「対馬にわたった櫛目文土器人 長崎県夫婦石遺跡」『季刊考古学』38　雄山閣

副島和明　1992b「夫婦石遺跡」『長崎県埋蔵文化財調査集報 XV』長崎県文化財調査報告書第104集

副島和明　1994「夫婦石遺跡」『長崎県埋蔵文化財調査年報 I』長崎県文化財調査報告書第113集

副島和明・古澤義久・川道寛　2013「夫婦石遺跡1993年調査区出土資料」『韓・日 初期 新石器文化 比較研究』第10回 韓・日 新石器時代 共同学術大会 発表資料集

副島和明・山下英明編　1995『原の辻遺跡』長崎県文化財調査報告書第124集

曾畑寿彦・増田精一　1961「長崎県吉田遺跡」『日本農耕文化の生成』東京堂

髙倉洋彰　1995『金印国家群の時代』青木書店

髙倉洋彰・渡部明夫　1974「貝口赤崎遺跡」『対馬 浅茅湾とその周辺の考古学調査』長崎県文化財調査報告書第17集

高野晋司　1979「長崎県の支石墓」『考古学ジャーナル』161　ニュー・サイエンス社

高野晋司　1996a「泉遺跡」『原始・古代の長崎県 資料編 I』長崎県教育委員会

高野晋司　1996b「原始・古代の壱岐」『原始・古代の長崎県 資料編 I』長崎県教育委員会

高濱秀　1980「東京国立博物館保管 北方系の刀子」『MUSEUM』356

髙濱秀　1997a「中国北方の青銅器」『大草原の騎馬民族—中国北方の青銅器—』東京国立博物館特別展示図録

髙濱秀　1997b「江上波夫の内蒙古における調査とオルドス青銅器研究」『精神のエクスペディシオン』東京大学出版会

髙濱秀　1999「大興安嶺からアルタイまで—中央ユーラシア東部の騎馬遊牧文化—」『中央ユーラシアの考古学』同成社

竹下壽・林茂・浦川虎郷・山内正志・田島俊彦・壱岐団研　1987「壱岐島の火山層序」『地団研専報』33

武末純一　1987「北九州市長行遺跡の孔列土器」『記録』24　小倉郷土史学会（1991『土器からみた日韓交渉』学生社所収）

田崎博之　2007「発掘データからみた砂堆と沖積低地の形成過程」『砂丘形成と寒冷化現象』平成17年度～18年度科学研究費補助金研究成果報告書

橘昌信・前川威洋・黒野肇　1979a「縄文・弥生遺跡の調査」『宗像沖ノ島』宗像大社復興期成会

橘昌信・前川威洋・黒野肇　1979b「縄文・弥生遺物の考察」『宗像沖ノ島』宗像大社復興期成会

田中聡一　1999「韓国中西部地方の新石器時代土器について」『先史学・考古学論究 III』

田中聡一　2003a「日韓新石器時代土器編年の併行関係」『先史学・考古学論究 IV』

田中聡一　2003b『松崎遺跡』勝本町文化財調査報告書第11集

田中聡一　2009a「櫛目文土器との関係」『弥生時代の考古学 2 弥生文化誕生』同成社

田中聡一　2013「対馬島と韓半島南海岸地域との海上交渉」『石堂論叢』55

田中聡一・古澤義久　2013「韓半島と九州」『季刊考古学』125

田中良之　1986「5 縄文土器と弥生土器 1.西日本」『弥生文化の研究 3 弥生土器 I』雄山閣

田村晃一　1980「東アジアにおける農耕の起源と発展」『原始日本文明の系譜』学生社

俵寛司　2009「"越境"する文化—対馬海峡島嶼部における縄文晩期から弥生時代にかけての様相—」『サイバー大学紀要』1

崔鐘赫　2000『韓半島新石器文化の研究』九州大学博士学位論文

千葉基次　1990「遼東地域の連続弧線文土器」『東北アジアの考古学（天池）』六興出版

千葉基次　1996「遼東青銅器時代開始期」『東北アジアの考古学第二［槿域］』

千葉豊　1989「縁帯文系土器群の成立と展開」『史林』72-6

千羨幸　2008「西日本の孔列土器」『日本考古学』25

鄭漢徳　1990「美松里型土器の生成」『東北アジアの考古学（天池）』六興出版

鄭漢徳　1992「東アジアの稲作農耕」『アジアからみた古代日本』

鄭漢徳　1996「美松里型土器形成期に於ける若干の問題」『東北アジアの考古学第二［槿域］』

塚原博　2003『野首遺跡』小値賀町文化財調査報告書第 17 集

寺澤薫　1995「中国古代収穫具の基礎的研究」『東アジアの稲作起源と古代稲作文化』

辻田直人・竹中哲朗　2003『石原遺跡・矢房遺跡』国見町文化財調査報告書第 3 集

土屋健作・古澤義久・金恩瑩　2006「ウスチノフカ 8 遺跡出土土器新資料の検討」『東アジアにおける新石器文化と日本 III』

寺田正剛編　2006『原の辻遺跡』原の辻遺跡調査事務所調査報告書第 33 集

土岐耕司　2004「縄文時代の土製品」『深堀遺跡』長崎市教育委員会

富田紘一　1982「上南部遺跡出土土偶の観察」『森貞次郎博士古稀記念古文化論集』森貞次郎博士古稀記念論文集刊行会

富田紘一　1987「熊本県出土の土偶」『考古学ジャーナル』272　ニュー・サイエンス社

富田紘一　1990「九州の土偶」『季刊考古学』30　雄山閣

富田紘一　1992「九州の土偶」『国立歴史民俗博物館研究報告』37

冨桝憲次・木村幾多郎　1982「小川島」『末盧国』六興出版

鳥居龍蔵　1910『南満州調査報告』秀英舎

鳥居龍蔵　1918「平安南道、黄海道古蹟調査報告書」『朝鮮総督府大正五年度古蹟調査報告』

中尾篤志　2001「弥生時代以前の壱岐（旧石器時代～縄文時代）」『原の辻ニュースレター』10

中尾篤志　2009「西北九州地域における漁撈具の動向」『九州における縄文時代の漁撈具』第 19 回九州縄文研究会長崎大会

中尾篤志編　2003『原の辻遺跡』原の辻遺跡調査事務所調査報告書第 26 集

中尾篤志編　2004『原の辻遺跡』原の辻遺跡調査事務所調査報告書第 28 集

中尾篤志編　2005『原の辻遺跡』原の辻遺跡調査事務所調査報告書第 31 集

長崎県教育委員会　1994『長崎県遺跡地図―壱岐地区―』長崎県文化財調査報告書第 112 集

長崎県教育委員会　1995『長崎県遺跡地図―対馬地区―』長崎県文化財調査報告書第 118 集

中島直幸・田島龍太編　1982『菜畑遺跡』唐津市文化財調査報告第 5 集

中園聡　1994「弥生時代開始期の壺形土器」『日本考古学』1

永留久恵　1964「先史時代」『新対馬島誌』

永留久恵　1967「対馬・豊玉村佐保発見の馬鐸・巴形銅器調査報告」『九州考古学』32

永留久恵　1975『古代史の鍵・対馬 日本と朝鮮を結ぶ島』大和書房

永留久恵　1976「志多留貝塚発掘小史」『対馬の考古学』縄文文化研究会

永留久恵　2009『対馬国志 第一巻 原始・古代編』「対馬国志」刊行委員会

中原一成　2012「鹿児島県」『縄文時代における九州の精神文化』第 22 回九州縄文研究会鹿児島大会

永原慶二　2004『苧麻・絹・木綿の社会史』吉川弘文館

中間研志　1985「紡錘車の研究―我国稲作農耕文化の一要因としての紡織技術の展開について―」『石崎曲り田遺跡―

III─』今宿バイパス関係埋蔵文化財調査報告第 11 集

中村大介　2003「弥生文化早期における壺形土器の受容と展開」『立命館大学考古学論集』III

中村大介　2005「無文土器時代前期における石鏃の変遷」『待兼山考古学論集：都出比呂志先生退任記念』

中村大介　2007「遼寧式銅剣の系統的展開と起源」『中国考古学』7

中村大介　2012『弥生文化形成と東アジア社会』塙書房

中村嘉男　1982「解説」『シベリア極東の考古学 2 沿海州篇』河出書房新社

中山清隆　1993「朝鮮・中国東北の突帯文土器」『古代』95

中山清隆　2007「刻み目突帯文土器と朝鮮青銅器時代の開始期」『奈和』45

中山清隆・松本直子　1993「島根県水田ノ上遺跡と韓国慶尚南道新岩里遺跡の土偶」『考古学雑誌』79-1

中山誠二編　2014『日韓における穀物農耕の起源』山梨県立博物館調査研究報告 9

中山誠二・庄田慎矢・外山秀一・網倉邦生・俞炳琭・金炳燮・原田幹・植月学　2013「韓国内における雑穀農耕起源の探
　究」『山梨県立博物館研究紀要』7

西川宏　1985「織物採用の歴史的意義」『論集 日本原史』吉川弘文館

西健一郎　1974a「西加藤遺跡」『対馬 浅茅湾とその周辺の考古学調査』長崎県文化財調査報告書第 17 集

西健一郎　1974b「豊玉村出土の石器」対馬 浅茅湾とその周辺の考古学調査』長崎県文化財調査報告書第 17 集

西田泰民　1987「額拉蘇 C 遺跡出土の貝殻混和土器について」『東京大学文学部考古学研究室研究紀要』6

西谷正　1975「会寧五洞の土器をめぐる問題」『史淵』112

西谷正　1977「細竹里の土器をめぐる問題」『考古論集：慶祝松崎寿和先生六十三歳論文集』

西谷正　1980「日朝原始墳墓の諸問題」『東アジア世界における日本古代史講座 1』学生社

西谷正　1997『東アジアにおける支石墓の総合的研究』

橋口達也　1974「対馬における弥生式土器の変遷」『対馬 浅茅湾とその周辺の考古学調査』長崎県文化財調査報告書第
　17 集

橋口達也編　1984『石崎曲り田遺跡 II』今宿バイパス関係埋蔵文化財調査報告第 9 集

橋口達也　1985「稲作開始前後の土器編年」『石崎曲り田遺跡 III』今宿バイパス関係埋蔵文化財調査報告第 11 集

橋口達也　1999『弥生文化論 稲作の開始と首長権の展開』雄山閣

端野晋平　2001「支石墓の系譜と伝播様態」『弥生時代における九州・韓半島交流史の研究』平成 12 年度韓国国際交流財
　団助成事業共同研究プロジェクト研究報告書

端野晋平　2003「支石墓伝播のプロセス」『日本考古学』16

端野晋平　2003「韓半島南部丹塗磨研壺の再検討」『九州考古学』78

端野晋平　2008「玄界灘沿岸地域における渡来人とその文化─朝鮮半島との比較を通じて─」『考古学ジャーナル』568

端野晋平　2010「近年の無文土器研究からみた弥生早期」『季刊考古学』113　雄山閣

秦憲二　1995「南丘陵の調査」『久良々遺跡 倉良遺跡 天神田遺跡』一般国道 3 号線筑紫野バイパス関係埋蔵文化財調査
　報告第 2 集

畠山禎　1992「北アジアの鹿石」『古文化談叢』27

羽生文彦　2006『柊原貝塚 II』垂水市埋蔵文化財発掘調査報告書（9）

浜田耕作　1927「貔子窩の土器」『民族』2-6

浜田耕作　1929『貔子窩』

原田昌幸　2010a『日本の美術 No.527　土偶とその周辺 II』至文社

原田昌幸　2010b「土偶の多種多様な形態と型式・編年研究」『考古学ジャーナル』608　ニュー・サイエンス社

380 　引用文献

林隆広編　2005『原の辻遺跡』原の辻遺跡調査事務所調査報告書第 29 集

林隆広編　2006『原の辻遺跡』原の辻遺跡調査事務所調査報告書第 32 集

林隆広編　2009『原の辻遺跡』原の辻遺跡調査事務所調査報告書第 39 集

原田大六・渡辺正気　1958「沖ノ島の先史・原始遺跡」『沖ノ島 宗像神社沖津宮祭祀遺跡』宗像神社復興期成会

原田淑人・駒井和愛ほか　1931『牧羊城』

東貴之　2005「対馬の縄文時代遺跡─豊玉町内新規遺跡踏査報告─」『西海考古』6

東貴之　2007「越高浜遺跡表採土器について」『西海考古』7

久村貞男編　1981『宮の本遺跡』佐世保市埋蔵文化財調査報告書

秀島貞康ほか　1984『有喜貝塚』諫早市文化財調査報告書第 5 集

秀島貞康・古賀力・橋本幸男　2000『西常盤貝塚』諫早市埋蔵文化財調査協議会調査報告書第 3 集

平川敬治編　1985『串山ミルメ浦遺跡─第 1 次調査報告書─』勝本町文化財調査報告書第 4 集

平野敏和　1983『出津遺跡─長崎県西彼杵郡外海町所在─』外海町文化財調査報告書第 2 集

廣川守　1995「大凌河流域の殷周青銅器」『東北アジアの考古学研究』同朋社出版

廣瀬雄一　1985「櫛目文土器前期の研究─韓国南海岸における編年を中心として─」『伽倻通信』13, 14

廣瀬雄一　2005「対馬海峡を挟んだ日韓新石器時代の交流」『西海考古』6

廣瀬雄一　2013「西唐津式土器再論」『佐賀県立名護屋城博物館研究紀要』19

深澤太郎　2006「第Ⅲ章遼寧省における調査 第 2 節土製品（1）呉家村遺跡 a. 猪形土製品」『東アジアにおける新石器文化と日本 III』

深澤芳樹・庄田慎矢　2009「先松菊里式・松菊里式土器と夜臼式・板付式土器」『弥生時代の考古学 2 弥生文化誕生』同成社

福岡県文化会館　1978『大陸・朝鮮文化との接点 対馬の美術』

福田一志　1999「西北九州における縄文後期遺跡の特性」『西海考古』1

福田一志編　1986『殿崎遺跡』長崎県文化財調査報告書第 83 集

福田一志・小玉友裕編　2004『原の辻遺跡』原の辻遺跡調査事務所調査報告書第 27 集

福田一志・東貴之　1998「越高浜遺跡」『県内主要遺跡内容確認調査報告書 I』長崎県文化財調査報告書第 147 集

福田正宏　2004「ロシア沿海州における新石器時代の土器編年について」『東アジアにおける新石器文化と日本 I』

福田正宏・デリューギン，B.・シェフコムード，И. Я.　2002「ロシア極東地域における縄文をもつ土器について」『古代文化』54-7

藤尾慎一郎　2002「朝鮮半島の「突帯文土器」」『韓半島考古学論叢』すずさわ書店

藤口健二　1982「朝鮮・コマ形土器の再検討」『森貞次郎博士古稀記念古文化論集』

藤口健二　1986「6 朝鮮無文土器と弥生土器」『弥生文化の研究 3 弥生土器 I』雄山閣

藤田亮策　1943『延吉小営子遺蹟調査報告』満洲国文教部

藤田亮策・梅原末治・小泉顕夫　1925『南朝鮮に於ける漢代の遺蹟』大正十一年度古蹟調査報告第二冊

藤田和裕編　1976『原の辻遺跡』長崎県文化財調査報告書第 26 集

藤田和裕編　1977『原の辻遺跡（II）』長崎県文化財調査報告書第 31 集

藤沼邦彦　1997『歴史発掘③縄文の土偶』講談社

藤本強　1983「石皿・磨石・石臼・石杵・磨臼（I）」『東京大学文学部考古学研究室研究紀要』2

古門雅高　2001「長崎県峰町佐賀貝塚の再評価と課題」『新石器時代의 貝塚과 動物遺体』第 4 回 韓・日 新石器文化 学術세미나 発表資料集

古門雅高・宮路淳子・川道寛　1998『宮下貝塚』富江町文化財調査報告書第1集

古門雅高・渡邊康行・松下孝幸・荒木伸也　1996『頭ヶ島白浜遺跡』有川町文化財調査報告書第1集

古澤義久　2005「立教大学所蔵中国大連市郭家村遺蹟出土資料」『Mouseion』51

古澤義久　2006a「江原道嶺東地域における新石器時代沈線文土器の編年と地域性」『東アジアにおける新石器文化と日本 III』

古澤義久　2006b「韓半島新石器時代後・晩期二重口縁土器の生成と展開」『日韓新時代の考古学』

古澤義久　2006c「東北アジア先史時代紡錘車研究」『日本中国考古学会2006年大会発表資料集』

古澤義久　2006d「立教大学所蔵中国遼寧省金州附近出土資料—遼東半島先・原史時代磨製石庖丁の様相—」『Mouseion』52

古澤義久　2007a「東京大学文学部所蔵高麗寨資料」『遼寧を中心とする東北アジア古代史の再構成』

古澤義久　2007b「東京大学文学部所蔵郭家村遺蹟資料」『遼寧を中心とする東北アジア古代史の再構成』

古澤義久　2007c「遼東地域と韓半島西北部先史土器の編年と地域性」『東京大学考古学研究室研究紀要』21

古澤義久　2010「日韓新石器時代土器文化交流」『季刊考古学』113　雄山閣

古澤義久　2012a「韓半島における新石器時代－青銅器時代転換期に関する考察—遼東半島との併行関係を中心に—」『西海考古』8

古澤義久　2012b「E. B. シドレンコ著「沿海州山岳タイガ地帯における古金属時代テチューへ・グループの遺跡の紡錘車」について」『九州考古学』87

古澤義久　2013a「韓半島の新石器時代土器と西唐津式・曽畑式土器」『曽畑式土器とその前後を考える』第23回九州縄文研究会沖縄大会

古澤義久　2013b「対馬市佐賀貝塚出土丸底土器について—縄文時代後期日韓土器文化交流に関する予察—」『長崎県埋蔵文化財センター研究紀要』3

古澤義久　2013c「九州と韓半島」『季刊考古学』125　雄山閣

古澤義久　2013d「新岩里出土青銅刀の年代について」『中国考古学』13

古澤義久　2014a「壱岐市石田町大久保遺跡採集資料」『島の科学』51

古澤義久　2014b「東北アジア先史時代偶像・動物形製品の変遷と地域性」『髙倉洋彰先生退職記念　東アジア古文化論攷』中国書店

古澤義久　2015a「韓半島の新石器時代における農耕研究の現状と課題」『九州縄文晩期の農耕問題を考える』九州縄文研究会

古澤義久　2015b「壱岐市郷ノ浦町馬立海岸遺跡採集資料」『島の科学』52

古澤義久　2015c「壱岐市勝本町浦海遺跡出土磨製石斧について」『長崎県埋蔵文化財センター研究紀要』5

古澤義久　2015d「咸鏡北道茂山郡芝草里岩刻画をめぐる諸問題—東北アジア岩画の編年と系統—」『東京大学考古学研究室研究紀要』29

古澤義久　2016「なぜ紡錘車が出土しないのか—民族誌・民俗事例からの想定—」『考古学は科学か　上　田中良之先生追悼論文集』中国書店

古澤義久編　2014『原の辻遺跡』長崎県埋蔵文化財センター調査報告書第12集

古澤義久・田中聡一　2014「縄文時代の原の辻遺跡」『長崎県埋蔵文化財センター研究紀要』4

古田正隆 1967『小原下遺跡報告書（第1次発掘調査）—長崎県南高来郡有明町大三東に所在する—』長崎県立国見高等学校

古田正隆　1974『重要遺跡の発見から崩壊までの記録—縄文晩期原山埋葬遺跡—』百人委員会埋蔵文化財報告第3集

382　引用文献

ブロジャンスキー，ディ・エリ（村上恭通訳）　2000「ロシア沿海地方の初期鉄器時代」『東夷世界の考古学』青木書店

本間元樹　1991「支石墓と渡来人」『児嶋隆人先生喜寿記念論集古文化論叢』

前川威洋　1979「縄文土器」『宗像沖ノ島』

前田義人・武末純一　1994「北九州市貫川遺跡の縄文晩期の石庖丁」『九州文化史研究所紀要』39

増田精一　1963「長崎県対馬調査報告（二）」『考古学雑誌』49-2

松尾禎作　1955「佐賀県唐津市西唐津海底遺跡」『日本考古学年報』4

松見裕二編　2005『原の辻遺跡』壱岐市文化財調査報告書第3集

松村道博編　1995『雀居遺跡3』福岡市埋蔵文化財調査報告書第407集

松本圭太　2012「モンゴリアにおける青銅器様式の展開」『中国考古学』12

松本直子　2000『認知考古学の理論と実践的研究』九州大学出版会

真野和夫　1974「井手遺跡」『対馬 浅茅湾とその周辺の考古学調査』長崎県文化財調査報告書第17集

三上次男　1940「北支那新石器時代の文化」『人類学・先史学講座』6, 7, 8

三上次男　1977「北九州の装飾古墳と韓国高霊の岩壁画」『日本歴史』344

三阪一徳　2010「日本列島出土孔列土器の製作技術」『考古学は何を語れるか』

水ノ江和同　1988「曽畑式土器の出現—東アジアにおける先史時代の交流—」『古代学研究』117

水ノ江和同　1990「訳者後記」『古文化談叢』22

水ノ江和同　2003「朝鮮海峡を越えた縄文時代の交流の意義」『考古学に学ぶ（II）』

水ノ江和同　2007「ふたたび、対馬海峡西水道を越えた縄文時代の交流の意義」『考古学に学ぶ（III）』

水ノ江和同　2010「縄文文化の境界・範囲・枠組み」『考古学は何を語れるか』

水ノ江和同　2012『九州縄文文化の研究』雄山閣

光永真一　1995「「孔列文土器」について」『南溝手遺跡1』岡山県埋蔵文化財調査報告100

峰町　2003『峰町日韓共同遺跡発掘交流事業記録集』

峰町教育委員会　1990『井手遺跡調査概要』峰町文化財報告書

宮内克己　1980「九州縄文時代土偶の研究」『九州考古学』55

三宅俊成　1933「長山列島の史蹟と伝説」『満蒙』14-8

三宅俊成　1936「長山列島先史時代の小調査」『満州学報』4

三宅俊成　1975『東北アジア考古学の研究』国書刊行会

三宅俊彦　1999『中国古代北方系青銅器文化の研究』國學院大學大学院研究叢書文学研究科6

宮﨑貴夫編　1998『原の辻遺跡』原の辻遺跡調査事務所調査報告書第9集

宮﨑貴夫編　1999『原の辻遺跡』原の辻遺跡調査事務所調査報告書第11集

宮﨑貴夫・村川逸朗　1991『宮ノ首遺跡』宇久町文化財調査報告書第2集

宮地聡一郎　2004「刻目突帯文土器圏の成立」『考古学雑誌』88-1, 2

宮地聡一郎　2006「弥生文化成立に至る日韓交流史」『日韓交流史理解促進事業調査研究報告書』

宮地聡一郎　2012「縄文時代呪術具の終焉に関わる諸問題」『縄文時代における九州の精神文化』第22回九州縄文研究会
　　鹿児島大会

宮本一夫　1985「中国東北地方における先史土器の編年と地域性」『史林』68-2

宮本一夫　1986「朝鮮有文土器の編年と地域性」『朝鮮学報』121

宮本一夫　1990「海峡を挟む二つの地域—山東半島と遼東半島、朝鮮半島と西北九州、その地域性と伝播問題—」『考古
　　学研究』37-2

宮本一夫　1991「遼東半島周代併行土器の変遷」『考古学雑誌』76-4

宮本一夫　1995「遼東半島新石器時代土器編年の再検討」『東北アジアの考古学研究』

宮本一夫　2000『中国古代北疆史の考古学的研究』中国書店

宮本一夫　2003a「朝鮮半島新石器時代の農耕化と縄文農耕」『古代文化』55-7

宮本一夫　2003b「膠東半島と遼東半島の先史社会における交流」『東アジアと『半島空間』―山東半島と遼東半島―』
　思文閣

宮本一夫　2004a「北部九州と朝鮮半島南海岸地域の先史時代交流再考」『福岡大学考古学論集』

宮本一夫　2004b「中国大陸からの視点」『季刊考古学』88　雄山閣

宮本一夫　2007「沿海州南部新石器時代後半期の土器編年」『東北アジアの環境変化と生業システム』

宮本一夫　2008a「沿海州南部における初期農耕の伝播過程」『地域・文化の考古学 下條信行先生退任記念論文集』

宮本一夫　2009『農耕の起源を探る』吉川弘文館

宮本一夫　2012「弥生移行期における墓制から見た北部九州の文化受容と地域間関係」『古文化談叢』67

宮本一夫　2017『東北アジアの初期農耕と弥生の起源』同成社

宮本一夫編　2004『対馬吉田遺跡―縄文時代遺跡の発掘調査―』

宮本一夫編　2005『小値賀島遺跡群の調査』九州大学大学院人文科学研究院

宮本一夫編　2015『遼東半島上馬石貝塚の研究』九州大学出版会

宮本一夫・村野正景　2002「九州大学考古学研究室蔵松永憲蔵資料」『中国沿海岸における龍山時代の地域間交流』

村上恭通　1987「東北アジアの初期鉄器時代」『古代文化』39-9

村川逸朗編　1987『中島遺跡』福江市文化財調査報告書第 3 集

森修　1941「満洲石庖丁攷」『人類学雑誌』56-6

森田浩史・金丸武司　2004『本野原遺跡一』田野町文化財調査報告書第 48 集

森貞次郎　1966「弥生文化の発展と地域性 1 九州」『日本の考古学 弥生時代』河出書房新社

森貞次郎　1969「日本における初期支石墓」『金載元博士回甲記念論叢』

森貞次郎　1976『北部九州の古代文化』明文社

八木奘三郎　1924『満州旧蹟志（上篇）』南満州鉄道

八木奘三郎　1938『朝鮮咸鏡北道石器考』人類学叢刊 乙 先史学第 1 冊

山崎純男　2013「石橋里遺跡出土土器に見られる種子圧痕の検討」『華城 青園里・石橋里 遺蹟』中部考古学研究所 学術
　調査報告 第 12 冊

山添奈苗　2006「第 IV 章 結語」『東アジアにおける新石器文化と日本 III』

横山将三郎　1934「油坂貝塚に就て」『小田先生頌寿記念朝鮮論集』

横山順　1990「壱岐の古代と考古学」『海と列島文化 3 玄界灘の島々』小学館

横山順・田中良之　1979「壱岐・鎌崎海岸遺跡について」『九州考古学』54

家根祥多　1984「縄文土器から弥生土器へ」『縄文から弥生へ』帝塚山考古学研究所

家根祥多　1987「弥生土器のはじまり―遠賀川式土器の系譜とその成立―」『季刊考古学』19　雄山閣

家根祥多　1996「縄文土器の終焉」『歴史発掘第 2 巻縄文土器出現』講談社

家根祥多　1997b「先史土器にみる日本列島の「東」と「西」」『月刊文化財』409

家根祥多　1997b「朝鮮無文土器から弥生土器へ」『立命館大学考古学論集』I

山内正志　2013「壱岐島に分布する主な流紋岩について」『島の科学』50

山崎純男　1980「弥生文化成立期における土器の編年的研究」『鏡山猛先生古稀記念古文化論攷』

384 引用文献

山崎純男　2001「海人の面―九州縄文時代精神文化の一側面―」『久保和士君追悼考古論文集』

山崎純男　2007『大矢遺跡』天草市文化財調査報告書第1集

山崎純男　2013「石橋里遺跡出土土器に見られる種子圧痕の検討」『華城 青園里・石橋里 遺蹟』

山下英明・川口洋平編　1997『原の辻遺跡』原の辻遺跡調査事務所調査報告書第1集

八幡一郎　1968a「朝鮮半島の古代紡錘車資料」『朝鮮学報』49

八幡一郎　1968b「遼東半島の古代紡錘車」『日本民族と南方文化』平凡社

八幡一郎　1974「東アジアの紡錘車」『韓』3-1

米田耕之助　1984『土偶』ニュー・サイエンス社

李権生　1991・1992「山東半島の先史文化の編年及び魯中南の関係（上・下）」『考古学研究』38-3, 4

李作婷　2015「上馬石貝塚の籾圧痕について」『遼東半島上馬石貝塚の研究』九州大学出版会

リプスキー，A. H.（岩本義雄訳）　1983「エニセイの太陽光線のある仮面の意義についての問題によせて」『シベリア極東の考古学3 東シベリア篇』河出書房新社

遼東先史遺蹟発掘報告書刊行会　2002『文家屯　1942年遼東先史遺蹟発掘調査報告書』

和田雄治　1914「朝鮮の先史時代遺物に就て」『考古学雑誌』4-5

渡辺正気　1958「関東州文家屯の石器」『九州考古学』4

渡邊仁　1954「対馬に於ける黒曜石工業：石器工作活動に関する若干の資料」『対馬の自然と文化』総合研究報告 No.2　古今書院

渡辺誠　1985「西北九州の縄文時代漁撈文化」『列島の文化史』2　日本エディタースクール出版部

【英　文】

Crawford, G. W. and G-A.Lee 2003 Agricultural origins in the Korean Peninsula. *Antiquity*. 77 (295)

Furusawa, Y 2007 A study on the prehistoric spindle-whorls in the Russian south Primorye and its neighborhoods-From Neolithic age to the early Iron age-. 『東北アジアの環境変化と生業システム』Kumamoto　86-109頁

Kagamiyama, T 1955 Dolmens in Western Japan. *Bulletin of the Faculty of Literature Kyushu University*. No.3.

Kluyev, N. A. 1998 Unique clay mask from Primorye region. 『北方ユーラシア学会会報』10　19-22頁

Komoto, M., Korotky, A. M., Vostretsov, Y. E., Tomioka, N., Obata, H., Miyamoto, K., Kamijo, N., Sannikova, A. V., Rakov, B. A., Nishimoto, T., Kami, N., Sergusheva, E. A., Yoshida, K., Kobayashi, K., Suzuki, S. 2005 *Zaisanovka 7 Site*. Kumamoto.

Komoto, M., Vostretsov, Y. E., Obata, H., Miyamoto, K., Gelman, E. I., Sergusheva, E. A. 2004 *Krounovka 1 Site*. Kumamoto.

Komoto, M., Vostretsov, Y. E., Obata, H., Miyamoto, K., Rakov, V. A., Furusawa, Y. 2007 *Archaeological Collections in the Posjet Bay*. Kumamoto.

Komoto, M., Vostretsov, Y. E., Rakov, V. A., Miyamoto, K., Shiba, K., Obata, H., Kakubuchi, S., Tomioka, N., Yoshida, K., Nishimoto, T., Kobayashi, K., Sakamoto, M., Matsuzaki, H. 2007 *Klerk 5 Site*. Kumamoto.

Okladnikov, A. P. 1981 *Art of the Amur. Ancient Art of the Russian Far East*. New York-Leningrad.

Ponosov, V. V.（Sai Mey,E.transl.）1938 Prehistorical culture of the Eastern Manchuria. 『大陸科学院彙報』2-3　337-355頁

Rye, O. S. 1976 Keeping Your Temper under Control. *Archaeology and Physical Anthropology in Oceania*. 11-2

Sample, L. L. 1974 Tongsamdong: A contribution to Korean Neolithic culture history. *Arctic Anthropology*. XI-2.

Yim, Y. J. and Kira, T. 1975 Distribution of Forest Vegetation and Climate in the Korean Peninsula. I. Distribution of Some Indices of thermal Climate. 『日本生態学会誌』25-2

図出典

図1　筆者作図

図2-1, 5　筆者撮影, ほかは許玉林・蘇小幸1984, 張江凱1997

図3-2, 4, 5　筆者実測・撮影, ほかは許明綱等1981

図4　筆者撮影

図5　筆者実測

図6-1, 2, 3　古澤2007b, ほかは呉汝祚1985

図7　筆者実測

図8-12, 16, 31, 37, 38　筆者実測, ほかは各報告

図9-43〜49　筆者実測, 残りは各報告

図10　各報告

図11　各報告

図12　王嗣洲・金志偉1997

図13　各報告

図14　各報告

図15　各報告

図16　各報告

図17　各報告

図18　各報告

図19　各報告

図20　各報告

図21　各報告

図22-44, 45　筆者実測, ほかは各報告

図23　筆者・金恩瑩実測, 拓影は有光1962

図24　筆者実測

図25　Бродянский1987

図26　各報告

図27　各報告

図28　各報告

図29　各報告

図30　各報告

図31　Клюев, Гарковик2002

図32　各報告

図33　筆者実測

図34　筆者実測

図35　筆者実測

図36　各報告

図37　各報告

図38　各報告

図39　各報告

図40　金日成総合大学1986

図41　各報告

図42　各報告

図43　各報告

図44　各報告

図45-1　筆者実測, ほかは各報告

図46　各報告

図47　各報告

図48　黄基徳1957b, 변사성・안영준1986

図49　古澤2006改変

図50　各報告

図51　各報告

図52　筆者作図

図53　筆者作図

図54　筆者作図

図55　筆者作図

図56　筆者作図

図57　筆者作図

図58　筆者作図

図59　筆者作図

図60　金用玕・李淳鎮1966, 新義州歴史博物館1967, 《朝鮮遺蹟遺物図鑑》編纂委員会1988, 김상태 외 2006

図61　各報告

図62　各報告

図63　各報告

図64　各報告

図65　江上・水野1935

図66　各報告

図67　北京市文物管理処1976

図68　各報告

図69　各報告

図70　筆者実測

図71-2　筆者実測、ほかは김상태 외 2006, 鄭振香・陳志
　　達1980

図72　各報告
図73　各報告
図74　各報告
図75　各報告
図76　各報告
図77　各報告
図78　筆者作図
図79　筆者作図
図80　各報告
図81　各報告
図82　各報告
図83　各報告
図84　筆者作図
図85　各報告
図86　各報告
図87　各報告
図88　筆者撮影
図89　各報告
図90　各報告
図91　各報告
図92　各報告
図93　各報告
図94　各報告
図95　筆者作図
図96　各報告
図97　筆者作図
図98　筆者作図
図99　筆者作図
図100　筆者作図
図101　筆者作図
図102　筆者作図
図103　各報告
図104　各報告
図105　各報告
図106　各報告
図107　各報告
図108　各報告

図109　各報告
図110　各報告
図111　各報告
図112　各報告
図113　各報告
図114　各報告
図115　各報告
図116　各報告
図117　各報告
図118　各報告
図119　各報告
図120　各報告
図121　各報告
図122　筆者作図
図123　筆者作図
図124　筆者作図
図125　筆者作図
図126　各報告
図127　各報告
図128　各報告
図129　各報告
図130　各報告
図131　各報告
図132　各報告
図133　各報告
図134　各報告
図135　各報告
図136　各報告
図137　各報告
図138　各報告
図139　筆者作図
図140　筆者作図
図141　徐国泰2004
図142　徐国泰2004
図143　Окладников1971, Бродянский,
　　Панкратьева2003
図144　黒龍江省博物館 1972
図145　Окладников1971
図146　Окладников1971

図147　Окладников1971

図148　Окладников1971

図149　Окладников1971

図150　蓋山林・蓋志浩 2002，吉平 1994，呉甲才 2007

図151　田広林 2004，張松柏 1998a

図152　孫継民 1994，蓋山林・蓋志浩 2002，田広林 2004

図153　田広林 2004，塔拉等 2009

図154　田広林 2004，Цэвээндорж1979，Баярхүү，潘玲
2008，Төрбат2010

図155　張明洙 1996

図156　張明洙 1996

図157　張明洙 1996

図158　張明洙 1996

図159　大伽耶博物館 2008

図160　李夏雨 2011b

図161　張明洙 1996，韓馨徹 1996，申鍾煥・鄭東樂・孫
貞美 2008

図162　任世権 1996

図163　李健茂 外 1985，李白圭・呉東昱 2000，釜山大学
校博物館 1987，李夏雨 2011b，昌原文化財研究所 1996

図164　이영주・김병섭・박소은 2007，장향자 외 2012，
張明洙 2003，李栄文・鄭基鎮 1992，趙榮濟・宋永鎮・
鄭智善 2011

図165　李夏雨 2011b

図166　田広林 2004，張明洙 1996，宋華燮 1996

図167　筆者作図

図168　各報告

図169　各報告

図170　各報告

図171　鄭澄元・林孝澤・申敬澈 1981

図172　各報告

図173　各報告

図174　各報告

図175　各報告

図176　筆者作図

図177　筆者作図

図178　岡崎 1953

図179　各報告

図180　各報告

図181　坂田 1974

図182　各報告

図183　筆者実測

図184　各報告

図185　渡邊 1954

図186　各報告

図187　渡邊 1954

図188　正林 1989ab

図189　各報告

図190　坂田 1975a

図191-2，7，12　筆者実測，ほかは坂田 1978b

図192　東 2005

図193　西 1974b

図194　髙倉・渡部 1974

図195　永留 1967

図196　増田 1963

図197　河合編 2002 改変

図198　平川編 1985，安楽 2011

図199　古澤 2015

図200　田中編 2003

図201　安楽 1976

図202　筆者実測

図203　各報告

図204　古澤 2015

図205　安楽 1998

図206　川口・松永 1998

図207　各報告

図208　安楽・川畑・古澤 2014

図209　河合編 2002，古澤 2014a

図210　河合 1998

図211　筆者作図

図212　橘・前川・黒野 1979a

図213　橘・前川・黒野 1979a

図214　橘・前川・黒野 1979a

図215　沈奉謹 1979，福岡県文化会館 1978

図216　各報告

図217　小南 2006 改変

図218　各報告

図219　筆者実測

初出一覧

本書における初出は次のとおりである。

序論：新稿
第1章第1節：古澤義久 2007「遼東地域と韓半島西北部先史土器の編年と地域性」『東京大学考古学研究室
　　　　　　研究紀要』21 の一部を修正
第1章第2節：新稿
第1章第3節：古澤義久 2007「遼東地域と韓半島西北部先史土器の編年と地域性」『東京大学考古学研究室
　　　　　　研究紀要』21 の一部および古澤義久 2014「東北아시아 新石器時代 土器의 交流」『韓国 新
　　　　　　石器時代 土器와 編年』の一部
第2章第1節：古澤義久 2014「東北아시아 新石器時代 土器의 交流」『韓国 新石器時代 土器와 編年』の一
　　　　　　部
第2章第2節：古澤義久 2014「東北아시아 新石器時代 土器의 交流」『韓国 新石器時代 土器와 編年』の一
　　　　　　部
第2章第3節：古澤義久 2014「東北아시아 新石器時代 土器의 交流」『韓国 新石器時代 土器와 編年』の一
　　　　　　部と古澤義久 2008「膠東半島大汶口文化晩期的陶器—山東省龍口貝丘遺址出土的陶器再探
　　　　　　討」『東方考古』5 を修正
第2章第4節：古澤義久 2014「韓国 西北地方와 中西部地方 編年의 併行関係」『韓国 新石器時代 編年과
　　　　　　地域間 併行関係』の一部を修正
第2章第5節：古澤義久 2011「新石器時代 中期～晩期 韓日土器文化交流의 特質」『韓国新石器研究』22 の
　　　　　　一部
第2章第6節：古澤義久 2012「韓半島における新石器時代－青銅器時代転換期に関する考察」『西海考古』
　　　　　　8 を加筆・修正
第2章第7節：新稿
第3章：古澤義久 2013「新岩里出土青銅刀の年代について」『中国考古学』13
第4章第1節：古澤義久 2015「韓半島の新石器時代における農耕研究の現状と課題」『九州縄文晩期の農耕
　　　　　　問題を考える』および古澤義久 2017「韓半島における農耕の開始と拡散」『アジアにおける
　　　　　　農耕の始まりと拡散』高志書院に加筆
第4章第2節：古澤義久 2017「韓半島における農耕の開始と拡散」『アジアにおける農耕の始まりと拡散』
　　　　　　高志書院を修正
第4章第3節：古澤義久 2006「立教大学所蔵中国遼寧省金州附近出土資料」『ムゼイオン』52 に大幅加筆
第4章第4節：古澤義久 2017「韓半島における農耕の開始と拡散」『アジアにおける農耕の始まりと拡散』
　　　　　　高志書院を修正
第5章：Furusawa, Y. 2007 A study on the prehistoric spindle-whorls in the Russian south Primorye and its
　　　　　　Neighborhoods.『東北アジアの環境変化と生業システム』および古澤義久 2012「E. B. シド
　　　　　　レンコ著「沿海州山岳タイガ地帯における古金属時代テチューヘ・グループの遺跡の紡錘
　　　　　　車」について」『九州考古学』87 に大幅加筆

第6章第1節：古澤義久 2014「東北アジア先史時代偶像・動物形製品の変遷と地域性」『東アジア古文化論攷1』を修正

第6章第2節：古澤義久 2015「咸鏡北道茂山郡芝草里岩刻画をめぐる諸問題—東北アジア岩画の編年と系統—」『東京大学考古学研究室研究紀要』29 を修正

第7章：古澤義久 2011「新石器時代 中期～晩期 韓日土器文化交流의 特質」『韓国新石器研究』22 の一部に加筆・修正

第8章：古澤義久 2013「韓半島の新石器時代土器と西唐津式・曽畑式土器」『曽畑式土器とその前後を考える』の一部を修正

第9章：古澤義久 2013「九州と韓半島」『季刊考古学』125 および古澤義久 2014「玄界灘島嶼域を中心にみた縄文時代日韓土器文化交流の性格—弥生時代早期との比較—」『東京大学考古学研究室研究紀要』28 の一部を修正

第10章：川道寛・古澤義久 2012「長崎県における縄文時代精神文化遺物の様相」『長崎県埋蔵文化財センター研究紀要』2 のうち、筆者執筆「土偶・動物形製品」の項目に加筆・修正

第11章：古澤義久 2013「九州と韓半島」『季刊考古学』125 および古澤義久 2014「玄界灘島嶼域を中心にみた縄文時代日韓土器文化交流の性格—弥生時代早期との比較—」『東京大学考古学研究室研究紀要』28 の一部を修正

結　論：新稿

한국어 요지

동북아시아 선사문화의 변천과 교류

본서는, 한반도를 중심으로 한 동북아시아의 신석기시대에서 청동기시대 전기에 걸친 문화동태를 밝히는 것을 목적으로 한다. 지금까지의 연구에 의해 동북아시아 선사문화를 이해한 위에서의 기초적인 틀은 대략 밝혀졌다. 그러나, 여전히 국가와 언어의 장벽에 막혀, 동북아시아 전체에 미치는 검토는 적었다고 할 수 있다. 또, 특히 극동평저토기가 종언하고, 다음의 청동기시대 문화로의 이행기가 어떠한 양상이었는가라는 검토가 거의 이루어지지 않았던 것도 큰 문제였다.

그래서 상기의 문제점을 극복하고 소기의 목적을 달성하기 위하여, 다음과 같이 연구를 수행하였다. 제 1부에서는 동북아시아의 토기 편년과 지역성에 대해 검토하여, Ⅰ단계~Ⅷ단계의 8단계로 구분하였다. 이 시기구분에 따라 청동도 (青銅刀), 마반·마봉 (磨盤·磨棒), 마제 반월형석도, 방추차, 우상 (偶像)·동물형 제품, 암각화라는 유물·유구의 변천과 지역성을 명확히 하고, 각각의 문화동태에 대하여 고찰하였다. 제Ⅱ부에서는 해당 시기 일한교류의 양상에 대하여 고찰하였다.

이상의 연구 결과, 마제 반월형석도, 방추차, 우상·동물형 토제품, 암각화와, 토기의 상관관계를 보면, 토기로 구분되는 최소 단위의 영역 내에서는, 각각 고유의 지역성을 갖고 있는 것이 판명되었다. 같은 토기 문화 내에서 다른 형식의 도구가 사용되는 것은 2, 3 예를 제외하고 존재하지 않는다. 이런 점에서 신석기시대에서 청동기시대에 걸친 동북아시아에서는, 토기에 보이는 지역성은, 생활전반에 미치는 문화복합체의 지역성을 대체로 나타내는 것을 알 수 있다.

Ⅰ단계의 토기문화와 우상·동물형 제품의 지역성은 연동하며, 토기와 정신문화 유물과의 상관관계는 강한 것으로 보인다. 생업관계에서는, 요서지역에서는 무천공 (無穿孔) 석도가 확인되어, 타지역보다 농경이 발달한 것 같다. 또, 토제 주판알형 방추차도 존재한다. 그리고, 이 단계에 요서지역, 길장지구, 요동지역, 압록강 하류역, 그리고 한반도 중서부까지 마반·마봉의 조성이 널리 분포한다. 주목되는 것은, 마반·마봉의 조성은 평저토기문화 내에서 두만강유역 등 분포하지 않는 지역이 있는 한편, 한반도환저토기문화의 일부에는 이미 분포한다는 점이다. 이와 같이 보면 토기문화는 생업보다, 오히려 정신문화와의 관련이 강한 분포를 나타내는 것으로도 생각된다.

Ⅱ단계에서는 요서지역과 요동지역에서의 토기문화의 차가 커진다. 요동에서는 후와상층유형 (後窪上層類型) 이 널리 분포하고, 압록강하류역까지 분포를 넓혀 제일성이 높아진다. 방추차는 토기문화의 차이와 호응하듯이 요서에서는 거의 쓰이지 않게 되고, 요동반도를 제외한 요동지역에서는 주판알형이 이용된다. 이 토제 주판알형 방추차는 한반도 중부에서도 출현하게 된다. 또, 형태는 다르지만, 남연해주에도 방추차가 있다. 방추차는 출토 예가 적기 때문에, 판단이 곤란한 부분도 있지만, 초현기 마반·마봉의 움직임과 주판알형 토제방추차는 요서지역을 기원으로 하고, 비교적 이른 단계부터 두만강유역 등을 제외한 동북아시아 각지에서 확인되어, 연동하는 움직임을 나타낼 가능성이 높다. 이 움직임은 극동평저토기와 한반도환저토기의 분포를 넘어, 또, 극동평저토기 내에서의 지역성을 넘어, 동북아시아 각지에서 보이는 점에서 환황해 (環黃海) 의 기층적인 문화요소일 가능성도 있다.

한반도 동해안까지 환저토기가 분포하는 전개가 보이며, 한반도 남부에서는 기본적으로 융기문토기를 계승한 영선동식이 확인된다. 이 영선동식토기는 기본적으로, 한반도환저토기문화 (궁산문화) 와는 독립된 토기문화이지만, 금강 하류역에서는 접촉이 엿보이고, 영선동식기의 종말기에는 절충토기가 제작되어, 서서히 궁산문화의 영향이 강해진다. 이것과 연동하여, 마반·마봉이 한반도 남부에 수용되기 시작한다. 이와 같은 한반도 남부에 있어서 한반도 중서부로부터의 문화적 영향이 미치는 움직임 중, 니시카라츠식 (西唐津式) 은 영선동식으로부터 일부 문양을 선택적으로 수용한다. 이 니시카라츠식이 영선동식에서 일부 문양을 선택적으로 수용하는 사상 (事象) 은 동북아시아 전체 교류의 양상에서 보면 극히 이질적인 것이라고 판단하지 않을 수 없다. 토기의 문양과 같은 정신문화적 속성을 수용하는 경우, 대부분의 경우 생산도구에도 영향을 미칠 정도의 강한 문화적 영향이 나타나는 것이 보통이기 때문이다.

두만강유역 등에서는, 요동지역과는 거의 관계성이 없는 토기문화가 분포한다. 마반·마봉의 수용은 인정되지 않지만, 방추차 자체는 사용된다. 단, 형태가 토제 주판알형을 주로 하는 요동지역의 것과는 다른 점에서, 역시 독자성이 강하다. 우상·동물형 제품에서도 요동지역과는 차이가 크다.

III단계 이후, VII단계까지 여러 가지 선사문화 동태가 관찰되는데, 가장 큰 변화는 VIII단계에 보인다.

VIII단계에 이르면 대부분의 지역에서 심발 (옹) 과 호의 조성, 마제 반월형석도, 석제 방추차를 갖춘「청동기시대화」가 시작된다. 이 청동기시대화로의 발전과정은, 두만강유역 등과 한반도 중·남부에서는 다른 점이 있다. 한반도 중·남부에서는 심발·옹의 조성, 마제 반월형석도, 석제 방추차의 조성은 VIII단계에 거의 동시에 달성된다. 또, 토기의 연속성도 남경 2 기와 팽이형토기문화기의 일부 기종의 연속성을 제외하면, 총체적으로는 계승요소는 적다. 한반도 중·남부에서는 청동기시대화는 생업도구의 대부분의 부분에 미치는 조성으로서 변혁해 간 것으로 상정된다.

한편, 두만강유역 등에서는 대형 저장용 옹은 일찍이 IV단계·V단계 경에 나타나며, 마제 반월형석도는 VII단계, 석제 방추차는 VIII단계에 보인다. 또, 남연해주에서는 VIII단계에 이르러서도 정제 방추차가 수용되는 일은 없었다. 두만강유역 등에서는 신석기시대에서 청동기시대로의 토기 변화는 연속적인 것도 감안하면 청동기시대화는 서서히 진행되고, VIII단계에 이르러 일단 완성을 이루었다고 할 수 있다.

이 차이와 현저한 상관관계를 보이는 것이, 정신문화를 표상하는 우상·동물형 제품의 동향이다. 비교적 급격하게 조성으로서 청동시대화가 진행된 한반도 남부에서는, 이전 시기에 겨우 남아 있었던 우상·동물형 제품은 소멸하고, 요동지역과 같이 토제품에 의존하지 않는 정신문화를 갖게 된다. 한편, 두만강유역 등에서는 청동기시대화가 진행되면, 왕성하게 독자의 우상·동물형 제품이 제작되게 된다.

이런 점에서 한반도 중·남부와 두만강유역 등에서는, 청동기시대화에 있어서, 수용하는 집단이 다른 판단을 한 것이라고 추찰되며, 두만강유역 등에서는 한반도 중·남부와 비교하면 전생업 중에서 점하는 농경의 비율이 비교적 낮았던 것이 아닐까라고 생각된다. 반대로 한반도 중·남부에서는, 보다 농경화가 철저하였기 때문에, 정신문화에 이르기까지 요동지역과의 공통성이 높았던 것이라고 필자는 판단한다.

이와 같은 한반도 중·남부 청동기시대화의 전단계로서, 지금까지 요동지역에 있어서는 극동평저토기가 종언하고, 석기 조성도 크게 바뀌는 시기로서 소주산상층기를 큰 획기로 파악하는 견해가 제시되어 왔다. 그러나, 그 큰 변혁을 요동반도의 주변지역은 그대로 수용한 것이 아니라, 재지화 과정을 거치면서 수용·독자 발전해 온 점이 중요한 점이다. 압록강 하류역에서 독자 발전한 토기문화가 요동반도 동부로 유입되는 움직임도 간취할 수 있다. 요동 산지부에서는, 요동반도와는 구분되는 독자의 영역이 형성되고, 한반도 중남부의 각목돌대문토기문화가 성립하는 모태가 되었던 것이다. 한편, 한반도 중·남부 측에서는, 한반도 남부의 수가리III식 토기가 양식적으로 남경 2 기 병행기의 한반도 중부에 양식적인 영향을 미친다고 하는 다른 움직임이 있고, 그때까지 견지되어 온 한반도 중부와 남부에서의 토기문화상의 경계가 붕괴되기 시작하는 과정을 보인다. 이와 같은, 요동 산지부를 중심으로 한 독자의 문화권 형성과 한반도 중부에 있어서 불안정한 상황이라는 두 가지 양상이야말로, 한반도 중·남부에 강력한 청동기시대화를 초래한 요인이었다고 제기하고 싶다.

이와 같이 동북아시아의 선사문화는 매우 동적인 움직임을 보이지만, 한반도 남부와 서북 큐슈의 관계는, 서로 이계통토기가 반입되고, 교류 자체는 끊이지 않고 존재하였음에도 불구하고, II단계의 영선동식—니시카라츠식의 관계를 제외하면, 토기의 양식에 영향을 미친 경우는 없었으며, 또한 생산도구, 정신문화 관계 도구에서도 전혀 공통하는 것은 없었다. 그 원인은, 한반도에서의 도항집단의 주요 최종 목적지는 독자의 토기양식을 가진 적 없었던 대마도였던 점, 생업형태의 차이, 그리고 정신문화상의 교류가 거의 존재하지 않았던 점이라는 3가지가 고려된다.

종래의 연구에서는, 화북의 고 (高) 문화가 주변지역에 확산된다는 도식이 많이 적용되어 왔다. 본 연구에서도 확인된 대로 기본적으로 이와 같은 흐름은 확인된다. 그러나, 반드시 교동반도→요동반도→한반도라는 한 방향으로 전개되었던 것은 아니라는 점도 동시에 제시하였다. 즉, 각 소지역이 어떤 때는 핵지역이 되고, 어떤 때는 주변지역이 된다고 하는 매우 동적인 전개를 보이며, 각각의 소지역에 있어서 자율적인 움직임이야말로 중요하다는 점이 명확해졌다. (翻訳 : 金恩瑩)

中文摘要

东北亚史前文化的变迁与交流

本书的研究目的是，弄清楚以朝鲜半岛为中心的东北亚新石器时代至青铜时代早期的文化动态。目前，东北亚史前文化的基础框架已基本形成。但是，由于受国家及语言的障碍，涉及东北亚全域的著作依然很少。特别是，远东地区平底陶器消失后向青铜时代过渡阶段养的文化面貌等问题，还没有被学界所重视。

解决上述问题，为达到预期目的，笔者通过以下步骤进行了研究的。即第Ⅰ部，对东北亚陶器的编年和区域性进行探讨，分了Ⅰ～Ⅷ的8个阶段。依此分期分区，弄清了青铜刀，磨盘·磨棒，磨制石刀，偶像·动物造型，岩画等遗物·遗存的变迁和区域性，并对其文化的动态也进行了论述。第Ⅱ部，探讨了该时期的日韩交流情况。

通过以上研究成果，即磨制石刀，纺轮，偶像·动物造型，岩画和陶器的相互关系的分析得出，以陶器来区分的最小区域，各自保持固有的地区性。在同一个陶器文化内，除两三例外不存在使用不同型式的工具。由此可知，在新时期时代至青铜时代的东北亚，陶器的区域性大体体现在生产生活各方面的混合体上。

第Ⅰ段的陶器文化和偶像·动物造型的区域性有互动性，陶器与精神文化遗物间有很强的互动关系。在生业关系上，辽西地区有无孔石刀，表示农业比其他地区要发达，此外还有陶制算珠形纺轮。此阶段，在辽西地区，吉长地区，辽东地区，鸭绿江下游至朝鲜半岛中西部的区域内广泛分布着磨盘·磨棒的组合。这种组合，平底陶器文化期的图们江流域不流行，却出现在朝鲜半岛圆底陶器文化期的部分地区，值得注意。比起生业，陶器文化更能体现在与精神文化关联很强的分布之上。

第Ⅱ段，辽西地区和辽东地区的陶器文化间差别变大。辽东地区，后洼上层类型的分布扩大至鸭绿江下游，有高度的统一性。纺轮与陶器文化的差异相互呼应，辽西地区逐渐变少，辽东地区（除辽东半岛）则开始使用算珠形纺轮。同样，朝鲜半岛也出现了这样的算珠形纺轮，南沿海州也出现纺轮，但形态不同。纺轮的出土例子比较少，因此不能做判断标准。磨盘·磨棒的形态变化和算珠形纺轮的起源都在辽西地区，比较早地出现在图们江流域以外的东北亚各地，联动性形态变化的可能性较大。这种形态变化，已超过远东平底陶器或朝鲜半岛圆底陶器的分布，也超出远东平底陶器内的区域，出现在东北亚各地。这也许是环渤海地区基础文化形成的要素。

圆底陶器分布在朝鲜半岛东海岸，南部则继承了隆起纹陶器的瀛仙洞式。这种陶器区别于半岛南部的圆底陶器文化（弓山文化）独立存在，但有与锦江下游接触过的痕迹。瀛仙洞晚期开始制作折衷陶器，这时弓山文化的影响逐渐变大。朝鲜半岛南部受半岛中西部文化影响的形态变化中，西唐津式则选择性地接受了瀛仙洞式的部分纹样。这在整个东北亚交流中是极为罕见的现象。因为，某一地区要接受像陶器纹样之类的精神文化时，通常还会对其生产工具产生强烈影响。

图们江流域等地区，分布着不同于辽东地区的陶器文化，虽没有磨盘·磨棒的组合，但已开始使用纺轮了。这与以陶制算珠形为主的辽东地区有差别，有很强的独立性，在偶像·动物造型上也与辽东地区有较大的差别。

Ⅲ段以后，至Ⅶ段，能够观察到各种史前文化动态，但最突出的还是体现在Ⅷ段。

到了Ⅷ段，多数地区出现深钵（瓮）和壶的组合，磨制石刀，石制纺轮的"青铜时代化"。这个过程，在图们江流域和朝鲜半岛中·南部有差别。朝鲜半岛中·南部的深钵·瓮的组合，磨制石刀，石制纺轮的组合是与Ⅷ段同时完成的。在陶器的连续性上，除南京2期和陀螺形陶器文化期的一部分器形外，总体上继承要素很少。这个问题也可以这么理解，朝鲜半岛中·南部的青铜时代化是从包括生业大部分工具的组合中变化过来的。

图们江流域等地区的大型储藏用瓮，较早的也不过在Ⅳ段・Ⅴ段期才出现的。磨制石刀在第Ⅶ段，石制纺轮在第Ⅷ段才出现的。南沿海州即使到了第Ⅷ段也看不到精制纺轮。

从新石器时代过度到青铜时代陶器变化的连续性来看，图们江流域的青铜时代化是逐渐形成的，到第Ⅷ段时已基本完成。

偶像・动物造型的动向，表示这种差异和显著的互动有关系。较快地进入青铜时代化的朝鲜半岛南部，偶像・动物造型的组合削减，与辽东地区一样，更多地依赖陶制品或者开始形成精神文化。此外，图们江流域在青铜时代化进程中，开始盛行制作自己独特的偶像・动物造型。

由上判断，朝鲜半岛中・南部和图们江流域等地区，在接受青铜时代化的人群是有差别的。图们江流域等地区与朝鲜半岛中・南部相比，生业中农耕占的比例较低。相反，朝鲜半岛中・南部的农耕化进行的比较彻底，因此笔者推测上升到精神文化层面的过程与辽东地区有共通性。

以往的研究认为，辽东地区小珠山上层文化期的远东平底陶器消失，石器组合开始大幅变化的时期就是朝鲜半岛中・南部青铜时代化的早段。但是，辽东半岛周边地区，不是直接产生大变革的，而是经过了本地化中寻求自我发展的过程，这个很重要。鸭绿江下游有自己独特的陶器文化，它向辽东半岛东部传播的形态变化就通过这样过程的。辽东山区地带，与辽东半岛不同，有自己独特的文化圈，后来也影响过朝鲜半岛中南部刻目突带纹陶器文化。朝鲜半岛中・南部，存在受南部水佳里Ⅲ式陶器影响的同时期南京2期中部地区的形态变化。就此，打破朝鲜半岛中部与南部的陶器文化的分界线，推动朝鲜半岛中・南部青铜时代化进程的因素有两个。一是，以辽东山区地带为中心形成的独特文化圈。二是，朝鲜半岛中部的不稳定状况。

东北亚史前文化呈现出非常活跃的动态变化。朝鲜半岛南部和西北九州，同样都引进过不同系统的陶器，相互间也没有中断过交流的情况下，第Ⅱ段的陶器除瀛仙洞式和西唐津式以外，形态上没有相互影响过，生产工具，体现精神文化层面的道具也没有共通性。我想是以下三个原因所造成的。第一，从朝鲜半岛过来的人群，主要目的地是对马岛，而对马岛有自己独特的陶器。第二，生业形态有差异。第三，两地没有精神文化层面上的交流。

以往的研究多采用华北高度发达文化对周边地区扩散的模式，本文基本赞成此观点。这种传播不是单一方向（胶东半岛→辽东半岛→朝鲜半岛）的，而是动态扩散的。各小区域，有时某个地区成核心，有时又变成边缘地区，这种自律性形态变化才是最重要的。（翻訳：王達来）

後　記

　本書は筆者が 2015 年 3 月に東京大学大学院人文社会系研究科に提出した博士学位論文『東北アジア先史文化動態研究』を加筆・修正したものである。

　本書では東北アジアの考古学を扱っているが，アジア諸国への興味は小学生の頃に芽生えていた。父方の祖父は学徒出陣で台湾に赴任し，航空整備兵として軍務につき，基隆から復員した。また，母方の祖父は金海市立金海尋常小学校，釜山府立釜山中学校を卒業して進学のため朝鮮総督府鉄道局経理部で待機していたところ敗戦を迎えた。少年時代の筆者は祖父達からアジア諸国における体験談を何度もせがんで聞いたものであった。筆者の初めての外国旅行は父方の祖父母に連れて行ってもらった中国・江南地方の旅行であった。母方の祖父母の家は京都府舞鶴市にあり，海岸にはたくさんの韓国のごみが漂着するが，よく拾って帰った。特にお気に入りは「퐁퐁」と書かれたプラスチック容器で，今にしてみればこれは食器用洗剤であることもわかるが，子供の頃の筆者にとって暗号のようでたまらなく興味深いものであった。海の向こうには，一見，日本人の顔つきと大きな違いはないのに，全く異なる言葉を使う人がいるのだということが，何とも形容しがたく不思議なことであった。こうしてアジアへの関心が育まれたように思う。

　考古学への関心は中学生の頃からのことであった。京都府埋蔵文化財調査研究センターが舞鶴市地頭で山根古墳という 6 世紀末・7 世紀初の円墳を調査していたのを見学しに行ったことがある。筆者が訪れた日，ちょうど横穴式石室の内部の掘削調査が始まり，須恵器が土から顔を出しはじめていた。おそるおそる調査に従事されていた三好博喜氏に触ってみてもよいか尋ねたところ，よいとのことだったので，触れてみた。そのときのひんやりとした感触は今でもよく覚えている。1400 年も前の人々が実際に触ったものを自分も触ることができたということに，例えようもないほど興奮した。そして三好氏から「これは須恵器という土器で，もともとは韓国南部の陶質土器という土器から生まれたものだ」というお話を伺い，そのような古代から大陸との関係があったのだということに感動した。ここから筆者は当時住んでいた埼玉県を中心に土器などを拾い集める考古ボーイとなった。

　アジアへの興味と考古学への関心が結びつき，大陸の考古学研究を志すようになり，縁あって九州大学文学部に入学した。九州大学では西谷正先生，宮本一夫先生にご指導いただいた。西谷先生はいつもおだやかなまなざしで見守ってくださっていたように思う。演習室で作業していると，ときには先生の研究室に呼ばれコーヒーをいただきながら韓半島の考古学についてお話をうかがったことが思い出される。宮本先生は広い視野で，野外活動に基づく実証的な研究をなさっているが，その研究姿勢はいつも筆者の研究の目標となった。筆者は九州大学在学時には韓半島南部地域を中心に研究をしていたが，次第に関心が北方に向くにつれ，実物資料を所蔵する東京大学大学院への進学を考えるようになった。宮本先生にその件をご相談すると，その場で，大貫静夫先生に電話をされ，進学への下準備までしていただいた。

　東京大学大学院に進学すると，九州から来た学生ということで，後藤直先生に温かく迎えていただいたこともありがたいことであった。韓半島の考古学専攻者が少なかったこともあり，いつも話題を振っていただき貴重なご意見もたくさん頂戴した。そして，指導教授の大貫静夫先生から受けた学恩については筆者の力量では十分に表現することができない。大貫先生と専門分野が近く，先生の御高説と異なる卑見を申し上げることも少なくなかった。率直に言って筆者は「反抗的」な学生であった。そうしたとき嫌な顔もされず，むしろ楽しまれながら再反論される大貫先生との議論は今振り返っても貴重なことで，最も感謝申し上げたいことである。そして何か面白い発見や気付きがあれば，忌憚なく意見を開陳し，楽しく議論をさせていただいたことは決して忘れることはできない。もちろん解決が難しい問題も少なくはないのであるが，ああで

もない，こう考えたらどうかと思い悩むこと自体が実に楽しいことで，これまで筆者は幸いなことに研究が苦しいと感じたことはほとんどない。これは大部分，大貫先生とのお付き合いのおかげではないかと思う。

　いつも感じることであるが，東北アジアの先史文化を研究するにあたって最高の指導者に教えを乞うことができたという点でも筆者は誠に幸福者だということである（その反動で，これだけの指導者に恵まれていながら，この程度の研究成果しか出せないのかという反省もある）。そして，研究活動においては我が国にとどまらず南韓，中国，ロシアの先生方に多くのご指導・ご支援を賜った。あまりにお世話になった方々が多く，遺漏があったり，均衡を欠いては失礼となるので，ここでお一人お一人のご芳名を挙げることはできないが，瞼を閉じれば，南韓をはじめとする各地でお世話になった方々の暖かいお気持ちを，資料調査の興奮とともに思い起こす。その中でも特に，金恩瑩氏と李宰旭氏の多大なお力添えがなければ，本書は刊行し得なかったことだけは銘記させていただきたい。

　また，故高野晋司氏，安楽勉氏，川道寛氏をはじめとする長崎県教育庁職員各位には格別のご理解と的確なご教示をいただいた。特に王達来氏には中国・モンゴル関係の資料入手の便宜を図っていただいたうえ，本書の中文要旨まで作成いただき感謝に堪えない。そして，壱岐島における野外活動では多くの壱岐市民の絶大なるご協助を得たことについても感謝申し上げたい。

　博士論文の作成は，それまで少しずつ発表してきた文章を整理する作業であった。長崎県の埋蔵文化財保護行政という本務があり，家庭生活もあるので，その作業は深夜・早朝に行った。そのような時間帯に一人で作業をすると，心細いので，ラジオをつけると，大陸に近接した壱岐だけあって，東アジア諸国のラジオ放送がよく入る。とりわけ大出力の朝鮮中央放送や平壌放送（819kHz 等）は鮮明に聴取できた。多くの人は北韓の放送といえば宣伝色に彩られた放送という心象をお持ちかもしれないが，深夜・早朝帯では，何か物悲しいような旋律の音楽が延々と流れている。特にその頃よく放送されていた「지새지 말아다오 평양의 밤아（明けるな平壌の夜よ）」という曲は筆者のお気に入りで，今でもこの曲を聴くと博士論文を作成していたときの高揚感や切迫感を思い出す。北韓の放送を聞きながら博士論文を作成していると，我々からみれば実態が不明瞭な韓半島北半部においても，確かに今日も人々の営み，生があるのだということがいつも実感された。そして，北韓を中心とした地域の先史文化を明らかにすることの現代的意義について考えることもしばしばであった。筆者の予測では近い将来のことだと思うが，北韓の研究者と実物資料を前にして自由に意見交換できる日が必ず来る。本書は北韓の研究者と自由な意見交換ができなかった時代における一つの産物に過ぎない。本書における未解決事項・懸案事項は，ある面では今後の北韓との共同研究課題そのものではないかとも思う。そのような点では，今日，不十分な内容ながら本書を出版することには，北韓の研究者との本格的な研究交流を進展させるための問題点の炙り出しという意義も認められるかもしれない。

　このような性質をもつ本書は，必ずしも現在の日本の考古学の潮流にはそぐわないかもしれない。それでも出版にご理解いただいた八木環一会長や編集にあたっていただいた水野華菜氏をはじめとする株式会社六一書房のみなさまに厚くお礼申し上げたい。

　そして，日頃の研究活動を支えてくれた妻・潤姫，父母，祖父母，子供たちに対して感謝したい。

　なお，本書は平成29年度東京大学学術成果刊行助成制度による助成金の交付を受け出版された。記して謝意を表したい。

2018年6月　於壱岐

古澤　義久

著者略歴

古澤　義久（ふるさわ　よしひさ）

　1981 年　京都府京都市に生まれる

　1999 年　埼玉県立浦和高等学校卒業

　2004 年　九州大学文学部人文学科卒業

　2006 年　東京大学大学院人文社会系研究科修士課程修了

　2007 年　長崎県教育庁入庁

　2015 年　東京大学大学院人文社会系研究科博士課程修了，博士（文学）取得

　現　在　長崎県教育庁長崎県埋蔵文化財センター
　　　　　東アジア考古学研究室・主任文化財保護主事

著書・論文

「中国東北地方・韓半島西北部における戦国・秦・漢初代の方孔円銭の展開」『古文化談叢』
64，2010 年

「壱岐の昔話にみられる富と異人」『島の科学』49，2012 年

「鷹島海底遺跡出土太平通寶についての一考察」『髙野晋司氏追悼論文集』2015 年

「壱岐島の紡錘・ケーズミ―紡錘の地域差―」『民具マンスリー』48-9，2015 年

『原の辻遺跡　総集編Ⅱ』長崎県教育委員会，2016 年（共編著）

「原の辻遺跡出土遼東系銅釧について」『九州考古学』92，2017 年（共著）

「長崎奉行所跡出土磁器に記された西湖十景」『西海考古』10，2018 年

東北アジア先史文化の変遷と交流

2018 年 7 月 31 日　初版発行

著　者　古澤　義久

発行者　八木　唯史

発行所　株式会社　六一書房

　　　　〒101-0051　東京都千代田区神田神保町 2-2-22

　　　　TEL　03-5213-6161　　　FAX　03-5213-6160

　　　　http://www.book61.co.jp　　E-mail info@book61.co.jp

　　　　振替　00160-7-35346

印　刷　藤原印刷株式会社

ISBN978-4-86445-106-2 C3022　　Ⓒ Yoshihisa Furusawa 2018　　　Printed in Japan